保险蓝皮书

BLUE BOOK OF INSURANCE

中国保险业竞争力报告（2012~2013）

ANNUAL REPORT ON CHINA'S INSURANCE COMPETITIVENESS (2012-2013)

转型的艰难起步

特华博士后科研工作站

主　编／罗忠敏　王　力

副主编／张领伟

社会科学文献出版社

SOCIAL SCIENCES ACADEMIC PRESS (CHINA)

图书在版编目(CIP)数据

中国保险业竞争力报告. 2012～2013，转型的艰难起步/罗忠敏，王力主编. —北京：社会科学文献出版社，2013.1（2015.2重印）
（保险蓝皮书）
ISBN 978-7-5097-3966-2

Ⅰ. ①中… Ⅱ. ①罗… ②王… Ⅲ. ①保险业-竞争力-研究报告-中国-2012～2013 Ⅳ. ①F842

中国版本图书馆CIP数据核字（2012）第264367号

保险蓝皮书
中国保险业竞争力报告（2012～2013）
——转型的艰难起步

主　　编／罗忠敏　王　力
副 主 编／张领伟

出 版 人／谢寿光
项目统筹／恽　薇
责任编辑／蔡莎莎　冯咏梅

出　　版／社会科学文献出版社·经济与管理出版分社（010）59367226
地址：北京市北三环中路甲29号院华龙大厦　邮编：100029
网址：www.ssap.com.cn
发　　行／市场营销中心（010）59367081　59367090
读者服务中心（010）59367028
印　　装／北京季蜂印刷有限公司

规　　格／开　本：787mm×1092mm　1/16
印　张：34.75　字　数：603千字
版　　次／2013年1月第1版　2015年2月第6次印刷
书　　号／ISBN 978-7-5097-3966-2
定　　价／98.00元

序　谋划顶层设计　推进转型发展

改革开放以来，得益于我国经济发展和社会进步，保险业始终保持了高速发展的势头，业务规模不断扩大，监管水平持续提高，服务能力不断增强，行业地位明显提升，在服务经济社会大局中发挥着越来越大的作用。

在快速发展的同时，由于长期沿袭下来的粗放发展模式没有发生改变，行业的深层次矛盾日益累积并逐步显现，面临的困难和挑战增加，行业长远健康发展的压力增大。对此，项俊波主席在2012年上半年保险监管工作会议上明确指出："行业发展方式已经到了不转不行、不调不行的阶段。""要坚定信心，努力'化危为机'，推动行业成功实现发展方式转变和结构调整。"按照这一要求，保险监管部门引领全行业克服困难和挑战，将转方式、调结构作为当前保险业发展的主旋律，认认真真下大力气加以推进。

与此同时，从监管部门、学术界到业界，解放思想，转变观念，纷纷从经济社会发展的大局出发、从保险事业发展的大局出发，思考和谋划监管和发展工作。其中，特华博士后科研工作站积极参与，发起了保险蓝皮书——《中国保险业竞争力报告》的编撰工作。首部蓝皮书紧紧围绕科学发展主旋律，汇聚了保险业及相关领域有代表性的专家学者，对保险竞争力及其他重要问题进行了系统梳理和研究。纵观全书，具有以下三个特点：

一是符合当前监管和发展的新要求。2012年初全国保险监管工作会议提出，要增强行业竞争力，健全保险机构经营管理水平和核心竞争力的评价指标体系，同时提出了年度三项重点工作。蓝皮书按照监管会议要求，探索研究行业和企业相关评价体系，收集整理大量数据和材料，在短时间内作出了积极尝试。与此同时，针对农险、交强险、税延型养老保险、银行保险、市场退出、消费者保护等当前重点和难点问题，进行了较为系统的研究。

二是体现了解放思想、转变观念。当前，保险业改革已步入深水区，进入矛盾凸显期，解放思想显得更加重要和紧迫。保险学术界担当着保险事业发展的智囊和参谋作用，有责任加强保险理论研究和创新，参照和借鉴国内外保险发展的经验教训，为我国保险业改革发展建言献策。首部蓝皮书定位准确，对行业发展进行了历史回顾和反思，直面问题，追本溯源，思考和挖掘深层次矛盾和症结，体现了学术探究的勇气和责任感。

三是提出了推进行业转型发展的政策建议。推进保险业转型发展是一项复杂的系统工程，需要把握好监管与市场的关系，平衡好利益诉求、服务提升、风险防范的关系，处理好局部利益与全局利益、短期利益与长期利益的关系，这必然要求我们做好顶层设计和整体谋划。蓝皮书结合中国保险业的历史变迁和当前特定的发展环境，以“保护枝叶、强本固基、拆解庇护”为基本线索，分行业篇、企业篇和专题篇对有关问题进行了深入分析和研究，结构严谨，资料翔实，体现了较高的专业水准。

总体上看，首部保险蓝皮书兼具学术性、实务性和资讯性，内容全面丰富，语言通俗流畅，既适合监管部门、保险公司和学术机构研究参考，也适合一般从业人员学习和了解相关情况。对书中存在的有待改进和完善的地方，希望编委会广泛听取各方意见和建议，再接再厉，越办越好，为我国保险事业发展不断做出新的贡献！

2012 年 11 月 1 日

摘　要

围绕“转方式、调结构”的行业发展主旋律，首本保险蓝皮书以“转型的艰难起步”为主题，以行业和企业的竞争力为主线，在抒写保险业辉煌历程的同时，对行业的发展进行回顾和反思，并直面问题，追本溯源，思考和挖掘行业发展面临的深层次矛盾，力争通过客观、深入的分析研究为行业发展建言献策。

全书共分总报告、行业篇、企业篇和专题篇四个部分。

总报告从中国保险业的历史变迁出发，结合特定的经济环境，借用“蹲苗”分析了保险业发展失衡的初始根源和路径依赖，提出了挽回“树木颓势”的三个步骤，并提出了推动保险业转型发展的建议。

行业篇采用大量翔实的数据梳理了行业的发展历程，借鉴产业组织理论和波特提出的“钻石模型”，从各个角度，对保险各子行业的竞争力进行了评价分析，并提出了提升行业竞争力和服务能力的对策建议。

企业篇运用新的保险企业竞争力“三段式”评价分析模型，在概括市场总体竞争态势的基础上，对主要产寿险公司的竞争力进行了系统评价分析，并对企业竞争力背后形成的原因进行了深入挖掘。

专题篇结合当前保险监管和市场发展的重点和难点，围绕农险模式、交强险市场化、税延型养老保险试点、银行保险困境和模式变革、偿付能力困局、市场退出法律制度构建、消费者保护实践等问题进行了系统、深入研究，并提出了一系列有针对性的对策建议。

保险蓝皮书的撰写汇聚了一批在国内保险界具有较高知名度的专家、学者，内容力求客观、权威、通俗，兼具学术性、实务性和资讯性，既适合监管部门、保险相关机构和学术研究参考，也适合一般从业人员学习、了解保险业。

Abstract

Around the theme of "model change, structure adjustment", the initial issue of China Insurance Blue Book takes "A difficult start in transition" as the main topic, adopts the competency of industries and enterprises as the focus. The Book describes the glorious history of the insurance industry while presenting a review and reflection on the development of the industry. By facing the problems directly, tracing the origin of the issues, and digging the deep contradictions in the development, the Book attempts to provide advice and suggestions through an objective, in-depth analysis of the development of the industry.

The Book is composed of four sections, including General Report, Industry Report, Company Report, and Special Topics.

Based on the historical transitions of the Chinese insurance industry and the particular economic background, General Report borrow the theory of "Restrain the growth of seedlings" to analyzes the root cause and evolution of the imbalance in the insurance industry development, recommends three steps to reverse "Declining of a tree" and proposes plans to promote the transformation and development of the insurance industry.

Using industry structure theory and Porter "Diamond model", Industry Report reviews the history of insurance industry development with comprehensive data. It evaluates the competency of the insurance sub-sectors from various aspects, provides recommendations on enhancing the competency and improving service capabilities.

Applying the new insurance competency "three-stage" evaluation model, Company Report summarizes the overall competitive status of the industry and performs a systematic analysis on the competency of the major life and property insurers. The Report takes further steps to look into the situations to build the competency.

Combined with priorities and difficulties in the current insurance regulatory and market development, Special Topics presents in-depth studies on agricultural insurance model, market opening of compulsory auto insurance, the pilot scheme of tax-deferred pension plans, the dilemma of bank assurance and mode change, the solvency issues, the market withdrawal system, and the consumer protection practices. In addition, this section offers recommendations to solve the issues discussed.

China Insurance Blue Book is written by scholars and experts with high reputation in the domestic insurance industry. The Book aims to provide objective, authoritative, understandable information while maintaining academic. It is a good reference for regulatory authorities, insurance agencies and academic research. General practitioners will get useful information to learn the insurance industry from the Book as well.

前　言

2012年初，在全国保险监管工作会议上，中国保监会项俊波主席明确指出，要增强行业竞争力，健全综合评价保险机构经营管理水平和核心竞争力的指标体系，突出内涵式发展导向，切实转变发展方式。2012年7月，在上半年全国保险监管工作会议上，项俊波主席作了题为《解放思想，转变观念，不断提高保险监管水平》的报告，强调保险监管和行业发展要“解放思想、转变观念”，明确指出“要坚定信心，努力‘化危为机’，推动行业成功实现发展方式转变和结构调整”。

在此背景下，满载着中国保险人的责任和豪情，保险行业展开了以“转型发展”为主题的解放思想大讨论。特华博士后科研工作站积极响应，会聚了一批对保险事业充满热情、在业内具有较高知名度的专家学者，以“转型的艰难起步”为主线，对中国保险业竞争力进行研究，以书写保险业发展的不凡历程、艰难时刻和改革步伐。本书面见读者之际，恰逢金秋，硕果累累，举国欢庆。我们谨以此书为祖国63岁华诞和党的十八大献礼！

蓝皮书系列是中国社会科学院推出的大型系列图书，对年度中国经济社会各领域的发展态势进行深度分析和前瞻预测，已成为党和国家各部门以及社会各界的思想库和工具书。中国保险业竞争力蓝皮书，定位于保险业界的学术交流平台，致力于对中国保险业改革进行系统深入的分析和实时跟踪研究，追本溯源，建言献策，努力做到既权威、客观，又欢迎学术争鸣。

本期皮书在编委会的指导下开展研究工作，具体研究分工如下：总报告由特华博士后科研工作站和中国保监会张领伟博士完成。在行业篇中，产险部分由武汉大学魏华林教授、李毅博士和杨霞副教授完成；人身险部分由南开大学朱铭来教授和李新平博士完成；中介部分由中南财经政法大学刘冬姣教授完成，李园园、顾然和甄婷婷予以协助；再保险部分由中再集团吴高连总裁、发改部秦泓波总经理和官兵博士完成；资产管理部分由国寿资产缪建民董事长、投资研究中心钱小安总经理、董崴研究员和肖志光博士完成。企业篇由南开大学李秀芳教授和国寿股份冯占军研究员完成，王小康、郝伟、解强、吕莹予以协助。在专题篇中，国际保险部分由美国加州州立大学富勒顿商学院鲁维丽教授、谢晓莹博士和宋媛完成，邱清、朱琴协助；农业保险部分由首都经贸大学庹国柱教授、北京农委赵乐副处长完成；交强险部分由特华博士后科研工作站路雅教授完成；税延型养老保险部分由厦门保监局柯甫榕副局长、涂东阳副处长和钱敏博士完成；银行保险部分由中国保监会中介部孟龙主任完成；中小企业保险部分由天津财经大学陈之楚教授完成；偿付能力部分由中信建投缴文超研究员完成；消费者保护部分由中国保监会消保局李世玲局长和赵越副处长完成；市场退出部分由中国政法大学薄燕娜副教授完成。

在研究撰写过程中，中国保监会中介部施强处长、人保股份王和副总裁、西南民大蒲成毅教授等对本书都提出了很好的意见和建议，张红亮、杜健、陆晓龙、王洪涛、李连芬、魏秀芳、杨栋梁、陈博钰、蔡莉、杜英辉等都对编辑出版做出了积极贡献，在此我们一并表示衷心的感谢！

全书由张领伟博士组织统稿，由中国保险学会原会长罗忠敏教授和特华博士后科研工作站执行站长王力教授审阅定稿。皮书各部分数易其稿，甚至十余次修改，凝聚了编者的汗水和智慧。然而，由于首次成书，加之经验和水平所限，不足和偏颇之处在所难免。希望读者不吝批评指正，有任何意见和建议，都欢迎与我们联系：bxylps@126. com。

本书编委会

2012年9月26日

目 录

𝔹Ⅰ 总报告

𝔹Ⅱ 行业篇

𝔹Ⅲ 企业篇

BⅣ 专题篇

CONTENTS

𝔹 I General Report

𝔹 II Industry Report

𝔹 III Company Report

BⅣ Special Topics

总 报 告

General Report

B.1 转型的艰难起步

“蹲苗”，是一种农作物栽培中抑制幼苗茎叶徒长、促进根系发育的传统技术措施。以树木为例，在成长初期，适时不去浇水，迫使树木为了生存，拼命往下扎根，待根扎深扎牢，再浇水，枝叶就会长得又壮又稳。如果缺少“蹲苗”阶段，根系难免不深不壮、枝叶羸弱，枝干不稳、抗倒伏能力差，营养难以为继、成长受限、抗病能力弱，令人扼腕。

用树木栽培来比喻保险业发展似乎有几分适宜。十余年来，在幼年发育的重要时期，我国保险业似乎“蹲苗”不足。从产险来看，适逢汽车业大发展，小型客车进入千家万户，保险资源快速向平易单一、来钱快、收益有保障的车险聚集，“跑马圈地”，业务膨胀，发展粗放，结构失衡，无暇去提升保障能力，深化保障领域；从寿险来看，民众财富迅猛增加，国际上财富管理浪潮涌来，扰动中国市场脱离成熟保险市场曾经走过的、自然的产品结构升级轨迹，引领多数寿险公司一股脑涌向简单好卖、来钱快的财富管理领域，导致发展异化，偏离保障本职，带来销售误导等一系列问题。这致使保险业虽似“枝繁叶茂”，然而根系发育滞缓，难免会面临三个困境：行业根基不稳固、未来拓展空间受限、抗风险能力差。若此，一旦外围政策、产业发展或资本市场风吹草动，行业就会举步维艰。而且，为了追求短平快的利益，保险机构迅速扩张、从业人员数量迅速增加、一些股东急功近利，这加深了保险供求阶段性、结构性失衡，必然成为改革包袱，拖累保险业转型发展。草木如此，产业亦然。

近一段时间以来，中央和中国保监会多次要求，要加快发展方式转变。在2012年上半年全国保险监管工作会议上，中国保监会项俊波主席作了题为《解放思想，转变观念，不断提高保险监管水平》的报告，将保险监管和行业发展“解放思想、转变观念”提升至从未有过的高度，明确指出：“转方式、调结构，是目前中国经济发展的主旋律，也是当前保险业发展的主旋律”，“行业发展方式已经到了不转不行、不调不行的阶段”，“要坚定信心，努力‘化危为机’，推动行业成功实现发展方式转变和结构调整”。

保险业从来不乏思考。在中央和中国保监会指引和鼓励下，历经高速发展和辉煌行程，在保险业问题凸显、艰难转型的时刻，中国保险人肩负行业发展的责任和使命，既有“从上到下”的谋划、引领和推动，又有“从下到上”的实践、争论和谏言。一时间，思考、探究、践行，蔚然成风。

本文的研究视角将从“蹲苗”开始，评述保险行业竞争力及转型的必要性，分析影响行业竞争力的因素，最后提出实现“根深叶茂”转型发展的“保护枝叶、强本固基、拆解庇护”的三个步骤，以期抛砖引玉，为行业改革发展建言献策。

一　暂别高增长，踌躇中酝酿变革

从全球来看，2011年GDP达69万亿美元，同比增长3%，比上年放缓一个百分点。保险需求随之下降，处于恢复期的全球保险业再度陷入停滞。2011年，全球保费收入45970亿美元，扣除通货膨胀因素后比2010年降低0.8%。主要源于寿险业的低迷，2011年寿险业保费下滑2.7%，非寿险业保持增长势头，增加1.9%。

从国内来看，过去10年，我国保险业的行业规模、市场结构、监管水平、服务质量实现了大发展、大繁荣、大进步、大提升，成为中国经济社会发展成就的一个缩影。2011年GDP达47万亿人民币，增长9.2%，增速缓慢回落。2011年保费收入1.43万亿元，同比增长10.4%。其中，产险4617.82亿元，增长

18.5%；人身险9721.43亿元，按新统计口径下降7%。保险公司总资产达到5.9万亿元。

关于特定时点的保险行业竞争力评价，目前尚未有公认的成熟的分析模型和分析范式。参考产业组织理论的“结构主义”学派观点，我们采用市场结构、市场行为、市场绩效三个核心分析要素，同时，我们初步认为，市场规模对市场结构具有间接影响，政府政策对整体传导具有重大影响。因此，我们主要围绕这五个要素（见图1），以2011年数据为主体，对中国保险业各子行业的发展及竞争力态势进行简要评述。

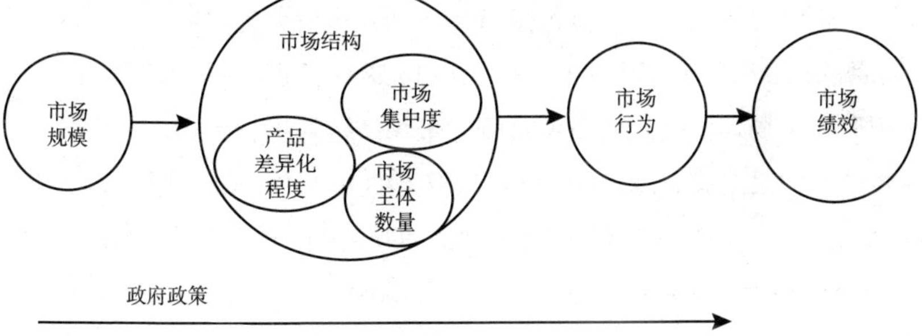

图1　中国保险业竞争力分析框架

（一）产险业：发展放缓，竞争加剧

1. 车险需求释放趋缓，产险增速回落

2001～2010年，中国产险业保费收入由685.39亿元增长至3895.64亿元，年均复合增长率达21.3%；赔款支出由332.93亿元增长至1756.03亿元，年均复合增长率达20.29%。

2011年，产险业保费达到4617.82亿元，比2010年名义增长18.5%，实际增长12.47%，增速分别下降16.9个和18.67个百分点。国际市场份额达4.44%，上升0.5个百分点，仅次于美、德、日、英、法，超过荷兰，排世界第6位。赔款达2186.93亿元，增长24.54%。

受经济放缓、汽车行业发展周期、购车补贴调整、车辆限购等政策影响，2011年，保费增速高位回落，急速放缓。从可获得的数据来看，2010年中国非寿险增速排全球第2，2011年却跌至第13位，低于阿根廷、伊朗、土耳其、印度、俄罗斯和韩国等。在金砖四国中，2010年中国非寿险业务增长率遥遥领先，但2011年却列第3。

2. 竞争程度标志性提高，市场化进程仍然艰难

市场结构直接影响市场的竞争程度。衡量市场结构一般有市场主体数量和市场集中度等指标。我们用行业集中率（CR_n）与赫芬达尔－赫希曼指数（HHI）来衡量市场集中度。

从主体数量来看，2001～2011年，产险公司数量从17家增加到60家，扩容速度壮观。CR_1 从0.7407下降到0.3628，CR_4 从0.968下降到0.7099，HHI从0.5731下降到0.1856，市场集中度继续下降，市场竞争不断增强。从 CR_4 指标看，中国产险市场仍属于极高寡占型市场，具有垄断市场的特征。但从更为灵敏的HHI指标看，产险市场第一次站在了0.18这一关键指标的门槛前①。可以预见，中国产险市场即将进入竞争型市场，市场结构将进入新的历史阶段。

需要注意的是，接近0.18的HHI与较高的 CR_4 共存，表明市场上仍然有着较强的市场势力，特殊的竞争性市场结构下的产险市场化改革任重而道远②。

3. 车险一枝独秀，农险迅速上升，产品结构亟待优化

险种结构反映保险的服务格局，如发展偏好、创新能力、保障水平，直接影响行业发展的稳定性和可持续性。在美欧，产险产品丰富多样、结构均衡③，险种结构背后是容量庞大、充满活力、保障细致全面、专业分工鲜明的高度竞争的保险市场。

在我国，得力于家用汽车的普及和“交强险”的实施，车险市场份额从2001年的61.57%增加到2010年的77.12%，2011年略降至75.89%，占据绝对主体地位，成为多数产险公司冲规模、扩机构、谋生存发展的根本；受益于财政直补和多方推动，农险2010年市场份额增长到3.49%，2011年保费收入增长28.1%，市场份额增至3.77%，成为产险第三大险种。与之相比，企财险和责

① 根据国外有关研究分类，0.18不仅是高寡占型市场结构与低寡占型市场结构的分水岭，更是衡量市场是否存在垄断的最低标准。

② 2010年美国产险市场的HHI为0.0352，属于竞争最为激烈的竞争Ⅱ型市场。

③ 在美国，2010年私人车辆责任险和车身险的保费收入占产险总保费收入的37.8%，商用车辆责任险和车身险的保费收入占5%，房屋保险占14.4%，其他责任保险占8.6%，工伤险占7.4%，商业财产责任险占6.8%。在欧洲，2010年车险占非寿险保费的38%，财产险占25%，意外险、责任险分别占9%，其他占18%。

任险份额分别从2001年的17.65%和4.09%下降到2010年的6.97%和2.97%。值得关注的是，2011年，企财险、责任险、货运险、信用保险均以超过20%的速度增长，高于行业的18.54%，市场份额分别为7.14%、3.21%、2.12%和2.5%。

4. 赢利能力继续提升，可持续性不容忽视

我们选用净资产收益率（净利润与股东权益之比，简称ROE）来衡量保险行业绩效。2001~2010年，中国产险业ROE波动很大，呈明显的“V”形。21世纪初，由于偿付能力体系初建，保险公司资本硬约束不足，产险市场ROE达16%以上。随着偿付能力监管的完善、产险公司资本的增强，以及产险市场竞争的加剧，行业ROE水平逐渐回落，在2004年、2006年、2007年为负。2008年，由于金融危机造成经济放缓、重大自然灾害接连发生，中国产险承保亏损很大，行业ROE达到了最低谷，为近-25%。之后，随着经济恢复、监管力度加大、市场秩序好转，产险业ROE迅速上升，2010年达17.78%。

2011年，中国产险业承保利润176.65亿元，综合成本率降至创纪录的95.26%，同比下降2.07个百分点，产险业实现净利润234.45亿元，ROE升至21世纪以来最高的18.6%，效益达到历史最好水平。然而，庆功之余，有三个问题不容忽视。

（1）ROE和综合成本率指标的价值反省。ROE反映赢利能力，综合成本率反映控制成本的能力。但是，这是否必然代表其经营水平和竞争力，代表对消费者的服务能力？理论上讲，高费率、严理赔会提高ROE，降低综合成本率。因而，全面衡量竞争力还需要考虑费率水平和理赔水准。产险业不能仅仅满足于市场绩效，更应该关注经营技术和服务能力，关注所拟定的价格和提供的服务是否有亮丽的国际优势①，这样才能适应国际化、市场化的必然趋势。

（2）市场力量无孔不入，承保利润周期可能存在。市场通过“无形的手”来调节利润，美国产险就表现出明显的“萧条-繁荣-萧条”的周期特征②。这

① 2010年，中国产险业ROE和综合成本率均明显优于美国当年6.6%的ROE和100.8%的综合成本率数据；2011年也优于G7和澳大利亚产险业4%的ROE，以及美国106.4%综合成本率数据。

② 2001~2010年美国产险市场ROE呈“N”形特点。2001年美国产险ROE为负，之后每年稳步上升，2006年达到峰值12.4%，之后又降至2008年的2.6%，2009年又开始逐渐上升。

在中国产险业是否存在？目前没有研究定论。虽然近十年来中国产险 ROE 呈“V”形，但如果拉长镜头到1984年，粗略计算机动车承保周期，约为6年，略长于美国。如果此结论有一定合理性，那么，在经历近年的高绩效以后，也许车险甚至产险在不远的将来会再次面临严峻的形势①②。

（3）现有经营模式下的交强险亏损值得关注。2006～2008年赢利6.9亿元后，交强险开始连年亏损③。有预计，随着赔偿标准的提高、续保费率优惠的加大、计提救助基金、外资机构参与竞争等，交强险面临的考验会加大。

这三个问题看似独立，实则紧密相连，涉及政府和市场、商业效益和社会福利关系的平衡。

（二）人身险业：问题凸显，转型艰难

1. 寿险显著回落，保障型险种稳中有升

进入21世纪以来，人身险保费从2000年的1003亿元，一路高歌猛进，增加到2010年的10632.33亿元（包括产险公司经营的意外险、短期健康险收入），年均增长率为23.79%。然而，按照新的会计准则统计口径，2011年人身险保费收入9721.43亿元，同比减少780亿元，下降7%，数字上看是近20年来首次负增长。具体来看，寿险保费8695.59亿元，比上年减少983.92亿元，同比下降了10%。与之相比，保障性能突出的意外险保费为334.12亿元，同比增加21%；健康险保费为691.72亿元，同比增加2%④。2012年1～7月，实现保费5713亿元，在前半年同比转正后，7月份再次转负。

受宏观经济调控、金融市场动荡和监管政策的影响，2011年，投资分红型寿险业务明显减少，导致人身险业务整体下落。具体而言，一是在通胀、利率走

---

① 2012年上半年全国保险监管工作会议指出：近一段时间以来，受业务增长压力加大、市场竞争日趋激烈等多方面因素影响，保险市场非理性竞争有抬头迹象。主要表现在，部分地区手续费有所攀升，部分公司通过放宽承保政策、扩大责任范围方式违规变相降价等。而且，一些公司出现了“以维修利润贴费争抢车险业务”的现象。

② 平安产险、太保产险2012年中报显示，上半年净利润分别增长2%、-33%。

③ 从2012年8月公布的数据来看，2011年赔付率虽同比下降了0.4个百分点，但经营亏损达92亿元，比2010年多亏20亿元，增幅为27%。其中，承保亏损112亿元，投资收益20亿元。经营交强险的36家公司中，32家呈现业绩亏损。

④ 2012年上半年健康险保费收入为466.20亿元，同比增长26.7%，赔付142.3亿元，同比减少34%。健康险管理市场加速发展，或许成为保险公司未来重要利润增长点。

高和银根紧缩的大环境下，寿险产品收益率难有竞争优势，而银行理财产品和信托产品成为民众理财的首选。二是为防范银保风险，监管机构采取保险公司不得驻点、银保合作“一对三”限制等措施，挫压了银保销售，银保业务减少2%。三是投资收益缩水，占据人身险80%市场份额的分红险产品普遍没有达到令人满意的分红预期，降低了以投资储蓄为目的的保险需求，行业退保率有所上升①。

2. 市场竞争日趋激烈，外资保险明显收缩

市场主体快速增多，竞争逐步加强。2010年有人身险公司61家，比2000年增加49家。其中，寿险52家、养老险5家，健康险4家。“入世”后，外资积极进入中国市场，2010年中资企业33家，合资外资企业28家。2011年，中资继续扩容，中资法人公司36家，较2010年增加了3家。

从2001年到2011年，CR_1 从0.6534下降到0.3329，CR_4 从0.9742下降到0.6540，HHI从0.4836下降到0.1589，市场集中度继续下降，市场竞争不断增强。从 CR_4 指标看，人身险市场仍属于寡占型市场，但从HHI指标看，人身险市场已经低于0.18，我国人身险市场即将进入竞争型市场。

中资公司增长优势明显，2011年市场份额为95.6%，同比提高1.6个百分点。与之形成鲜明对比的是，外资公司25家，较上年减少3家，注册资本大幅下滑。在华市场份额2005年达到峰值8.91%后，2010下落到6%，2011年又下滑到4.4%。与主要OECD国家相比，外资在中国市场表现较弱②，例如，在日韩均超过15%，在美国将近20%，在英国超过了50%。

3. 愈发倚重理财型产品，产品结构转型漫道雄关

我国日前险种可大致分为：“保障+储蓄”的传统寿险产品、养老金保险，“保障+补偿”的健康保险，“保障”为特点的人身意外伤害险，“投资+保障”

---

① 2011年寿险公司退保957.9亿元，同比增长69.6%，退保率为2.6%。2012年上半年，4家上市寿险公司退保累计362.19亿元，同比增长21.8%。除中国人寿外，其余3家退保率略有增加。银保渠道成为退保重灾区，退保险种主要集中在分红险。

② 就反差原因，我们认为：一是外资寿险公司50% Vs. 50%的股权结构影响着公司的控制权配置、治理机制运作和效率。与OECD国家相比，目前我国是唯一限制外资寿险公司持股比例的国家。二是面临中资同业的强大竞争压力，外资公司在定价、投资、营销、内控等方面没有发挥出应有的优势。三是2008年金融危机之后，外资公司母国公司资金普遍紧张，同时在华投资收益迟迟不能实现，致使其出售股份。

的分红险、投连险和万能险等新型产品。

寿险产品中，普通寿险（保障性）业务2000年保费是826.14亿元，占人身险保费收入82.37%，十余年后，2011年为951.2亿元，占比仅为9.78%。反观分红险①，2000年出现，2002年就达1121.72亿元，占比高达49.31%，此后除了2006年和2007年稍有下降之外，一直占领着人身险市场的半壁江山，2008年后又一路增长，2011年达到80%。

回望产品结构变迁，笔者认为，20世纪末，在保障型人身险稳步深入、拓展领地之时，理财型寿险突然闯入我们的视野，进而急剧吸聚行业资源，扰动市场脱离正常升级轨迹，引领行业大步迈入所谓的“财富管理”时代②。人身险快速增长与“繁荣”开始与“居民理财需求”和“资本市场发展”两个因素密切相关，逐渐“重投资、轻保障”，偏离保障本质。终于，进入2008年，资本市场急剧变化，万能险和投连险收益率普遍下降，保费收入快速下滑③。随着行业转型回归呼声渐高，得益于前期积累，分红险成为2008~2011年保费增长的主要动力，然而分红险并未挣脱“重理财”的本质。这种产品结构，不但偏离保障职能，而且隐含着行业发展的巨大波动④。

与我国相比，美国寿险市场产品多样，主要有五类，即个人寿险、个人年金、团体寿险、团体年金及意外和健康险。以2010年为例，个人年金为31.3%，意外健康险为25.5%，个人寿险为22.9%，团体年金为16.9%，团

① 有研究证明，分红险的保额/保费略高于投连险，低于万能险，保障性极弱。

② 关于原因，我们认为：一是民众财富迅速积累。2001年人均收入突破1000美元，之后民众财富快速积累，财富管理需求增强。二是定价利率管制推动寿险产品向财富管理方向突破。20世纪末央行连续7次降息使寿险业出现大量利差损，于是监管部门1999年6月将寿险产品新单的预定利率下调为2.5%。这使得业务拓展难度增加，寿险公司开始调整，三大公司开始各自寻找突围之路，监管机构也于1999年开始鼓励试办新型寿险产品。三是国际保险业开始大幅涉足财富管理对国内经营理念和战略选择带来冲击。这样，1999年开始，三大公司不约而同推出了“保障低、投资风险部分或全部由投保人承担”的投资型产品，成为“上规模、冲保费”的利器。平安最激进，率先推出投连险；国寿最保守，选择分红险；太保居中，启动万能险。其他公司迅速跟进，掀起热潮。

③ 数据上看，得益于2007年资本市场井喷，投连险保费393.83亿元，比2006年增长了5.58倍，占人身险的7.96%，之后随着资本市场疲软，投连险一路下降，2011年仅为4.55亿元，占寿险公司全部业务的0.05%。万能险与之类似，2011年保费为77.12亿元，占寿险公司业务的0.81%。

④ 我们采用ROE来衡量人身险行业赢利能力。得益于资本市场，人身险行业2007年ROE超过20%，转年大幅回落，赢利不振，2011年跌至15%以内。

体寿险为 3.5%。

4. 银邮渠道问题集中显现，个险渠道进一步强化

“保险都是卖出去的”，渠道是保险的生命。险种类型一定程度上造就了渠道状况，同时渠道对险种结构有着强大的反作用。富有储蓄和投资功能的寿险产品，注定了银邮是其天然的优良销售渠道①。保险机构为争夺银邮渠道，竞相提高手续费，竞争日趋激烈②。有人痛心地责备银邮渠道为“鸡肋”，实则是一些寿险公司就像“温水中的青蛙”，有被银邮“绑架”之嫌，只能“饮鸩止渴”地依托银邮维持生计。针对银邮渠道的销售误导、业务品质低、违规支付利益、风险跨行业传递、监管乏力等突出问题，监管机构开始了密集整治，加之市场流动性的急速收紧，银邮渠道积累的深层次矛盾凸显，2011 年实现保费收入 4577 亿元，同比下降 1.85%，2012 年上半年更显萧条，给行业发展带来较大的压力③④。

银邮渠道的受挫，迫使不少保险公司更加重视传统个人营销渠道，个人营销渠道得到进一步强化。1992 年美国友邦将寿险代理人机制引入中国，国内公司纷纷效仿，快速复制，带动了寿险业的超常规发展⑤。然而，在我国对代理人制度的探索实践中产生的不诚信问题，以及“管理粗放、大进大出、素质不高、产能低下”困境，已经成为危及中国寿险业的恶瘤。问题根源是制度本身，还

---

① 1999 年以前，银行以兼业身份代理销售，规模不大，寿险公司没有开发专门的银保产品。直至平安寿险 2000 年正式推出“千禧红”后，银保才开始启动，寿险公司纷纷跟进。2003 年，监管机构解除了“一对一”机构合作限制，银保保费收入开始突飞猛进，2008 年首次超过个险渠道，成为寿险保费来源中分量最重的渠道，随后而来的宽松货币政策营造了银保业务的巨大“繁荣”。

② 2009 年以来，随着银保成本攀升，人力成本增加，人身险行业的综合费用率逐年上升，2011 年近 30%。

③ 2012 年上半年，中国人寿、中国平安、太平洋保险、新华保险银保收入分别为 724 亿元、75.98 亿元、217.09 亿元、313.93 亿元，除了新华保险同比增长 2.2% 外，其他三家公司分别下降 23.3%、43.5%、22.5%。

④ 银保低迷在银行 2012 年中报中得以体现，多家上市银行代理保险保费和手续费收入呈现负增长。例如，农行代理新单保费 543.90 亿元，同比下降 16.4%，手续费收入 23.99 亿元，同比下降 26.4%；光大银行代理保险手续费 0.69 亿元，同比下降 25%。

⑤ 有观点认为，保险代理人在 1994～1997 年素质较高，朝阳行业、高收入吸引了一批大学生和素质较高的下岗工人，然而在 1997 年保险市场全面扩张后，情况开始变化。保险公司急功近利、产品有失公允、考核激励“重规模轻质量，重结果轻过程”、培训中的不良宣导，致使营销员体制机制问题日益积累。

是我们模仿走形？值得反思①。特别是最近几年，随着劳动力短缺，用工成本大幅上升，以“人海战术”为重要特征的寿险增员机制受到极大限制。即使如此，2011 年保险公司还是加大投入，个人营销再次成为亮点，实现保费 4266.72 亿元，同比增长 16.8%，占比 45%，提升了 4 个百分点。然而，营销员无疑正在成为“末路英雄”，2011 年增员率从 2010 年 13.49% 下降到 1.8%，人均佣金自 2007 年来持续下降，2011 年为 1.27 万元，同比下降 24.59%，与全社会平均工资上涨形成强烈反差。数据让人警醒！

银邮渠道造就了寿险业的“辉煌”，但却助力寿险越发偏离保障，特别是 2008 年宽松货币政策下的银邮销售繁荣，延迟了本应到来的寿险业务调整。2011 年银邮问题集中爆发，传统个人营销压力倍增，深层次问题进一步固化，这些都加大了未来调整转型的难度。

（三）保险中介业：蜿蜒前行，任重道远

保险中介是保险市场细化分工的产物，同样，保险中介的成熟发展也会通过反作用力推动保险业调整转型。

1. 主渠道地位显著，营销员和兼业代理占据主导

2001 年以来，保险中介实现保费占全国保费的比例不断上升，2005 年达 73%，2007 年达 82%，之后基本在 80% 以上，2011 年达到 86%。

在保险中介各子类别中，不难发现，保险营销员和保险兼业代理机构始终是保险销售的主要渠道，专业保险代理公司和经纪公司份额不高。2002 年，营销员和兼业代理实现保费占全国总保费的 62%。2011 年营销员实现保费 5469.89 亿元，占比 38.25%，兼业代理 6054.12 亿元，占比 42.34%，合计达 80% 以上。而专业经代公司实现保费占比基本在 4% ~6%，2010 年为 5.48%，2011 年达 6.3%，有所上升，比例仍然较小。

2. 专业机构数增长回落，资本实力提升，市场竞争充分

2001 年全国有 61 家保险专业中介机构，2011 年为 2554 家，其中，全国性

---

① 需要注意的是，现今，代理人制度在“鼻祖”友邦（AIA）中生命力依然旺盛。AIA 将保障期 8 年以上的保障型产品作为业务发展重点，匹配以营销员为主导的销售模式。2011 年，AIA 保费为 144.4 亿美元，同比增长 11%，续保率达到 94.5%，税后利润为 19.2 亿美元，同比增长 13%，AIA 营销员业务贡献度为 62%，员工及代理人队伍保持了相对稳定。

专业代理机构32家，区域性专业代理机构1791家，经纪机构416家，公估机构315家。2011年一改前几年快速增加的态势，增幅创十年来新低，只增加4家①。

2011年，得益于新的监管规定的贯彻落实，全国保险专业中介机构资本规模明显增长，注册资本110.72亿元，同比增长21.94%；总资产170.94亿元，同比增长25.77%。从2012年保监会采取提高门槛的措施来看，未来保险中介行业的资本实力将大幅攀升，为保险中介机构规模化、专业化发展奠定了基础。

从CR_4、CR_8、HHI指标来看，专业代理属于竞争型市场，市场集中度低，近年有上升的趋势，“小、散”问题有所化解；经纪市场属于寡占Ⅴ型市场，相关指标以2008年为界，先上升后下降，市场竞争增加；公估市场接近寡占Ⅳ型，市场集中度在2010年之前一直有下降趋势，市场竞争平稳增强。

3. 专业代理和公估赢利不稳定，保险经纪赢利能力趋于增强

随着保险代理的发展，专业代理行业于2008年扭亏为盈。之后，实现的保费收入、佣金收入一直维持正增长，保持了一定的净利润，但增长率有所下滑。2011年代理保费529.72亿元，同比增长9.97%，但较2010年的46.5%降幅较大，实现佣金81.53亿元，增长率由2010年40.76%下降到29.23%，净利润0.57亿元，同比下降1.42亿元。保险专业代理机构“散乱差”的市场格局比较突出。需要注意的是，专注于做寿险的保险代理公司发展较快，相对充满活力，一些公司甚至成为保险市场的明星。

保险经纪行业自2005年以来，机构数量、实现保费、市场占有率持续增加，2011年实现保费380.1亿元，同比增加67亿元。2008年以来，净利润逐年上升，保费收入、佣金和净利润增长率都保持在20%以上，保险经纪人服务竞争力呈现增强的趋势，2011年实现保费380.1亿元、佣金55.48亿元、利润7.95亿元。在非车险的产险领域，特别是工程险领域，保险经纪人发挥技术优势，代表消费者利益，对保险保障职能的发挥起到了重要作用，充分显现了效能优势。

保险公估机构近年来数量和业务收入持续增长，但估损金额增长并不稳定。2011年，估损金额211.65亿元，波动中有所增加；业务收入13.64亿元，平稳

① 2011年下半年，保监会对保险代理市场实施清理整顿，一些保险专业代理公司进行了兼并重组，一些公司退出市场，代理公司数量大幅减少，由2010年的1853家减少到1823家，减少了30家。与此同时，经纪公司和公估公司仍保持增长的态势，分别增加了24家和10家。

中有所增长；净利润0.35亿元，同比减少22.67%。保险公估竞争力没有明显提升。

4. 营销体制可持续性不容忽视，兼业代理“尾大难掉”

保险营销员数量持续攀升，2011年336万人，同比增加近6万人，保费增加了788亿元，增长16.83%，占全国总保费的38.25%，占保险中介的44.31%，较2010年都有所提升。然而，如前文所述，2011年增员率、人均佣金都在下降，保险营销员服务竞争力的持续性令人担忧。

兼业代理2005年以来机构数量、实现保费收入不断增长，2011年兼业代理机构数量同比增加5600多家，实现保费增长6054.12亿元，占全国总保费42.34%。市场份额、机构数量增长率、保费收入增长率较2010年明显下降。随着保险业新时期转型发展，兼业代理存在的销售误导、商业贿赂、服务能力不高等问题为各界所诟病，成为改革重点①。随着兼业代理专业化的不断推进，预计兼业代理的市场份额和赢利能力会进一步下降。然而，由于兼业代理业务成本低、受约束少、既得利益分配固化，专业化转型难度可想而知。

（四）再保险业：开放充分，差距明显

再保险承担分散保险全行业风险的重任，调节直保市场保费价格和供求关系。在再保险全面开放的格局下，民族再保险起步晚，表现为承保能力不足、技术实力偏弱、产业链竞争力偏弱等问题，转型创新任务艰巨。

1. 国内再保险需求经历波动，金融危机后恢复增长

近年来，国内直保公司分出保费规模经历了起伏波动。2006年取消法定分保，全部转变为保险公司之间的商业分保。2006年和2007年分出保费分别为362亿元和495亿元，同比增长率分别为16.4%和36.7%，但2008年和2009年增速下滑，分别为16.7%和-16.1%。2010年取得恢复性增长为24.9%，2011年增幅最快，达到52.4%，达到922亿元②。

① 从保监会公布的数据看，2012年上半年关于兼业代理销售误导的投诉在中介渠道中占比高达83.49%，略高于2011年的81.33%。

② 具体来看，产险是国内再保市场的需求主力，2011年达767亿元。寿险行业的再保险需求相对疲弱，2010年、2011年增幅有下滑趋势，寿险分出保费分别为134亿、156亿元，同比增长34.5%、16.3%。

2. 国内再保承保能力缓慢提升，外资份额一跃超中资

近年来，随着专业再保主体的增多和承保能力的提升，国内再保市场分保费收入实现了稳步增长，从2005年的224亿元增长到2011年的639亿元。

与直保市场态势形成鲜明反差的是，外资在华再保险公司承保能力逐步增强。2005年，外资在华机构仅接受了45亿元分保费，2010年为176亿元，2011年跃至319亿元，同比增长81.3%。2005年中资再保公司从国内直保公司接受175亿元分保费，2011年为282亿元，增长缓慢。2011年，外资市场份额首次超过中资再保险公司。

与国际上领先的再保险公司相比，中再综合成本率平均高出5~6个百分点，2005~2011年达101.1%左右。全球再保险行业2004~2011年ROE平均在11%左右，赢利性不强且波动性高，中再ROE较低，2011年为4.36%。

3. 开放程度持续加深，中资产业链竞争处于弱势

“十一五”以来，国内再保市场由封闭走向全面开放。国外公司除了到中国开设机构外，还通过离岸再保险等形式参与国内再保市场，国内市场开放扩展到了全球。2005年流向国外的分保费约为87亿元，占总分出保费的27.9%左右，2011年约为283亿元，占比升至30.7%。

再保险业竞争是全产业链的竞争。发达市场的再保险产业链很长，实现了有效整合，聚集了大量企业，产业链整体竞争力很高①。与之相比，国内再保虽然在业务规模、服务品质等方面都取得较大成绩，但由于行业起步晚，再保险中介渠道、再保险产品定价权掌控力不强，还没有形成产业链整体竞争优势。

（五）保险资产管理业：全面放开，勇面挑战

从“承保单轮驱动”向“承保+投资”双轮驱动的转变是保险业提高竞争力的必由之路。保险资产管理行业发展事关保险业转型发展的全局。

1. 资金管理逐步集中化、机构化，投资规模稳步上升

2003年，保险资金运用管理权限统一上收于总公司，保险资产管理公司陆

---

① 在发达市场，再保险产业链从资本投入开始，拥有灵活而强大的资本市场，能够为再保险公司提供价格低廉的资本；再保险研发聚集了大量的模型公司；在承保环节聚集了数量众多、资本和技术实力强大的综合类及专业型再保险公司以及具有竞争力的再保险中心；在渠道环节，有佳达、怡安奔福等全球著名再保险经纪公司统领市场；在市场准入方面，贝氏、标普等囊括了再保险公司的国际评级。

续成立，2011 年资产管理公司达到 12 家。保险资金管理方式逐步从分散化、部门化升级到集中化、机构化，有效提升了资金运用效率和专业化水平。

保险投资规模从 1999 年的 891 亿元迅速扩大到 2011 年的 3.78 万亿元，占保险总资产的比重从 34.2% 提高到 62.8%，提高了保值增值能力和市场话语权。同时，保险资金运用规模的增长体现出较强的稳定性和可持续性。

2. 投资渠道逐步全面放开，市场竞争将大幅提升

我国保险投资渠道大体经历了“粗放投资→严格管制→逐步有序放开”的过程。自 1999 年开始，迫于市场压力，保险资金在有效控制风险的前提下有序放开，先后被允许投资证券投资基金、股票、可转换债券、国家级重点基础设施建设、外汇产品、不动产和未上市公司股权，提高了资产配置的灵活性与有效性。

2012 年 6 月开始，保监会陆续实施“资管新政”，为保险投资发展带来难得的历史机遇：保险资金投资领域将逐步全面放开；保险资产管理行业的业务范围大大拓宽，将不再局限于集团内部或行业内部资产管理，面临全面转型；传统的行业壁垒将被打破，面临与各金融子行业的同台竞争，市场化程度和压力将大大提高。

3. 投资收益稳中有升，潜力仍待挖掘

2004 年以前，保险资金投资收益率一般在 4% 左右，此后，渠道逐步放宽，投资收益率在波动中有所提高，2005～2011 年期间，平均收益率提高到 5.5%。在资本市场不景气的背景下，2011 年保险资金投资收益率仅为 3.6%。保险资产配置能力、风控能力和投资交易能力逐渐提升，为保险资产管理行业转型奠定了基础。

总体来看，我国保险资产管理存在“双低”，即投资收益率低、已赚取保费投资收益率更低。从 2000 年至 2011 年，平均收益率为 4.5%，居世界中等水平。在 2000～2011 年期间，我国保险资金投资收益率的变异系数为 0.35，高于世界平均水平，风控能力相对较低。虽然没有出现过重大投资损失，受金融危机的影响也相对较小，但是，我国保险资金投资中的风险管理更多以效率牺牲为代价，并不是基于健全有效的风险管控体系。已经开始的投资渠道的全面放开，对行业投资能力、风险管理能力和服务客户能力都提出了全新的要求。

二 化"危"为机，未来可期

当下若问保险业是否还是朝阳产业，恐怕会有不少人动摇：保费多年持续大幅上升，2011 年已居世界第 6 位，和全球 GDP 排位相差无几，空白市场的红利效应释放殆尽，展业愈发困难，发展速度明显放缓，是否穷途末路了？

实际上，2011 年，我国保险密度为 163 美元，居世界第 73 位；保险深度为 3.8%，居第 56 位，仍然远远落后于世界平均水平①。况且统计中并未充分考虑产品保障程度。另外，从人均保单件数、人均保额、国民投保率等指标来看，未来中国保险业空间仍然巨大。

影响一个行业竞争力的因素有很多，我们参照波特的"钻石模型"②（见图 2），分析影响中国保险业竞争力的因素。我们将主要围绕其中五个因素展开。

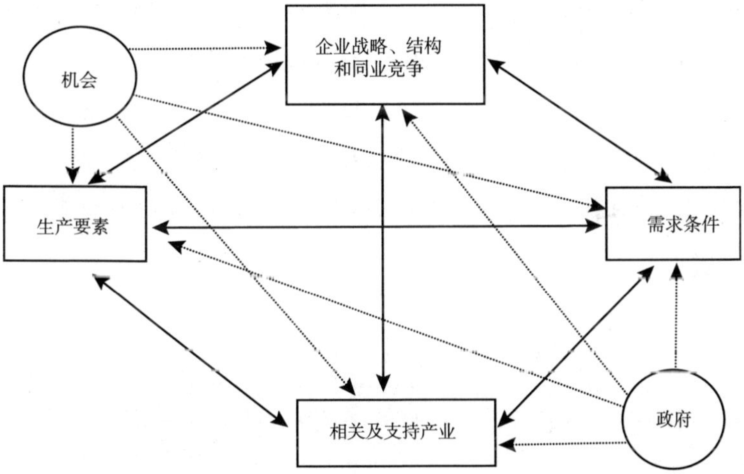

图 2 钻石模型架构

---

① 2011 年全球平均保险深度为 6.6%，中国台湾保险深度全球排名第一，达 18.4%，韩国为 11.2%，日本为 10.1%，印度为 5.1%，中国仅为 3.8%，同是东方文化地区，保险水平差异可见一斑。全球平均保险密度达 661 美元，欧洲达 1850 美元。美国为 3759 美元，中国仅为 163 美元。

② 钻石模型由美国哈佛大学管理学教授迈克尔·波特于 20 世纪 90 年代初提出，该模型最初被用于分析一个国家某种产业的国际竞争力。钻石模型认为，决定某产业国际竞争力的因素主要包括四大决定因素、两大辅助因素共六个因素。

（一）需求因素：保险需求持续释放，未来潜力仍然巨大

CCTV 的一份调查引起关注①：2012 年保险需求从两年前的第 9 位跃升至第 3 位，有 34.24% 的受访者计划购买保险产品。保险成为消费领域的一匹黑马！

调查显示的民众保险需求出乎意料，却在情理之中。我们将主要从风险因素、对风险的认知和态度，以及对转移风险的支付能力三方面分析中国保险业未来需求。

1. 中国经济快速发展持续释放保险需求

正如 2012 年全国保险监管工作会议判断，我国经济社会蓬勃发展的基本面不会变，保险业继续快速发展的基本面没有变。据统计，2001 ~ 2011 年，中国 GDP 总量从 109655 亿元增长到 471564 亿元，年均复合增长率超过 15.7%，未来有望保持在 7% 左右，经济总量、投资总额、进出口贸易规模将不断增加，人均可支配收入进一步增加。人均 GDP 按购买力平价已经突破 7000 美元，根据国际经验，人均 GDP 在 5000 ~ 10000 美元期间将是保险业快速上升的时期。而且，我国将启动收入分配体制改革，塑造“橄榄形”收入格局，“藏富于民”，推进社会保障制度改革②，必然会促进民众保险需求持续释放。可以预计，在“十二五”期间人均 GDP 及居民收入的增长将有力推动我国人均保费收入的增长③。

① 2012 年 3 月 7 日，央视财经频道发布《CCTV 2011 ~ 2012 经济生活大调查》，结果显示，2012 年百姓计划购买的商品或服务排名顺序：家电（37.82%），汽车（36.70%），保险（34.24%），电脑（33.26%），保健养生（26.82%），房产（24.88%），教育培训（23.38%），电动自行车（21.38%），艺术品（16.73%），租车服务（8.5%）。近 3 年的调查显示，人们对保险的需求持续增长（分别为 19.2%、29.1%、34.24%）。

② 中国社会贫富差距由改革开放初期的 4.5∶1 扩大到目前的接近 13∶1；城乡居民收入差距由 1998 年的 2.52∶1 扩大到 2011 年的 3.13∶1。全国收入最高的 10% 群体和收入最低的 10% 群体的收入差距，已经从 1988 年的 7.3 倍上升到目前的 23 倍。全国居民基尼系数在 1990 年就已经达到 0.445，接近国际上公认的 0.45 警戒线，农村居民基尼系数 2011 年达到 0.3949，逼近 0.4 的警戒线。2011 年中国人均 GDP 已达到 5432 美元，处于 900 ~ 11000 美元的中等收入阶段的中端。这表明中国已经到了必须直面和解决分配不公问题，切实维护社会公平与正义的阶段。见《收入分配体制改革方案有望 10 月出台》，《经济参考报》2012 年 8 月 27 日。

③ 有研究机构预计，未来 5 年，直保、再保市场的增速都将保持在高于国民经济增速 7 ~ 8 个百分点左右，呈现稳健较快发展的态势。根据中国保监会《中国保险业发展“十二五”规划纲要》的预期目标，2015 年我国保费收入有望达到 3 万亿元。

2. 跑步进入老龄社会对商业保险提出紧迫要求

中国老龄化速度之快前所未有。应对养老资金问题，划分政府职责与个人责任、社会保险与商业保险边界突然成为全社会最为关切的问题之一。据统计，我国养老保障三支柱中，第一支柱基本养老保险收入占比达90%，缴费率为28%，远超10%的国际平均水平，替代率则普遍达到45%，但基本养老金缺口却在不断加大。降低第一支柱比重已成趋势①②，作为第三支柱的商业养老保险将迎来重大发展机遇③。

3. 自然灾害和疫病等风险跳跃式上升对保险保障提出考验

近几十年来，自然灾害发生概率在全球呈加速趋势④。中国是世界上自然灾害最严重的国家之一，灾害种类多、强度大、频率高、损失重、时空分布不均。然而，中国财产保险补偿比的水平通常在6%之下，保险功能发挥明显不足⑤。自然灾害、传染病等的愈发频繁，对巨灾保险、财产保险、人身保险等产生刚性需求⑥，是对一国包括商业保险在内的风险保障体系的考验，这为商业保险的发展提供了难得的机遇和挑战。

4. 风险管理和保险意识持续加强，忧患不容忽视

随着经济社会文明的进步，关注风险管理、借助商业保险机制分散和转移风险日益成为全社会的共识。一是自然灾害、疫病、养老、意外等致使人们更加关注风险。二是风险和保险教育快速普及，保险意识和运用保险的能力普遍增强。

---

① 全国老龄委办公室副主任吴玉韶表示，在养老问题上，既要强调政府所要承担的责任，又要警惕政府责任泛化，警惕社会和老年人对政府期待过高，防止出现福利冲动、福利依赖和福利过度的问题。政府要承担一定责任，但不能承担全部责任。见《新京报》2012年8月25日。

② 从国际比较来看，政府承担的责任也存在下降趋势，例如，英国政府希望在未来几年中将基本养老金比重从目前的60%降低到40%，德国也希望个人养老保险占养老金的比重从10%提高到30%。

③ 2012年6月，6部委制定的《社会保障“十二五”规划纲要》要求大力发展补充商业养老、医疗保险。

④ 2011年自然灾害带来的全球经济损失增至3800亿美元，创历史纪录。同时，2011年也是保险史上自然灾害赔偿费最高昂的一年，创1050亿美元的纪录，相当于2010年的2倍以上。

⑤ 近10年来，财产保险补偿占全球灾害损失的比例大约在20%～40%，发达国家重大灾害的财产保险补偿比普遍达到50%以上。

⑥ 例如，北京2012年在“7·21”暴雨灾害后，涉水险投保量猛增。见《暴雨致北京涉水险投保量猛增》，《中国保险报》2012年8月2日。

三是强制保险、社会保险、商业保险参与社会保险，以及政府各项支持保险的政策等，带动了全社会保险意识的提高。然而，事实一再证明，我国民众的风险管理教育不足，缺乏国家层面统一规划和实施；从保险业来看，存在的一些不诚信行为，无疑正在侵蚀着消费者对保险业的认同，折损了潜在保险需求。

（二）生产要素：保险供给阶段性、结构性过剩，技术仍需提升

生产要素这里指，保险业为社会提供的保险服务总量和结构，影响因素主要包括市场经济水平、行业资本量、从业人员的数量和质量、保险技术水平、经营能力等。近年来，我国保险供给能力显著提升，但是存在的三个“不认同”也显示了供给质量的尴尬局面。

1. 保险机构数量和行业资本量持续增大，保险供给超越阶段性需求释放，却未能满足有效需求

一是机构数量大幅增加。从 2001 年到 2011 年，产险公司由 17 家增至 60 家，人身险公司由 12 家增至 65 家，专业中介机构由 61 家增至 2554 家。产险业资本量从 2003 年 310 亿元增加到 2011 年近 1430 亿元，寿险业从 2003 年的约 950 亿元增加到 2011 年的 2159 亿元，保险中介业从 2005 年的 53 亿元增加到 2011 年的 111 亿元。二是偿付能力不断提高。2011 年偿付能力达到 200%以上的保险公司为 61%，150%～200%的为 21%，100%～150%的为 15%，100%以下为 3%。三是资金持续不断进入。保险机构上市数量不断增加，资本市场的发展增强了保险业的资本补充能力，2011 年行业融资规模至少为 1952.04 亿元。

笔者认为，与其他行业相比，除了受到资本和人才约束外，保险供给扩张弹性巨大，并且显示出较强的规模经济效应，具有自然垄断特征。与之相比，保险需求释放的节奏和容量具有特定规律。过去十年，机构数量的迅速增加①，成倍放大了保险供给能力，一定程度上加剧了盲目竞争，影响了行业秩序。在外在环境影响下（文首对欠缺“蹲苗”的分析），为了生存、壮大，市场主体热衷抢占保护性定价、现金流大、条款简单的业务的规模，却未能有效拓展保障型服务领域，保险供求呈结构性失衡状态。未来，随着保险需求的逐步释放，对保障型领

① 笔者认为，对保险赢利周期和规律认识不全面、自身产权和赢利约束等原因，对资金进军保险业有重要影响。

域的主动拓展，特别是市场退出机制的畅通，这一问题有望逐步削减。

2. 高素质从业人员难以为继，培养方式亟待改善

在产品设计、销售服务、风险控制、查勘理赔等方面，保险都具有较高的技术要求，具有知识密集型产业特征。近年来，新机构纷纷设立，造成富有经验的高素质人才短缺，人才频繁流动虽客观上带动了行业人才的快速成长，但粗放型扩张使得“新手”纷纷上场，一定程度上影响了公司经营的规范性和专业性。同时，高等院校纷纷开办保险专业，为保险业快速扩张提供了人才基础①。

然而，保险业人才储备尚不能适应保险业转型发展要求②。一是我国保险专业设于财经金融专业之内，培养封闭，口径相对狭窄。二是高校办学与实践脱节，企业不重视与高校的合作，校企合作普遍停于表面。三是人才培养急功近利，缺乏有效和充分的培训。四是从业环境严峻。与银行证券业相比，保险业相对较低的劳动收入和行业形象，影响了优秀人才的涌入，而这又容易形成不良循环。五是由于劳动力成本的攀升，我们传统以“人海战术”为特征的保险营销模式面临较大的改革压力。

3. 技术不断进步，未来着重努力

技术对保险的重要性不言而喻。从不可保风险设计转化为可保风险，从产品定价、条款设计，到保险销售、业务财务管理、减灾防损，再到最后查勘理赔，较高的技术能提高保险业价值传递的效率和深度，利用范围经济和规模经济效应降低保险成本，提高服务体验，从而刺激需求，增加保险供给能力和水平。随着工业化、信息化的发展，我国保险业不断加大投入，促进行业经营管理和信息技术深度融合，在信息化治理、制度和管理标准、电子商务等方面取得可喜成绩。

然而，不可否认的是，我们整体技术水平仍然薄弱。一是简单险种承保技术相对成熟，但对于责任险、健康险、保证保险，以及特种保险的承保能力弱，风控能力不高。二是保险机构内部业务、财务统一管控能力有待提升。三是参与防

① 来自瑞士再保险经济研究与咨询部的数据显示，近年来，随着中国保险市场的迅猛发展，保险行业的从业人员数量也呈爆炸式增长。预计到 2020 年，中国保险从业人员将从 2010 年的 390 万人递增至 1200 万人。

② 2012 年 8 月，普华永道对全球 121 位保险公司 CEO 的调查显示，近六成 CEO 把人才紧缺视作公司成长的重大威胁，远高于其他金融行业。约三成保险公司由于人才制约而无法抓住市场机遇，或者不得不取消或推延某些关键性的策略性倡议。

灾防损的能力和技术有待提升。四是理赔和增值服务技术进步很快，但持续提升的空间依然很大。

（三）相关和支持性产业：产业环境日益改善，资源整合有待深化

定位于为全社会提供风险管理服务，保险业与各行各业息息相关、难舍难分。

1. 行业性风险管理趋势为保险提供难得机会

随着安全生产意识的显著提高，行业性风险管理已经成为我国安全生产和风险管理领域的必然趋势。保险业充分借助政府和行业组织的力量，稳步介入，逐步嵌入产业链之中，发挥风险管理和分散风险职能。在汽车、农业、工程、采矿、教育、体育、旅游、食品、医疗等行业，保险已经成为行业风险管理必不可少的手段。

2. 相关行业发展为保险展业和理赔提供便捷平台

（1）车商、银行、邮政等兼业代理的快速发展助力保险低成本快速渗透。销售保险逐渐成为兼业机构的重要利润来源。例如，2012 年正式启动利率市场化改革，银行业或将告别“暴利时代”，通过销售保险等方式增加中间业务收入成为银行业的必然选择。另外，各行业开展兼业代理明显增多①。

（2）网络信息技术业的发展极大促进了保险销售能力的提高。在移动互联网大行其道的时代，网络技术、移动终端为保险业提供了契机，电话销售带来了市场格局的重大变化，网络销售引领销售潮流②，“战略新地藏新机”，网销渠道大有萌动爆发之势③。

（3）资产评估业的发展为保险细化分工、提升查勘理赔能力提供支持。未来包括保险公估在内的各相关评估行业将打破行业壁垒，实现资源高效流动。

3. 金融投资业的发展为保险资金运用提供了广阔天地

我国金融市场总体运行平稳，股票市场和债券市场不断壮大，交易日益活跃，融资规模大幅扩大，市场主体不断丰富壮大，资本市场机能不断完善，服务实体经济的能力稳步提高。保险投资逐步全面放开，必将为保险资金运用带来广阔天地。

---

① 2012 年 8 月，证监会就《证券公司代销金融产品管理规定（草案）》征求意见，拟允许券商代销保险。

② 有预测，2020 年中国保险业电子自助市场份额占比将达 20%。

③ 苗慧：《“三马”携手进军互联网金融》，《京华时报》2012 年 8 月 25 日。

（四）企业战略、结构与同业竞争：竞争趋于理性，方式多元丰富

中国保险市场日益走进竞争型市场，保险公司的竞争战略主要包括成本领先战略、差异化战略和集中化战略，具体是围绕产品、服务、营销展开。

1. 产险公司竞争火热，产品创新和服务竞争受到关注

一是在抢夺车险市场的同时，注重农业保险等政策对保险的支持，开始持续推进产品创新。二是为克服产品“同质化”弊病，围绕销售、核赔、理赔等环节着力提升服务质量。三是通过自设或者第三方平台大力发展电销、网销，拓展相互代理、交叉销售，探索门店经营。

2. 人身险公司积极转型，政策支持和渠道革新成为亮点

一是人身险公司积极转型，开始重视健康险和意外险等传统保障性业务的发展，争取政策支持的税延型养老保险、变额年金保险、健康保险等，不遗余力推动期交业务。二是在“抓服务、严监管”的要求下，治理销售误导、理赔难，创新服务内容，走差异化发展道路。三是受困于“银保新政”，调整渠道组合，加大个险渠道投入，加快团险渠道、电销、网销等发展，尝试改革代理人制度，精简销售队伍，提高队伍质量。

3. “外力”下保护消费者日益成为共识，但深层次治理仍待加强

2011年，在监管机关的强力推动下，面对严峻形势，保险行业开始系统反思，保护消费者开始成为行业性集体行动，各公司招式频出，取得良好效果。然而，我们认为，消费者权益保护的深层次问题并未有效触及，保险产品、销售渠道作为两个关键因素，并未得到根本性改善，保险公司对消费者保护的主体作用、市场竞争机制的主导作用尚待发挥。由于畅通了投诉渠道等多方面原因，从2012年上半年数据看，销售误导、理赔纠纷投诉出现大幅上升①。

（五）政府行为：政府作用提升，监管基础进一步夯实，崭新的监管理念和监管文化引领行业发展

政府行为对保险业的影响主要体现在宏观经济政策、相关产业政策和保险监

---

① 2012年上半年，投诉事项涉及产险公司的共有2600个，同比增长118.3%，其中，理赔纠纷1858个，占比71.46%，同比增长188.96%；涉及人身险公司的共有3923个，同比增长145.96%，其中销售误导1214个，占比30.95%，同比增长97.72%。

管三个方面。随着商业保险的不断发展壮大、广泛参与经济社会风险管理，以及对地方贡献度的明显提升，商业保险的优越性逐渐被各级政府部门所关注和重视。特别是2006年《国务院关于保险业改革发展的若干意见》下发以来，各级政府和相关部门不断加大对保险业的支持力度，在各级保险监管机构不遗余力的推动下，各级政府和相关部门积极支持保险业在社会保障、行业性风险管理、保险资金运用等方面发挥作用，促进了保险业服务领域的快速拓展和行业实力的提升。另外，保险作为特许行业，保险监管至关重要。

1. 建立“三支柱”监管框架和“五道防线”防范风险机制

在消化吸收国际经验的基础上，我国保险业在监管框架、法律法规、制度规则等方面逐步建立了既符合我国实际又与国际标准趋同的监管体系，借鉴国际保险监管核心原则，建立了“三支柱”保险监管框架。一是建立和完善偿付能力监管体系，强化约束力，逐步成为加强监管、防范风险的重要手段。二是公司治理监管从无到有，监管的操作性和指导性逐步增强。三是市场行为监管的组织体系、制度标准和操作流程不断完善。遵循审慎监管的基本原则，逐步确立了以公司治理和内控为基础、以偿付能力监管为核心、以现场检查为重要手段、以资金运用监管为关键环节、以保险保障基金为屏障的风险防范“五道防线”。从2012年10月保监会的分类监管评价结果来看，4年来保险业风险状况不断改善。

2. 推动法律制度、信息系统和监管组织体系逐步完善

全面推动完成《保险法》第二次修订，为保险监管提供了法律依据和制度基础。逐步形成了以《保险法》为核心、以行政法规和部门规章为主体、以规范性文件为补充，基本覆盖保险经营和保险监管主要领域的制度体系；着眼于提高监管效率，建设了全覆盖、标准化的数据体系和信息系统；根据监管任务需要，建立了比较完备的监管组织体系。

3. 积极服务行业发展，创造良好外部环境

保险监管从经济社会和行业实际出发，不失时机地推动保险服务拓展，积极参与行业性风险管理和社会保障体系建设。新农合①、交强险、农险、健康险、

① 保险机构积极参与新农合，涌现出“江阴模式”、“湛江模式”和“洛阳模式”，“政府购买、委托商业保险机构经办”取得明显成效。

责任险、小额保险[①]、大病医疗[②]等得到大跨步发展。近年来，在保险监管机构等多方努力下，财政税收支持了农险、出口保险、返还型人身保险、保险公司股改上市、提高营销员税前列支、保险保障基金等，近期有望在税延型养老保险、医疗保险等领域给予政策支持，有力促进了保险市场对经济社会的贡献。在满足和挖掘经济社会风险管理和保险需求、普及保险意识、提升保险业风险保障和管理职能等方面，政府行为都起到了不可或缺的作用。

4. 推动行业发展方式转变的监管基础进一步夯实

2012 年全国保险监管工作会议要求“抓服务、严监管、防风险、促发展”，以科学发展为主题，以加快转变发展方式为主线，以保护保险消费者利益为目的。确定了新时期的监管总体理念和思路。

（1）消费者保护的监管体系初步建立。2012 年，监管系统和行业上下认真领会，解放思想，围绕保护消费者利益，针对“销售误导、理赔难”开展了声势浩大的治理工作，取得明显成效。监管部门开通全国统一的消费者维权热线，做好投诉处理工作，健全纠纷调处机制，加强消费者教育，强化社会监督，初步形成了以预防性保护、过程性保护和救济性保护为主要内容的工作机制。消费者利益保护基础性工作扎实推进。

（2）改革创新力度不断加大。发布规划，探索建成既与国际接轨又符合国情的第二代偿付能力监管制度体系；积极推进资金运用市场化改革，在有效防范风险的前提下，放松管制，拓宽范围，简化审核程序；探索完善市场准入退出机制，提高中介机构准入门槛，并对股东资质提出专业性要求。研究制定保险公司牌照分级管理制度和保险公司分支机构市场准入管理办法；研究制定保险营销体制改革的总体思路和方向；稳步推进条款费率管理制度改革；继续深化保险公司改革，深化保险公司治理改革。

三　探索“顶层设计”，推进有序转型

当前，面对严峻挑战和未来广阔空间，做好“顶层设计”、实现稳妥转型发展，

---

① 2012 年 6 月，保监会下发《全面推广小额人身保险方案》，推动人身保险行业服务最广大人民群众。

② 2012 年 8 月底，六部委联合发文布局大病保险，采取“政府主导、险企承办”的方式，保障城镇居民医保、新农合的参保（合）人，发挥市场机制和险企专业技术和网络优势，提高大病保险的运行效率、服务水平和质量。

已成为保险全行业共识，日益引起中央和监管部门的关注。在2012年上半年全国保险监管工作会议上，项俊波主席指出，加强保险业发展和监管“顶层设计”，要找准发展方向，明确发展目标，清晰发展路径，特别是要在消化吸收国际经验的基础上进行再创新。这为我们指明了研究和努力的方向。笔者认为，转型需要厘清保险业问题的“前世今生”，科学研究改革“顶层设计”，辨清轻重缓急，进而把握好改革的时机、节奏、路线图，优化监管资源投向，进而推动、引导市场资源优化配置。

顺接文首关于“蹲苗”的分析，从植物培育角度看，在错过“蹲苗期”的情势下，园丁一般会采取“三个步骤”来扭转树木颓势（见图3）：一是要保护树木特别是枝干，围屏障，剪冗枝，支撑杆，打农药，这是前提条件，也是权宜之计。二是大力促进根系发育，松土壤，切断表面毛细根系，浅控肥水，保持和增加土壤深部肥料和水分，这是重点。三是适时拆解人为庇护，拆掉屏障和撑杆，锯除枯枝，迎接风吹雨打，这是实现根深叶茂、稳健成长的必要步骤。

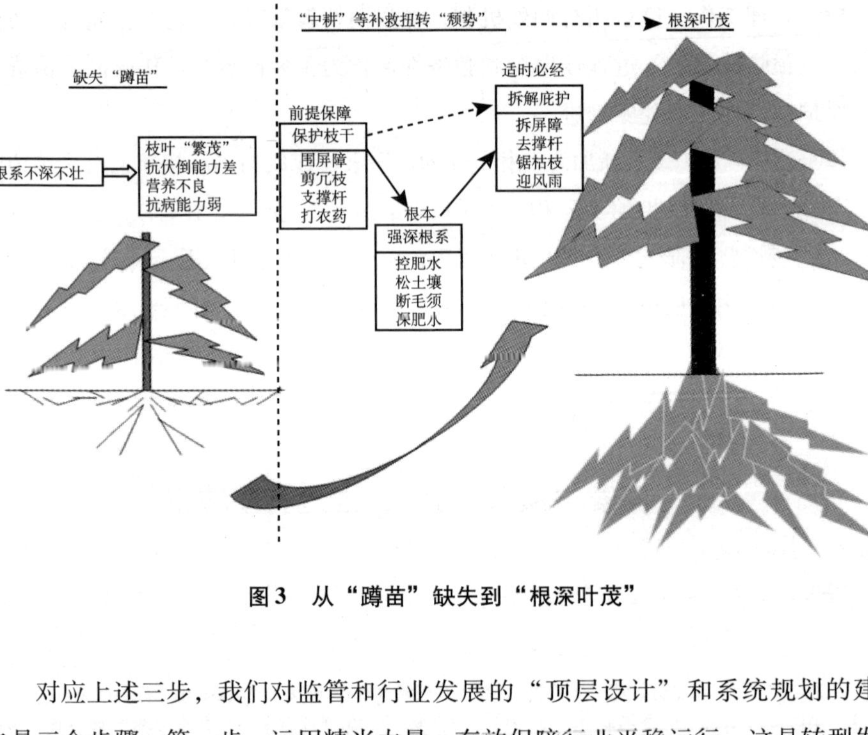

图3　从“蹲苗”缺失到“根深叶茂”

对应上述三步，我们对监管和行业发展的“顶层设计”和系统规划的建议也是三个步骤：第一步，运用精当力量，有效保障行业平稳运行，这是转型发展的前提保障，但无需占据过多监管资源；第二步，集中主要资源，强本固基，这是转型调整的根本战略；第三步，适时深化市场化改革和对外开放，通过市场机制和外部冲击，倒逼行业提升竞争力，这是转型升级的必然选择。此三步骤，先后清晰，标本兼取，主次鲜明，相辅相成，不可割裂（见图4）。

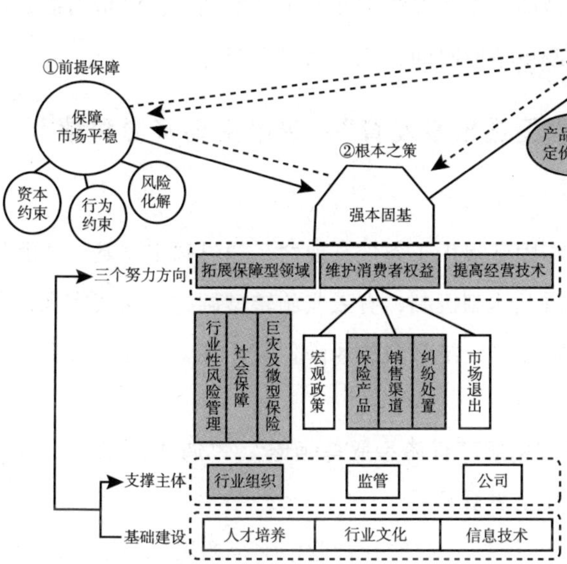

图4　保险行业转型发展三步骤“顶层设计”和系统规划探析

注：灰色填充部分基础性作用显著、相关性小、可操作性强，是本文建议当前改革“顶层设计”的关键环节。

（一）前提保障：“保护枝干”，运用精当力量，有效保障行业平稳运行

维护市场秩序，防范化解风险，为保障行业顺利转型发展提供前提条件和好的外部环境。一是从资本约束、市场行为切入，政府通过非现场和现场监管，做好偿付能力约束和市场行为监管①。二是保险企业按照监管要求及时补充资本，

① 监管机构已经清晰描述了监管重点，并采取了积极有效的措施，市场主体积极践行：一是将治理销售误导、理赔难作为年度重点工作，行业上下积极改革，提升行业形象，倒逼保险机构改进服务。二是密切监测，积极防范化解退保风险、现金流风险、案件风险、资金运用风险、非法经营及非法集资风险等，确保保险市场不发生大的波动。三是加强费用和成本管控，督促保险公司控制成本，避免恶性竞争。四是制订承保、理赔等关键环节保险业务指引，督促保险公司提升业务规范能力和服务水平。

一些机制灵活的企业勇敢地有针对性地收缩业务，保持偿付能力充足，主动加强内控，不断加强依法合规经营①。

然而，笔者认为，这是行业转型发展的基础性条件，不宜占用过多的监管资源，应该抓住重点，以点带面，发挥保险企业的主观能动性，以精当资源实现监管目标，重点是为第二步改革争取时间，积蓄力量和资源。

（二）根本之策："促进根系发育"，集中主要资源和精力，强本固基

市场的平稳运行为强本固基提供了条件，反之，通过强本固基，才能从根本上改善行业发展的土壤，捋顺体制机制，有效实施转型调整，切实实现行业的稳健、可持续发展，提升保险业对经济社会的风险保障、资金融通、社会风险管理职能。

1. 集聚行业资源，做好拓展"保障型服务领域"、"消费者保护"、"提升技术水平"三项工作，夯实转型发展根基

（1）拓展"保障型服务领域"：政府和行业推动，拓展保障型服务领域，稳步置换问题存量，并带动其他保险业务发展，推进保障能力平稳深化

保险的潜在需求向现实需求转化包括自然转化、引导转化和强制转化。我国保险业尚处于发展的初级阶段，政府和行业的作用不可或缺。特别是，当前，保险业转型日益被迅速扩张的机构、人员所"绑架"。通过拓展保障型服务领域，可以承接、消耗多余的生产能力，降低保险机构对现有业务的依赖，轻装转型；并且，通过"政策推动"型业务可以宣传风险管理和保险理念，带动其他保险服务发展，进而通过"健康增量"逐步替代"问题存量"。

建议进一步加大与有关部门和地方政府的沟通、协作，通过政策引导、财税支持、制度设计、示范带动等，拓展保险服务空间，提升行业在经济社会中的渗透率和贡献度。

①更加注重深入参与行业性风险管理。加强与卫生、气象、交通、教育、旅

① 近年来，对于部分偿付能力不足的公司、亏损严重的公司或者业务、违法违规经营的企业，采取在分支机构、业务等多层次市场退出或者限制的机制。另外，部分保险公司审时度势，主动调整战略，收缩战线，避免做多亏多。

游、防疫、科技、安监等部门沟通，促成合作。保险机构需要潜心提升风险管理和承保技术，为社会提供防灾减灾技术咨询，协助解决风险隐患，创新和深化保险风险保障机制，充分发挥保险的风险保障功能，将责任险[①]、工程险等险种和防灾减灾技术植入单位的安全生产管理，并创建投融资体系，在为经济社会运行保驾护航中成就自身价值。

②拓展、深化参与社保体系建设，发挥示范效应。目前商业保险正在以自身的专业优势逐步融合到社会保障体系之中。需要进一步完善商业保险承办、代办模式，完善配套制度，在服务人民群众中实现价值升华。特别值得一提的是，面对未来巨大的职业年金市场，保险业应当有所作为，通过市场力量推动第二支柱大发展[②]。

③建立全国性统管协调机构，健全农业保险发展机制。2012 年 11 月 17 日，《农业保险条例》颁布，农险步入大发展通道。然而，潜在的问题隐患不容忽视，对此，我们建议：一是中央政府建立一个可操作性强的有力管理和研究机构，开展农险发展规划、各级各部门的协调、各类标的风险的衡量和费率的厘定、经营风险的管理、各地农业灾害风险区划的制定等。二是根据已经确立的农险确立分散决策的思路，各省、直辖市、自治区需要及时完善或者制定本地的农业保险制度方案，通盘考虑财税支持、组织结构、巨灾安排、风险和费率区划、处罚规定等。

④探索推动巨灾保险。巨灾给经济社会带来了极大的影响，巨灾保险刻不容缓[③]。要在建立综合的巨灾防范体系的同时，吸取国际防范巨灾的经验，加快建立“政府支持、市场运作，风险共担”的巨灾保险模式。

⑤推动微型保险发展。在推广小额保险的同时，主动加强与有关部门、地方政府的沟通，借助政府“有形的手”的帮扶，积极为中小微企业提供保险保障服务。

---

① 发展责任险是完善产险结构、发挥保险职能的必然选择。责任险的发展离不开法律法规支持、责任追究制度、损失评估技术和标准。

② 2011 年 1 月 1 日，欧洲保险与职业年金局正式成立，除了监管保险业外，还监管职业养老金，充分体现了职业养老金的市场属性。

③ 《中华人民共和国突发事件应对法》第 35 条规定：“国家发展保险事业，建立国家财政支持的巨灾风险保险体系，并鼓励单位和公民参加保险。”建立和发展巨灾保险制度在中国已有法律基础。2008 年，国家主席胡锦涛在全国抗震救灾表彰大会上指出，要健全符合国情的巨灾保险和再保险体系。

⑥财税部门继续提高支持力度。国际经验表明，税收政策往往是保险业发展的首要驱动力①。长期以来，在监管部门和行业努力下，财税部门不断增加对保险业的支持力度。未来，建议对具有较强社会保障和社会管理功能的保险业务领域给予税收支持。一是将农业保险的税收优惠政策扩展至涉农保险领域，支持“三农”建设。对农村小额保险、新型农村医疗保险、农民房屋和家庭财产保险等，免征营业税、印花税；将农业巨灾风险准备金税前列支政策长期化②；将种植业、养殖业所得税90%比例减计收入优惠政策改为免征所得税，实现长期化。二是给予养老保险和健康保险税收支持政策。明确团体养老保险、医疗补充保险和企业年金适用同样的税前扣除政策；允许个人购买的商业健康保险在个人所得中税前列支，鼓励个人购买健康保险，提高健康保障；通过税收优惠政策引导养老保险的年金化领取；建议对养老保险和健康保险免征营业税，降低所得税税率，甚至给予一定的财政补贴。三是对交强险、巨灾保险、环境污染责任保险、火灾公众责任险等公益性险种给予税收支持政策，减免征收营业税。四是对涉及国家政策导向的险种，如文化产业、中小微企业保险、高新技术产业相关的保险，给予税收优惠。

值得注意的是，政府在推动保险拓展服务中，须注意事先充分论证，建立完备的制度体系，防止陷入被动。例如，交强险实施六年来发挥了积极作用，保险行业充分承担了社会责任，然而，作为救助交通事故受害人的重要资金，道路救助基金在不少地区实践中，使交管和财政等部门责任不清，基金迟迟未能启用，功能并未有效发挥，使得交强险初衷和核心价值大打折扣。当前，应该跟踪督导，加快制订细致的实施办法，并同交强险一样实施信息公开披露。

当然，作为保险企业和行业组织，不能“等、靠、要”，需要沉下心来，戒除浮躁和功利，苦练内功，成人达己。不能停留在成本低、技术要求低、来钱快的领域，必须具备敏锐的市场嗅觉，主动开拓。

---

① 以台湾为例，税收优惠助推养老金快速崛起。2005年《劳工退休金条例》相关税惠政策出台后，台湾地区养老金业务强劲崛起。2006～2010年养老金保费收入年化复合增长率高达52.63%，年金险保费收入占人身保险保费收入的比例从7.8%上升至35.2%，在2010年寿险业各险别首年保费中年金险占比达43%。见《税收优惠和制度支持是关键》，申银万国研究报告，2011年9月19日。

② 财税［2009］110号文件明确指出，享受财政补贴的种植业险种，其农业巨灾风险准备金可以在不超过当年保费收入25%的范围内扣除，该政策2010年12月31日已经到期。

（2）做好“消费者保护”：建立框架，抓住关键，提升消费者保护效能

笔者将保险消费者保护的内涵分为三个层面：政府和监管政策制定和实施中的消费者保护、保险机构持续经营下的消费者保护、问题机构风险处置和市场退出中的消费者保护。三者紧密联系，组成保险消费者保护的全过程。对于保险消费者保护制度运行，笔者借鉴世行经验①，结合实践，提出了“五项原则”和“四个机制”，并认为，消费者保护立法往往具有随机漫步式特征，立法与制度实践相互促进，相辅相成（见图5）。

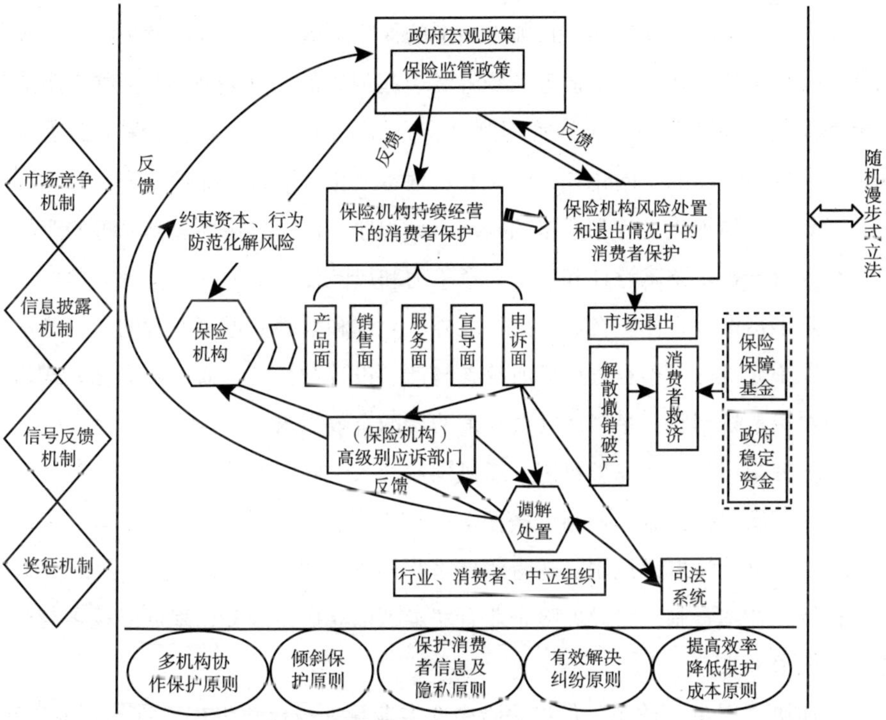

图5　保险消费者保护的运行架构

在消费者保护框架中，“保险机构持续经营下的消费者保护”矛盾最直白、最集中，笔者借鉴台湾经验将其划分为产品面、销售面、服务面、宣导面、申诉

① 2011年3月，世界银行公布了《金融消费者保护的良好经验建议（草案）》，这是一份不具有法律约束力的倡议性文件。

面。其中，产品、销售、申诉处置最为关键，下面将集中分析。

①抓住“保险产品”，避免消费者保护工作隔靴搔痒、事倍功半。保险产品具有交易长期性、复杂性、需求潜在性等特点，产品是交易的起点。消费者保护问题起源是产品，保险产品是保护消费者利益的关键。牵住了产品这个“牛鼻子”，其他问题就容易迎刃而解。总体而言，保险产品特别是寿险产品，要贯彻以“保险保障主，以适度理财为辅”为主流的产品战略，使消费者体验保险保障的作用，使经营者降低对“现金流承保”的依赖。建议具体做法如下。

一是完善保险条款功能。目前市面上的保险条款大多只有保障条款，而服务条款、赔付条款欠缺，这是损害消费者和引起纠纷的“罪魁祸首”。建议保险公司梳理优化内部服务和理赔的管理制度，充分、清晰、明确地在保单上予以体现，实现保险产品的合同化和公开化，从根本上化解消费者保护难题[①]。

二是建立精细化设计和严格的内部审批程序。保险公司要建立完善的产品需求信息收集分析、条款设计和定价、竞争力和风险评估、内部审批等流程[②]。

三是丰富设计主体。在保险公司之外，允许和鼓励贴近消费者的、专业水平高的保险中介机构、第三方事务所等参与产品设计和报备，通过市场化方式与保险公司对接，挖掘和满足经济社会和消费者的有效需求。

四是健全产品创新保护机制。通过同业禁入时间限制等措施，建立对某些险种的产品创新保护机制，抑制“搭便车”的懒汉行为，鼓励市场创新。

五是改进价格形成机制。随着消费者保险意识提升与市场化，可以分阶段、分险种解除费率管制，引导保险企业有序走到依靠提升服务、降低能耗参与市场竞争的轨道上来。

②加快“渠道”改革，促进保险中介专业化、规模化发展，推动行业转型。在“消费者－渠道－产品－保险公司”链条中，渠道连接消费者和产品供应，渠道附属于市场格局和产品结构，同时，也对产品、保险经营、行业转型有巨大

① 台湾的做法是，监管机关研究制定重要保险产品的“定型化契约范本”，依据保护法规定办理“应记载及不得记载事项”，值得借鉴。

② 友邦保险的产品开发过程包括初始定价、竞争力分析、根据基准定价指标评估产品、对呈批的产品进行分类审批、产品设计资料归档五个环节，建立了全流程的管理和授权审批制度。注意发挥精算和内控机制。

的能动作用。

从制度经济学理论看，节约交易费用是保险中介产生和发展的核心动因。在“广增员 - 高脱落”、“低素质 - 低产能 - 低收入”的恶性循环中，金字塔式传统营销模式弊端尽显，提高保障、门槛和素质的方式又显得力不从心。此时，提高销售效能是打破循环圈的必然选择。对此，下文的建议基于三点认识：一是“经代机构”连接众多产品供应商，比“专属”渠道更有天然优越性，特别是对于差异化的复杂产品。二是提升销售“专业性”可以与“借道”相结合，巧妙“借道”才能有效摊薄渠道成本①，这里，团险渠道应该引起关注②。三是信息网络技术的恰当应用可以提高效率，但是成本也不容小觑，须慎重选择，然而，这无疑是未来渠道的必然趋势之一。

顺应监管部门发出的强烈信号，我们有如下建议：

一是大力推动兼业代理专业化。引导、督导网点数量庞大、管理层级多的车商、银行、邮政等③机构由兼业代理转向专业化经营。通过专业经代公司实现对代理网点的整合，利用公司治理的力量提升保险销售服务的能力，加大佣金透明度，减少商业贿赂，拓展业务种类和经营区域，提高综合经营绩效，提高监管针对性和有效性。改革路径可以是兼业机构或者关联方出资，或者与现有经纪及代理公司合作等方式④。当然，伴随着改革，亟须保险公司特别是大型公司及时调整产品管理设置，对接兼业代理专业化趋势⑤。

二是鼓励依托专业经代平台运作的独立销售商模式。在市场主体的探索中，

① 这些渠道包括银邮、车商、商场、社区商铺、购物网站、可供交叉销售的金融或者相关企业。

② 随着商业保险更多走向行业性风险管理及社保领域，团体保险有望复苏。在一线城市份额较高的公司具有先发优势。

③ 保险兼业代理保费规模约占全国保费的40%，其中，车商、银行、邮政三类又占到兼业代理的80%。这三类兼业代理向专业化转型，必将带来整个保险市场的格局调整。

④ 专业化改革会减少兼业机构基层机构的寻租机会，从而导致个别分支机构的不积极、不主动，也可能会增加纳税支出。然而，我们认为，专业化改革后的高效能、透明规范带来的收益更值得期待，值得市场主体的决策层下决心推动。当前，车商、邮政兼业模式改革正在探索阶段，银行设立专业经代机构仍然受到商业银行法限制，需要银行和保险监管部门取得共识，共同推动改革。

⑤ 不少保险公司特别是大型公司，对市场变革的敏感度不高，经代渠道并未开通，难以对接改革趋势。例如，大型寿险公司往往只有直销渠道、营销员渠道和银保渠道，银保渠道又主要是理财型产品，销售部门之间缺乏沟通，难以满足银邮代理保险专业化后，对保障型产品的需求。

两个模式引人关注：第一，“独立代理商”模式①，代理公司提供统一平台和后援支持，遴选人才作为独立代理商，类似于非注册的子公司，无需个人投资和承担公司经营风险，而拥有多于一般代理公司的利益与资源。第二，“社区代理”模式②，代理公司通过选择资质良好的商铺经营业主，以独家代理的授权方式，依靠具有高度市场黏性的社区代理渠道（社区商户），整合保险优质产品，进行高信任度、高专业化服务的销售。销售资源下沉固然好，然而，在此类设计中，要注意管控销售人员可能的恶意退保等短期行为③。

三是利用信息网络技术开展保险销售。借助信息网络展开保险销售必然是信息时代大势所趋。在简单产品外，探索对复杂产品的销售，实现保险销售的可靠、便捷、低碳。

四是促进保险中介的规模化、国际化、规范化。三者紧密联系。规模化，即通过提高门槛、鼓励兼并重组、鼓励集团化、引进境内外资本和技术、支持网络化拓展等方式，建立以规模化为主导力量的、百花齐放、充满活力的保险销售体系。国际化，即加大中介机构开放的力度和速度，通过外力冲击，化解销售存在的问题，跨越式推动行业升级。规范化，即随着保险中介的发展壮大，应该更加关注中介机构公司治理问题，监管指引，市场探索，夯实基础。值得一提的是，应该更加关注保险经纪的优越性，倾斜性鼓励保险经纪机构发展，鼓励其经营多样性和在风险管理和保护消费者利益方面的作用，并且适当清晰界定经纪和代理行为的界限④。

渠道改革必然面临利益格局调整，需要“疏堵结合”，通过修订兼业代理监

① 广东神华保险代理公司的“独立代理商”模式，创新点在于打破传统营销金字塔式利益分配模式，建立扁平化的销售组织，将资源下沉到独立代理商，强化代理商权益保护，充分释放专业销售人员的生产力，增强其职业安全感、稳定感和归属感。这种模式既发挥了优秀人才的销售和服务能力，又使其借助中介机构平台取得与保险产品供给方的谈判和合作机会。陈功：《保险中介独立代理商助力营销体制改革》，《中国保险报》2012 年 8 月 22 日。

② 广东神华保险代理公司的“社区代理”模式有利于降低渠道拓展和管理成本，有效解决从业人员的稳定性和职业化问题，提升市场对行业的信任度，满足服务需求与提高销售效率。陈功：《社区代理模式破解中介行业难题》，《中国保险报》2012 年 7 月 12 日。

③ 建议监管机构（最好是行业组织）可以通过对中介机构向营销员前期支付佣金的上限进行规定、建立健全经代机构经营评级和披露机制、完善销售人员信用体系等方式，防止中介机构和销售人员的短期行为对市场带来冲击。

④ 魏华林：《保险中介瓶颈及其破解》，和讯网，2012 年 4 月 21 日。

管规定、限制业务范围、提高准入门槛等措施，以监管外力和企业高层来摆脱“路径依赖”，推动渠道变革，以新生命的活力去冲击传统营销体制，引导分流和调整，保障市场平稳过渡。

③保险公司建立高级别的实体的应诉部门，发挥应诉主体作用和内部纠正机制，在消费者保护的各个环节形成政策反馈和有效处置机制。在消费者保护网中，保险机构无疑是消费者保护问题的最直接的责任者，更为关心和注重自身效率和消费者保护的平衡问题，通过监管政策和外在压力促使其将消费者保护问题化解在萌芽状态无疑是明智之举①。保险服务提供者通过建立高级别的、具有实体职能的应诉部门，发挥应诉主体作用，甚至作为第一道防线应对和化解绝大部分消费者投诉，或者使证据更加清晰，保险欺诈得以抑制，应诉部门有力、有效将消费者保护存在的问题反馈到公司内部产品设立、销售管理等各个环节，在纠纷解决中实现自我成长。建立健全第三方纠纷调解和裁决机构，监管机构保持适当超脱，进而保持监管资源的较好配置。监管机构如果忽视这一环节，直面应对消费者投诉，监管力量也许会难以为继，有可能陷入被动之中。

除此之外，投诉调解处置机构、保险机构、行业组织等需要及时有效向政府反馈政策实施效果，发挥系统纠错功能，从政府宏观政策制定、保险监管制度制定更高层面保护消费者权益。

（3）“提升技术水平”：降低生产耗损，为强本固基提供支持

赢利能力不等于竞争力和经营水平。目前，我国保险经营技术低，在销售、理赔、内部经营方面存在大量资源耗损，无形中提高了经营成本，降低了保险企业的竞争力，损害了消费者的切身利益。只有切实提高经营技术，提高经营效率，才能做到“物有所值”甚至“物超所值”。这一点，笔者认为，更多是需要靠市场竞争和对外开放，即第三步的冲击和带动。

2. 不断提升“监管掌舵能力”“行业组织力量”“商业机构成熟度”，发挥行业和公司在转型发展中的龙头和主体作用

（1）提高监管科学性，提高掌舵能力。在已有监管建设成就基础上，按照“抓服务、严监管、防风险、促发展”要求，不断夯实监管基础，完善外部监督

---

① 英国、澳大利亚、中国台湾的消费者纠纷无一不注意强化纠纷处理中金融机构的首要责任，监管的及早介入也是为了强化金融机构的这一责任。

机制，健全监管机构的业务部门与境外交流机制，提高监管精细化、标准化和效率水平；以加快转变发展方式为主线，深刻剖析保险业症结，追本溯源，科学规划和引导行业转型发展，努力实现“积极精准干预”。

（2）大力培育各级各类行业组织，发挥龙头作用。如何有效平衡政府和市场一直是重大课题。笔者认为，发挥行业组织职能，是解决这一问题的钥匙。在市场经济条件下，行业组织在自律、服务、表达行业诉求、完善市场机制等方面发挥着明显优势①②。加强行业组织作用，减少政府对微观市场的干预符合中央精神③。近年来，各级各类保险行业组织在服务会员、维护行业利益、促进行业发展方面做了大量工作，体现了行业组织的优势。

然而，由于历史以及体制方面的原因，我国的行业组织立法不健全，人事制度不完善，行政色彩浓郁。我们认为，一是引导、鼓励具备条件的各类各级保险行业组织自发由下而上设立，真切体现市场心声。二是健全运行机制。加强行业协会的能力建设和内部制度建设，建立公开透明和有广泛公众参与的评估与社会监督体制。三是提高行业组织专业化程度。通过设立专业委员会、成立独立的研究组织等方式，吸收专业人士，动员行业资源，提高专业研究能力。

（3）提升商业机构成熟度，发挥转型发展主体作用。重点是完善偿付能力监管和公司治理监管，提升保险机构内控能力、承保能力、理赔服务水平和投资能力。这里我们提出四点值得注意：

①系统化建立引导公司健康发展的评价机制，加大信息披露力度。建议由行业组织或者中立组织研究建立价值导向清晰，公平真实，科学有效的指标体系，

① 台湾经验可资借鉴，台湾保险行业组织较为发达，这些行业组织由不同机构发起，在自律、课题研究、协调仲裁、服务公众等各个方面发挥作用。多元发展，组织形式多样，组织功能丰富，形成了专业化、专职化的人才队伍。

② 从国外情况看，美国至少有511家独立的非政府机构，其中143家为国家级行业组织，包括37家倡导型团体、97家教育与专业团体、9家自律或准政府团体；日本仅损害保险就有损害保险协会、损害保险费率厘定机构、损害保险事业综合研究所三大非政府治理组织。

③ 在2012年3月召开的第十三次全国民政会议上，温家宝总理提出，要构建政府管理与社会自治相结合、政府主导与社会参与相结合的社会管理和公共服务体制，最大限度地调动各方面积极性，激发社会活力；政府的事务性管理工作、适合通过市场和社会提供的公共服务，可以适当的方式交给社会组织、中介机构、社区等基层组织承担，降低服务成本，提高服务效率和质量。

加大披露力度，借此进一步完善分类监管；改变传统绩效考核做法，淡化业务规模和市场份额导向①，运用市场机制和外部压力，激励保险机构稳健、诚信经营，提供高质量服务。

②完善保险公司资本补充机制。2009 年新会计准则实施后，保险公司会计利润大幅提升，但是令市场不解的是，保险公司融资规模和融资频率显著增加，为何走入赢利越多融资越多的怪圈呢？我们认为，现有偿付能力不足的原因之一是会计利润和偿付能力的脱节，导致会计利润确认越多，偿付能力损耗越快。我们建议：一是对会计准备金评估利率上限作出规定，限制保险公司通过会计准备金操纵利润的空间，避免过分夸大当期利润情况。二是对保险公司股东分红作出限制，即以会计利润和法定准备金利润的最小值为基础进行分红。

③在保护消费者权益的同时，提高反欺诈能力。作为硬币的两面，“保护消费者权益”和“反欺诈”相互矛盾，又相互促进。从保险诞生之日起，欺诈就如影随形。欺诈如同寄生虫吞噬行业利润，降低了保险企业的竞争力，损害了消费者的切身利益②。从国外经验来看，消费者权益得到较好保障后，反欺诈往往成为保险经营的重要问题。因此，应将反欺诈战略纳入保险公司承保和理赔环节，充分发挥保险机构和行业组织主体作用，通过制度建设、技术提高、信用信息收集联网等措施，不断提高反欺诈能力③。

④提高国内再保险承保能力。再保险直接关系到行业创新和抗风险能力。建议采取灵活的产业竞争策略，尽快缩小与国外的差距。紧密追踪经济社会发展需要，加强产品创新，发展新型风险转移产品；加快中资企业市场化转型步伐；研究探索再保交易中心建设，提升国际竞争实力；深化农险巨灾体系建设；合理加强支持保障措施，维护行业稳健发展。

---

① 例如，笔者从某大型寿险公司基层银保经理处获悉，其团队做银保业务 5000 万和 7000 千万的获益区别不大，反而，公司要求的多出的 2000 万业务目标，明显增加了销售误导倾向、后续服务压力和成本，增加了退保风险。

② 美国 Insurance Information Institute 的数据显示，产险理赔金额中约 10% 是保险欺诈所致；美国 Federal Bureau of Investigation 粗估，医疗费用欺诈金为总理赔费用支出的 3% ~10%。Aviva 下属的金融服务集团 Norwich Union 的调查显示，英国的保险欺诈每年要葬送掉 160 亿英镑。

③ 2012 年 8 月 28 日，保监会下发《关于加强反保险欺诈工作的指导意见》，着手构建一个“政府主导、执法联动、公司为主、行业协作”四位一体的反保险欺诈工作体系。

3. 长远规划，从保险文化塑造、人才培养、信息技术提升三方面不断增强行业转型发展的内在动力

（1）探索、孕育、弘扬保险行业文化。保险是经济社会运行的安全和保障系统，是最为高尚的行业之一。然而，当前一些“变保险为制造风险”，“变避害为逐利”的做法，损害了行业荣誉和使命感。我们有必要讨论、提炼、弘扬保险文化，通过理顺制度和管理机制、严正考核导向、健全失信惩治机制等方式，不断塑造特色行业文化，努力展现慈悲关爱、精准宽厚、殷实公信的行业形象。

（2）提高人才培养水平。高校扩大风险管理和保险学科的开放度和普及层面；加大保险监管干部培训、交流、引进力度，夯实监管基础；保险企业放眼长远，深化校企合作，大力发展保险职业教育；引进和学习国外保险企业在经营管理上的先进做法，加大国际先进培养模式和教育资源的对接；丰富各级各类技术人才的认证体系，提高信息透明度，促进人才成长和交流。

（3）提高信息技术利用水平。现代信息技术的发展将人类带入一个全新的信息化社会，保险监管、行业管理和公司经营要加大投入和研究力度，做好业务逻辑和业务流程的梳理和衔接，充分利用信息技术降低成本，提高管控和服务水平。①加快保险监管信息化建设。提高数据采集质量和非现场监测能力，为正确决策打好基础。②提高保险机构应用信息技术的水平。在产品开发、承保理赔、销售支持、渠道管理、客户关系管理、投资管理、精算、财务管理、统计分析、风险管理等各个业务环节，在核心业务系统、呼叫中心系统、数据管理与分析系统、业务追踪分析系统、信息报送系统等方面，全面提升信息技术的渗透度，提高保险公司的营运和服务效率。③拓展行业性合作和服务平台。重视保险数据积累和应用，探索“云技术”等高科技的行业应用，将“IT 治理”引入行业管理与服务之中，提高行业数据资源在风险管理、数据精算等领域的利用水平。例如，利用信息技术搭建行业共享的治理[①]和服务平台，发展保险销售、查勘理赔人员认证和管理信息平台，建设保险信息查询平台等，提高效率，增加约束，激励先进；发展结算、外包、信息服务、与外部网络对接等，既可以发挥规模效

① 例如，北京搭建车险信息平台，有效提高了车险信息真实性，控制了车险领域的道德风险，值得借鉴、复制、推广，避免各地重复建设带来的资源浪费。

应，节约成本，也有助于提高治理质量和标准一致性，提高社会和消费者的满意度，降低行业和经营风险①。

（三）必然选择："拆解庇护"，"稳中求进"，积极适时深化市场化改革和对外开放，提高行业竞争力

温室里的树木必然娇弱，待其根系逐步深厚、生命力渐强后，可以依据情势，逐步拆解保护措施，迎接外来冲击，从而更进一步提升生命力。按照"稳中求进"的要求，把握节奏，积极、适时加快保险业市场化改革和对外开放，是增强保险业竞争力和服务能力、提高全民福祉的必经之路。

1. 积极创造条件，尽快分步骤、有节奏实现产品和服务价格市场化

市场竞争是化解当前保险业问题、提升服务能力的钥匙。市场"无形的手"不会因人为因素而消失，反而会通过种种隐性手段发挥作用，这不但会提高市场运行成本，还会使某些行为脱离监管视野，增加监管成本。只有正视市场机能，勇敢推动市场化改革，才能使得市场竞争充分、透明、规范，从而提升经营技术，丰富竞争手段，提高差异化服务能力，进一步扩大市场容量，发挥行业对于经济社会的职能。

对于市场化改革，"万事俱备"似乎永远是奢望。在积极创造条件的同时，唯有积极"上路"，在发展中发现和解决问题，借市场之"外力"，行业才能在"磕碰"中稳步转型、健康成长。对此，我们认为，加快推进改革的时机基本成熟。

（1）稳步实施车险费率市场化。2012 年 2 月，保监会发布《关于加强机动车辆商业保险条款费率管理的通知》，标志着第二轮车险费率市场化改革大幕正式拉开。然而，对于市场化改革，监管部门用心良苦，对费率浮动进行了严格的条件和资质管理，保险公司的自主权并未得到明显提高②。

其实，日本经验值得借鉴③。20 世纪末，车险费率自由化后，车险市场开始

---

① 有研究，采用共享服务中心模式，平均投资回报率和人员精简率可达 25%。见韩啸：建立共享服务中心成保险业发展趋势，《中国保险报》2012 年 9 月 4 日。

② 庹国柱：《车险市场化改革 险企拥有多少空间》，《金融时报》2012 年 4 月 8 日。

③ 自 20 世纪 50 年代起，日本的车险市场经历了"自由竞争－费率管制－放松管制"的发展历程。"二战"前后至 50 年代后期，假赔案、高回佣、高手续费等严重。大藏省治理收效甚微。1957 年，各公司签署自律公约，大藏省要求公司对违反公约的人员给予处分。由此，日本产险市场进入长达 40 年的市场保护期。1996 年 12 月，迫于国际压力，与美国签订保险协议，行业协会只负责计算成本费率，保险公司将此作为基准费率，根据自身的经营状况自主制订本公司车险条款及费率。

进入多样化竞争时期。虽然竞争环境严峻，车险费率持续下滑，然而，并未发生早期单一价格竞争的混乱局面，而是千方百计提升服务、削减营业和销售成本，竞争更透明，使消费者获利。市场开始百花齐放，并维持在一个良好的平衡状态。

我们认为，随着偿付能力约束的加强，市场主体的日益理性，数据积累的逐步完善，我国车险市场化改革时机逐渐成熟①。

（2）探索实施交强险市场化改革。一是取消对财产损失的赔偿责任，保留对人身伤害的赔偿责任。二是交强险直通普通机动车责任险，作为普通机动车责任险的一部分，设置最低保额，依然实施强制购买，实现市场定价。这样，使得监管超脱、竞争透明规范、保障服务有效提升。然而，这涉及行政法规修订，实施起来不容易，建议先行试点，逐步推动变革。

（3）尽快放开保障型人身险预定利率。相对于分红、万能等理财型产品，传统寿险产品的销售对预定利率更加敏感。目前，市场环境已经发生巨大变化，扩大预定利率的变化空间，有利于提升传统保障型产品的竞争力，提高差异化服务能力，促进产品结构转型。

2. 稳步放开保险投资，提高资金运用能力，提升行业竞争力和地位

随着保险业经营模式从承保驱动到双轮驱动的转变，保险资产管理行业的稳健发展，对促进保险业与金融市场的良性互动发展具有十分重要的意义。近期开启的资金运用市场化改革意义深远，我们进一步建议：

（1）进一步扩大和深化资产管理领域。为了应对不同金融产品的竞争，适应保险资金资产负债匹配管理的需求，保险资产管理业需要进一步扩大和深化资产管理业务领域，改善资产配置结构，分散投资风险，逐步参与国际金融市场。对此，要更加关注专业队伍建设、投资能力建设、风控能力建设。

（2）进一步深化市场化改革，提高金融同业竞争力。综合经营是当前金融业发展的一种趋势，保险资产管理机构需要在综合化的金融市场中为不同类型的机构投资者和公众个人提供理财服务。保险资产管理机构要在激烈竞争中获胜，

① 当前，车险市场化的基础性工作正在逐步夯实。例如，有效加强行业基础性风险数据积累和费率精算工作：保险公司加强车险资料的收集与统计，完善风险系数评估；行业协会建立统一的信息平台，积累风险数据，夯实费率精算基础；在此基础上，行业组织制订基准参考费率，保险公司细分客户，加大产品创新，为优质客户提供较为合理的折扣，体现正面激励功能。

大力推进市场化管理机制，坚持市场化发展方向，提升保险资产管理行业的核心竞争力。

（3）继续提升保险资产管理行业风险管理水平。需要保险资产管理行业不断完善内部控制制度建设，提高风险管控水平。应逐步引入主动风险管理理念，提高在金融业中的竞争力。

3. 深化对外开放，切实让“狼来了”意识提高民族保险业竞争力

作为近年来保险业增长最强劲的地区，亚洲市场基本上是由本国保险公司垄断，外资市场份额逐渐下降，出现外资保险企业缩减规模或者退出的风潮。同任何产业保护政策一样，从长远看，“玻璃门”会造成本国保险公司的效率降低，竞争力减退。不同于银行体系，保险作为专司风险保障的技术性行业，可以适当增大对外开放力度，来引进理念、经验、人才和技术，发挥“鲶鱼效应”，进一步激发中国保险业的国际竞争力和服务能力。如何在发展本国保险和国际化中寻找平衡，应该是我们思考的问题。

根据保险“走出去”的一般经验，随着我国企业、人员、服务稳步走出国门，我国保险企业应以此为契机，在合理评估和防范风险的前提下，积极“走出去”，开拓国际市场。

4. 健全风险处置政策框架，畅通多层次的市场退出机制

市场化和对外开放，必然导致保险市场的兼并、重组和退出。我国保险市场未来空间可期，保险牌照资源仍然稀缺。如果保险机构经营不善，监管机构或者市场一般采用整治重组措施予以救治，公司法人退出市场的可能性不大。因此，在未来较长一段时间，保险市场退出更多的是广义上的多层次退出。然而，不能因此回避“优胜劣汰”法则。为了维持保险市场中的“生态平衡”，提升保险行业的竞争力，我们有必要探讨保险企业退出的一系列法律和社会问题。

“实践发展永无止境，解放思想未有穷期”，我们将持续关注和研究中国保险业发展，以微薄之力为保险事业发展献拳拳之忱。

参考文献

项俊波：《在 2012 年年初和 2012 年上半年全国保险监管工作会议上的讲话》。

李克穆：《在2012年上半年全国保险监管工作会议上的讲话》。

周延礼：《在保险公司参与保险纠纷调处机制工作座谈会上的讲话》，2012年5月28日。

陈文辉：《在寿险业提高产品竞争力座谈会上的讲话》，2012年5月30日。

刘茂山：《论保险业的最大风险——兼论保险的本质及其回归》，《南开经济研究》2003年第6期。

孟龙：《保障是根　金融是叶》，《中国保险报》2012年6月26日。

〔美〕迈克尔·波特：《国家竞争优势》，李明轩、邱如美译，华夏出版社，2012。

薛伟贤：《入世后中国保险业竞争力评价与对策》，科学出版社，2009。

中国保监会：《中国保险业发展“十二五”规划纲要》，2011。

行　业　篇

Industry Report

B.2
财产保险行业竞争力分析

竞争是市场经济中的永恒话题，竞争力研究也一直是经济学和管理学研究的热点问题。竞争力的内涵和外延、分析框架和评估方法等相关研究成果百花齐放，但一直没有建立起公认的统一的研究框架，保险业竞争力的研究现状同样如此。2001 年 12 月 11 日，中国正式加入世界贸易组织，中国保险业的对外开放翻开了新的篇章，提升中国保险业竞争力也成了保险人共同的目标。本章以 2001 年为起点，从市场规模、市场结构、市场细分、市场绩效四个维度分析了财产保险业竞争力的变迁脉络和现实状况，运用“钻石模型”刻画了财产保险业竞争力的未来起点，还通过界定财产保险业的软实力提出了财产保险业竞争力的提升新路径。

一　财产保险市场历史演变

（一）财产保险市场的市场规模

保险市场规模与其竞争力存在着一定的内在关系。一国保险市场规模总量越大，表明市场竞争力越强，在国际市场上的地位越高。衡量保险市场规模的指标可以分为两类：绝对规模指标和相对规模指标。绝对规模指标包括保费收入、赔付支出、总资产等，用以衡量一国或者一个地区保险业发展的总量水平。相对规模指标主要包括保险密度和保险深度等，用以衡量一国或者地区的保险业发展程度。保险密度是指按当地人口计算的人均保险费支出，具体反映一个国家或者地区的国民参与保险的程度。保险深度是指保费收入占国内生产总值的比例，具体反映一个国家或者地区的保险业在整个国民经济中的地位。

1. 中国财产保险市场规模

新世纪以来，中国财产保险市场规模指标值不断增加，发展速度举世瞩目。

（1）保费收入。2001～2010 年，财产保险业的保费收入由 2001 年的 685.39 亿元增长至 2010 年的 3895.64 亿元，年均复合增长率高达 21.30%（见图 1）。

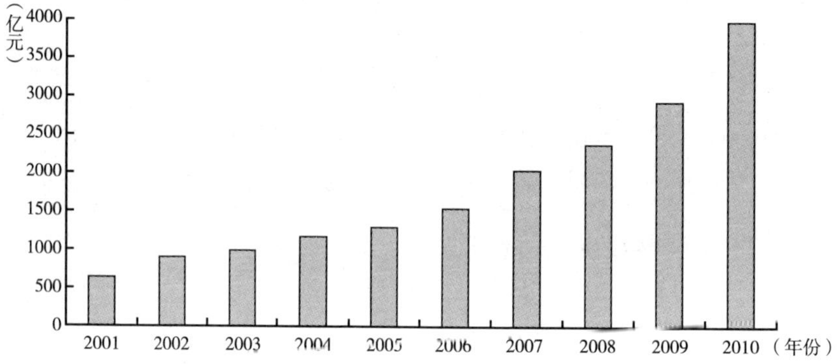

图 1　中国财产保险业保费收入（2001～2010 年）

资料来源：《中国保险年鉴（2002～2011）》。

（2）赔款支出。2001～2010 年，财产保险业的赔款支出由 2001 年的 332.93 亿元增长至 2010 年的 1756.03 亿元，年均复合增长率高达 20.29%（见图 2）。

（3）保险密度。2001～2010 年，财产保险业的保险密度由 2001 年的 53.7 元增长至 2010 年的 290.52 元，年均复合增长率高达 20.63%（见图 3）。

（4）保险深度。2001～2010 年，财产保险业的保险深度由 2001 年的 0.63% 增长至 2010 年的 0.97%，年均复合增长率约为 4.91%（见图 4）。

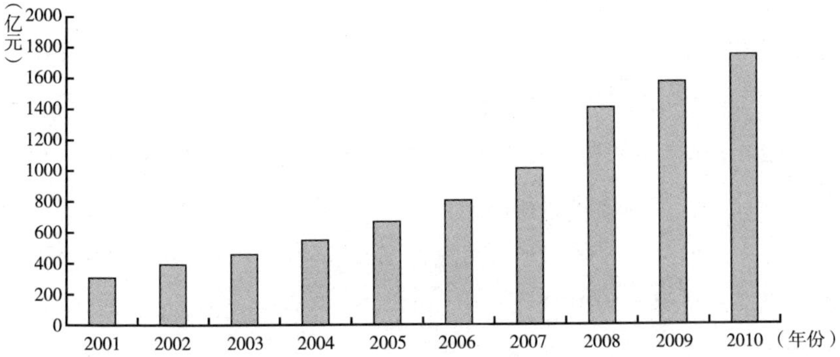

图 2　中国财产保险业赔款支出（2001～2010 年）

资料来源：《中国保险年鉴（2002～2011）》。

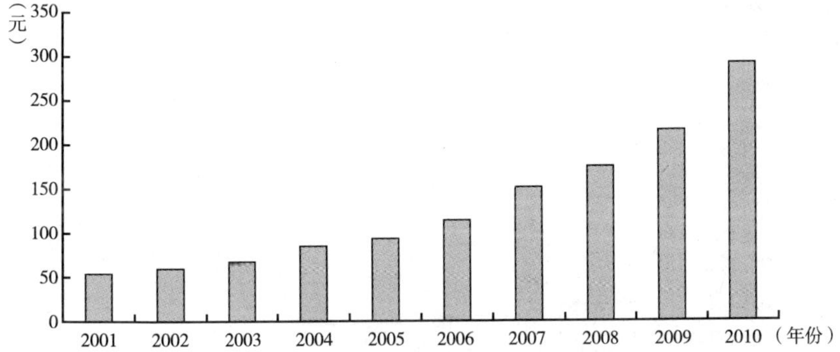

图 3　中国财产保险密度（2001～2010 年）

资料来源：《中国保险年鉴（2002～2011）》。

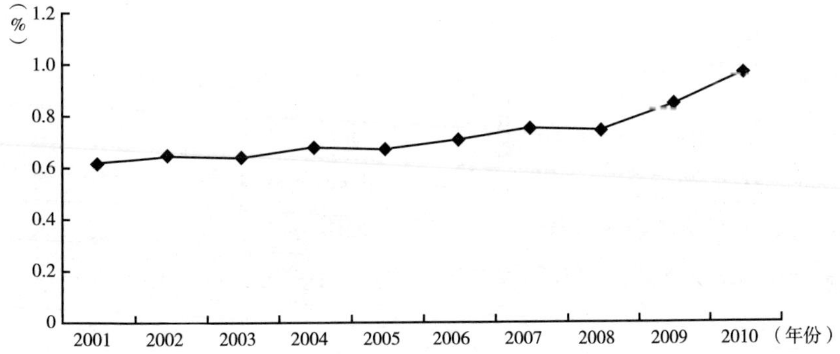

图 4　中国财产保险深度（2001～2010 年）

资料来源：《中国保险年鉴（2002～2011）》。

2. 中外财产保险市场规模比较

从绝对市场规模指标看，中国财产保险市场的国际地位在过去 10 年中有了明显提升。统计数据显示，中国非寿险①保费收入的世界排名已从 2001 年的第 13 位跃居 2010 年的第 7 位，在世界非寿险市场上的份额达到 3. 94%，仅次于美国、德国、日本、英国、法国和荷兰六国（见图 5），成为世界上最重要的财产保险市场之一。但是，与中国经济总量在国际上的地位相比，中国财产保险市场的发展水平还有待提升。2010 年，中国的 GDP 分别为美国、日本、德国、法国、英国的38. 58%、102. 34%、170. 84%、250. 91%和218. 91%，但中国的非寿险保费收入规模分别只是上述五国的 10. 85%、61. 49%、57. 33%、81. 72% 和 74. 46%。这种差距表明中国财产保险市场在客观上存在着一定的发展潜力和发展空间。

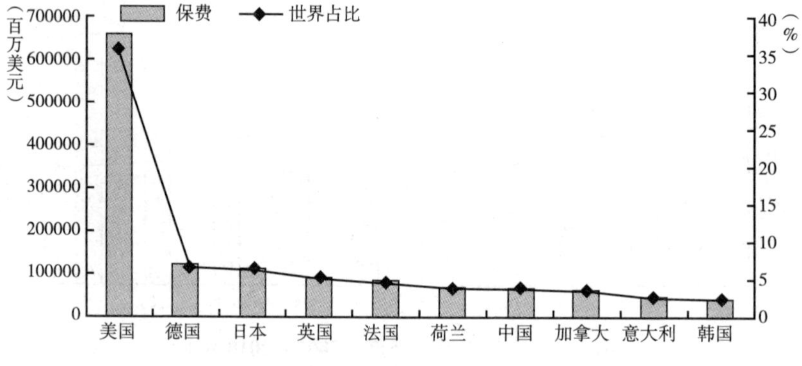

图 5　世界前 10 大财产保险市场绝对规模比较（2010 年）

资料来源：*Sigma* 2011 年第 2 期。

从相对规模指标上看，与世界排名前 10 位的其他大国相比，中国的财产保险市场同样有着巨大差距（见图 6）。在保险密度指标方面，2010 年中国的非寿险人均保费只有 52. 9 美元，相当于排名第一的荷兰的 1. 22%，相当于排名第九的意大利的 6. 72%。在保险深度指标方面，2010 年中国非寿险保费收入在中国 GDP 中的比重为 1. 3%，相当于排名第一的荷兰的 14. 13%，相当于排名第九的日本的 61. 9%。

① 非寿险的统计口径一般要大于财产保险。为了方便国际比较，除非另有说明，市场规模指标的国际比较采用非寿险保费口径。

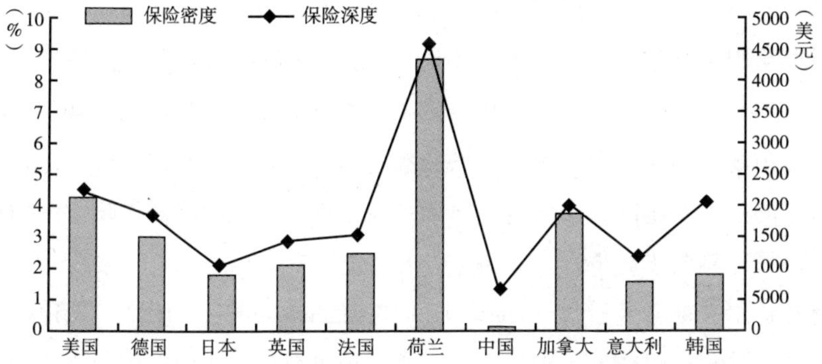

图6　2010 年世界前 10 大财产保险市场相对规模比较

资料来源：*Sigma* 2011 年第 2 期。

中国财产保险的发展速度很快，但其规模不大，存量有限，没有显示出在国际保险市场中的应有地位。从绝对规模指标上看，中国财产保险的国际地位低于中国经济的国际地位。从相对规模指标上看，中国财产保险的发展水平与世界平均水平之间存在着一定的差距。2010 年全球非寿险密度为 263 美元，非寿险深度为 2.89%，这两个指标分别是中国的 4.97 倍和 2.22 倍。从某种意义上说，做大做强财产保险业，实现财产保险的增量发展，仍然是今后一个时期中国保险业发展的一项重要任务。

（二）财产保险市场的市场结构

市场结构与财产保险市场的竞争力也存在着一定的联系。一般而言，市场结构直接影响着财产保险市场的竞争程度，竞争程度愈激烈，财产保险市场的竞争力愈强。衡量财产保险市场结构的常见指标一般包括市场主体数量和市场集中度等具体指标。

市场主体数量指标是指财产保险市场上的财产保险公司数目。一般而言，市场上的财产保险公司数量越多，表明市场的竞争越激烈，市场提供的保险服务会越完善，财产保险市场的竞争力会越强。

市场集中度指标是指衡量财产保险市场结构集中程度的指标，可以体现财产保险市场的竞争或垄断程度。市场集中度指标一般包括行业集中率、赫芬达尔－赫希曼指数、洛仑兹曲线、基尼系数和熵指数等。其中，行业集中率与赫芬达尔-赫希曼指数是衡量财产保险市场集中度的两个最常见指标。

行业集中率（CR_n）是指财产保险市场中市场份额排名前n位的公司所占市场份额的总和。例如，CR_1 表示财产保险市场中最大公司的市场份额，CR_4 表示财产保险市场中四家最大公司的市场份额之和。一般而言，CR_n 越大，表明财产保险市场的集中度越高，市场越趋向于垄断；反之，说明财产保险市场的集中度越低，市场越趋向于竞争。

赫芬达尔-赫希曼指数（Herfindahl-Hirschman Index，HHI），又称赫芬达尔指数，是一种测量财产保险市场集中度的综合指数，是指财产保险市场中各市场主体所占市场份额的平方和。一般而言，HHI越大，表示财产保险市场集中程度越高，垄断程度越高；HHI越小，表示财产保险市场集中程度越低，竞争程度越高。一般而言，HHI值应介于0与1之间①。我们借鉴美国司法部的标准②，按界于0与1之间的HHI值衡量财产保险市场的集中度（见表1）。

表1　市场集中度的HHI指标标准

市场结构	寡占型				竞争型	
	高寡占Ⅰ型	高寡占Ⅱ型	低寡占Ⅰ型	低寡占Ⅱ型	竞争Ⅰ型	竞争Ⅱ型
HHI	≥0.3	0.3>HHI≥0.18	0.18>HHI≥0.14	0.14>HHI≥0.1	0.1>HHI≥0.05	HHI<0.05

1. 中国财产保险市场结构

（1）市场主体数量指标。截至2010年底，财产保险市场主体已经增加到56家，比2001年的17家增加39家，增幅近229%（见图7）。

（2）市场集中度指标。我们分别用CR_1、CR_4和HHI指标来度量中国财产保险市场的市场集中度。2010年底，财产保险市场的CR_1指标为0.3823，比2001年的0.7407下降0.3584；财产保险市场的CR_4指标为0.7125，比2001年的0.9680下降0.2555；财产保险市场的HHI指标为0.1936，比2001年的0.5731下降0.3795（见图8）。

① HHI值还有另一种思路，即将HHI值乘以10000后作比较。调整后的HHI值位于0到10000之间。详见本书保险中介行业竞争力分析部分。

② 美国司法部标准中列出的HHI值为市场份额平方和乘以10000后的值。

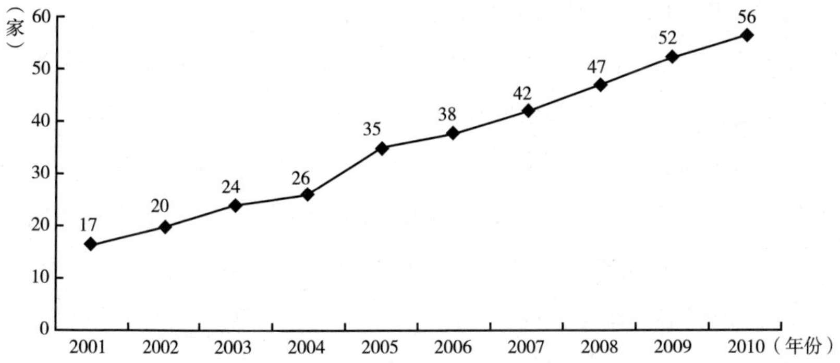

图7　中国财产保险公司数量（2001～2010年）

资料来源：《中国保险年鉴（2002～2011）》。

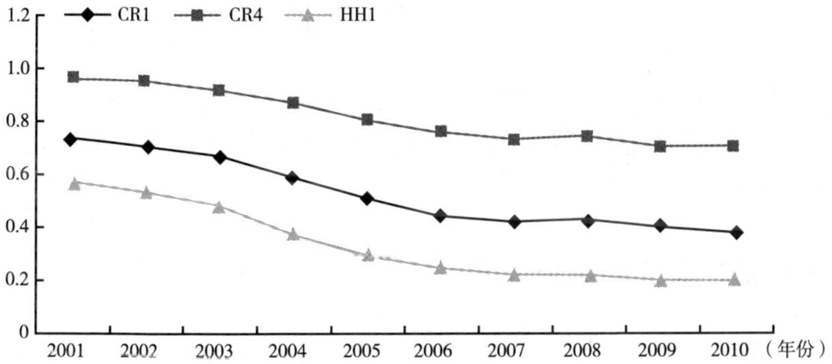

图8　中国财产保险业市场集中度（2001～2010年）

资料来源：中国保险监督管理委员会网站。

2. 中外财产保险市场结构比较

从市场主体数量指标看，2010年美国财产保险市场共有1330家公司①，远远多于中国56家主体的数量。如果进一步考察每百万人拥有的财产保险公司数量这一财产保险服务覆盖面指标，会发现中国的数据仅为0.04，明显低于美国4.31的水平。

从 CR_4 指标看，2010年中国财产保险市场的 CR_4 为0.7125，远高于0.3这

① 美国保险监管体制以州监管为主导，保险公司的设立由州许可。这种特殊的监管体制客观造成美国的保险公司数量较多。

一竞争型与寡占型市场结构分界线，甚至符合极高寡占型①的市场结构指标。2010 年美国的 CR_5 指标为 0.328，CR_{10} 指标为 0.511，均远低于中国的数据，表明美国财产保险市场的竞争程度明显高于中国。

从 HHI 指标看，中美财产保险市场结构差异同样明显。2010 年，中国财产保险市场的 HHI 为 0.1936，表明财产保险市场属于高寡占Ⅱ型市场，由于 HHI 仍然高于 0.18② 这一关键值，意味着中国财产保险市场可能存在垄断。同期，美国财产保险市场的 HHI 约为 0.0352，表明美国财产保险市场不仅属于竞争型市场，而且属于竞争最为激烈的竞争Ⅱ型市场。

当然，中国财产保险市场从垄断走向竞争不可能一蹴而就。“十五”末期的 2005 年，中国财产保险市场的 HHI 降至 0.2989，标志着中国财产保险市场结构正式从高寡占Ⅰ型进入高寡占Ⅱ型。但 2006 ~ 2010 年的五年内，HHI 仅仅降低了 0.1053，明显低于 2001 ~ 2005 年五年间 0.3139 的降幅。2010 年之后，中国财产保险市场结构将面临着从高寡占型（高于 0.18）向低寡占型（低于 0.18）的历史性转变，财产保险市场的竞争将更加激烈，财产保险业的竞争力也将进一步加强。

（三）财产保险市场的市场细分

领先的市场规模、优异的市场绩效、有效的市场结构代表着财产保险市场的强大竞争力。考虑到国情的特殊性和中国财产保险业的可持续发展，在市场规模、市场绩效以及市场结构三个维度之外，我们还特别考察了财产保险市场中的细分市场。我们认为，如果财产保险市场主要依赖于某个区域或者某个险种，甚至某个区域或某个险种占统治地位，那么财产保险业的发展将“不平衡、不协调、不可持续”。

1. 区域细分

区域细分主要是考察中国东部 11 省市、中部 8 省、西部 12 省市区财产保险市场之间的发展平衡度。2001 ~ 2010 年，中国财产保险业基本维持“东 6

---

① $CR_8 \geq 0.7$。

② 0.18 不仅是高寡占型与低寡占型市场结构的分界线，而且是衡量市场是否存在垄断的最低标准。

中2西2”的格局，10年间，东部财产保险业的市场份额只下降了3个百分点，而中部和西部财产保险业的市场份额也仅各自上升了约1.5个百分点（见图9）。

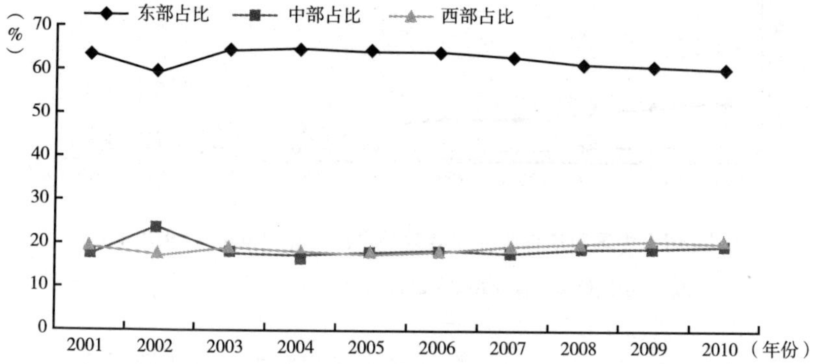

图9　中国财产保险业东、中、西部占比变化（2001～2010年）

资料来源：《中国保险年鉴（2002～2011）》。

2. 产品细分

产品细分主要是考察中国财产保险市场机动车辆保险、企业财产保险、农业保险、责任保险四大险种之间的发展平衡度。得力于家用汽车的逐渐普及和“交强险”制度的正式实施，市场第一大险种——机动车辆险的市场份额不降反升，从2001年的61.57%增加到2010年的77.12%，一直保持“一险独大”的局面。受益于中央财政开始直接补贴保费这一政策，农业保险的市场份额已经增长到2010年的3.49%，成为市场第三大险种。但与此相对照，企业财产保险和责任保险的市场份额分别从2001年的17.65%和4.09%下降到2010年的6.97%和2.97%。如果按四大险种之和占比计算，它们的市场份额从2001年的83.75%上升到2010年的90.55%，牢牢占据着市场的主体地位（见图10）。

3. 小结

2001～2010年，中国财产保险业“东强中西弱”的格局未发生明显改变，占比60%的东部11省市仍然是中国财产保险业的主体市场。提升财产保险业的竞争力需要财产保险市场各区域平衡发展，中西部财产保险市场的更好更快发展是推动区域平衡发展的唯一途径。

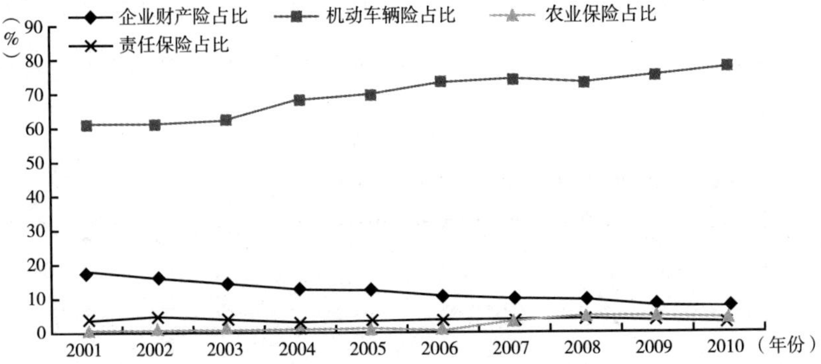

图 10　中国财产保险业主要险种占比变化（2001～2010 年）

资料来源：《中国保险年鉴（2002～2011）》。

2001～2010 年，“一险独大”的机动车辆保险的占比不降反升，甚至成了“一险过大”，这一现象背后的原因值得深思。一方面，保险的潜在需求向现实需求转化的形式包括自然转化、引导转化和强制转化，而强制转化在 2004 年之后机动车辆保险保费激增的过程中起到了关键作用，这更加印证了潜在保险需求的实现不可能完全是一种自发的过程。为了提升中国财产保险业的竞争力，更多实现潜在需求，除了依靠自然转化外，更需要引导转化和强制转化的手段。另一方面，机动车辆保险比例过高从侧面折射了其他大多数财产保险险种发展的相对缓慢。2010 年，美国和欧盟机动车辆保险的市场份额分别为 42.8% 和 38%，明显低于中国，而责任保险①的市场份额分别为 16% 和 9%，明显高于中国。与美国 14.4% 的家庭财产保险市场份额相比，2010 年中国家庭财产保险市场份额不到 0.5%，差距更加大。为了提升中国财产保险业的竞争力，需要加快发展其他财产保险险种，尽快摆脱机动车辆保险“一险过大”的窘境。

（四）财产保险市场的市场绩效

与市场规模指标相比，市场绩效指标更能衡量财产保险业的竞争力。一般而言，市场绩效越好，财产保险业竞争力越强。净资产收益率和综合成本率是衡量财产保险市场绩效的两个代表性指标。

① 不含机动车辆保险中的责任类业务。

净资产收益率（Rate of Return on Common Stockholders' Equity，ROE），为净利润与股东权益之比，常用于衡量股东权益的收益水平，该指标既可以衡量保险公司的经营绩效，也能够衡量保险行业的整体绩效。一般而言，ROE 指标越高，表明财产保险市场绩效越好。

综合成本率（Combined Ratio），为综合赔付率和综合费用率之和，是衡量保险公司尤其是财产保险公司经营绩效的关键指标。如果一家财产保险公司的综合成本率低于 100%，意味着该公司承保业务有利润；如果综合成本率超过了 100%，表明公司出现了承保亏损。人们通常认为，综合成本率低的财产保险公司的承保业务绩效更好。对财产保险市场而言，如果行业的整体综合成本率低于 100%，也可以认为财产保险市场有着不错的绩效。

1. 中国财产保险市场绩效

（1）ROE 指标。在 2001 ~ 2010 年的 10 年中，中国财产保险市场的整体 ROE 波动很大，呈现明显“高 - 低 - 高”的“V”形特点（见图 11）。初始两年，中国保险业的偿付能力体系建设刚刚起步，财产保险公司的资本硬约束不足，市场以较少的资本支撑着业务的迅速发展，财产保险市场的整体 ROE 达到了 16% 之上。随着偿付能力监管的不断完善，财产保险公司资本实力的不断增强，财产保险市场竞争的不断加剧，行业的 ROE 水平逐渐回落，2004 年、2006 年、2007 年三年的 ROE 甚至为负。2008 年，美国金融危机不断蔓延使得中国经济增速放缓，重大自然灾害接连发生造成行业较大赔付，中国财产保险市场产生重大承保亏损，行业整体 ROE 跌至最低谷。之后两年，随着中国经济增速的恢复和财产保险公司对于效益的愈加重视，财产保险市场的整体 ROE 迅速上升，2010 年甚至达到了 17. 78%。

（2）综合成本率。2007 ~ 2010 年①，中国财产保险业的综合成本率持续下降，四年间从 111. 35% 下降至 97. 33%（见图 12），不仅降幅高达 14. 02 个百分点，而且于 2010 年实现了财产保险业务的承保赢利，当年共实现承保利润 83. 59 亿元，同比增加 182. 96 亿元。其中，2010 年中国财产保险业的综合费用率为 34. 24%，同比下降 3. 93 个百分点；综合赔付率为 63. 1%，同比下降 3. 19 个百分点，实现了综合费用率和综合赔付率的“双降”。

---

① 由于数据的可获得性问题，未能计算 2001 ~ 2006 年的综合成本率。

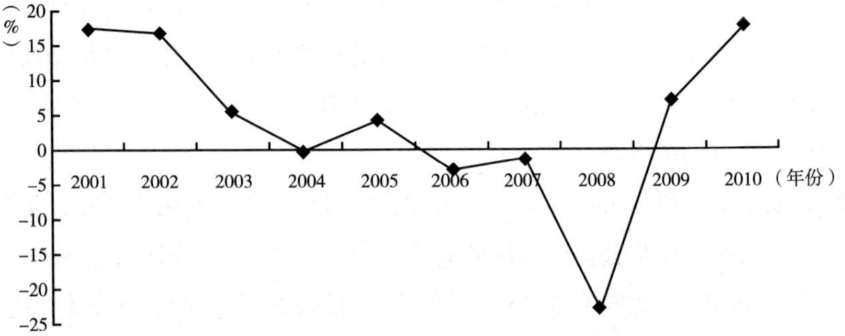

图 11　中国财产保险业的 ROE（2001～2010 年）

资料来源：《中国保险年鉴（2002～2011）》。

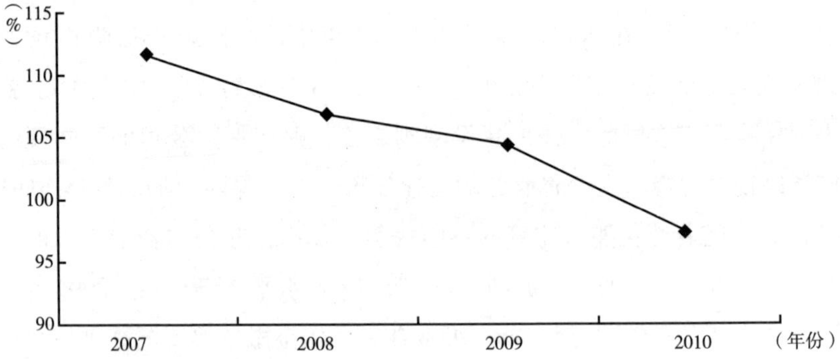

图 12　中国财产保险业的综合成本率（2007～2010 年）

注：2007 年和 2008 年数据依据旧会计准则，2009 年和 2010 年数依据《企业会计准则解释第 2 号》。

资料来源：《中国保险年鉴（2008～2011）》。

2. 中外财产保险市场绩效比较

美国财产保险市场是全球规模最大、发展最成熟的财产保险市场，也是中国财产保险市场未来的赶超目标。因此，选取美国财产保险市场作中外市场绩效对比分析，更富有代表性和现实性。

与中国财产保险市场 ROE 的“V”形不同，2001 至 2010 年美国财产保险市场的 ROE 呈现“N”形特点。2001 年美国财产保险业的 ROE 为负，之后每年稳步上升，2006 年达到了峰值 12.4%，之后又降至 2008 年的 2.6%，2009 年又开始逐渐上升，表现出明显的“萧条－繁荣－萧条”的周期特征，与美国财产保险市场承保周期的客观规律相吻合。

如果将中美财产保险业2001～2010年的ROE进行比较分析，则会发现中国财产保险业ROE的波动幅度远远大于美国，不仅ROE的峰值要高于美国，而且谷值远远低于美国（见图13）。

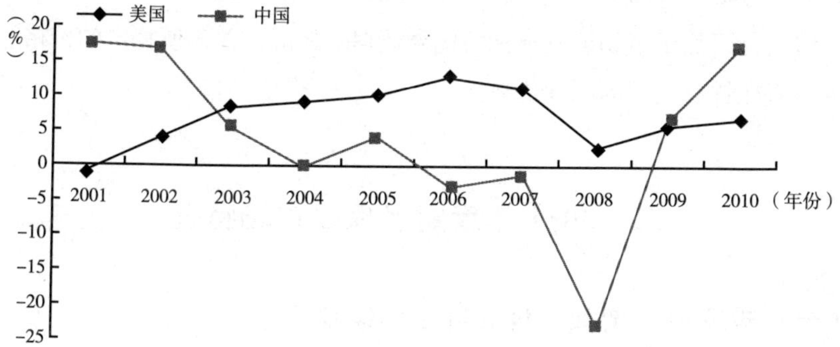

图13　中美财产保险业ROE对比（2001～2010年）

资料来源：《中国保险年鉴（2002～2011）》；美国保险监督官协会。

从综合成本率指标来看，2010年中国财产保险业97.33%的综合成本率明显优于美国的100.8%。即便与2001～2010年各年的美国综合成本率纵向比较，97.33%的综合成本率也仅劣于2006年92.4%和2007年95.6%的美国财产保险业"繁荣周期"顶峰值（见图14）。

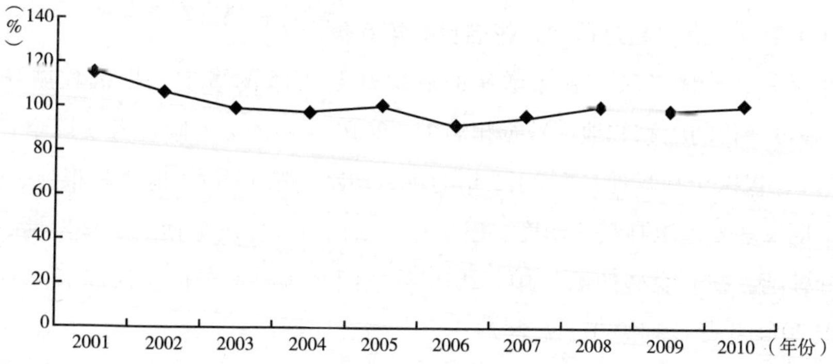

图14　美国财产保险业的综合成本率（2001～2010年）

资料来源：美国保险信息研究所网站，不含抵押贷款和金融担保类保险公司（Mortgage and Financial Guaranty Insurers）数据。

如果仅就2010年数据而言，中国财产保险业17.78%的ROE和97.33%的综合成本率均明显优于美国当年6.6%的ROE和100.8%的综合成本率数据。但从保险理论上讲，较高的费率和从严的理赔会提高以ROE和综合成本率为代表的市场绩效指标数值，ROE和综合成本率水平是否能够全面衡量财产保险业的竞争力还需要考虑险种的费率水平和业务的理赔水准。因此，中国财产保险业的目光不能够仅仅聚焦于市场绩效指标的优异数据，还应该关注所拟定的价格和提供的服务是否能够有亮丽的国际优势。

二 2011年度财产保险市场特征

（一）规模有所增加，世界排名继续前移

2011年，中国财产保险业的保费规模达到4617.82亿元，比2010年名义增长18.5%，实际增长12.47%，同比增速分别下降16.9个百分点和18.67个百分点。同期，财产保险赔款达到2186.93亿元，同比增长24.54%；财产保险深度接近0.98%，同比增加0.01个百分点；财产保险密度达到342.73元，同比增加52.2元。

2011年中国财产保险业的保费规模实际增速不仅明显高于新兴市场非寿险业务9.1%的平均成长率，而且远远高于全球非寿险市场1.8%的平均增速。按美元计算，中国非寿险保费规模已达873.19亿美元，国际市场份额达到4.44%，上升0.5个百分点，超过荷兰，排名世界第6位。

然而，中国财产保险业务增速的放缓却是不争的事实。根据权威统计数据①，在可获得的国家和地区数据排名中，2010年中国非寿险业务实际增速排名全球第2，仅次于马耳他；但2011年的排名却跌至第13位，低于阿根廷、伊朗、智利、厄瓜多尔、土耳其、印度、巴拿马、墨西哥、印度尼西亚、俄罗斯、哥伦比亚和韩国。在“金砖四国”中，2010年中国非寿险业务的实际增长率遥遥领先，但2011年却仅列第3（见表2）。

① 2011年第3期《sigma》。

表2 “金砖四国”非寿险业务的实际增速（2010～2011年）

单位：%

年份	中国	俄罗斯	印度	巴西	新兴市场	全球
2010	27.5	-1.1	9.8	7.9	8.5	2.1
2011	10.4	11.3	13.5	7.1	9.1	1.8

注：2011年第2期和2012年第3期*Sigma*提供的印度、巴西两国数据不一致，本表使用的数据依据2011年第2期*Sigma*。

资料来源：2011年第2期和2012年第3期*Sigma*。

（二）绩效有所提升，改进空间尚待拓展

2011年，中国财产保险业实现承保利润176.65亿元①，综合成本率降至创纪录的95.26%，同比下降2.07个百分点，承保效益继续增加，其中，综合赔付率为61.22%，同比下降1.88个白分点，综合费用率为34.04%，同比下降0.19个百分点，继续实现综合赔付率和综合费用率的“双降”。2011年，中国财产保险业共实现净利润234.45亿元②，ROE升至21世纪以来最高的18.6%，效益达到历史最好水平。

同期，中国财产保险业的市场绩效指标明显高于工业化国家财产保险市场的数据。2011年，美国财产保险业的综合成本率为106.4%，承保业务继续全行业亏损，依靠投资收益才实现了3.49%的正ROE。同期，G7和澳大利亚财产保险业的整体ROE为4%，比2011年的6%下降了2个百分点。

既然2011年中国财产保险业继续保持如此高的市场绩效，那么从常理上说，财产保险业理应“歌舞升平”。然而，2011年对于中国财产保险市场特别是市场第一大险种——机动车辆保险而言，却注定是不平静的一年。上半年，机动车辆保险条款中所谓“高保低赔”、“无责免赔”受到了社会的广泛关注，以至于下半年出现的“配件两价”质疑市场却波澜不惊。如此高的生产者绩效和如此多的消费者质疑居然出现在同一年，这不得不引起财产保险业的重视。诚然，2010年和2011年的优异市场绩效可能源于中国财产保险业更加重视效益，可能源于

① 该数据涵盖当年112亿元的交强险承保亏损。交强险费率厘定的原则为业务总体上不盈不亏，连续数年的交强险高额亏损，值得深思。

② 该数据涵盖当年92亿元的交强险经营亏损。

“天灾”不多，也可能源于这两年正处于中国财产保险业的“繁荣周期”，但如此多的对车险理赔难的质疑，无疑需要行业重新审视理赔工作。一个有竞争力的财产保险业或者一家优秀的财产保险公司，支撑其优异市场绩效的因素应该包括保险服务的好“口碑”。

（三）结构有所优化，转型发展步入轨道

2011 年，中国财产保险市场新增 4 家财产保险公司，市场主体达到 60 家。同期，中国财产保险市场的 CR_1、CR_4 和 HHI 分别为 0.3628、0.7099 和 0.1856，分别比 2010 年下降 0.0195、0.0026 和 0.0079，市场集中度继续下降，市场竞争不断增强。

从 CR_4 指标看，中国财产保险市场仍然属于极高寡占型市场，仍然具有垄断市场的特征。但从更为关键的 HHI 指标看，中国财产保险市场第一次站在了 0.18 这一关键指标的门槛前。根据成熟保险市场的市场结构实践，0.18 不仅是高寡占型市场结构与低寡占型市场结构的分水岭，更是衡量市场是否存在垄断的最低标准。可以预见，中国财产保险市场即将摆脱垄断市场状态而进入竞争型市场，市场结构将进入新的历史阶段。在竞争型市场中，市场更能发挥配置资源的基础性作用，市场化改革也更能从竞争的土壤中汲取营养。

尽管市场化导向是新的市场结构下的不二选择，但中国财产保险业还必须充分意识到市场结构的特殊性所带来的影响。中国财产保险市场结构的特殊之处在于接近 0.18 的 HHI 指标与较高的 CR_4 指标共存。这一状况表明竞争性市场上仍然有着较强的市场势力，激烈的市场竞争可能导致非理性竞争甚至恶性竞争。从某种意义上说，特殊的竞争性市场结构下的财产保险市场化改革任重而道远。

（四）细分有所微调，平衡发展任务艰巨

2011 年，中国财产保险业的市场细分依然延续着以往的不平衡，东部市场仍然占据着财产保险市场的大部分份额，机动车辆保险“一险过大”的局面没有得到明显改变。

从区域细分看，2011 年东部、中部、西部的保费收入占比分别为 60.27%、19.4%、20.33%。东部占比基本不变，中部占比微降，西部占比微升，“东 6 中 2 西 2”的市场格局比较稳定（见图 15）。中国财产保险业的竞争力仍然主要依赖于东部地区财产保险市场的发展。

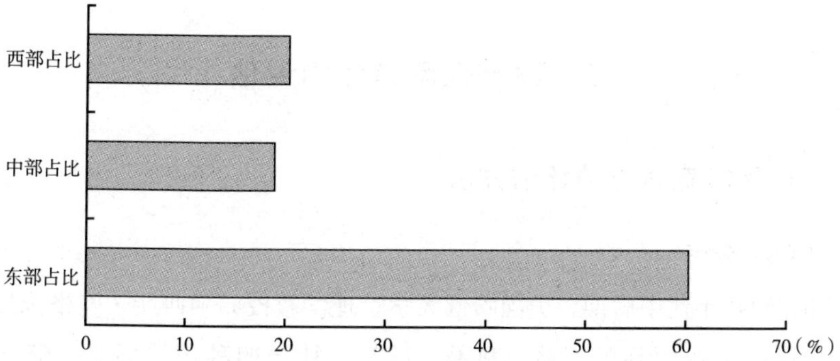

图 15　2011 年中国财产保险业区域细分

资料来源：中国保险监督管理委员会网站。

从产品细分看，2011 年机动车辆保险、企业财产保险、农业保险、责任保险的市场份额分别为 75.89%、7.14%、3.77%、3.21%（见图 16），除机动车辆保险下降 1.23 个百分点外，其他三大险种分别上升 0.17 个、0.28 个和 0.24 个百分点。虽然市场份额略有下降，但机动车辆保险仍然占据了财产保险市场超过 3/4 的市场份额，机动车辆保险的发展状况仍然决定着中国财产保险市场的未来发展。

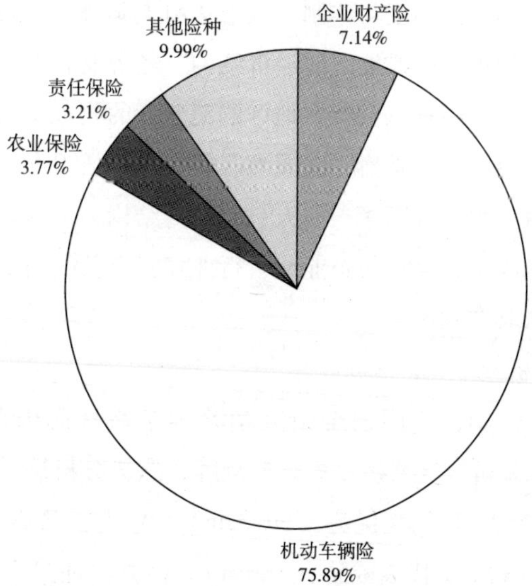

图 16　2011 年中国财产保险业险种细分

资料来源：《中国保险年鉴 2012》。

三　财产保险竞争力评估

（一）保险竞争力的评估方法

1. PEST 分析

20 世纪 60 年代中后期，美国哈佛大学管理学教授弗朗西斯·安格拉最早用“ETPS”描述企业面临的经济、科技、政治、社会四种环境因素。随着生态（Ecological）、社会或人口（Social or Demographic）等因素的提出，学者们开始对各种因素作不同的排列，产生了 PEST、PESTLE、STEEPLE 等不同的提法，运用领域也从企业层面延伸到行业层面。

具体而言，PEST 分析又称大环境分析，是一种侧重于企业或者行业外部宏观环境的分析方法。其中，P 代表政治（Political），E 代表经济（Economic），S 代表社会（Social），T 代表技术（Technological）。

PEST 分析方法认为，影响企业或者行业外部宏观环境的主要因素包括四个方面：第一，政治因素，是指对企业或者行业经营具有影响的政治力量以及相关法律法规等因素，如政治制度与体制、政府方针与政策、税法、环境保护法等。第二，经济因素，是指一国或地区的经济结构、经济发展水平、资源状况、失业和通货膨胀等宏观经济因素以及所在地区的消费者的收入、储蓄和偏好等微观经济因素。第三，社会因素，是指一国或地区居民的价值观念、文化传统、风俗习惯、宗教信仰和教育水平等因素，如人口规模与结构、生活方式以及宗教信仰状况等。第四，技术因素，是指与企业或者行业经营有关的新工艺、新材料、新技术的发明、应用及其前景等。

2. SWOT 分析

20 世纪 80 年代初，美国旧金山大学管理学教授海因茨·韦里克提出了 SWOT 分析法。该分析方法又被称为道斯矩阵、态势分析法，是一种企业战略分析的常用方法。其中，S 代表优势（Strength），W 代表弱势（Weakness），O 代表机会（Opportunity），T 代表威胁（Threat）。该方法通过考察企业的优势、弱势，市场的机会和威胁，较好地将企业的内部条件和外部环境分析结合起来，从而能够为企业制定合理的竞争战略提供指导。与 PEST 分析类似，SWOT 分析的运用也并未局限于企业层面，而常常被用于行业竞争力的分析。

3. 五力模型

五力模型是哈佛大学管理学教授迈克尔·波特于20世纪80年代初提出的产业竞争力分析模型。该模型认为，一个产业的竞争状态，主要由五种基本的竞争作用力所决定（见图17），而这些力量的总和决定了产业最终的获利潜力。

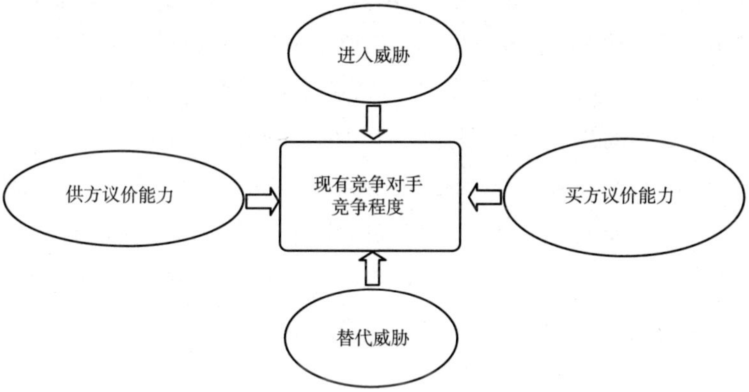

图17　产业五种竞争力架构

具体而言，这五力分别是供方议价能力、买方议价能力、新进入者的威胁、替代品的威胁和行业内现有竞争对手的竞争程度。第一，供方议价能力。供方可能通过提高投入要素价格或降低产品或服务的质量来向产业中的企业施加压力。第二，买方议价能力。买方主要通过压低价格、要求提供更好的产品质量或索取更多的服务项目来影响产业利润。第三，新进入者的威胁。产业的新进入者在给产业引入新的业务能力和带来新的资源的同时，也可能压低价格，增加现有企业成本，从而导致其利润水平降低。另外，新进入者也面临着产业的进入壁垒，如规模经济、产品差异、资本需求、转换成本、分销渠道开拓、与规模无关的成本劣势、政府政策等。第四，替代品的威胁。广义地看，一个产业的所有企业都与生产替代产品的产业竞争。替代品能够设置产业中企业可谋求利润的定价上限，从而限制了一个产业的潜在收益。第五，现有竞争对手的竞争程度。现有竞争对手之间常常会以价格竞争、产品引进、广告战、增加客户服务等方式展开竞争，这种竞争的作用与反作用的效果会影响整个产业。

4. 钻石模型

钻石模型同样是由美国哈佛大学管理学教授迈克尔·波特于20世纪90年代初提出，该模型常常被用来分析一个国家的某种产业在国际上是否有较强的竞争力。钻石模型认为，决定某产业国际竞争力的因素主要包括四大决定因素和两大辅助因素共六个因素（见本书“总报告”图2）。

具体地说，双向互动的四大决定因素包括：一是需求条件，主要是指本国市场需求；二是生产要素，主要包括人力资源、自然资源、知识、资本和基础设施等；三是相关产业和支持产业的状况，主要是指相关和支持产业是否具有国际竞争力，从而能与本产业相互“提携”；四是企业的战略、结构与同业竞争。波特认为，产业内激烈的竞争是不断提升一个产业国际竞争力的重要动力。除四大决定因素以外，还有两大辅助因素或两大变数会对产业的国际竞争力发生影响：一是机会。机会是企业无法控制的，往往可遇而不可求，如技术的重大创新、金融市场的重大变化等。二是政府行为。政府行为对产业的影响是不容忽视的，其影响既可能是正面的，也可能是负面的。机会和政府行为这两大因素通过影响四个决定因素，作用于整个产业的竞争力。

（二）“钻石模型”下的财产保险业竞争力

国内已有学者运用该模型分析了中国保险业的整体竞争力，但现有研究缺乏对财产保险业和人身保险业的细分研究。考虑到影响财产保险业和人身保险业竞争力的诸多因素有很大的不同，本书将分别分析。这里将运用“钻石模型”分析中国财产保险业的竞争力。

1. 需求要素

经济总量和固定资产投资是影响中国财产保险需求的两个最主要的因素，而保险意识的增强同样会促使潜在需求向现实需求转化。

（1）国内生产总值。国际经验表明，当一个国家或者地区的人均GDP超过3000美元之后，城镇化、工业化的进程将会加快，居民的消费类型、消费行为也会发生重大转变，生活需求趋于多样化，对住宅、汽车、文化教育和医疗卫生等改善生活质量的需求将明显提高。特别是小汽车，将成为人们追求生活质量的首选目标。截至2011年底，中国人均GDP约5450美元，全国共有25个省市区的人均GDP超过4000美元大关，达到中等偏上国家水平；4个省的人均GDP处于3000～4000美元；2个省的人均GDP处于2000～3000美元。随着中国经济的发展和消费总量的不断增长，消费结构逐步升级，消费方式持续转变，住宅、汽车等价值大、风险高的现代家庭财产的风险保障问题，开始成为人们日常生活中所不得不考虑、不得不安排的问题，这必将促进财产保险需求的增加，从而推动财产保险业的快速发展。

（2）固定资产投资。2001～2011年，全社会固定资产投资总额从37213亿元增长到311022亿元，年均复合增长率超过23.65%。固定资产投资总规模的快速增长为工程保险、企业财产保险等财产保险的需求提供了广阔的增长空间。

（3）经济结构调整。国家"十二五"规划纲要指出，坚持把经济结构战略性调整作为加快转变经济发展方式的主攻方向。需求结构的调整必然会给财产保险业的发展带来机遇。

"三大产业"结构调整要求加强农业基础地位，提升制造业核心竞争力，发展战略性新兴产业，加快发展服务业，促进经济增长向依靠第一、第二、第三产业协同带动转变。其中，需要大力发展节能环保、新一代信息技术、生物、高端装备制造、新能源、新材料、新能源汽车七大战略性新兴产业。以上述七大战略性新兴产业为代表的经济结构变动，会带来新的风险因素和新的风险种类。风险源的变化必然引起风险因素和风险种类的变化，这种变化对财产保险业的发展既是挑战，也是机遇。

城乡结构调整要求统筹城乡发展，积极稳妥推进城镇化，加快推进社会主义新农村建设，促进区域良性互动、协调发展。随着工业化、城镇化的不断推进，以及城乡结构的不断变化，农业保险还会有更大的发展空间。逐步建立商业性保险与政策性保险相结合的农村保险体系，是促进农业保险大发展、服务国家发展战略的趋势。

（4）保险意识。潜在保险需求巨大，但同时又因为人们对保险的信任危机而难以转化为现实需求，这无疑是近些年中国保险市场需求状况的真实写照。风险意识和保险意识是中国潜在保险需求向现实保险需求转化的前提条件。只有风险意识增强了，与风险意识相联系的保险意识才能够树立起来。

如果能采用保险意识宣导、保险信息传递、保险功能折射等引导转化手段，同时以优质的保险服务树立保险业的良好社会形象，大力宣传普及保险知识，增加人们对保险的信任感，人们风险意识和保险意识有望逐步提高。一旦人们意识到保险的作用不仅仅是事后的损失补偿，还包括事前和事中的风险控制，那么中国未来的财产保险业将迎来更大的发展。

2. 生产要素

对于一般产业来讲，生产要素主要包括人力资源、自然资源、知识、资本和基础设施等。对于财产保险业而言，一般较少使用生产要素的概念，而更多使用供给要素的概念。保险业的供给要素主要包括资本、人力、技术等，而财产保险业更强调资本和技术的投入。

（1）资本实力。科学的偿付能力监管是完善财产保险市场的内在要求，偿付能力监管对财产保险业的发展有着资本的硬约束。尽管早在1995年的《中华人民共和国保险法》中就有“经营财产保险业务的保险公司当年自留保险费，不得超过其实有资本金加公积金总和的四倍”的资本规定，但该规定对于财产保险公司的资本约束可以通过更多的再保险业务予以减轻。随着2003年《保险公司偿付能力额度及监管指标管理规定》的正式颁布以及该规定于2008年被《保险公司偿付能力管理规定》所替代，中国财产保险业的资本约束规定逐渐完善。

根据各期《中国保险年鉴》所载明的财产保险公司数据①得出，中国财产保险业的资本量②从2003年的310亿元增加到2011年的近1430亿元，资本量增加了3.61倍（见图18）。

从竞争力的视角来看，未来持续不断的资金投入才是中国财产保险业发展的偿付能力的可靠保障。目前，中国财产保险市场的前三大市场主体均已上市，其他排名靠前的市场主体也大多有上市的计划，申请进入市场经营财产保险业务的资本也为数众多，中国财产保险业的持续资本投入在未来能够得到满足。

（2）技术投入。科学技术是第一生产力，这不仅是国家发展的基本规律，也是许多行业或者企业发展的重要定律。2012年7月召开的全国科技创新大会更是提出了2020年“进入创新型国家行列”的伟大目标。在科技创新更加广泛影响经济社会和人民生活的当今社会，作为市场经济重要稳定器和助推器的保险

① 由于数期《中国保险年鉴》列明的财产保险公司数据不完整，实际的中国财产保险业资本数据可能高于计算值。

② 资本量为实收资本和资本公积之和，未含盈余公积数据。

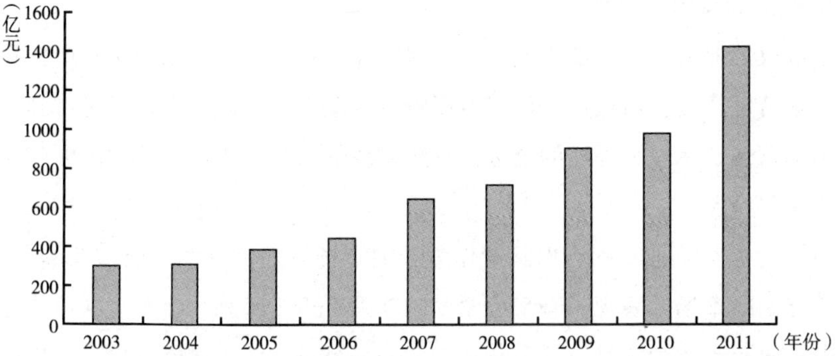

图 18　中国财产保险业的资本量（2003～2011 年）

资料来源：《中国保险年鉴（2004～2012）》。

业必须重视科技的进步和技术的投入。

对于财产保险业的技术投入，人们的第一印象要么是精算、核保、核赔等保险专业技术，要么是信息技术的投入。确实，精湛的保险专业技术有利于提升财产保险公司的经营管理水平，信息技术的支撑也有利于实现财产保险公司前台业务的一线延伸和后台业务的集中管理，甚至可以创新销售渠道并迅速扩大业务规模，近年来机动车辆保险中电销渠道业务规模的飞速成长就离不开信息技术的强力支撑。

但是，这里所提到的技术投入的范围要比上述技术所涵盖的范围更广。科技可以提升财产保险业的竞争力，财产保险业同样应该是科技创新的主体。财产保险业参与的科技创新，主要包括两类：一类是基础研究，主要内容包括风险内在规律的研究以及新的风险识别、评估和处理技术的开发；另一类是应用研究和试验发展类，主要包括各种减灾防损技术的运用和成果转化。财产保险业参与科技创新，并不是“不务正业”，而是财产保险业发展到一定阶段的必然选择，这早已被世界财产保险业发展的历程所证明。

当前，大多数的中国财产保险市场主体并不重视与科学技术相关的经费投入，行业的科技创新意识还不足，行业还没有形成技术投入会带来更高更好回报的理念。事实上，财产保险业的技术进步不仅能够减少保险经营成本，而且能够改变行业形象并提升行业在国民经济中的话语权。目前的财产保险业发展态势有利于财产保险业参与科技创新：一方面近两年较好的市场绩效使得技术投入的资金压力较小，另一方面个别市场主体的有益尝试可能会带来示范效应。

3. 相关和支持性产业

金融投资业的发达程度影响着财产保险业的投资收益，因而是财产保险业最重要的支持性产业。虽然汽车消费量影响着机动车辆保险需求，但考虑到汽车产业对车险营销、承保、理赔的全方位影响，我们认为汽车产业是中国财产保险业的重要相关产业。

（1）金融投资业。财产保险业作为金融市场特别是资本市场重要的参与者，其成长与金融市场的表现具有十分紧密的联系。近十年来，我国金融市场总体运行平稳，股票市场和债券市场不断壮大，交易日益活跃，融资规模大幅扩大。具体而言，2001～2010年，股票总发行股本由4838亿股增加到33184亿股，增长近6倍；股票成交量由3152.28亿股增加到约42152亿股，增长12倍多；股票筹资额由1252亿元增加到约11972亿元，增长近9倍。国债发行额由4884亿元增加到19778亿元，增长3倍多；企业债券发行额由147亿元增加到15491亿元，增长104倍多。尽管2011年的资本市场不够活跃，但仍然不能减弱资本市场发展对财产保险业的重要支持作用。资本市场规模的增长，证券产品种类的丰富，能为财产保险业资金的高效运作提供重要的投资场所与丰富的投资工具。

（2）汽车产业。汽车产业的发展态势影响着中国财产保险市场第一大险种——机动车辆保险业务的成长。中国汽车工业协会的统计数据显示，近年来，我国汽车产业呈现产销两旺的良好发展态势。其中，汽车产量已由2001年的237.17万辆增长到2011年的1841.6万辆，年均复合增长率高达22.9%；汽车销售量已由2001年的237万辆增长到2011年的1850.51万辆，年均复合增长率高达22.82%（见图19）。事实上，2009年的中国汽车产销量已经突破1300万辆，超过美国成为全球产销量第一的国家；2010年，我国汽车产销量又双双超过1800万辆，创全球历史新高，再次居世界首位；2011年，我国汽车产销量分别实现1841.89万辆和1850.51万辆，尽管其增长速度13年来首次低于3%，但产销总量仍居全球第一。

另据国家统计局有关数据，近8年来，中国民用汽车保有量的年均复合增长率高达20.47%，仅2011年就比上年同期新增1492万辆，达到约1.06亿辆；私人汽车保有量的年均复合增长率更是高达26.26%，仅2011年就比上年同期新增1333万辆，达到约0.79亿辆（见图20）。汽车产业的飞速发展为中国财产保险的发展增加了推力。

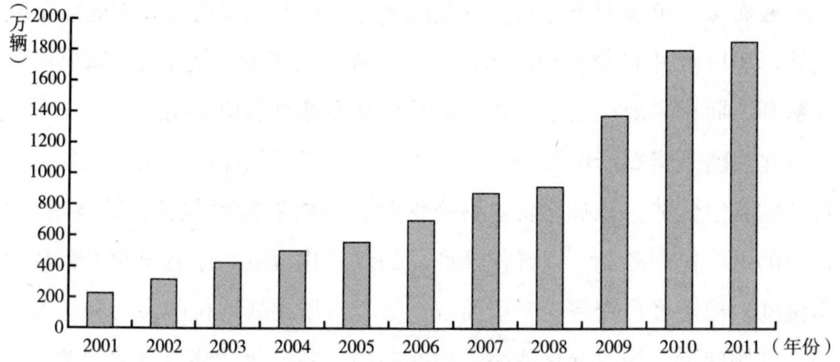

图 19 汽车销售量变化（2001～2011 年）

资料来源：中国汽车工业协会历年《汽车产销及经济运行情况信息发布稿》。

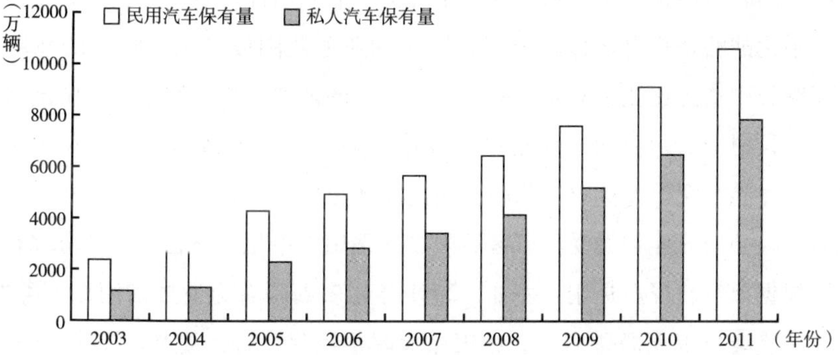

图 20 汽车保有量量变化（2003～2011 年）

资料来源：《国民经济和社会发展统计公报（2003～2011）》。

4. 保险企业战略、结构与同业竞争

财产保险公司的竞争战略、组织结构以及行业内的竞争程度都影响着中国财产保险业的竞争力。强有力的财产保险业竞争力需要合理的公司竞争战略、科学的企业组织结构和激烈有序的同业竞争。

（1）企业战略。一般而言，财产保险公司的竞争战略主要包括成本领先战略、差异化战略和集中化战略。

成本领先战略是指财产保险公司采取一系列措施来控制保险业务的成本，以期取得市场竞争中的优势。财产保险公司需要减少产品开发、营销、理赔和业务管理等各方面的成本开支，并将成本领先的概念贯穿于保险业务的各个经营环节之中。一般而言，市场上领先甚至有垄断势力的财产保险公司会更侧重于成本领先。例如，2011 年中国财产保险市场上保费收入大于100 亿元的7 家公司全部实现承保赢利，而排名前三的市场主体的承保利润都创历史新高。

差异化战略是指财产保险公司通过提供与众不同的保险产品和服务，以期具有独特性的竞争优势。该战略要求财产保险公司能够提供包括独特技术、品牌、服务在内的财产保险产品，以确保该产品的差异化程度高于竞争对手，从而提升客户忠诚度，稳定客户资源。一般而言，处于市场挑战地位的公司和新进入市场的公司往往倾向于采用差异化战略。但在中国，差异化战略的运用却常见于其他两种情形：一是个别财产保险公司依靠股东背景提供部分差异化产品；二是市场份额靠前的大中型财产保险公司为达成特定战略目标而临时运用。差异化战略运用不广泛的直接后果是中国财产保险市场上产品同质性严重。

集中化战略是指财产保险公司在特定的业务范围或者某一特定的地理区域内，能够集中资源比竞争对手更有效地为特定的消费者群体服务。在中国财产保险市场上，财产保险公司运用集中化战略一般包括三种情形：一是农业保险公司、汽车保险公司等专业财产保险公司的业务更集中于特定的保险业务；二是部分区域保险公司开业初始受经营区域限制而采用集中化战略；三是部分综合性财产公司根据市场状况所运用。例如，2011 年平安财险着力发展信用保证类保险，当年非车险业务规模提高 41%；中银保险调整经营策略，重点发展非车险业务，当年非车险业务提升 64%。

需要指出的是，上述三种竞争战略并不是绝对对立，财产保险公司可以同时运用这三种竞争战略，既强调综合成本率的管控以追求成本领先，也会根据市场状况运用差异化战略或者集中化战略来获取竞争优势。

（2）企业组织结构。组织结构是组织内部职责、报告关系和部门组合的框架，通过提供联结和协调组织要素使之成为和谐的整体的机制。国际上采用较多的组织结构的形式主要包括职能型结构、横向联系的职能型结构、事业部型结构、区域型结构、矩阵型结构、横向型结构、虚拟网络型结构以及混合型结构等。中国财产保险公司的组织结构主要包括职能型和混合型两种，其中混合型组织结构为大多数财产保险公司所采用。

在职能型结构中，财产保险公司可以按照人力资源、财务管理、展业、业务管理等职能来设计组织架构，从而将各种活动有机组合起来。在我国建立现代保险企业制度之前，职能型结构是一些财产保险公司采用的主要组织结构模式。由于中国财产保险公司还采用总、分、支的层级，下级公司往往有着与上级公司对应的部分，因此当时的组织结构又被称作“直线职能制”。财产保险公司采用职能型结构，最大优点是有利于促进各职能部门内规模经济的实现，往往适用于业务险种较少、规模不大或者产品差异性不大的财产保险公司。目前，仍有个别财产保险公司采用这种组织结构。

混合型组织结构将各种组织形式的特点综合起来，以适应战略的需要，它在迅速变化的环境中得到应用，因为它给组织提供了更大的灵活性。目前，该组织结构是中国财产保险公司组织结构的主流形态，主要是将职能型与事业部型、横向型等组织结构形态相结合，目的在于既能借助职能型结构保持诸如人事、法律、信息技术等职能部门内的规模经济，又能够适应财产保险市场的快速变化。具体而言，可以分为以下几种具体混合形态。

一是职能型与事业部型的混合结构。该组织结构的事业部主要按险别设立，既可以保持各险种所需共同职能的集聚管理，也有利于具体险种的差异化发展。该结构的优点主要在于业务拓展和管理的专业化程度都比较高，也更有利于培养专业和专岗人员。

二是职能型与“双事业部型”的混合结构。这里的“双事业部型”是指事业部按险别和渠道两种标准分类，比如，在事业部的设立中，既可以按险别设立车险部和财产险部，也可以按渠道设立经代及车商部、直销及个销部、银保及重点客户部等。

三是职能型和横向型的混合结构。该结构除了保持部分共同职能的独立设置外，主要按照财产保险业务的流程设立相关部门，例如按业务流程设置营销管理部、承保管理部、理赔管理部等部门。

四是职能型、事业部型和区域型的混合结构。具体而言，除了包括人事、行政、企划、财务、再保险、产品开发、销售管理、渠道管理外，可以按照险别设立车险部和财产险部，也可以按照区域设立东区、西区、南区、北区等区域事业部，还可以设立公司业务部和团险代理部等。

五是职能型、事业部型和横向型的混合结构。该结构是职能型、事业部型和横向型三种组织结构的混合，既按照产品结构设立车辆保险部、财产保险部、责任信用保险部、船舶货运保险部、意外健康保险部、能源及航空航天保险部、农业保险部等，也设立渠道管理部和理赔管理部等部门以保持横向型结构的特色。

（3）同业竞争状况。2011 年，中国财产保险市场的 HHI 为 0.1856，极其接近 0.18 这一市场是否存在垄断的最低标准，市场结构即将进入新的历史阶段。

市场结构的变化将会影响到市场主体的市场行为，新的市场结构下市场主体之间的竞争更加激烈将是大势所趋。中国财产保险市场主体的竞争可能会以价格战为主，也可能出现以差异化的产品竞争和高质量的服务竞争为主导的局面。很明显，恶性价格战主导的竞争会提高综合成本率从而减弱行业的竞争力，而产品和服务竞争主导的竞争将会提升中国财产保险业的竞争力。

5. 政府

政府行为对中国财产保险业的影响不容忽视，影响主要体现在产业政策和行业监管两方面。

（1）产业政策。产业政策是指政府为了实现一定的经济和社会目标而对包括财产保险业在内的保险产业的形成和发展进行干预的各种政策的总和。历史经验证明，国家对财产保险业的政策支持能够明显提升行业竞争力。2007 年中央财政开始直接补贴农业保险保费，直接推动中国农业保险规模跃居世界第 2。

近年来，国家高度重视保险业发展，2006 年颁布的“国十条”明确指出，保险是市场经济条件下风险管理的基本手段。此后，全社会对保险的认识不断加深，各级政府也越来越重视发挥保险业的作用。然而，除了农业保险以及部分特定产品①之外，国家对于财产保险业发展的支持政策还不到位，“国十条”明确提出的“国家财政支持的巨灾风险保险体系”仍未建立，部分地区政府还没有意识到保险在市场经济中的重要作用，新闻媒体的正面宣传和引导作用还未发挥，全民风险和保险意识有待加强。

（2）保险监管。保护投保方利益、保障市场公平有序竞争不仅是保险监管的重要目标，也是中国保监会的监管重点。比如，2008 年下半年下发的 70 号文件②对于规范财产保险市场竞争秩序起到了不小的作用。促进中国保险业健康发展是保险监管的另一个重要目标，同样也是中国保监会的工作重点。近年来，交

---

① 例如校方责任保险和火灾公众责任保险。

② 即《中国保监会关于进一步规范财产保险市场秩序工作方案》（保监发［2008］70 号），业内称为 70 号文。

强险制度的不断推进和农业保险的不断发展，离不开中国保监会的大力推动。尽管交强险和农业保险在实施过程中存在这样或者那样的问题，但绝不能够忽视它们在解决道路交通事故损害赔偿和健全农业风险防范体系中的关键作用，以及它们使财产保险真正走进城镇和乡村千家万户的重要意义。当然，机动车辆保险和农业保险作为目前分别与城市和农村家庭联系最紧密的财产保险险种，它们在实践中出现的问题理应得到更多的关注。如何使机动车辆保险和农业保险的发展与完善让更多的人受益，考验着决策者和执行者的智慧。

众所周知，有效的保险监管能够保证财产保险市场的有序竞争，能够提升财产保险市场的资源配置效率，从而增强财产保险业的竞争力。“最少的打扰，最好的服务”应该是保险监管最基本的原则，“放松管制、加强监管”必定是中国保险监管的发展趋势。具体而言，中国的保险监管需要从权力监管向权威监管过渡。权力监管和权威监管的区别在于，前者是告诉市场主体不能做什么，而后者是告诉市场主体能做什么和怎么做。这种转变越顺利，越有利于中国财产保险业的发展和壮大。

（三）提升财产保险业竞争力的路径选择

尽管存在着上文所说的不确定性因素，但中国财产保险业竞争力的前景趋好是大多数人的共识。然而，如何加快发展财产保险，迅速提升财产保险业竞争力，早日实现保险强国之梦，却是摆在财产保险业面前的重要课题。如果从竞争力的“硬实力”指标来看，市场规模的发展速度不可谓不快，市场绩效的亮丽数据不可谓不好，市场结构的集中度下降不可谓不顺，但我们却很难得出中国财产保险业竞争力已然强大这一结论。或许，关注有形的“硬实力”指标背后无形的“软实力”，是加快提升财产保险业竞争力的可行途径。

1. 关注财产保险业的“软实力”建设

“软实力”的概念是20世纪90年代初由美国哈佛大学教授约瑟夫·奈所提出，最早用于评价国家的实力。随着经济发展和社会进步，“软实力”的使用领域不断拓展，并常常用来衡量行业、企业甚至个人的竞争力。我们觉得，财产保险业的“软实力”主要体现在两个方面：一是财产保险业在国家灾害管理体系中的地位和作用，二是财产保险消费者的满意程度。

（1）发挥财产保险在国家灾害管理体系中的作用。衡量财产保险业在国家灾害管理体系中地位和作用的标准有两项：一是保险补偿占经济损失的比例是否合理，二是保险业在国家灾害管理体系中是否拥有话语权。按照这两项标准，中国财产保险业在国家灾害管理体系中的地位还不高。

从最近10年的数据来看，财产保险①补偿占全球灾害损失的比例在20%～40%（见图21），明显高于中国财产保险补偿比的水平（见表3）。

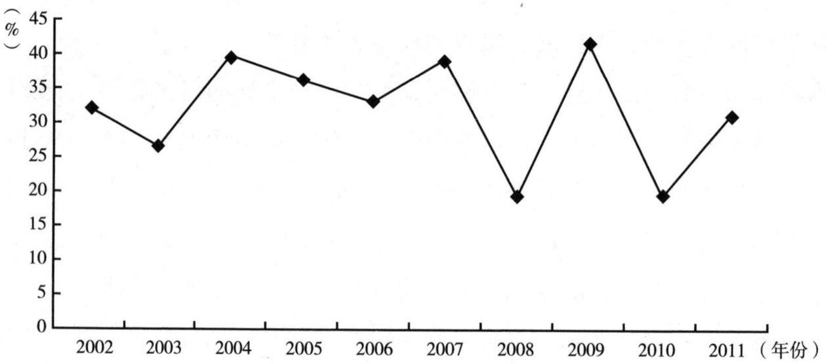

图21 全球财产保险补偿比（2002～2011年）

资料来源：根据相关各期 *Sigma* 数据计算。

表3 中国重大灾害中的财产保险补偿比（2008～2011年）

时间	事件	财产保险补偿（亿美元）	经济损失（亿美元）	财产保险补偿比（%）
2008年1～2月	南方雨雪冰冻	13	200	6.50
2008年5月	汶川地震	3.66	1250	0.29
2008年6月	南方洪水	1.2	22	5.45
2008年9月	台风"黑格比"	0.35	9.25	3.78
2009年11月	北方寒潮	0.21	10.3	2.04
2010年4月	玉树地震	0.01	1.02	0.98
2010年5月	南方洪水	0.2	8.95	2.23
2010年6～8月	南方洪水	7.61	524	1.45
2010年8月	舟曲泥石流	0.03	7.59	0.40
2011年6～7月	南方洪水	1.95	64	3.05

资料来源：历年 *Sigma*。

① 不含责任险赔偿，后同。

根据有关研究①，如果中国遭遇200年一遇的台风，经济损失将达到600亿美元，财产保险补偿约78亿美元，仅占总损失的13%；如果200年一遇的灾害是地震或者台风，保险补偿仅占总损失的2%或者4%。与此相对应的是，每年全球财产保险赔偿额最高的20起灾害中，发达国家重大灾害的财产保险补偿比普遍达到50%以上（见表4）。

表4　发达国家重大灾害中的财产保险补偿比（2008～2011年）

时间	事　　件	国家	财产保险补偿比(%)
2008年1月4日	冬季风暴、暴雨、大雪;洪水、泥石流	美国	74.50
2008年2月5日	龙卷风、冬季风暴、洪水	美国	73.46
2008年2月29日	冬季风暴“艾玛”，最高风速达150公里/小时;洪水	德国、奥地利、捷克等	66.05
2008年4月9日	风暴、冰雹、暴雨、洪水	美国	72.73
2008年5月10日	最高风速达280公里/小时的龙卷风、冰雹	美国	83.57
2008年5月22日	龙卷风，最高风速达320公里/小时的风暴、暴雨、冰雹	美国	82.81
2008年5月29日	最高风速达137公里/小时的雷暴雨、冰雹	美国	73.33
2008年5月29日	风暴“希拉尔”、雷暴雨、冰雹;洪水、山体滑坡	德国、比利时、英国、法国等	74.85
2008年6月5日	中西部的风暴、冰雹、大雨;洪水	美国	72.50
2008年7月23日	最高风速达160公里/小时的飓风“多利”，暴雨、洪水	美国、墨西哥等	43.75
2008年8月26日	飓风“古斯塔夫”，最高风速达每小时240公里，海上损失，洪水	美国等	22.86
2008年9月6日	飓风“艾克”，最高风速达195公里/小时;海上损失、洪水	美国等	50.00
2008年11月13日	三起城市森林火灾，最高风速达130公里/小时的“圣答安娜”	美国	62.50
2009年1月24日	最高风速达170公里/小时的冬季风暴“克劳斯”，大雨	法国、西班牙	58.75
2009年1月26日	冬季风暴、冰雪，电力中断	美国	80.71
2009年2月7日	维多利亚州丛林火灾，最高风速达100公里/小时	美国	83.00
2009年2月10日	最高风速达145公里/小时的冬季风雷暴、冰雹	美国	54.00
2009年3月25日	伴以冰雹的雷暴	美国	66.33

① 瑞士再保险公司：《2011年自然灾害和人为灾难：地震和水灾前所未有，损失创历史新高》，*Sigma* 2012年第2期。

续表

时间	事　　件	国家	财产保险补偿比(%)
2009年5月26日	雹灾“菲利克斯”,最高风速达90公里/小时	法国、德国、比利时	76.00
2009年4月1日	农作物因为旱灾失收	加拿大	100.00
2009年4月6日	地震,余震	意大利	17.49
2009年4月9日	龙卷风,最高风速达105公里/小时	澳大利亚	66.47
2009年5月7日	风暴、最高风速达145公里/小时的雷暴、洪水	美国	71.25
2009年6月5日	风暴、冰雹、大雨、洪水	美国	66.67
2009年6月10日	雷暴,最高风速达128公里/小时	美国	52.50
2009年7月20日	风暴、大雨、冰雹	美国	66.67
2009年7月23日	雹灾“沃尔夫冈”,最高风速达130公里/小时	瑞士、奥地利、波兰等	66.28
2009年8月1日	冰雹,最高风速达100公里/小时	加拿大	66.98
2009年9月7日	大雨后暴洪	土耳其	39.81
2009年10月8日	第18号台风“茉莉”,最高风速达204公里/小时	日本	61.50
2010年2月9日	冬季风暴,风速高达80公里/小时	美国	40.00
2010年2月27日	冬季风暴“辛西娅”,风速高达160公里/小时	法国、德国、比利时等	68.85
2010年3月6日	风暴、冰雹、大雨、洪水	澳大利亚	80.45
2010年3月13日	风暴,风速高达120公里/小时,大雨、洪灾	美国	72.41
2010年3月22日	风暴,风速高达120公里/小时,冰雹、大雨、泥石流	澳大利亚	77.63
2010年4月30日	大雨导致的洪水、风暴	美国	54.67
2010年6月15日	大雨导致的洪水	法国	58.01
2010年8月6日	大雨导致的洪水	德国、捷克等	43.14
2010年9月4日	地震(矩震级7.0)引发海啸,300多次余震	新西兰	87.00
2010年12月23日	大雨导致的洪灾,热带气旋“塔莎”	澳大利亚	39.96
2011年1月9日	大雨引发洪水	澳大利亚	36.67
2011年1月31日	“土拨鼠日(Groundhog Day)”冬季暴风雪,大雪	美国	50.90
2011年2月2日	风速达240公里/小时的热带气旋“雅思”	澳大利亚	66.54
2011年2月22日	地震(矩震级6.3),余震	新西兰	80.00
2011年3月11日	地震(矩震级9.0),海啸,余震	日本	16.67
2011年4月3日	风速达210公里/小时的雷暴、冰雹、龙卷风	美国	57.14
2011年4月8日	风速达275公里/小时的雷暴、冰雹、龙卷	美国	67.11
2011年4月14日	风速达260公里/小时的风暴,超过240次龙卷风	美国	70.00

续表

时间	事　　件	国家	财产保险补偿比(%)
2011年4月19日	雷暴,冰雹,超过100次龙卷风	美国	69.17
2011年4月22日	强风暴,龙卷风	美国	66.36
2011年5月20日	强风暴,龙卷风	美国	78.33
2011年6月13日	地震(矩震级5.2和6.0)	新西兰	66.67
2011年6月16日	风速达113公里/小时的风暴、冰雹、洪水、龙卷风	美国	92.86
2011年7月10日	风速达130公里/小时的风暴、冰雹、洪水、龙卷风	美国	89.09
2011年8月18日	风速达148公里/小时的风暴、冰雹、洪水、龙卷风	美国	79.17
2011年8月22日	飓风"艾琳"、暴雨、洪水泛滥	美国等	66.25
2011年9月20日	台风"洛克"	日本	66.65

资料来源：历年 *Sigma*。

除了灾害补偿比明显低于成熟保险市场外，中国财产保险业在国家灾害管理体系中还缺乏应有的话语权。财产保险业的话语权主要体现为灾害风险基础数据的拥有者、灾害风险评估的领导者、减损防灾关键技术的掌握者、灾害风险转移的主导者。当前，除了灾害风险转移市场还不完善导致保险作为风险转移的主要手段难以发挥更大作用外，中国财产保险业在其他三方面同样需要承担更多的责任。

（2）提高财产保险消费者的满意度。保险消费者的满意度是衡量财产保险业"软实力"的另一个重要标准。财产保险业的可持续发展离不开保险消费者的积极参与、充分理解和广泛认可。如果保险消费者对行业不满意甚至不认同，即使市场绩效再好，也不能说财产保险业有很强的竞争力。总结100多年前美国寿险业"唐提式保单"的"繁荣－争议－消亡"历程，可以得到一条基本经验：消费者的满意度是保险业可持续发展的生命线。这条经验同样适用于财产保险业。

2011年，保险消费者对机动车辆保险中"高保低赔"和"无责免赔"条款的异议引起了社会的广泛关注。目前，因机动车辆保险的人伤住院费用争议引发的仲裁、诉讼仍然不断增加。出现上述争议的主要原因是不少财产保险公司未能适应机动车辆保险客户消费行为出现的重大变化。近年来，汽车开始进入千家万户，机动车辆保险的客户群体从以传统的企事业单位和营运车主为主开始转向以拥有私家车的小康家庭为主。对于小康家庭而言，他们更重视权利义务的对等和保险公司的服务体验。如果小康家庭阶层的机动车辆保险产品体验普遍低于预期，不仅会影响到财产保险业的发展，而且对整个保险业的健康发展也存在重大隐患。

2. 财产保险业“软实力”的提升途径

当前乃至今后一个时期，中国财产保险业“软实力”的提升途径主要有两条：一是逐步转变财产保险的发展方式，二是尽快实施财产保险发展的战略转型。

（1）转变财产保险的发展方式。尽管财产保险业的发展基础和外部环境已经发生了深刻变化，但十几年沿袭下来的“重规模”的粗放发展方式却没有发生根本改变。近几年，一些市场主体开始转向“规模、效益并重”的发展方式，也取得了不错的成绩。但为了提升行业的“软实力”，中国财产保险业的发展方式不能够只“重规模”，也不能够仅仅“规模、效益并重”，而应该转向“兼顾规模、效益、社会责任”的新的发展方式。

重视社会责任，要求财产保险业以更有利于社会的方式进行经营和管理，特别需要处理好行业与国家的关系。财产保险业应该以国家利益为重，财产保险业要为国家作贡献，要为社会、为民众提供效益。财产保险业的这种积极作用包括两个方面：其一，要充分发挥财产保险在国家灾害管理体系中的作用，这不仅要求明显提高灾害中的财产保险补偿比，而且要求财产保险业积极参与国家灾害风险管理体系的基础建设。其二，要明显提升保险消费者的满意度，把人民群众是否满意当做财产保险业发展的根本出发点。

具体来讲，一是要加快建立适合中国国情的巨灾保险制度，以使保险这一现代文明的风险管理机制惠及更多可能遭受自然灾害袭击的人民群众；二是考虑在关系到社会公众利益、消费者切身利益、企业员工权益等的特定行业或领域大力推行以责任保险为代表的法定保险，凸显财产保险在事故灾难、公共卫生事件、社会安全事件等灾害中的风险管理功能。巨灾保险制度或者更广领域的法定保险制度一旦建立，保险的作用就会真正深入人心，提高全民保险意识的梦想将很快实现，财产保险发展的繁荣期将不期而至。

（2）实施财产保险发展的战略转型。中国财产保险业提供的传统保险服务已难以适应保险需求方日益增长的风险管理综合服务需求。市场领先的主体可以先行先试，尽快实现从传统的保险服务提供企业向现代的风险管理服务提供企业的战略转型。

财产保险发展战略转型的意义在于：一是贯彻国家政策需要。《中国保险业发展"十二五"规划纲要》指出，"保险作为风险管理工具的应用更为广泛，保险业在服务我国经济社会发展和保障改善民生中发挥的作用越来越重要，成为现代金融体系的重要支柱，成为国家灾害救助体系和社会保障体系的重要组成部分。"战略转型符合国家保险产业发展的大政方针。二是遵循财产保险市场发展的国际规律。今天国际领先的财产保险公司，大多数是集成性质的一揽子风险管理服务提供商。三是有利于提升财产保险竞争力。如果转型顺利，财产保险业在国家灾害管理体系中的地位会明显提高，保险消费者的满意程度会大幅提高，财产保险业的可持续发展也将得到有力保障。

具体而言，财产保险公司提供的产品或者服务需要做到横向和纵向两个延伸。横向延伸是指沿风险管理流程链的延伸，所提供的产品或者服务除了事后补偿之外，还应该包括事前和事中的控制，甚至延伸至前端的风险识别、风险评估等。纵向延伸是指沿保险标的供应链的延伸，所提供的产品或者服务不应该局限于保险标的本身的风险管理服务，而应该延伸至整个供应链的风险管理服务，从而发挥财产保险公司风险管理专家的重要作用。

参考文献

〔美〕迈克尔·波特：《竞争战略》，陈小悦译，华夏出版社，2005，第1版。

〔美〕迈克尔·波特：《国家竞争优势》，李明轩、邱如美译，华夏出版社，2002，第1版。

Swiss Reinsurance Company Ltd Economic Research & Consulting, "Global Insurance Review 2011 and Outlook 2012/13", *Sigma* 2011.

Swiss Reinsurance Company Ltd Economic Research & Consulting, "Natural Catastrophes and Man - made Disasters in 2011: Historic Losses Surface from Record Earthquakes and Floods", *Sigma* 2012 (2).

Swiss Reinsurance Company Ltd Economic Research & Consulting, "World Insurance in 2011 Non - life Ready for Take - off", *Sigma* (3).

B.3

人身保险行业竞争力分析

恢复业务30年以来，人身险行业保持了良好的发展势头，为社会公众提供了日益多样化的、多层次保障的、满足多种投资理财需求的保险服务。当前，面对日趋复杂的国际国内经济金融形势，研究人身险行业发展中出现的新情况、新变化、新问题对其竞争力的影响，具有非常重要的意义。

一 人身保险市场的历史演变

自1982年恢复人身保险业务以来，随着改革开放的不断深入、国民经济的迅速发展和人民生活水平的逐步提高，我国人身保险市场总体保持着良好的发展势头，经营主体持续增加，业务规模迅速扩大，产品种类不断丰富，经营管理日趋规范。1982年中国人民保险公司刚刚恢复开办人身保险业务时，当年保费收入为159万元，仅占国内保费总收入的0.2%。1999年人身保险保费全行业收入达到872.1亿元，占当年保费总收入的62.6%。行业的迅速发展既得益于外部环境的改善，同时也与行业竞争力的提升密切相关。我们将从业务规模、市场结构、业务结构、营销渠道、市场绩效五个方面分析近十年来人身险行业的竞争力。

（一）人身保险市场的业务规模

1. 保费收入

进入21世纪以来，人身险行业的保费收入从2000年的1003亿元增加到2010年的10632.33亿元（其中包括财产险公司经营的意外险、短期健康险收入），总量增长了10.47倍，年均保费收入增长率为23.79%（见图1）。

2. 保险密度

2000年我国人身险的保险密度仅有9.5美元，随着国民收入水平的不断

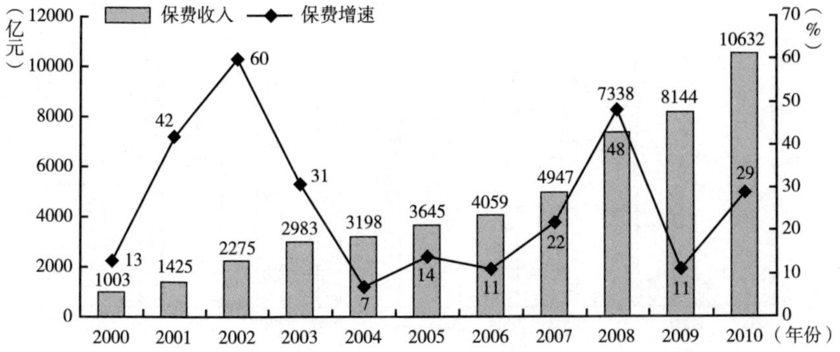

图1　人身险保费收入及增速

资料来源：2001～2011年《中国统计年鉴》。

增长和国民保险意识的增强，人身险的保险密度持续增长，至2010年保险密度已经达到105.5美元，较2000年增长了约10倍，年均增速达24.47%（见图2）。

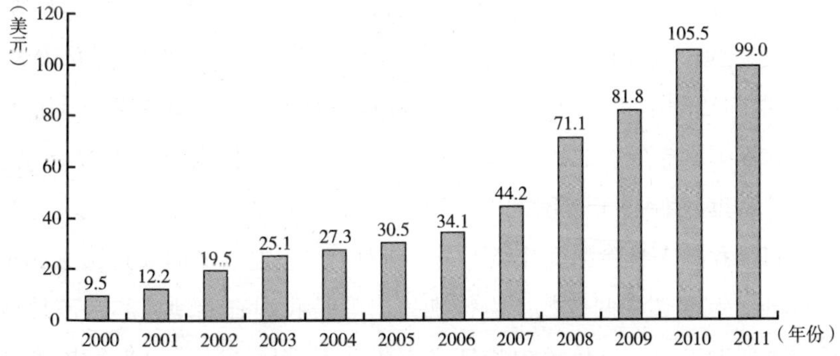

图2　2000～2011年我国人身险的保险密度

资料来源：2001～2012年*Sigma*。

3. 保险深度

我国人身险深度经历了2000～2003年增长阶段、2004～2006年下降阶段和2007～2010年增长三个阶段，其间人身险深度分别从1.12%增至2.30%、从2.30%下降至1.73%和从1.73%增长至2.50%（见图3），总体增长了2倍。

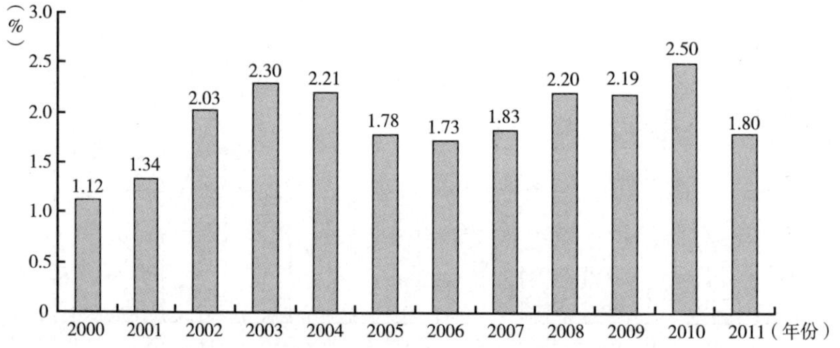

图3　2000～2011年我国人身险的保险深度

资料来源：2001～2012年*Sigma*。

4. 国际比较

纵向来看，我国人身保险市场的国际地位有了较大提高。我国人身保险保费规模从2000年世界排名第18位上升到2010年第5位，仅次于美国、日本、英国和法国。与发达国家和地区相比，我国人身险发展水平还有待进一步提高，以美国为例：第一，我国人身险保险密度不高。2000年美国人身险保险密度是1611.6美元，我国人均保费额不足美国的1%，美国人身险保险密度从2000年到2010年期间波动不断，2007年增长至峰值1924.9美元，之后受金融危机及本国经济疲软等因素影响，2010年减少至1631.8美元，仍高出我国1526.3美元，我国人身险密度仅相当于美国的6%①。第二，我国人身险保险深度仍然较低。过去十年间，我国人身险深度几经上下，徘徊在2%左右。而发达国家和地区多在4%～8%，甚至达到两位数。需特别指出的是我国香港地区和台湾地区人身险深度一直列世界前茅，传统中华社会文化并不排斥商业人身保险机制（见表1、表2）。

我国内地与这些国家和地区之间存在差距，这意味着我国人身险市场仍然存在着巨大的成长空间。大量的对保险市场的经济学实证分析指出，影响人身保险市场发展的主要宏观经济因素包括经济增长速度、居民收入水平和消费结构、人口老龄化化程度、社会保障水平、通货膨胀率、利率等。伴随着我国经济社会蓬勃健康发展的势头，经济总量的增长会带动现有人身保险产品和服务的市场容量

① 2010年我国人均GDP为4384美元，美国人均GDP为47740美元，大体为1比10的比例。

扩大，有利于人身保险覆盖面的拓宽和渗透度的提高，全社会对人身保险的需求也将更加旺盛。

表1　1999～2011年主要国家寿险保险密度比较

单位：美元

地　区	1999年	2004年	2008年	2009年	2010年	2011年
美　国	1446.6	1692.5	1900.5	1633	1631.8	1716
加拿大	674.6	926.1	1442.7	1345	1521.8	1519
英　国	2502.8	3190.4	5582.1	3512	3436.3	3347
法　国	1392.3	2150.2	2791.9	2979.8	2937.5	2638
俄罗斯	9.9	24.8	5.4	4.5	6.4	8
瑞　士	2914	3275.1	3551.5	3503.9	3666.8	4421
日　本	3103.4	3044	2869.5	3226.8	3472.8	4138
韩　国	760.5	1006.8	1347.7	1283.9	1454.3	1615
新加坡	858.3	1483.9	2549	1776.3	2101.4	2296
中国香港	858.7	1884.3	2929.6	2867.4	3197.3	3442
中国台湾	636.1	1494.6	2288.1	2262.8	2756.8	2757
中国内地	8.3	27.3	71.7	81.1	105.5	99
印　度	6.2	15.7	41.2	47.7	55.7	49
巴　西	11.8	45.9	115.4	127.8	169.9	208

资料来源：2000～2012年*Sigma*。

表2　1999～2011年主要国家寿险保险深度比较

单位：%

地　区	1999年	2004年	2008年	2009年	2010年	2011年
美　国	4.23	4.22	4.1	3.52	3.5	3.6
加拿大	3.19	2.97	3.2	3.38	3.3	3.0
英　国	10.3	8.92	12.8	9.94	9.5	8.7
法　国	5.7	6.38	6.2	7.24	7.4	6.2
俄罗斯	0.78	0.61	0	0.04	0.0	0.1
瑞　士	8.06	6.73	5.5	5.51	5.5	5.5
日　本	8.87	8.26	7.6	8.06	8.0	8.8
韩　国	8.39	6.75	8	7.05	7.0	7.0
新加坡	3.25	6.02	6.3	4.62	4.6	4.3
中国香港	3.63	7.88	9.9	9.56	10.1	10.1
中国台湾	4.83	11.06	13.3	14.19	15.4	13.9
中国内地	1.02	2.21	2.2	2.19	2.5	1.8
印　度	1.39	2.53	4	4.73	4.4	3.4
巴　西	0.35	1.36	1.4	1.57	1.6	1.7

资料来源：2000～2012年*Sigma*。

（二）人身保险市场的市场结构

市场结构与人身保险市场的竞争力存在着密切联系。一般而言，市场结构直接影响着人身保险市场的竞争程度。类似于产险业的分析，人身保险市场结构采用市场主体数量和市场集中度等具体指标。

1. 市场主体

1982 年我国开始恢复人寿保险业务，当时只有一家市场主体——中国人民保险公司恢复了简易寿险业务；1988 年平安保险公司的加入与 1991 年太平洋保险公司的加入，使得人身险市场上形成了三足鼎立的格局。在二十多年的发展中，我国人身险市场主体逐渐增多，市场竞争程度较之前更加激烈。截至 2010 年底，全国共有人身保险公司 61 家，其中，寿险公司 52 家，养老保险公司 5 家，健康保险公司 4 家；中资公司 33 家，合资外资公司 28 家，比 2000 年增加了 49 家经营主体，并且有了专业的养老保险和健康保险经营主体。同时自 2001 年加入 WTO 以来，外资保险公司也积极通过股权合作的形式参与我国人身险市场经营。

2. 市场集中度

从主体数量来看，2001～2011 年，人身险公司数量从 12 家增加到 61 家，增长速度很快。CR_1 从 0. 6534 下降到 0. 3329，CR_4 从 0. 9742 下降到 0. 6540，HHI 从 0. 4836 下降到 0. 1589，市场集中度继续下降，市场竞争不断增强。从 CR_4 指标看，中国人身险市场仍属于寡占型市场，具有垄断市场的特征。但从更为灵敏的 HHI 指标看，人身险市场已经低于 0. 18 这一关键指标①。我国人身险市场即将进入竞争型市场（见图 4）。

按业务规模排序，目前市场规模过百亿元的公司有 10 家，市场规模在 10 亿～100 亿的公司有 29 家，市场规模在 1 亿～10 亿的公司有 16 家，市场规模在 1 亿元以下的公司有 6 家（见图 5）。

3. 外资（合资）寿险公司市场份额不高

2001 年“入世”时我国对外资寿险公司的准入条件、投资方式、业务范围、

---

① 根据国外有关研究分类，0. 18 不仅是高寡占型市场结构与低寡占型市场结构的分水岭，更是衡量市场是否存在垄断的最低标准。

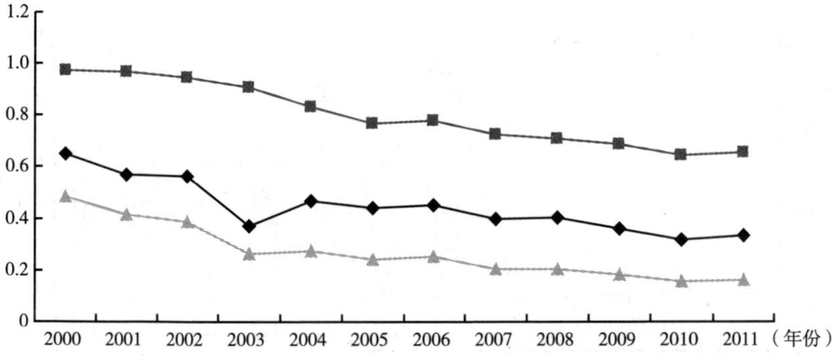

图 4　2000～2011 年我国人身险公司市场集中度情况

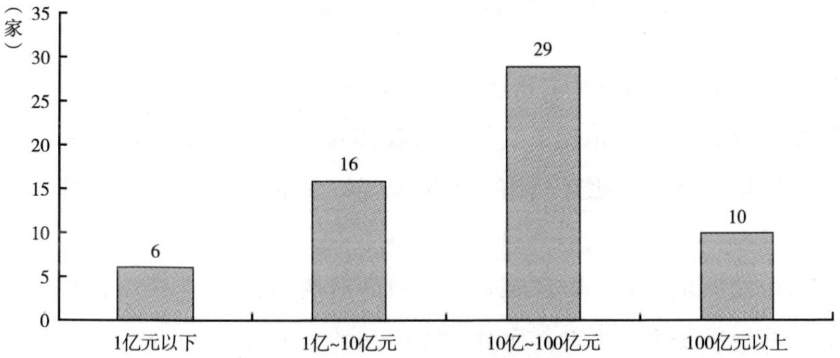

图 5　2010 年我国人身保险的市场保费规模分布情况

地域经营等都作出了明确界定和限制。随着保险市场对外开放时间的推移，业务范围和地域的限制已经逐渐失效，目前主要的限制是在股权结构上，即外资寿险公司在华设立合资公司，外资股权占比不得高于 50%。

截至 2011 年在华外资寿险公司数量已达到 25 家，它们主要来自美国、加拿大、日本、韩国、我国台湾地区及英国、德国、荷兰、瑞士和法国等经济发达国家和地区。值得一提的是，有 20 家全球最大的保险集团①以合资、参股的形式在华开展寿险业务。这些外资寿险公司在华保费收入绝对数额不断增加，但相对比例不高，2011 年外资寿险公司市场份额仅占 4%，外资寿险公司在华市场份额在 2005 年达到峰值 8.91%（见图 6）。

① 数据根据 2010 年 *Fortunes* 杂志“全球最大的 500 家公司排名”整理得到。

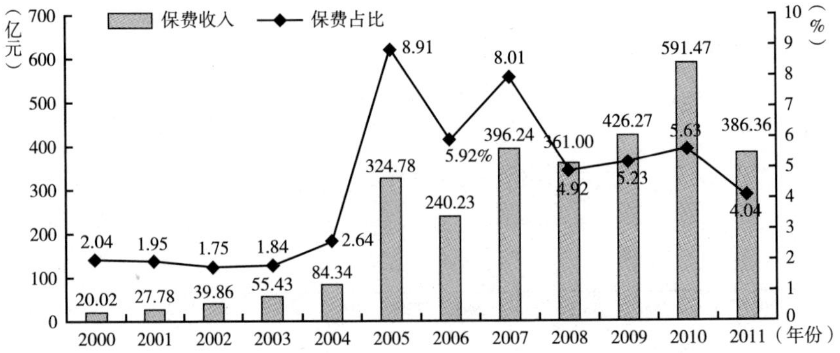

图6　2000～2011年外资寿险公司保费收入及占比

资料来源：2001～2011年《中国保险年鉴》及保监会公布数据整理得出。

4. 我国人身险市场结构有待进一步优化

与发达国家和地区相比，我国人身保险市场大公司的市场份额占比仍然过高。以美国为例，根据美国寿险行业协会（ACII）发布的数据统计，2002年美国人身险行业净保费收入排名前三家公司总保费收入是326.44亿美元，合计市场份额不足7%；排名前五家公司的市场份额不足10%，排名前十家公司的市场份额是13.18%，而且近十年来市场集中度没有大的变化，相对稳定（见图7）。我国目前人身险市场上大公司的寡头主导效应还很明显，中小保险公司的生存和发展环境不佳，地区和行业的隐性壁垒作用力还很大。

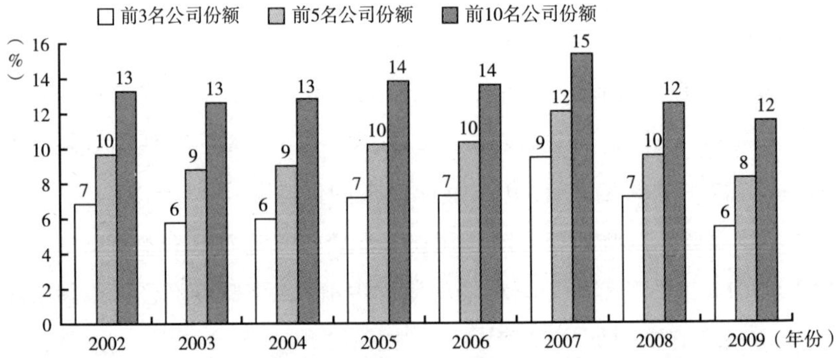

图7　2002～2009年美国人身险公司市场集中度情况

（三）人身保险市场的业务结构

1. 人身保险的险种结构

人身保险是以人的生命和身体为保险标的的一种保险。随着社会的发展和人们经济生活领域的不断扩展，风险也不断拓展和深化。作为管理和规避风险的重要工具，人身保险产品的种类也在不断丰富。我国现阶段存在四种基本的险种：第一类是以“保障+储蓄”为主要特点的传统寿险产品、养老金保险，其特点是将银行储蓄的作用加以改造，增加了保障功能；第二类是以“保障+补偿”为主要特点的健康保险，依据补偿原则提供保障，即在不超过合同约定金额范围内，按照实际花费的医药费进行补偿；第三类是以“保障”为主要特点的人身意外伤害险；第四类是以“保障+投资”为主要特点的新型寿险产品，包括分红保险、投资连结保险和万能保险等，其特点是将保障和投资功能相结合，投资收益由保险公司和客户共享，投资风险也由双方共担。

2010年，人身险业务保费收入首次超过万亿元，达到了10632.33亿元，其中，人寿保险保费收入为9679.51亿元，与2000年相比，增加了11.37倍，年均增长24.73%；意外伤害保险保费收入为275.35亿元，与2000年相比，增加了3.41倍，年均增长11.79%；健康险保费收入为677.47亿元，与2000年相比，增加了10.35倍，年均增长23.67%（见图8、图9、图10）。

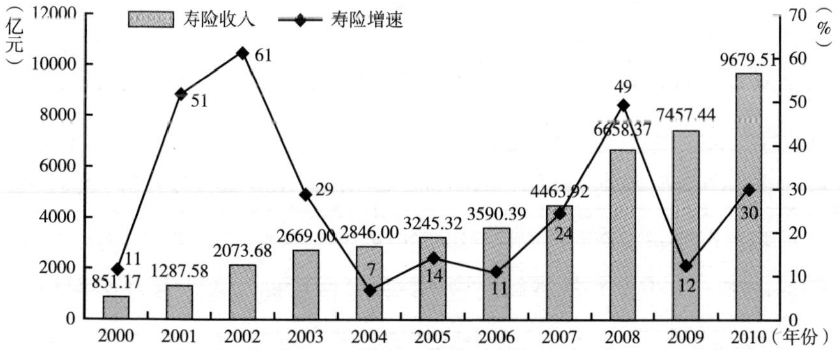

图8　2000～2010年寿险保费收入与增长情况

资料来源：2001～2011年《中国保险年鉴》及其数据。

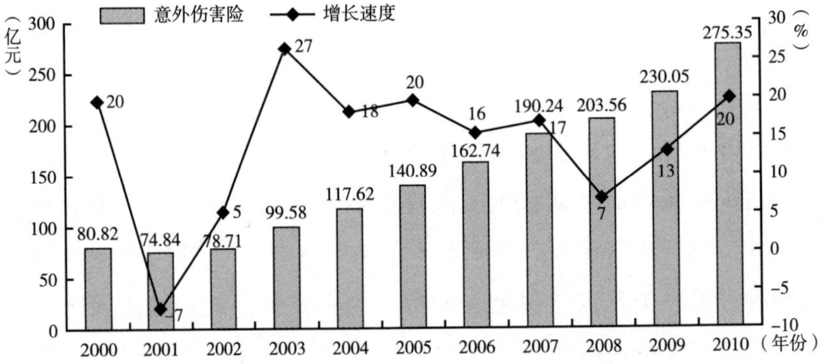

图 9　2000～2010 年意外伤害险保费收入与增长情况

资料来源：2001～2011 年《中国保险年鉴》及其数据。

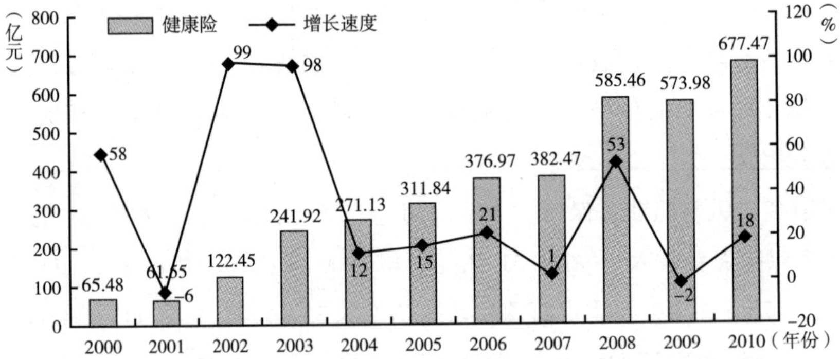

图 10　2000～2011 年健康险保费收入与增长情况

资料来源：2001～2011 年《中国保险年鉴》及其数据。

如果进一步细分寿险产品，2010 年，传统寿险产品保费收入 945.09 亿元，占人身险保费的 9%；分红险产品保费收入是 7455.71 亿元，占人身险保费的 71%；万能险产品保费收入 1123.61 亿元，占比是 10.7%；投连险产品保费收入 157.52 亿元，占比是 1.5%（见图 11、图 12）。

总体上看，自 2000 年我国出现第一款分红险产品后，2002 年分红险产品保费收入就达到 1121.72 亿元，占人身险保费收入的比例高达 49.31%，自此分红险产品就成了人身险市场上的奇葩，保费收入不断提高，除 2006 年和 2007 年市场份额较前一年有所下降之外，一直占领着人身险市场的半壁江山。金融危机之后，2008 年市场份额从前一年的 44.9% 提高至 51.77%，2009 年又扩大了 13.21

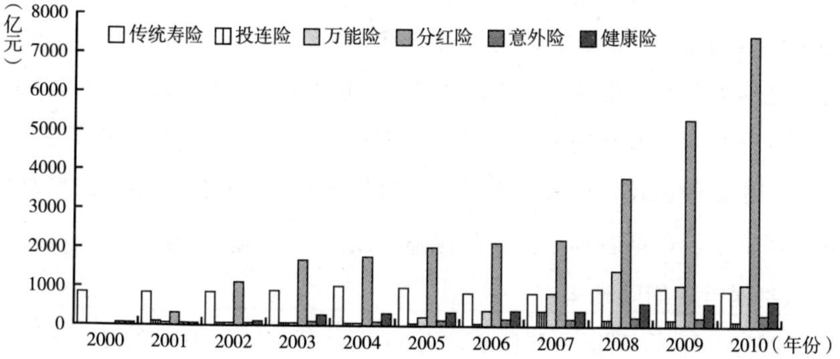

图 11　2000~2010 年人身险分类产品保费收入

资料来源：2001~2011 年《中国保险年鉴》及其数据。

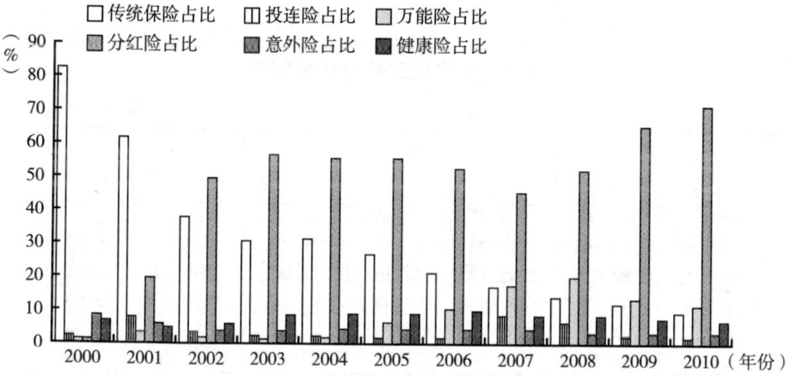

图 12　2000~2010 年人身险分类产品保费收入占寿险保费收入比例

资料来源：2001~2011 年《中国保险年鉴》及其数据。

个百分点，2010 年则达到了峰值 71%。得益于 2007 年资本市场井喷高扬，保险公司当年投连险产品保费收入 393.83 亿元，比 2006 年增加了 334.01 亿元，增长了 5.58 倍，占人身险保费收入的 7.96%，2008 年投连险保费收入增长了 31.2 亿元，2009 年投连险产品保费收入下降到 149 亿元，占人身险保费收入的 1.83%（见图 11、图 12）。

近年来，为了满足保险公司快速发展的扩张需求，借力于资本市场的蓬勃发展，投资型保险业务超常发展。然而，这种产品结构，一旦资本市场走“熊”，投资环境恶化，收益不佳，难以满足消费者预期，产品销售就会迅速下滑，甚至可能出现群体退保。另外，分红险虽然是保险产品市场主流，但很多消费者把分红险作为银行储蓄替代品，且多对此类产品的分红回报有较高的预期。银行代理柜台上，充斥着各类分红险，无论销售数量还是市场份额都名列寿险产品第一位，但是，分红保险产品的分红收益存在不确定性，加上销售人员夸大其优点，简单与银行收益作比较，销售误导严重，将投连险、分红险产品作为主要产品来推广和销售，已经逐渐脱离了保险的保障本质，行业风险显著。

2. 人身保险的期限结构

截至2010年，寿险公司人身险业务新单的保费收入为6882.52亿元，占寿险保费收入的26.83%。新单期交业务保费收入是1804.54亿元，同比增长了32.19%（见表3），期交业务量增多，续期业务拉动保费增长的作用增强。各寿险公司开始重视续保业务对保费增长的贡献，加强保单保全服务，提高保费续期率。

表3 寿险行业新单保费结构

单位：亿元，%

年份	合计		趸交			期交		
	保费	同比增长	保费	同比增长	占新单比	保费	同比增长	占新单比
2005	1959.1	12.10	1518.5	7.80	77.50	440.6	30.20	22.50
2006	2358.02	20.36	1845.73	21.56	78.27	512.3	16.27	21.73
2007	3064.22	29.95	2295.18	24.36	74.90	769.04	50.71	25.10
2008	5178.01	68.97	4154.84	81.02	80.24	1023.17	33.05	19.76
2009	5426.36	4.80	4061.25	-2.25	74.84	1365.11	33.42	25.16
2010	6882.52	26.83	5077.98	25.03	73.68	1804.54	32.19	26.22

资料来源：2006~2011年《中国保险年鉴》。

我国寿险业繁荣发展的背后，存在着诸多风险隐患，主要表现为体现寿险业核心优势的风险保障型和长期储蓄型业务发展相对滞后。在我国人身险市场上，传统寿险产品保费收入2000年是826.14亿元，占人身险保费收入82.37%，此后所占市场份额大幅下降，截至2010年，传统寿险产品实现保费收入945.09亿元，比2000年增加了118.95亿元，增速为14.4%，但年均增长速度仅为1.23%，远远低于同期新型寿险产品和其他人身险产品的增长速度①。这与保险

① 2000~2010年期间，投连险产品保费收入年均增长速度为22.7%，万能险保费收入年均增长速度为62.65%，分红险保费收入年均增长速度为84.91%，意外伤害险保费收入年均增长速度为11.79%，健康险保费收入年均增长速度为23.67%。

尤其是寿险行业以保障为核心的经营本质相背离。

美国的经验表明，保障型产品一直是保险公司的主要产品。2009 年美国个人购买的定期寿险保单共有403.9 万件，占当年个人寿险销售保单的41.1%，这些定期寿险保单的保额高达 1.269 万亿美元，占寿险产品总保障的 74.1%。另外，瑞士再保险公司发布的《死亡保障缺口：2011 年亚太地区》显示，我国的死亡保障缺口高达18.7 万亿美元，这在客观上形成了对保险公司定期寿险或者终身寿险产品的需求，保险公司要加大此类保障型产品的宣传和销售力度，为居民个人和家庭提高保障。

（四）人身保险市场的营销渠道

自 1992 年我国个人寿险业务起步发展以来，个险代理渠道（个险营销员）一直是寿险公司赖以生存和发展的核心渠道。截至 2010 年底，全国共有寿险营销员 287.9 万人，实现人身险保费收入 3587.52 亿元，占同期人身险保费收入的 33.84%，营销员佣金收入达到 471.48 亿元。

进入新世纪后，人身保险营销模式出现多元化趋势，特别是 2005 年以来，银行保险渠道业务发展迅速（见表 4）。银邮代理渠道逐渐成为人身保险销售的重要支柱，公司直销比率下降明显。

表 4　寿险行业营销渠道业务占比

单位：%

年份	个人营销	银行邮局	公司直销	专业代理	保险经纪	其他渠道
2002	60.97	20.70	18.33	—	—	—
2003	57.20	25.92	16.88	—	—	—
2004	54.45	24.85	20.51	—	—	—
2005	53.56	24.80	20.44	0.27	0.14	0.79
2006	54.80	28.59	14.58	0.64	0.21	1.18
2007	52.46	34.31	11.92	0.68	0.30	0.33
2008	41.40	48.92	7.85	0.61	0.19	1.03
2009	43.20	47.71	6.52	0.72	0.19	1.66
2010	41.10	50	7.10	0.60	0.20	1

（五）人身保险市场的市场绩效

人身险市场的市场绩效可以从赢利能力与投入产出效率两个方面去衡量。净资产收益率（ROE）的高低反映了人身险市场的赢利水平高低。一般而言，ROE指标越高，表明人身险市场赢利能力越强①。而人身险市场的投入产出效率通常用综合费用率去衡量，其中综合费用率为手续费、佣金支出以及业务管理费之和与新契约保费收入的比值，体现的是单位新契约保费所投入的费用支出。一般而言，综合费用率指标越高，表明人身险市场的经营成本越高，而投入产出效率越低。

1. ROE

在2006~2010年的5年间，中国人身险市场的整体ROE呈现明显波动性。2007年，经历了资本市场的爆发式增长，人身险公司的赢利水平达到历史高位，ROE水平超过20%。到2008年，由于国际金融危机影响，中国经济增速放缓，资本市场经历了过山车式的大幅回落，中国人身险市场净利润明显缩水，行业整体ROE达到了最低谷。之后两年，随着整体经济形势的逐渐回暖，人身险公司对资本市场的波动运作以及资产负债管理更加重视，人身险市场的整体ROE开始上升到15%以上水平（见图13）。

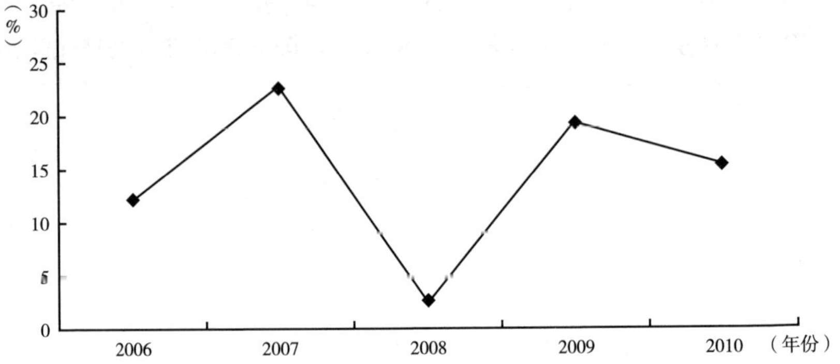

图13　中国人身保险业的ROE（2006~2010年）

资料来源：《中国保险年鉴（2007~2011）》。

2. 综合费用率

2006~2010年，中国人身险市场的综合费用率呈现一定波动，但基本都维

① 通常，我们会用新业务价值利润率去衡量寿险公司个体的盈利能力，但由于经验假设的不一致性以及数据获取的不可得性，这里我们选取净资产收益率去衡量市场整体的盈利性。

持在20%以上水平。2008年，经济形势的反转对人身险市场的影响相对有限，中国人身险市场仍然实现了新契约保费的快速增长，市场整体的综合费用率有所摊薄。而2009～2010年，由于市场整体的人力成本增加，以及银行保险市场手续费不断攀升，人身险公司的经营成本也水涨船高。从单位保费的投入成本来看，人身险市场的综合费用率呈现逐年上升趋势（见图14）。

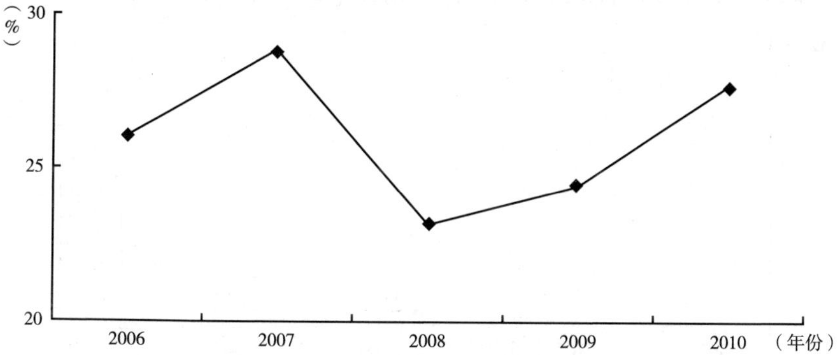

图14　中国人身保险业的综合费用率（2006～2010年）

注：2009年以前的数据依据旧会计准则，2009年及以后的依据《企业会计准则解释第2号》实施后的数据。

资料来源：《中国保险年鉴（2007～2011）》。

二　2011年度人身保险市场的特征

（一）保费收入首次出现负增长[①]，保障性险种发展稳健

受宏观经济调控、金融市场动荡和行业监管政策的共同作用，人身保险行业保费收入2011年增速同比大幅下滑。全国人身险实现保费收入9721.43亿元（其中包括财产险公司经营的意外险、短期健康险收入161.24亿元），比2010年减少了780亿元，同比下降了7%，这是近20年来首次出现负增长。从产品细分来看，寿险保费收入为8695.59亿元，比上年减少了983.92亿元，同比下降了10%；意外伤害险保费收入为334.12亿元，比上年增加了58.77亿元，同比增加了21%；健

① 2011年人身险保费收入数据是保险业执行《关于印发〈保险合同相关会计处理规定〉的通知》（财会［2009］15号）后，各保险公司按照相关口径要求报送的数据。

康险保费收入为691.72亿元，比上年增加了14.25亿元，同比增加了2%①。2011年由于投资分红型寿险业务收入减少直接导致了人身险业务整体收入不及2010年，除此之外，保障型险种的业务反而发展稳健，收入保持了较好的增速。

寿险行业在2011年业务的缩水是多方面原因造成的。

首先，在通货膨胀、利率走高和银根紧缩的金融大环境下，寿险产品的收益率难以发挥竞争优势，而银行理财产品和信托产品大行其道，抢占了保险市场份额（见图15）。

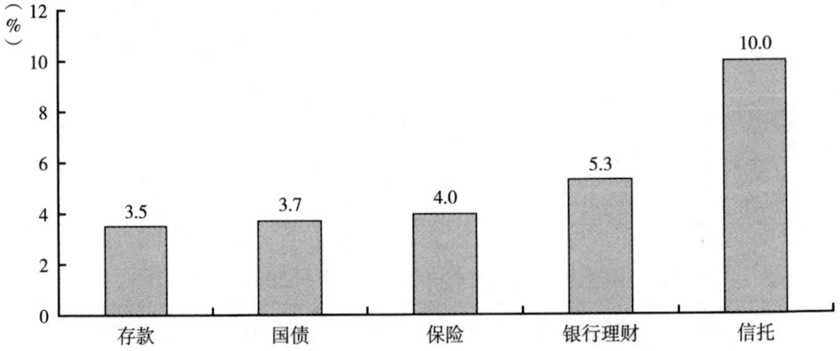

图15　2011年各类金融产品年化利率比较

其次，银保渠道为防范销售误导而对保险销售的限制性规定，进一步挤压了寿险产品的销售空间。2010年11月银监会发布《中国银监会关于进一步加强商业银行代理保险业务合规销售与风险管理的通知》（90号文），规定“商业银行不得允许保险公司人员派驻银行网点”。2011年3月，保监会和银监会又联合下发《商业银行代理保险业务监管指引》，进一步要求销售保险产品的银行人员须持有保险代理人资格证书，加剧了银行方面销售人力不足。加上银行揽储压力也造成了银行销售保险动力不足，造成大量保险公司出现银保业务的负增长。

再次，2011年我国资本市场经历了漫长寒冬，寿险业投资收益大幅缩水，占人身险80%市场份额的分红保险产品普遍没有达到令人满意的分红预期，降低了以投资储蓄为目的的保险需求，行业退保率有所上升，也造成了我国寿险业无法维持既往的规模扩张。

① 2011年的数据来自保监会公布数据。

（二）市场主体和集中度有所调整，竞争格局发生变化

截至2011年，全国共有61家人身险市场经营主体，其中中资法人公司36家，较2010年增加了4家；外资公司25家，较2010年减少了4家①。从市场份额看，中资公司优势明显。2011年中资公司实现保费收入9173.6亿元，合计市场份额为96%，比2010年同期提高了1.6个百分点。

2011年人身保险市场集中度略有下降。在61家经营主体中，保费规模超过100亿元的有10家公司（其中2家超过1000亿元），比2010年减少1家，份额合计88.73%；10亿~100亿元的有27家公司，比2010年减少2家，份额合计10.62%；1亿~10亿元的有17家公司，比2010年增加1家，份额合计0.63%；其余7家公司保费规模均低于1亿元，份额合计0.02%（见图16）。2011年国寿股份、平安人寿市场份额合计为45.7%，同比减少1.2个百分点；保费规模前三名、前五名、前十名人身险公司的市场集中度分别为57%、74%、89%（见图17）。

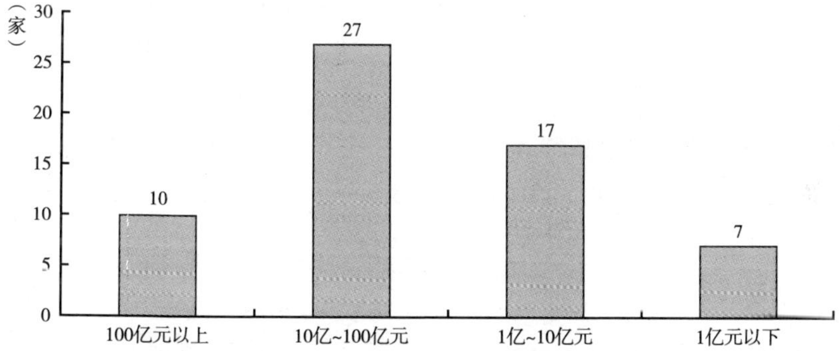

图16　2011年我国人身险市场保费规模分布情况

资料来源：根据保监会公布数据计算得出。

（三）险种结构不合理性持续发展，新单业务增长乏力

2011年，寿险公司大多主打具有年金和累计生息特点的分红险，分红险在

① 中资公司2011年新增建信人寿、天安人寿、光大永明和利安人寿4家；外资公司新增中荷人寿1家，减少太平洋安泰（改为建信人寿）、恒康天安、光大永明和首创安泰4家，中美大都会和联泰大都会合并为中美联泰大都会。

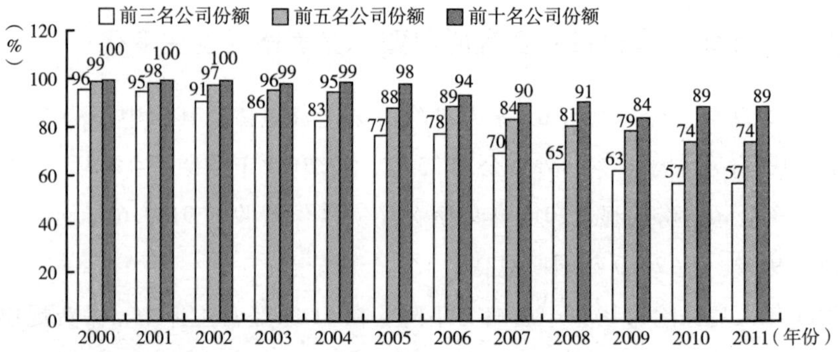

图 17　2000～2011 年我国人身险公司市场集中度情况

资料来源：根据保监会公布数据计算得出。

寿险保费中的占比提升到 80%，同比增近 7 个百分点，而传统寿险、万能险和投资连结险均出现负增长。长期期交、保障功能强的产品发展相对滞后，产品的同质化问题日益凸显。

2011 年寿险业务（不含健康险和意外险）实现新单保费 4796 亿元，同比负增长 9.3%，但续期保费收入 3882 亿元，同比增长了 33%，在寿险业务中占比达到 45%，比 2010 年同期提高了 10 个百分点，对行业发展起到了一定的稳定作用。

2011 年，资本市场的持续疲软对人身险公司的负面影响仍在延续，人身险市场的整体 ROE 指标回落到 15% 以内，赢利水平一路走低。与此同时，人身险公司的投入产出效率并没有因为保费增速的放缓而提升，综合费用率自 2009 年以来继续攀升。

（四）销售渠道内在矛盾日益突出，营销体制改革亟待深化

2011 年由于银行保险新政对业务发展的负面影响，各保险公司普遍加强了个人代理（个险营销员）以及网销、电销等新渠道的销售力度。个险渠道保持了较高增速，全年保费收入达 4267 亿元，同比增长 16.8%，渠道占比 45%，较 2010 年提升了 4 个百分点。而银行保险全年实现保费 4577 亿元，同比负增长 2%，渠道占比下降到 48%。

现行的个险营销员销售模式自 1992 年引入我国后，经过近 20 年的发展，在创新保险销售模式、提高保险服务认知度、增强保险公司的市场拓展能力，以及为社会创造就业机会等方面发挥了积极作用，已成为寿险公司，特别是大公司首

要的销售渠道和主要利润来源。但同时也必须指出，这种模式长期存在着管理粗放、大进大出、素质不高、产能低下等比较突出的问题，这种状况既不能满足新阶段、新形势下客户对保险的实际需要，同时也损害了寿险行业形象，影响了人们对保险的认同度和有效需求。

另外，我国寿险行业的专业中介机构整体实力较弱。专业中介机构在资本金、业务收入、技术水平、服务能力等方面都还处于起步阶段，市场竞争力还比较弱。通过 2011 年保监会对中介机构业务的检查发现，保险公司通过直接业务转挂中介渠道、虚列营销员人头、自身投保业务转挂中介业务、虚列费用等方式套取资金的违法违规问题较为普遍，很多代理公司没有主营业务，成为保险公司虚构中介业务套取手续费的工具，扰乱了正常的市场秩序。

当前，由于用工荒、劳动力成本上升等综合性因素，个险渠道队伍增员和业务发展均面临着严峻挑战；银邮渠道销售误导、商业贿赂、服务能力低等现象普遍存在，内在体制机制异化，面临规范与转型；在深化保险营销体制改革的过程中，需要逐步建立多渠道多样化的保险营销模式，加快专业保险代理公司和经纪公司的建设，积极推动保险营销服务水平和专业化程度的提升。

三　人身保险竞争力评估

（一）“钻石模型”下的人身保险业竞争力

1. 需求要素

需求，从经济学角度分析，是愿意并能够购买的商品数量。人身保险需求的决定因素主要有三方面：风险因素、对风险的认知和态度以及对转移风险的支付能力。随着社会经济的快速发展，各种危及人身安全、健康的风险事故也日益呈现复杂性和多样性。但是，目前国民对保险的认知程度还很有限，其功效没有得到充分发挥①。事

① 根据泰康人寿保险公司 2011 年发布的《中国家庭寿险需求研究报告》，中国家庭抗风险能力低，并且抗风险能力还多集中于“存款”、“向亲友借款”、“社保赔付”、“变卖固定资产”等方式，事实上仍是依靠家庭的既有能力，而不是通过保险的风险分散机制实现社会的抗衡风险能力。商业人身保险对于提升家庭抗风险能力的贡献度在城市和县域家庭资金结构中所占的比例分别仅为 4.6% 和 1.1%。

实上，从我国近年来若干次大的灾难性事故中，我们也能够发现，寿险保障功能的缺失，导致受害人的家庭经济补偿严重不足。

居民的个人收入是影响人身保险需求的重要因素。近年来，城乡居民的收入水平有了大幅提高（见图 18）。收入水平的提高不仅意味着保险购买能力的提升，更重要的是国民的“生命价值”随着收入水平的提高不断增加，通常赚钱养家者应当拥有相当于其年收入 10 倍甚至 10 倍以上的寿险保障。2010 年，我国各人身险公司有效保单件数为 142314.51 万件，相比 2009 年有较大的增长，人均拥有保单数刚好超过 1 张。但按照我国现有的保障水平，一旦赚钱养家者不幸意外过世或者遭遇意外伤害，其保障额度远不足以为其家庭提供保障①。

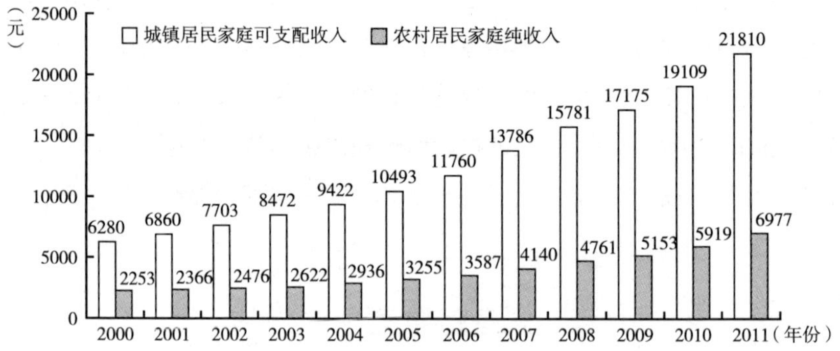

图 18　2000～2011 年我国城乡居民收入情况

资料来源：2001～2011 年《中国统计年鉴》及财政部公布数据。

瑞士再保险公司（SwissRe）2011 年发布的研究报告《死亡保障缺口：2011 年亚太地区》显示，12 个亚太市场（主要包括中国、日本、印度、韩国、澳大利亚等）的总体死亡保障缺口由 2000 年的 15.76 万亿美元显著扩大至 2010 年的 41.41 万亿美元，复合年增长率达到 10%。其中中国的死亡保障缺口从 2000 年的 3.7 万亿美元扩大至 2010 年的 18.7 万亿美元，复合年增长率达到

① 考察一个国家的寿险需求水平和保障水平，除通用的保险密度指标外，还有人均投保保单件数、人均保额、国民投保率等指标。例如，在美国，2010 年有 53% 的美国人购买了个人寿险，成人保单覆盖率为 59%。在 20 世纪 70 年代，这两个指标的历史最高水平分别达到 67% 和 72%。2010 年被保险人的平均人寿保险保额为 154000 元。

18%，在所有国家中是最快的。该报告还认为目前中国每100美元的保障需求，仅存在12美元的储蓄和保险覆盖，从而留下88美元的巨大缺口。从另一角度考虑，死亡保障缺口也为人身保险业提供了巨大商机，其潜在保费支出达到1240亿美元。

2. 生产要素

（1）劳动产能。根据统计，2010年保险业正式员工共有68.6万人，实现了10501.1亿元寿险收入，人均153万元，比上年增加24万元，人均寿险保费收入增长了18.6%。同期银行业共有299万员工，实现307166亿元存款额，人均实现1027万元存款，较上年增加了96万元，人均实现存款额增长了10.4%（见图19）。我们分别用人均实现寿险保费收入和人均实现存款额衡量寿险业和银行业劳动产能，会发现，尽管银行业劳动产能绝对数额远远高于寿险业劳动产能，但值得注意的是，自2004年以来我国寿险业劳动产能逐年提高，寿险业劳动产能增长强劲，增长势头好于银行业同期水平。

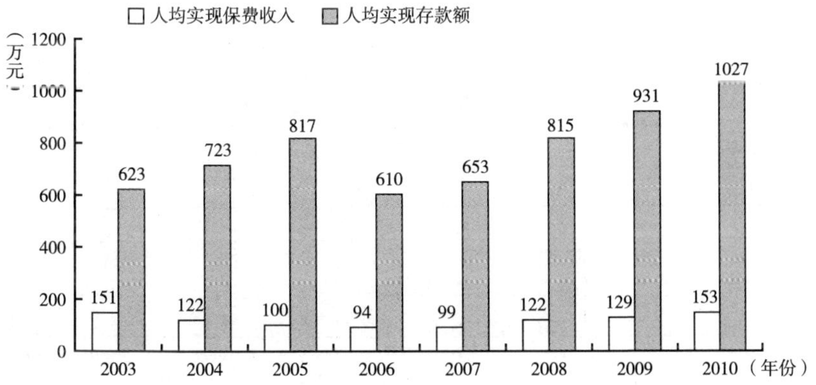

图19　寿险业人均实现保费收入与银行业人均实现存款

资料来源：2011年《中国统计年鉴》。

但是，如果我们将个险营销员的人数放入人力成本来综合考量的话，我们就会发现人身保险业目前的劳动产能水平还是很低的，有待提升。如表5所示，寿险营销员人均产能徘徊在万元左右，人均收入与城镇就业人员平均工资差异日益显著，陷入“低产能、低收入”困境。

表 5　近年来寿险营销员产能与收入概况

年份	人均月保费产能(元/人)	人均月佣金收入(元/人)	城镇就业人员月平均工资(元)
2005	11255	1318	1517
2006	13485	1496	1738
2007	12244	1864	2060
2008	9923	1502	2408
2009	10513	1566	2687
2010	10384	1365	3045

资料来源：根据保监会历年保险中介市场报告和《中国统计年鉴》整理。

（2）资本实力。寿险业的经营和发展必须靠足够的资本金来支撑。截至2010年末，寿险公司净资产为2442.26亿元，同比增长6%（见图20）。寿险业的资本增长速度明显提高，推动寿险业的整体实力明显增强。目前，中国平安、新华保险、中国太保和中国人寿都已经上市。我国寿险业源源不断的资金投入是寿险业竞争的最大优势。

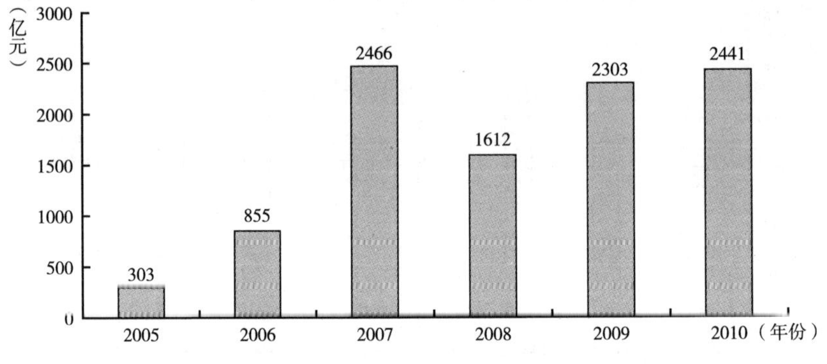

图 20　2005～2010 年寿险业资本总额

资料来源：2006～2011 年《中国保险年鉴》。

3. 相关产业与支持环境

（1）人口老龄化与养老保障体系建设。我国人口老龄化具有基数大、发展快、底子薄、负担重、发展不平衡等特点。根据国家统计局2010年"第六次全国人口普查"数据，60岁及以上人口目前占比为13.26%，其中65岁及以上人口占比为8.87%。同2000年第五次全国人口普查相比，分别上升2.93个百分点和1.91个百分点。根据全国老龄办发布的《中国人口老龄化发展趋势预测研究报告》预测，2001～2020年为我国快速老龄化阶段，此阶段中国将平均每年增加596万老年人口，到2020年，老年人口将达到2.48亿，老龄化水平（60岁以上人口占比）将达到17.17%。老龄人口的增加会造成人口红利的减少，社会代际赡养压力的增大。

从保险业的角度来说，老龄化风险的增加既带来了挑战，更带来保险业大显身手的机遇。由于预期寿命的延长和人口出生率的下降，在现在的中国家庭中，赡养老人的家庭成员数目将会越来越少，这将在一定程度上激发老龄群体的保险需求，将拉动养老保险、老年护理保险以及相关产业的飞速发展。在城市中，政府会进一步完善社会统筹与个人账户相结合的基本养老保险制度，构建多层次的城镇养老保障体系。同时，加强社区老年服务机构和基础设施建设，初步建立以居家养老为基础、社区照顾为依托、机构养老为补充的养老服务体系。而在农村地区，政府会加强农村乡镇敬老院、老年活动中心和综合性老年福利服务中心建设。同时，探索建立多种形式的计划生育家庭养老保险制度。无论是筹资渠道的建设，还是服务供给方的建设，人身保险业都可以积极参与其中，获得更为广阔的发展空间。

目前，我国养老保障体系共有“三大支柱”：第一支柱是社会基本养老保险，第二支柱是企业年金，第三支柱是商业个人年金（见表6、表7、表8和图21）。目前，基本养老保障呈现明显不足，具体体现在以下方面：第一，城镇企业职工基本养老保险给付水平有限，仅相当于工资替代率的50%左右。第二，纳入国家新型农村和城镇居民社会养老保险（简称新农保、城居保）的人群，按照国家规定，为参保的60周岁的老年人每人每月提供不少于55元的基础养老金，按2009年全国城乡低保平均水平标准，仅分别相当于城镇低保的24%和农村低保的55%，远不能满足基本生活需求。第三，企业年金业务目前是我国补充养老保险的核心，而企业年金在中国的发展现状可以用4个百分比来描述其水平不高——企业参与率为1%，参保人数占全国城镇就业人口的约1.6%，占参加城镇基本养老保险人口的5.5%，企业年金对退休收入的替代率为1%。因此，人身保险业未来在发挥对基本养老保障的补充替代功能时，应当是潜力巨大的。

表 6　2005 ~ 2011 年全国城镇基本养老保险发展概况

单位：万人，亿元

年份	参保人数合计	参保职工	离退休人员	基金收入	基金支出	累计结余
2005	17487	13120	4367	5093	4040	4041
2006	18766	14131	4635	6310	4897	5489
2007	20137	15183	4954	7834	5965	7391
2008	21891	16587	5304	9740	7390	9931
2009	23550	17743	5807	11491	8894	12526
2010	25707	19402	6305	13420	10555	15365
2011	28391	21565	6826	16895	12765	19497

资料来源：历年《人力资源和社会保障事业发展统计公报》（劳动和社会保障事业发展统计公报）。

表 7　2005 ~ 2011 年全国农村社会养老保险发展情况

单位：万人，亿元

年份	参加人数	领取人数	养老金支付	基金累计结余
2005	5442	302	21	310
2006	5374	355	30	354
2007	5171	392	40	412
2008	5595	512	56. 8	499
2009	8691	1556	76	681
2010	10277	2863	200	423
2011	32643	8525	588	1199

资料来源：历年《人力资源和社会保障事业发展统计公报》（劳动和社会保障事业发展统计公报）。

表 8　2006 ~ 2011 年企业年金发展情况

年份	参加职工人数(万人)	参加企业数(万户)	基金规模(亿元)
2006	964	2. 4	910
2007	929	3. 2	1519
2008	1038	3. 3	1911
2009	1179	3. 35	2533
2010	1335	3. 71	2809
2011	1577	4. 49	3570

资料来源：历年《人力资源和社会保障事业发展统计公报》（劳动和社会保障事业发展统计公报）。

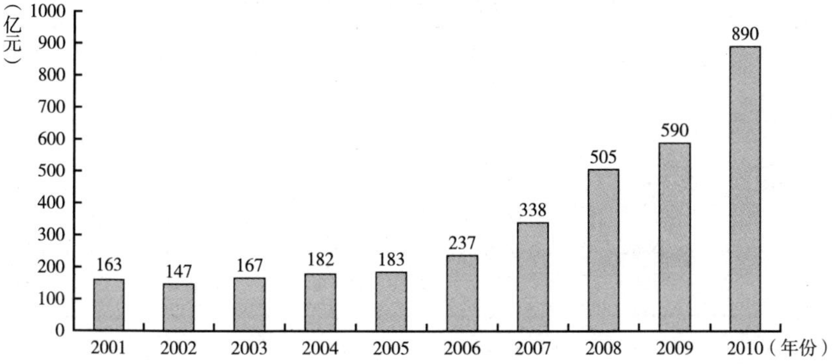

图21　2001～2010年个人年金原保费收入

资料来源：郑秉文主编《中国养老金发展报告》。

此外，随着老龄化程度提高和医疗技术的进步，个人的预期寿命不断提高，老龄人口和高龄人口的失能率增加，失能老人的护理需求也会不断增加，我国目前尚未建立长期护理保险制度，商业保险公司可以积极开发长期护理保险产品，拓展商业保险经营产品品种和经营范围。

（2）医疗卫生体制改革与医疗保障体系建设。社会保险体系和商业保险体系作为社会稳定器的两个支柱，在建设和谐社会、塑造公平正义、缓解社会矛盾的过程中发挥着各自独特的作用。一个高效运转的国家医疗保障体系应该是社会保险和商业保险的合理组合，是市场机制和政府行为的有机配合。商业健康保险在国家医疗卫生体制深化改革的过程中发挥着应有的作用，其补充功能、替代功能和服务功能不可或缺。

我国现行社会基本医疗保险体系包括城镇职工基本医疗保险、城镇居民基本医疗保险、新型农村合作医疗三个组成部分，分别覆盖城镇就业人口、城镇非就业人口和农村人口。尽管基本医疗保险制度已经向全民覆盖快速发展（见表9、表10、表11），但是其保障程度和补偿水平仍然有限（见图22），国民自费承担的医疗费用支出比例仍然很高，亟待各类补充性质的商业保险提供保障。

欧美发达国家健康保险的保费收入占人身保险总保费收入的比例均能达到20%左右，而我国2011年健康险保费收入为692亿元，占人身险保费收入的比例仅为7.12%（2010年为6.37%），健康保险在医疗卫生融资体系中的比例更

表 9　我国城镇职工基本医疗保险的发展概况

年份	参保人数(万人)		基金收入(亿元)	基金支出(亿元)	年末基金滚存结余(亿元)
	职工	离退人员			
1998	402	108	61	53	20
1999	470	124	90	69	58
2000	2863	924	170	125	110
2001	5471	1815	384	244	253
2002	6926	2475	608	409	451
2003	7975	2927	890	654	671
2004	9044	3359	1141	862	958
2005	10022	3761	1405	1079	1278
2006	11580	4152	1747	1277	1752
2007	13420	4600	2214	1552	2441
2008	14988	5008	2886	2020	3304
2009	16411	5527	3420	2630	4055
2010	17791	5944	3955	3272	4741
2011	18948	6279	4945	4018	5683

资料来源：历年《中国劳动统计年鉴》和《人力资源和社会保障事业发展统计公报》。

表 10　我国城镇居民基本医疗保险的发展情况

年份	参保人数(万人)	基金收入(亿元)	基金支出(亿元)	年末基金滚存结余(亿元)
2007	4291	43	10	36
2008	11826	155	64	128
2009	18210	252	167	221
2010	19528	354	267	306
2011	22116	594	413	497

资料来源：历年《中国劳动统计年鉴》和《人力资源和社会保障事业发展统计公报》。

表 11　新型农村合作医疗情况

年份	开展新农合县(区、市)数(个)	参合人口数(亿人)	参合率(%)	当年筹资总额(亿元)	人均筹资(元)	当年基金支出(亿元)	补偿受益人次(亿元)
2004	333	0. 8	75. 2	40. 3	50. 4	26. 4	0. 76
2005	678	1. 79	75. 7	75. 4	42. 1	61. 8	1. 22
2006	1451	4. 1	80. 7	213. 6	52. 1	155. 8	2. 72
2007	2451	7. 26	86. 2	428. 0	58. 9	346. 6	4. 53
2008	2729	8. 15	91. 5	785. 0	96. 3	662. 3	5. 85
2009	2716	8. 33	94. 2	944. 3	113. 4	922. 9	7. 59
2010	2678	8. 36	96. 0	1308. 3	156. 6	1187. 8	10. 87
2011	2637	8. 32	97. 5	2047. 6	246. 2	1710. 2	13. 15

资料来源：历年《中国卫生统计提要》。

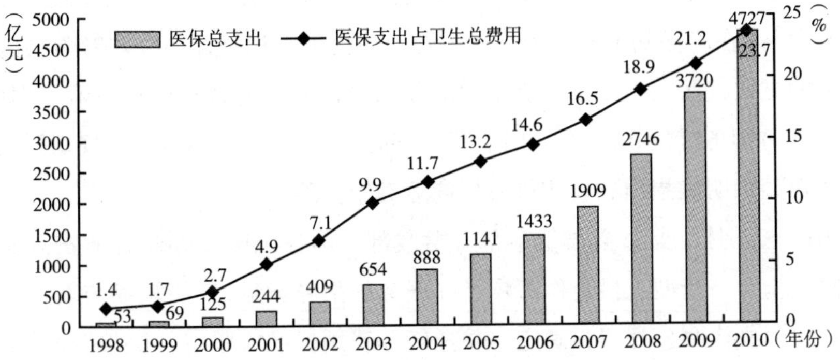

图 22　历年基本医疗保障支出占卫生总费用比例

资料来源：历年《中国劳动统计年鉴》和《中国卫生统计年鉴》整理。

低（见表 12），尽管近年来我国商业健康保险发展迅速，但是从其在医疗卫生融资体系中所占的份额来看，发挥的作用还远远不够，尚有很大的发展空间。根据经济合作与发展组织（OECD）提供的数据，2007 年，法国和荷兰等国的商业健康保险覆盖率达到 90% 左右，美国、加拿大、法国、荷兰等国医疗总费用中商业保险赔付比例都在 12% 以上。

表 12　近年来商业健康保险发展情况

单位：亿元，%

年份	健康险保费收入	卫生总费用	比重
2000	65.48	4586.63	1.43
2001	61.55	5025.93	1.22
2002	122.45	5790.03	2.11
2003	241.92	6584.10	3.67
2004	259.88	7590.29	3.42
2005	312.30	8659.91	3.61
2006	376.90	9843.34	3.83
2007	384.17	11573.97	3.32
2008	585.40	14535.40	4.03
2009	573.98	17541.92	3.27
2010	677.46	19921.35	3.40

资料来源：历年《中国卫生统计年鉴》和《中国保险年鉴》。

医疗卫生体制改革深化将给商业保险公司提供更加广阔的空间和发挥专业优势的平台①。在确保基金安全和有效监管的前提下，积极提倡以政府购买医疗保障服务的方式，探索委托具有资质的商业保险机构经办各类医疗保障管理服务。2012 年 3 月国务院发布的《"十二五"期间深化医药卫生体制改革规划暨实施方案的通知》中明确指出，要积极发展商业健康保险②。

2012 年 4 月，保监会与卫生部、财政部、国务院医改办联合下发《关于商业保险机构参与新型农村合作医疗经办服务的指导意见》，提出参与新农合经办的商业保险机构要公开招标确定，委托经办费用标准应坚持"保本微利"原则，这为保险业参与新农合营造了良好的政策环境。长期以来商业健康保险赔付率较高，赢利情况欠佳（专业健康保险公司普遍亏损），主要原因在于保险机构与医疗机构的利益对立。此指导意见提出将新农合的费用审核与医疗监管分散在两个机构，保险公司对医疗机构也能形成一定的制约。

2012 年 8 月，国家发改委、卫生部、财政部、人社部、民政部、保监会六部委联合下发了《关于开展城乡居民大病保险工作的指导意见》，明确提出为切实解决人民群众因病致贫、因病返贫的突出问题，对大病患者发生的高额医疗费用给予进一步保障的新的制度性安排。该《意见》一项重大决策在于在政府负责基本政策制定、组织协调、筹资管理和监管指导基础上，通过政府招标选定承办大病保险的商业保险机构。符合基本准入条件的商业保险机构自愿参加投标，中标后以保险合同形式承办大病保险，承担经营风险，自负盈亏。商业保险机构承办大病保险的保费收入，按现行规定免征营业税。同时对承办大病保险的商业保险机构的基本条件作了规定。此项制度安排将利用商业保险机构的专业技术优势和网络服务优势，充分发挥市场机制作用，提高大病保险的运行效率、服务水

① 2009 年 3 月，《中共中央国务院关于深化医药卫生体制改革的意见》中明确指出：积极发展商业健康保险，鼓励商业保险机构开发适应不同需要的健康保险产品，简化理赔手续，方便群众，满足多样化的健康需求。鼓励企业和个人通过参加商业保险及多种形式的补充保险解决基本医疗保障之外的需求。

② 主要内容有：完善商业健康保险产业政策，鼓励商业保险机构发展基本医保之外的健康保险产品，积极引导商业保险机构开发长期护理保险、特殊大病保险等险种，满足多样化的健康需求。鼓励企业、个人参加商业健康保险及多种形式的补充保险，落实税收等相关优惠政策；在提高基本医保最高支付限额和高额医疗费用支付比例的基础上，统筹协调基本医保和商业健康保险政策，积极探索利用基本医保基金购买商业大病保险或建立补充保险等方式，有效提高重特大疾病保障水平。

平和质量。

医疗卫生体制改革的深化还能引导经营健康险的商业保险公司向产业链上游追溯和向下游延伸，主要包括上游的健康管理咨询、预防诊断，下游的健康康复、家庭护理等。保险公司可以积极探索兴办医疗机构，参与公立医院改制重组的可行性和有效途径。

（3）国民金融资产结构变化与金融服务一体化趋势。近年来，中国居民家庭金融资产大量增加，尤其是城镇居民。截至2010年末，据人民银行统计，中国居民金融资产为49.5万亿元，人均持有金融资产5591元。金融资产数量增长的同时必然伴随着金融资产的结构调整（见表13、图23）。对比我国和发达国家的家庭金融资产结构，可以发现我国的家庭金融结构中通货和存款的占比大大高于发达国家，而股票和基金、债券的比重与其他国家的差距在缩小。但保险及养老金的比重仍然很低，2010年末保险准备金在我国居民金融资产中的比例仅为10.6%，而保险及养老金准备在美国、英国、德国和日本居民金融资产中比例分别为29.2%、53.4%、36.1%和28.6%。

随着我国金融体制改革的不断深化和金融创新步伐的加快，金融业综合经营的趋势越来越明显，目前中国金融业处于综合经营和国际化经营的起步阶段，金融机构正在朝着金融控股集团方向发展，产品交叉、机构交叉等综合经营发展迅速。

表13　我国居民金融资产结构

单位：%

项　目	2004年	2005年	2006年	2007年	2008年	2009年	2010年
本币通货	9.9	9.5	8.9	7.5	8.3	7.8	7.6
存款	71.8	72.0	68.3	54.2	66.6	65.4	63.8
证券	8.4	6.9	9.5	17.4	7.3	12.2	12.0
国债	3.5	3.1	2.8	2.0	1.5	0.6	0.5
股票	4.9	3.8	6.8	15.4	5.9	11.5	11.4
证券投资基金份额	1.1	1.2	2.2	8.9	5.0	2.0	1.5
证券客户保证金	0.7	0.7	1.2	3.0	1.4	1.4	0.9
保险技术准备金	7.8	8.8	9.0	8.1	11.0	11.3	10.6
代客理财资金	—	—	—	—	—	—	3.0
资金信托计划权益	—	—	—	—	—	—	0.6

资料来源：中国人民银行。

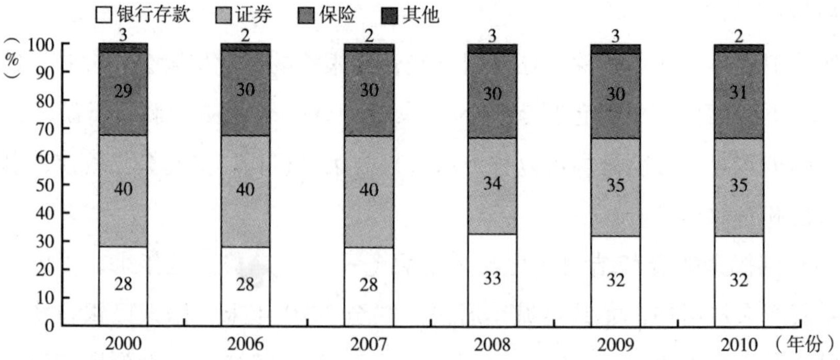

图 23　全球金融资产结构

资料来源：安联（Allianz）金融集团：《全球财富报告》（Global Wealth Report 2011）。

金融服务一体化的发展新方向将从内容到形式上对保险业产生重大影响：将促使人身险行业各家公司转变经营和销售模式。从现实情况看，各金融机构在产品、渠道、客户资源等方面的竞争呈现日趋激烈的态势。目前，我国保险业集约经营和内涵式增长能力还不强，尤其是体现行业核心竞争力的全面风险管理、产品定价等能力还远远不够。在未来综合经营的市场环境下，寿险公司将逐步向综合性的、混合经营的大金融集团方向转变。经营模式的转变有助于解决寿险业的业务局限问题，寿险公司将更倾向于与银行、证券等跨行业金融企业的合作，通过客户资源共享，创造更多的主营业务及其他业务收入，发挥规模优势和范围优势。

金融服务的一体化和综合化趋势，对人身保险业的客户而言，得到的服务将更加丰富，产品组合更加多样。通过接受理财服务，客户可以明白自己的财务状况，明白自己究竟需不需要保险、需要多少保险以及需要什么样的保险；同时他们还可以判断自己的理财目标和生活目标是否合理，通过家庭资源的合理分配，以最经济的成本实现自己的综合理财计划。

4. 保险企业战略与同业竞争

一般而言，保险企业的竞争战略主要包括以下三种具体战略：成本领先战略、差异化战略和集中化战略。

长期以来，很多人身险公司主要靠快速增设机构和招募营销人员实现外延式扩张，对内部管理、成本核算、技术投入、人才培养等方面重视不够，造成总体经营成本居高不下。寿险业要打造自身的成本领先竞争力，就要积极改变现在的

“重规模，轻效益”的经营方式。另外，产销分离成为保险公司节约成本、提高销售效能的必然趋势，对于新进入市场的寿险公司来说，通过代理和经纪渠道进行分销，不必再支付高昂的成本建立分销网络，达到资源在产销环节的合理分配。

一般而言，处于市场挑战地位的公司和新进入市场的公司往往倾向于采用差异化战略，一些有特殊股权背景的保险公司，如银行系保险公司，往往也强调差异化战略。目前我国人身险产品主要是分红险产品和投资类产品，同质现象严重。寿险公司要精耕细作，重视产品差异化经营战略，积极创新，开发满足不同人群消费观念、消费水平的产品，建立一整套有效的保险产品开发机制，加强对区域性保险市场的分析研究，建立险种推广激励机制，不断实现险种结构优化升级。

集中化战略是指保险公司在特定的业务范围或者某一特定的地理区域内，能够集中资源比竞争对手更有效地为特定的消费者或顾客群体服务，如专业健康保险公司、养老保险公司和区域性经营的寿险公司等。

5. 政府的监管行为

（1）偿付能力监管和分类监管。我国已经确立了以偿付能力监管为核心的监管制度，建立了分类监管制度，对风险较高的公司采取有针对性的监管措施。

（2）消费者权益保护。监管部门不断夯实治理销售误导的制度基础，强化人身保险产品信息披露管理，明确人身保险销售误导行为处罚规范，完善人身保险公司销售误导责任追究制度等。

（3）全面风险防范。2010 年保监会发布了《人身保险公司全面风险管理实施指引》，明确提出寿险公司应建立全面风险管理三道防线：第一道防线由各职能部门和业务单位组成，在业务前端识别、评估、应对、监控与报告风险；第二道防线由风险管理委员会和风险管理部门组成，综合协调制定各类风险制度、标准和限额，并提出应对建议；第三道防线由审计委员会和内部审计部门组成，针对保险公司已经建立的风险管理流程及各项风险的控制程序和活动进行监督。同时明确要求各寿险公司在董事会下设立风险管理委员会；提出寿险公司应设立首席风险官负责风险管理工作，明确要求寿险公司建立职能独立的风险管理部门，应独立于业务、财务、投资、精算等职能部门，即通过统筹管理公司各个层面的风险，通过风险量化工具等手段将分散的风险整合起来，进行风险协调，从公司整体层面管理风险。

随着人身保险市场规模的日益扩大，竞争压力日趋加强，国际化进程日渐加快，行业所面临的风险日趋复杂，从2012年上半年人身保险行业的经营情况来看，人身险行业面临的风险来源增多，传递更快，系统关联性和破坏性更大①。对此监管部门出台了《人身保险公司年度全面风险管理报告框架》及风险监测指标，进一步完善了全面风险监管机制。

（二）提升人身保险行业竞争力的建议

1. 调整人身险行业的产品结构

保险公司急需主动进行产品结构调整，挖掘社会的潜在需求，根据市场变化，开发“保障”、“储蓄”、“投资”合理搭配的产品，提高风险保障性，使人身险行业回归保障本质，增加“销售卖点”。

2. 改革销售渠道

对于人身险而言，销售渠道至关重要，关系到行业稳健发展和转型。人身险渠道目前除了网销、电销等公司直销外，还有营销员、专业经代公司、银保等兼业代理渠道，改革任务艰巨。本书将在有关章节深入研究。

3. 采用险种差别税率

借鉴国际经验，对需要扶持和国内承保能力不足、市场需求大、要依赖植入的险种适当降低税率，充分体现国家对不同险种的政策导向。例如，从国外做法来看，年金的重要优势是递延纳税，即公司在为员工个人交纳一定数额的年金时享受免税，个人退休后领取年金收益时年金并入个人所得征税。为了缩小居民之间的收入差异和鼓励年金产品的发展，我们可以改变现有的只对公司购买年金产品的交费部分实施税收优惠的政策，将其扩大至个人购买年金的交费部分。随着

① 关于退保风险，根据保监会公布的数据，2012年上半年，寿险业累计退保594亿元，同比增长39.2%，退保率为1.51%，同比上升0.23个百分点。从产品看，退保主要集中在分红险和万能险，退保金额占比92.7%。关于资金运用风险，由于资本市场的长期低迷，目前保险公司权益资产普遍面临一定的市场下行风险。保险资金错配问题仍然比较突出，主要是资产期限明显短于负债期限。截至2012年5月末，寿险业15年期以上的资产比15年期以上的负债少1.5万亿元。资产回报率的偏低，对保险公司偿付能力产生极大的负面影响。在新业务增长乏力、退保金额较快增长的共同作用下，部分寿险公司存在一定的现金流压力，财务稳健性受到一定影响。部分中小公司2012年面临万能险兑付和分红险满期给付的挑战，资金流出量较大，对投资资产变现能力提出较高要求，加大了保险公司的整体财务风险。

我国人口老龄化趋势的愈演愈烈，国家和个人的养老资金压力都很大，对此，要积极支持开展个人税延型养老保险试点，尽快在更多地区铺开，还可以探讨针对不同年龄阶段的税收优惠政策。

4. 对健康险、养老险实施单独核算，实现专业化经营

基本养老保险和医疗保险的资金不足是世界各国共同面临的问题。因此，要积极鼓励和支持有条件的企业通过商业保险建立多层次的养老保障计划，拓展补充养老保险服务领域。大力推动健康保险发展，支持相关保险机构投资医疗机构。健康保险和养老保险具有经营投入大、风险管控难、服务期限长等特点，受国家医药卫生政策和养老规章制度影响较大，精算基础和经营管理模式与寿险和财险有明显不同，客观上需要单独建立健康保险和养老保险方面的核算制度、精算制度等，真实反映其经营状况，因此有必要将健康保险和养老保险与财险和寿险相分离，实现真正的专业化经营，促进经营主体集中资源提升这两类保险的服务能力和产品开发能力，使其更好地服务于国家医疗保障体系建设和养老保障制度的完善。

5. 加强偿付能力监管

近年来，国际国内金融形势发生了巨大变化，我国保险业现行的偿付能力监管制度体系在某些方面已不能完全适应新形势下的监管需要。偿付能力监管以风险防范为目的，要求保险公司建立内部风险管理机制，保持一定额度的资本用来应对未来风险可能造成的损失，确保保险公司具备支付偿付能力。同时，偿付能力对于保护消费者的权益，对于防范风险，都是非常重要的。为了适应经济和金融新形势的需要，我们要加快第二代偿付能力监管法律的建设：一是要坚持偿付能力监管三支柱的整体框架，形成外部监管、内部管理和市场约束有机结合的第二代偿付能力监管体系。二是要坚持与国际接轨时兼顾中国国情。不能直接照搬国外做法，要与我国保险行业发展水平、保险市场发育程度和保险监管能力相适应，促进我国保险市场发展。三是要坚持与行业风险管理相结合，切实通过制度建设来提升整个保险业的风险管理水平。

参考文献

孙祁祥、郑伟：《商业健康保险与中国医改——理论探讨、国际借鉴与战略构想》，经济科学出版社，2010。

陈文辉、梁涛等编著《中国寿险业经营规律研究——费用、盈亏平衡、资本需求》，中国财政经济出版社，2008。

梁涛主编《中国人身保险监管与发展报告》，中国财政经济出版社，2010。

HSBC 环球研究金融机构组：《中国保险业——中国寿险业的未来》，2010。

B.4
保险中介行业竞争力分析

保险中介行业竞争力是指在保险中介市场上保险中介各方通过竞争而体现出的综合能力。保险中介行业竞争力受发展环境、市场结构、资源条件等多种因素的影响，在保险中介发展中发挥重要作用。我国保险中介伴随着保险业的发展而发展，在21世纪初的快速发展之后，目前正处于结构调整时期，全面探讨分析并着力提升保险中介竞争力尤为必要。

一　我国保险中介发展的历史回顾

（一）旧中国保险中介伴随着外商保险公司的进入而产生

旧中国保险中介的发展与旧中国社会经济背景及保险业的发展有密切的联系，是伴随着帝国主义入侵和外商保险公司的进入而出现的。

1. 洋行代理是早期外商保险公司获取保险业务的主要途径

19世纪初，英国和欧美国家的保险法律制度体系相继建立，保险业得到了迅速的发展，并伴随着对中国的通商贸易和经济侵略进入我国。洋行成为我国最早的保险代理人，到19世纪40年代，洋行代理一直是外商保险公司获取旧中国保险业务的主要渠道。到1838年，设在广州的洋行约55家，从事保险代理业务的外籍人员有20人，代理了15家外商保险公司的保险业务[①]。之后，代理业务不断发展，代理范围包括长江各港口的货物运输保险、火灾保险。1842年《南京条约》签订后，洋行纷纷集资，设立独立经营保险业务的外商保险公司，从而告别了保险代理人身份而以保险人的身份出现在保险市场上。

2. 买办代理伴随着外商保险公司的发展而发展

在1805年我国境内的第一家保险公司谏当保安行（Canton Insurance Society）

---

① 中国保险史编审委员会：《中国保险史》，中国金融出版社，1998，第1版，第18页。

成立后，美、法、日等国的保险公司相继在中国设立分支机构，经营水险、火险和人身保险业务。伴随着外商保险公司的设立，保险代理业务相应增加。为有效推销保险单，外商保险公司物色了大批买办，并利用招股方式吸收华商入股，要求入股者尽最大的努力为外商保险公司招揽业务。由于买办的极力效劳，在华外商的保险费收入大幅度增加，买办代理成为当时主要的保险代理方式。

3. 保险中介促进了民族保险业的发展

1865 年 5 月 25 日，以上海义和保险行的设立为标志，我国民族保险业起步，打破了外商保险公司独占中国保险市场的局面。1875 年 12 月，清政府洋务派官僚又设立了保险招商局，并按照当时保险业务经营的惯例，委托轮船招商局代理船舶保险和货物运输保险。20 世纪初，华兴、华成、联保、水宁、华安等华商保险公司相继成立，民族保险业的阵营基本形成。一些原来为外商保险公司代理保险业务的公司纷纷终止了与外商保险公司的代理关系，转而成为民族保险公司的保险代理人。1926 年，交通银行、金城银行等联合投资创办了“安平保险公司”，开始了最早的银行代理保险业务。19 世纪初，由于银行业相继投资于保险业，国内保险公司数量迅速增加，截至 1937 年，全国有保险公司 40 家，有保险代理处 1688 个①，保险中介呈现兴旺之势。

随着保险市场上保险公司数量的增加，保险经纪人（当时称为保险掮客）也相继出现。旧中国的保险经纪人有较大的自由度，他们以佣金为主要收入来源，当时被称为“拍寥”。同时还出现了专门承担保险财产损失的检验、估损和核价事务的保险公证行。在 19 世纪 30 年代，外资的保险公证行占主导地位，控制了中国整个保险公证业务。1936 年国民党政府颁布了《上海火险经纪人之登记与管理规章》，1944 年又颁布了《保险代理人、经纪人、公证人登记领证办法》，但由于当时社会动荡，未能发挥应有的作用。

（二）1949 ~2000 年中国保险中介的曲折发展历程

1949 年 10 月 20 日，中国人民保险公司的成立，标志着新中国保险业的开端。到 1952 年底，外商保险公司纷纷申请停业，民族资本保险业的社会主义改造完成，国内保险市场完全统一，中国人民保险公司垄断保险市场的局面出现，

---

① 中国保险史编审委员会:《中国保险史》，中国金融出版社，1998，第 1 版，第 79 页。

保险经纪人和保险公证人迅速减少，代理业务依然存在。20 世纪 50 年代初，中国人民银行针对强制保险业务的推行，规定在人保公司尚未设立机构的地区，由中国人民银行成立的特约代理处办理保险。特约代理处代理强制保险，以财产强制保险和船舶强制保险为限，中国人民保险公司一律按实收保费的 1% 给付手续费，不得另行支付代理佣金及代理人佣金①。到 1952 年底第一次停办国内保险业务时，全国保险代理网点达 3000 多个。1955 年后，保险经纪人完全退出历史舞台，保险代理人成为唯一的保险中介人。从 1958 年到 1979 年，国内保险业全面停办，保险中介业务随之萎缩。

1979 年恢复国内保险业务后，保险中介以代理为主。当时的中国人民保险公司采取了“多渠道、广代理”的方式，委托单位和个人代理保险业务。20 世纪 80 年代中后期，随着保险市场供给主体的增加，保险商品的推销成为各家保险公司十分关注的问题，并普遍利用代理人员（当时称为保险代办员）推销保险业务。1990 年底，中国人民保险公司已拥有 25000 名专职代理人和 13000 多个专职代理机构②。

1992 年后，我国的保险市场主体数量逐步增加，保险代理人队伍迅速扩大，特别是美国友邦保险公司在上海利用保险代理模式扩展业务，被许多公司仿效。为加强管理，1992 年 11 月 2 日中国人民银行颁布了《保险代理机构管理暂行办法》，第一次对保险代理机构进行了全面的规范。

1995 年《保险法》实施，标志着我国保险中介人有了明确的法律定位。到 1995 年底，我国保险中介市场上有专业代理人约 4 万人，兼业代理人近 20 万人。1996 年 2 月 2 日，中国人民银行根据《保险法》，颁布了《保险代理人管理暂行规定》，将保险代理人分为专业代理人、兼业代理人和个人代理人三类，对保险代理人的资格、各类保险代理人的业务范围、执业管理作了具体规定。同年成功举行全国第一次保险代理人资格考试。

与此同时，保险中介呈现多元局面，出现了保险经纪机构。1993 年，英国赛奇维克保险与风险管理咨询（中国）有限公司成立。同年，深圳经济特区有 16 家保险经纪公司开业，至 1994 年增加到 20 家。这些公司中有股份制

① 中国保险史编审委员会：《中国保险史》，中国金融出版社，1998，第 1 版，第 261 页。

② 刘冬姣：《保险中介制度研究》，中国金融出版社，2000。

公司、民营公司和私人公司，股份制公司如深圳中人、安全、天昆、人兴等，民营公司如深圳福民、太安、有名等，私人公司如深圳千秋、亮信、万年春等。此外，广州等地也出现了一些保险经纪公司。但由于当时没有相应的法律法规加以管理和约束，不正当竞争行为时有发生，在一定程度上扰乱了保险市场的秩序。《保险法》颁布以后这些保险经纪公司逐渐从保险市场上退出。1998 年 2 月 16 日，中国人民银行针对保险市场对保险经纪人规范的客观要求，颁布了《保险经纪人管理规定（试行）》，并于 1999 年 5 月 15 日举行了我国第一次保险经纪人资格考试。之后，我国保险经纪公司开始逐步规范。

由于保险纠纷的增多，保险公估人也开始出现。1993 年 3 月 8 日，在上海诞生了新中国成立后的第一家公估行——上海东方公估行，为客户开展有关保险标的的查勘、鉴定、估价和定损理算事务。此后，又陆续出现了天津北方公估行、山东公估行、南京公估行、厦门公估行、上海大洋物产公估有限公司即后来的上海大洋公估行等保险公估人。

（三）2001～2010 年保险中介在开放的背景下快速发展

伴随着我国加入世界贸易组织，我国保险中介在开放的背景下快速发展，初步形成了完整的保险中介市场体系，保险中介的作用初步显现。

1. 保险中介主体快速增加，呈现多元化发展格局

（1）保险专业中介机构数量迅速增加，机构实力不断提升。2001 年全国只有 61 家保险专业中介机构，2010 年底增加到 2550 家，其中，保险专业代理机构 1853 家，保险经纪机构 392 家，保险公估机构 305 家。初步形成了国有控股（独资）公司、股份制公司和外资公司等多种形式、多种所有制成分并存的格局（见图 1）。

近年来，在专业中介机构主体数量增加的同时，内部结构也在悄然发生变化（见图 2）。代理机构数量虽然保持绝对比重，但呈现下降趋势，由 2001 年底的 77% 下降到 2010 年的 72.67%，而经纪机构和公估机构则分别由 15%、8% 上升为 15.37% 和 11.96%。

伴随着保险中介机构主体数量的增加，保险中介机构资产规模也相应增加（见表 1）。2010 年底全国保险专业中介机构注册资本 90.80 亿元，总资产 135.91

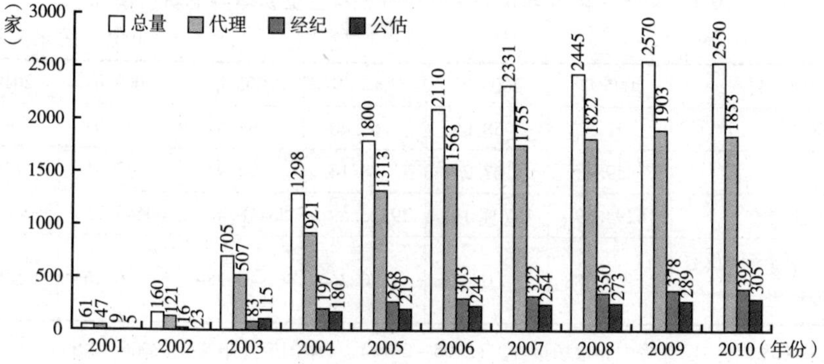

图 1　2001～2010 年专业保险中介机构数量变化情况

资料来源：《中国保险中介市场报告》（2001～2010）。

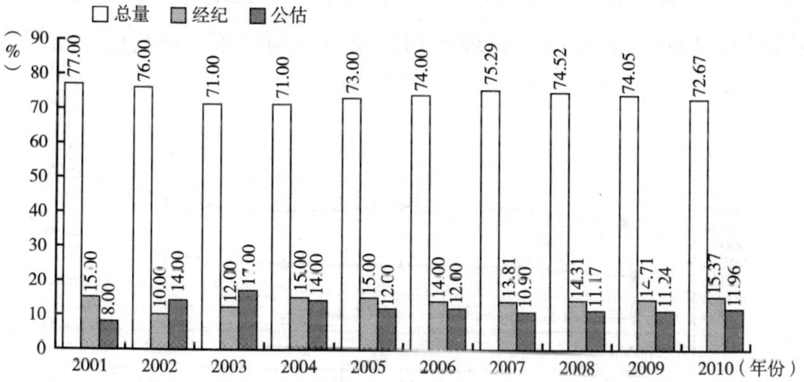

图 2　2001～2010 年各类专业机构占比情况

资料来源：根据《中国保险中介市场报告》（2001～2010）数据经计算得出。

亿元。但保险中介机构资产规模在我国保险业总资产中所占的比重并没有得到提高，2010 年中介资产与保险业总资产比为 0.269%，比 2005 年的 0.388% 有所下降。与此同时，保险专业中介机构注册资本以 13% 的年均增长率增长，总资产以 20% 的年均增长率快速增长。但专业中介行业资产规模过小，占保险业总资产的比例不到千分之三，且呈下降的趋势，说明相比我国保险业发展态势，保险中介发展相对不足，专业中介机构整体实力较弱。

表1　2005～2010年保险专业中介机构注册资本与总资产情况

单位：亿元，%

项　目	2005年	2006年	2007年	2008年	2009年	2010年
注册资本	52.5	58.05	60.40	67.91	73.03	90.80
总资产	59.4	67.2	78.14	94.94	107.21	135.91
保险业总资产	15298.69	19704.19	29326.69	33418.44	40643.75	50481.61
专业中介资产与保险业总资产比	0.388	0.341	0.266	0.284	0.264	0.269

资料来源：《中国保险中介市场报告》（2005～2010）、《中国保险年鉴》（2006～2011）。

（2）兼业保险代理机构数量不断增加。兼业代理一直是保险中介的主要力量之一，机构数量不断增加，由2001年的64887家，增加到2010年底的189877家。其间由于保监会针对兼业代理存在的问题，对全国的保险兼业代理机构进行了清理整顿，2008年保险兼业代理机构数量有小幅回落，但其他年份各兼业代理渠道数量均呈上升趋势（见图3）。

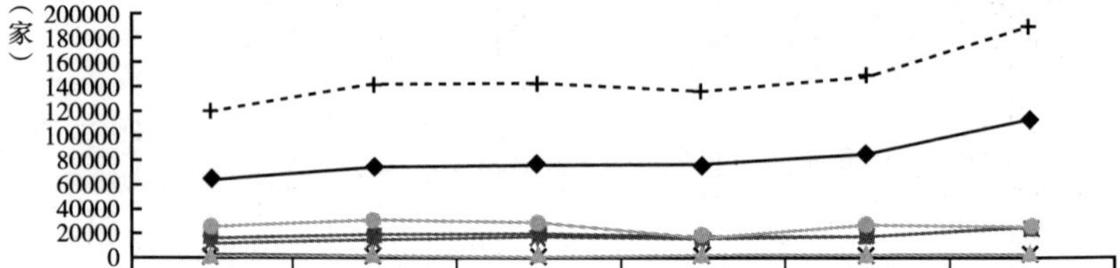

	2005年	2006年	2007年	2008年	2009年	2010年
银行	65853	75538	77149	75861	85019	113032
邮政	16294	18507	18843	17994	17543	24845
铁路	753	669	558	461	462	435
航空	1508	1343	1549	1804	2110	2171
车商	11921	14237	16740	15061	18049	23859
其他	24321	30984	28264	15453	25788	24935
合计	120650	141278	143113	136634	148971	189877

图3　2005～2010年兼业代理机构数量情况

资料来源：《中国保险中介市场报告》（2005～2010）。

从兼业代理内部结构看，银行和车商都是兼业代理机构的主要渠道。正是银行和车商兼业代理的增加带动兼业代理机构总量稳步增加（见图4）。

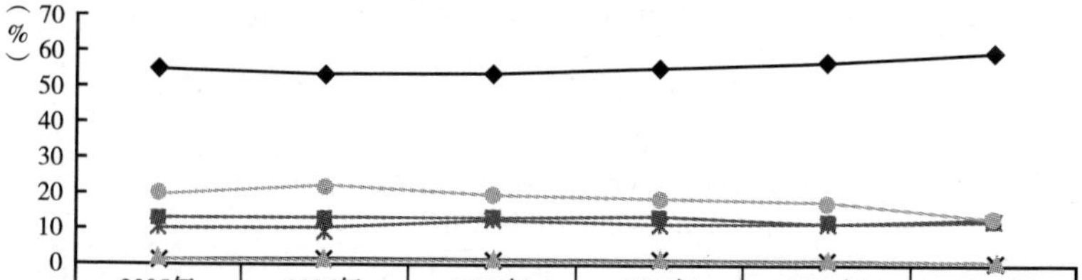

	2005年	2006年	2007年	2008年	2009年	2010年
银行	55.00	53.47	53.91	55.52	57.07	59.85
邮政	13.00	13.10	13.17	13.17	11.78	13.08
铁路	1.00	0.47	0.39	0.34	0.31	0.23
航空	1.00	0.95	1.08	1.32	1.42	1.14
车商	10.00	10.08	11.70	11.02	12.11	12.57
其他	20.00	21.93	19.75	18.63	17.31	13.13

图4　2005～2010年各类兼业代理机构占比情况

资料来源：根据《中国保险中介市场报告》（2005～2010）数据计算得出。

（3）保险营销员数量不断增加，内部结构不断调整。保险营销员是保险中介市场的主要力量，2001年全国保险营销员为105.08万人，2010年底达到329.7万人，其中寿险营销员287.9万人，产险营销员41.8万人，总人数呈逐年增长趋势（见图5）。

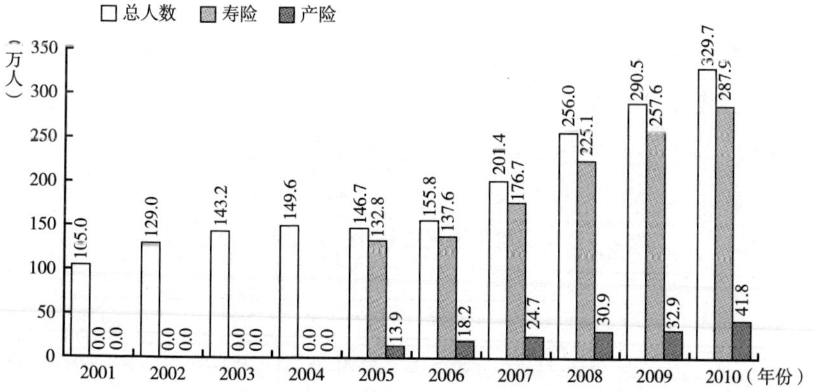

图5　2001～2010年保险营销员人数

注：2001～2004年寿险与产险营销员数据缺失。

资料来源：《中国保险中介市场报告》（2001～2010）。

就保险营销员的结构看，寿险营销员占营销员的比重呈现下降趋势，由2005年的90.51%下降到2010年的87.30%，而产险营销员占营销员的比重相应由2005年的9.49%上升到2010年的12.70%。与此同时，产险营销员增长速度也快于寿险营销员增长速度（见图6）。

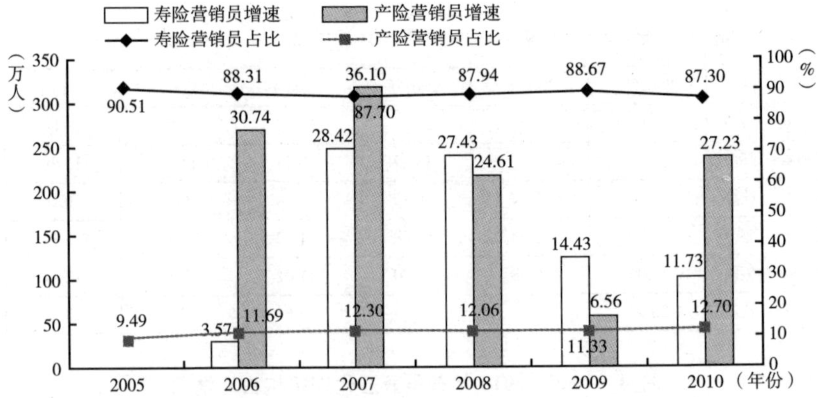

图6　2005～2010年各类保险营销人员占比及增速

资料来源：根据《中国保险中介市场报告》（2005～2010）中数据计算得出。

2. 保险中介主体的增加带动保险中介业务的快速增长

2001年至今，中国保险中介市场各主体的保费收入持续增长，占全国总保费的比重维持在较高的水平上。

（1）专业中介机构业务发展情况。2005年前，专业中介机构处于发展的起步阶段，业务规模较小。2005年以来，我国保险专业代理机构保费收入和占全国总保费收入的比重均逐年稳步增长，财产险和人身险保费收入之比在7:3左右（见表2）。

表2　全国保险专业代理机构实现保费收入情况

单位：亿元，%

项　　目	2005年	2006年	2007年	2008年	2009年	2010年
保费收入	104.17	126.62	190.58	269.70	328.87	481.68
占全国总保费收入比	2.11	2.24	2.71	2.76	2.95	3.32
其中：财产险保费	75.37	95.27	134.78	189.49	222.95	342.80
占保费收入比	72.35	75.20	70.72	70.26	67.79	71.20
人身险保费	28.80	31.35	55.80	80.21	105.92	138.88
占保费收入比	27.65	24.80	29.28	29.74	32.21	28.80

资料来源：根据《中国保险中介市场报告》（2005～2010）及《中国保险年鉴》（2006～2011）所公布数据计算得出。

近年来，我国保险经纪机构的保费收入也呈现增长趋势，占全国总保费收入的比重窄幅波动。财产险保费收入与人身险保费收入之比在8∶2左右，再保险业务类经纪保费收入占比较低（见表3）。

表3 全国保险经纪机构实现保费收入情况

单位：亿元，%

项　目	2005年	2006年	2007年	2008年	2009年	2010年
保费收入	100.78	106.65	166.88	245.34	244.66	313.07
占全国总保费收入比	2.05	1.89	2.37	2.51	2.20	2.15
财产险保费	69.25	83.66	135.51	192.59	194.10	261.58
占保费收入比	68.70	78.00	81.20	78.50	79.33	83.55
人身险保费	29.60	21.05	27.48	42.39	38.30	43.02
占保费收入比	29.40	20.00	16.47	17.28	15.65	13.74
再保险业务类经纪保费收入	1.93	1.94	3.89	10.36	10.26	8.47
占保费收入比	1.90	2.00	2.33	4.22	4.19	2.70

资料来源：根据《中国保险中介市场报告》（2005～2010）及《中国保险年鉴》（2006～2011）所公布数据计算得出。

我国保险公估机构估损金额在2008年前一直稳步增加，但在2008年达顶峰后呈下降趋势。与此同时，公估公司业务收入一直保持上升趋势，财产险公估服务费收入远大于人身险，人身险公估服务费波动较大，其他业务收入规模较小（见表4）。

表4 全国保险公估机构业务发展情况

单位：亿元

项　目	2005年	2006年	2007年	2008年	2009年	2010年
估损金额	90.79	124.94	136.36	264.96	223.38	195.41
业务收入	2.97	4.33	7.2	11.42	11.31	12.16
财产险公估服务费	2.88	4.24	7.17	11.02	10.9	11.74
人身险公估服务费	0.0230	0.0062	0.0300	0.0117	0.0150	0.0877
其他收入	0.0670	0.0875	0.4501	0.3896	0.3939	0.3309

资料来源：《中国保险中介市场报告》（2005～2010）。

（2）兼业代理机构业务发展分析。2005年以来，我国兼业代理渠道实现的保险费收入快速增加（见图7），银行、邮政的保费收入呈逐年大幅上升的趋势，其中银行渠道保费收入增速远大于其他兼业代理渠道。从保费收入占比情况来看，银行渠道持续占比60%以上（见图8）。

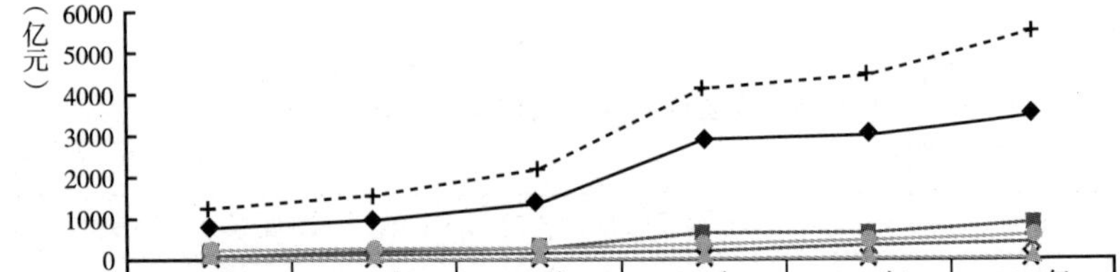

	2005年	2006年	2007年	2008年	2009年	2010年
银行	803.25	987.59	1410.19	2912.47	3038.99	3503.79
邮政	119.94	187.92	300.14	634.05	627.85	895.99
铁路	5.32	5.47	4.49	5.52	2.41	3.07
航空	2.01	5.36	2.06	1.86	2.80	7.18
车商	112.43	111.42	192.51	215.59	328.44	424.82
其他	220.31	295.59	332.63	378.97	460.15	629.57
合计	1263.26	1593.36	2242.02	4148.46	4460.65	5464.42

图7　各类兼业代理渠道保费收入情况

资料来源：《中国保险中介市场报告》（2005～2010）。

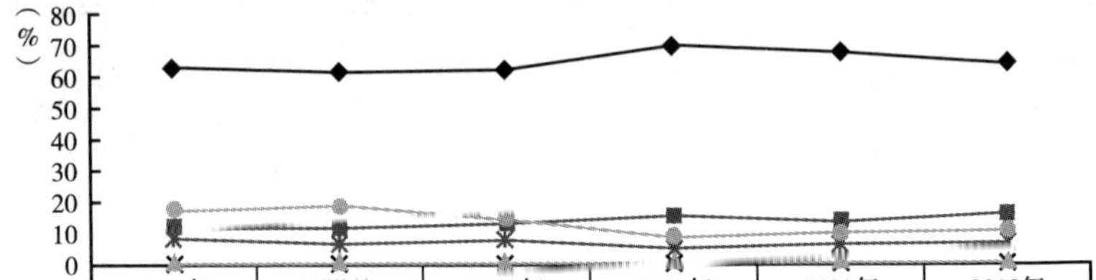

	2005年	2006年	2007年	2008年	2009年	2010年
银行	63.58	61.98	62.89	70.21	68.13	64.12
邮政	11.94	11.79	13.38	15.28	14.08	16.40
铁路	0.4	0.34	0.2	0.13	0.05	0.06
航空	0.16	0.34	0.1	0.04	0.06	0.13
车商	8.9	6.99	8.59	5.2	7.36	7.77
其他	17.47	18.55	14.84	9.14	10.32	11.52

图8　各类兼业代理渠道保费收入占比情况

资料来源：根据《中国保险中介市场报告》（2005～2010）数据计算得出。

（3）保险营销员业务发展分析。2005年以来，保险营销员实现的保险费收入规模持续增加，2010年底，保险营销员实现保费收入4682.08亿元，同比增长

13.45%；占全国总保费收入的32.29%，同比下降4.77个百分点。其中，实现人身险保费收入3587.52亿元，实现财产险保费收入1094.56亿元，分别占同期全国人身险保费和财产险保费收入的33.84%和28.10%。尽管保险营销员实现的保险费收入主要集中在寿险，但2005年以来，其所实现的财产保险费收入的增幅可观（见图9）。

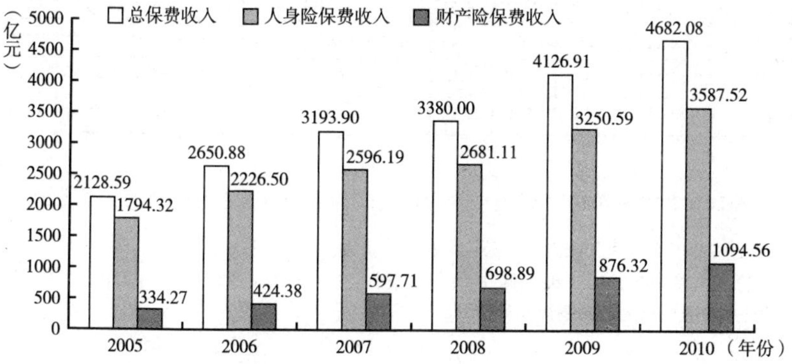

图9 营销员保费收入结构情况

资料来源：《中国保险中介市场报告》（2005～2010）。

各类保险中介业务发展表明，保险营销员和保险兼业代理机构始终是保险销售的主要渠道，其业务规模大大超过保险代理公司和保险经纪公司的业务规模。2002年保险营销员和保险兼业代理机构实现的保费收入占全国总保费的62%，2010年达到69.97%。保险代理公司和保险经纪公司的业务占全国保险费收入的比重呈现上升的趋势，总规模较小，2001年两者实现的保费收入占总保费收入的0.3%，到2010年增加到5.48%（见图10）。

如果说我国保险中介是保险销售的主渠道，那么保险营销员和保险兼业代理机构则是促进全国保费收入增长的主力军，这在保险中介各主体保费收入占保险中介总保费收入的比例中得到了直观的体现（见图11）。

值得注意的是我国的保费收入绝大部分来自保险营销员和保险兼业代理机构贡献，但保险营销员和兼业代理机构业务并不规范；另外，我国的保险代理机构和保险经纪机构相对保险营销员和保险兼业代理机构而言，具有专业性强、中介行为较为规范的特点，但在我国保险市场中“势单力微”，表明我国保险中介市场供给主体结构有待完善。

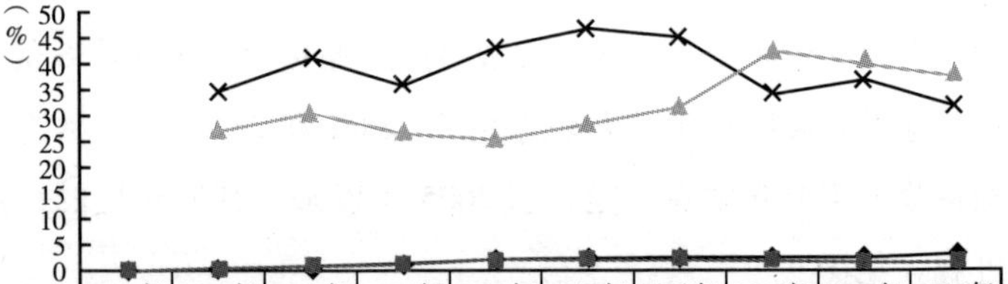

	2001年	2002年	2003年	2004年	2005年	2006年	2007年	2008年	2009年	2010年
保险代理公司	0.24	0.84	1.21	1.61	2.11	2.24	2.71	2.76	2.95	3.32
保险经纪公司	0.06	0.60	1.28	1.21	2.05	1.89	2.37	2.51	2.20	2.16
兼业代理机构	—	27.00	30.50	27.00	25.64	28.24	31.87	42.40	40.06	37.68
保险营销员	—	35.00	41.56	36.32	43.20	46.99	45.40	34.55	37.06	32.29

图10　2001～2010年保险中介主体实现的保费收入占总保费收入的比例

注：2001年保险兼业机构、保险营销员保费收入数据缺失。

资料来源：根据《中国保险中介市场报告》（2001～2010）及《中国保险年鉴》（2002～2011）所公布数据计算得出。

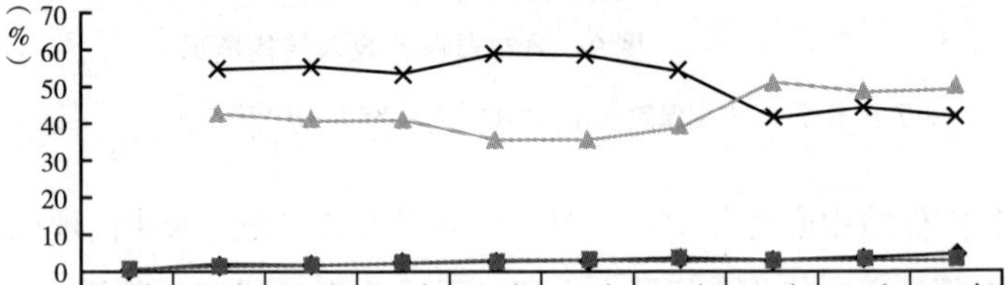

	2001年	2002年	2003年	2004年	2005年	2006年	2007年	2008年	2009年	2010年
保险代理公司	0.28	1.31	1.62	1.89	2.89	2.82	3.29	3.36	3.59	4.40
保险经纪公司	0.07	0.98	1.71	2.56	2.81	2.38	2.91	3.04	2.71	3.30
兼业代理机构	—	42.65	40.91	41.42	35.12	35.60	38.70	51.60	48.70	49.70
保险营销员	—	55.05	55.75	54.14	59.18	59.20	55.10	42.00	45.00	42.60

图11　2001～2010年保险中介机构实现保费收入占中介渠道实现总保费收入的比例

注：2001年保险兼业机构、保险营销员保费收入数据缺失。

资料来源：根据《中国保险中介市场报告》（2001～2010）所公布数据计算得出。

3. 保险中介市场监管与自律逐步完善

一方面，我国保险中介市场监管的法律法规体系进一步完善。为了加强对保险中介机构的管理，2001年保监会制定了《保险代理机构管理规定》《保险经纪公司管理规定》《保险公估公司管理规定》，颁布了《关于保险中介公司聘请会计师事务所进行外部审计有关问题的通知》。为加强保险中介人员的执业管理，

2002年保监会颁布了《关于核发保险中介从业人员执业证书的通知》。为适应银行保险迅速发展的要求，2003年保监会与中国人民银行联合颁布了《关于加强银行代理人身保险业务管理的通知》。为强化行业自律，加强对保险中介人员的管理，2004年保监会又颁布了《中国保监会关于加强保险行业协会建设的指导意见》《关于进一步落实保险营销员持证上岗制度的通知》《保险中介从业人员职业道德指引》。不断完善的保险中介监管法规体系，为加强保险中介监管、规范保险中介行为、促进保险中介市场发展提供了法律基础。

2006年以来，保监会根据市场需要，又出台了一系列与保险中介市场有关的管理办法和规定，引导规范保险中介市场发展。2007年11月，保监会出台了《关于保险中介市场发展的若干意见》，为保险中介市场发展指明了方向。为加强对营销员的管理，积极推进营销员管理体制改革，2006年4月保监会又出台了《保险营销员管理规定》；2010年9月出台的《关于改革完善保险营销员管理体制的意见》则为营销员体制的全面改革奠定了基础。2008年12月，保监会发布《关于印发〈保险专业中介机构分类监管暂行办法〉的通知》，2009年9月出台了《保险专业代理机构监管规定》《保险经纪机构监管规定》《保险公估机构监管规定》，对专业中介机构的市场准入、经营行为、退出等方面作出了明确的要求，为规范市场秩序、提升专业中介机构的竞争力发挥了积极作用。随后，又出台《保险公司中介业务违法行为处罚办法》《关于规范保险公司相互代理业务有关事项的通知》，强化了对中介市场秩序的维护，严厉查处了保险中介市场非法集资、制售假保单等违法违规行为，对保险公司中介业务中的违法违规行为进行严格规范，从保险销售业务的源头来打击违法行为，对保险中介市场秩序的好转起到了积极的作用。

另一方面，保险中介自律进入起步阶段。2002年3月26日，我国保险中介领域的第一个自律性组织——保险中介工作委员会在北京成立，2004年初完成了第一次换届工作。2004年9月，中国首家保险中介行业协会在深圳成立，这些标志着我国保险中介行业自律开始走上轨道。随后，许多省市纷纷成立保险中介行业协会，保险中介自律进一步强化。

二　2011年我国保险中介发展及其竞争力分析

2011年国际经济和金融形势发展极不平稳，国内经济增速减缓，保险业面临巨大的发展压力。保险中介利用保险行业发展转型的机遇，积极探索保险中介的改革，不断深化保险中介市场结构的调整，有力促进了保险销售主渠道作用的发挥，实现保险费收入 12000 多亿元，占全国保险费收入的 86%，较 2010 年提高了 10 个百分点，保险中介竞争力及市场集中度呈现新的特点。

（一）2011 年我国保险中介发展分析

2011 年保险中介业务承接了前期的发展态势持续增长，保险营销员管理模式改革和兼业代理专业化路径的探索进一步深入，保险中介监管紧扣保险中介市场存在的问题展开，保险中介业务检查、保险代理市场清理整顿有力保证了保险中介市场的平稳运行，整体来看，保险中介发展呈现以下特征。

1. 保险专业中介机构的发展由数量扩张转为资本扩张

2011 年全国保险专业中介机构为 2554 家，其中，全国性保险专业代理机构 32 家，区域性保险专业代理机构 1791 家，保险经纪机构 416 家，保险公估机构 315 家。

2011 年全国保险中介机构一改前几年快速增加的态势，增幅创十年来的新低，较 2010 年只增加 4 家，保险代理公司数量的减少是保险中介机构增幅下降的原因。我国保险代理公司管理举措出台后，许多代理公司组建为全国性代理公司，一些保险专业代理机构进行了兼并重组，导致代理公司数量大幅减少，由 2010 年的 1853 家减少到 1823 家，减少了 30 家。与此同时，经纪公司和公估公司仍保持增长的态势，分别增加了 24 家和 10 家。

2011 年，全国保险专业中介机构在数量增幅锐减的同时，资本规模大幅增长，注册资本 110.72 亿元，同比增长 21.94%；总资产 170.94 亿元，同比增长 25.77%。保险专业中介机构资本规模的扩大、资本实力的增强得益于新的管理办法的贯彻落实，为未来保险中介机构规模化、专业化发展奠定了基础。

2. 保险兼业代理机构在调整中探索专业化发展模式

2011 年全国共有保险兼业代理机构 195518 家，较 2010 年增加 5641 家，其中银邮类 140322 家，较 2010 年的 138477 家增加了 1845 家；车商类 25282 家，较 2010 年的 23859 家增加了 1423 家；交通运输类 7192 家，较 2010 年的 2606 家增加 4586 家；其他类为 22722 家，较 2010 年的 24935 家大幅减少了 2213 家。银邮和车商继续保持其在兼业代理中的绝对主渠道地位。

伴随着保监会对保险代理市场清理整顿工作的开展，保险兼业代理机构的调整全面展开。2011 年全国有 318 家保险兼业代理机构接受重点检查，有 9040 家保险兼业代理机构许可证被注销吊销。与此同时，车商和银行成为探索提高保险兼业代理机构的专业化服务水平的突破口，结合汽车服务企业集聚化、集团化的发展趋势，汽车生产销售和维修服务企业通过保险专业中介机构开展保险业务开始试点。针对银保销售存在的违规支付利益、风险跨行业传递等问题，保监会着力推进银行保险的专业化进程。保险兼业代理的专业化发展模式的探索将为我国保险中介市场的专业化发展提供良好的路径。

3. 保险营销员人数在管理模式改革的背景下仍保持较高的增幅

2011 年，保险营销员的管理坚持了稳定队伍、提升素质、创新模式、防范风险的总体思路，积极推动保险营销员管理模式改革，包括探索营销队伍扁平化管理，完善收入分配结构，建立后援支撑平台，加强营销队伍分析监测和日常管理，完善诚信信息披露制度，提高管理和销售效率，试点员工制。与此同时，在新的营销渠道的开拓中，网络销售、电话销售、社区门店等相继拓展，专属销售公司、开展交叉销售整合资源，尤其是一些资本实力较强的专做寿险的保险代理销售公司发展势头良好，优势明显，给长期以来渠道和方式单一的个人寿险销售带来了生机和活力。2011 年，全国保险营销员仍然保持增长态势，达到 3357037 人，同比增加 59251 人。

4. 保险中介业务持续增长，保险中介主销售渠道作用进一步凸显

2011 年保险中介业务保持快速增长态势，全国保险公司通过保险中介实现的保险费收入达到 12344.62 亿元，占全国保险费总收入的 86%，保险中介对保险业发展的贡献进一步凸显。具体来看：

（1）兼业代理和个人代理仍然是中介主渠道。2011 年，兼业代理实现的保险费收入为 6054.12 亿元，占全国总保费 42.34%，较 2010 年的 37.68% 增加了 4.66 个百分点。占中介实现总保费的 49.04%，较 2010 年的 49.94% 下降了 0.9 个百分点。

2011 年，个人代理实现的保险费收入为 5469.89 亿元，占全国总保费 38.25%，较 2010 年 32.29% 增加了 5.96 个百分点。占中介实现总保费的 44.31%，较 2010 年 42.79% 增加了 1.52 个百分点。

可见，2011 年兼业代理和个人代理仍然是中介主渠道，所实现的保险费在全国保险费收入中占比超过80%。

（2）专业保险中介机构业务持续增加。2011年全国保险专业中介机构实现保费收入909.82亿元，实现业务收入150.65亿元，具体来看：

全国保险专业代理机构实现保费收入529.72亿元，较上年增加48.04亿元；其中，实现财产险保费收入388.69亿元，较上年增加45.89亿元；实现人身险保费收入141.03亿元，较上年增加2.15亿元。2011年，全国保险专业代理机构实现业务（佣金）收入81.53亿元，同比增长29.23%。其中，实现财产险佣金收入53.10亿元，实现人身险佣金收入28.43亿元。

全国保险经纪机构实现保费收入380.10亿元。其中，实现财产险保费收入307.42亿元，实现人身险保费收入61.97亿元，实现再保险业务类保费收入10.71亿元。全国保险经纪机构实现业务收入55.48亿元，同比增长26.21%。其中，实现财产险佣金收入42.37亿元，实现人身险佣金收入7.06亿元，实现再保险业务类佣金收入0.73亿元，实现咨询费收入5.32亿元。

全国保险公估机构实现业务收入13.64亿元，同比增长12.17%。其中，实现财产险公估服务费收入12.90亿元，实现人身险公估服务费收入0.07亿元，实现其他收入0.67亿元。

5. 保险中介监管的针对性和执行力进一步强化

2011年，保险中介监管注重通过制度建设引领市场，规范行为，防范风险，强化了监管的针对性和执行力。

为促进保险代理、经纪公司互联网保险业务的规范健康有序发展，切实保护投保人、被保险人和受益人的合法权益，保监会制定了《保险代理、经纪公司互联网保险业务监管办法（试行）》，并于2011年9月20日颁发。

为加强对保险中介服务集团公司的监管，防范保险中介集团的经营风险，促进保险中介市场健康发展，保监会制定了《保险中介服务集团公司监管办法（试行）》，并于2011年9月22日颁发《关于印发〈保险中介服务集团公司监管办法（试行）〉的通知》。

个别保险专业中介机构涉嫌从事传销活动，且有蔓延的趋势，带来了较大的风险隐患。为有效遏制这类违法违规行为，及时防范和化解风险，2011年1月19日，保监会颁布《关于防范和打击保险专业中介机构涉嫌传销行为的通知》。

针对保险公司利用中介业务和中介渠道弄虚作假，非法套取资金，从事商业贿赂活动等违法违规问题，2011 年保监会加大开展保险公司中介业务检查的力度，检查了 103 个保险机构，涵盖 20 家保险法人公司，延伸检查中介机构 120 家，共处罚保险公司 55 家，罚款 1014 万元，处理保险公司管理人员 87 人，处罚中介机构 54 家，罚款 197.3 万元。通过严厉的监管，使保险公司堵塞内部管理漏洞，强化了管控责任。

6. 保险中介市场仍然存在许多亟待解决的问题

我国保险中介经过近十年的快速增长，市场规模不断扩大，但仍然存在保险中介市场结构失衡、行业结构尚需调整、兼业代理专业化发展及营销员体制改革缓慢等亟待解决的问题。

尽管近年来积极推进中介市场结构的调整，但保险中介市场结构失衡问题仍然存在，主要表现为专业中介机构市场占有率较低，2011 年底，全国保险专业中介机构实现的保费收入仅占同期全国总保费收入的 6.35%。而同样作为保险中介重要组成部分的保险兼业代理和保险营销员实现的保费收入占同期全国总保费收入约 80%，与发达国家相比，我国专业中介机构占比低导致了保险中介行业专业服务能力供给不足，影响了保险中介行业的专业化发展。与此同时，2011 年专业中介机构的资本规模尽管有所提高，但仍然是规模小、实力弱，2011 年中介总资产占保险行业总资产的比例只有 0.28%。薄弱的资本实力限制了保险专业中介机构专业性优势的发挥，影响了保险中介专业化水平的提升。

尽管保险兼业代理发展迅速，发挥了销售主渠道的作用，针对存在的销售误导行为，2011 年加大了打击力度，但由于历史原因，仍然存在着发展不规范、销售误导严重、专业性不足等一系列问题。如部分银行类保险兼业代理机构在投资型保险产品销售中，从业人员素质参差不齐，诚信观念缺失，通过误导性宣传诱导保险消费者投保的情况时有发生。由于兼业代理市场点多面广、管理基础薄弱，彻底扭转局面还需要进一步强化监管，加快专业化进程。

尽管近年来保险营销员管理体制改革取得了一定的进展，是保险销售主渠道之一，但随着我国劳动力市场的变化，过去营销员体制下的人海战术遭遇了增员瓶颈，保险公司招揽人才举步维艰。与此同时，我国保险市场结构调整对保险营销员管理模式转型的要求更加迫切，保险营销员产能低下，流失率高，增员困难，保险营销人员的专业化、职业化推进缓慢等问题，使保险公司陷入人才困境，保险营销员管理体制的改革应加快向纵深发展。

尽管近年来不断强化保险中介业务的管理，但保险中介业务，特别是保险代理业务不规范问题仍然严重，影响保险中介相关人的利益，也严重危害保险中介乃至保险行业的形象。伴随着保险业的不断发展，亟待探索在保险中介领域建立以保护消费者权益为核心的保险中介监管体系，进一步强化法治化监管和市场化经营，严厉打击中介领域的违法违规行为，及时防范和化解风险，促进保险业平稳健康发展。

（二）2011 年保险中介市场集中度分析

市场集中度与市场竞争力高度相关，可以直接反映市场的竞争状态，反映产业内的分布状况以及市场垄断或竞争的程度。

在我国保险中介市场，专业中介机构、兼业代理人和保险营销员是市场中介服务提供的主体，2011 年兼业代理和保险营销员实现的保险费收入占全国保险费收入的近 80%，而专业中介机构约占 6%。由此可见，就保险销售业务来看，业务高度集中于兼业代理和保险营销员。由于兼业代理和保险营销员相对分散，受数据来源的限制，无法分析兼业代理和保险营销员销售渠道的业务集中度，以下仅重点分析专业保险中介的市场集中度。

鉴于大部分保险中介机构都是近几年才成立的，数据统计不健全，本文主要选用贝恩（CR）指数、赫芬达尔－赫希曼指数（HHI）、HHI 指数的倒数 N 指数来衡量保险中介市场的集中度。

CR 和 HHI 在评价中国保险中介市场集中度时各有千秋，之所以同时采用这两个指标是因为单一使用任何一个指标，都有弊端。HHI 包含了所有企业的规模信息，能够反映 CR 所无法反映的集中度的差别。当两个市场 CR 相同时，HHI 可以反映出这两个市场集中程度的差别。HHI“平方和”计算的“放大性”，对规模最大的前几个企业的市场份额的变化反映特别敏感，但 HHI 直观性较差。将二者充分结合能弥补各自缺陷，可以较为客观地反映中国保险中介市场集中度的真实状况（见表 5）。

总体来看，保险专业代理机构市场集中度低，CR_4 远远小于 30%，CR_8 远远小于 40%，HHI 远远小于 500，属于竞争型市场，近年有上升的趋势。N 指数也得出几乎完全一致的结论。代理公司市场 2005 年相当于有 380 家公司经营，到

2011年相当于只有125家公司在经营，市场集中度有明显上升趋势。

依据 CR_4 和 CR_8，保险经纪市场属于寡占V型市场。经纪公司相关指标以2008年为界，先上升后下降，表明保险经纪市场竞争成分有增加趋势；N指数表明经纪公司整体变化不是特别大。

表5　2011年中国保险专业中介市场集中度及其纵向比较

集中度	公司类别	2005年	2006年	2007年	2008年	2009年	2010年	2011年
CR_4 (%)	代理公司	8.4	7.72	10.23	10.75	9.5	14.09	13.88
	经纪公司	32.23	28.77	29.98	30.83	30.7	28.16	28.32
	公估公司	39.43	37.29	35.05	32.65	31.91	37.62	34.13
CR_8 (%)	代理公司	13.1	12.33	15.51	16.31	15.83	19.23	18.02
	经纪公司	47.02	45.19	45.52	45.78	45.49	42.35	40.14
	公估公司	54.52	52.39	48.32	43.87	44.15	49.45	46.17
HHI	代理公司	26.3	23.4	43.5	48.51	44.12	82.12	79.78
	经纪公司	383.22	309.16	347.39	354.77	352.78	301.87	382.6
	公估公司	534.31	561.72	543.96	484.21	467.45	565.6	437.94
N	代理公司	380.23	427.35	229.89	206.14	226.65	121.77	125.34
	经纪公司	26.09	32.35	28.79	28.19	28.35	33.13	26.14
	公估公司	18.72	17.80	18.38	20.65	21.39	17.68	22.83

注：①与本书财产险行业竞争力分析部分的表1相比，本表中HHI值扩大了10000倍；HHI指数的倒数N指数，是一种当量值，等于市场中规模相等企业的数目。②由于数据的限制，计算各种指标时，2005年、2006年样本为业务收入排名前10名的专业中介公司；2007年、2008年、2009年、2010年样本为业务收入排名前20名的专业中介公司；2011年样本为业务收入排名前20名的专业中介公司第一季度的情况。

资料来源：《中国保险中介市场发展报告》（2005～2011年）。

依据 CR_4 和 CR_8，公估公司接近寡占Ⅳ型市场，公估公司市场集中度在2010年之前一直有下降趋势，表明公估市场竞争在逐年增加。N指数表明公估公司集中度变化较为平稳。

（三）2011年保险中介竞争力分析

竞争力指在竞争中所体现出的综合能力，保险中介竞争力是指在保险中介市场上各保险中介方通过竞争而体现出的综合能力。保险中介服务方可以通过资源的合理配置、提高产品服务质量创造有利的生产条件以取得较高的市场份额，最终实现自身竞争力的提升。结合各类保险中介的特点以及数据的可获得性分析如下。

1. 保险代理公司服务竞争力分析

尽管2011年保险专业代理机构数量较上年减少了30家，但实现的保险费收入增加了48.04亿元，占全国保险费收入的比例由2010年的3.32%上升到3.69%，占中介总保费的比例从4.4%下降到4.29%。从保险代理公司经营情况看，在2008年实现扭亏为盈后，保费收入、佣金收入一直维持正增长，保持了一定规模的净利润，但保费收入增长率、佣金收入增长率和净利润增长率有所下滑，2011年保费收入增长率为9.97%，较2010年的46.5%降幅较大，佣金收入增长率也由2010年的40.76%下降到29.23%，净利润增长率则为负数。近年数据表明，2011年保险代理公司竞争力有待进一步提升（见表6）。

表6　2005～2011年保险代理公司竞争力指标数据

指标＼年份		2005	2006	2007	2008	2009	2010	2011
机构数量(家)		1313	1563	1755	1822	1903	1853	1823
实现保费收入(亿元)		104.17	126.62	190.58	269.7	328.87	481.68	529.72
市场占有率	保费占中介总保费比(%)	2.9	2.83	3.29	3.35	3.59	4.4	4.29
	保费占全国总保费比(%)	2.11	2.24	2.71	2.76	2.95	3.32	3.69
佣金收入(亿元)		10.3	14.13	21.48	33.53	44.82	63.09	81.53
净利润(万元)		-3572	-2361	-4830.08	406.84	8499.91	19900	5711.15
佣金收入/保费收入		0.099	0.112	0.113	0.124	0.136	0.131	0.154
机构增长率(%)		—	19.04	12.28	3.8	4.45	-2.63	-1.62
保费收入增长率(%)		91	22	50.51	41.52	21.94	46.5	9.97
佣金收入增长率(%)		94	37	52.01	56.1	33.67	40.76	29.23
净利润增长率(%)		—	34	-104.58	108.42	1989.25	134.12	-71.30

资料来源：http://www.circ.gov.cn，部分数据缺失。

2. 保险经纪公司竞争力分析

2005年以来，保险经纪公司的机构数量、实现保费收入、市场占有率持续增加，2011年保险经纪公司较上年增加了24家，实现保险费收入380.1亿元，较2010年的313.07亿元有所增加，且实现的保险费占全国总保费的比重、占中介实现的保险费收入的比重较2010年都有所增加。从经营情况看，从2008年以后净利润逐年上升，保费收入、佣金和净利润都保持20%以上的增长率，保险经纪人服务竞争力呈现增强的趋势（见表7）。

表7　2005～2011年保险经纪人竞争力指标数据

指标＼年份		2005	2006	2007	2008	2009	2010	2011
机构数量(家)		268	303	322	350	378	392	416
实现保费收入(亿元)		100.78	106.65	166.88	245.34	244.66	313.07	380.1
市场占有率	保费占中介总保费比(%)	2.8	2.38	2.88	3.05	2.67	2.86	3.08
	保费占总保费比(%)	2.05	1.89	2.37	2.51	2.2	2.15	2.65
佣金收入(亿元)		10.6	14.55	20.19	26.5	33.1	43.96	55.48
净利润(万元)		774	10771	22053.07	21402.54	35199.11	57100	79517.32
佣金收入/保费收入		0.105	0.136	0.121	0.108	0.135	0.14	0.146
机构增长率(%)		—	13.06	6.27	8.7	8	3.7	6.12
保费收入增长率(%)		36	6	56.47	47.02	-0.27	27.96	21.41
佣金收入增长率(%)		—	37	41.39	31.25	24.91	32.81	26.21
净利润增长率(%)		—	1292	104.7	-2.59	64.46	62.22	39.26

资料来源：http://www.circ.gov.cn，部分数据缺失。

3. 保险公估公司竞争力分析

近年来保险公估机构数量和业务收入持续增长，但估损金额的增长并不稳定。2011年，保险公估机构较2010年增加了10家，业务收入和估损金额增长率维持正增长，但2011年的净利润较2010年减少了1020.37万元，增长率为-22.67%，可见保险公估公司竞争力没有明显的提升（见表8）。

表8　2005～2011年保险公估公司竞争力指标数据

指标＼年份	2005	2006	2007	2008	2009	2010	2011
机构数量(家)	219	244	254	273	289	305	315
估损金额(亿元)	90.79	124.94	136.36	264.96	223.38	195.41	211.65
业务收入(亿元)	2.97	4.33	7.2	11.42	11.31	12.16	13.64
净利润(万元)	2024	1526	2273.21	3692.81	3800.03	4500	3479.63
机构增长率(%)	—	11.42	4.1	7.48	5.86	5.54	3.28

续表

指标 \ 年份	2005	2006	2007	2008	2009	2010	2011
估损金额增长率(%)	—	38	9.14	94.31	-15.69	-12.52	8.31
业务收入增长率(%)	98	46	66.28	58.61	-0.96	7.52	12.17
净利润增长率(%)	—	-25	48.97	62.45	2.9	18.42	-22.67

资料来源：http：//www.circ.gov.cn，部分数据缺失。

4. 保险营销员服务竞争力

2005 年以来，保险营销员的数量、所实现的保费收入持续增加。2011 年保险营销员的数量较 2010 年增加了近 6 万人，实现的保险费收入较 2010 年增加了约 788 亿元，保持了 16.83% 的增长率，人均保险费也由 14.2 万元增加到 16.29 万元。与此同时，保险营销员实现的保险费收入的市场占有率一直维持较高的水平，2011 年保险营销员实现的保险费占全国总保费 38.25%，占保险中介实现的保险费 44.31%，较 2010 年都有所提升（见表 9）。

表 9　2005～2011 年保险营销员竞争力指标数据

指标 \ 年份		2005	2006	2007	2008	2009	2010	2011
人员数量(人)		1467882	1558089	2014900	2560532	2905804	3297786	3357037
实现保费收入(亿元)		2128.59	2650.88	3193.9	3380	4126.91	4682.08	5469.89
市场占有率	保费占中介总保费比(%)	59.18	59.2	55.13	42.02	45.05	42.79	44.31
	保费占全国总保费比(%)	43.2	46.99	45.4	34.55	37.06	32.29	38.25
佣金收入(亿元)		210.14	302.32	444.15	470.32	570.59	568.96	427
佣金收入/保费收入		0.099	0.114	0.14	0.139	0.138	0.122	0.078
人均保费收入(万元)		14.5	17.01	15.85	13.2	14.2	14.2	16.29
人均佣金收入(万元)		1.43	1.94	2.2	1.84	1.96	1.73	1.27
增员率(%)		-1.9	6.15	29.32	6.65	13.48	13.49	1.80
保费收入增长率(%)		—	25	20.48	5.83	22.1	13.45	16.83
佣金收入增长率(%)		—	21	46.91	5.89	21.32	-0.29	-24.95

资料来源：http：//www.circ.gov.cn，部分数据缺失。

值得注意的是：2011 年保险营销员的增员率从 2010 年的 13.49% 下降到 1.8%，人均佣金在 2007 年以后持续下降，2011 年为 1.27 万元，是 2005 年以来新低，保险营销员的佣金收入增长率为 -24.59%，延续 2010 年的负增长态势，达到 2006 年以来的新低，由此可见，保险营销员服务竞争力的持续性不容乐观。

5. 保险兼业代理人服务竞争力分析

2005 年以来，保险兼业代理人的机构数量、实现保费收入不断增长，2011 年兼业代理机构数量较 2010 年增加了 5600 多家，实现的保险费收入较 2010 年增加了近 590 亿元。但市场占有率稳中有降，2011 年所实现的保险费收入占全国总保费 42.34%，占保险中介实现保险费的 49.04%，较 2010 年有所下降。与此同时，兼业代理机构数量增长率和保险费收入增长率也分别较 2010 年的 27.46% 和 22.5% 下降到 2.97% 和 10.79%。总体上看，保险兼业代理人竞争力增长的趋势有所放缓（见表 10）。

表 10　2005～2011 年保险兼业代理竞争力指标数据

指标＼年份		2005	2006	2007	2008	2009	2010	2011
机构数量(家)		120650	141278	143113	136634	148971	189877	195518
实现保费收入(亿元)		1263.26	1593.36	2242.02	4148.46	4460.65	5464.42	6054.12
市场占有率	保费占中介总保费比(%)	35.12	35.59	38.7	51.58	48.69	49.94	49.04
	保费占全国总保费比(%)	25.64	28.24	31.87	42.4	40.05	37.68	42.34
佣金收入(亿元)		56.6	72.76	107.58	178.25	222.12	283.45	—
佣金收入/保费收入		0.045	0.046	0.048	0.043	0.05	0.052	—
机构增长率(%)		5	17.1	1.3	-4.53	9.03	27.46	2.97
保费收入增长率(%)		5	26.1	40.71	85.03	7.53	22.5	10.79
佣金收入增长率(%)			29	47.86	65.69	24.61	27.61	—

资料来源：http：//www.circ.gov.cn，部分数据缺失。

三　提升保险中介服务竞争力，促进保险中介健康发展

我国保险中介作为保险销售的主渠道，在保险业的快速发展中起到重要的推动作用。在目前国内外经济发展背景下，保险业正处于转变增长方式、调整结构

的重要时期，正确面对机遇与挑战，强化保险中介竞争力，调整中介市场结构，化解风险，已成为当务之急。

（一）正确面对保险中介发展的机遇与挑战

1. 我国保险中介面临难得的发展机遇

（1）世界经济与全球保险业的发展提供了良好的国际环境。历经金融危机的影响之后，全球经济自2009年开始复苏，2011年经济增长率为4%，其中新兴市场国家保持了较快增长速度，实际GDP增长率达到6.25%，国际力量对比进一步朝着相对均衡的方向发展①，和平、发展、合作仍是时代潮流，未来几年将继续保持这一趋势。

全球经济的好转较好地支撑了保险业的发展。受金融危机的影响，全球保费收入在2008年、2009年两年连续下降后，2010年重新实现正增长，高于金融危机之前的水平；在经济全球化浪潮中，主要发达国家的保险业凭借其在风险管理、精算及保险创新等领域的技术优势，实施全球化战略，保险资源全球化配置程度不断加深；国际保险市场的竞争日趋激烈，兼并和收购、公司之间集中或联合将成为发挥规模经济效应，并以规模优势来获取、扩大市场份额的必然选择。未来几年，保险中介市场，特别是保险经纪市场将继续承接和延续国际化发展态势。

（2）保险中介市场发展的基础条件不断改善。我国市场经济体系的完善和经济的发展将有力支撑保险中介的发展。市场中介是市场经济发展的产物，与市场经济的发育程度高度相关。在市场经济发达的情况下，交易范围、交易规模迅速扩大，交易复杂程度大大提高，社会分工协作日益细致，这就使人们需要通过他人代为进行民事活动。我国市场经济体系的完善必将推动我国保险中介的发展。当前，我国仍处于改革发展的重要战略机遇期。这一时期，经济社会形势错综复杂，瞬息万变，面对国际政治经济格局的深刻调整，我国正在大力推进以科学发展为主题，以加快转变经济发展方式为主线，着力改善民生和促进社会和谐的经济社会建设，这些都将有力推动我国保险业的发展。

保险业的转型、保险产业链的完善和保险消费需求的释放，为保险中介的发

---

① 数据来源于国际货币基金组织网站 http：//www. imf. org/。

展创造了良好的基础条件。在成熟的保险市场中，各市场主体是以产业链的形式有机融合在一起，发展保险中介是完善保险产业链的重要内容。与此同时，伴随着我国居民消费水平的提高，消费结构将趋向优化，社会经济的发展和人民生活面临着更多的不确定性，保险作为规避不确定性风险的重要手段，将迎来巨大的需求；特别是随着人口结构的变化、老龄化社会的来临，社会对养老保险和健康保险等产品的需求急剧增加，这将对保险中介服务产生巨大的需求。

不断优化的保险监管将为保险中介提供良好的发展环境。目前，由于保险业发展的外部环境和行业自身情况都发生了深刻变化，保险业的监管也进入了新的时期，解放思想，转变观念，不断提高保险监管水平成为保险监管发展的主旋律，通过保险监管促进保险业转方式、调结构，防范化解保险风险成为当前保险监管工作的重要内容，未来几年，监管与市场、监管与创新以及监管与服务的关系将进一步理顺，法规制度、现代保险监管体系将进一步完善。这些必将为保险中介的发展创造良好的环境。

2. 保险中介发展在面临严峻的挑战

必须看到，保险中介发展在面临良好机遇的同时，也面临严峻的挑战。

（1）保险中介发展的外部环境存在不确定性。虽然我国保险市场保持了平稳发展的态势，但严峻的外部经济金融形势和行业内部的问题不容忽视。全球经济持续增长，当今世界正处于大变革、大发展、大调整时期，不确定因素大量存在，正因如此，国际主要预测机构普遍调低了 2012 年世界各大经济体的预计增长率。对于我国保险业而言，将面临业务增速下滑、偿付能力下降、投资收益下降、经营效益下挫等严峻的挑战。

（2）保险产业链尚不完善，保险中介市场主体之间的矛盾凸显。目前，我国保险产业链不完善，保险中介市场主体之间关系未理顺，主体之间的矛盾不断凸显：保险公司与保险代理人之间的产销关系不明晰，保险产业利益分享机制不完善，各方利益难以得到保障，出现了保险中介严重损害保险公司利益，欺骗、误导投保方，损害投保方的利益，保险公司利用保险代理公司非法套取资金等问题。由于利益分享机制不完备，导致保险中介市场主体之间矛盾的激化，严重影响保险中介市场持续健康发展。

（3）保险中介行业自身发展严重不足，保险中介人才匮乏。尽管过去十年保险中介得到了快速发展，但与保险产业化发展的要求还有很大的距离，与发达国家保险中介相比，专业化和职业化程度明显较低，快速发展中积累的问题将在未来发展中不断凸显：保险中介市场结构不合理，专业中介机构发展不足，兼业代理和个人营销员管理体制改革面临瓶颈，保险中介竞争力不强，市场结构调整任重道远。与此同时，保险中介人才的缺乏以及人才高流失率等问题已经成为严重制约保险中介市场健康发展的重要因素，具有丰富经验的专业中介人才相对较少，一些具有保险从业经验的人才也不愿意进入保险中介行业，还有一些进入保险中介领域的人才也存在高流动性，严重影响保险中介业的发展。

（二）全面提升保险中介服务的竞争力

保险中介竞争力作为一个综合指标，主要通过保险中介产品的竞争力、保险中介文化和保险中介制度的先进性体现出来，保险中介竞争力决定其在市场的地位和发展能力。针对我国保险中介发展现状，需要保险中介行业抓住机遇，迎接挑战，全面提升竞争力。

1. 提升保险中介服务产品的竞争力

从保险中介市场来看，保险代理人、经纪公司和公估公司提供的产品分别是代理服务、经纪服务和公估服务，都是属于服务型产品。服务型产品具有鲜明的特点，即无形性、易逝性、可变性、专业性（技术含量高）、相互替代性等，因此，提供服务型产品时，应加强服务质量管理，提高服务人员综合素质，以提高保险中介服务的知名度和美誉度。

提升保险中介服务产品的竞争力，必须充分认识到保险中介服务作为服务型产品的特点，高度重视中介服务产品策略，具体来看：第一，不断进行中介服务产品的创新，不仅提供传统的代理服务、经纪服务和公估服务，还可以通过与保险公司合作，为保险公司开发出适销对路的保险产品提供服务。第二，增加保险中介服务的附加值。在英、美、日等保险业发达的国家，保险中介机构之所以能快速成长，主要得益于保险中介机构不仅从事与销售保险产品直接相关的业务，而且能为顾客提供许多附加服务，例如风险管理咨询、理财顾问等，同时与保险公司在新产品开发、品牌整合、业务管理等领域进行合作，形成保险产业链上的合理分工与协作。第三，加快中介服务方式的创新，如针对不同的客户群体，通过网络、电话等渠道来为客户提供服务等。

2. 培育先进的保险中介文化

对于企业或行业而言，文化对增强竞争力具有极其重要的作用，但能否真正发挥这种作用，主要在于其文化是否能准确反映企业或行业的性质和内外环境的变化，是否能与时俱进，不断创新。一个行业的文化，深刻地影响着该行业的发展模式、制度选择等方面，是行业形象的体现。

大力培育发展先进的保险中介文化，首先要充分认识中介文化建设的紧迫性和重要性。文化，是一个民族、一个国家，乃至一个行业、企业的灵魂。优秀的保险中介文化在促进行业可持续发展中扮演着重要的角色，是提升行业软实力的主要内容。在过去十几年保险中介的快速发展中，中介文化建设相对滞后，在中国保险业转变发展方式的重要时期，保险中介文化建设对于保险中介业的生存与发展有着举足轻重的作用。

大力培育发展先进的保险中介文化，还应准确把握先进保险中介文化的内涵。结合保险中介行业的特点，保险中介行业文化可概括为“诚信、服务、专业、共赢”。诚信，是保险行业的要求，也是服务型行业的要求；服务，则是由保险中介业务性质决定的，保险中介从业人员必须有高度的服务意识和服务理念，才能真正在日常业务中获得客户的信任；专业，是保险中介服务技术含量的体现，也是保险中介服务质量的保证；共赢，则是保险中介业务特点决定的，保险中介服务依附于保险关系之上，与保险合同双方当事人有密切的关系，保险中介人与保险合同当事人和关系人应本着共赢的理念开展业务，任何损害相对方利益的行为，都会影响保险中介的可持续发展。

3. 进一步完善保险中介制度

保险中介制度的先进性和科学性是保险中介行业竞争力的主要内容，与保险中介行业的发展密切相关。实践表明，符合国情、适应保险中介行业发展要求的制度安排，对保险中介行业的发展有重要的引导、规范作用。目前，我国保险中介结构模式失衡问题突出，能充分体现保险中介专业性的专业保险中介机构发展严重不足，资本规模小，市场份额低，无法发挥保险销售主渠道作用；而相对分散、管理难度大的兼业代理和保险营销员，成为保险销售主渠道，其业务不规范等问题已经成为顽疾，严重制约我国保险中介的发展。为此，应从制度层面调整保险中介模式，大力发展专业中介机构，引导专业中介机构规模化、集团化发展；应加强对兼业代理机构的管理，加快保险兼业代理机构的专业化发展，进一步深化营销员管理体制的改革。具体可从以下几方面着手。

(1) 加强公司治理和内控制度建设，促进保险中介机构集团化、规模化发展。加强中介机构公司治理和内控制度建设是我国保险中介机构市场化运作的内在要求，也是我国保险中介机构发展的现实要求。我国保险中介机构处于发展的起步阶段，普遍存在公司治理不健全、内控制度缺失的问题，经营管理者的行为缺乏监督和制衡机制，业务发展延续粗放式经营模式，财务管理不严格，账目设立和单证管理较混乱，电子化程度较低，缺乏良好的用人机制，员工稳定性不足，流动性过大。这些都是公司治理和内控制度不健全的必然结果。强化保险中介公司的内控制度建设可采取以下三项具体措施。

一是应严格执行《保险中介机构法人治理指引（试行)》《保险中介机构内部控制指引（试行)》，使保险中介企业的所有者、董事会、监事会和高级经理人员形成的一定的制衡关系，确保相关法律规定和规章制度的贯彻执行，确保保险中介机构发展战略和经营目标的全面实施和充分实现，确保风险管理体系的有效性，确保业务记录、财务信息和其他管理信息的及时、真实和完整。

二是把握现阶段我国保险中介机构风险控制的重点。目前我国保险中介机构处于发展初期，潜伏着一定的风险，风险控制的重点应放在控制业务风险、财务风险和道德风险三个方面。在强化业务风险控制方面，应严格控制风险集中的关键环节，按照专业化管理要求，加强单证、收费管理，防范业务经营中的操作风险。在强化财务风险控制方面，建立完善的稽核审计体系，完善专业监督检查制度。建立独立账户，减少保险中介机构挪用、侵占客户资金或代收保费的风险。建立垂直领导的内部审计、内部稽核审计等制度，完善内控制度体系。在强化道德风险控制方面，严格按照保险中介从业人员职业道德指引要求，提高中介从业人员的道德水准和政治素质，从源头上控制道德风险的发生。

三是要建立保险中介机构风险识别和评估体系。一方面应完善保险中介数据信息库的建设，建立保险中介行业信息发布平台，及时发布动态信息，为保险中介的市场分析和市场决策提供依据；另一方面，应借鉴国际先进经验，运用现代科技手段，逐步建立覆盖所有业务风险的监控和评价预警系统，并进行持续的监控和定期评估。

(2) 进一步深化保险营销员管理制度的改革，稳步推进兼业代理模式的转型。

一是要明确保险营销员的身份，实现营销员的转型，促进保险销售队伍职业化发展。目前绝大多数保险营销员属于个人代理人，与保险公司签订委托代理合同，缴纳营业税，没有相应的社会保险，归属感不强，流动性大，对社会及保险公司来说都是不稳定的群体，亟待转型。可采取以下两种模式：一是发展保险公司的专属代理公司或销售公司，将保险营销员剥离出来，作为代理公司或销售公司的员工。营销员与代理公司签订劳动合同。该种转型方式既可作为保险公司进行集团化经营战略的有机组成部分，又可以在不影响原保险公司业务的情况下，实现保险营销员的平稳转型。二是大力发展保险中介机构，引导保险营销员流向中介公司。

二是应规范对寿险营销员的管理，改革寿险营销员的佣金分配制度。由于保险营销员的转型不可能一蹴而就，因此应双管齐下，一方面积极引导其转型，另一方面对尚未转型的营销员加强管理。可从以下几个方面入手：一是保险公司应建立科学的绩效考核机制，引导分支机构在队伍建设上走精兵强兵之路，在队伍培训上遵循人才培养的客观规律，加大培训投入。二是要设置合理的增员标准，运用科学的甄选手段，把好营销员的“入门关”与“质量关”。三是要建立科学的增员机制，只有品行良好、通过相关考核的营销员才可被录用；不搞单纯的“人头奖励”，要将对所增人员“量”与“质”（持证率、转正率、留存率等）的考核结合起来作为“增员奖”的发放标准。应探索建立均衡佣金制度，延长给付时间，以强化寿险营销员的长期服务意识，引导其职业化发展。

三是稳步推进兼业代理模式的转型。目前兼业代理机构实现的保险费收入占全国保险费总收入的比例超过 40%，占保险中介实现的保险费收入的比例接近 50%，在保险中介市场占有重要地位。2011 年以来，在兼业代理专业化进程中，由于兼业代理机构中车商、银邮类机构占比接近 80%，通过引导车商、银邮类机构设立专业代理公司、经纪公司，可在降低兼业代理比重，实现兼业代理转型的同时，增加专业中介机构，有利于提高其专业化水平和综合服务能力，促进中介市场结构的调整。但在实施过程中，应稳步推进，确保由此而投入的中介资本是自发而非被迫进入保险中介市场的。如果大量资本被迫进入保险中介市场，必然成为未来保险中介市场的不稳定因素，影响保险中介市场的稳定发展。

（3）进一步完善监管与自律相结合的中介监管机制。保险业发达国家均建立了高效的政府监管和行业自律相结合的保险中介市场管理体系，这也是其保险中介市场正常运行的保障。各国还通过不同的方式建立了保险中介人注册登记、领发执照、佣金支付、广告宣传的各项法律和制度，对于确保中介人素质，规范其市场行为，保证其业务开展的公正、诚实及保险客户利益的维护起到了重要作用。许多国家都设有相应的保险中介行业自律组织，自律组织不仅通过制定一系列的行业自律条例及守则，从中介人的业务专业水平、销售职业道德、日常行为规范等方面来对其加以约束，而且负责对保险中介人进行从业资格的审查、考试的组织、佣金的管理及日常行为的监督。除此之外，还建立了完备的保险中介人信息档案库，记录保险中介人的执业情况，接受社会公众对保险中介人的查询和投诉。我国保险中介监管在不断完善，但自律机制尚未全面建立，有待进一步探索和完善。

（三）完善保险产业链，促进保险中介市场发展

1. 充分认识保险中介在保险产业链中的作用

产业化发展要求在专业化分工与协作的基础上，建立完整的产业链和完善的市场体系，各链条和各个市场之间形成相互制约、相互依赖、相互促进的紧密关系。在产业体系中，任何环节发育不全或发展滞后，都会影响到其他市场乃至整个市场体系功能的发挥，从而影响产业的正常发展。伴随着保险业的产业化发展，必然要求建立完整的保险产业链。

保险代理人的发展是保险公司展业环节市场化延伸后形成的“产销链”。在保险业发展的初期，保险公司集产销于一身，既是保险产品的生产者，又是销售者。保险市场只存在买卖双方，既无分工，也无协作。而在保险“产销链”中，保险公司成为保险产品的生产商，保险代理人成为保险产品的销售商。实践表明，保险代理人的产生与发展满足了保险公司在广度和深度上拓展业务的要求，也满足了保险公司提高保险服务质量、提高经济效益的要求。保险公司可专注于保险产品的开发和业务经营，保险代理人则专注于保险产品的销售，二者分工合作，扩大了保险规模。

保险公估人的发展是保险公司理赔环节的市场化延伸，从而形成保险产业承保与理赔的“业务链”。即保险公司完成保险经营“上游”阶段的承保和业务管理工作，保险公估人完成保险经营“下游”阶段的理赔工作。实践表明，保险公估人的发展既是保险产业化发展的结果，也是保险产业化发展中协调保险双方关系的内在要求。与此同时，伴随着保险产业化发展，保险产品的复杂性和投保

人专业知识的有限性，必然要求借助他人的知识和技术作出投保选择，从而产生对保险经纪服务的需求。

实践表明，保险中介产业链在保险产业发展过程中起着十分重要的作用，包括降低保险经营成本，提升保险经营效率；通过发挥“吸附作用”和“扩张作用”，扩大保险产业规模和保险市场的空间。目前，我国保险中介产业链极其脆弱，保险公司与保险中介之间的利益矛盾突出，保险中介是保险产业化发展的重要构成部分、是保险产业链重要节点的理念尚待建立。

2. 进一步理顺保险中介关系，找准管理的切入点

理顺保险中介关系是有效规范和管理保险中介市场的基础。在保险中介关系中，保险代理人与保险公司的关系一直是保险中介关系中的难点，它们之间存在多层次的多元关系。

从法律层面看，保险代理人与保险公司之间是委托代理关系，即保险公司委托保险代理人销售保险产品，并为投保人提供相关服务。二者通过签订委托代理合同，建立委托代理关系，确立双方的权利和义务。按照民法及保险法规范进行委托代理行为。

从保险产业链层面看，保险代理人与保险公司之间是产销关系，即保险公司是保险产品及服务的生产者，保险代理人是保险产品或服务的销售者，二者应根据保险产业发展中产销业务特点，分享保险产业利润，协调保险公司与保险代理人的利益冲突。

从市场层面看，保险代理人与保险公司之间是保险代理服务的买卖关系，即保险公司购买保险中介人提供的保险中介服务，购买价格即为佣金。根据市场规律，价格应发挥重要的指示作用，即反映产品质量、成本和供求关系。为此保险佣金应按照市场化的原则，充分体现保险中介服务成本、质量和供求规律，真正发挥价值规律、供求规律和竞争规律在保险中介市场上的作用。

基于保险中介主体之间的多元关系，保险中介的管理应着力规范上述关系，建立相应的调节机制，引导各主体不断完善中介关系。

3. 加快保险中介专业化、职业化进程

保险中介从业人员的职业化就是要造就一支高素质的保险中介队伍，体现明显的保险中介职业特征和严格的职业标准及品行规范。因此，从人才素质的角度来讲，职业化就是为了达到职业要求具备的素质和追求成为优秀职业人的历程。

职业化与专业化是紧密联系在一起的。

（1）建立保险中介人等级资格考试制度。在现有资格认定制度的基础上，应尽快建立等级资格考试制度。不同的保险中介人从事的业务不同，销售的保险产品性质不同，面对千差万别的客户群，销售方式和手段也存在很大差别，因此，单一的资格认定不能满足实际要求，有必要实行等级资格考试制度，对不同级别、不同类型的保险中介人实行差别佣金制。具体分类如下。

对保险代理人而言，实行“分类分级”资格考试。首先应进行分类，即实行产险和寿险两种类别的代理资格考核。其次进行分级，即对从事寿险代理的保险代理人实行分级考核，即从事一般寿险产品销售代理的代理人只需取得初级寿险代理资格即可；从事投资类保险产品销售代理的代理人在取得初级代理资格之后，还必须进一步取得高级代理资格。初级代理资格考核，只需测试一般保险业务及产品知识、保险法律法规知识及一般营销知识；高级代理资格考核，则必须在初级代理资格考核的基础之上，再进行有关投资型保险产品知识、金融投资知识及金融法律法规知识的考核。

对保险经纪人实行分级考核。由于技术水平和服务水平是保险经纪人最具实力的竞争手段，因而，对保险经纪人实行分级考核，有利于促进保险经纪人整体素质的提高。可实行初级经纪人资格和高级经纪人资格制度。初级资格保险经纪人，可以受企业或客户的委托，根据客户实际情况和需求，进行产品询价，定做保险方案，为客户提供合适的产品和服务；高级资格保险经纪人，还应该针对企业和客户的特点，提供“一揽子”全方位的风险保障计划和服务，以及风险评估与风险管理计划。

（2）进一步完善保险中介人职业责任保险和持续培训制度。要实现保险中介的职业化发展，必须有效控制保险中介的职业风险。无论是以法人形式存在的中介机构还是以自然人形式存在的保险中介人，都面临责任风险。一般职业风险的控制是实行职业责任保险和担保金制度。在我国目前的经济条件下，由于担保金制度受交费能力和积累规模的限制，因此选择实行职业责任保险较为适宜。我国现行制度只对保险经纪人规定必须投保职业责任保险，而对保险代理人没有该规定，因此亟待完善，即建立各类保险中介人的职业责任保险制度，转嫁中介职业责任风险。

保险中介人员的素质直接关系到保险中介的健康发展。因此建议一方面将保险中介高管人员纳入保险机构高管人员培训计划之中，另一方面督促保险中介机构自身加强对其员工的业务培训和职业道德教育，提升员工整体素质。将保险中介人持续培训制度与保险中介人等级资格考试制度相结合，是保险中介职业化和专业化的重要保证。

4. 逐步建立中介服务价格市场化机制，提升保险中介的服务质量

保险中介服务价格的市场化与保险中介专业化、职业化高度相关，保险中介专业化和职业化程度越高，服务价格市场化的程度就越高。由于保险中介服务是一种服务型商品，其价格（佣金）应体现中介服务成本、质量，反映市场供求关系。在保险产业化发展条件下，中介服务价格的市场化方向是毋庸置疑的。鉴于目前我国中介市场发展的特点，在中介价格市场化的方式上，可采取渐进的方式，分步骤、分领域逐步放开。

在专业保险中介机构先行推进中介服务价格的市场化进程。允许保险中介机构根据保险中介服务的成本、质量议价，鼓励保险中介机构针对市场需求，提供高质量的中介产品和差异化的中介服务，发挥价格的杠杆作用和调节作用，优化保险中介资源配置。

对保险营销员和兼业代理机构的中介服务价格实行指导性定价。由于保险营销员的业务收入来自保险公司，在与保险公司的交易中，保险营销员的议价能力明显处于弱势地位。而兼业代理业务中，由于兼业代理人的业务资源优势，可能在中介服务交易中存在不公平问题，因此，在目前情况下，可对保险营销员和兼业代理的中介服务价格进行指导性定价。在定价中应该在价值规律的基础上，充分考虑业务质量和市场情况。同时，结合等级资格考试，对保险营销员实行差别佣金，通过差别佣金引导保险营销员向专业化、职业化方向发展。

在中介服务价格市场化过程中，应充分发挥保险中介行业协会的监督作用，建立和完善保险中介行业自律机制，确保中介市场的有序运行。

参考文献

中国保险史编审委员会:《中国保险史》，中国金融出版社，1998。
刘冬姣:《保险中介制度研究》，中国金融出版社，2000。
历年《中国保险年鉴》、《中国保险中介市场报告》。

B.5 再保险行业竞争力分析

再保险承担着分散保险全行业风险的重担，可调节直保市场保费价格和供求关系，再保险竞争力对一国保险业发展至关重要。改革开放以来尤其是最近十几年来，中国再保险业飞速成长，走完了西方发达国家需要几十年甚至上百年才能走完的历程。中国再保险业取得的成就是行业适应环境变化主动变革、主动发展的结果，但与经济社会发展产生的强劲需求、与体制机制改革的不断深化同样密不可分。

一　再保险行业发展历程回顾

（一）再保险行业发展背景

改革开放前，由于缺乏稳定的政治经济环境，缺乏经济的繁荣和保险市场的发展，再保险业始终处于发展的抑制状态。1978 年以来，随着改革开放的不断推进，国民经济快速增长，金融保险市场扩张，为再保险业的成长创造了良好的外部环境。

1. 中国经济高速增长为再保险业注入了发展动力

保险市场尤其是非寿险市场是再保险业增长的根本动力，而经济增长则是保险市场扩张的源泉。再保险保费收入中占较大比重的车险、企财险、家财险、责任险、传统寿险、短期健康险等险种与两个因素相关，一是 GDP 中的固定资产投资率、外贸出口额等，它们与企业的保险支出密切相关；另一个是家庭纯收入和人均储蓄额等家庭收入，它们与家庭的保险开支密切相关。GDP 的增长通过这两个渠道共同作用于保险市场。

全球范围的经验显示，保险需求曲线呈现 S 形特征①，人均 GDP 在 1000 ~

① 保险需求的“S”形曲线是指：一国人均 GDP 在突破 1000 美元后，非寿险保费收入占 GDP 的比重即非寿险深度将从 1% 左右快速增加，到 10000 美元时增加到 2% 左右，也即 1000 ~ 10000 美元之间非寿险保费收入增长快于 GDP 的增长。相比之下，寿险深度变化呈滞后性，人均 GDP 介于 1000 ~ 10000 美元区间仍低于 1.5%，但在 10000 ~ 100000 美元区间呈加速上升态势，寿险深度攀升至 4.2% 左右。

10000美元时保费收入增长快于GDP的增长，特别是人均GDP突破5000美元后，保险市场的增长速度更快。中国的情况也是如此，在人均GDP突破5000美元后，中国保险深度呈加速上升趋势，为再保险业的发展创造了良好的需求环境（见图1、图2）。

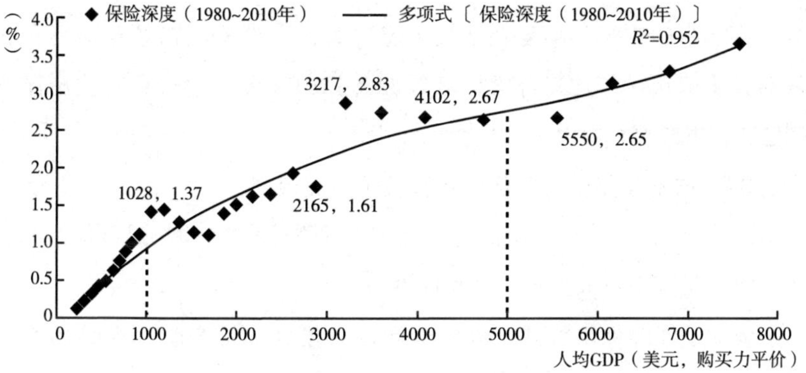

图1　中国的保险深度与人均GDP关系（1980~2010年）

资料来源：IMF，*2011 World Economic Outlook*；《中国统计年鉴》和《中国保险年鉴》。

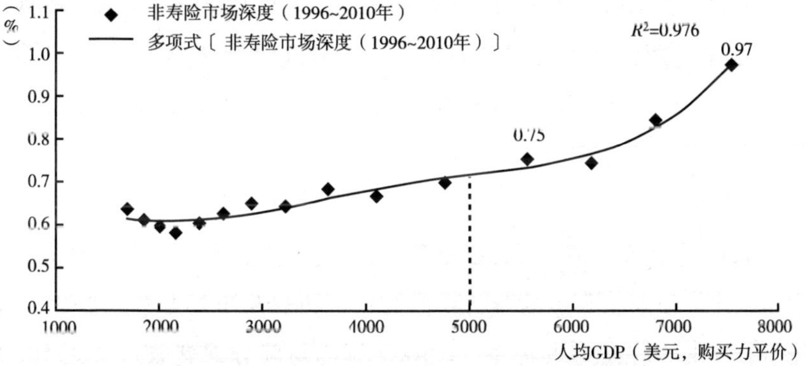

图2　中国非寿险市场深度和人均GDP关系（1996~2010）

资料来源：IMF，*2011 World Economic Outlook*；《中国统计年鉴》和《中国保险年鉴》。

2. 金融市场快速扩张为再保险业提升了发展空间

从1978年开始，中国的金融体系经历了不断深化的市场化改革，债券、股票、保险等融资渠道得到了快速发展，到“十一五”末期，我国已拥有全球发达国家所拥有的所有金融子市场，形成了多层次、功能体系完善、有一定广度深度的金融市场体系。金融保险市场对再保险业发展的拉动作用表现在：一是债券、股票市场的发展为再保险业开展投融资、流动性和资产负债管理、完善公司治理等提供了广阔天地。二是保险行业规模持续增长、保险资金运用范围不断扩大以及偿付能力监管日趋严格等行业变化为再保险业提供了广泛需求。2001～2011年，国内保险市场年均复合增长率超过22%，非寿险市场年均复合增长率为18.6%，寿险市场年均复合增长率为24%。2011年，财产保险分出保费猛增至767亿元，财险分出率达到13.6%。

3. 体制改革不断深化为再保险业释放了发展潜能

改革开放以来，市场取向的体制机制改革不断深化，市场经济体制初步得到确立和发展，从两个方面助推了再保险业发展。

一是推动了风险保障模式、经济金融运行模式和社会管理模式的逐步市场化。这一进程改变了以往依靠政府大包大揽和救助的风险管理方式，企业和家庭越来越依靠保险、再保险市场分担风险，依靠金融市场来配置资产和管理财富，扩大了全社会的保险再保险需求。

二是推动了再保险业的市场化改革和企业治理机制及经营机制的转换。近十年来，在企业层面，民族再保险品牌——中国再保险（集团）股份有限公司（以下简称“中再集团”）进行了两次大的公司治理改革，充实了资本金，成为真正的市场竞争主体，技术实力和市场竞争力得到了有效提升。2011年，该集团营业收入突破500亿元，年末资产规模达到1246亿元。在市场层面，中国认真履行“入世”承诺，取消了法定分保，引入了竞争，扩大了对外开放，已有9家境内市场主体以及上百家境外机构参与中国再保险市场业务，形成了统一开放、竞争有序的再保险市场体系。2010年国内财险分保费收入接近500亿元，位列北美、西欧和其他新兴市场之后的第四位。

（二）再保险行业发展历程

保险业发展历史表明，再保险业的发展与活跃的市场经济体制、发达的资本市场及保险市场密切相关，是市场经济半径不断增加的结果，是保险业发展到一定阶段的产物。

1. 新中国成立前：行业萌芽阶段

作为一种分散风险和转移责任的分保业务，国内再保险业是在19世纪西方保险业进入中国之后才逐步发展起来的。自第一次世界大战以来，在西方帝国主义列强对中国武力侵略和经济掠夺的间隙，中国民族保险业得以萌生。例如，1929年12月，上海联保、联泰、肇泰、羊城4家保险公司设立四行联合总经理处，次年2月又有太平、华安、宁绍、通易信托公司保险部等机构相继参加，更名为中国联合保险总经理处，参加的公司签订了联合分保协定，可以接受巨额分保业务。这是中国第一家具有独立性质并由民族保险企业组成的再保险经营机构，可以看做中国再保险发展的历史起点。

抗日战争时期，国内经济遭到重创，物价飞涨，民不聊生，保险业发展陷入困境。国民政府为应对时局，强化了对保险再保险业的干预。例如，中央信托局被重庆国民政府财政部赋予集中办理再保险的特权。抗日战争胜利后，国内保险业经历了快速发展①，再保险业也取得了恢复性成长。“中信局”重返上海接受资源委员会保险事务所等机构的临时分保和合同分保业务。“中国再保险公司”于1946年在上海成立，由“中信局”参股控制，是经营产险和人寿保险的专业性再保险公司。几乎与此同时，民族保险业在上海也得到了恢复和发展，为了提高承保能力，分散风险，1942～1945年共有80家华商保险公司发起成立，分别组成太平分保集团、大上海分保集团、久联分保集团、十五联分保集团、华商联合分保集团等多个再保险组织和团体。

新中国成立前再保险业的这段沧桑历史，揭示了一个道理，那就是在政局动荡、经济孱弱、民不聊生的背景下，民族再保险业是难以实现稳定发展的。

2. 1949～1979年：市场抑制阶段

新中国成立后，中国再保险业在20世纪50年代初经历了快速发展，但“文革”开始后则逐渐步入低谷。1949年10月20日，中国人民保险公司经政务院批准正式开业。根据职能界定②，中国人民保险公司的国内业务不办理再保险，

---

① 据统计，仅上海市就从1946年的133家增加到1948年的241家，其中华商178家、外商63家；重庆市也从1946年的14家增加到1948年的76家。摘自《中国保险发展史》。

② 这一时期中国人民保险公司的职能包括：将本身的和中国保险市场中其他保险公司以及海外保险机构承保的一部分涉外保险业务，组织各种再保险合同，转分再保险和临时再保险，向国际保险市场安排分保，以求分散风险，保证经营成果的稳定和外汇收支的平衡。

国际再保险实行国家垄断经营，由该公司所属的在香港运营的中国保险股份有限公司等全资子公司统一经营。自此中国再保险业进入了快速发展阶段。到1952年底，中国人民保险公司的分保业务收入达344亿元，而所属子公司中国保险股份有限公司的分保费收入多达722.2亿元。这说明，在新中国成立之后的三年时间内，再保险的发展达到了第一次高峰。到1958年，中国人民保险公司分出分保费54.12万英镑，分入分保费65.07万英镑，第一次在外汇收支上出现入超的局面；1958～1961年，分出分保费共计195.90万英镑，分入分保费共计323.80万英镑，分入比分出多出120多万英镑。同时，中国人民保险公司与近30个国家的60多家保险公司建立了再保险业务关系，签订了200多份分保合同，涉及货物运输险、船舶险、航空险、信用险、建筑工程险、意外险等10多个险种。遗憾的是，由于受"左"的思潮影响，1959～1979年的20年时间里，保险被看做"私有经济的产物"，再保险被认为是"帝修反之间的利润再分配"，国内保险业务停办，相关机构进行了撤并，国际再保业务也受到了严重冲击，除了继续与少数社会主义国家和个别发展中国家保持分保关系外，其他分保关系实际上全部中断了。

对比新中国成立前后再保险业发展历程，可喜的变化是，中国再保险业通过一系列社会主义制度改造，行业发展的主动权重新回到了人民手中。但是，值得反思的是，扭曲的政治体制和大一统的计划经济体制与再保险行业是不相容的，即使行业曾有短暂的繁荣，但发展的活力终究会被不相容的体制所压制甚至扼杀。

3. 1980～1995年：业务恢复阶段

自1978年以来，经历十年浩劫的中国进入了改革开放和以经济建设为中心的新时期。市场化取向的改革推动了经济建设和保险市场的高速增长，为再保险业务的恢复和行业的起步提供了难得的机遇。

一是再保险业务实现了恢复。1980年，中国人民保险公司开始恢复停办20余年之久的国内保险业务，并在原有基础上大力发展国外保险业务。1983年9月，中国人民保险公司升格为国务院直属的经济实体，为保险和再保险的快速发展创造了体制条件。到1996年为止，中国人民保险公司在大力发展直接保险业务的同时，还通过其内设的再保险部和驻海外各地的经营机构积极开展再保险业务。自1988年起，中国人民保险公司按照国家有关规定[1]开始办理国内再保险业务。另外，1979年，我国与印度、泰国、菲律宾、韩国、阿富汗、孟加拉、不丹、斯里兰卡等国家共同发起创立了“亚洲再保险公司”，并于1980年在联合国亚太经社理事会支持下在曼谷正式开业，作为一个专业再保险公司接受会员国家以及本地区及其他地区市场的再保险业务。这一时期，中国再保险业的发展取得了令人瞩目的成就，业务规模持续增长，年增幅在20%~30%；承保范围由传统险种进一步扩展到卫星发射、海洋石油开发、核电站等高科技、高风险领域。

二是《保险法》的问世确立了行业地位。1995年，我国第一部《保险法》[2]。问世，确立了法定分保和商业分保国内优先的制度，强制分保比例下调至20%，并明确规定直保公司可以经营国内、国际再保险业务。再保险第一次通过法律的形式得到了界定和规范，不仅确立了再保险的行业地位，为行业的起步提供了必要的保护，而且缩小了法定分保的空间，促进了商业分保的发展，为中国再保险市场形成主体多元化和业务多元化的格局埋下伏笔。

三是再保险国际交流与合作不断加强。国内再保险业先后同100多个国家和地区的1000余家保险公司、再保险公司和经纪公司建立了直接或间接的再保险业务关系，熟悉了国际再保险市场规则和经营规律，培养了人才，对推动再保险业的国际化产生了积极作用。

总体来看，改革开放之初的15年，通过再保险业务的试办和恢复，奠定了行业发展的法律基础，明确了未来发展方向和路径选择，为再保险机构和再保险市场改革坚定了信心。

---

① 即国务院1985年发布的《保险企业管理暂行条例》，该条例中涉及再保险的主要有3条——第十八条：按本条例第六条规定设立的保险企业必须至少将其经营的全部保险业务的30%向中国人民保险公司办理再保险。第十九条：经营人身保险以外的各种保险业务的保险企业对每一危险单位的自负责任，除保险管理机关特别批准者外，不得超过实收资本加总准备金（或公积金）总额的10%。超过这个限额的部分，必须向中国人民保险公司办理再保险。第二十条：除国家保险管理机关特别指定的保险企业外，任何保险企业均不得向国外保险公司或经营保险的人分出或者接受再保险业务。该条例在1995年第一部《保险法》颁布实施后自动废止。

② 1995年颁布实施的《保险法》涉及再保险方面的条文主要包括3条——第一百零一条：除人寿保险业务外，保险公司应当将其承保的每笔保险业务的20%按照国家有关规定办理再保险。第一百零二条：保险公司需要办理再保险分出业务的，应当优先向中国境内的保险公司办理。第一百零三条：金融监督管理部门有权限制或者禁止保险公司向中国境外的保险公司办理再保险分出业务或者接受中国境外再保险分入业务。

4. 1996～2005 年：法定分保阶段

“九五”、“十五”期间，再保险业在《保险法》的推动下，依靠机构的专业化经营带动了法定分保业务的快速增长；与此同时，在市场全面开放的带动下，商业分保业务稳步成长，再保险行业正式进入起步阶段，独立发展的业态基本形成。

一是法定分保淡出历史舞台，商业分保逐步展开。在 1996～2005 年法定分保运行的十年历程中，作为民族再保险业代表的中再集团充分发挥再保险主渠道的作用，法定分保经营情况良好，较好地履行了国家再保险公司的职能，有效地培育和促进了中国再保险事业的发展。据统计，图 3 表明 1996～2005 年 10 年间，法定再保险业务累计分保费 1308 亿元人民币，已决赔款 674.80 亿元人民币，分保手续费 362.14 亿元人民币，已核算的 1996～2002 年业务年度综合赔付率为 95%，同时，在我国履行“入世”承诺、在 2005 年底完全取消法定分保的背景下，该集团适应市场需要，与直保公司积极开展商业再保业务。统计显示，自 2003 年以来，商业分保占全部国内市场分保费收入的比重逐年快速增加，从 1997 年的 6.5%，增长到 2005 年的 67.9%（见图 4）。2005 年是我国商业分保首次超过法定分保的年份，标志着我国再保险业逐步完成了由法定分保向商业分保的市场化转变，标志着中国再保险市场进入新的发展阶段。

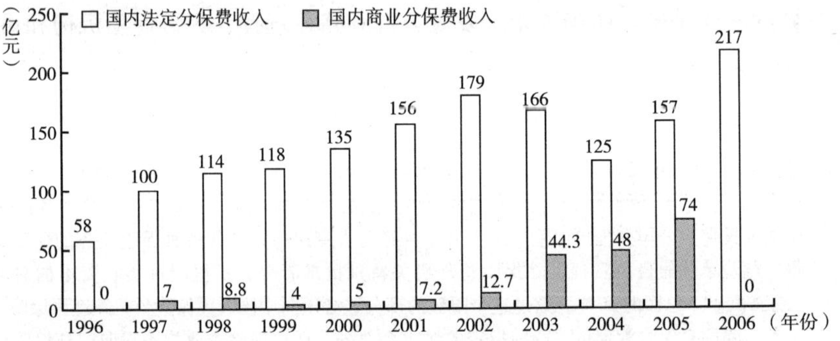

图 3　法定分保期间国内法定和商业分保费收入

资料来源：《中国保险年鉴》。

二是实现了再保险的专业化经营和独立运作。1996 年 7 月，中保集团内设的再保险部独立成为集团下属的专门经营再保险业务的全资子公司，它承接了原

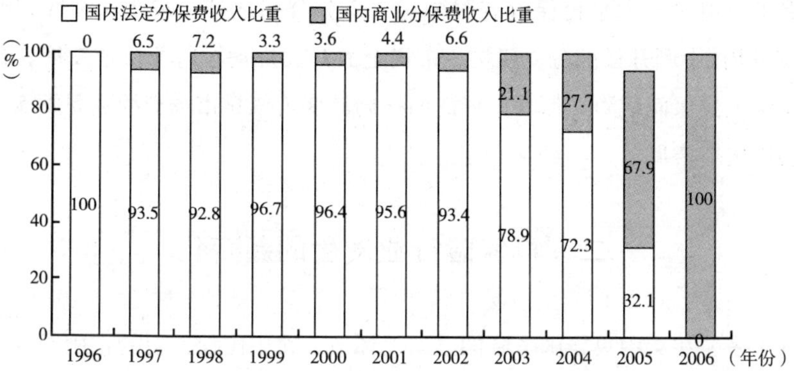

图 4　法定分保期间法定分保和商业分保比重

资料来源：《中国保险年鉴》。

中国人民保险公司再保部的再保险业务，同时还代表国家统一经营法定分保业务。1999 年 3 月，适应中保集团机构体制改革的需要，经国务院批准，在中保再保险有限公司基础上组建中国再保险公司①。为加快再保险业发展、满足国内直保市场日益增长的保障需求，经国务院批准同意，中国再保险公司于 2003 年底进行了第一次集团化改制，正式重组为中国再保险（集团）公司，并以投资人和主发起人的身份控股设立中国财产再保险股份有限公司、中国人寿再保险股份有限公司、中国大地财产保险股份有限公司和中再资产管理股份有限公司，同时控股中国保险报业股份有限公司和华泰保险经纪有限公司。通过集团化改制，中再集团成为集再保险、直接保险、资产管理、保险中介、行业传媒于一体、涵盖保险上中下游产业的多元化再保险集团。

5. 2006 年至今：全面开放阶段

我国忠实履行“入世”承诺，在 2002 年《保险法》第一次修订中删除了关于法定分保比例的规定，2006 年完全取消法定分保，2009 年《保险法》第二次修订，取消优先分保。自此，中国再保险业实现了全面开放。截至 2011 年底，国内专业再保险公司共 9 家，除了中资的中再集团（包括其所属的产险、寿险两

① 这一时期的中国再保险公司作为国务院直属的专业再保险公司，其职能是经中国保监会授权，行使国家再保险公司职能，主要经营财产保险、人寿保险等各类以人民币或外币计价的法定和非法定再保险业务。

家再保子公司）及太平再保险有限公司北京分公司之外，其他几家皆为外资再保险公司[①]在中国开设的分支机构。市场全面开放推动了行业快速发展，再保险从依靠法定分保而依附于保险市场的旧格局转变为依靠市场契约独立发展再保险业务的历史新格局。

二　再保险行业发生的新变化

近年来，在党中央、国务院的亲切关怀下，在中国保监会的正确领导下，中国再保险业抢抓市场机遇，积极应对挑战，大胆推进改革，加快发展步伐，不仅实现了法定分保向市场全面开放的平稳过渡，而且推动了行业规模、实力和功能作用的广泛提升。

（一）再保险规模增幅明显

国内再保险业在体制改革不断深化和金融保险市场快速增长的作用下，顶住了竞争压力，行业规模提升明显，行业实力大幅增强。

1. 国内再保险需求规模

直保公司的规模和业务增长速度以及产品类型等是再保险的主要需求因素。在国内直保公司保费收入不断增长的过程中，直保公司基于风险管理和满足偿付能力的需求，通过合约或临分方式向其他公司分出风险。直保公司分保渠道主要有三个：主渠道是国内专业再保险公司，次要渠道是国际再保险市场，最后是国内直保公司（见图5）。

（1）直保公司的总分出保费。国内直保市场的再保险需求以国内分出保费规模表示，体现为国内再保险业发展的最大潜力和可能行业深度。按照“入世”承诺，2005年是我国取消法定分保过渡期的最后一年，自2006年开始全部转变

① 分别为慕尼黑再保险公司、瑞士再保险股份有限公司、德国通用再保险股份公司、法国再保险公司和汉诺威再保险股份公司等5家外资分公司。其中，2003年10月24日，全球第一大再保险公司慕尼黑再保险在北京正式设立分公司，成为第一家在中国取得全国范围寿险及非寿险再保险业务经营许可的外国再保险公司，开启了我国再保险市场多家公司竞争的大门，并于当年11月1日作为首席再保险接受人正式向中国出口信用保险公司提供再保险保障。2003年12月，全球第二大再保险公司瑞士再保险公司也在北京成立分公司，成为第二家进入中国市场的国际著名再保险公司。

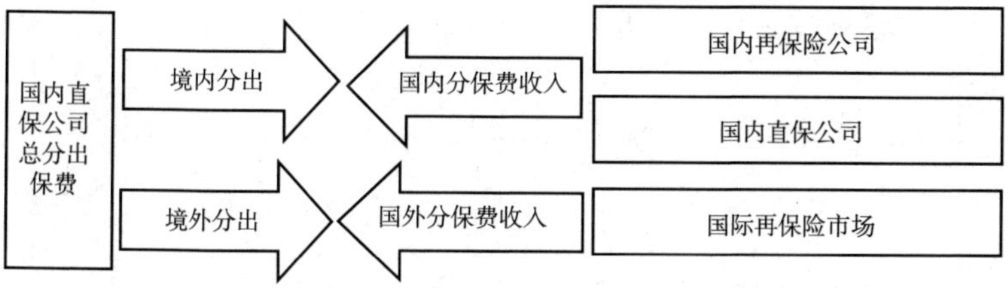

图5　直保市场分保渠道

为保险公司之间的商业分保。图6显示，2005～2011年，我国直保市场总分出保费呈现快速增长态势，从2005年的311.1亿元增长到2010年605.6亿元。2011年分出保费规模实现922.7亿元，同比增长52.4%。2005～2011年6年复合增长率达到24.5%。

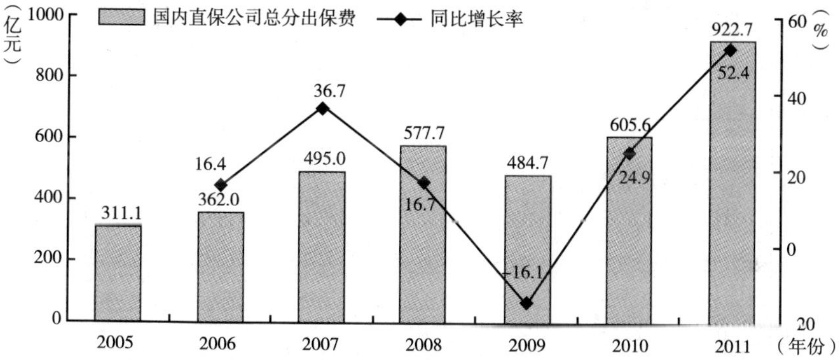

图6　国内直保公司2005～2011年分出保费

资料来源：《中国保险年鉴》及各保险公司2011年度报告。

（2）财险直保公司分出保费。受益于国内财险市场近年来的良好增长态势，财险公司总分出保费快速增加（见图7）。2005～2011年，国内财产直保总分出保费也实现了快速成长，从2005年的270亿元增长到2010年的471.5亿元。2011年财险直保分出保费规模达到766.7亿元，同比增长62.6%。2005～2011年6年复合增长率达到22.1%。

（3）寿险直保公司分出保费。寿险直保公司以分红产品为主，对再保险的风险管理需求相对较弱，分出规模相对较小（见图8）。2005～2011年，国内寿险直保总分出保费从2005年的41.1亿元增长到2010年134.1亿元。2011年寿

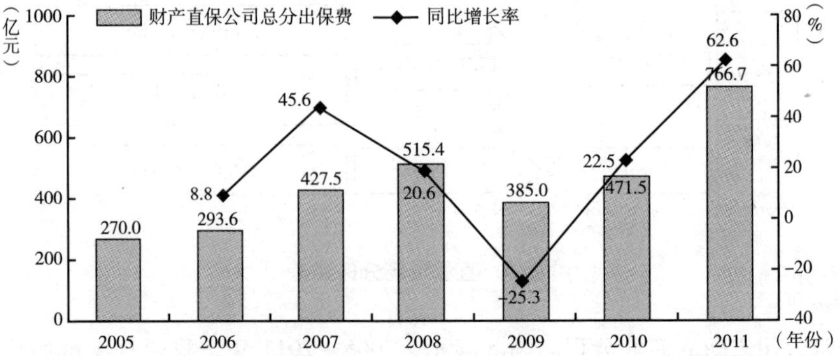

图7　国内财险直保公司 2005～2011 年分出保费

资料来源：《中国保险年鉴》及各保险公司 2011 年度报告。

险直保分出保费规模达到 156. 1 亿元，同比增长 16. 3%。由于基数较低，年复合增长率呈更快增长态势，2005～2011 年 6 年复合增长率达到 43. 3%。

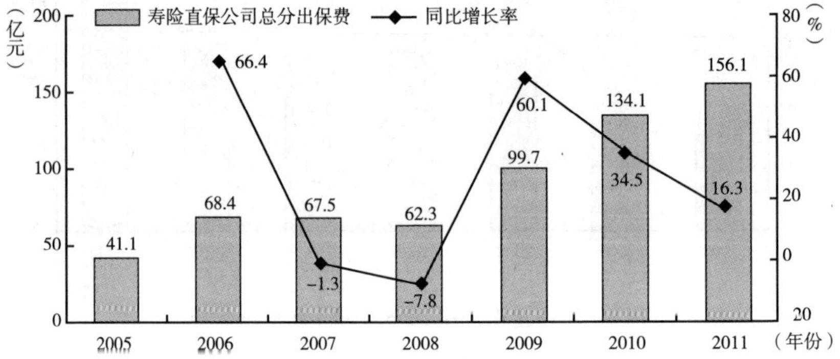

图8　国内寿险直保公司 2005～2011 年分出保费

资料来源：《中国保险年鉴》及各保险公司 2011 年度报告。

直保市场的快速增长是国内再保险需求增长的直接动因（见表 1）。2005～2011 年，国内直保保费年复合增长率为 19. 48%，低于同期 24. 5% 的再保险需求增速约 5 个百分点。国内财险直保保费年复合增长率为 24. 64%，仅比同期 22. 1% 的财险再保险需求增速高 2. 5 个百分点。17. 48% 的寿险直保保费年复合增速则远低于同期 43. 3% 的寿险再保险需求增速。

表1　国内财险直保市场保费增长

项　　目	2005年	2010年	2011年
国内原保费收入(亿元)	4930	14528	14339
国内财险原保费收入(亿元)	1232	3895	4618
国内寿险原保费收入(亿元)	3698	10633	9721
国内直保市场年复合增长率(%)	—	2005~2010:24.13	2005~2011:19.48
国内直保财险年复合增长率(%)	—	2005~2010:25.89	2005~2011:24.64
国内直保寿险年复合增长率(%)	—	2005~2010:23.52	2005~2011:17.48

资料来源:《中国保险年鉴》及各保险公司2011年度报告。

2. 国内再保险供给规模

国内再保险供给规模用国内分保费收入表示，包括在国内开设机构的中资和外资再保险公司的分入业务，以及国内直保公司的分入业务（见图9）。国内保险机构获得的分保费收入代表着国内再保险业在中国再保险市场的份额，反映了相对于国际再保险市场的经营实力和竞争能力。

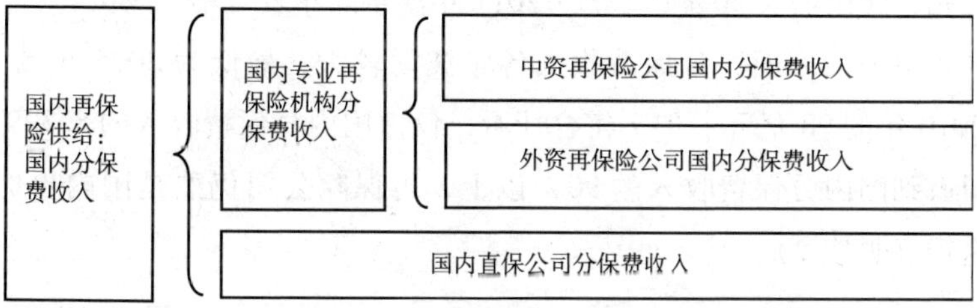

图9　国内再保险供给组成部分

（1）国内分保费收入。近年来，随着再保险市场主体的增多和再保险公司承保能力的提升，国内再保险市场主体分保费收入①实现了快速增长（见图10）。国内分保费收入从2005年的224亿元增长到2010年的496亿元；“十一五”期间年复合增长率为17.2%。2011年国内分保费收入实现639亿元，同比增长28.9%；2005~2011年6年间年复合增长率为19.1%。

（2）再保、直保公司分保费收入。在国内分保费收入中，专业再保险公司是分保的主渠道。

① 不包括国内再保险公司的国际分入业务。

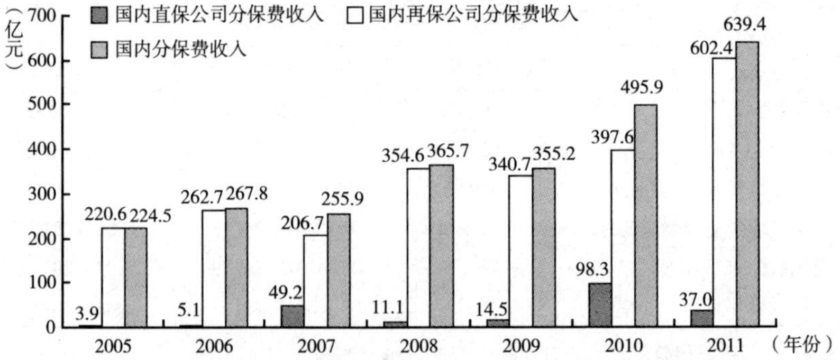

图 10　国内 2005～2011 年分保费收入

注：①2011 年国内再保险公司分保费收入中外资机构为估计数。

②国内再保险公司分保费收入不包括从国际上的分入保费。

资料来源：《中国保险年鉴》及各保险公司 2011 年度报告。

国内再保公司方面：分保费收入从 2005 年的 221 亿元增长到 2010 年的 398 亿元，“十一五”期间年复合增长率为 12.5%，2011 年国内再保公司分保费收入为 558 亿元，同比增长 20%；2005～2011 年 6 年间年复合增长率为 16.7%。

国内直保公司方面：分保费收入各年波动较大，最低为 2005 年的 4 亿元，最高为 2010 年的 98 亿元。但 7 年合计看，仅占国内分保费收入的 8.39%，而再保险公司占到国内分保费收入的 90% 以上，再保险公司仍然是国内再保险供给的主要途径（见表 2）。

表 2　国内分保费收入构成

单位：%

项　目	2005 年	2006 年	2007 年	2008 年	2009 年	2010 年	2011 年	2005～2011 年合计
国内再保公司分保费收入占国内分保费收入比重	98.27	98.08	80.76	96.98	95.93	80.18	94.21	91.61
国内直保公司分保费收入占国内分保费收入比重	1.73	1.92	19.24	3.02	4.07	19.82	5.79	8.39

注：2011 年国内再保险公司分保费收入中外资机构为估计数。

资料来源：《中国保险年鉴》及各保险公司年报。

（3）中外资再保公司分保费收入。在国内专业再保险市场主体中，中资再保险公司发挥着主力军作用。目前，中资公司包括中再集团及所属 2 家专业再保险子公司①、太平再保北京分公司②。据统计，2005 年中资再保公司从国内直保公司共接受 175.3 亿元分保费收入，2010 年则提升到 221.3 亿元，“十一五”期间年复合增长率为 4.8%。2011 年中资公司实现分保费收入 282.7 亿元，同比增长 27.6%，2005～2011 年年复合增长率达到 8.3%（见图 11）。

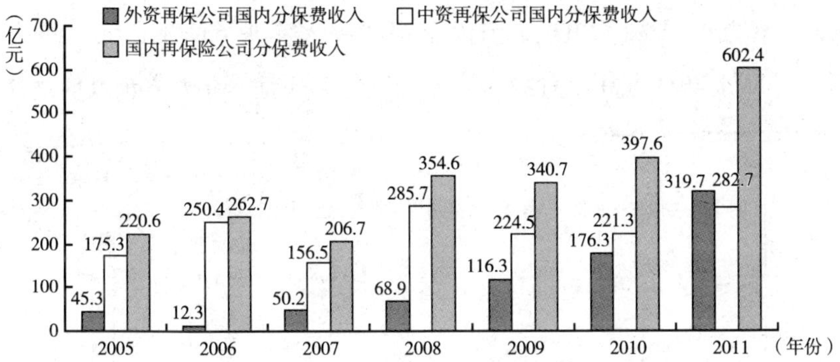

图 11　中外资再保险公司 2005～2011 年国内分保费收入

注：2011 年国内再保公司分保费收入中外资机构数据为估计数。

资料来源：《中国保险年鉴》及各保险公司年报。

不容忽视的是，国内外资再保险公司在国内再保险市场的作用也在逐步增强。2005 年，外资再保险公司仅包括慕尼黑再保险股份有限公司北京分公司、瑞士再保险股份有限公司北京分公司、科隆再保险公司上海分公司③三家，共接受了 45 亿元分保费收入。自 2008 年陆续新增了劳合社再保险（中国）有限公司④、汉诺威再保险股份公司上海分公司和法国再保险公司北京分公司三家市场主体后，外资再保险公司在华分支机构的业务规模自 2009 年开始快速上升，2009 年、2010 年分别为 116 亿元、176 亿元；“十一五”期间年复合增长率为

① 中再集团及旗下中国财产再保险股份有限公司及中国人寿再保险股份有限公司。

② 太平再保险有限公司是中国太平集团公司下属的再保险专业子公司，于 2008 年在北京设立分公司，2009 年开始接受国内非寿险分保业务。

③ 德国科隆再保险股份有限公司上海分公司于 2004 年在上海成立，但于 2010 年更名为“德国通用再保险股份公司上海分公司”。

④ 劳合社再保险（中国）有限公司自 2007 年进入中国以来，从事的是非寿险再保险业务。但自 2010 年更名为“劳合社保险（中国）有限公司”后，从事的主要是非寿险直保业务。因此，自 2011 年开始，不再归入专业再保险市场主体。

31.2%。2011 年，外资公司实现了 319 亿元国内分保费收入，同比增长 81.3%；2005～2011 年年复合增长率达到 38.5%。2011 年，国内外资再保险公司的市场份额首次超过中资再保险公司。

（4）财险、寿险业务分保费收入。国内分保费收入增幅明显[①]（见图 12）。2005 年国内分保费收入为 224.4 亿元，2010 年增至 495.8 亿元，“十一五”期间复合增长率为 17.1%。2011 年国内分保费收入实现 639.3 亿元，同比增长 28.9%，2005～2011 年年复合增长率为 19.1%。在分入业务类别方面，财险分入业务始终占有较大份额。

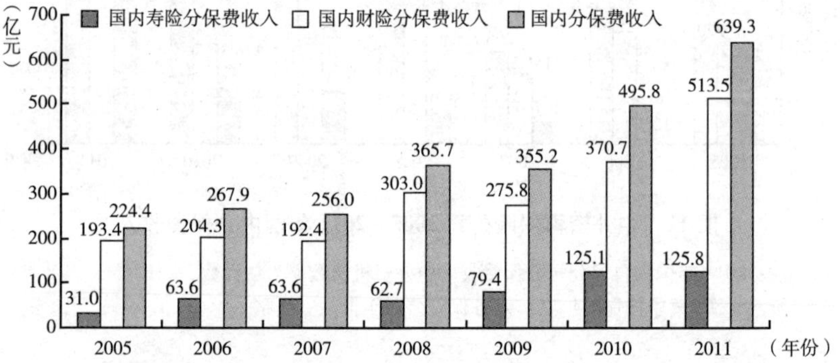

图 12　国内财险分入、寿险分入保费

注：2011 年国内再保险公司分保费收入中外资机构数据为估计数。

资料来源：《中国保险年鉴》及各保险公司 2011 年度报告。

国内财险分入方面：2005 年国内财险分保费收入为 193.4 亿元，到 2010 年增至 370.7 亿元；“十一五”期间年复合增长率为 13.9%。2011 年国内财险分入规模为 513.5 亿元，同比增长 38.5%，2005～2011 年年复合增长率为 17.6%。

国内寿险分入方面：2005 年国内寿险分保费收入为 31 亿元，到 2010 年增至 125.1 亿元；“十一五”期间年复合增长率为 32.1%。2011 年国内寿险分入规模为 125.8 亿元，2005～2011 年年复合增长率为 26.3%。

3. 需求集中度保持平稳

国内再保险需求的集中度变化较为平稳。图 13 计算了反映国内财险再保险需求集中程度的赫芬达尔－赫希曼指数（HHI）。结果表明，2005～2010 年，财

① 此处包含直保公司的分保费收入，不含再保险公司的国际分入业务。

险分出的HHI时高时低，但基本稳定在1800～3000。其中，2006年、2007年和2010年低于1800，而其余各年则高于1800。但2011年HHI达到3003。2005～2011年，HHI平均在2135左右，表明国内财险直保分出结构呈高寡占Ⅱ型特征。

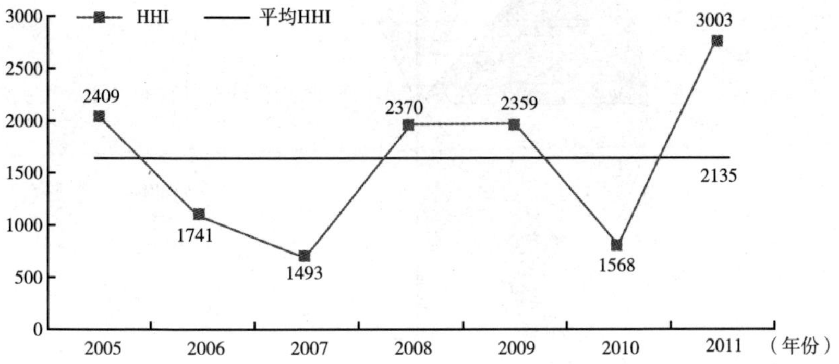

图13　财险直保分出HHI数据

资料来源：《中国保险年鉴》。

从反映市场集中度的另外一个指标——行业集中率看，财险直保分出的集中率总体变化不大（见图14、图15、图16）。2005年的CR_4为75%，CR_8为91%，2010年这两项指标分别为65%、77%，与2005年相比有所下降。2011年，CR_4和CR_8分别为79%、88%，与2005年基本持平。

寿险再保险需求的集中度水平总体呈下降趋势（见图17、图18）。2005年，寿险直保公司分出的CR_4为89.7%，CR_8为95.6%，而2010年这两项指标分别为61%和84%，2011年，又进一步分别下降到53%和75%。

4. 供给方式呈积极变化

直保公司分保方式呈现临分比重增加的局面（见图19、图20）。财险分保方式方面，据统计，2008～2010年，国内财险直保公司的合同分保业务由90.1%下降到87.35%，而非合同分保即临分业务则从9.9%上升到12.65%。寿险直保分保方式的变化也呈现类似特点，寿险临分业务从2008年的1.95%上升到2010年的4.68%。临分业务比重的增长，一方面体现了再保险需求较为旺盛、需求形式变化较快的特点；另一方面，也相应提升了再保险公司的议价能力，考验再保险公司的业务评估和风险管理能力。

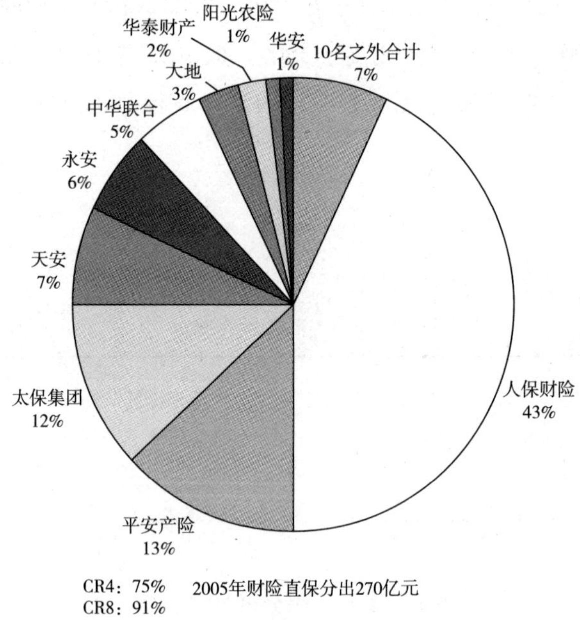

图 14　2005 年财险直保分出市场结构

资料来源：《中国保险年鉴》。

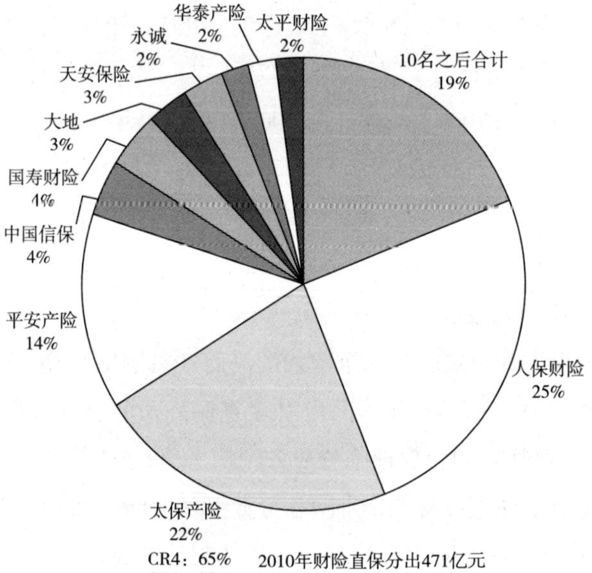

图 15　2010 年财险直保分出市场结构

资料来源：《中国保险年鉴》。

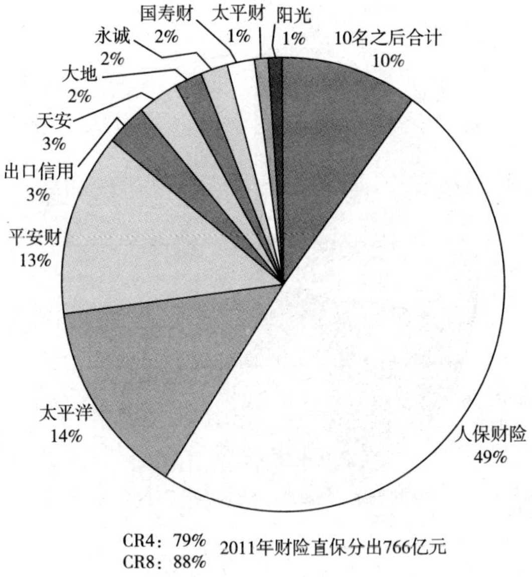

图 16　2011 年财险直保分出市场结构

资料来源：《中国保险年鉴》。

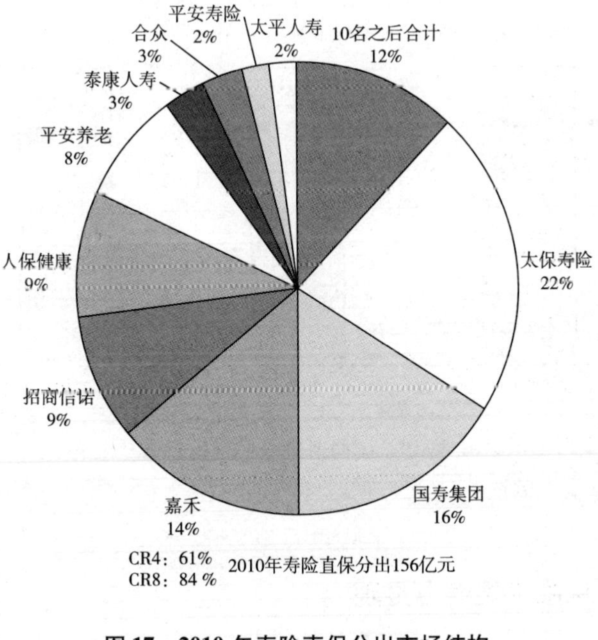

图 17　2010 年寿险直保分出市场结构

资料来源：《中国保险年鉴》。

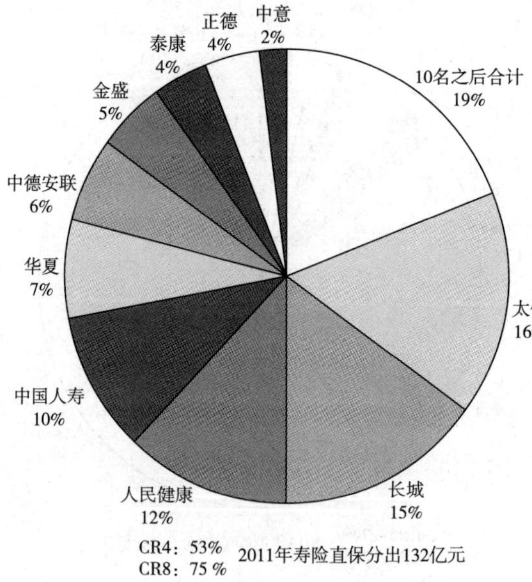

图 18　2011 年寿险直保分出市场结构

资料来源：《中国保险年鉴》。

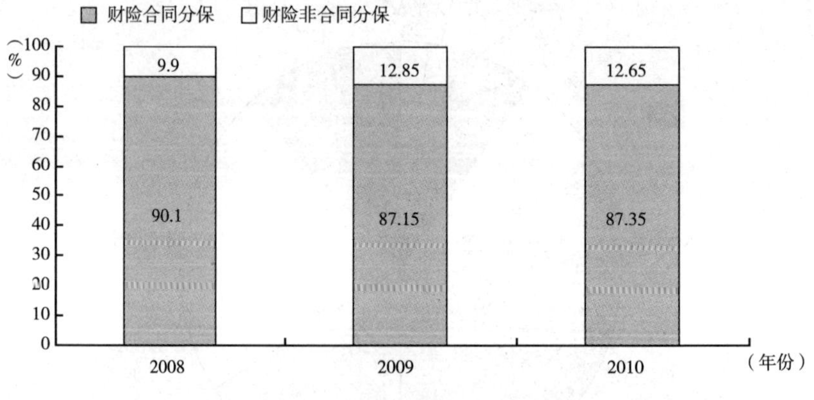

图 19　国内财险分保合同类型

资料来源：《中国保险年鉴》。

（二）再保险发展潜力显现

近年来，直保行业规模的快速增长，风险管理意识的不断提高，对再保险市场提出了巨大分保需求。再保险业通过充实资本、提升技术服务能力，

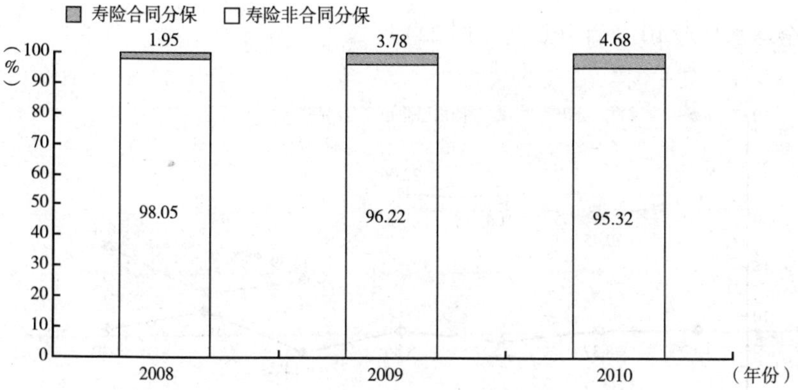

图 20　国内寿险分保合同类型

资料来源：《中国保险年鉴》。

满足了直保公司平抑风险的需求，壮大了行业实力，凸显了国内再保险业的发展潜力。

1. 分出比率保持较高水平

2005～2011 年，除 2010 年略低外，国内保险市场总分出率（分出保费/原保险保费收入）平均在 5.8% 左右，高于全球水平 1.2 个百分点（见图 21）。虽然从全球情况看分出率将呈下降趋势，但鉴于国内直保市场还未走向成熟，因此，在分出率下降到全球总体水平之前还将维持较长的时间。

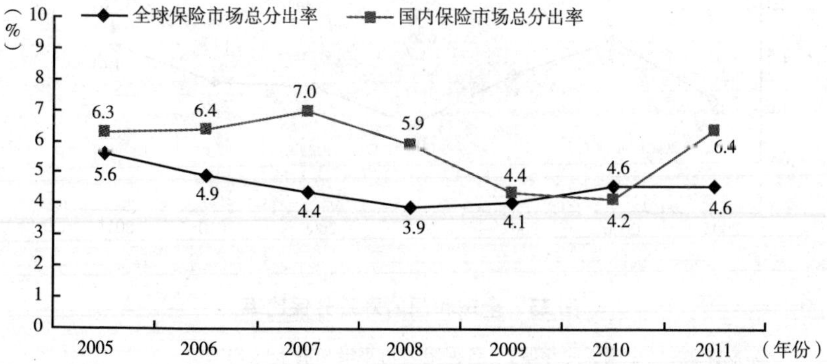

图 21　全球和国内分保率

资料来源：《中国保险年鉴》、各保险公司 2011 年度报告和瑞士再 ER&C。

从国内财险行业看，2005～2011 年，国内财险分出率平均在 18. 1% 左右，高于全球水平近 10 个百分点（见图 22）。

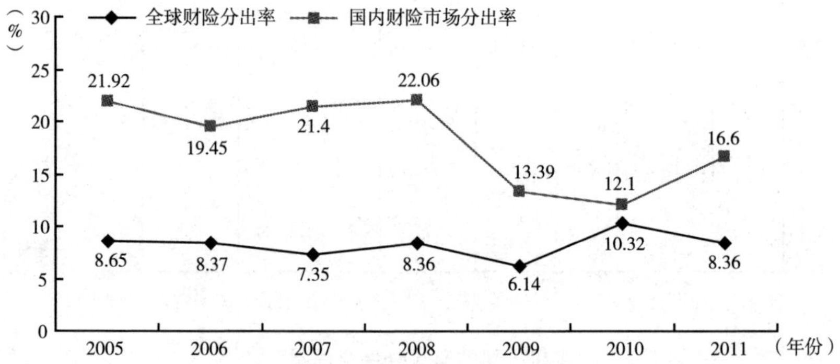

图 22　全球和国内财险分保比率

资料来源：《中国保险年鉴》、各保险公司年报和瑞士再 ER&C。

从国内寿险行业看，由于分红险等投资型寿险产品占比过高，国内寿险再保险需求相对较弱，2005～2011 年，国内寿险分出率平均在 1. 3% 左右，低于全球水平 0. 8 个百分点（见图 23）。

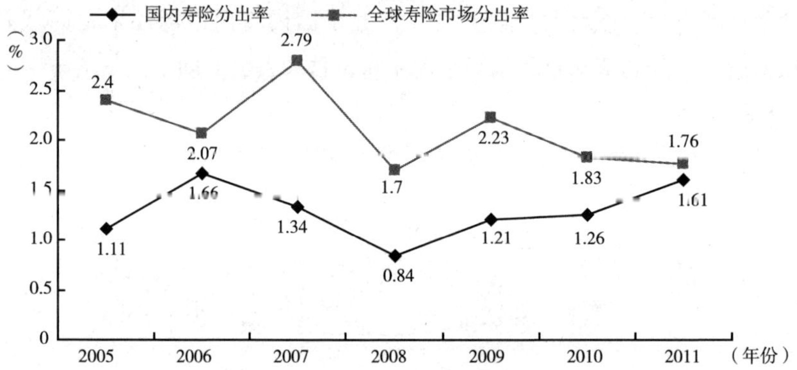

图 23　全球和国内寿险分保比率

资料来源：《中国保险年鉴》、各保险公司年报和瑞士再 ER&C。

图 24 给出了 2002 年以来国内寿险直保公司发展分红险等新型寿险产品的情况。该图清晰地显示，分红产品从 2002 年的 40% 提升到了 2011 年的 89%，有

力推动了新型寿险保费收入的增长，但传统保障类、储蓄类寿险产品发展相对不足，制约了寿险再保险需求。

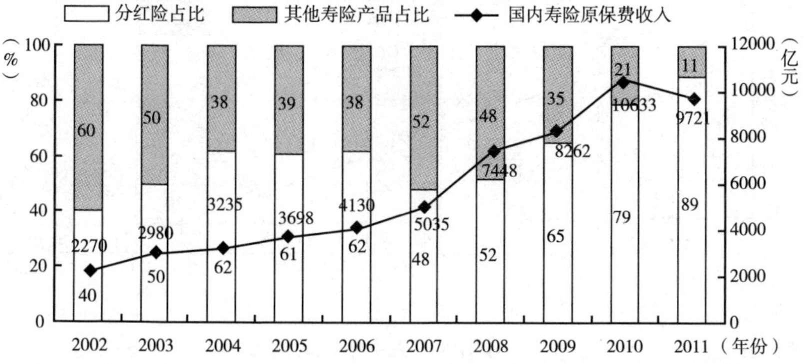

图 24　国内分红险产品发展

资料来源：《中国保险年鉴》及作者收集。

2. 全球市场份额提升明显

中国再保险市场规模的快速增长，提升了中国再保险业在全球市场上的份额。2001 年中国财险再保市场在全球财险分保费收入中约占 0.27% 的份额，而 2011 年则快速提升至 6.1%，成为全球除工业化市场之外的第二大财险再保市场。如果按 2001 ~ 2011 年 10 年年复合增长率中全球财险再保市场为 3.7%、工业化市场为 2.7%、新兴市场为 6.4% 的假设估算，2021 年中国在全球财险直保市场的份额将上升到 11.1%（见图 25）。

中国在全球份额的增长，表明了中国再保险业全球影响力越来越大，有利于培育中国的再保险交易中心，有利于进一步提升中国再保险业的国际影响力和产业竞争力。

（三）再保险市场效率提升

再保险行业取得的成绩是与市场主体增加、市场结构改善以及市场的开放密切相关的，再保险业的发展也是市场机制不断建立、市场不断发挥作用的过程。

1. 市场主体平稳增长

我国忠实履行“入世”承诺，在 2002 年《保险法》第一次修订中删除了关

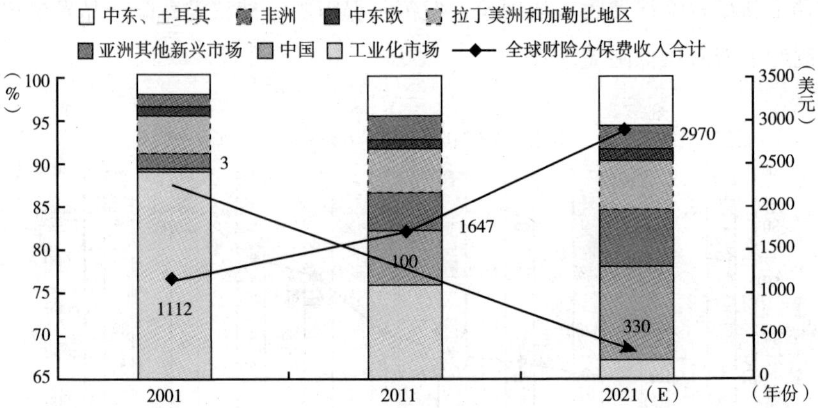

图25 全球财险分保费收入的地区分布

资料来源：瑞士再 ER&C。

于法定分保比例的规定之后，中国再保险业开启了全面开放的历程。“十一五”以来，国内再保险市场的开放步伐进一步提速，专业再保险公司数量逐步增加，全球位列前十的再保险巨头大都在中国设立了分支机构，呈现“4+5+200”的市场主体格局（见表3）。其中，“4”代表4家中资再保险公司，“5”代表5家外资再保险公司。另外，“200”即近200家境外再保险公司虽未在国内设立分支机构，但通过离岸交易的形式接受国内分出业务，参与国内再保险市场竞争。

表3 国内专业再保险机构概览

公司名称	设立时间	注册地	注册性质	企业性质	2011年再保收入
中再集团	2003年	北京	集团公司	中资	22亿元
中国财产再保险股份有限公司	2003年	北京	公　司	中资	210亿元
中国人寿再保险股份有限公司	2003年	北京	公　司	中资	163亿元
太平再保险有限公司	2009年	北京	分公司	中资	10亿元
慕尼黑再保险公司	2003年	北京	分公司	外资	104亿元
瑞士再保险股份有限公司	2003年	北京	分公司	外资	167亿元
法国再保险公司	2008年	北京	分公司	外资	9亿元
德国通用再保险股份公司	2004年	上海	分公司	外资	5亿元
汉诺威再保险股份公司	2008年	上海	分公司	外资	20亿元

注：2011年各外资再保险公司和太平再北京分公司分保费收入为估计数。

资料来源：中国保监会网站和《中国保险年鉴》。

2. 市场结构趋于改善

经过“十一五”期间再保险市场化改革的不断提速，国内再保险市场建设不断完善，市场结构趋于合理。

一是再保险主体结构趋于合理。国内再保险市场初步形成了国有控股（集团）公司、股份制公司和外资公司多种形式并存、专兼业经营相结合、公平竞争、多元化发展的市场格局。

二是再保险中介不断壮大。再保险中介市场的多元化竞争格局也开始形成，再保险经纪人发挥了日益重要的作用。

三是再保险监管不断完善。再保险业法规规章不断得到修订和完善，再保险专业监管体系初步形成。我国于2010年对《保险法》进行了第二次修订，删掉了其中关于国内优先分保的规定。为适应新保险法的要求，中国保监会于2010年颁布了新修订的《再保险业务管理规定》，2012年1月底又详细制定了《财产保险公司再保险管理规范》，对财产险分保业务、外资公司关联再保险交易等进行了详细规范，有效保障了再保险业健康持续发展，提升了中国再保险业的国际竞争力。

四是再保险供给集中度下降。从国内财险再保分保费收入①结构看，再保险供给集中度持续下降（见图26）。中资公司中的中再集团2005年国内财险分保费收入达144亿元，占到所有国内再保公司财险总分保费收入的76.8%。“十一五”期末，该集团仍实现了144亿元国内分保费收入，所占份额却下降至50.1%。2011年，该集团实现国内财险分保费收入202亿元，但市场份额继续下降至42.3%。2011年国内财险再保供给集中度 CR_4 为96%。

从国内寿险再保分保费收入②结构看，也显示了集中度下降趋势（见图27）。中资公司中的中再集团2005年国内寿险分保费收入达30.98亿元，占到所有国内再保公司寿险总分保费收入的99.8%。“十一五”期末，该集团实现国内寿险分保费收入68.7亿元，所占市场份额下降至60.3%。2011年，该集团实现国内寿险分保费收入70.83亿元，但市场份额仍继续下降至56.3%。2011年国内寿险再保供给集中度 CR_4 约为96%。

① 不包括各再保公司的国际分入业务。
② 不包括各再保公司的国际分入业务。

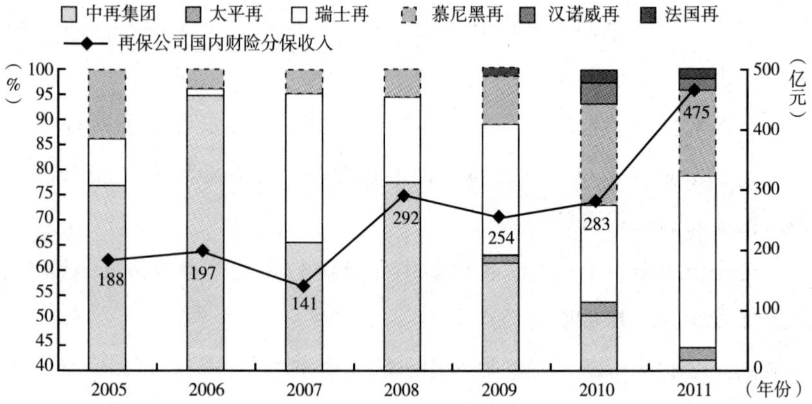

图 26　国内再保险公司财险分保费收入分布

注：2011 年外资再保险公司分保费收入为估计数。

资料来源：《中国保险年鉴》和各再保险公司年报。

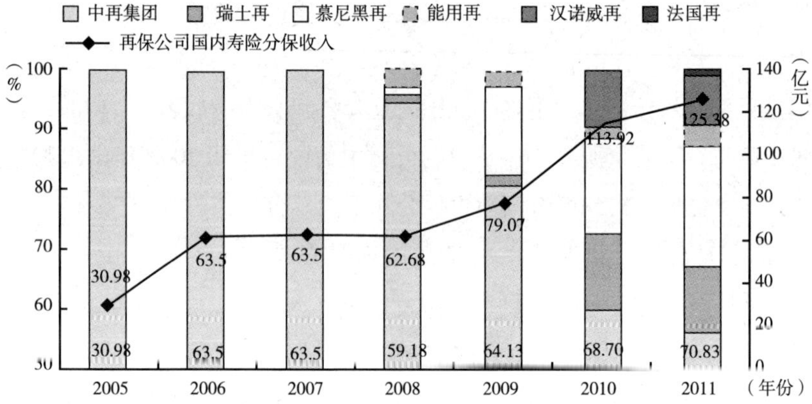

图 27　国内再保险公司寿险分保费收入分布

注：2011 年外资再保险公司分保费收入为估计数。

资料来源：《中国保险年鉴》和各保险公司年报。

3. 市场开放持续加深

“十一五”以来，国内再保险市场由封闭走向了全面开放的新阶段。除了国外公司到中国开设机构发展业务的形式之外，国外再保险市场主体通过离岸再保险等形式参与国内再保市场的力度有所加强，国内市场开放的半径进一步扩大到了全球。如图28所示，2005年流向国外的分保费收入约为86.7亿元，占总分出保费的27.9%。“十一五”期末，该比重降到了18.1%。2011年，分出国外的保费约为283.4亿元，占国内直保总分出保费的比重回升至30.7%。

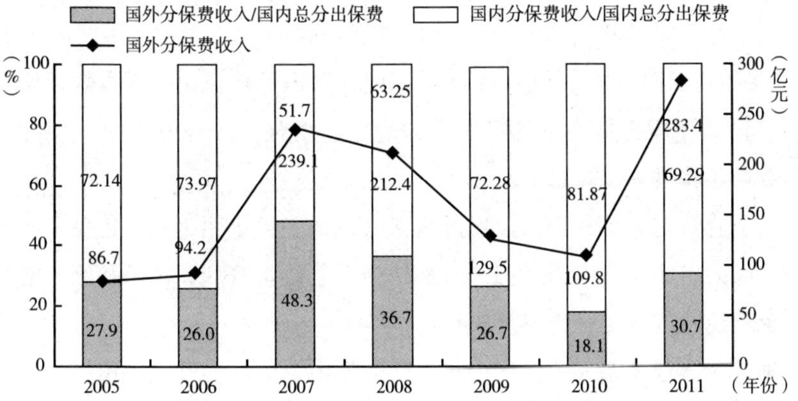

图28　国内分出保费中国外和国内收入结构

注：2011年国内分保费收入中外资再保险公司的国内分保费收入为估计数。
资料来源：《中国保险年鉴》和各保险公司年报。

在分出国外的保费中，财险业务占有绝对比重。如图29所示，2005年该比重约为88%，2010年、2011年则进一步提升至91.8%、89.33%。

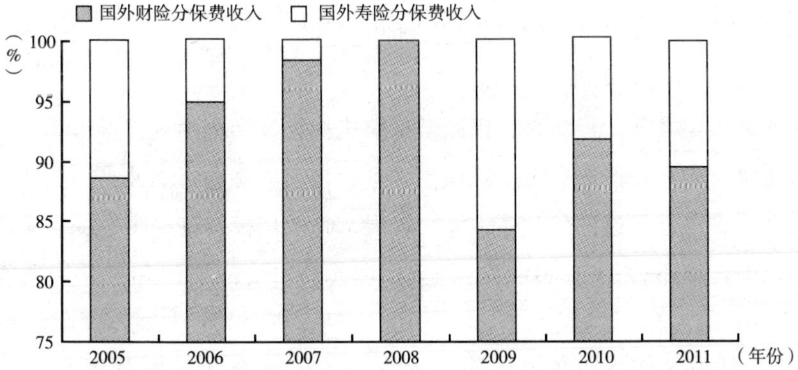

图29　国外分出保费中财险和寿险结构

注：2011年国内分保费收入中外资再保险公司的国内分保费收入为估计数。
资料来源：《中国保险年鉴》和各保险公司年报。

4. 市场效率不断提升

“十一五”以来，在国内再保险市场全面开放的推动下，市场配置资源的作用不断加强。

一是市场竞争程度增强。原有垄断市场格局得以打破，推动了再保险供给能力的增强，经粗略计算，2005 年，国内外资再保险公司的加入，向国内投放了约 10 亿元的再保险资本，到 2011 年，国内外资再保险公司的资本数量增加到了 76 亿元。随着中国再保险市场吸引力的进一步增强，国外资本向中国市场投放的资本数量还将进一步增加。

二是企业管理效率提升。以民族再保险机构中再集团为例，近年来，该集团虽然面临巨大市场竞争压力，但通过加快转型、改善管理，技术和服务能力持续提高，企业经营进入了平稳发展轨道。

三是行业管理体系完善。国内再保险市场由封闭转向开放，市场体系逐步完善，行业规则逐步形成，推动建立了公平竞争的市场格局。市场的开放，为国内原本封闭的市场引入了全新的再保险经营技术和理念，提升了竞争层次和合作范围，提高了技术服务水平，有效提高了作为整体的国内保险再保险市场的资源配置效率。

（四）再保险行业实力增强

中国再保险业的发展历程，不仅伴随着再保险市场主体的不断发育成长，同样也是现代保险企业制度持续建立和完善的过程。

1. 行业发展成果丰硕

在业务规模方面，近年来，民族再保险机构持续面临国内再保市场全面开放的强大竞争压力，并遭遇全球金融风暴和重大自然灾害的猛烈冲击，企业经营曾一度出现困难，但经过深化改革，加快发展，企业规模持续扩张，综合实力逐步增强。以中再集团为例，2005 年，该集团的总资产、净资产和合并保费收入分别为 276 亿、43 亿、216 亿元，“十一五”末期，则分别增长到 995 亿、398 亿、381 亿元，其中，总资产和合并保费收入的 5 年复合增长率分别为 29.2% 和 12.1%。2011 年，该集团总资产上升到 1247 亿元，是 2005 年的 4.5 倍；合并保费收入实现 547 亿元，是 2005 年的 2.5 倍（见图 30）。

在市场份额方面，虽然外资再保险机构参与国内市场的力度越来越大，但民

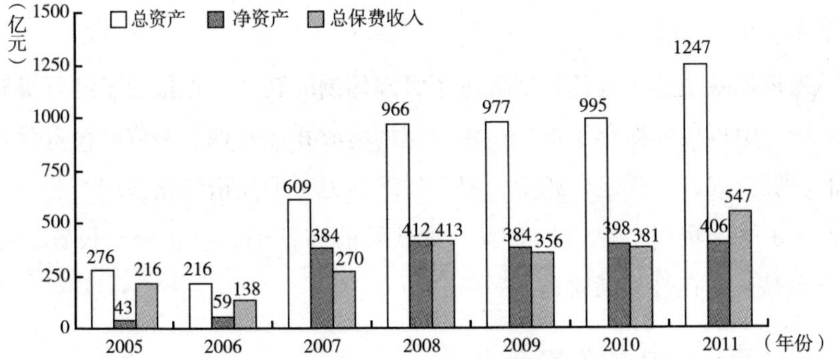

图 30　中再集团经营规模

资料来源：中再集团年报。

族再保险机构仍然是国内名副其实的分保主渠道和风险分散主力军。以中再集团为例，2011 年，该集团分保费收入①占国内分保费收入的 45%；按行业分保费收入②计算，该集团合并分保费收入在行业总保费收入中占有 53.8% 的市场份额。

在进入国际市场方面，近年来，民族再保险机构在参与全球竞争方面作出了不懈探索，并取得了突破。2010 年 7 月，中再集团及下属的中再产险和中再寿险同时获得 AM. BEST 颁发的“A（优秀）”级国际评级，为对标国际同行、进入国际市场获得了通行证。2011 年，该集团“走出去”战略取得重大进展。2011 年 12 月 12 日，中国集团通过其在英国设立的中再英国有限责任公司获得了英国劳合社成员公司资格，并在劳合社设立了中再辛迪加。此举将有效分享劳合社强大的网络与渠道资源，促进承保技术能力和风险管理能力的提升，提高民族再保险机构的综合竞争力。

2. 企业改革持续深化

为加快发展民族再保险机构，发挥再保险对直保市场的引领作用，2007 年，中再集团按照国务院批复的注资改制方案要求，进行了第二次股份制改制。即在原中国再保险（集团）公司基础上，由中央汇金公司注资 40 亿美元，与财政部

① 不包含国际分入业务。
② 包含国际分入业务，但不包含直保业务收入。

联合发起设立中国再保险（集团）股份有限公司，集团公司注册资本从39亿元上升至364.96亿元。

民族再保险企业体制的转变促进了管理体制的转变，也推动了经营机制与市场的对接。中再集团摒弃了单纯追求规模的粗放式经营理念和依靠投资弥补承保亏损的发展方式，严控经营风险，提升技术能力，加强精细化管理，营造和谐文化，走上了平衡规模、风险、效益，兼顾眼前和长远，“承保、投资、综合经营”三足鼎立的良性发展轨道。

（五）再保险功能作用凸显

国内再保险行业的作用范围与作用层次都有了较大提升。

一是有力支持了直保市场扩张承保能力。2006年以来，随着中国再保险市场吸引力的提升，国内再保险公司和境外再保险机构向中国市场投放承保能力也成倍增长，从2005年311亿元总分出保费增至2011年的923亿元，有效地支持了直保市场化解偿付风险、提升承保能力。图31、图32给出了2010～2011年两年分出率、偿付能力充足率和原保险保费收入关系数据。2010～2011年，分出保费排名前10位公司的分出率都保持在5%以上，原保险保费收入排名前4位公司的分出率保持在10%以上，其中，排名第一的人保财险分出率从2010年11.42%进一步提升到2011年21.46%。这一方面推动了原保险保费收入大幅增长，分出保费前10名公司原保费同比增长了23%，同期国内财险市场同比增幅为18.5%；另一方面改善了各公司的偿付能力充足率，按原保险保费收入加权，2011年前10位公司加权平均偿付能力充足率约为186%，而2010年仅为151%。

二是较好发挥了损失补偿和风险管理作用。民族再保险机构除全面参与普通商业再保险以外，充分发挥了保险业安全阀和稳定器的职能，在为市场提供充足承保能力的同时，还积极发展农业保险、巨灾保险、责任险、航空航天保险及大型工程项目保险等险种，为大型风险、特殊风险提供保障。例如，作为中国航天保险联合体副主席成员和核保险共同体主席成员与管理公司，中再集团有力推动了我国航天事业与和平利用核能事业的发展；作为国内政策性农险框架的唯一再保险公司，中再集团累计转移种植业和养殖业风险责任1200亿元，及时赔付2008年以来雨雪冰冻、地震、台风等巨灾造成的损失，有效地弥补了直接保险

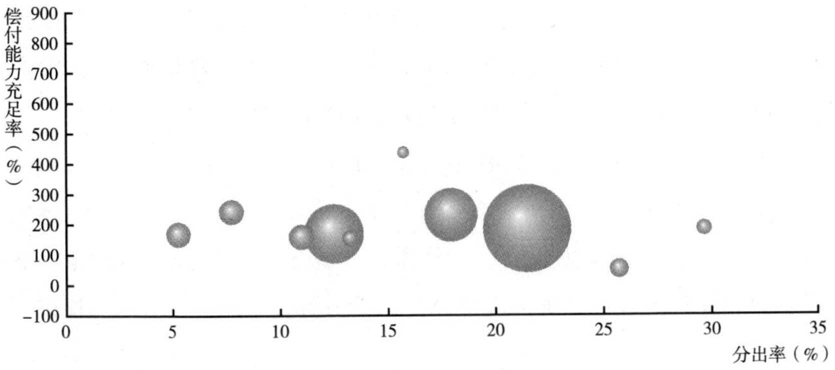

图 31　2011 年直保公司偿付能力充足率、分出率和保费收入

注：①涵盖保费收入排名前 10 位的公司；

②气泡大小代表原保险保费收入多少；

③2011 年，分出保费排名前 10 位公司的分出保费约占总分出保费的 90%；其原保险保费收入约占总保费收入的 85%。

资料来源：各保险公司年报。

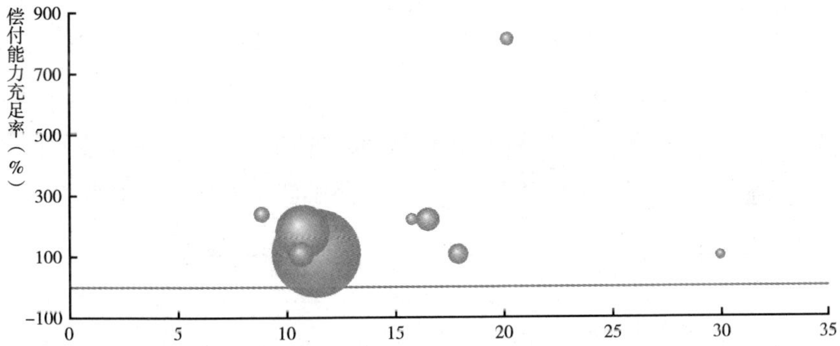

图 32　2010 年直保公司偿付能力充足率、分出率和保费收入

注：①涵盖保费收入排名前 10 位的公司；

②气泡大小代表保费收入多少；

③2010 年，分出保费排名前 10 位公司的分出保费约占总分出保费的 81%；其原保险保费收入约占总保费收入的 88.5%。

资料来源：《中国保险年鉴》。

公司的部分巨灾损失，极大地缓解了受灾地区灾后经济衰退的压力，为我国经济和社会的稳定发展起到了保驾护航的作用。

三是不断提升了对直保市场的技术服务能力。国内再保险公司持续加强产品、服务和技术创新，在精算定价、巨灾模型、电子核保系统、港澳地区人民币保险业务等领域取得了较大进步，有效支持了直保公司提高核保核赔和定价能力。

四是初步发挥了调节直保市场的功效。面对“十一五”时期以来国内直保市场不择手段的恶性竞争、保险责任泛滥等问题愈演愈烈的局面，中再集团自2009年初开始调整承保能力投向、严格限定再保条件和加强定价约束，通过市场手段引导直保市场理性竞争、规范经营，成为监管帮手，为国内直保市场近三年来持续走好发挥了重要的调节作用。

三　再保险行业面临的新挑战

再保险行业是一国保险产业发达程度的标志之一。近年来，我国再保险业克服了向市场转型的困难，承受了全球性金融危机的冲击，经历了地震和雨雪冰冻等自然灾害频发造成的巨额赔款损失，在业务发展、市场培育以及企业转型等方面取得令人瞩目的成绩。但不容忽视的是，国内再保险业起步晚、基础弱，转型还未结束。在保险行业环境变化迅速、国际竞争日趋激烈的背景下，还面临着再保险需求层次变化较快、现阶段再保险行业的“两低一高”即成长性和赢利性低、波动性高以及再保险市场过度开放等方面基础性、长期性的挑战。

（一）再保险业发展面临需求层次不断提升的挑战

1. 再保险需求的结构性变化

法定分保完全取消以来，再保险公司和直保公司之间建立起平等的分保契约关系，直保公司从过去以获取承保能力为主向风险管理、资本管理、技术支持和一揽子服务解决方案等方向拓展了需求边界。以财产再保为例，国内直保和再保市场的车险、责任险险种占比的变化可以清晰地反映再保险需求层次的提升。如图33和图34所示，2005年，在直保险种结构中责任险比重小、车险比重大，财险再保中责任险比重小、车险比重大。2010年，在再保险种中车险比重从69.29%降低到63%、责任险比重从3.26%上升到4.78%，而财险直保中则是车险比重从66.88%提升到77%、责任险比重从3.53%下降到3%。上述现象表明，直保市场对于高风险、长尾、新类型险种的再保险需求更为强烈。

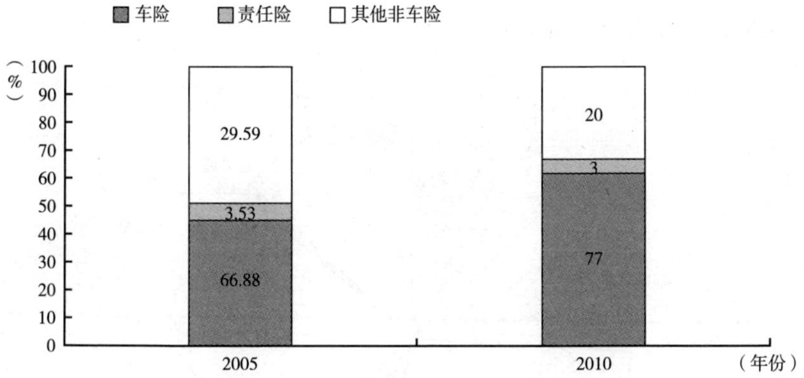

图 33　国内财险直保业务结构

资料来源：《中国保险年鉴》和中再集团年报。

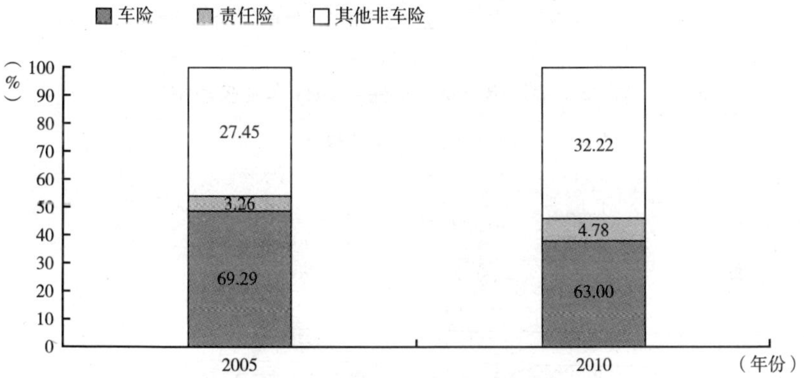

图 34　国内财险再保业务结构

资料来源：《中国保险年鉴》和中再集团年报。

全球两大再保险巨头——慕尼黑再和瑞士再的财险再保险险种结构将是未来国内再保险险种结构变化的基本方向①。如图 35 和图 36 所示，慕尼黑再和瑞士再的车险比重较低，分别仅为 22% 和 17%，而责任险比重分别占到总财险分保费收入的 13% 和 14%。另外，这两家公司参与的全球巨灾再保险业务占到其财

① 慕尼黑再和瑞士再的业务规模极大，承保结构较为均衡，且 80% 以上的再保险保费收入来自发达市场，因此基本可以代表成熟市场各险种的分布结构。

产险分保费收入的 15% ~20% 。因此，国内再保险需求层次的变化方向是进一步向巨灾险、责任险等方向集中。

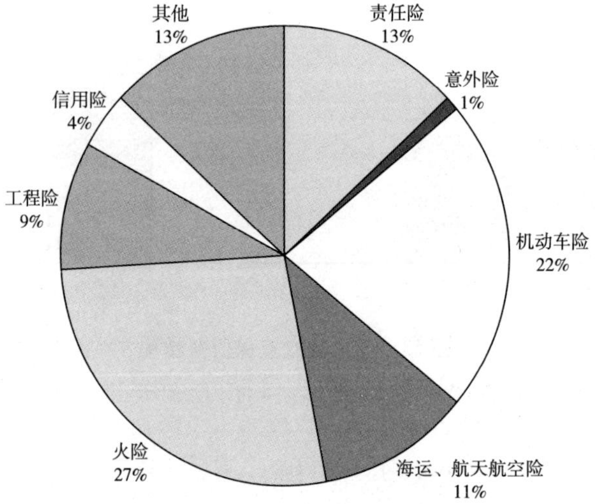

图 35　慕尼黑再财产再保险 2011 年业务类型

资料来源：慕尼黑再保险公司年报。

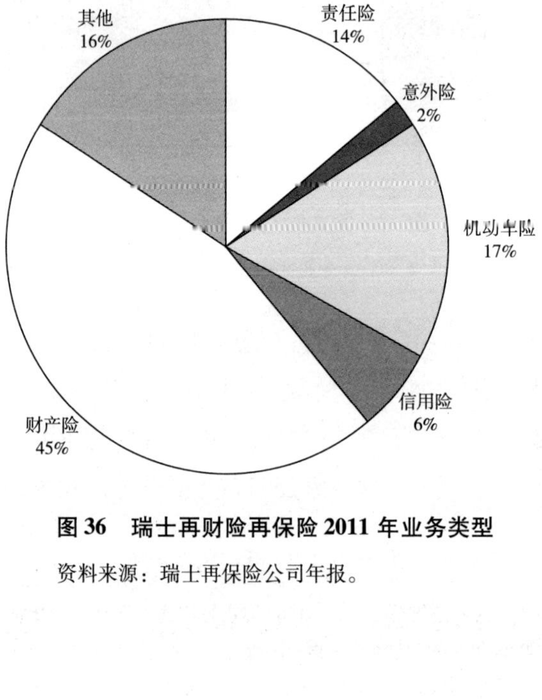

图 36　瑞士再财险再保险 2011 年业务类型

资料来源：瑞士再保险公司年报。

2. 再保险供求力量发生转换

在法定分保阶段，由于直保市场发展水平较低，直保公司对再保险的需求偏弱且仅以损失融资即提供承保能力为主，此时“直保－再保险”的关系以再保险的主动供给为主，呈现供给驱动型特征。再保险业发展的动力来自供给承保能力。近年来，中国直保市场经过快速增长，已经从初级的、封闭的状态发展成为市场容量较大、产品服务较为丰富的新兴市场，呈现增速快、再保险需求变化快等特点。随着直保市场的发展，规模、层次和行业复杂性不断提升，“直保－再保险”的关系则以直保公司的主动需求为主，呈现需求拉动型特征。直保公司对于新兴风险、复杂风险包括未来将发展起来的巨灾险、责任险等的再保险需求将日益旺盛。

需求结构和层次的变化，对再保险公司在风险管理服务和模型技术支撑方面提出了前所未有的要求，也对再保险公司的资本实力和风险管理水平提出更高的要求。但总体上看，国内再保险行业尤其是民族再保险机构历史较短，刚刚经历市场竞争的洗礼，调整转型有待深化，服务能力和技术实力在短时期内还难以取得突破。如果不能有效应对这些挑战，那么，业务规模、赢利水平都会受到影响。

（二）再保险业发展面临“两低一高”特征的挑战

民族再保险机构在多年来坚持走可持续、有效益、较快发展道路的实践中，始终感受到国内再保险市场成长性、赢利性低而波动性高“两低一高”特征对企业经营产生的约束。

1. 再保险业务成长性较低

再保险业务成长性不足是国内再保险业发展已经并将在未来发展中持续感受到的基础性挑战。以常识观察，一是分保费收入依赖于直保公司的风险保费分出，直保公司购买再保险依赖于自身的资本结构和风险回报决策，增资或主动控制业务规模都将减少再保险的购买；再保险在成熟保险市场的份额不大，一般在4.5～5.5%。二是自然巨灾发生之后再保险公司的资本损失和再保险价格快速攀升抑制了再保险的供求，也催生了资本市场工具例如巨灾债券或侧挂车等的发展，对再保险业构成一定的威胁。因此，全球再保险市场的发展规律通常是随着直保市场的逐步成熟①，分保比例将降低并稳定在一个很小的比重上。全球的规

① 成熟的直保市场的增速也将慢下来，每年实际增长率在3%～5%。

律是财险分出率保持在8%～10%，寿险分出率保持在1%～2%。从全球总量看，如表4所示，非寿险再保险业务在全球分保费收入中占到2/3～3/4，1990～2008年非寿险再保险年复合增长率比原保险略低，仅为5.7%。

表4 全球再保险市场增长

类别	1990～2008年年复合增长率(%)	类别	1990～2008年年复合增长率(%)
全球GDP	5.50	寿险业务	7.30
非寿险保险业务	6.00	寿险再保险业务	10.20
非寿险再保险业务	5.70		

资料来源：Morgan Stanley。

全球代表性再保险公司的分保费收入增速也能够说明问题。图37表明，慕尼黑再和瑞士再[1]这两家全球最大的再保险公司的分保费收入增速缓慢，保费绝对量在很小的区间波动。表5进一步比较了全球主要再保险公司2006～2009年的保费增速数据，除了法再、ACR、韩再和中再这些规模较小的后进公司增速快之外，其他公司的分保费增速都较慢，瑞士再等甚至是负值。

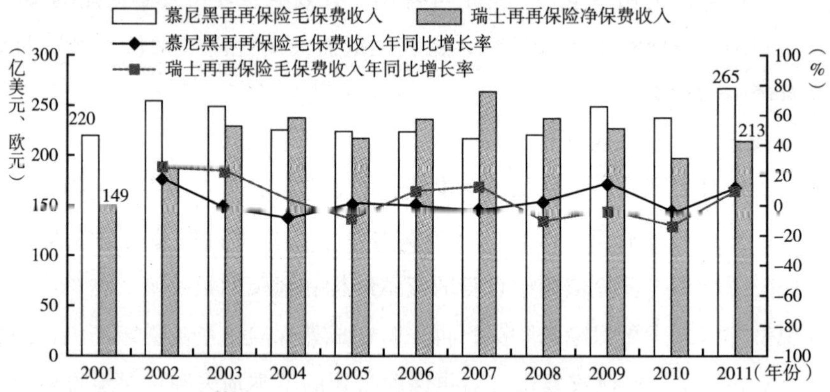

图37 慕尼黑再和瑞士再分保费收入

资料来源：慕尼黑再年报（2001～2011）和瑞士再年报（2001～2011）。

---

① 这两家公司的总保费收入占到全球的1/4～1/5，基本能反映全球发达市场的再保险收入增长趋势。

国内的情况也是如此。虽然国内直保市场处于起飞阶段，分出率保持较高水平，但已开始呈下降趋势。国内财险分出比率从“十五”期末的21.9%下降到“十一五”期末的12.1%，寿险分出率也从2.4%降到了1.83%，接近全球的平均水平，预计下降趋势在未来五年仍将持续。图38、图39比较了2005年以来中再集团国内财险分保费收入和人保财险保费收入及各自市场份额情况。可以清晰地看出，2005~2011年，中再集团的国内财险分保费收入仅从144亿元增长到202亿元，而同期人保财险则从659亿元增长到1733亿元，前者年复合增长率仅为5.8%，而后者则高达17.5%。在两者各自市场份额的绝对额和下降趋势基本一致的背景下，两者复合增长率的差异充分反映了财险再保的成长性要低于财险直保。

表5　全球主要再保险公司保费增速

再保险公司	2006~2009年保费增速(%)	再保险公司	2006~2009年保费增速(%)
慕尼黑再	0.90	Everest Re	9.40
瑞士再	-3.40	博纳再	-5.80
汉诺威再	3.40	韩再	10.30
法再	29.50	ACR	22.70
通用再	-1.40	中再	37.30
大西洋再	1.80		

注：未区分综合性和专业性再保险公司。
资料来源：巴克莱银行。

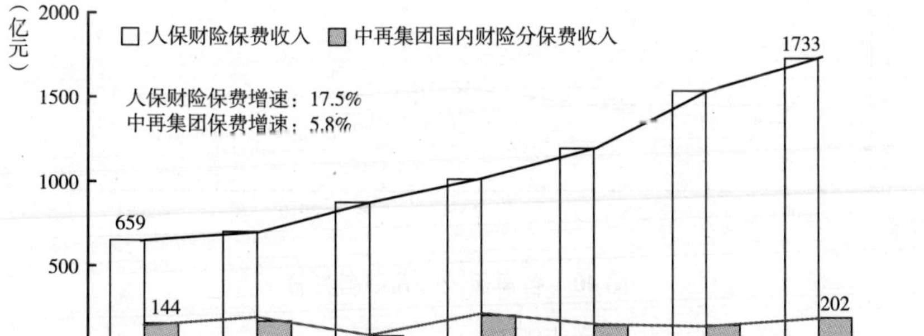

图38　中再集团和人保财险保费收入

资料来源：《中国保险年鉴》和中再集团年报。

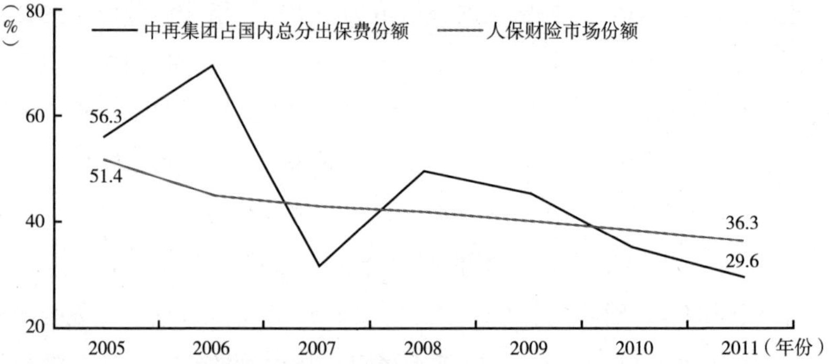

图 39　中再集团和人保财险市场份额

资料来源：《中国保险年鉴》和中再集团年报。

在业务收入来源尚未多元化的背景下，再保险保费增速慢也将影响到财务杠杆的使用和综合实力的增强。图 40 显示，与欧洲慕尼黑再、瑞士再，亚洲的东亚再和韩再较高的财务杠杆相比，中再集团 2011 年的财务杠杆仅为 3.1。即使按照最乐观的增速和所占市场份额估计，“十二五”末期，中再集团保费收入①也仅能达到 800 亿元左右，保费资本比在 1.3 左右，而国内产险全行业 2010 年的保费资本比已经超过了 3.5。

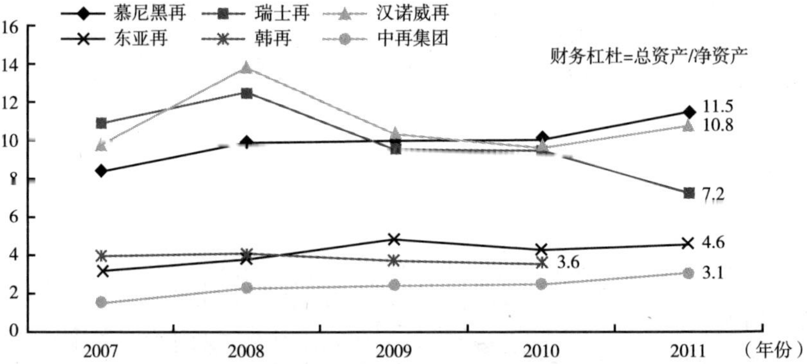

图 40　各再保险公司财务杠杆

注：未区分综合性和专业性再保险公司。

资料来源：各再保险公司年报。

① 包含直保业务收入。

2. 再保险业务赢利性较低

再保险业赢利性不强是全球性现象。图 41 显示了全球再保险行业总和层次上的净资产回报率（ROE）水平。受自然巨灾损失影响（2005 年的三大飓风、2011 年的日本地震）①，虽然 2004～2011 年 ROE 平均在 11% 左右，但考虑到再保险业资本承担的高风险，经济资本回报率并不高，例如 2009～2011 年间，慕尼黑再设定 15% 的风险调整资本的回报率这一目标水平有两年都未能实现②。图 42 给出了全球再保险公司分保费收入结构。其中，CR_4 为 41%，CR_8 为 58%，CR_{10} 为 64%。再保险业赢利性不强且波动性高决定于再保险自身的业务特性，与寡占型市场结构所预期的高利润形成了鲜明的反差。

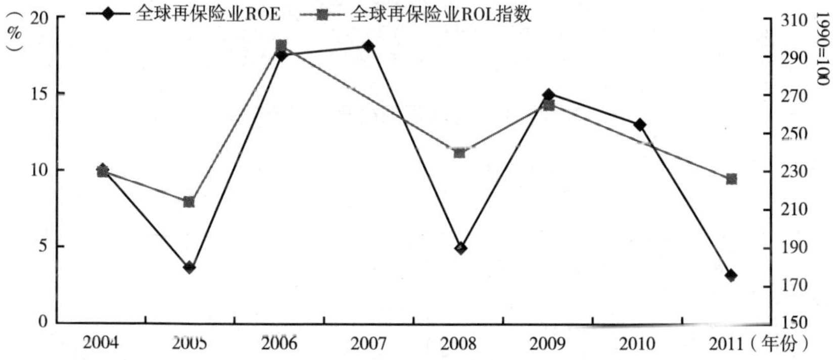

图 41　再保险业合并 2004～2011 年 ROE、ROL

资料来源：Aon Benfield。

国内再保险业经过近些年的发展，经营环境有了明显改善，但是由于受直保市场竞争不完善及周期性波动加大、再保险竞争主体过于分散及资本市场下跌等影响，国内再保险市场还难以达到发达市场那样稳定的、与保险行业基本持平的赢利表现。图 43 显示，2005～2011 年，在与国际市场承保周期、利率周期并不同步的背景下，中再集团的净资产回报率（ROE）却与可比公司之间具有很强的关联性，但负向波幅过大、正向波幅不足。图 44 也显示，2006～2010 年，与

① 图 41 中 ROL（Rate on Line）为再保险定价指数，即相对于单位期望损失所支付的再保险保费水平。

② 慕尼黑再 2011 年报。

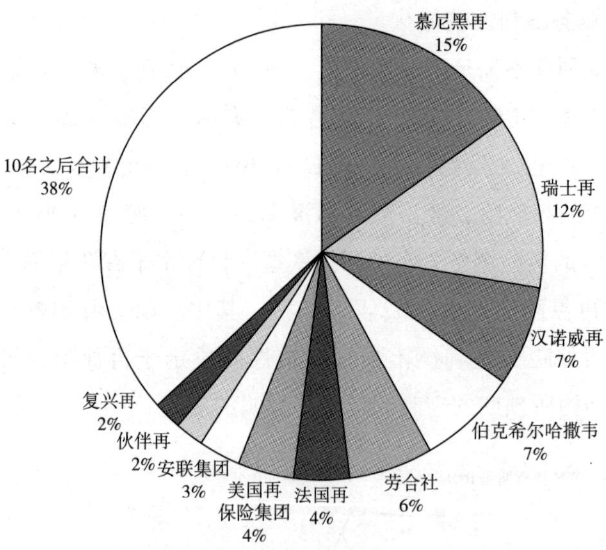

图 42　2010 年全球再保公司毛保费收入

资料来源：各再保险公司年报。

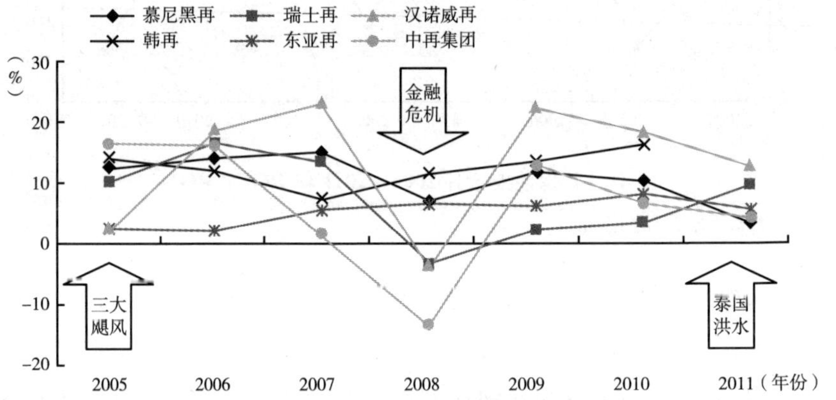

图 43　各再保险公司净资产收益率

注：未区分综合性和专业性再保险公司。
资料来源：各再保险公司年报。

专业性和综合性再保险公司相比，中再集团的净资产收益率较低。图 45 中，与全球再保险行业相比，中再集团净资产收益率更低，而波动幅度更大①。

① 本段落涉及的综合性再保险公司的 ROE 未区分再保险业务和非再保险业务。

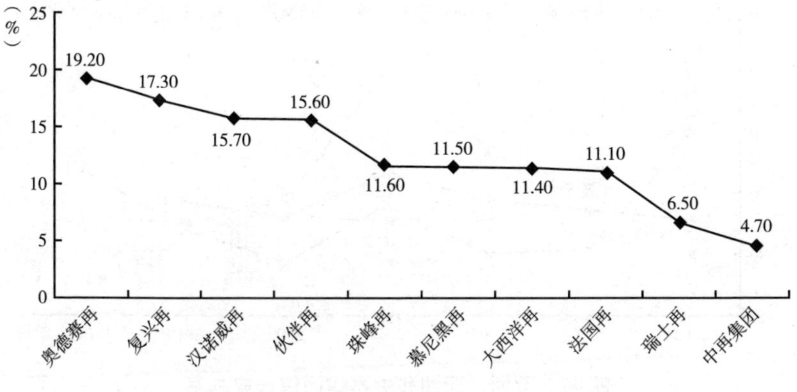

图 44　各再保险公司平均净资产收益率（2006～2010 年）

注：未区分综合性和专业性再保险公司。
资料来源：根据各再保险公司年报计算。

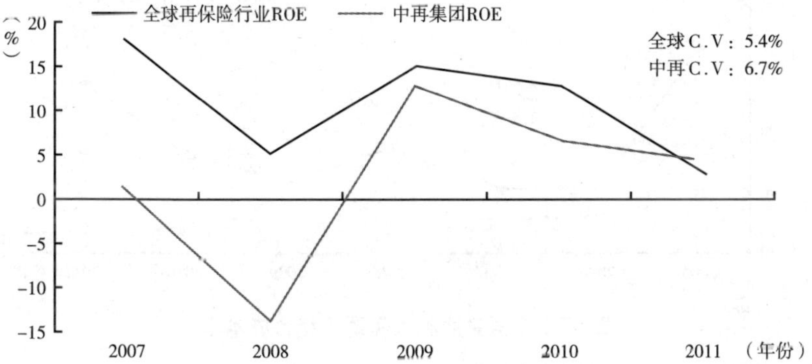

图 45　全球行业和中再集团 ROE

注：2011 年全球行业数据为估计值。
资料来源：Aon Benfield 和中再集团年报。

3. 再保险业务波动性较高

再保险业务的高波动性是全球性事实，体现在两个方面。

一是综合成本率。图 46 所示，与可比公司相比，2005～2011 年，中再集团国内财险再保险业务的综合成本率波幅过大，7 年平均在 101.1% 左右，超过可比公司平均综合成本率 5～6 个百分点。图 47 显示，中再集团比国内直保市场占有 40% 左右份额的人保财险的综合成本率也高近 2 个百分点，变异系数（C. V）同样高于人保财险和全球再保险行业。图 48 表明在成熟的美国市场，财产再保险行业的综合成本率的变异系数远高于财险直保行业。

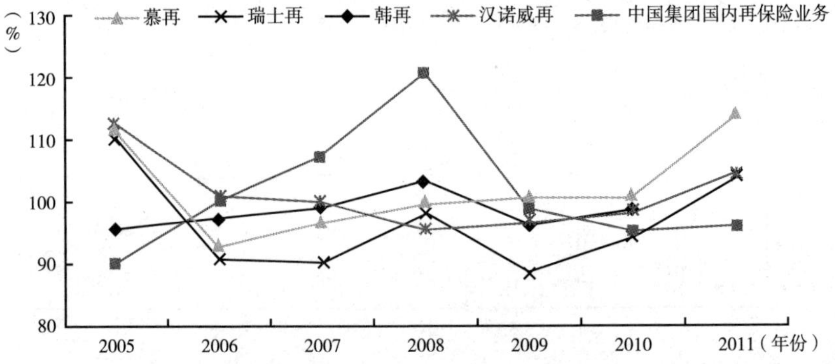

图 46　欧洲、亚洲和中再集团综合成本率

资料来源：各再保险公司年报。

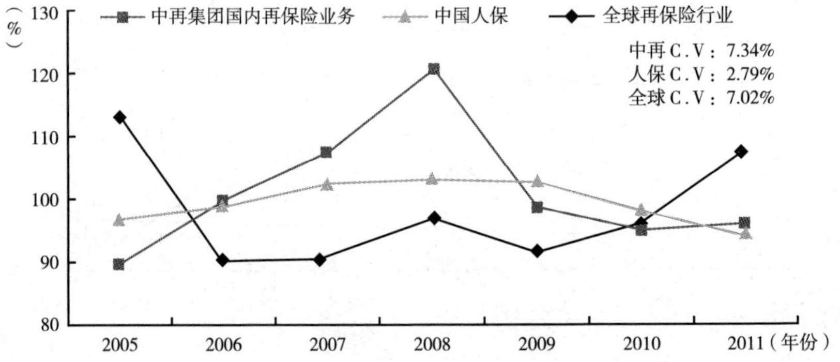

图 47　中再集团和人保财险综合成本率

资料来源：各再保险公司年报和 Aon Benfield。

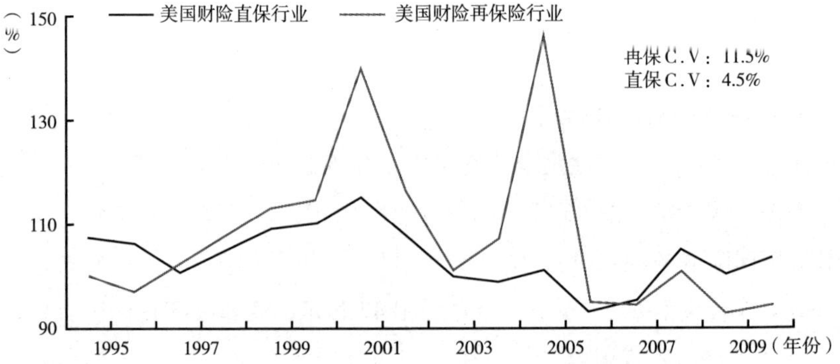

图 48　美国财险直保和再保险行业综合成本率

资料来源：*Conning Research & Consulting Analysis*。

另据测算，国内产险再保在硬周期年份的综合成本率也仅能达到直保市场的平均水平，在软周期年份，综合成本率通常高出直保市场平均水平 2 ~3 个百分点，在巨灾发生的年份更高。2004 ~2008 年，中再集团5 年累计亏损达80 亿元，累计亏损率（5 年总亏损/5 年总保费收入）高达 8.65%，比同期国内产险全行业高出 6 个百分点。

二是再保险保费收入。图 49 反映了 2000 ~2010 年全球分保费收入受自然或人为巨灾影响以及全球性金融危机影响的较大波动情况，在巨灾发生之前，保费逐渐上升，在巨灾发生 1 ~2 年后，再保险分保费收入逐步回落。图 50 表明美国的再保险行业保费收入年增长率波动高于全行业。

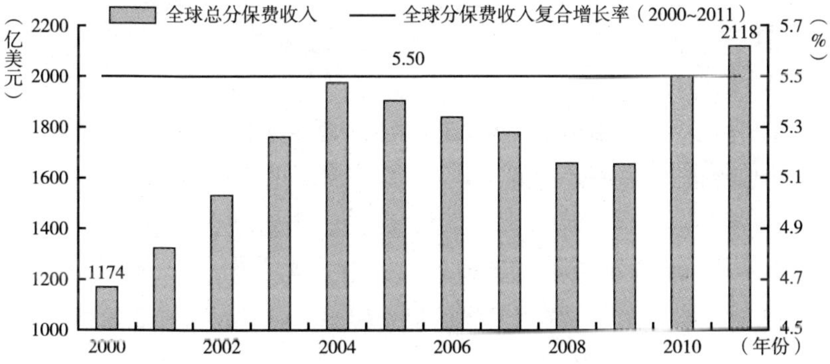

图 49　全球再保险市场分保费收入

资料来源：瑞士再 ER&C。

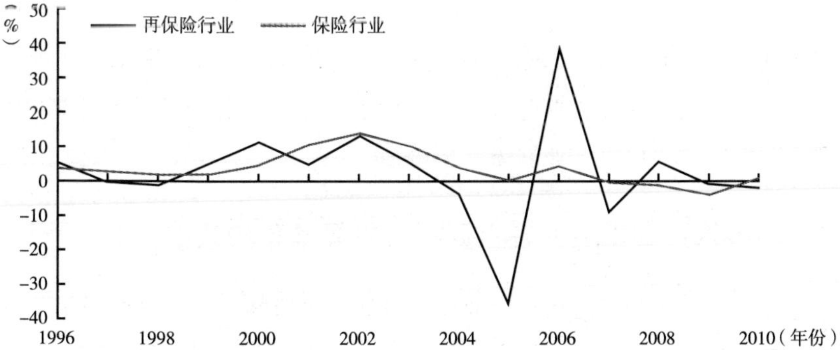

图 50　美国再保险和原保险保费年增速

资料来源：*Conning Research & Consulting Analysis*。

中国再保险市场虽然整体呈上涨态势，但受再保险分出公司集中度较高的影响，分出保费的波动性相对较高。图51对比了中再集团国内财险分保费增速与人保财险保费增速数据。该图显示，2006～2011年，中再集团国内财险分保费收入同比增速的波动性远高于人保财险，前者的变异系数是后者的近10倍。

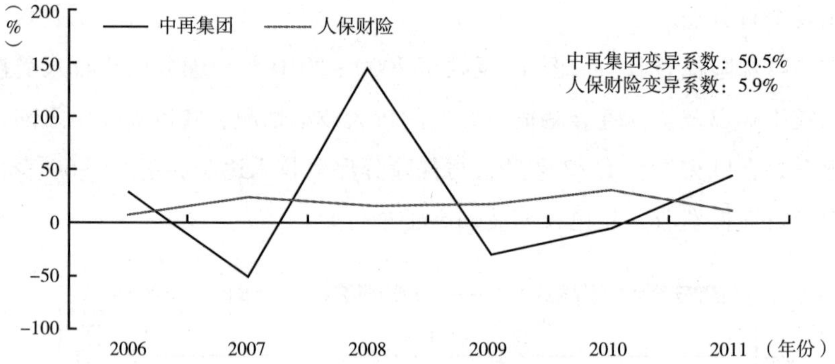

图51　中再集团和人保财险保费增速

资料来源：《中国保险年鉴》和各公司年报。

当然，国内再保险业务的“两低一高”特征是再保险业为保险业分担风险的具体体现，是再保险功能作用发挥的显著标志。但是，这种业务格局并不利于再保险企业的可持续有效益发展，也不利于提升再保险企业的资本回报水平，再保险企业往往难以兼顾企业目标和行业目标的协调平衡。针对再保险行业现实，一方面，再保险企业自身要加快改革发展步伐，尽快提升赢利能力和可持续发展能力；另一方面在国家和行业层面必须尽快出台特殊支持政策，例如放开多元化经营限制和投资限制，给予税收优惠或放松监管约束等，尽可能改善客观存在的制约成长性、赢利性及波动性的外部环境因素，帮助再保险企业熨平收入波动，提升资本回报水平，促进行业获得发展后劲。

（三）再保险业发展面临巩固行业重要地位的挑战

与直保行业相比，虽然再保险业仅分享保险价值链核心部分的很小比例，业务规模也相对较小，但居于保险系统中的重要地位而非扮演从属角色。原因在于，再保险市场主体数量较少，资本要求高，进入门槛较高，通过承保尾部风险，能够提升直保公司承保意愿，增强直保公司经营稳定性，属于保险市场基础设施的重要组成部分。而且，再保险公司之间的联系相对于本地直保公司之间更为密切，决定了再保险业往往作为整体在交易价格和数量变动关系上处于主动地位，这种主动地位在巨灾发生导致再保险公司盈余受损严重时表现得尤为明显。因此，一个国家再保险业的发展水平，成为衡量一个国家或地区保险市场发达和安全与否的重要标准。不过，在巩固再保险在保险系统中的重要地位方面，行业的高波动性可能损害再保险企业的发展。

再保险行业主要关联于财险行业，再保险保障直接保险市场中的极端风险如巨灾风险，所以再保险公司财务经营情况的不确定性更大。财险的短期性加上再保险本身的索赔滞后期长、大额索赔的高杠杆、易受巨灾等系统性风险冲击以及由此导致的经营结果在时间序列上的高波动性等特性，非常不利于再保险企业的稳健和持续经营。中再集团国内财产再保险业务综合成本率走势已经清晰反映了这一特征。未来，随着直保市场的发展，再保险在支持更多的长尾、高损失风险险种的发展时，这种高波动性将更为凸显。

外资公司在中国市场遭受损失后的应对方式有很多，例如通过其他市场加以对冲、调整业务组合或者缩减交易规模等，代价并不大。图 52、图 53、图 54 显示了慕尼黑再、瑞士再、汉诺威再这几家代表性公司再保险业务组合的地区分布情况，可以看出，这些全球性再保险公司具备全球配置业务组合、全球分散风险的能力，能够通过调整业务组合在全球各个子市场之间进行套利，对冲掉中国市场的业务风险和价格波动。但如图 55 所示，中再集团 91% 的财险再保险业务来自国内市场，承担了国内直保市场近 30% 的保险风险，风险累积过高，巨灾应对能力脆弱，稳健经营和持续发展面临较大威胁，不仅如此，还可能因偿付能力不足和承保能力缩减而放大为保险行业的系统性风险问题。

在对冲业务波动、增强经营稳定性方面，最快速有效的方法就是实现业务组合的全球化配置。但民族再保险机构在向国际市场进军的过程中，面临着两个难题：一是业务识别和风险管理能力不足且国际市场壁垒较多，进入国际市场往往要支付高昂的学习成本；二是民族再保险机构的国际国内平衡发展策略可能导致国内市场份额面临缩减的困境。二者都可能影响民族再保险机构的行业主导定位要求以及行业重要性机构功效的发挥。

（四）再保险业发展面临国内市场全面开放的挑战

我国再保险市场在“十一五”时期已经全面放开，预计未来 5 年将进一步

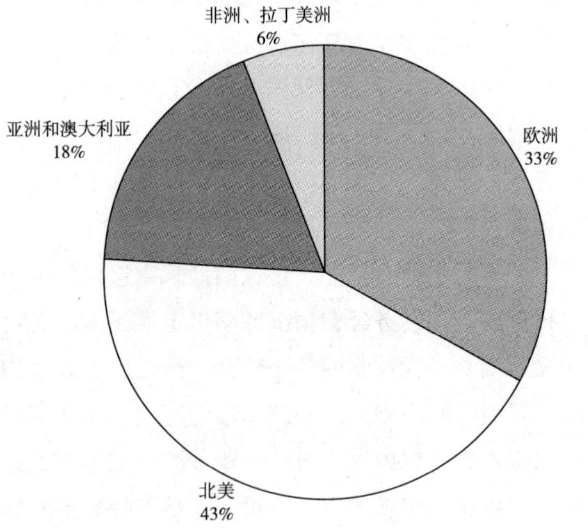

图 52　慕尼黑再 2011 年再保费地区分布

资料来源：慕尼黑再保险公司 2011 年报。

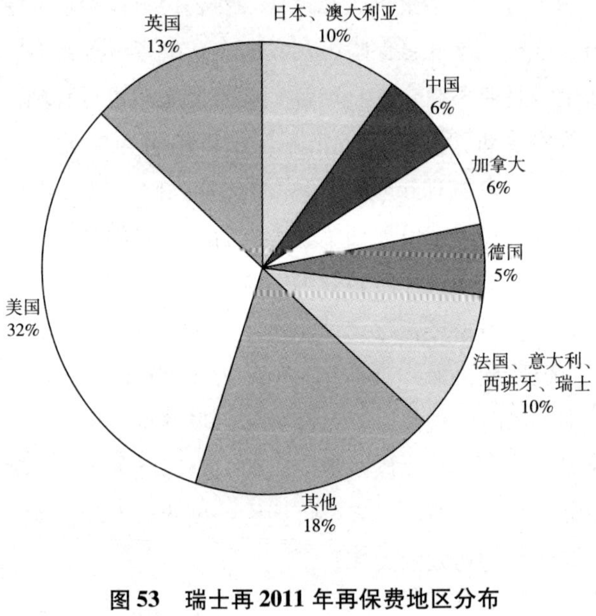

图 53　瑞士再 2011 年再保费地区分布

资料来源：瑞士再保险公司 2011 年报。

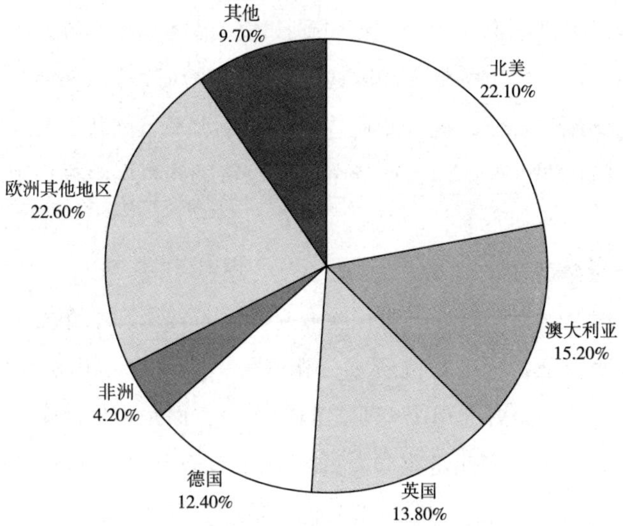

图 54　汉诺威再 2011 年再保费地区分布

资料来源：汉诺威再保险公司 2011 年报。

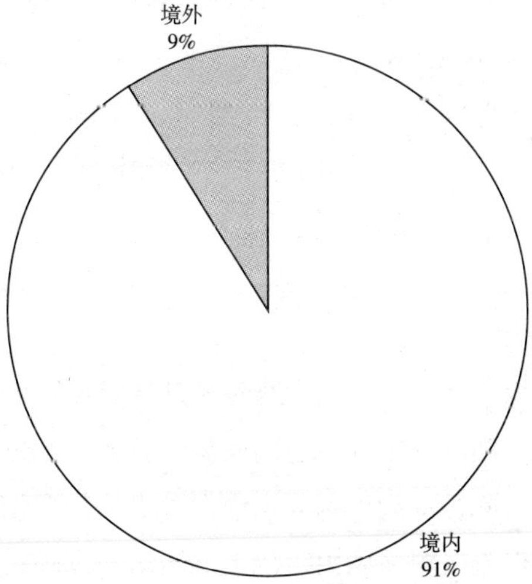

图 55　中再集团 2011 年财险再保费地区分布

资料来源：中再集团 2011 年报。

提高对外开放的水平，将会有更多拥有强大技术和资本实力的国际知名保险和再保险公司进入中国或参与中国市场业务；国内再保险市场将从国际再保险公司业务组合中的次要地位转变为这些知名公司全球争夺的主战场之一；竞争的层次和范围将从现有以提供承保能力为主延伸到技术、品牌和服务等各个领域，竞争强度将进一步加大。国内市场融入和联通全球再保险风险分散网络，在加强与国际再保险市场的交流与合作，提升专业技术与服务水平、创新能力及国际竞争力等方面带来了新的机遇，但国内市场的全球化也给民族再保险机构带来了前所未有的巨大挑战。

1. 产业链整体竞争的劣势

不同于其他金融保险行业，再保险业对资本、技术和中介的依赖性更强，因此呈现两个鲜明特征，一个是高资本门槛，另一个是全球识别和配置风险的能力。因此，未来的竞争并非单个企业之间的竞争，而是再保险全产业链的竞争。

发达市场的再保险产业链很长，并实现了有效整合，从而聚集了大量的企业，产业链整体竞争力更强。发达市场再保险产业链从资本投入开始，拥有灵活而强大的资本市场，能够为再保险公司提供价格低廉的资本；在再保险研发环节聚集了大量的模型公司；在承保环节聚集了数量众多、资本和技术实力强大的综合类及专业型再保险公司以及具有竞争力的再保险中心；在渠道环节，有佳达（Guy Carpenter）、怡安奔福（Aon Benfield）等全球著名再保险经纪公司统领市场；在市场准入方面，贝氏（A. M. Best）、标普（Standard & Poor's）等囊括了再保险公司的国际评级。相比之下，国内再保险业经过近年来的发展，虽然在业务规模、服务品质上和满足需要方面都取得了较大成绩，但由于行业刚刚兴起，再保险中介渠道、再保险产品定价权掌控力不强，还没有形成产业链整体竞争优势。

2. 产业发展主导权的侵蚀

近年来，全球再保险市场之间的融合和全球性再保险公司向中国等新兴市场的扩张速度不断加快。随着中国保险业的发展，更多国际再保险主体进入中国市场将成为一种趋势，国际再保险市场与国内保险市场的合作进一步深入，竞争程度日益加剧，国际再保险公司在国内市场上逐渐站稳脚跟并进一步通过本土化经营、价格竞争、技术渗透、产品开发等竞争手段扩大国内市场占有率。表现在四个方面。

一是国外公司在国内市场的份额提升明显。图 56 显示，在国内再保险市场份额中，如果将国内外资再保险公司和国外再保险公司的市场份额加总（34.65% +30.71%），则 2011 年外资公司在中国市场的份额接近 2/3。

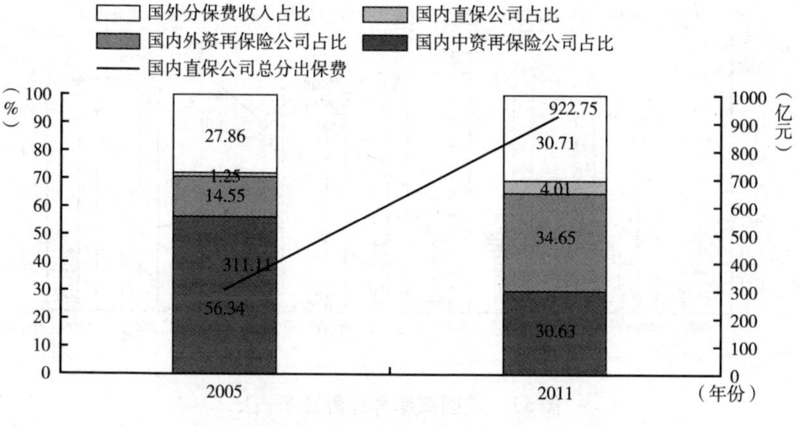

图 56　国内直保公司分出保费的分入结构

注：2011 年国内分保费收入中外资再保险公司的国内分保费收入为估计数。

资料来源：《中国保险年鉴》和各保险公司年报。

相比之下，拥有发达开放的再保险业的美国，其离岸再保险业务占比并不高。以美国的财产责任再保险为例，图 57 中，1999～2009 年，虽然美国离岸财产责任再保险业务占其国内财产责任险净分出保费①的比重在波动中不断增长，但仅从 27.15% 增长到 36.63%，绝对额也仅从 139 亿美元增长到 237 亿美元。

二是国内再保险市场逆差扩大。图 58 对比了从国外分入的分保费收入与流出国外的分保费收入数据，二者之差即为国内再保险市场逆差。2005 年再保险市场逆差仅为 83.8 亿元，但 2011 年再保险市场逆差则增至 171.6 亿元。

三是国外再保险公司参与中国市场力度有加大态势。相对于发达市场，新兴市场的再保险分出增长率更大。“十一五”期间，国际性再保险公司完成了从市场观望到在国内市场的布局，“十二五”期初进一步加大了市场份额争夺，如图 59 所示，2011 年国内外资再保险公司实现 319.7 亿元国内分保费收入，同比增长 81.4%，高于“十一五”时期的大多数年份。

四是国际国内市场进入难易程度呈现不对称状态。中资企业进入国际再保险市场往往面临资本、评级、渠道、监管等多重限制，在获取优质业务、引进先进技术方面都面临诸多障碍。但外资公司进入中国国内再保险市场则非常容

① 扣除了向美国境内和境外关联公司的分出业务，仅包括向非关联公司的分出业务。

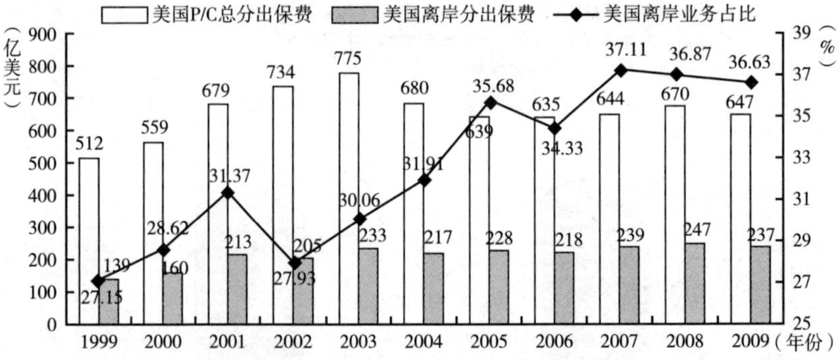

图 57　美国离岸再保险业务占比

资料来源：*AM Best Data*。转引自 LECG："The Impact on the U. S. Insurance Market of H. R. 3424：A Critique of the Brattle Study", http：//www. coalitionfordomesticinsurance. com/ resources/LECGBrattleCritique. pdf，January，2011。

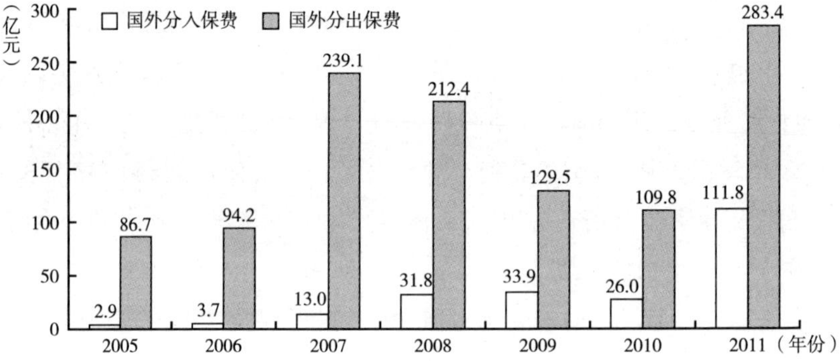

图 58　国内再保险市场逆差

资料来源：《中国保险年鉴》和中再集团年报。

易。由于没有严格的准入、退出和再保险交易规范机制，与受到严格监管的中国国内再保险公司相比，在中国国内设立分支机构的外资公司享受母公司偿付能力和准备金政策，具有资本优势和准备金政策优势；境外大量投机性资本通过在百慕大、开曼群岛等避税天堂设立离岸再保险公司形式，具备较高的价格和税收优势。这些优势的叠加有利于外资机构采用更加灵活多变的竞争策略参与中国国内业务。

可以说，近 5 年来国内再保险市场最显著的变化就是过快的全球化。但

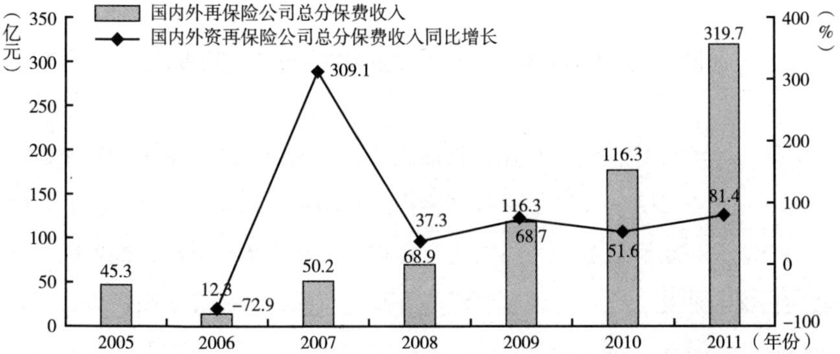

图 59　国内外资再保险公司分保费收入及同比增速

资料来源：《中国保险年鉴》。

国内再保险业市场化过慢的问题较为突出，在应对外资公司挑战、突破竞争困境方面面临较大困难。作为民族再保险机构代表的中再集团虽然在 2003 年和 2007 年经历了两次改制，但在体制机制方面，转型还没结束，还不能完全适应市场全面开放的要求。在业务经营方面，“抢地盘、争规模”的粗放式经营理念仍然存在；境内业务占比过高，业务合同类型单一，利用国际市场风险分摊机制降低境内业务承保结果波动的效率很低；以技术为先导的业务经营模式尚未建立，高端人才匮乏；经营绩效过分依赖高波动性的投资收益。在创新能力方面，国内再保险业定价能力低下限制了高附加值的非比例再保险和财务再保险的实际运用；产品有限且创新能力不足，不能满足直接保险市场对再保险产品和服务多样化的需求；高精尖、高风险、新型业务在国内难以获得充足的再保险支持；服务性业务刚刚起步。在综合实力方面，国内再保险业的总承保能力偏弱且较分散，市场中缺乏资本、技术实力突出的中资领导力量，不能充分发挥为直接保险市场保驾护航的作用。面对国内巨灾风险或巨额风险，直保公司往往要独自应对，久而久之形成了对国际再保险市场的高度依赖。

因此，必须从政策上全力支持中资再保险企业尽快提升竞争力，采取措施帮助中资企业进入国际市场，并在国内营造公平竞争的制度环境，否则中资再保险企业国内市场发展的主导权、市场定价权面临被侵蚀的危险，国内再保险市场就可能演变成全球再保险市场的附属地。

四 再保险行业提升国际竞争力的举措

从外部环境看，中国再保险业虽然面临全球化竞争、承保能力相对过剩、费率走势呈现疲软、自然灾害不断加重等诸多挑战和困难，从行业自身情况看，国内再保险业的资本、技术和服务能力与发达市场相比仍然有不小差距，但也应乐观地看到，国内再保险业在人缘、地缘、业缘等方面仍然保持了较高的软优势，行业发展的外部环境正在趋于改善。因此，通过有针对性地实施一系列产业突围政策，中国再保险行业与发达国家的差距将会逐渐缩小，行业综合竞争力也将得到有效增强。

（一）再保险行业发展机遇

国内再保险行业发展的机遇主要包括政策、社会经济、保险作用领域和监管四个方面。

1. 行业发展迎来政策机遇

中国保监会于2011年8月颁布的《中国保险业发展“十二五”规划纲要》（以下简称《纲要》）中，明确要求“大力发展再保险市场，要发挥再保险在促进行业转型升级、转变发展方式中的作用”，这不仅是我国保险行业纲领性文件中第一次给予了再保险在保险业中清晰而重要的定位，而且是对“十一五”时期党中央国务院关于大力支持再保险市场发展的政策意图的明确肯定和坚定延续。不仅如此，《纲要》还明确指出，发展非传统再保险业务，加快推动建立国家政策支持的农业和巨灾再保险体系等。此外，《纲要》还提出了支持保险企业深化改革、延伸产业链、实施“走出去”战略等支持保障措施，这些都为再保险业在“十二五”时期服务社会、改善民生明确了主攻方向，为再保险业加快发展步伐提供了有力支撑。

项俊波主席在2012年初召开的全国保险监管工作会议上，也对未来五年保险市场形势作出了深刻判断，他指出，“十二五”时期，我国的发展仍处于重要战略机遇期，保险业也处在发展的黄金时期。我国经济社会蓬勃发展的基本面不会变，保险业继续保持快速发展的基本面没有变。项俊波主席强调指出，积极培育保险市场，加强偿付能力监管，在群众急需、社会期待的农业保险、巨灾保险、个人延税型养老保险三个重点业务领域加大政策协调力度，争取实现突破。这些领域将凸显再保险引领保险市场发展、服务国计民生的功能作用。

2. 经济社会环境提升需求

按照我国国民经济和社会发展“十二五”规划目标，中国经济年均增长率预计保持在7%左右，经济总量、投资总额、进出口贸易规模将不断扩大，人均可支配收入进一步增加。随着工业化、信息化、城镇化、市场化、国际化深入发展，我国将步入社会经济加速调整转型期。目前我国人均GDP按购买力平价已经突破7000美元，根据国际经验和中国的经验，人均GDP在5000~10000美元期间将是保险业快速上升的时期，可以预计在“十二五”期间人均GDP及居民收入的增长将有力推动我国人均保费收入的增长。

3. 保险作用领域不断拓宽

“十二五”期间，保险业的服务领域将更加广泛，在三农和巨灾风险管理、国家基础建设、企业年金管理、医疗卫生体制改革以及应对公共突发事件中发挥了重要作用，成为金融体系和社会保障体系的重要组成部分，成为参与社会管理的重要力量。保险业作用充分有效的发挥，需要再保险市场的强力支持，需要再保险提供更加多样化、专业性的风险保障服务。我国再保险业发展面临着巨大发展空间。

4. 风险监管体系逐步确立

2008年的全球性金融危机过后，在保险市场面临的风险日益复杂多变的局面下，改革保险监管框架、提高应对风险能力、加强全球监管合作已经成为全球性共识。在这一背景下，我国自2012年以来，正在加快研究制定与国际接轨的以风险资本为基础的第二代偿付能力监管体系，强化资本补充和约束机制，健全以风险为导向的分类监管制度，这些都将对直保公司的分保需求产生根本性影响。随着行业信息化建设全面推进，以及数据和信息共享平台逐步建立，行业数据资源在风险管理、业务分析、精算与产品开发等领域的作用将日益显著。失信惩罚机制不断健全，诚信为本的价值观进一步强化，合规经营理念逐步加强，将有助于市场秩序的进一步规范和行业的长期健康发展。科学分保理念的树立，直保市场与再保险市场的统筹协调发展，也将有利于再保险充分发挥在促进行业转型升级和发展方式转变中的支持作用。

（二）再保险行业发展预测

根据《纲要》制定的预期目标，2015年我国保费收入有望达到3万亿元，保险深度达到5%，保险密度达到2100元/人。根据研究机构预计，未来5年，直保、再保市场的增速都将高于国民经济增速 7～8 个百分点，呈现稳健较快发展的态势。其中，国内产险直保、寿险直保市场平均增长率分别在 17%、12%左右。由于“十一五”初期和中期，财险直保公司分出行为面临的环境约束与后期有一定差异，因此，我们选取“十一五”后期的 2010 年、2011 年两年财险直保市场分出保费与毛保费收入关系的模拟数据，作为未来五年财险公司分出行为的预测依据。图 60 和图 61 分别给出了 2011 年和 2010 年各财险公司分出保费和毛保费收入取对数后的散点图。两图中也分别给出了对数线性方程变换后的回归方程式，总体上看模拟效果较好。

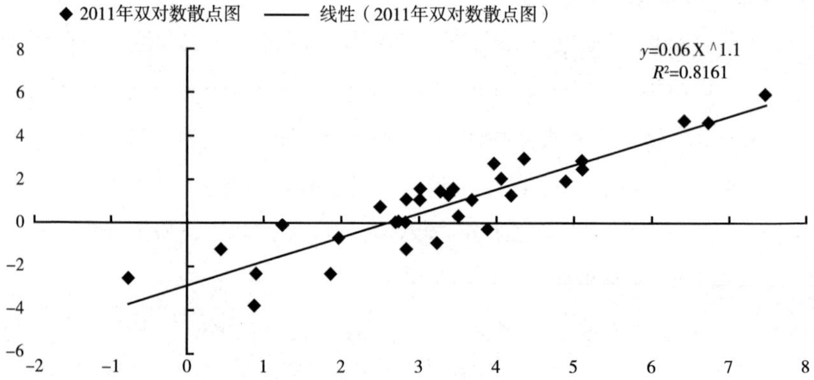

图 60　2011 年财险分出保费与毛保费收入

注：涵盖了所有分出保费的 33 家财险公司。
资料来源：各财险公司 2011 年报。

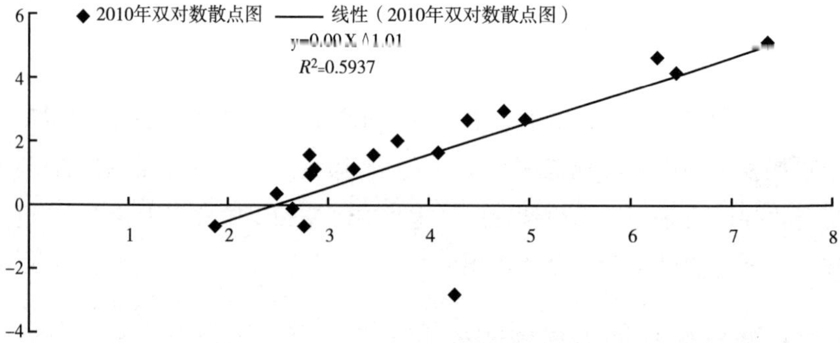

图 61　2010 年财险分出保费与毛保费收入

注：仅包括分出保费排名前 18 位的财险公司。
资料来源：《中国保险年鉴》。

我们假定 2011～2015 年国内财险直保市场年复合增速按照三档，即 13%、15%、17%增长，依据图 60 和图 61 得到的回归方程预测财险直保市场 2015 年分出数据（见表 6）。按 15%的财险直保增速以及 2010 年和 2011 年回归方程结果取中值，2015 年财险直保分出保费约 962 亿元，5 年年复合增长率约 34.4%。

进一步，国内寿险直保分出增速按 10%、13%和 15%三档假设，则 2015 年寿险分出保费分别为 216 亿、250 亿、270 亿元。取 13%的增速假设，则 2015 年国内直保公司总分出保费约在 1212 亿元左右（962 亿元 +250 亿元），年复合增速约为 14.8%。

表 6　财险直保市场分出规模预测数据

2010 年财险分出保费 471 亿元	2015 年财险保费收入（亿元）	2015 年分出保费预测		2010 年和 2011 年回归方程结果取中值	财险分出保费年复合增速(%)
		2010 年回归方程	2011 年回归方程		
财险直保年复合增速假设 13%	7176	706	1046	876	21.2
财险直保年复合增速假设 15%	7834	771	1152	962	34.4
财险直保年复合增速假设 17%	8539	941	1430	1185	99.8

按照《纲要》制定的 2015 年达到 3 万亿元保费收入目标，则国内直保市场分出率约在 4%。

（三）提升产业竞争力举措

提升国内再保险业的综合竞争力的关键在于借力于良好的政策和发展环境，采取灵活的产业竞争策略，保持并增强已具备的竞争优势，尽快消除短板限制，从而在短时间内缩小产业发展差距。具体包括以下五个方面。

1. 在产品创新上，发展新型风险转移产品，带动行业层次提升

产品创新升级是行业发展的原动力之一。再保险业高度发展的特征是再保险产品向再保险与资本市场的中间地带以及向资本市场的转移方式等转型升级，从主要对传统的可保风险提供的再保险，升级到将不可保风险转变成可保的产品，从仅为直保公司的承保风险提供再保险服务，发展到为直保公司提供综合风险管理和财务融资服务。如图62所示，1990年代末期发展起来的巨灾债券和侧挂车(Sidecar)① 等创新性产品，其发行额在高峰时期的2007年分别达到了81.45亿和15.1亿美元，二者总和占同期全球分保费收入的7.88%，其中侧挂车都是由再保险公司发行的。显然，新型风险转移产品消除了再保险硬周期时的承保能力匮乏，对再保险产品形成了竞争，风险分散的效率更高，能更好地满足直保公司的多样化需求，并且为机构投资者提供了一类与资本市场不相关且收益颇高的资产类别，为保险风险的分散提供了更为广阔的空间。

“十二五”时期，中国再保险业要打破传统的业务发展思路，通过引入新型风险转移产品②，形成行业发展亮点，吸引外部资本、人才和技术进入再保险业，形成对传统产品细分市场的反推作用，有利于行业层次的提升，刺激再保险产业链的发展，从而提升再保险业的国际影响力和竞争力。

2. 在企业发展上，加快中资企业转型步伐，增强市场竞争能力

产业综合竞争力提升依赖于强大的民族再保险机构。国内再保险企业应切实转变增长方式，加快企业转型步伐，提升技术和管理水平，形成强大的研发创新能力。

---

① “侧挂车”是一种特殊的再保险公司，其目的是通过有部分担保的比例再保险合同，给原发起公司提供额外承保能力。它本质上与比例再保险协议无太大差别，只是以一个独立的公司形式出现。在比例再保险协议中，再保险公司同意将部分保费按比例转移给另一家再保险公司，一起共同承担风险与收益。这种由原保险公司发起成立，为其提供额外承保能力，但又具有独立形式，不完全依赖于原发起公司的特殊日的公司，被形象地称为“侧挂车”。不同于组建新公司，“侧挂车”的结构设计具有较高的弹性，且具有短期性质，能允许投资者和发起人从市场的短暂供求错位中抓住机会，能为投资者和发起人进入和退出再保险市场提供很好的便利。当市场供求进入均衡阶段，在保险再保险公司的资本管理变得更容易时，“侧挂车”就会逐渐消失。

“侧挂车”的形成与巨灾事故有密切关系。在2004~2005年三大飓风事件发生之后，“侧挂车”在向再保险市场提供新资本方面扮演了重要角色。尽管2011年在澳大利亚、新西兰和日本等发生地震洪水等巨灾事故，以及模型公司RMS对美国飓风模型的修正等并没有引发同量级再保险供求错位，但仍然造成了小部分的供求失衡。与2004~2005年的情况相同，“侧挂车”市场在2010年中期以来不断提供新资本并实现了较快增长，从而充分捕捉了这些市场机会。2011年上半年，资本市场上实现了四个新的“侧挂车”交易，总额达到了6.8亿美元。(Aon Benfield，2012)。

② 新型风险转移产品（Alternative Risk Transfer，ART）是相对于传统再保险产品而言的，主要包括财务再保险、有限风险再保险等，也包括巨灾债券、巨灾期权与互换、或有资本等保险连结证券产品。

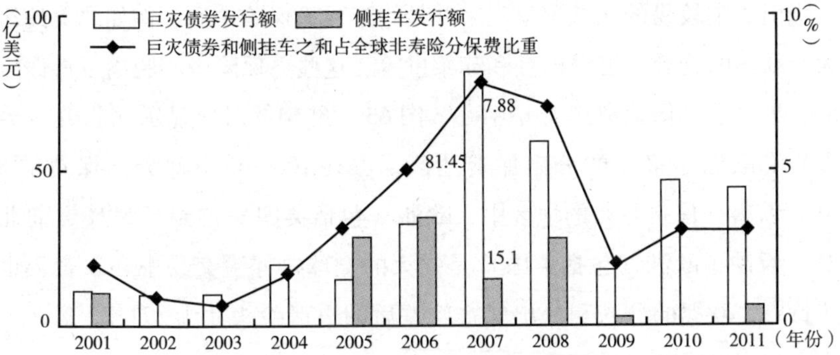

图 62　全球巨灾债券和侧挂车发行额

注：2011 年数据截至 2011 年 6 月 30 日。

资料来源：Aon Benfield（2012）。

一是优化业务结构，提高发展质量。顺应直保市场竞争格局变化，实施差异化的业务拓展策略，优化险种占比，满足日益增长的非比例和临分业务需求。

二是推进精细管理，向管理要效益。国内再保险企业要围绕精细管理提升效益的目标开展新的业务管理与运营流程，建立完善的多维度经营分析体系，加强对市场和行业发展趋势、交易对手、竞争态势和监管政策的分析研究。

三是提升专业技术，提高服务能力。在提升专业技术水平方面，要加快培养引进专业人才，积累行业经验，建立承保专业优势；完善风险管理、精算定价、资本管理等专业技术，推进与业务管理相配套的信息系统、数据库建设和模型开发工作。在提升客户服务能力方面，以客户需求为导向，通过提供风险资本、定价精算技术、增值服务等一揽子解决方案，构架全方位客户服务模式。

3. 在市场建设上，围绕再保交易中心建设，提升国际竞争实力

再保险交易中心建设是传统再保险业转型升级的加速器。从全球金融保险产业的集聚规律看，金融中心同时也是再保险中心，二者相互推动、共同发展。一般而言，一国国内再保险市场的发展依赖于本国经济发展水平，但吸引全球再保险资本和全球风险分配的全球性再保险交易中心则脱离了这个条件，转而强烈依赖于宽松的监管和税收环境、自由兑换的国际货币、发达的资本市场和便利的交易技术以及再保险人才等更高级的市场基础设施。

近年来，再保险资本流动到那些监管约束较松、税收较轻、再保险专业人才较多、吸引资本较易的区域聚集起来并最终形成再保险中心，例如北美的纽约和百慕大，欧洲的伦敦、巴登巴登和苏黎世等，这些再保险中心脱离了再保险保费发源地，形成了再保险离岸交易中心，图 63、图 64① 对比显示，北美（美国和加拿大）和欧洲是最大的分出保费地区，占到 2009 年全球分出保费的 85%。2010 年，获得分保费收入的地区中，欧洲（包括英国）占到了 59%，而北美仅有 19%，反映了欧洲（包括英国）是强大的全球再保险交易中心。表 7 也反映了上述特点，欧洲的分入和分出保费轧差后的再保险头寸为 371.25 亿元，是净风险头寸承担地区。

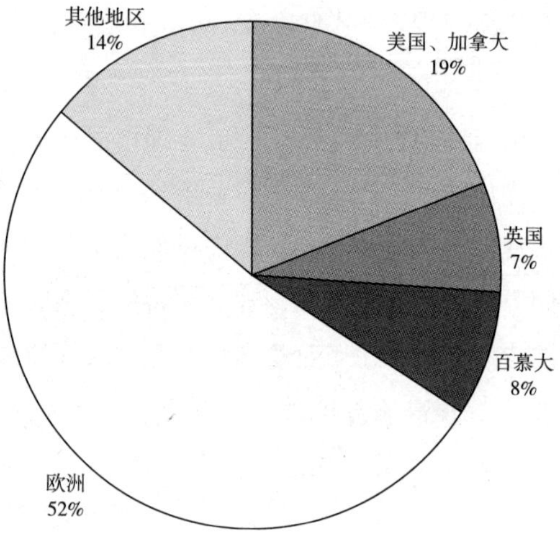

图 63　2010 年全球净分保费收入地区分布

资料来源：Standard & Poor's（2011）。

更为重要的是，发展全球性再保险交易中心，有利于集中全球的承保能力和技术，成为再保险产品创新和推广的策源地和试验田，通过价格走势和交易风格影响甚至决定其他国家或地区的再保险市场，成为世界再保险市场发展的风向标。因此，必须从国家战略层面提升发展再保险交易中心的必要性与紧迫感，有意识地通过发展再保险交易中心来加速国内再保险业的转型升级步伐。

① 因 2010 年数据无法获得，以 2009 年数据代替。

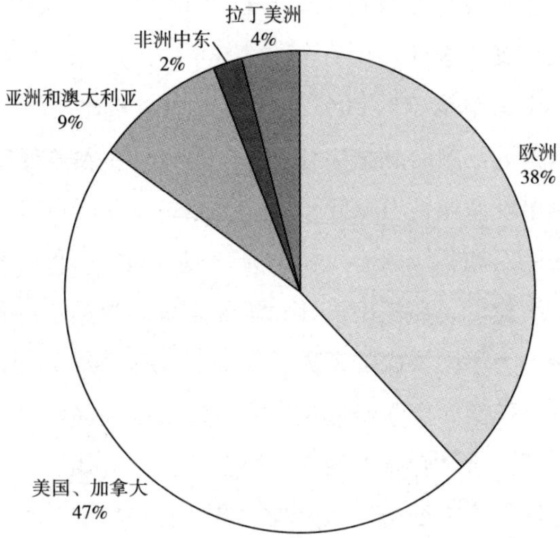

图 64　2009 年全球毛分出保费地区分布

资料来源：IAIS（2010）。

表 7　2009 年全球各地区分出分入轧差后净分保费风险头寸数据

单位：亿美元

地　　区	A:毛分保费收入	B:毛分出保费	C = A - B:净风险头寸
欧洲	972.68	601.43	371.25
北美	639.27	729.41	-90.14
亚洲、澳大利亚	22	145.69	-123.68
非洲、近东和中东	—	34.19	-34.19
拉丁美洲	—	58.25	-58.25

资料来源：IAIS（2010）。

我国发展再保险交易中心具有得天独厚的优势，例如中国的资本市场快速发展，市场规模、层次、影响力在全球迅速提升，资本项目开放在有序进行，人民币国际化进程不断提速；国内保险市场发展迅速，未来十年将成为全球第二大市场等。当然，也不能揠苗助长，操之过急，要在综合其他再保险交易中心优劣势的基础上在市场主体、交易架构、运行规则方面细致论证，审慎选择，而且要把握时机，适时修改法律制度和监管规则，为保险再保险业的全面开放做好充分准备。

4. 在服务领域上，深化农险巨灾体系建设，发挥社会管理职能

国内再保险业在支持国计民生方面有很大潜力可挖。图 65 所示，全球再保险公司在巨灾保险损失中承担约 50% 的赔款责任。相比之下，中国的保险覆盖面较低，再保险承担的巨灾赔款损失仅在 1% 左右。在农业保险方面，由于赔付率较高等原因，也出现商业性再保险承保能力投放不足等问题。因此，中资再保险企业要配合监管部门和各级政府机构，充分履行国家再保险职能，积极参与巨灾和农业再保险制度建设，在模型设计、承保定价、数据统计和保险方案设计等方面提供专业支持，为不同层次的巨灾及农业保险提供承保能力支持。搭建巨灾数据平台，开发巨灾模型，探索研究包括农业灾害衍生品、巨灾债券在内的巨灾风险分散产品与工具。鼓励有条件的再保险公司探索利用新型风险转移工具，促进再保险市场、直接保险市场与资本市场的良性互动发展。再保险行业、监管部门和国家其他部门要携手研究推进巨灾基金、行业共同体、巨灾风险分担体系等的规划设计工作。

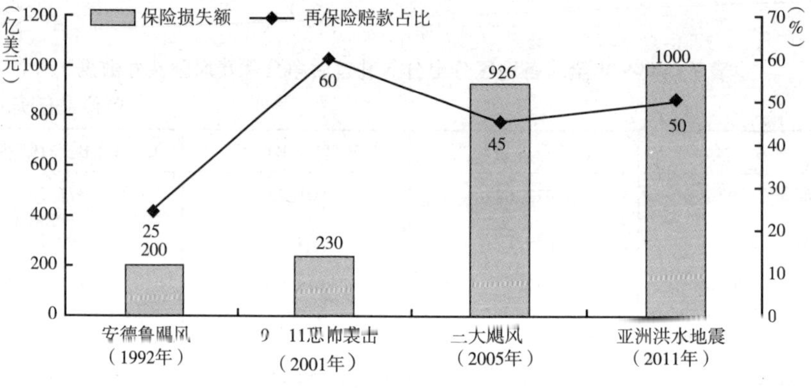

图 65　全球再保险业承担保险损失

资料来源：Munich Re。

5. 在产业政策上，出台特殊支持保障措施，维护行业稳健发展

国内再保险产业政策一方面要引导行业行为目标与社会期望目标的匹配，另一方面要降低行业发展成本，保障行业的稳健持续发展。

一是支持民族再保险机构实施灵活经营策略。民族再保险机构经营时间较短，资本和技术实力相对较弱，面临“两低一高”业务特性约束，与国计民生重点领域对再保险的需求相比，未来将承担的使命任务更为艰巨。因此有必要在政策方面给予优惠，帮助民族再保险机构在进入国际市场、拓宽综合经营链条方面降低制度性发展成本，推动再保险企业加快壮大实力，尽早承担国家社会赋予的光荣使命。具体来看，国内保险、银行等监管部门需要加强协调，国内国际保险监管机构之间也要加强磋商，在资本金管理、海外资产管理、信用证开立和管理等方面加大扶持力度，为中资机构进军国际市场扫清障碍。支持民族再保险机构适度进入直保业务领域、投资新兴产业和拓宽资产管理空间。支持中资企业在条件具备时开展上市工作。

二是对境外分保进行严格监管。鉴于目前有1/3的再保保费流出境外的事实，从审慎监管、维护再保市场稳定以及公平竞争角度考虑，希望监管部门加大分出业务审核检查力度，严控分出人与其国外附属或关联公司的再保险交易，提高非附属或关联接受人准入门槛；对转移利润和逃避税收的行为加大打击力度，防止再保保费变相流出境外，造成再保责任监管真空的局面。此外，监管部门应协调税务主管部门逐步消除再保险业务税收的国内外差异，不断缩小国内外再保业务的监管套利水平差距。

三是发挥政府在农业保险、巨灾风险分散等领域的支持引导作用。在国内再保险业发展巨灾、农险等损失风险大、易导致经营波动但社会效益显著的险种的过程中，政府应该在费用补贴、亏损弥补、税收、准备金政策等方面给予财政支持和政策优惠，提高再保险业承保巨灾、参与风险分散的积极性，利用商业再保险公司的商业运作能力和风险管理技术优势，充分发挥商业再保险在国家层面巨灾风险管理中的作用。

参考文献

编审委员会：《中国保险史》，中国金融出版社，1998。

Aon Benfield，“Reinsurance Market Outlook”，January，2012.

Aon Benfield，“Insurance-Linked Securities”，September，2011.

Guy Carpenter，“Catastrophes，Cold Spots and Capital Navigating for Success in a Transitioning Market”，*Renewal Report*，January，2012.

Guy Carpenter，“World Catastrophe Reinsurance Market”，January，2009.

IAIS, "Global Reinsurance Market Report 2010", December, 2010.

IMF, "2011 World Economic Outlook", April, 2011.

Munich Re Geo Risks Research, "World Map of Natural Hazards", February, 2009.

Standard & Poor's, "Global Reinsurance Highlights", January, 2011.

Swiss Re ER&C, *Sigma* (*2000 ~ 2012*), www. swissre. com.

《中国保险年鉴》1980 ~ 2011。

《中国统计年鉴》1980 ~ 2011。

B.6
保险资产管理行业竞争力分析

保险资产管理行业是连接保险业与金融市场的重要纽带，是货币市场、资本市场、保险市场协调发展的桥梁。保险资产管理行业的稳健发展，对促进保险业与金融市场的良性互动发展具有十分重要的意义。对于保险业而言，资产管理业务产生的投资收益是保险业利润的重要来源。对于金融市场而言，截至2011年底，保险资金投资规模达到3.78亿元，是国内金融市场最重要的机构投资者之一，在国内债券市场、货币市场、基金市场、股票市场都拥有举足轻重的地位。我国保险资产管理行业竞争力的提升，不仅对保险业的长期健康发展起着至关重要的作用，而且将对金融市场的发展和稳定产生重要的影响。

一 保险资产管理行业概览

保险资产管理行业的孕育、发展和逐渐成熟离不开经济金融发展的历史大背景，在这个过程中金融业经营体制从混业到分业，再到综合经营的蜕变，保险业经营模式从承保驱动到双轮驱动的转变，以及保险业的迅速发展壮大，是我国保险资产管理行业迅速发展的宏观背景和客观基础。

（一）保险资产管理行业发展宏观背景

1. 经济金融快速发展背景下保险业实现跨越式发展

我国经济金融业大发展的历史背景是三大制度性变迁——1978年的改革开放、1992年开始的市场经济体制改革、2001年加入世界贸易组织。在一系列制度性改革前提下，我国的人口红利和后发优势开始得到极大限度的释放，经济总量从1978年的3645亿元迅速扩张到2011年的47万亿元，人均GDP从379元提高到35000元，实际年均GDP增速达到9.9%。

伴随着经济的快速发展和市场化程度的不断提高，我国经济的货币化程度不断提高。1985 年我国广义基础货币总量 M2 仅为 5199 亿元，到 2011 年底，已经超过 85 万亿，货币化程度（M2/GDP）从 58% 迅速提高到 181%。

经济的迅速发展和货币化程度的不断提高，直接带动了我国金融业的迅猛发展。以银行业为例，1978 年，我国银行业资产总量不过数千亿元①，到 2011 年底已经超过 111 万亿元②；从机构数量来看，截至 2009 年 6 月末，各类银行业金融机构法人 5600 余家，其中主要包括 3 家政策性银行、5 家大型商业银行、12 家股份制商业银行、136 家城市商业银行、5000 多家农村合作金融机构③。截至 2011 年 11 月末，我国金融业总资产达 119 万亿元，比 2006 年末增长 149%④。

在经济金融业快速发展的大背景下，保险业同样取得了巨大的发展成就。1980 年，我国保险业恢复之初，保险市场只有一家公司经营，全部保费收入只有 4.6 亿元。到 2010 年，保险公司数量达到 142 家；2011 年全年实现保费收入达到 1.43 万亿元，是 1980 年的近 3000 倍，年均名义增长率达到 29.7%，超过其他一般行业的增速。保险密度从 1980 年的 0.48 元/人提高到 2011 年的 1064 元/人，保险深度从 0.1% 提高到 3.0%。保险业资产规模从 1999 年初的 2141 亿元迅速扩张到 2011 年底的 6 万亿元，在短短 11 年间增长了近 30 倍。

保费收入的持续快速增长，尤其是寿险业的迅速增长，使保险行业的资产规模迅速扩张，这为保险资产管理行业的规模扩张提供了客观前提，也是推动保险业对自有资产进行集中化、机构化和专业化投资管理的直接推动力。

2. 金融业经历"混业→分业→综合经营"的螺旋式发展

作为金融业的一个组成部分，我国保险资产管理行业发展模式的蜕变与金融业经营和监管模式的变化息息相关。根据金融体制演进的基本特点，改革开放以来，我国金融业的经营和监管模式大体划分为四个阶段⑤：第一阶段，从 1979 年到 1983 年，是我国金融体系的形成阶段；第二阶段，从 1984 年到 1992 年，是我国金融混业经营阶段；第三阶段，从 1993 年到 1998 年，是金融分业经营形成阶段；第四阶段，从 1999 年至今，是金融综合经营的探索阶段。

---

① 《我国金融业对经济增长贡献率达 5.4%》，《中国证券报》2008 年 11 月 11 日。

② WIND 数据库。

③ 周小川：《与共和国共同成长的中国金融业》，《改革》2009 年第 8 期。

④ 《全国金融工作会议在京召开》，《人民日报》2012 年 1 月 8 日。

⑤ 孙祁祥、郑伟：《金融综合经营背景下的中国保险业发展》，经济科学出版社，2008。

改革开放之初，我国仅有一家银行——中国人民银行，一家保险公司——中国人民保险公司，证券业则完全空白，因此机构设立成为金融体系建设的前提条件。这一阶段，农业银行、中国银行、建设银行、工商银行、国际信托投资公司和各地城市信用合作社相继成立，金融体系雏形初步形成。

在1984~1992年期间，随着经济的快速发展，实体经济对金融体系提出了更高要求，金融业发展呈现两个特点：一是金融机构数量的不断增加；二是金融机构的公司化发展和经营边界的逐步拓宽。各类金融机构进行盲目扩张，广泛涉足房地产、证券投资等领域，我国金融业进入混业经营阶段。

以1992年开始的恶性通货膨胀为标志，我国金融系统盲目扩张中的系统性风险开始集中爆发，许多金融机构出现了大量的不良资产，为此，我国相继颁布多部法律，并相继成立证监会、保监会，金融业分业监管和分业经营体制基本形成。

在我国金融业对外开放程度逐步提高、世界金融业综合经营程度不断提高的背景下，国内金融业的严格分业经营体制开始逐步被打破，银行、保险和证券等行业纷纷开始多元化的尝试。2005年10月，中共十六届五中全会通过的《中共中央关于制定国民经济和社会发展第十一个五年规划的建议》提出“稳步推进金融业综合经营试点”，标志着我国金融业综合经营正式进入积极探索阶段。

我国金融业经营体制从混业到分业，再到综合经营体制的演进，并不是“合→分→合”的简单重复，而是螺旋式的上升。与20世纪80年代的混业经营相比，当前综合经营的客观基础——机构数量、市场规模、法律制度、监管体系、经营管理能力和风险管控水平等都已经有质的提升。

金融业经营体制的演进既是决定我国保险资金管理运用方式的重要历史前提，也是我国保险资金管理运用方式转变历程的直接客观反映，在此过程中，我国保险资金运用也同样经历了从单一银行存款，到粗放多元化投资，到严格投资渠道监管，再到目前投资渠道的不断拓宽四个阶段。因此，可以说，我国保险资金管理运用方式转变的演进历程本身就是我国金融业经营体制演进历程中的一个组成部分。

3. 保险业从“承保单轮驱动”走向“承保+投资”双轮驱动

从保险业自身来看，保险业经营模式从“承保单轮驱动”向“承保+投资”

双轮驱动模式的转变是保险资产管理行业迅速发展的重要客观前提。从保险业恢复至20世纪90年代后期，我国保险业资金运用仍然停留在“被动管理”阶段，保险资金主要应用于银行存款以获取利息收入，保险业利润主要来源于承保收益，保险业的资金融通功能和保险投资收益在保险公司经营中的地位都未被充分重视。

20世纪90年代末期以来，随着投连险、分红险等具有投资功能的保险产品在保险市场逐渐成为主流，与此同时，银行存款利率从10%左右持续下降至2%左右，这不仅给我国保险业带来了巨额的利差损负担，而且使我国保险业的承保利润面临持续下降压力。在这种背景下，一方面，由于保险业资产规模的不断扩大，保险业在资本市场的地位和影响逐步提升，保险业的资金融通功能逐渐凸显，资金融通功能提升为与经济补偿、社会管理相并列的保险业三大功能之一；另一方面，我国保险业资金运用渠道逐渐得以规范并放宽，以提高保险资金运用效率和投资收益率，化解利差损风险，资金运用在保险公司经营管理中的地位和作用大大提升，成为保险公司经营的“两个轮子”之一（见图1）。

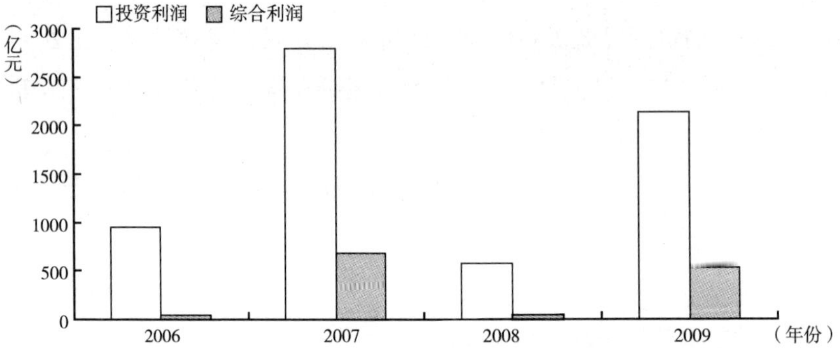

图1　投资利润成为保险业利润主要来源

资料来源：根据《中国保险年鉴》和保监会网站相关资料整理获得。

可以说，保险资产管理行业的逐渐规范化、市场化和专业化发展，既是保险业自身经营规律的内在客观要求，也是我国保险业发展和经营模式转变的必然结果。一方面，保险业，尤其是寿险业，具有显著的“先收后赔”特征，积累了大量的资产，保险资金运用的效率和安全性是保险公司的核心竞争力之一，世界保险业都具有“承保亏损或微利，投资赢利”的经营特点，因此，提高保险资金运用效率是保险业经营规律的内在要求。另一方面，我国保险业遵循“保费为先”、“市场规模为先”的粗放式发展模式，不仅损害了保险业的市场形象，也影响了保险业的长期健康发展，要实现发展方式向“集约化、精细化”模式转变，不仅需要提高业务经营效率，而且还要依托于保险资产管理效率的提高，提高为客户提供全方位金融服务的能力。

（二）保险资产管理行业发展历程回顾

在我国，在保险资产管理公司业务多元化以前，保险资产管理行业与保险资金运用的发展历程是密不可分的，或者说前者从属于后者。因此，这里主要从保险资金运用的发展历程来分析保险资产管理行业的发展历史。根据不同时期的发展特点，可以将我国保险资金运用的发展历史划分为四个阶段①：1980 年至 20 世纪 80 年代末期，初始阶段；20 世纪 80 年代末至 90 年代初，治理整顿阶段；1995～2003 年，规范发展阶段；2003 年至今，专业化、市场化发展阶段。针对四个阶段保险资产管理的基本特点，我们将其对应划分为被动管理、粗放投资、规范运用与专业管理四个阶段。

1. 被动管理阶段：1980 年至 20 世纪 80 年代末期

国内产寿险业分别从 1980 年、1982 年开始恢复，在恢复经营之初，我国仅有中国人民保险公司一家保险公司，1980 年我国保费收入仅为 4.6 亿元，到 1985 年也仅为 33 亿元。此后，新疆生产建设兵团农牧业保险总公司、香港民安保险海南和深圳分公司、平安保险公司先后成立，初步形成了以中国人民保险公司为主的多家经营主体的局面，保费收入在 1988 年首次超过 100 亿元。

这一时期，国家对保险资金运用的限制和监管较少，但保险资金运用率和运用效率都十分低。例如，1984 年 11 月，国务院批准的中国人民保险公司《关于加快发展我国保险事业的报告》中提到：“总、分公司收入的保险费，扣除赔款、赔偿准备金、费用开支和纳税金后，余下的可以自己运用。”1985 年 3 月国务院颁布的《保险企业管理暂行条例》第十七条规定，“国家保险管理机关可以规定保险企业各项保险准备金的运用方法，保险企业应当遵守国家保险管理机关

---

① 杨明生：《对保险资金运用与监管的思考》，《保险研究》2008 年第 8 期；缪建民：《我国保险资产管理行业的发展与展望》，《中国金融》2010 年第 3 期。

的有关规定”，但当时国家并没有出台明确的管理规定，保险企业实际可以自主运用保险资金。但是，人民保险公司 1986 年的资金运用率仅为 9.23%，投资收益率仅为 0.83%①。

因此，这一阶段保险资产管理具有显著的“被动管理”特点，即保险公司缺乏保险资金运用管理的意识，更多是由于保险资金的快速增长而被动进行管理或运用，造成这一局面的主要原因在于：一是在起步阶段，保险业赔付率相对较低，保险公司经营压力较小；二是保险业资产规模较小，其地位和重要性尚未体现；三是在发展初期，保险业的资金累计和融通性质没有被充分重视，保险资金运用的意识不强，这也是造成保险资金“被动管理”的根本原因；四是当时我国市场经济和资本市场都处于起步阶段，整个社会资金运用的意识仍然较弱，可投资的渠道和产品较少，导致保险资金主要用于银行存款或购买国债。

2. 粗放投资阶段：80 年代末至 90 年代初

从 20 世纪 80 年代末至 90 年代初，我国经历了 1986 ~ 1988 年以及 1992 ~ 1994 年的两轮经济过热，GDP 增速达到 10% 以上，通胀率达到 20% 左右。在此期间，保险业也得到了快速发展。在此期间，太平洋保险公司，友邦保险上海分公司，天安、大众等保险公司先后成立，到 1994 年底，我国共有 8 家保险公司②，我国保险市场主体进一步多元化。保费收入从 1989 年的 98 亿元迅速增加到 2004 年底的 395 亿元，在短短四年时间里翻了两番，整体来说，保险业已经粗具规模。

随着保险业的迅速发展和保险业资产规模的不断扩大，我国保险资金的可运用规模也在迅速增长，在金融业混业经营以及保险资金运用缺乏明确法律规范的背景下，我国保险资金运用进入粗放投资阶段，不仅投资比例大幅提高，而且投资范围几乎涉及所有的投资领域和金融产品，甚至包括融资性租赁、房地产投资以及国债期货和商品期货③。以中国人民保险公司为例，1994 年底，公司总资产为 661 亿元，其中，现金和银行存款为 290 亿元，占比为 43.9%；投资为 178 亿元，占比达到 26.9%。以中国太平洋保险公司为例，1994 年底，公司总资产为

---

① 王沁：《保险资金运用法律监管研究》，上海交通大学硕士学位论文，2011 年。

② 资料来源：《中国保险年鉴（1981 ~ 1997 年）》。其中，香港民安保险海南和深圳分公司算作一家。

③ 缪建民：《我国保险资产管理行业的发展与展望》，《中国金融》2010 年第 3 期。

42 亿元，现金及银行存款仅为 14.9 亿元，占比为 35.5%；贷款为 7.9 亿元，占比高达 18.8%；投资额为 5.6 亿元，占比为 13.3%①。

总的来说，这一阶段保险资产管理处于粗放投资阶段，具体表现为"三高一松"——保险资金投资比例高、投资范围广、投资风险高、法律监管宽松。造成这一阶段保险资金粗放投资的原因主要有：一是经济过热和金融业混业经营的大背景下，各个金融行业都处于盲目扩张、粗放投资阶段，保险业也不例外。二是保险业尤其是寿险业的迅速发展积累了大量保险资金，保险公司的资金运用意识和热情都大大提高。三是由于缺乏独立的保险监管机构，保险监管难以适应保险业快速发展需求，保险资金运用监管法律滞后，在此期间，国家并没有出台专门的监管法律法规。四是我国证券市场在此期间发展迅速，保险资金的可投资渠道和产品都大大丰富。

3. 规范运用阶段：1995～2002 年

以 1995 年《中华人民共和国中国人民银行法》《中华人民共和国商业银行法》和《中华人民共和国保险法》三部法律的颁布为标志，我国金融业开始进入分业经营阶段；1998 年，中国保险监督管理委员会成立，保险业进入分业监管阶段，我国保险业也开始进入快速发展阶段。

在此期间，我国保险市场主体数量迅速增加，大众、泰康、新华、华泰、永安、华安、出口信用等一大批公司先后成立，中国人民保险公司分拆为产险、寿险和再保险公司，到 2002 年底，我国保险公司数量已经达到 57 家，另外，还有保险中介公司 160 家，保险市场体系初步形成。保费收入从 1995 年的 595 亿元提高到 2003 年的 3880 亿元，在 8 年时间内增长超过 5 倍。随着保险业的迅速发展，我国保险业资产规模迅速扩大，截至 1999 年底，我国保险公司总资产达 2724 亿元，到 2002 年底，保险公司总资产已经达到 6495 亿元，在 3 时间里增长超过 100%。与此同时，我国保险资金运用的法律监管体系逐渐建立健全，保险资金运用进入规范投资阶段。

1995 年颁布的《保险法》第一百零四条明确规定："保险公司的资金运用，限于在银行存款、买卖政府债券、金融债券和国务院规定的其他资金运用形式。保险公司的资金不得用于设立证券经营机构和向企业投资。"此后，保监会又相

① 资料来源：《中国金融年鉴（1995 年）》。

继颁布了保险资金运用的相关法规，对保险资金的投资渠道和投资比例进行了详细的规定。1999 年保监会颁布《保险公司购买中央企业债券管理办法》和《保险公司投资证券投资基金管理暂行办法》，批准保险公司投资中央企业债和基金，并规定了投资比例。1999 年，中国人民银行先后同意保险公司在全国银行间同业市场开办债券回购业务，允许中资保险公司总公司与中资商业银行试办大额协议存款。2000 年保监会三次提高了保险公司间接入市资金比例①。

这一时期，保险资金进入“规范运用”阶段，具体表现为法律法规对保险资金的投资渠道和投资比例进行了详细的明确规定，监管也相对严格，保险资金运用的效率和安全性都大幅提升。在此期间，各个保险公司开始陆续成立专门的资产管理部门、中心，我国保险资产管理行业进入起步阶段。这一局面的形成得益于几个方面的客观条件：一是金融业分业经营、分业监管体制的形成，金融业进入良性健康发展阶段；二是《保险法》的颁布和保监会的成立，使保险资金运用监管的针对性大大加强；三是粗放投资阶段的风险累积、利率下降导致的巨额利差损等因素，使保险公司对资金运用的重视程度大大提高。

4. 集中专业管理阶段：2003 年至今

自 2003 年以来，我国保险业进入了快速健康发展阶段，保险业资产管理模式也发生了巨大转变。保费收入从 2003 年的 3880 亿元提高到 2011 年的 1.4 万亿元，在 8 年时间里增长了近 3 倍；保险业资产规模从 2003 年的 9123 亿元迅速提高到 2011 年底的 6 万亿元，增长了 5 倍多。不仅如此，保险资金投资运用比率也在不断提高，保险资产中投资额从 2578 亿元提高到 3.85 万亿元，投资比例从 39% 上升到 62.8%②；而且，由于保险资金运用注重投资的安全性，在资本市场大幅波动的前提下仍保持了相对于其他机构投资者更为稳定的收益率水平，为保险资产的保值增值发挥了极其重要的作用。据统计，五年来保险机构共实现投资收益 7201 亿元，年均投资收益率超过 6%③，这一成绩的取得与这一时期保险资金管理运用方式的变革密不可分。

2003 年 7 月、11 月，中国人保资产管理股份有限公司和中国人寿资产管理

① 张波：《中外保险资金运用法规制度比较研究》，西南财经大学硕士学位论文，2006 年。

② 资料来源：WIND 数据库。

③ 资料来源：保监会网站。

有限公司先后成立，标志着我国保险资金运用进入机构化管理阶段，我国保险资产管理行业正式诞生。在这一年，同时进行的还有保险资金运用的集中化、专业化变革，保险公司将各分支机构和地方分公司的资金集中于公司总部，使保险资金集中管理、集中使用，以实现规范管理，获取规模效应。随后，在 2005 ~ 2006 年期间，平安、华泰、中再、泰康、太平洋、新华、太平和安邦 8 家较具规模的保险公司开始相继成立各自的资产管理公司（或中心），并将保险资金委托其进行管理，形成了保险资产管理行业的“9 + 1”格局。

2011 年 4 月，保监会发布《关于调整〈保险资产管理公司管理暂行规定〉有关规定的通知》，将设立资产管理公司的门槛降低——经营业务年限由 8 年以上调整为 5 年以上，偿付能力不低于 150%，总资产不低于 100 亿元人民币，保险集团（控股）公司的总资产不低于 150 亿元人民币，牌照数量才开始再次增加。合众、安邦、生命于 2011 年先后成立资产管理公司；2012 年 3 月，光大永明资产管理公司成立，使目前保险资产公司数量达到 13 家；2012 年 7 月，中英益利、阳光资管、民生通惠陆续获批筹建，保险资产管理公司数量将达到 16 家；此外，中意人寿、华夏人寿、天安财险等中小保险公司也提出设立资产管理公司的申请，力图通过走专业化道路提高资产管理能力①。

这一时期，保险资金运用监管的法律法规体系也不断健全，保险资金运用渠道不断拓宽。2003 年 6 月，《保险公司投资企业债券管理暂行办法》规定保险资金可投资于经监管部门认可的信用评级机构评级在 AA 级以上的企业债券；同时，保监会将保险资金投资基金和企业债的比例分别放宽到总资产的 15% 和 20%，并降低了可投资企业债的评级水平。2004 年 2 月，《国务院关于推进资本市场改革开放和稳定发展的若干意见》规定，“支持保险资金以多种方式直接投资资本市场，逐步提高商业保险资金等投入资本市场的资金比例。”当年，保监会先后调整了保险公司投资银行次级债券、银行次级定期债务和企业债的比例，允许保险公司投资可转换公司债券，规范了外汇投资运用及其比例限制，允许保险资金直接进入股市，并严格规定了资产管理公司的投资身份和比例，出台了《保险资金运用风险控制指引》。据统计，从 2005 年至今，保监会

① 颜韬：《我国保险资产管理公司的市场化发展》，《保险研究》2011 年第 7 期；《信托、私募加盟 保险资管新一波扩容》，《经济观察报》2012 年 7 月 6 日。

出台的资金运用类规范性文件就有45项之多，保险资金运用的法律监管体系初步建立。

与此同时，保险资金运用渠道也逐步拓宽。在2004年以前，保险资金仅限于银行存款、政府债券和金融债券，以及证券投资基金；从2004年开始，保险资金可以直接进入股票市场、投资可转换公司债券；2006年保险资金先后被允许投资国家级重点基础设施项目和未上市商业银行股权；2007年，保险资金开始可以投资境外货币市场产品、固定收益产品和权益类产品；2010年，不动产投资、上市股权投资领域向保险资金放开，保险资金运用渠道和产品逐渐多元化。

当前，保险资产管理行业体系已经初步建立，保险资产管理行业正在朝专业化和市场化方向发展，保险行业的发展和转型也还远远没有结束。但总的来说，保险资金运用具有“专业管理”的基本特征，这是我国保险资产管理行业真正形成发展的阶段。从上述历程可以看到，与以往简单的“保险资金运用”概念略有不同，当前的“保险资产管理”则是指通过独立的专业投资机构进行的集中化、专业化和市场化的保险资金受托投资管理方式，目前特指通过保险资产管理公司所进行的保险资金运用，而且保险资产管理与保险资金运用在管理资产上又有所不同。保险资产管理公司不仅可以受托管理母公司保险资金，还可以作为独立金融机构管理第三方客户的非保险资产，在综合化的金融市场中为不同类型的机构投资者提供资产管理服务①。保险资产管理行业集中专业化经营体制的建立使得保险资产管理队伍不断壮大，人员结构明显优化，专业化水平显著提升，投资管理能力和风险控制能力不断提高，这使得整个行业的投资风险降低，投资收益提高②。

二　保险资产管理行业竞争力分析：基于历史比较

保险业资金管理方式从分散化、部门化管理，到集中化、机构化管理的转变，不仅使我国保险业资产管理模式发生了本质性的转变，提升了保险资金运用的效率和专业化水平，而且促进了我国保险资产管理行业的发展壮大。

① 缪建民：《我国保险资产管理行业的发展与展望》，《中国金融》2010年第3期。

② 缪建民：《我国保险资产管理行业的发展与展望》，《中国金融》2010年第3期。

（一）管理集中化、机构化，专业水平大幅提升

保险资产管理行业的真正形成始于2003年开始的保险资金运用的集中化、专业化和机构化变革。在此之前，保险资金运用的权利尚未完全上交给总公司，许多分支公司都进行了大量的房地产、酒店和证券等投资。即使在总公司层面，保险资金也一般由资产管理部门，或者财务部门进行管理运用。从而造成投资决策独立性不强，人员配置较少，专业化程度相对较低，难以满足规模持续扩大的保险资金的运用需求，因此，2003年以前都可以被统一称为“保险资金运用”阶段。

在此之后，我国保险业正式进入“保险资产管理”阶段，保险资金运用管理权限统一上交总公司，各主要大型保险公司都先后成立保险资产管理公司，将保险资金委托其进行专业化管理，保险资产管理行业也由此正式诞生。2003年，中国人保资产和中国人寿资产先后成立，2005年平安、华泰、中再成立各自的资产管理公司，2006年泰康资产、太平洋资产、新华资产、太平资产先后成立，我国保险资产公司数量达到9家。2011年，安邦、生命先后成立资产管理公司，2012年3月，光大永明资产管理公司成立，保险资产公司数量达到12家。此外，华安、阳光等保险公司也正在申请成立资产管理公司（见图2、表1）。不仅如此，许多中小型保险公司的资金运用也开始市场化——委托第三方机构进行投资管理，这标志着我国保险资金管理模式发生了根本性的变革。

无论是国际还是国内，保险业资产管理模式无外乎三种——外部委托投资、公司内设投资部门和设立专业化保险资产管理机构。相比较而言，外部委托

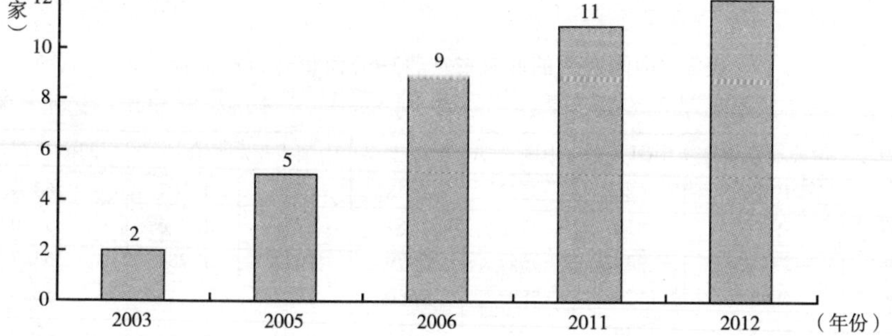

图2　2003年以来我国保险资产管理公司数量不断增加

资料来源：根据保监会网站资料整理获得。

表1　目前国内12家保险资产管理公司简况

公司名称	成立时间
中国人保资产管理股份有限公司	2003年7月16日
中国人寿资产管理有限公司	2003年11月23日
华泰资产管理有限公司	2005年1月18日
平安资产管理有限责任公司	2005年5月27日
中再资产管理股份有限公司	2005年2月18日
泰康资产管理有限责任公司	2006年2月21日
太平洋资产管理有限责任公司	2006年6月9日
太平资产管理有限公司	2006年9月1日
新华资产管理股份有限公司	2006年6月6日
安邦资产管理有限责任公司	2011年5月17日
生命保险资产管理有限公司	2011年7月12日
光大永明资产管理股份有限公司	2012年2月23日

资料来源：根据保监会网站资料整理。

投资的成本相对较高、控制风险较大，仅适用于规模较小的保险公司；内设投资部门的专业性和竞争性相对较低，难以适应规模不断增长的资产管理需求；专业资产管理公司有利于对保险资金进行专业化、规范化的市场运作，降低投资风险并提高投资收益。目前来看，随着资产管理公司数量不断增加，委托资产管理公司进行专业化投资已经逐渐成为大中型保险公司资产管理的主要模式。据统计，中国人寿、中国平安、中国太保和中国人保四家资产管理公司2011年管理的资产规模达到3.2万亿元，占保险业资产规模的比重超过50%。保险资产管理行业的发展，使保险业资产管理方式逐渐多元化，有效地促进了保险业资产管理模式的转变，大大提升了保险业资产管理的市场化和专业化水平（见表2）。

表2　中国最大的四家资产管理公司管理资产情况

单位：亿元，%

年份	保险业总资产	中国人寿	中国平安	中国太保	中国人保	合计	四家公司占比
2006	19731	6868	3322	1848	464	12502	63.4
2007	29004	8502	4749	2864	701	16816	58.0
2008	33418	9371	4647	2879	1057	17954	53.7
2009	40635	11721	5897	3660	1837	23115	56.9
2010	50482	13362	7630	4334	2703	28029	55.5
2011	60138	14949	8673	5225	3255	32102	53.4

资料来源：WIND数据库，中国人保资产管理公司网站。中国人寿、中国平安和中国太保数据为WIND数据库中各保险公司投资资产数据，中国人保为其网站公布的受托资产年底余额数据。

（二）资产规模迅速扩张，投资收益相对稳定

保险业资产规模的迅速增长为保险资产管理行业竞争力提升提供了重要前提。近年来，随着保费收入的迅速增长，保险业资产规模快速扩张。1999 年我国保险业总资产仅为 2604 亿元，到 2011 年底资产规模已经超过 6 亿元，在 12 年间增长超过 20 倍，保险资产管理业在金融市场中的地位不断提高。2011 年 11 月末，我国金融业总资产达 119 万亿元，比 2006 年末增长 149%。其中，银行业总资产 108 万亿元，证券业总资产 4.7 万亿元，保险业总资产 5.8 万亿元，分别比 2006 年末增长 146%、181% 和 196%，保险业占金融业总资产比重上升到 4.9%，成为银行业以外资产规模最大的金融行业，保险资产管理公司成为国内最重要的机构投资者之一。

保险资产管理行业的快速发展有效地促进了保险业资金运用效率的提高。随着保险资金集中化、专业化管理变革的稳步推进，以及保险资金投资渠道的不断拓宽，我国保险资金的运用效率也在不断提高。从图 3 可以看出，我国保险公司投资规模从 1999 年的 891 亿元迅速扩大到 2011 年的 3.77 万亿元，保险资产投资比率，即保险公司投资额占总资产的比重，相应从 34.2% 提高到 62.8%。保险资金投资率的提高，一方面可以有效促进保险资产的保值增值，在中长期通胀水平保持高位而利率水平相对较低的背景下，降低保险资金大量被动存放于银行带来的资产贬值或利差损风险；另一方面，使保险资产管理行业的受托资产和投资资产规模大大提高，提高资产管理公司在金融市场的话语权，以及在金融产品交易过程中的定价权。例如，在市场资金紧张的条件下，保费收入快速增长给保险资产管理行业持续注入大量资金，使资产公司在协议存款利率定价中的话语权大大提高。

从收益率情况来看，保险资金投资收益率虽然波动幅度有所提高，但相对较为稳定，而且稳中趋升。2004 年以前，保险资金投资收益率一般在 4% 左右。此后，由于投资渠道逐步放宽，保险可以直接投资股票市场，并且比例逐步提高，保险资金投资收益率波动大大提高，基本与股票市场走势大体一致——在股市大涨的 2007 年收益率达到历史性的 12.2%，而在随后暴跌的 2008 年则仅为 1.9%。但是，由于保险资金运用更注重投资的安全性，资产组合中以高等级债券为主，保险资金投资收益率相对于其他机构投资者来说仍然较为稳定，而且平

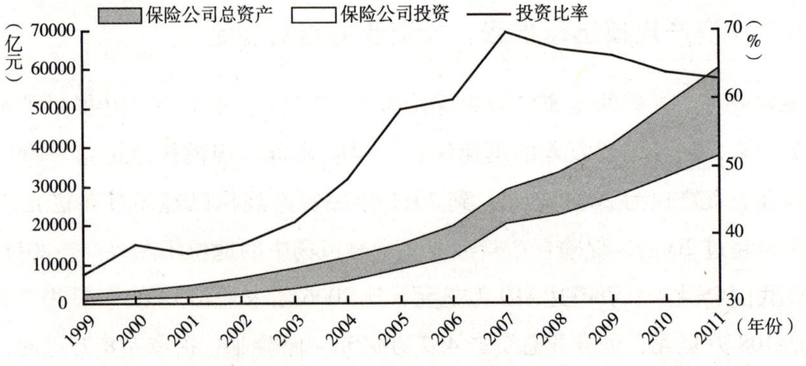

图 3　保险业总资产及投资比率都不断提高

资料来源：WIND 数据库。

均收益率有所上升。据统计，在 2001～2004 年期间，平均收益率为 3.2%；在 2005～2011 年期间，平均收益率提高到 5.5%。保险资金投资收益率在相对稳定中逐渐提高，这表明资产管理行业的资产配置能力、风险控制能力和投资交易能力都在逐渐提升，这为保险资产管理行业未来的发展转型提供了重要客观前提（见图 4）。

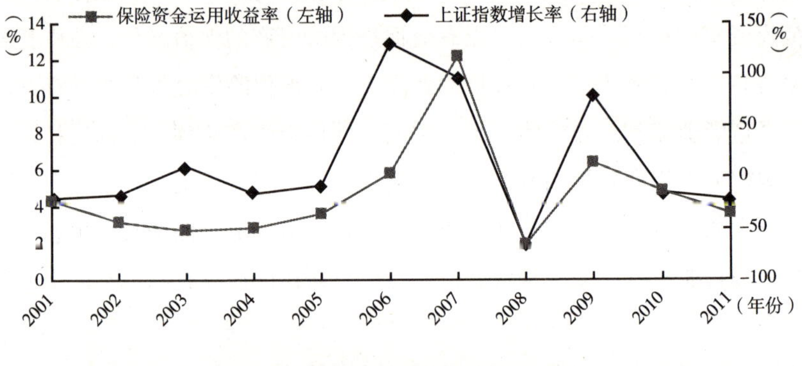

图 4　保险资金收益率相对较为稳定

资料来源：WIND 数据库。

（三）投资渠道不断拓宽，资产配置能力提高

1995 年以前，对于保险资金的投资渠道并没有明确的法律限制，1985 年 3 月国务院颁布的《保险企业管理暂行条例》中，虽然规定“国家保险管理机关

可以规定保险企业各项保险准备金的运用方法，保险企业应当遵守国家保险管理机关的有关规定”，但是并没有出台相应的具体法律法规，保险资金运用仍然“无法可依”，因此造成保险资金的粗放投资，保险资金投资风险很高。在1995年以后，随着《保险法》的颁布和保监会的成立，国家对保险资金投资渠道进行了明确的规定，例如1995年颁布的《保险法》规定：“保险公司的资金运用，限于在银行存款、买卖政府债券、金融债券和国务院规定的其他资金运用形式。”这一严格限制一直持续到1999年才迫于市场的压力逐渐有序放开，保险资金开始先后被允许投资证券投资基金、股票、可转换债券、国际级重点基础设施建设、外汇产品、不动产和未上市公司股权（见表3）。

表3　保险投资渠道不断拓宽

时间	保险资金运用渠道	相关法律
1995年前	没有明确的具体限制	《保险企业管理暂行条例》第十七条
1995～1999年	银行存款、政府债权、金融债券	《中华人民共和国保险法》第104条
1999.10	证券投资基金	《保险公司投资证券投资基金管理暂行办法》
2004.10	股票、可转换债公司债券	《保险机构投资者股票投资管理暂行办法》《关于保险公司投资可转换公司债券有关事项的通知》
2006.3	国家级重点基础设施项目	《保险资金间接投资基础设施项目试点管理办法》
2006.9	未上市商业银行股权	《关于保险机构投资商业银行股权的通知》
2007.7	境外货币市场产品、固定收益产品、权益类产品	《保险资金境外投资管理暂行办法》
2010.9	不动产、未上市股权	《保险资金投资不动产暂行办法》《保险资金投资股权暂行办法》

资料来源：根据保险会网站相关资料整理。

因此，大体来说，我国保险资金投资渠道大体经历了“粗放投资→严格管制→逐步有序放开”的过程。第一个阶段，没有管制的自由投资使保险业积累了大量的投资风险。第二个阶段，严格的投资渠道管制很大程度上限制了保险公司的资产配置能力，制约了保险资金运用效率的提高。这一阶段，保险资金投资渠道才开始逐渐有序放开，但是与第一阶段的粗放投资截然不同，投资渠道的放开，是以严格的投资额度、投资比例限制和较为完善的风险管控体系为前提的，是在有效控制投资风险前提下的有序放开，对于提升保险业的资产配置能力和资金运用效率都具有十分重要的促进作用。

（四）法律法规不断完善，监管水平显著上升

通过历史回顾可以看出，我国保险资金运用的法律法规经历了从无到有，再到逐步健全的过程。在保险业恢复经营之后的较长一段时间内，国家并没有出台比较明确的法律条文对保险资金运用进行规范，导致投资方式比较粗放。直到1995年《保险法》的颁布，才开始对保险资金投资渠道予以明确规定。随后，保监会以及专门的保险资金运用监管部门——保险资金运用监管部成立，我国保险资金运用监管的法律法规不断健全，监管水平逐渐提高。据不完全统计，自2005年以来，仅保监会颁布的保险资金运用类规范性文件就达到45份之多，涉及保险资产管理公司经营管理、风险防范，以及债券、股票、证券基金投资等各个方面，初步构建了我国保险资金运用和保险资产管理的法律法规体系，见表4。

表4　2005年以来保监会颁布的资金运用类规范性文件

类别	主　要　法　规	颁布时间
资产公司经营管理	关于调整《保险资产管理公司管理暂行规定》有关规定的通知	2011年4月20日
	关于调整保险资金投资政策有关问题的通知	2010年8月11日
	关于加强资产管理能力建设的通知	2009年4月7日
	关于加强保险资产配置风险管理的通知	2009年2月26日
	关于印发《保险资产管理重大突发事件应急管理指引》的通知	2007年6月14日
	关于加强保险资金风险管理的意见	2006年11月7日
	关于调整证券投资基金月报表的通知(已废止)	2005年12月19日
	关于印发《保险资金运用风险控制指引(试行)》的通知	2005年12月19日
	关于规范保险公司公布资金运用收益信息行为的通知	2005年12月18日
	关于暂不允许委托证券公司管理运用资产的通知	2005年12月18日
	关于员工抵押贷款的批复	2005年12月18日
	关于开展保险资金托管工作的通知	2005年10月14日
债券投资	关于保险机构开展利率互换业务的通知	2010年7月20日
	关于保险机构投资无担保企业债券有关事宜的通知	2009年12月31日
	关于加强保险机构债券回购业务管理的通知	2009年10月22日
	关于债券投资有关事项的通知	2009年10月22日
	关于增加保险机构债券投资品种的通知	2009年4月7日
	关于印发《保险机构债券投资信用评级指引(试行)》的通知	2007年2月7日
	关于印发《保险机构投资者债券投资管理暂行办法》的通知(已废止)	2005年12月23日
	关于保险公司、保险资产管理公司投资保险公司次级定期债务的通知(已废止)	2005年12月19日
	关于保险公司投资可转换公司债券有关事项的通知(已废止)	2005年12月19日
	关于保险公司投资中央银行票据的通知(已废止)	2005年12月19日

续表

类别	主　要　法　规	颁布时间
债券投资	关于增加认可企业债券信用评级公司的通知（已废止）	2005 年 12 月 19 日
	关于增加认可企业债券信用评级机构的通知（已废止）	2005 年 12 月 19 日
	关于保险公司投资银行次级定期债务有关事项的通知（已废止）	2005 年 12 月 19 日
	关于调整保险公司投资银行次级债券、银行次级定期债务和企业债券比例的通知（已废止）	2005 年 12 月 19 日
	关于严禁保险公司以大额协议存款出质为他人提供担保的通知	2005 年 12 月 18 日
	关于允许保险公司购买电信通讯类企业债券的通知（已废止）	2005 年 12 月 18 日
股票证券投资	关于规范保险机构股票投资业务的通知	2009 年 4 月 7 日
	关于股票投资有关问题的通知	2007 年 4 月 6 日
	关于保险机构投资者股票投资交易有关问题的通知	2005 年 12 月 26 日
	关于印发《保险公司股票资产托管指引（试行）》的通知	2005 年 12 月 22 日
	关于外资保险公司在华分公司开立证券账户有关问题的通知	2005 年 12 月 19 日
	关于重新修订《保险公司购买中央企业债券管理办法》的通知（已废止）	2005 年 12 月 18 日
	关于印发《保险公司投资企业债券管理暂行办法》的通知（已废止）	2005 年 12 月 18 日
	关于重新修订《保险公司投资证券投资基金管理暂行办法》的通知	2005 年 12 月 18 日
	关于保险机构投资者股票投资有关问题的通知	2005 年 2 月 7 日
股权投资	中国保监会关于印发《保险资金投资股权暂行办法》的通知	2010 年 9 月 5 日
	关于保险机构投资商业银行股权的通知	2006 年 10 月 16 日
	关于加强保险公司对持有上市公司股份和法人股集中管理的通知（已废止）	2005 年 12 月 18 日
不动产	中国保监会关于印发《保险资金投资不动产暂行办法》的通知	2010 年 9 月 5 日
	关于保险资金投资基础设施债权投资计划的通知	2009 年 4 月 7 日
	关于印发《基础设施债权投资计划产品设立指引》的通知	2009 年 4 月 7 日
外汇投资	关于印发《保险外汇资金境外运用管理暂行办法实施细则》的通知（已废止）	2005 年 9 月 1 日
	关于保险外汇资金投资境外股票有关问题的通知（已废止）	2005 年 6 月 16 日

资料来源：根据保险会网站材料整理。

与此同时，我国保险监管模式经历了从“市场行为监管”到“市场行为监管与偿付能力监管并重”，再到“以偿付能力为核心”的巨大转变，保险业监管水平不断提升。监管方式的转变，对于推动我国保险资金投资渠道拓宽，以及保险资金运用风险管理体系的建立健全具有重要的作用。因为，有效的偿付能力监管一方面有利于提高保险公司资金投资运用的灵活性，提高资金运用效率，另一方面对保险资金运用的风险控制提出了更高的要求。

（五）内控制度逐步健全，风控水平稳步增强

在法律法规不断健全、监管水平逐步提高、保险资金运用集中化与专业化的背景下，我国保险资产管理行业的风险管控水平也在不断提高，这主要体现在以下三个方面：一是保险资金运用渠道不断拓宽，有利于提高保险资金的运用效率，从而有利于保险资产的保值增值，这是保险资金运用风险管理能力提升的最重要前提。二是保险资金运用的法律法规体系不断健全，偿付能力监管水平不断提高，对保险资金运用的渠道、投资比例、投资额度、投资决策执行方式都进行了较为具体的规定，这有利于防范投资风险的积累和传递，使投资风险控制在可承受范围内。三是保险资金运用的集中化和机构化变革，使保险资金投资管理趋于规范化、专业化，保险资产管理建立了严格的“委托－受托－托管”制度，而在资金投资过程中建立了“投资决策－交易执行－资金划拨－风险控制－监督评价”的完整体系，保险资产管理和投资中的各个角色相对独立、相互监督，大大提高了保险资金的安全性。

三　保险资产管理行业竞争力分析：基于行业比较

作为国内资本市场重要的机构投资者，保险资产管理公司在引领资本市场投资理念、维持资本市场平稳运行、支持资本市场服务实体经济等方面发挥了重要的作用。特别是与其他机构投资者相比，保险资产管理公司在规模增长的可持续性、投资收益的稳定性、风险控制的专业性，以及积极服务实体经济等方面具有较强的竞争力。

（一）资产规模增长体现可持续性

受益于宏观经济持续较快增长以及保险行业的快速发展，保险行业资金运用规模呈现平稳较快增长态势。在过去的十年中，保险资金运用规模增长超过15倍，年均增长接近40%。截至2011年末，保险行业投资规模达3.78万亿元，较上年同比增长17.43%。2011年，全国社保基金的直接投资规模同比增长1.29%，公募基金资产总净值同比下降13.20%。“十一五”期间，保险资金运用规模从期初的0.89万亿元增加值期末的3.21万亿元，累计增加2.32万亿元，

规模增长 260.67%。同期，全国社保基金规模增长 258.72%，公募基金资产总净值同比增长 432.33%（见图 5）。

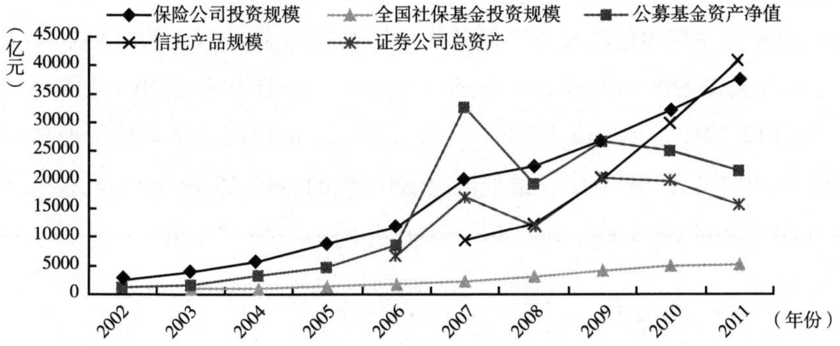

图 5　国内主要机构投资者资产规模

资料来源：全国社保基金理事会，证券行业协会，信托行业协会，WIND 资讯。

除了资金规模的较快增长外，保险资金运用规模的增长也体现出较好的稳定性和可持续性。2003～2007 年是保险资产管理行业的高速发展期，资产规模年均增长 52.34%，其中得益于国内股票市场的爆发式增长，2007 年资产管理规模同比增长 71.29%。2008 年以来，保险资产管理行业规模增速适当回落，2008～2011 年均规模增长 16.95%。简单回顾过去十年的发展历史可以发现，保险资产管理行业的规模变化，无论是在高速增长期还是在平稳增长期，始终保持正增长，且在区间内增速波动相对较小。与此同时，国内其他机构投资者的资产规模变动幅度相对较大。以国内的公募基金管理行业为例，2006～2011 年公募基金管理资产净值平均增长 57.04%。其中，2006 年和 2007 年的增长率分别高达 82.57% 和 282.46%，但 2008 年、2010 年和 2011 年三年规模出现同比减少，2008 年更是同比减少 40.81%。保险资产管理机构对承保业务产生的现金流进行集中和专业的管理，成为连接保险市场与资本市场的桥梁，一方面通过受托的方式获得了稳定的现金流，另一方面也利用自身的专业优势实现资产的保值增值，形成保险市场与资本市场的良性循环，也保持了行业的可持续发展。

（二）投资收益率中长期保持稳健

保险资产管理机构在中长期投资收益率方面保持了较好的稳定性，为保险业的又好又快发展提供了重要的保证，也是保险资产管理机构在金融业内拥有较强竞争力的重要体现。从历史投资收益率的简单平均来看，2002～2011年保险行业资金运用实现的收益率平均为4.72%，与其他行业相比，高于国内公募基金行业1.41%的年均净值增长率，但低于全国社保基金8.59%的年均投资实现收益率。从收益率的波动性来看，在过去十年中，保险资金运用收益的最高值为2007年的12.17%，最低值为2008年的1.91%。而国内公募基金行业的收益率最高值为2009年的44.45%，最低值为2008年的-48.65%。全国社保基金的最高值为2007年的38.93%，最低值为2003年的2.71%（见图6）。

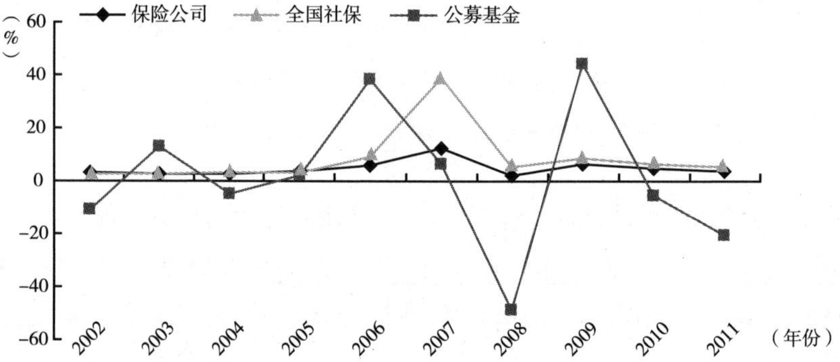

图6　国内主要机构投资者投资收益率

注：保险公司和全国社保基金投资收益率为已实现投资收益率，公募基金投资收益率为单位净值增长率。

资料来源：中国保险监督管理委员会，全国社保基金理事会，WIND资讯。

保险资产管理机构能够获得稳定的较好收益主要取决于以下三个方面：一是保险资产管理行业的成立使得保险资金进入集中化和专业化管理阶段，行业的制度变革提高了保险业的整体竞争力，承保业务与资产管理业务的互动发展，为资产管理业务带来长期稳定的现金流。二是坚持资产负债匹配管理，降低经济周期和政策周期带来的波动。保险行业通过承保业务产生现金流，并形成保险公司的负债，而资金运用对应的为资产。作为以负债方式开展经营的金融机构来说，根据负债的特性（例如久期、成本等）进行资产配置，可以获得稳定的利差收益，同时也可以降低收益的波动。保险资金的配置以固定收益类产品为主，权益类产品配置比例仅为20%左右，这就保证了保险资金投资收益的稳定。三是保险资产管理机构坚持投资的长期性和价值性。保险资金属于低风险偏好资金，其中来自寿险承保业务的资金更加具有长期性的特征，这要求资产管理业务需要以更长的期限进行投资，并注重投资标的价值的甄选。在这一点上，保险资产管理机构与全国社保基金的投资理念较为接近，但有别于公募基金等高风险偏好的资产管理业务。因此，拥有保险业背景的资产管理公司在管理长期和低风险偏好资金方面具有较为明显的竞争力。

（三）积极服务与支持实体经济发展

近年来，随着保险资产管理行业制度建设的不断完善，保险资产管理行业风险控制能力的逐步提升，保险资金的投资渠道稳步拓宽。保险资产管理行业不仅积极参与和推动国内资本市场的发展，也通过多种方式支持和服务国内实体经济的发展，成为金融行业服务实体经济的重要方面。目前，保险资金主要通过债权计划（基础设施债权投资计划）的方式支持和服务实体经济。

保险资金基础设施债权投资计划是以保险资产管理公司为受托人，依照信托原理，向保险行业内符合投资资格的保险公司（委托人）发行债权投资计划来募集资金，以债权方式投资于国家重大基础设施工程建设。目前，债权投资计划可以投资的领域包括能源、交通、市政、环保和通信产业等。在行业内，中国人寿资产管理公司、中国人保资产管理公司、中国平安资产管理公司、泰康资产管理公司、太保资产管理公司、太平资产管理公司、华泰资产管理公司7家保险资产管理公司通过审核，具有发起债权投资计划的资质。

基础设施类项目一般所需资金量较大，项目营运周期长，与保险资金规模大、期限长的特点相匹配。2011年，保险资金发起的债权项目产品发行总规模为680亿元左右，其中以电力、交通等涉及民生的基础设施建设项目为主。2008年底以来，保险行业已累计发行债权投资计划超过40个，累计募集投资资金1000亿元以上。保险资金投资基础设施类项目，支持了国家重大基础设施项目，促进了国民经济建设，也拓展了保险资金配置渠道，减少了对利率敏感性产品的依赖，推动了公司保险资产结构调整，有效提高了保险资金综合运用收益率。

（四）金融同业竞争挑战与机遇并存

保险资产管理机构在长期投资和价值投资方面拥有明显的优势，资产管理规模稳步增长，长期投资收益保持稳定，风险控制能力突出。但近年来，国内金融行业发展迅速，部分子行业异军突起，对于承保业务和资产管理业务都造成了较大冲击。加之国内金融产品趋于同质化，保险资产管理行业尚未真正走出保险行业，保险资产管理机构在金融市场竞争中面临的挑战有所增多。

金融产品同质化竞争变为收益率竞争，保险产品属性受到削弱。随着宏观经济的持续较快增长，国内金融市场也取得了迅速的发展。近年来，为满足市场不同需求，金融产品不断推陈出新，除了传统的银行存款、证券投资基金、保险产品以外，银行理财产品、信托产品、私募投资基金等不断涌现，产品规模快速增长，对传统金融产品，特别是保险产品造成较大冲击，这主要体现在以下三个方面。

一是宏观调控导致货币政策从紧，市场流动性趋于紧张，社会资金成本大幅上升。加之通货膨胀水平处于较高区间，社会资金更多流向回报较高的产品。这一方面对保险产品的销售带来负面影响，同时也导致存续产品的退保增加。

二是保险产品的保险属性受到忽视。作为金融产品，长期寿险产品具有一定的投资功能，但其更主要的属性在于保障功能。也正是由于保险产品具有保障的属性，因此保险资金作为低风险偏好资金在运用方面受到严格监管，加之资产负债匹配的要求，在升息周期中，保险产品的绝对投资收益率难以成为竞争优势。

三是保险产品销售过于依赖银行渠道。为加快保险产品的销售，近年来保险公司通过银保渠道实现的销售规模快速增长，但同时也埋下了隐患。一方面，银保渠道的激烈竞争使得销售成本大幅上升，承保业务利润下滑，甚至出现亏损。另一方面，货币政策转向从紧后，市场流动性趋于紧张，出于吸储的需要，银行加大了理财产品的销售，挤压了保险产品的空间。而其他金融产品收益率的大幅上升也使得保险产品自身的吸引力下降，导致销售下滑。

社会财富管理需求快速发展，保险资产管理行业必须加快“走出去”。目前，保险资产管理行业的受托资产主要来自保险业内部，行业外的受托资金占比极低。近年来，宏观经济的长期加快增长，居民收入和资产稳步增加，社会财富管理需求出现爆发式增长。特别是在国内投资渠道有限的背景下，资产管理业务具有广阔的市场空间。专业化的保险资产管理机构在资产配置、固定收益投资、权益类投资等方面积累了丰富的经验，具有明显的优势，可以为更多行业以外的机构和个人提供资产管理服务。

从国外的经验来看，保险资产管理公司不仅可以管理股东保险公司的资产，而且还可以管理非保险行业的资产，即第三方资产。第三方资产通常包括养老金、社保基金和企业年金等与保险资金性质类似的资金。目前保险资产管理机构已经进入国内的企业年金领域，多家保险资产管理公司获得企业年金投资管理人资格，行业受托管理资产规模超过1000亿元。我国养老金、社保基金、企业年金的发展空间巨大，可预期保险资产管理机构进行第三方资产管理的潜力巨大，保险资产管理机构也需要顺应市场和自身发展的趋势，加快进入保险业以外的市场，拓展受托资金的来源，更广泛地参与社会财富管理业务。

四　保险资产管理行业竞争力分析：基于国际比较

从历史比较来看，我国保险资产管理行业的竞争力有了很大的提高。但是与发达国家保险资产管理行业相比，我国保险资产管理行业竞争力水平仍然相对较低，主要表现为行业资产规模相对较小、资金运用效率相对较低、法律监管缺乏灵活性、风险管控能力较弱、行业发展的资本市场环境不完善五个方面。

（一）行业发展滞后于经济整体增长

虽然近年来我国保险业资产规模迅速扩大，但是与发达国家相比仍然相对较小，尤其是与经济规模相比，保险业资产规模大大滞后于经济发展。2009年，我国保险机构投资者整体资产规模约为5951亿美元，在总规模上落后于美国、日本、法国、智利、英国和加拿大，大体处于样本国家的中游水平。但是，与经济规模相比，保险机构投资者资产占GDP的比重则大大低于其他国家，仅为11.9%，不到平均水平38.7%的1/3。日本、法国和美国的这一比例都超过了65%，美国甚至达到80.9%（见图7）。

这一现象的根本原因在于保险业发展严重滞后于经济发展。2009年，我国GDP总量达到4.7万亿美元，位居世界第3位；保费收入仅为1630亿美元，在世界排名第7位。但是，2009年我国保险密度仅为3.4%，远远低于7.0%的世界平均水平，世界排名第44位。

（二）保险资金运用效率有待提升

从资金运用效率来看，我国保险资产管理行业竞争力表现为“双低”——投资收益率低、已赚取保费投资收益率更低。据不完全统计，在2000～2011年

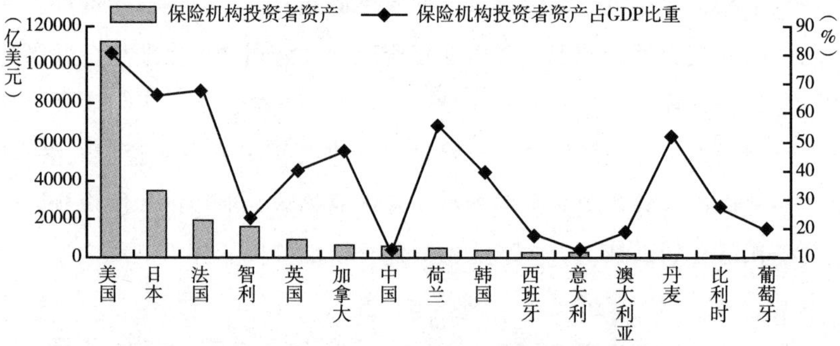

图7　部分国家2009年保险机构投资者资产规模比较

注：中国数据为保险业总资产数据，其他国家均为OECD中保险机构投资者资产数据，因此不具完全可比性，中国保险机构投资者资产小于保险业总资产。

资料来源：根据OECD数据库整理。

期间，我国保险资金的平均投资收益率为4.5%，居于中等水平，但仍低于各国平均水平约1个百分点。特别值得指出的是，从已赚取保费投资收益率来看，我国该比率仅为118%，在样本国家中居倒数第一，远远低于354%的各国平均水平，表明投资收益对我国保险业收益的贡献仍相对较小（见图8、图9）。这一现象的主要原因在于：一是我国保险资产管理行业起步较晚，投资管理水平相对

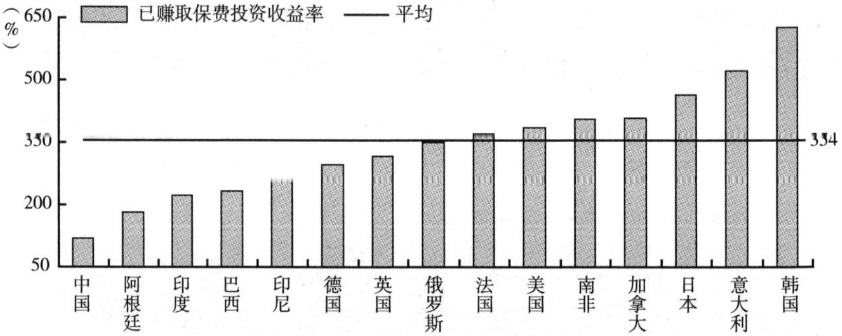

图8　2000～2011年各国已赚取保费投资收益率比较

注：已赚取保费投资收益率=投资收益/已赚取保费*100。我们选取了BvD-ISIS全球保险机构数据库中15个主要国家全部保险公司数据；然后以2006年各个公司的资产总额为权重计算各个国家各项指标的年度平均值，然后对历年数据进行简单平均计算得到2000～2011年各项指标的平均值。下同。

资料来源：根据“BvD-ISIS全球保险公司数据库”数据整理获得。

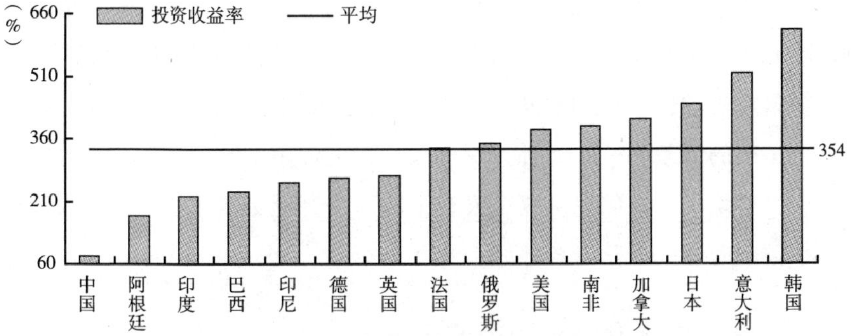

图 9　2000～2011 年各国保险资金平均投资收益率比较

资料来源：根据 *Sigma* 数据整理获得。

较低，资金运用效率较低；二是我国保险资金中银行存款和债券投资比例较高，使收益率相对较低；三是近年来我国资本市场发展不景气，导致投资收益率相对较低；四是我国保险费率仍相对较高，承保收益仍是保险公司经营收益的重要来源之一。

（三）风险管理水平仍需继续增强

安全性是保险业资金管理的首要目标，风险管理也是保险资产管理行业最核心的竞争力。比较而言，目前我国保险资产管理行业风险管理水平相对较低。以投资收益率的波动率来考察，在 2000～2011 年期间，我国保险资金投资收益率的变异系数为 0.35，高出各国平均水平 0.28，在样本国家中排名第 3，这也是我们计算的保险业资产管理各项指标中唯一高出各国平均水平的指标，表明我国保险资产管理业风险管控能力仍相对较低（见图 10）。

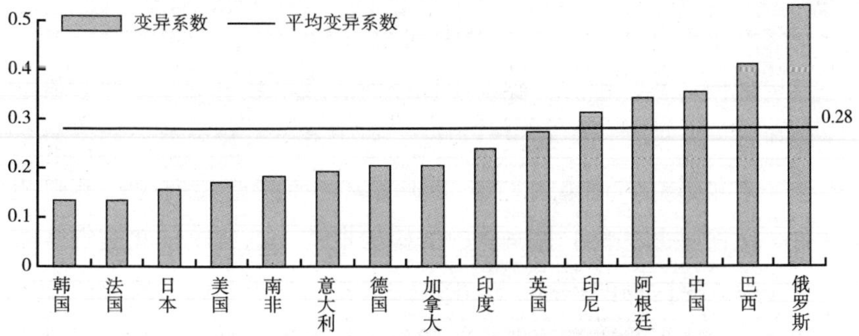

图 10　2000～2011 年各国保险资金投资收益率波动比较

资料来源：*Sigma* 数据整理。

当然，自保险资金管理方式实现集中化、机构化变革，和保险资金投资渠道管理逐步趋于规范以来，我国保险资产管理行业没有出现影响重大的投资损失，受国际金融危机的影响也相对较小。但是，我国保险资金投资的“相对安全”，是以资金运用的低效率——海外投资规模小、主要用于银行存款和高等级债券为代价的。也就是说，我国保险资金投资中的风险管理更多以效率牺牲为代价，并不是基于健全有效的风险管控体系。

（四）资本市场制约投资渠道拓宽

投资渠道的有序规范拓宽，对于保险资产管理行业竞争力提高具有重要的意义，不仅有利于提高资产配置的灵活性与有效性，化解资产配置过分集中的风险，而且还有利于在有效控制风险总量的前提下提高投资收益率。比较中外各国保险资金渠道配置情况，可以看出我国保险资金投资渠道存在几个鲜明特点：一是银行存款比例显著高于其他国家。在1999～2010年期间，我国保险资金中银行存款比重平均高达40.5%，其他国家一般都在10%以下，西班牙最高，其现金和银行存款比重也仅为22.3%，比利时和意大利分别为17.1%和15.6%。二是股票相关投资比重相对较低。在1999～2010年期间，我国保险资金中投资股票和证券投资基金的比重平均为10.4%，在样本国家中该比例最低，英国、澳大利亚、加拿大和荷兰四国投资股票和股权的比重都超过50%，除了日本、意大利、葡萄牙和西班牙低于20%以外，其他国家在30%～40%。三是部分国家允许保险资金进行贷款，而我国仅通过债权投资计划对大型投资建设项目予以“信贷”支持。其中，日本保险资金贷款比重高达49.1%，澳大利亚为11.4%，而我国保险资金尚未被允许直接进行贷款，目前主要以债权计划的形式参与一些地方政府的大型投资建设项目，规模和比例都相对很低。总体来说，我国保险资金投资渠道中，银行存款和债券占比显著高于其他国家，而股票投资的比重则相对很低，这在一定程度上反映了我国金融结构的现状，也反映了我国资本市场不发达、不完善、风险高的特点，这在很大程度上制约了我国保险资金投资渠道的拓宽，是我国保险资产管理行业竞争力提升的重要不利因素（见图11、图12）。

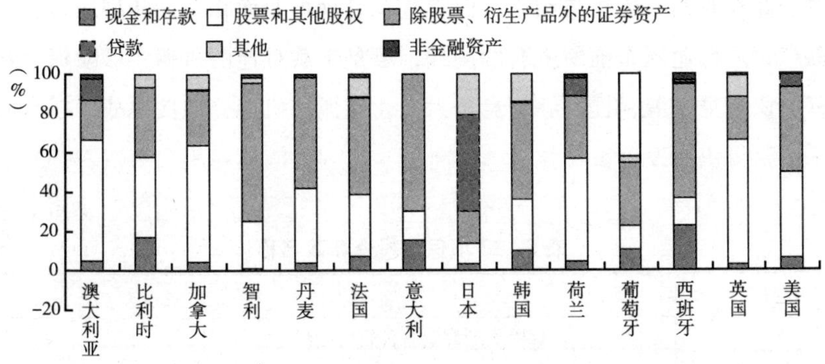

图 11　2009 年部分国家保险机构投资者资产配置情况

资料来源：根据 OECD 数据库整理。

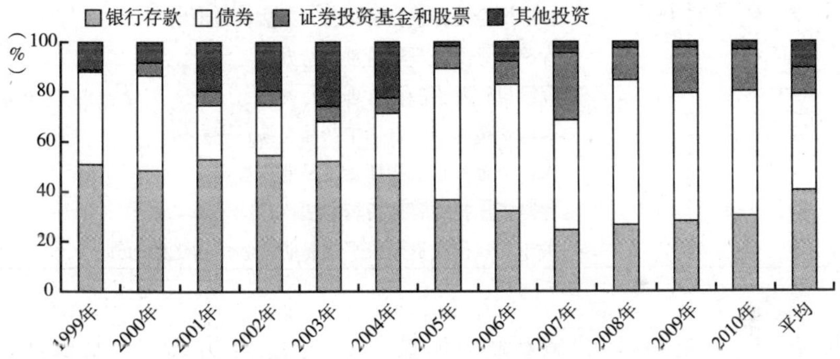

图 12　中国保险业资产配置情况

资料来源：根据《中国保险年鉴》和保监会网站资料整理获得。

五　保险资产管理行业竞争力展望

（一）资管新政给保险资产管理行业带来转型挑战和机遇

在 2012 年 6 月中旬的一次闭门讨论会上，保监会一次性推出了 13 项保险投资新政征求意见稿（见表 5），涉及保险投资可能涉及的方方面面，保险资产管理公司的竞争平台、投资领域和业务范围都全面拓宽，这标志着保险资产管理公司局限于保险业的时代行将结束，保险资产管理行业面临全面转型压力，这对于保险资产管理行业既是前所未有的挑战，更是千载难逢的机遇，保险资产管理行业只有加快自身发展，提高综合竞争力，才能抓住机遇，迎接挑战，在全面市场化竞争中赢得快速发展。

表5　13项保险投资新政名称

序号	名　　称
1	保险资产配置管理暂行办法
2	保险资金投资债券暂行办法
3	保险资产管理产品暂行办法
4	关于调整基础设施债权投资计划有关规定的通知
5	关于保险资金投资股权和不动产有关问题的通知
6	关于拓宽保险资产管理范围的通知
7	保险资金境外投资管理暂行办法实施细则
8	保险资金委托投资管理暂行办法
9	保险机构融资融券管理暂行办法
10	保险资金参与金融衍生产品交易暂行办法
11	保险资金参与股指期货交易监管规定
12	保险资产托管管理暂行办法
13	关于加强保险资金公平交易防范利益输送的通知

具体来看，13项保险投资新政可以具体划分为三个方面：一是投资领域逐步全面放开。根据相关规定，未来保险机构将逐步被允许投资银行理财产品、信托公司集合资金信托计划、证券公司的集合资产管理计划，参与融资融券业务，并有可能被允许开展衍生品业务进行风险对冲，此外，保险资金境外投资品种将增加，投资范围也将不断被拓宽。这意味着保险资金的投资领域将逐步全面放开，投资渠道的限制不断减少。二是业务范围全面拓宽，行业面临转型压力。根据相关规定，未来保险资产管理还可受托管理养老金、企业年金、住房公积金和其他企业委托的资金，同时还可以通过发行资产管理产品开展公募资产管理业务，保险资产管理行业的业务范围将大大拓宽，保险资产管理公司将不再局限于集团内部或行业内部的资产管理，而是以此为核心，全面拓展第三方业务，保险资产管理行业面临全面转型的压力。三是业务通道全面打开，市场竞争程度大大提高。根据相关规定，一方面，未来保险资产管理公司除受托管理保险资金外，

还可受托管理养老金、企业年金、住房公积金和其他企业委托的资金，并且经有关金融监管部门批准，开展公募资产管理业务；另一方面，券商、基金则可以定向资管或专户形式受托管理保险资金。这标志着传统的行业壁垒将被彻底打破，保险资产管理行业将面临与银行、证券、信托和基金等金融行业的“同台”竞争，市场化程度和竞争压力将大大提高，这对保险资产管理行业的投资能力、风险管理能力和客户服务能力都提出了全新的要求（见表6、图13）。

（二）提升保险资产管理行业竞争力的主要途径

根据保险业发展“十二五”规划纲要，到2015年我国保险业管理的总资产将达到10万亿元以上。随着国内金融业改革开放的不断深入，保险资产管理的专业化、市场化和国际化水平必将不断提高。我国保险资产管理业不仅在规模上将不断做大，而且在管理能力和管理技术方面也将不断提高，保险资产管理行业竞争力有望显著提升。为此，保险资产管理行业还需在以下三个方面做好准备。

表6　保险投资新政涉及的主要内容

类　别	具　体　规　定
资产管理产品	可以参与信托计划，也可以投资基金、证券理财产品，还可以自己发行资产管理产品
融资融券	按规定保险机构融入资金仅限于满足自身临时调剂头寸，且上季末偿付能力充足率小于100%的保险机构，不得融入资金
另类投资	PE投资、不动产、基础设施债权计划等投资比例上升至30%
海外投资	放宽到25个发达国家、21个新兴市场；将新增境外存托凭证、未上市企业股权、不动产、投资基金等投资品种
无担保债	投资比例上升到上一期总资产的50%，对项目评级要求是AA级，对公司评级要求A级以上，而现有无担保债基本都在AA级以上
衍生品	包括股指期货、国债期货；有望率先参与，但限于对冲风险，不得用于投资

第一，进一步扩大和深化资产管理领域。保险资产配置依据的一个重要理论基础是资产负债管理理论，它要求保险公司以期限对称和利率对称的要求来不断调整其资产结构和负债结构，以达到经营风险最小化和收益最大化。因此，为了满足不同金融产品竞争的需要，为了适应保险资金资产负债匹配管理的需求，保险资产管理业需要进一步扩大和深化资产管理领域。近年来，保险资产管理机构积极探索进入股权投资、基础设施投资领域，并探索进入不动产投资等另类投资

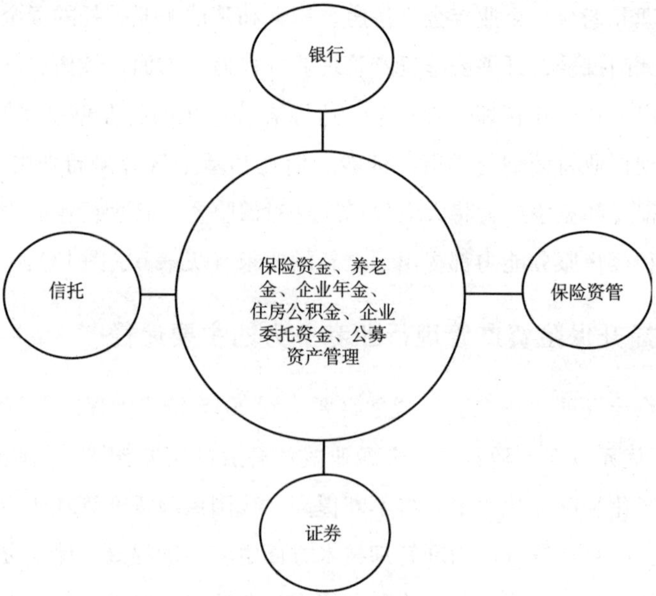

图 13　未来保险资产管理行业竞争格局

领域，以分散投资风险，提高投资收益率。新的《保险法》已于 2009 年 10 月 1 日生效，保监会根据新的《保险法》的精神制订了股权投资办法和不动产投资办法等实施细则。保险资金运用的渠道进一步得到拓宽，但这也对保险资产管理行业专业队伍建设、投资能力建设、风控能力建设提出了更多的要求。

在全球金融市场一体化进程不断加快的情况下，保险资产管理行业还需要从全球资产配置的角度来看待投资领域的拓宽与深化，保险资产管理机构积极进行全球化资产配置，有利于改善资产配置结构，分散投资风险，逐步参与国际金融市场，提高投资管理能力，与境外金融机构开展深度交流合作，增强综合竞争力。

第二，进一步深化市场化改革，提高金融同业竞争力。综合经营是当前金融业发展的一种趋势，保险资产管理机构需要在综合化的金融市场中为不同类型的机构投资者和公众个人提供理财服务，而不仅仅局限于为保险业提供资产管理服务。理财服务是各类金融机构业务的新增长点，也是各种金融机构的业务交叉点，这势必大大加剧金融业内的竞争。保险资产管理机构要在激烈竞争中获胜，就需要深化改革，不断提高资产管理的专业化水平，大力推进市场化管理机制，坚持市场化发展方向，提升保险资产管理行业的核心竞争力。

为此，保险资产管理行业需要重点培育和提高以下三个方面的能力：一是努力增强对经济和市场趋势的把握能力。加快保险资产管理行业自身投研队伍的培养和建设，加大对宏观经济和市场趋势的基础研究力度，加强与外部的交流合作，加强内部资源的整合利用，完善投研一体化建设，注重研究成果的实际转化，从而提高保险资产管理行业的投资研究水平。二是继续提升投资决策能力和资产配置水平。在持续提高资产负债管理水平、坚持长期价值投资理念的基础上，强化精细化管理，建立健全科学投资决策体系，提高主动管理和战略配置能力，这是保险资产管理行业多元化发展的重要前提。三是加快人才队伍建设，提高保险资产管理行业的创新能力。创新能力是资产管理行业的核心竞争力之一，而高素质的人才队伍是创新力的源泉。因此，我们要建立健全市场化的人才筛选机制、考评机制和激励机制，促进保险资产管理行业人才队伍的引进、培养和才能的发挥，提高员工队伍素质，并积极培育创新文化，营造创新环境，提高自主创新意识和能力，从而提高行业的创新能力。

第三，继续提升保险资产管理行业风险管理水平。风险管理是保险资产管理的生命线，也是金融业的核心竞争力，持续提高风险管理水平是保险资产管理行业市场化发展的客观要求。这一方面需要保险资产管理行业不断完善内部控制制度，提高风险管控水平；另一方面需要深入贯彻全面风险管理理念，提高全员风险管理意识，强化风险防范责任意识，建立覆盖全业务和全流程的风险识别、衡量和预警体系，对各项业务的风险进行科学合理的评估，及时发现和化解风险隐患。

另外，保险资产管理行业应逐步引入主动风险管理理念，提高自身在金融业中的竞争力。金融产品和金融服务的竞争不是简单收益率的比较，而是风险调整后收益率的比较。风险管理不仅意味着避免操作风险、道德风险等非市场风险，还是进行风险定价、获取超额收益的重要方式。在综合经营的背景下，主动风险管理能力将成为金融业的一项核心竞争力。

企 业 篇

Company Report

本部分对保险公司的竞争力进行评价分析。为了能够较全面地论述保险市场竞争、保险公司竞争力各方面的情况，首先从理论上阐述保险公司竞争力评价分析的思路和指标体系，然后区分财产险公司和人身险公司，在对公司竞争的总体态势进行概括的基础上，对国内保险公司的竞争力进行评价分析。

B.7 保险公司竞争力评价分析的思路与指标体系

针对企业竞争力，迄今已有诸多不同的评价体系。在各种评价体系中，由于评价者的目的、学术背景和思维方式不同，评价的思路和指标体系往往也会有一些差异。本部分主要利用我们所提出的保险企业竞争力“三段式”评价分析模型，对2011年度国内保险公司的竞争力进行评价分析。

一 企业竞争力评价分析的基本问题

（一）企业竞争力的实质内涵

企业竞争力评价分析，针对的是企业竞争力。但究竟什么是企业竞争力，迄今为止仍见仁见智，存在诸多歧见。查阅有关企业竞争力的各种文献，可以发现，企业竞争力的定义有很多，每一个作者、每一篇文献都可能给出自己的定义。面对如此众多的诠释，想要在短时间内弄明白企业竞争力的要旨究竟是什么，哪种解释更能贴切地反映企业竞争力的实质内涵，确实很难。然而，企业竞争力评价分析，首先要解决的就是企业竞争力的内涵问题。不弄清企业竞争力的实质内涵，评价分析将无从谈起。

权且撇开已有的众多界定不论，我们认为，要给出一个合乎逻辑的企业竞争力定义，必须在其中说明竞争的范围、主体和对象。这是因为，竞争性活动有四个要件：一是竞争的范围，即在什么区域和产业范围内竞争；二是竞争的主体，即谁与谁竞争；三是竞争的对象，即竞争什么；四是竞争的手段，即靠什么竞争。在这四个要件中，竞争的范围、主体和对象都是规定性要件，竞争的手段则是表征和体现竞争力的地方。竞争的手段随其他三个要件的不同而不同。只有当竞争的范围、主体和对象都明确后，才存在竞争的手段问题。根据这一要求，结合保险行业的特点，我们对在此所谈的保险公司竞争力作出如下界定，即所谓保险公司的竞争力，是指保险公司在国内保险市场竞争中为争夺市场和赢利所直接体现出来的排他性力量。这一定义对竞争的范围、主体和对象都给予了明确说明，并强调，“竞争”的实质就是“排他”，“竞争力”的实质内涵就是在竞争中所直接展现出来的“排他性力量”。

（二）企业竞争力评价的主要目的

企业竞争力评价分析，通常包含三个主要环节：一是确定评价分析的指标体系；二是对所选择的企业进行竞争力评分和排名；三是结合排名对各家企业的竞争力进行评价分析。从目前已有的各种企业竞争力评价中，我们发现，虽然有一些对企业竞争力进行了深入分析，但也有不少仅热衷于竞争力排名，对排名结果及原因的深度解析却远远不够。我们认为，竞争力评价分析需要排名，但不能为了排名而排名，排名不应成为企业竞争力评价分析的主要目的。

竞争力评价分析的三个环节虽然都很重要，但前两个环节即指标体系选择和竞争力排名主要是为第三个环节的评价分析服务的。作为一项颇费心力的学术工程，企业竞争力评价分析的终极目的不是给出一个抽象的所谓的综合排名，而是结合评价指标和竞争力排名对企业竞争力进行深入剖析，拿出对各家企业竞争力的基本看法和观点，以此为企业竞争力管理提供有价值的决策参考，帮助企业更好地改进、提升自身的竞争力。在西方，许多学者对竞争力的研究和评价，主要关注的就是竞争力的来源或成因。例如，迈克尔·波特所著的《竞争优势》一书主要是围绕企业价值链模型对企业竞争优势的来源进行剖析；《国家竞争优势》一书主要是围绕钻石模型对一国某产业国际竞争力的形成进行系统探究。我国开展企业竞争力评价分析的时间还不长，在竞争力排名上多花点时间和精力非常必要，但如果仅止步于竞争力排名，就脱离了企业竞争力评价分析所承载的社会责任，也远离了企业期待能从中获得较多借鉴和启发的愿望。

（三）企业竞争力评价的基本依据

任何事物都有其发展演变的内在机理和规律，企业竞争力也不例外。评价分析企业竞争力，应当紧紧围绕企业竞争力的实质内涵，遵循企业竞争力形成、发展的内在机理和规律，否则，无论多么花哨的评价体系，都无助于企业竞争力的管理实践和竞争力理论的发展。在实际研究中，竞争力的具体内涵会随竞争的范围、主体、对象的不同而不同，但无论在何种范围内竞争，无论是竞争何种对象，竞争力的实质内涵都是竞争主体在竞争时所体现出来的排他性力量。因此，评价分析企业竞争力，就应当将注意力集中在企业所具有的排他性力量上。“排他性力量”体现了企业竞争力的“精髓”，离开这种力量，泛泛地对竞争力进行评价，很难抓住竞争力的要旨，也就很难得出有针对性的结论。

理论来源于实践，又指导实践。进行企业竞争力评价分析，应注重运用和借鉴已有的各种竞争力理论，特别是主流的竞争力理论，在这些理论的指导下推进竞争力评价分析的实践。自20世纪70年代以来，围绕企业竞争力的实践，西方学者进行了深入而广泛的研究，迄今为止形成的最具影响的学派有两个：一是以迈克尔·波特为代表的产业组织学派；另一个是以杰恩·巴尼等为代表的资源基础学派。在企业竞争力评价分析中，这两大学派可供借鉴的侧重点有所不同。其中，“产业组织学派在指导企业成长，选择进入行业，选择竞争战略方面有重大意义。资源基础学派的理论在解释企业持久竞争力来源、企业成长方式方面有较强的说服力。”①

二　保险公司竞争力评价分析的思路

（一）国内企业竞争力评价分析的主要思路

西方学术界对企业竞争力的研究始于20世纪70年代末。国内研究起步稍晚，但自20世纪90年代以来，企业竞争力研究迅速升温，并出现了诸多不同的评价体系。从现有评价体系看，虽然不同体系在指标选择、竞争力得分计算等方面可能存在一些不同，但总体看，评价分析的思路可归结为以下两类。

1.“一步式”评价分析

该思路是对企业竞争力进行“一步式”评价分析。主要步骤是：首先，根据对企业竞争力的理解，设计出一个包含多个要素、多个层级的综合性评价指标体系；其次，根据一定的数理方法对指标数据进行处理、计算，得出各家企业的竞争

① 周三多、邹统钎：《战略管理思想史》，复旦大学出版社，2003，第15页。

力得分；最后，对企业竞争力进行排名和分析。这一评价思路在竞争力评价中曾十分盛行，不少评价都是基于这一思路展开的。例如，中国人民大学赵彦云教授在《国际竞争力统计模型及应用研究》一书中，从企业竞争力的主要影响因素出发，将企业竞争力的评价指标分为三个层级、数十个评价指标：第一层级包括企业资源、内部竞争能力、外部环境协调能力等 9 项指标；第二层级包括有形资源、无形资源、赢利能力、成长能力、偿债能力、资源利用能力、技术创新能力、市场能力、社会能力 9 项指标；第三层级则包括总资产、固定资产净值等 26 项指标①。在综合了各层级、各项评价指标后，就可以对企业竞争力进行“一步式”评价分析。

2. “两分法”评价分析

该思路是将企业竞争力评价指标分为结果性指标和成因性指标，分别建立指标体系进行评价分析。相对于“一步式”评价分析，该思路拓宽了竞争力评价的视野，拓展了竞争力评价的范围，细化了竞争力评价的环节，更符合企业竞争力的内在逻辑，因而得到广泛认可和应用。其中，较具代表性的是中国社会科学院金碚研究员及其团队在《中国企业竞争力报告》中所采用的方法。自 2003 年以来，金碚每年主持出版一本《中国企业竞争力报告》，对中国企业的竞争力进行全面评价分析。他们在评价企业竞争力时将评估指标分为测评指标和分析指标两大类，其中测评指标反映的是竞争的结果或竞争力的最终表现，分析性指标反映的是竞争力的成因或决定因素。评价的逻辑思路是：首先，尽可能用比较综合性的测评指标，特别是具有显示性的指标，把企业在市场业绩当中的竞争力绩效表现出来，这是企业竞争力强弱的最终显示性表现；然后，用另一类指标，即分析性指标，来更详细具体地反映企业的实际竞争力状况，这些指标可以解释企业为什么有竞争力，或者为什么缺乏竞争力②。

（二）保险公司竞争力“三段式”评价分析模型

从企业竞争力的内在逻辑看，企业竞争力评价分析从“一步式”到“二分法”，应当说是一种进步。然而，我们认为，对企业竞争力进行评价分析，不仅要考虑到结果和成因两个方面，还应考虑到企业的竞争力本身。作为评价分析的

① 赵彦云：《国际竞争力统计模型及应用研究》，中国标准出版社，2005，第 24～30 页。

② 金碚：《中国企业竞争力报告（2003）》，社会科学文献出版社，2003，第 19～20 页。

指向性事物，在具体评价分析时，不应忽视企业竞争力本身的存在。企业竞争力及其成因和结果，是企业竞争力运行中相互关联的三个方面，开展企业竞争力评价分析，应当区别这三个方面，分别予以评价分析，并通过因果关系寻找它们之间的内在关联。

根据这一认识，我们在之前开展的相关研究中提出了一个新的保险企业竞争力“三段式”评价分析模型（见图1）。在该模型中，保险企业竞争力的评价分析，不再是“一步式”的“综合评价”，也不再是仅仅区分为原因和结果的“两分法”，而是包含竞争力绩效、竞争力状况、竞争力成因三大模块在内的“三段式”评价分析。这其中，竞争力绩效反映了竞争力的结果，竞争力状况代表了竞争力本身，竞争力成因则说明了竞争力形成的原因。在三大模块中，每个模块都包括一些评价要素，各个评价要素又进一步分解为若干评价指标，根据这些要素和指标，可以就各个模块开展有针对性的评价分析。①

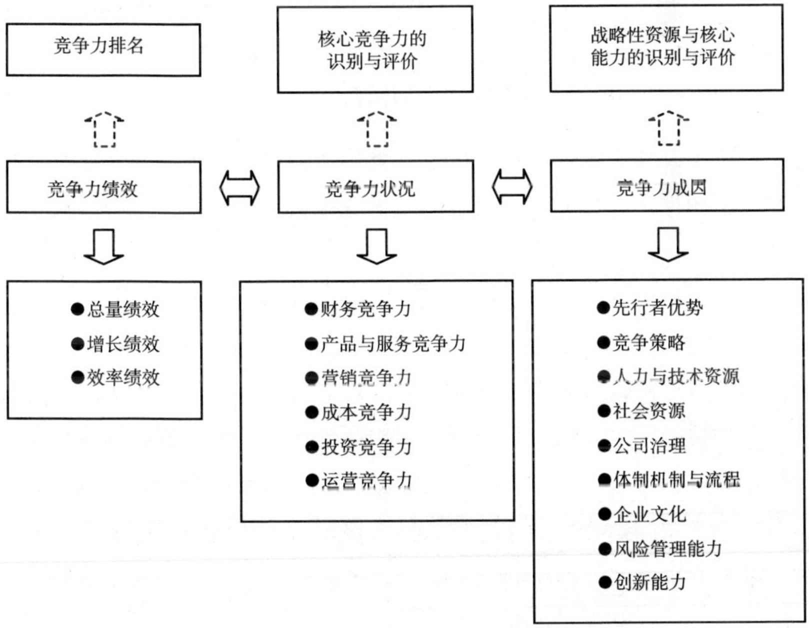

图1 保险企业竞争力“三段式”评价分析模型

① 冯占军、李秀芳：《中国保险企业竞争力研究》，中国财政经济出版社，2012，第33~35页。

从竞争力运行的机理看，竞争力成因决定竞争力状况，竞争力状况产生竞争力绩效，这是自然逻辑。但在具体评价分析时，我们将不按照这一顺序，而是采用“逆推法”，先从竞争力绩效评价开始，然后分析竞争力状况，接着再追溯到竞争力成因，通过这三个步骤的评价分析，最后得出总的结论。这样的顺序置换，可以让我们“追根溯源”，更有方向性、更有效率地了解企业竞争力形成的背景和所产生的结果。不过，需要指出的是，影响竞争力绩效指标的，不仅仅是竞争力自身的因素，还包括一些环境因素和随机性因素，对于这些因素，在评价分析时应一并注意到。

竞争力绩效、竞争力状况、竞争力成因，三位一体，体现了企业竞争力的内在逻辑，是企业竞争力评价必须兼顾的三个方面。不明确区分这三个方面，将竞争力的绩效混同于竞争力本身，抑或将竞争力的成因混同于竞争力本身，都将模糊竞争力的内在逻辑，从而也就难以得出科学、合理的结论。

“三段式”评价分析将企业竞争力评价分成了三个不同的模块，因此也可称为“三分法”或“三步式”。不过，由于篇幅的限制，本书对保险公司竞争力的评价分析难以全面展开，只是截取其中的两段，对竞争力绩效和竞争力状况进行评价分析。至于有关竞争力成因的内容，则在概括市场竞争的总体态势时，在提升竞争力的举措部分予以适当体现。

三　保险公司竞争力评价分析的指标体系

根据前文对保险公司竞争力内涵的界定，针对列入本报告评价分析的竞争力绩效、竞争力状况两大模块，我们拟定了相应的评价分析指标。评价分析所采用的指标数据全部来自公开出版或披露的文献，如中国保监会发布的统计数据和信息、各家保险公司网站公布的年度信息披露报告、相关研究报告或出版物提供的资料等。根据分析问题、解决问题要抓主要矛盾的思想，本报告对企业竞争力的评价分析，遵循“少而精”的原则，将目光集中在一些关键性的指标上，至于与竞争力关联度不大或不太重要的，特别是数据可获得性较差的指标，则没有纳入。

（一）竞争力绩效评价分析的主要指标

众所周知，保险公司参与竞争的主要目的是获得较高的营业收入和净利润。

基于这一事实，我们拟定的绩效评价指标就是以营业收入和净利润为基础，从总量绩效、增长绩效、效率绩效三个方面进行绩效指标的设计。

1. 总量绩效指标

（1）营业收入。营业收入是指保险公司在开展保险业务、运用保险资金及提供管理和代理服务等日常活动中形成的经济利益的总流入，包括销售保险产品取得的保费收入和分保费收入、运用保险资金取得的利息收入和投资收益、提供管理和代理等相关服务取得的管理费或劳务收入等。由于保险资金运用、管理和代理相关业务等已经成为保险公司经营活动的重要内容，因此，在评价一家保险公司的竞争力绩效时，应采用具有综合性的营业收入指标，而不应只采用较为单纯的保费收入指标。

（2）净利润。净利润是指保险公司获得的总利润在扣除所得税后得到的金额。与工业企业的利润实现模式不同，保险公司开展保险业务是收取保费在前、支出成本在后，因而利润实现具有一定的滞后性。尤其是对于寿险业务，由于相当部分是期限达 10 年、20 年甚至 30 年以上的长期负债，利润实现的滞后性就更为突出。这一特点使责任准备金提取在保险行业利润度量中起着举足轻重的作用，保险公司对各年度保险业务利润的度量也因此包含了较多的精算成分，保险公司的财务和精算人员必须通力合作，通过对责任准备金的合理调整使各会计期间的损益最终得到较合理的分配。

2. 增长绩效指标

（1）营业收入增长率。营业收入增长率反映保险公司在本年度的营业收入相对于上年度的增长情况。计算公式为：

$$营业收入增长率 = (本年度营业收入 - 上年度营业收入) \div 上年度营业收入 \times 100\%$$

（2）净利润增长率。净利润增长率反映保险公司在本年度的净利润相对于上年度的增长情况。计算公式为：

$$净利润增长率 = (本年度净利润 - 上年度净利润) \div 上年度净利润 \times 100\%$$

由于我国大多数保险公司成立的时间都不长，因此不少公司迄今为止仍处在亏损之中，净利润为负值，即使实现了赢利，也多是微利。通常，在统计分析中，当时间序列中的观测值出现零或负数时，是不宜计算增长率的，因为对这一序列计算增长率，要么不符合数学公理，要么无法解释其实际含义，所以在这种情况下，应主要采用绝对数进行分析。不过，考虑到分析净利润增长率的必要性，本书仍对其进行了计算。为了能使计算结果具有一定的含义，我们在计算时对公式进行了适当修正，即当基期净利润为负值时，分母取亏损额的绝对值。在这种情况下，净利润增长率实际上已不再是“增长率”，而是指公司“亏损额下降的速度”。

3. 效率绩效指标

效率反映投入与产出之间的对比关系。效率的含义是相对于投入而言的，投入的要素不同，效率也就具有不同的含义。保险公司的投入既包括通常所说的人力、物力和财力，也包括其他必需的资源或要素。从具体内容看，保险公司的效率主要包括工作效率、资源利用效率、利润获取效率等。本书评价保险公司竞争力绩效所使用的效率主要是“利润获取效率”，评价指标则主要是利润率和资产利润率。

（1）利润率。利润率反映保险公司每单位营业收入所能产生的净利润。计算公式为：

$$利润率 = 净利润 \div 营业收入 \times 100\%$$

营业收入不仅包括已赚保费，而且包括投资收益、公允价值变动收益、汇兑收益、其他业务收入，因此，该指标体现的是保险公司用获得的全部收入创造利润的能力和水平。

（2）资产利润率。资产利润率，也称总资产报酬率，反映保险公司运用全部资产创造利润的能力。计算公式为：

$$资产利润率 = 净利润 \div 平均资产总额 \times 100\%$$

式中，平均资产总额是指年初资产总额与年末资产总额的平均值。

保险公司的资产是由投资者投入和举债形成的，净利润的多少与公司资产的多少、资产的结构、资产的运营状况有密切关系。

（二）竞争力状况评价分析的主要指标

竞争力绩效是竞争力发挥效能的结果。在忽略环境因素和随机因素的情况下，企业的竞争力绩效主要取决于竞争力状况。保险公司的竞争力包括财务竞争力、产品和服务竞争力、营销竞争力、成本竞争力、投资竞争力和营运竞争力等。各种竞争力的评价指标如下。

1. 财务竞争力

财务竞争力是指保险公司的财务实力，具体包括资产规模、资产质量和偿付能力等。本报告评价财务竞争力，主要从资产规模和偿付能力两个方面进行分析。

（1）资产规模。资产是保险公司从事保险经营活动的物质基础。表征资产规模的主要指标是总资产和净资产。其中，净资产也称所有者权益，是公司生存和持续发展的基础，反映了公司负债的条件和资格。一家保险公司如果净资产不足，将大大限制其业务发展的空间和潜力。由于资产在竞争力中的基础属性，利用该指标衡量保险公司在某一年度的财务竞争力时，应采用年初或平均的资产规模，而不应是年末的资产规模。本报告在评价分析时，采用年初的资产规模数据。

（2）资产质量。衡量资产质量的主要指标是认可资产率和应收账款比率。其中，认可资产率是认可资产与资产总额的比率；应收账款比率是应收保费、应收利息、其他应收款之和与资产总额的比率。一般说来，认可资产率较高、应收账款比率较低的公司，其资产质量相应也较高。

（3）偿付能力。偿付能力是债权人最为关心的问题，反映了保险公司的财务基础和应付风险的能力。表征偿付能力的主要指标是偿付能力充足率，计算公式为：

$$偿付能力充足率 = 实际资本 \div 最低资本 \times 100\%$$

式中，实际资本是指认可资产与认可负债的差额；最低资本是指保险公司为应对资产风险、承保风险等对偿付能力的不利影响，依据中国保监会的规定而应具有的资本数额。

与资产规模相同，偿付能力也是保险公司参与竞争的基础，因此，评价年度保险公司的偿付能力，应采用年初或年中的数据，而不应是年末的数据。本报告在评价分析时，采用年初的数据。

2. 产品和服务竞争力

产品和服务竞争力体现了保险公司在产品和服务上为客户提供差别价值的水平。保险业属于服务性行业，保险公司提供的产品具有无形性，所以产品与服务紧紧相连、密不可分。基于这一事实，本报告将两者合在一起进行分析。

评价保险公司产品竞争力的指标主要是产品吸引力和产品结构。其中，衡量产品吸引力的指标有保障程度、收益水平、费率高低等；衡量产品结构的指标有前五位产品的保费收入占比、前五位产品的集中度等。

评价服务竞争力的主要指标是客户满意度。由于客户满意度同时涵盖了客户对产品等方面的评价，因此可看做衡量一家公司产品和服务竞争力的综合性指标。在评价分析时，鉴于目前尚缺乏权威的保险公司客户满意度指标的调查统计数据，故暂用保监会公布的“亿元保费信访数量”等指标来替代客户满意度指标。

3. 营销竞争力

营销竞争力是指企业在市场营销方面的相对能力和水平，主要评价指标包括品牌价值、渠道结构、分销网络、人均产能等。其中，渠道结构是指保险公司产品销售渠道的构成及其保费收入占比；分销网络包括公司各级分支机构的数量、覆盖的区域范围、销售人员数量等；人均产能是指个人营销渠道的营销员人均新单标准保费和人均出单件数。考虑到数据的可获得性，本报告仅对品牌价值和分销网络两个指标进行评价分析。

4. 成本竞争力

成本竞争力是指保险公司在成本控制方面的相对能力和水平，主要评价指标包括综合赔付率（财产险公司）、综合费用率、退保率（人身险公司）等。

（1）综合赔付率（财产险公司）。综合赔付率反映财产险公司的综合赔付状况。计算公式为：

$$\text{综合赔付率} = (\text{赔付支出} - \text{摊回赔付支出} + \text{提取未决赔款准备金} - \text{摊回未决赔款准备金}) \div \text{已赚保费} \times 100\%$$

（2）综合费用率。综合费用率反映保险公司的综合费用支出状况。计算公式为：

$$\text{综合费用率} = (\text{业务及管理费用} + \text{手续费和佣金支出} + \text{营业税金及附加} + \text{分保费用} - \text{摊回分保费用}) \div \text{已赚保费} \times 100\%$$

（3）退保率（人身险公司）。退保率反映人身险公司寿险业务和长期健康险业务的退保状况。计算公式为：

$$\text{退保率} = \text{退保金} \div [(\text{年初寿险、长期健康险责任准备金余额} + \text{年末寿险、长期健康险责任准备金余额})/2] \times 100\%$$

5. 投资竞争力

投资竞争力反映保险公司通过保险资金运用来获取收益的能力，评价分析的主要指标是投资收益率。计算公式为：

投资收益率 =（投资收益 - 对联营企业的投资收益 + 公允价值变动损益）÷［（年初投资资产 + 年末投资资产）/2］× 100%

式中，投资资产 = 交易性金融资产 + 买入返售金融资产 + 定期存款 + 可供出售金融资产 + 持有至到期投资 + 存出资本保证金。

根据新会计准则，利润表中的“其他业务收入”项目反映保险公司确认的与经常性活动相关的其他活动收入和利息，其中利息收入包括存款、保户质押贷款、拆出资金等发生的利息收入，这意味着，货币资金（主要以现金和活期存款存在）、保户质押贷款、拆出资金的运用收益均体现在“其他业务收入”项目中。由于“其他业务收入”没有纳入上述投资收益率的计算公式，因此这几类资产相应也未计入上述公式中的投资资产。

6. 营运竞争力

营运竞争力反映保险公司资产运营的能力和水平，主要评价指标有应收保费周转率、资产周转率、资金运用率等。与工业企业相比，保险公司的资产运营情况及其对竞争力绩效的影响较为复杂。基于这一原因，本报告暂不对保险公司的营运竞争力进行评价分析。

（1）应收保费周转率。应收保费周转率即应收保费周转次数，反映应收保费在本年度的周转次数。计算公式为：

应收保费周转率 = 原保费收入 ÷［（年初应收保费 + 年末应收保费）/2］× 100%

（2）资产周转率。资产周转率反映保险公司运用其总资产获取收益的能力。计算公式为：

资产周转率 = 营业收入 ÷ 平均资产总额 × 100%

（3）资金运用率。资金运用率反映保险公司对应运用资金的运用程度。计算公式为：

资金运用率 = 资金运用总额 ÷ 应运用资金总额 × 100%

四　保险公司竞争力评价分析的数据处理方法

与现有许多企业竞争力评价、排名不同，在我们看来，结果是最好的说明，保险公司的竞争力绩效全面、真实地反映了竞争力的实际水平，因而，对保险公司的竞争力进行评分、排名，无需对竞争力状况指标进行复杂的设计和计算，只需运用竞争力绩效指标进行评分、排序即可。由于评价竞争力绩效的因素和指标都很少，因此，本报告在对保险公司竞争力进行评分排名时，直接采用金碚及其团队在《中国企业竞争力报告》中所使用的数据处理方法。具体步骤如下①。

首先，将被评价企业的每一个指标进行标准化处理。指标的原始数据经过标准化处理后称为指标标准值。各指标标准值与指标权重相乘后可以直接相加，从而得出因素或子因素的标准值。因素的标准值与因素的权重相乘后直接相加得到竞争力标准值。这样，就可以直接依据各因素、子因素及指标的标准值对企业进行排序。具体方式是：

一是计算某一行业（假设为 A 行业）的监测企业数（设 A 行业共有 N 个企业）；

二是计算 A 行业所有监测企业某一指标（以净利润为例）的平均值，设为：

$$\overline{Q} = \frac{\sum_{i=1}^{N} Q_i}{N}$$

三是计算 A 行业所有监测企业净利润的标准差：

$$S = \sqrt{\frac{\sum_{i=1}^{N} (Q_i - \overline{Q})^2}{N}}$$

四是计算 A 行业某一监测企业（假设为企业 X）净利润的标准值：

$$D_i = \frac{Q_i - \overline{Q}}{S}$$

① 金碚：《中国企业竞争力报告（2003）》，社会科学文献出版社，2003，第 34～36 页。

五是重复二至四步计算 A 行业所有监测企业净利润的标准值；

六是重复二至五步计算 A 行业所有监测企业其他指标的标准值；

七是将企业各指标的标准值乘以该指标权重后相加，得到每个企业的竞争力基数数据的标准值；

八是按上述二至七的方法计算其他子因素或因素的标准值；

九是将各因素的标准值乘以其权重后相加，得到每个企业竞争力的标准值。

从上述计算步骤可以发现，由于任何指标的标准差永远大于零（不考虑等于零的极端情况），因此当企业的某一指标（例如净利润）大于行业的平均值时，该企业净利润的标准值大于零；若净利润小于行业的平均值，则该企业净利润的标准值小于零，进而某一企业的竞争力的基数数据得分可能为正也可能为负（也有可能为零，但概率较小）。同样，企业的竞争力标准值得分可能为正也可能为负。企业的竞争力标准值大于零，表明该企业在该行业竞争力处于较好水平，数值越大相对竞争优势越明显；企业的竞争力标准值小于零，表明该企业在该行业竞争力处于较差水平，数值越小相对竞争劣势越明显。

为了便于理解，可以对竞争力指数进行技术处理，使之分布于一定的数字区间。在此设定的企业竞争力指数的区间为 0～1000，计算方法如下：

假设竞争力标准值为 $X_1, X_2, X_3, \cdots, X_i$，其中最大值为 Max，最小值为 Min；变换后对应的竞争力指数为 $Y_1, Y_2, Y_3, \cdots, Y_i$，则有：

$$Y_1 = \frac{X_1 - Min}{Max - Min} \times 1000$$

$$Y_2 = \frac{X_2 - Min}{Max - Min} \times 1000$$

$$Y_i = \frac{X_i - Min}{Max - Min} \times 1000$$

上述数据处理步骤可以用流程图表示（见图 2）。

在利用上述方法对保险公司的竞争力数据进行处理的过程中，无论是计算单项竞争力绩效，还是计算综合竞争力绩效，都会遇到指标权重的问题。为了简明起见，本报告对各项指标的权重设置采用了等权处理的方法，即对每一项纳入计算的指标都赋予同样的权重。这样的设置可能与实际情况存在一定偏差，但却使各项指标的变化对综合后的数据可能造成的影响变得同样明显和易于观察。

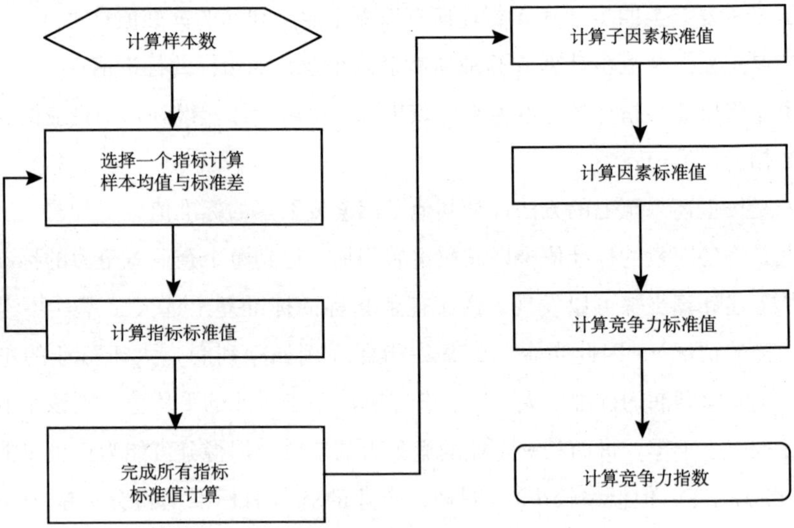
计算样本数
选择一个指标计算
样本均值与标准差
计算指标标准值
完成所有指标
标准值计算
计算子因素标准值
计算因素标准值
计算竞争力标准值
计算竞争力指数

图 2　数据处理流程

B.8

2011年财产险公司竞争力评价分析

一 2011年财产险公司竞争的总体态势

2011年，随着市场主体的增多，财产险市场的竞争进一步加剧，市场份额的分布格局发生了一些新变化。在产品、服务、营销等竞争的热点领域，市场竞争在延续近年来主要趋势的同时，又出现了一些新动向。为了能在激烈的市场竞争中获得主动，各家公司纷纷采取有力措施，以期推动自身竞争力的全面跃升。

（一）市场份额的基本格局

改革开放以来，中国产险业的市场结构经历了一个逐步演进的过程。在1980年刚恢复国内业务时，市场上只有中国人民保险公司一家，属于完全垄断型市场结构。随着新疆生产建设兵团农牧业保险公司在1986年、平安保险公司在1988年、太平洋保险公司在1992年相继成立，人保独家垄断的局面被打破，市场结构开始由完全垄断型向寡头垄断型转变。到2001年，财产险市场上的主体数量已达20家，最大公司中国人保的市场份额降为73.91%，前3家公司的市场份额（CR_3）降为96.05%。进入21世纪以来，随着加入WTO后市场开放步伐的加快，财产险公司的数量快速增加，到2010年已达到55家，其中中资公司36家、外资公司19家，最大公司人保财险的市场份额下降至38.23%，前3家公司的市场份额下降至66.45%。市场主体数量的不断增加，使财产险行业的市场结构正不断由寡头垄断型向垄断竞争型演变（见表1）。

近年来，由于企业竞争力等各种因素的综合影响，伴随着市场主体数量的增加和竞争程度的加剧，市场份额的基本格局也发生较大变化。从2006年至2010年保费收入位居前15位的公司的情况看，各家公司的市场份额变化大致有以下

表 1　2001～2010 年中国财产险市场的主体数量及集中度

单位：家，%

项目	2001 年	2002 年	2003 年	2004 年	2005 年	2006 年	2007 年	2008 年	2009 年	2010 年
中资公司	8	10	11	16	22	25	27	31	34	36
外资公司	12	13	14	13	13	13	15	16	18	19
合计	20	23	25	29	35	38	42	47	52	55
CR_3	96.05	94.75	89.37	79.87	72.63	67.25	63.97	63.86	64.21	66.45

资料来源：2003 年的主体数量见吴定富主编《中国保险业发展改革报告（1979～2003）》，中国经济出版社，2004，第 112 页。其他数据见《中国保险年鉴》（各年）。

四种情况：一是最大公司人保财险的市场份额持续下降，从 45.12% 逐步下降到 38.23%，降幅达近 7 个百分点；二是平安产险、太保产险、国寿财险、阳光产险和永诚 5 家公司的市场份额稳步上升，其中平安产险、国寿财险提升的幅度最大，平安产险 4 年间提升近 5 个百分点，国寿财险则从零迅速上升至 2.80%；三是中华联合、大地、天安、安邦、永安、华安 6 家公司的市场份额有所下降，其中中华联合降幅最大，4 年间下降近 5 个百分点；四是出口信用、太平财险、华泰 3 家公司的市场份额变化不大，其中出口信用的市场份额升降出现反复，太平财险、华泰的市场份额先升后降（见表 2）。

表 2　2006～2010 年 15 家财产险公司的市场份额

单位：%

公　　司	2006 年	2007 年	2008 年	2009 年	2010 年
人保财险	45.12	42.46	41.56	39.92	38.23
平安产险	10.67	10.28	10.94	12.86	15.43
太保产险	11.47	11.23	11.37	11.44	12.80
中华联合	9.53	9.78	7.82	6.50	4.80
国寿财险	0	0.38	2.18	2.64	2.80
大　　地	4.00	4.81	3.85	3.43	3.43
阳光产险	1.11	1.99	2.16	2.20	2.64
出口信用	1.77	1.61	1.43	2.29	2.21
天　　安	4.04	3.51	2.47	2.34	1.99
安　　邦	2.20	2.76	1.97	1.77	1.75
永　　安	2.52	2.65	2.29	1.78	1.44

续表

公　司	2006 年	2007 年	2008 年	2009 年	2010 年
太平财险	1.30	1.64	1.74	1.50	1.33
永　诚	0.29	0.72	1.07	1.38	1.34
华　安	1.79	0.40	0.31	0.94	0.98
华　泰	0.94	1.23	1.02	0.97	0.96

资料来源：吴焰主编《中国非寿险市场发展研究报告》（各年），中国经济出版社。

2011 年，我国财产险市场的主体数量进一步增加。根据中国保监会发布的《2011 年 1～12 月财产保险公司原保险保费收入情况表》，列入统计的财产险公司共计 59 家，其中中资公司 38 家、外资公司 21 家。从经营范围看，在这 59 家公司中，共有综合性公司 53 家、专业性公司 6 家。在专业性公司中，共有农业险公司 4 家、汽车险和责任险公司各 1 家。

2011 年是近年来财产险发展较慢的一年。受经济增长放缓和购车补贴调整、车辆限购等政策影响，保费增速从高位回落，59 家财产险公司原保险保费收入共计 4779.06 亿元，同比增长 18.68%。在全部 59 家公司中，前 3 家、前 5 家、前 10 家、前 15 家公司的市场份额，即 CR_3、CR_5、CR_{10}、CR_{15}，分别为 66.60%、74.42%、85.88% 和 91.58%，相应比上年上升 0.14 个、0.36 个和下降 0.2 个、0.55 个百分点。在前 3 家公司中，人保财险的保费收入规模最大，市场份额为 36.28%，同比下降 1.95 个百分点；平安产险、太保产险的保费收入分居第 2 和第 3 位，市场份额分别为 17.44%、12.89%，同比上升 2.01 个和 0.09 个百分点。在其他公司中，国寿财险、阳光产险延续了近几年市场份额不断上升的态势，分别提升 0.63 个和 0.15 个百分点；华安、华泰的市场份额也同时上升 0.04 个百分点；中华联合、大地、出口信用、天安、安邦、永安、太平财险、永诚等公司的市场份额则出现不同程度的下降。

从中外资公司的对比情况看，2011 年中资公司的保费收入合计约达 4726.95 亿元，占 59 家公司保费收入的 98.91%；外资公司的保费收入合计约为 52.11 亿元，占 59 家公司保费收入的 1.09%。外资公司的规模都不大，在保费收入位居前 15 位的公司中，没有一家是外资公司。在所有 21 家外资公司中，保费规模最大的是美亚，仅排在 59 家公司中的第 32 位，其他外资公司则都排在 32 位以后（见表 3）。

表 3　2011 年财产保险公司原保险保费收入情况表

单位：万元，%

资本结构	公司	原保险保费收入	市场份额	资本结构	公司	原保险保费收入	市场份额
中资公司	人保财险	17337226.91	36.28	中资公司	安信农业	71374.09	0.15
	平安产险	8333256.04	17.44		华　农	24415.11	0.05
	太保产险	6159110.69	12.89		锦泰财产	15407.26	0.03
	中华联合	2095460.71	4.38		中煤财产	8204.26	0.02
	国寿财险	1639556.86	3.43		泰山财险	4599.60	0.01
	大　地	1625562.47	3.40		众诚保险	2392.52	0.01
	阳光产险	1331669.26	2.79		长江财产	17.97	0
	出口信用	1023427.38	2.14		小　计	47269485.48	98.91
	天　安	782030.45	1.64	外资公司	美　亚	105438.02	0.22
	安　邦	714885.18	1.50		利宝互助	51739.10	0.11
	永　安	647204.22	1.35		东京海上	47387.43	0.10
	太平财险	580104.78	1.21		三井住友	44836.31	0.09
	永　诚	527584.18	1.10		三　星	42854.75	0.09
	华　安	488088.15	1.02		安　联	40364.91	0.08
	华　泰	479777.59	1.00		日本财产	29733.54	0.06
	天平保险	402264.91	0.84		苏黎世	26883.10	0.06
	都　邦	335598.07	0.70		丰　泰	24146.00	0.05
	英大财险	301559.51	0.63		中意财产	21767.08	0.05
	中银保险	289581.64	0.61		国泰财产	16166.89	0.03
	安华农业	263501.45	0.55		丘博保险	15774.84	0.03
	民　安	207985.33	0.44		太阳联合	14644.65	0.03
	浙　商	186144.69	0.39		现代财产	9804.55	0.02
	长安责任	182028.81	0.38		安　盟	8702.62	0.02
	大　众	172159.87	0.36		乐爱金	7001.01	0.01
	安　诚	170992.05	0.36		富邦财险	4888.83	0.01
	阳光农业	169191.42	0.35		爱和谊	3980.74	0.01
	紫金财产	155051.72	0.32		日本兴亚	3471.62	0.01
	渤　海	149996.92	0.31		信利保险	1514.39	0
	国元农业	151388.74	0.32		劳合社	2.00	0
	信达财险	121590.86	0.25		小　计	521102.39	1.09
	鼎和财产	119093.81	0.25	合计		47790587.87	100

注：本表数据是保险业执行《关于印发<保险合同相关会计处理规定〉的通知》（财会［2009］15 号）后，各保险公司按照相关口径要求报送的数据。原保险保费收入为本年累计数，数据来源于各财产险公司报送保监会月报数据。原保险保费收入为各财产险公司内部管理报表数据，未经审计，各财产险公司不对该数据的用途及由此带来的后果承担任何法律责任。美亚包括美亚上海、美亚广州、美亚深圳。由于计算的四舍五入问题，各财产险公司原保险保费收入可能存在细微的误差。

资料来源：中国保监会网站（http：//www.circ.gov.cn/web/site0/tab3059/i191552.htm）。

（二）市场竞争的主要动向

保险行业的竞争，既存在于产品市场，也存在于要素市场，两种市场的竞争相互关联、密不可分。其中，产品市场竞争居主导地位，要素市场的竞争服务、服从于产品市场竞争。基于这一现实，本报告对 2011 年市场竞争动向的分析主要聚焦于产品市场，包括产品、服务、营销三大领域。

1. 产品竞争

目前，财产险公司经营的险种主要有机动车辆保险、企业财产保险、家庭财产保险、货物运输保险、责任保险、意外伤害保险、短期健康保险、船舶保险、农业保险、信用保证保险等。近几年来，我国财产险公司持续推进产品创新，在传统产品不断丰富的同时，个性化、有特色的新产品也纷纷出现。根据《中国保险年鉴（2011）》的统计，截至 2010 年末，国内财产险公司经营的产品已有 13 大类，共计 8000 余个。产品结构是观察产品竞争动向的重要角度，表 4 列示了从 2006 年到 2010 年我国非寿险市场的产品结构。从表中可以看出，机动车辆

表 4　2006～2010 年我国非寿险市场的业务结构

单位：%

险种	2006 年	2007 年	2008 年	2009 年	2010 年
机动车辆保险	70. 24	71. 14	69. 60	72. 02	74. 60
企业财产保险	9. 94	8. 95	8. 57	7. 40	6. 74
农业保险	0. 54	2. 56	4. 52	4. 47	3. 37
责任保险	3. 55	3. 19	3. 34	3. 08	2. 88
信用保险	1. 82	1. 67	1. 50	2. 35	2. 38
意外伤害保险	3. 92	3. 56	2. 97	2. 47	2. 12
货运险	3. 46	3. 02	2. 90	2. 05	1. 96
工程保险	1. 55	1. 51	1. 60	1. 73	1. 76
船舶保险	1. 77	1. 50	1. 58	1. 40	1. 26
健康险	0. 56	0. 69	1. 51	1. 44	1. 14
特殊风险保险	1. 3	1. 17	1. 10	0. 79	0. 67
保证保险	0. 53	0. 20	0. 26	0. 27	0. 57
家庭财产保险	0. 72	0. 82	0. 52	0. 50	0. 48
其他险	0. 10	0. 02	0. 02	0. 03	0. 07

资料来源：吴焰主编《中国非寿险市场发展研究报告》（各年），中国经济出版社。

险是近年来我国财产险市场第一大险种，保费收入占比一直高达70%左右；企业财产险是第二大险种，保费收入占比虽有所下降，但仍然不低于6%。农业保险、责任保险、意外伤害保险、货运保险都属于比较大的险种，保费收入占比大多数年份都在3%左右或更高。信用保险、工程保险、船舶保险、健康保险、特殊风险保险、保证保险、家庭财产保险等则都属于较小的险种，保费收入占比大都在2%以下。

动向之一：机动车辆险继续领跑市场

公司经营首先必须有一定的业务规模。市场需求量大、消费者购买意愿强的产品能够迅速扩大保费收入规模，提升公司的市场地位和份额，因而往往成为各家财产险公司竞争的首要对象。在当前我国的财产险市场，机动车辆保险就属于这种市场需求量大、消费者购买意愿强的规模型产品。近年来，我国机动车数量的快速增加以及交通事故的频频发生，给财产险公司大力拓展车险业务提供了市场空间，机动车辆保险的市场规模呈迅速扩大之势。

根据公安部交通管理局的统计，从2008年到2011年，我国机动车保有量从约1.7亿辆增加到2.25亿辆，年均增加1800多万辆（见表5）。截至2011年底，全国机动车保有量为2.25亿辆，其中汽车保有量首次超过摩托车，达到1.06亿辆，约占全国机动车总量的47%。在机动车保有量快速增加的同时，交通事故也频频发生。据统计，2010年，全国共接报道路交通事故3906164起，同比上升35.9%。其中，涉及人员伤亡的道路交通事故219521起，造成65225人死亡、254075人受伤，直接财产损失9.3亿元。2011年上半年，全国共接报道路交通事故1840998起，同比增加18502起，上升1%。其中，涉及人员伤亡的道路交通事故91811起，造成25864人死亡、106370人受伤，直接财产损失4.4亿元。

表5 2008~2011年我国机动车保有量增长情况

单位：亿辆，%

指　标	2008年	2009年	2010年	2011年
机动车保有量	1.6989	1.8658	2.0706	2.25
机动车保有量同比增长	6.33	9.83	10.98	8.66
其中:汽车保有量	0.6467	0.7619	0.9086	1.06
汽车保有量占比	38.07	40.84	43.88	47.11

资料来源：根据公安部交通管理局发布的相关数据整理。

机动车辆保有量迅速增加和交通事故发生数量居高不下，使得对机动车辆保险的市场需求迅速扩张，机动车辆保险因此成为各家财产险公司业务拓展的“重中之重”，大多数公司都把拓展车险业务列为公司经营的“第一要务”，一些公司甚至不惜采取恶性竞争、违规经营等手段来抢夺市场份额。尤其是，与过去机动车辆险整体经营亏损不同的是，2010 年以来，在保监会大力规范财产险市场秩序的政策措施推动下，机动车辆险的承保利润扭负为正，结束了车辆险长期亏损的局面，从而给各家公司竞相发展机动车辆险增添了动力。2010 年，全国机动车辆保险的保费收入达 3004. 15 亿元，同比增长 39. 36%，是财产险市场增长最快的险种之一，保费收入在财产险总保费中的占比达到了 74. 60%，比上年度大幅提升 2. 58 个百分点（见表 6）。2011 年，机动车辆保险保费收入进一步上升到 3504. 56 亿元，虽然增长幅度下降很多，但同比增速仍高达 16. 66%，保费收入已大约相当于财产险市场其他各类险种之和的 3 倍。

动向之二：效益型产品仍是追逐的重点

受多种复杂因素的综合影响，不同险种的承保利润率往往并不相同。基于对赢利增长的考量，财产险公司在拓展业务的时候，不仅会追逐易上规模的产品，对承保利润率高的效益型产品更是“趋之若鹜”。表 6 列示了 2010 年财产险各类险种的保费收入及承保利润率。从表中可以看出，承保利润率高的产品同时也都是保费收入增长较快的产品。例如，保证保险的承保利润率最高，达 35. 96%，与此同时，保费收入增速也是最高，达 185. 71%；承保利润率达两位数以上的船舶保险、货运保险，保费增长率相应也分别高达 21. 50% 和 28. 51%。机动车辆保险的承保利润率虽然不高，但车险保费收入增速在 2010 年达到 39. 36%，比上年增加 17 个百分点，与其在该年度实现扭亏为盈也是分不开的。

表 6　2010 年财产险各类险种的保费收入及承保利润率

单位：亿元，%

险种	保费收入	保费占比	保费增速	综合成本率	承保利润率
机动车辆保险	3004. 15	74. 60	39. 36	97. 49	2. 51
企业财产保险	271. 61	6. 74	22. 66	105. 52	-5. 52
农业保险	135. 86	3. 37	1. 44	90. 06	9. 94
责任保险	115. 88	2. 88	25. 67	102. 35	-2. 35
信用保险	95. 97	2. 38	36. 62	93. 04	6. 96

续表

险种	保费收入	保费占比	保费增速	综合成本率	承保利润率
意外伤害保险	85.53	2.12	15.70	97.36	2.64
货运险	78.74	1.96	28.51	82.13	17.87
工程保险	70.92	1.76	37.36	118.01	-18.01
船舶保险	50.80	1.26	21.50	80.98	19.02
健康险	45.72	1.14	5.97	103.16	-3.16
特殊风险保险	26.80	0.67	13.07	65.02	34.98
保证保险	22.91	0.57	185.71	64.04	35.96
家庭财产保险	19.25	0.48	27.47	95.20	4.80
总计	4026.89	100	34.55	97.33	2.67

资料来源：吴焰主编《中国非寿险市场发展研究报告（2010年）》，中国经济出版社，2011，第57、162页。

2010年的承保绩效为后续财产险公司拓展业务提供了方向。2011年度，各家财产险公司在全面发展各类险种的同时，仍将效益型险种放在了十分重要的位置。在各类效益型险种中，农业保险、信用保证保险是发展较快的两类险种，也是各家财产险公司竞相发展的重点。

农业保险是一类较为特殊的险种。2004年，在国家“大支农”政策的背景下，中国保监会在部分省市启动了新一轮农业保险试点。2007年以来，中央政府相继推出多项农业保险支持政策，启动了中央财政保费补贴试点，持续加大对农业保险的投入，推动了农业保险的快速发展。根据统计，农业保险保费收入在2006年仅增长21.26%，但2007年暴增503.28%，2008年增速也高达107.54%。2009年、2010年增速虽有降低，但仍保持了增长势头。由于农业保险的发展得到政府的大力扶持，财产险公司发展农业保险的积极性很高，截至2010年底，已有21家财产险公司开办了农业保险，业务竞争的格局初步形成。2011年，农业保险保费收入达到174亿元，同比增长28.1%。自2007年以来的5年间，我国农业保险累计保费收入已超过600亿元，年均增速达85%，我国成为当今世界上农业保险发展最快的国家。目前，我国农业保险在承保品种上已经覆盖了农、林、牧、副、渔业的各个方面，在开办区域上覆盖了全国所有省市区，农业保险的保费规模已居亚洲第一、世界第二。

信用保证保险近几年的发展也非常快，在非寿险保费收入中的占比从2008

年的 1.76% 迅速提升到 2011 年的 3.58%，3 年间净增加 1.82 个百分点。之所以如此，主要与下面两个因素有关：一是近年来国家加大对信用保证保险的政策扶持力度。例如，财政部于 2006 年 12 月下发通知，进一步支持出口信用保险为高新技术企业提供服务；保监会于 2009 年 5 月下发通知，提出要促进汽车消费贷款保证保险业务稳步发展；中央财政于 2009 年专门设立中小商贸企业发展专项资金国内贸易信用保险补助项目，对投保内贸险的企业进行补助；2011 年 10 月，国务院明确提出，要积极发展小型、微型企业贷款保证保险和信用保险。二是财产险公司不断加强产品和服务创新。例如，平安产险于 2006 年、2007 年分别在深圳、上海推出个人消费信用保证保险（简称“平安易贷险”）试点，2009 年 9 月后正式推向全国。该产品因其“无抵押、纯信用”的特征，得到消费者的广泛认同，成为推动信用保证险保费收入快速增长的重要力量。从当前我国的情况看，信用保证保险有着巨大的市场潜力和发展空间。因为从贸易信用角度看，目前我国的信用保险更多是针对出口贸易，国内贸易信用几乎还是空白；从消费信贷角度看，目前我国的个人消费信贷尚不到 10 万亿元，且主要集中在住房信贷领域。由于有巨大市场空间，加上政府大力支持，近年来各财产险公司都十分注重信用保证保险的发展，不断加大产品创新和推介力度，从而使信用保证保险成为财产险竞争的重要领域（见表 7）。

表 7　2011 年我国财产险市场分险种保费收入情况

单位：亿元，%

险种	保费收入	同比增长	占比
机动车辆保险	3504.6	16.7	73.3
企财险	329.6	21.3	6.9
货运险	97.8	24.2	2.1
责任险	148	27.7	3.1
农业险	174	28.1	3.6
信用险	115.4	19.4	2.4
保证险	56.5	146.6	1.18
其　他	355.0	17	7.4
合　计	4780.9	18.7	100

资料来源：《中国保险市场年报（2012 年）》，中国金融出版社，2012。

动向之三：借助股东资源拓展专业市场

与大型公司在各个领域“纵横驰骋”不同的是，一些中小公司则利用股东独特的行业背景及所拥有的客户或渠道资源，专注于某些专业领域市场或渠道的发展，并以此为“根据地”，谋求向其他领域或渠道的拓展，进而促进公司的快速崛起和成长。例如，永诚财险是一家由实力雄厚的大型电力企业集团和产业投资集团共同发起组建的全国性财产险公司，自2003年成立以来，始终遵循“以电力能源保险业务为基础，积极开拓其他大型商业风险领域”的发展战略，坚持专业化的市场定位，积极拓展股东发电业务及延伸业务，努力实现“电力能源承保技术和承保能力领先于同业，电力能源市场份额领先于同业”的战略目标。2011年，借助华能集团、国电集团、大唐集团等股东的资源，通过向关联方销售保险所获得的保险业务收入占公司全部保险业务收入的比例达到15.97%。

英大财险的情况与永诚有点类似。该公司是在2008年由27家国有大型骨干企业发起设立的财产险公司，主要股东包括英大国际、中国电力财务有限公司、23个省（直辖市、自治区）的电力公司、5个大区性的电网公司以及国网新源控股有限公司。公司自成立以来，本着做精电网业务、做强电源业务的思路，针对电网风险管控的需要，以电网保险服务为重点，开发了电网专属产品，实现了电网业务的超常规发展，2011年度通过向国家电网系统内各单位销售保险取得的保费收入占到保险业务总收入的63.85%。

与上述两家公司“殊途同归”的是，中银保险借助的主要是股东提供的渠道资源。中银保险是中国银行的全资附属机构，自2005年成立以来，借助中国银行的渠道资源，逐渐形成了一支融合银行与保险专家的人才队伍，探索出日渐完善的银行保险经营模式，并开发出保险卡、个贷保、企贷保、中银安心意外保障计划等银保特色产品，银保业务发展取得长足进步。2011年，公司与中国银行的保险代理业务交易额累计为17.75亿元，保险业务交易额累计为3.58亿元，合计占到该年度公司保险业务收入的2/3以上。

2. 服务竞争

保险业属于服务性行业，保险公司服务的优劣对公司经营绩效有着直接和重要的影响。目前，在我国财产险市场上，各家公司的产品高度“同质化”，同类产品的保障范围、除外责任基本相同，这使得围绕保单销售、核赔、理赔等环节提供的服务越来越被消费者所看重，并成为财产险公司谋求差异化发展的重要支撑。然而，长期以来，保险服务却一直是我国财产险公司的“短板”，“理赔难”为广大消费者所诟病。为了有效提升企业的市场形象，近年来各家公司频出奇招，围绕“快”、“易”、“便”、“免”等关键词，采取了一系列有力举措，使服务质量和水平得到大幅提升。

动向之一：大型公司着眼于全面提升服务质量

大型财产险公司一般成立较早，相对于成立较晚的公司具有一定的先发优势。较长时间的积累已使得这些公司在保险服务上有了相当的基础，因此，大型公司在保险服务上主要着眼于服务质量的全面提升和改善。例如，最大的财产险公司人保财险将 2011 年确定为“服务年”，在该年客户节期间推出六大主题服务活动，全面提升公司的服务质量。这六大活动涉及理赔、销售、投诉、信息查询、增值服务等多个方面，分别是：理赔无忧、四海通行，“走进中国人保”客户答谢，电销网销特色服务，开通总裁客户投诉专线，全险种客户保险信息自主查询，“十一”黄金周客户自驾游增值服务。人保财险 2011 年客户节活动的亮点之一，就是在理赔环节推出了“一小时通知赔付”、“免费救援”、“VIP 手机自助理赔”、“四海通行”、“四个一查勘服务”等服务，为广大客户带来了实实在在的帮助。此外，推出的全险种保险信息自主查询服务，使得客户无论是通过 95518 客户服务电话、电子商务网站，还是遍布全国各地的营业网点柜台，均可十分方便地查询到自己的保险信息。

平安产险是我国第二大财产险公司，近两年该公司在全国开展“快、易、免”全方位服务，包括车险一天赔付、上门代收索赔资料服务和免费道路救援等。2010 年以来，平安产险不断升级车险理赔服务，从 2009 年万元以下的“三天赔付”到 2010 年、2011 年的“一天赔付”，理赔速度大幅提升。2011 年，在第八届客服节开幕式上，平安产险进一步将“易”和“免”两大服务升级，承诺“免费道路救援”向全国所有客户开放，“上门代收索赔资料”覆盖全国所有行政区域。通过采取这些措施，平安产险在车险理赔方面已经实现客户需求度最高的“快、易、免”三项全能服务。

太保产险是我国第三大财产险公司，2011 年该公司加快推动“以客户需求为导向”的战略转型，全面提升客户服务品质，在推广自主研发的 3G 快速理赔系统、首创星级服务门店管理新模式的同时，持续完善服务质量管理体系，构建

95500 省级集中运营模式和全国集中客户投诉管理系统，并加强窗口服务标准化与服务渠道规范化建设，开展 5S 理赔服务系列活动，通过多种方式有效提升窗口服务人员整体业务素质。2011 年 10 月，在中国质量万里行促进会开展的对保险行业服务质量的明察暗访中，太保产险连续 10 年获得第一名的佳绩。

动向之二：中小型公司致力于从某些方面实施突破

与大型公司相比，中小型公司大都成立较晚，保险服务的基础建设还不够完善，为了尽快获得广大消费者的认可，中小型财产险公司往往会致力于首先在某些方面实施突破，以此树立良好的企业形象。例如，国寿财险注重以“服务文化”为突破口，加快提升服务品质。自 2009 年起，该公司逐步建立了“用心服务”的核心价值观和“专业、快捷、便利、贴心”的服务理念，并以此为基础，大力推动服务文化建设。2011 年，国寿财险相继开展了全国性的“学规范、强意识、比技能”主题教育活动、“群星争辉、服务领航”服务技能竞赛、“金耳唛杯”服务技能大赛、“客户服务讲师团培训”、“服务能力提升观察员”等专项活动，并在全系统开展了“十佳窗口服务网点、十佳窗口服务明星”评比活动，通过服务文化建设“虚功做实”，切实让文化在服务团队中沉淀，推动文化真正落实在员工日常服务行为中。国寿财险的服务文化建设带来了明显成效，该公司近两年先后获得“中国最佳客户服务”、“中国最佳呼叫中心”等殊荣，为公司打造良好的市场形象奠定了坚实基础。

与国寿财险侧重于服务文化建设不同的是，太平财险在服务方面选择以“快速”为突破口，通过提升服务效率努力改进保险服务。2010 年，该公司推出旨在提升理赔时速的“小当家”活动，即在全国范围内实施“资料齐全，当天结案”、“一张纸”理赔、“全年无休全国通赔”等服务提速举措。为了打造更专业、高效的服务平台，2011 年进一步启动了“效率服务年”活动，在全系统 400 余家机构同步展开，活动范围由上年度的车险理赔环节扩展至车险、产险、财务、客户服务四大板块，涵盖出单、核保、报案、调度、查勘、定损、理算核赔、赔款支付、投诉处理等 11 个环节。所采取的具体举措包括四大方面：一是分支机构开展服务效率达标活动，二是推行 VIP 客户绿色通道服务活动，三是推行客户投诉及时响应 100% 活动，四是评选服务效率之星和服务团队活动。

阳光产险 2011 年也以“快速”为突破口，在改善保险服务方面做足了文章。8 月 30 日，阳光保险宣布“阳光 e 车险”正式上线，针对小额赔付推出了极具特色的“闪赔”服务，即“阳光 e 车险”客户专享 5000 元以下（非人伤）案件免单证、报案 24 小时内赔付服务，如有延时，将对阳光产险执行实际赔款金额的 100 倍罚息。“阳光 e 车险”作为阳光产险推出的新一代网络车险，具有价格低、全自助、全新投保体验、最快自助投保速度、即时人工支持帮助、定制最快理赔服务、低碳环保七大优势。其中，“闪赔”服务是最大亮点。为了保障“闪赔”服务标准能够兑现，阳光产险还在中国消费者协会专门设立了中国首家“阳光闪赔专项服务承诺保证金”，并邀请中国消费者协会作为“闪赔”服务监督单位。

3. 营销竞争

财产险公司的销售渠道主要有直销和中介两大渠道。其中，直销渠道包括直销团队、网销、电销、直销门店等；中介渠道包括保险营销员、保险代理公司、保险经纪公司、保险兼业代理机构等。从各渠道的总体情况看，近年来随着现代信息技术的普及和网络人口的快速增长，网销、电销两个直销渠道得到了快速发展。与此同时，交叉销售、门店经营等销售模式也成为一些公司营销创新的重要方向。

动向之一：网销和电销成“渠道新秀”

网络营销是指保险公司及其销售人员以互联网为平台所开展的营销活动。近年来，随着现代信息技术的发展、互联网的普及及营销环境的变化，网络营销逐渐成为保险营销的一种新趋势，越来越多的保险公司和销售人员将网络营销运用在实际的展业中，借助互联网的力量扩大营销业务的范围。目前，国内保险公司的网络营销主要有两种模式：一是在公司网站设立产品门店，完成从产品推介到签发保单，甚至是受理赔案的全过程；二是利用第三方保险商务平台开展相关保险营销活动。网络营销的主要优点是突破了时空的局限，可以实现全天候、无间断服务，而且可以增强投保人与保险人之间信息的交互性，降低保险公司的经营成本和管理成本。我国保险公司的网络营销起步于 2003 ~ 2004 年，当时网络营销的规模十分有限，但此后便进入了快速发展期。2011 年，各家公司进一步加大对网销的投入，有的还在一些电商门户网站开设“旗舰店”，以充分利用外部网络资源，当年共有 8 家公司开展“全流程”的网络销售，保费收入超过 50 亿元。其中，人保财险于 2010 年建成网络销售中心后，2011 年加速搭建网销平台，网销访问量超过 5100 万人次，全年实现网销保费收入 13.7 亿元。

电话营销也是近年来兴起的一种新的营销方式，最早由平安保险等公司推动并逐渐形成规模。2011 年，电销渠道在财产险市场开始全面“发力”，除了平安产险、人保财险外，太保产险等 15 家公司也全面参与，大约有 1400 万名车主选择电销渠道投保，当年行业电销保费超过 440 亿元，同比增长 130%。从目前财产险公司开展电销的情况看，电销市场的集中度仍然比较高，前 3 家公司开展电销的保费收入占比超过了 90%，其他公司的电销保费占比不足 10%。在开展电销业务的各家公司中，平安产险是电话车险的“鼻祖”，2006～2010 年，电销车险保费收入从 3.4 亿元迅速增加到 127 亿元，其中 2009 年、2010 年分别增长 160% 和 180%。2011 年，平安产险的电销车险保费收入达到 221.90 亿元，同比增长 76.1%。作为我国最大的财产险公司，人保财险近几年在电销渠道上也不甘落后，电销业务已覆盖全国绝大部分城市，拥有 1 万多个机构网点、600 多个电销服务机构、3 万多人的理赔队伍，2011 年该公司的电销保费收入达到 124.5 亿元，是上年度的 3.6 倍。不过，在电销业务快速发展的同时，由于网络运营管理没有完全跟上，“随机抽取电话号码销售保险产品”、“反复拨打明确表示无保险购买意愿的消费者”、“电话中描述产品收益与实际情况不一致”等“扰民”现象和销售误导行为也日渐突出，损害了行业形象。如何规范电销行为，制定电话营销的行为标准，促进渠道的健康、良性发展，已成为电销业务实现可持续发展所面临的一项严峻挑战。

动向之二：相互代理呈迅速扩大之势

相互代理是指一家财产险公司与一家人身险公司进行合作，相互代理销售对方公司的产品，在一个集团内部也叫交叉销售。2001 年，中国保监会批准太保集团产、寿险公司作为兼业代理机构开展相互代理试点。2006 年 10 月，人保财险和人保寿险获得相互代理资格。2007 年，中国人寿、平安保险等集团旗下的产、寿险子公司也相继获得交叉销售资格。同一集团内的子公司开展交叉销售，可以发挥集团的整体优势，增强子公司之间的战略协同，进而提升品牌影响力。由于这一原因，近年来各大保险集团加强对交叉销售工作的组织和领导，积极探索交叉销售的具体运作模式，并开发适合于交叉销售的保险产品，推动了交叉销售的快速发展。例如，人保集团 2011 年积极创新交叉互动组织模式，以产寿险互派专员为牵引，进一步深化交叉互动和业务协作机制，推动互动业务产能快速提升，全年共实现交叉互动业务保费规模 105.7 亿元，同比增长 19.8%，完成当年预算目标的 148.9%。又如，中国人寿保险集团依托寿险公司庞大的代理人资源，着力发展以“寿代产”为主体的互动业务，2011 年“寿代产”业务实现保费收入 42.46 亿元，同比增长 64%，财险公司约有 1/4 的保费收入来自“寿代产”交叉销售。再如，平安保险集团将交叉销售作为实现“一个客户、一个账户、多个产品、一站式服务”目标的重要策略，建立起了较为成熟的交叉销售和远程销售管理平台，2011 年“寿代产”业务实现的保费收入占比升至 14.3%，平安车险保费收入有 51.0% 来自交叉销售和电话销售。

2010 年 3 月 30 日，保监会发布《关于规范保险公司相互代理业务有关事项的通知》，规定保险公司在住所地以外的省级行政区设立分公司后，可不逐级设立分支机构，直接或者利用包括相互代理在内的中介渠道开展业务，且保险公司相互代理可不限于集团公司内部。该通知的出台意味着，相互代理将不再局限于同一集团内产寿险公司之间的交叉销售，非同一集团的产寿险公司也可以通过签订协议开展相互代理。通知发布后，新华人寿与大地财险、信达财险与幸福人寿、中意人寿与中意财险、英大泰和人寿与英大泰和财险等产、寿险公司在经保监会同意后很快相继签署相互代理协议，相互代理在财产险市场呈现迅速扩大和推广的态势。不过，与同属一个集团内的产寿险公司之间的交叉销售相比较而言，非同一集团的产寿险公司开展相互代理在合作程序、业务流程上更为繁杂，而且缺乏同一品牌的整体效应，缺乏行政力量的有效支撑，因此业务推动的效果可能不及前者。以新华人寿和大地财险为例，两家公司在 2011 年 1 月份就签署了相互代理协议，但据有关报道，在此后一年中新华人寿代理大地财险的业务进展缓慢，全年仅 12 家分公司开展了与大地财险的代理合作业务，代理保费合计只有 1100 余万元。当然，随着相互代理业务开展的逐步深入，也可能有一些非同一集团内的产寿险公司合作十分顺利，并通过探索创新型的合作模式，闯出相互代理业务发展的新天地（见表 8）。

动向之三：门店经营在探索中艰难前行

随着营销渠道变革的推进，保险公司为了有效掌控客户资源，降低对中介机构的依赖，开始大力发展各种新型渠道，在此背景下，门店经营逐渐进入一些财产险公司的视野。门店经营以门店的形式直接面向广大顾客，可以提供包括保险咨询、销售、续保、理赔等在内的全方位服务。这种销售模式有效摆脱了保险公司长期以来缺少销售实体的困扰，实现了保险销售从无店到有店的转变，但也面

表 8　2001～2011 年保监会批复同意开展相互代理保险业务的公司

批复时间	批复文号	同意开展相互代理保险业务的公司
2001. 11. 13	保监复[2001]412 号	太平洋产险和太平洋寿险
2006. 10. 10	保监中介[2006]1042 号	人保财险和人保寿险
2007. 01. 08	保监中介[2007]9 号	国寿股份和国寿财险
2007. 02. 07	保监中介[2007]122 号	平安健康险与平安寿险、平安产险、平安养老险
2007. 06. 07	保监中介[2007]716 号	平安养老险与平安寿险、平安产险
2007. 09. 18	保监中介[2007]1203 号	人保财险和人保健康
2009. 05. 21	保监中介[2009]423 号	人保健康和人保寿险
2009. 07. 10	保监中介[2009]654 号	国泰人寿与国泰财险
2010. 08. 30	保监中介[2010]1045 号	安邦人寿、安邦财险及和谐健康险
2010. 09. 25	保监中介[2010]1166 号	信达财险与幸福人寿
2011. 01. 05	保监中介[2011]18 号	新华人寿与大地财险
2011. 01. 05	保监中介[2011]19 号	华泰财险与华泰人寿
2011. 08. 16	保监中介[2011]1313 号	中意人寿与中意财险
2011. 10. 17	保监中介[2011]1622 号	英大泰和人寿与英大泰和财险

资料来源：根据中国保监会网站提供的相关信息整理。

临诸如客源不足、缺少人气、服务跟不上、前期成本高等不少问题。由于这些原因，目前财产险公司的门店经营既有成功的，也有失败的，可以说在探索中艰难前行。

在已有的各类门店中，华安的连锁式营销服务部、人保财险的店面直销、华泰的 EA 门店（专属代理人模式）最为引人注目。华安的连锁式营销服务部是指公司依托城市社区建立起的保险客户社区服务部。通过社区服务部，社区居民可以在家门口享受保险咨询、出具保单、查勘理赔、代收车船税、理赔跟进等多项保险服务。该类服务部的主要特点有四个：一是多网点，二是小型化，三是全功能，四是重服务。华安自 2007 年底开始实施连锁营销战略，并规划 5 年内在全国开设 1 万家营销服务部。不过，从事后的运作看，营销服务部的发展情况远不及设想。之所以出现这种情况，主要是缺乏配套的专属产品，消费者尚未形成门店购买的习惯，公司无力支撑较高的投入成本（华安的门店基本都采用购买的方式）等。人保财险的店面直销是指通过开设直销门店或在已有网点开设直销专柜开展保险销售和服务等业务。2011 年 3 月，天津市分公司启动“车险店面直销”项目。该项目的一大优势是产品费率优惠。根据天津保监局《关于中国人民财产保险股份有限公司天津市分公司“店面直销”机动车保险条款的批复》，在原有家庭自用车条款和基础费率保持不变的基础上，增加“店面直销”费率因子，保费优惠幅度最高可达40.5%，与“电销”产品价格基本持平。除产品费率优势外，店面直销还减少了中间环节，通过“一张纸、一小时”的服务模式，大大缩短了保险服务等待的时间。由于上述原因，车险店面直销获得了较快发展，到10月份，天津市分公司已有两批共计16家直销门店开业，且正在筹备第三批店面上线。截至11月底，车险店面直销共取得保费收入2792.87万元，承保车辆7305辆，车均保费3823元。

与华安的营销服务部、人保财险的店面直销不同，华泰保险的EA（Exclusive Agent）门店并非公司直属门店，而是专属代理人模式，是指代理人以社区门店的形式独立经营并代理公司业务。2008年，在外方战略合作伙伴安达集团ACE的帮助下，华泰将欧美市场上成熟的专属代理人模式引入中国，并在福建率先试点。2009年，试点取得突破性进展，已有3家门店在福州试运营。2010年12月，推出了第一款专门为EA量身定做的组合型非车险产品——“华泰诺亚方舟商铺保险”。截至2011年8月底，华泰已在福建、广东开设EA门店近60家，9月下旬又在云南开设了首家EA门店。随着门店的推广，华泰在福建的25家EA门店已成为省分公司的主要业务来源，贡献保费的占比由2009年底的2.1%上升至2011年上半年的95.2%，其中车险业务占比达99%。为了对EA进行有效整合和管理，理顺法律关系，防范法律风险，2011年4月华泰设立了全国性专属代理公司——华泰保险销售（上海）有限公司，并于9月初在福建设立了第一家分公司。

（三）提升竞争力的主要举措

市场竞争依赖于竞争力，包括在产品、服务、营销、成本、投资、运营等方面的竞争力。然而，竞争力并非空穴来风，强大竞争力背后必然会有一系列支撑性因素。一些财产险公司深谙竞争力的奥秘，不仅关注竞争力的现实状况，更关注如何提升公司的竞争力，并通过不断提升竞争力维持既有的市场地位。

1. 选好用好人才

人才资源是企业的“第一资源”，选好用好人才是各类企业及其领导者的“第一要务”。保险业是人力密集型产业，人才资源的富集程度如何、开发利用状况如何，在企业竞争力中显得更加重要。从近年来的情况看，不少保险公司都把选好用好人才放在了最优先的位置，这其中，尤以平安大手笔引进国际性人才最为引人注目。

中国平安是国内率先实现资本结构国际化、大规模引进海外高级人才并按照国际标准经营管理的金融机构。长期以来，平安始终坚持国际化人才策略，重视引进“外脑”，坚持聘用国际最优秀的专业人才出任公司高管。从20世纪90年代初开始，平安就瞄准国际同行的先进模式，大胆实施“拿来主义”，引进了一大批拥有国际先进经验的海外管理精英，他们带来了领先的管理、机制和技术，带来了符合国际标准的商业企业运作模式及经营经验和机制，使平安率先迈上国际化征途，为公司的跨越式发展发挥了至关重要的作用。目前，在平安高层前9位高管中，有5位来自海外，超过半数。在平安引进的海外人才中，不乏来自麦肯锡、高盛、花旗、保诚等国际著名公司的人才。平安不仅大规模从国外引进国际性人才，在公司内部的管理人才选用上也引入竞争机制，通过良性竞争实现管理人才的优胜劣汰。平安管理人员的内部竞争就像是一场场跑马，员工先在小的团队里竞争，连续两年排名靠前，才有被提拔的资格，然后在大的部门内竞争，逐步升级，最优秀的一些人才，最终将进入子公司、集团的领导班子。在平安，许多有能力的干部都是这样跑出来的，都是这样在赛跑机制中赛出来的。平安是当前我国保险市场上公认的竞争力最强的公司之一，这与其重视选好、用好人才是分不开的。

除中国平安外，近年来不少财产险公司也都在人才的选用上做足了“功课”。例如，人保集团在2011年4月26日专门召开人才工作会议，明确提出要把人才优先发展与实施新的发展战略相结合，人才开发优先考虑，人才结构优先调整，人才投入优先保障，人才制度优先创新，努力形成各类人才各尽所能、各得其所的良好局面。根据《中国人保“十二五”人才发展规划纲要》，“十二五”期间，公司将坚持“创新机制、服务发展，强化专业、以用为本，突出重点、整体开发”的工作方针，着力加强三支人才队伍建设（经营管理人才队伍、专业技术人才队伍、营销人才队伍）；着力推进五个重点项目（核心人才库建设工程、区县支公司经理后备培养工程、总部人才建设工程、人才统一信息平台建设工程、人才培训基地与网络平台建设工程）；着力优化完善五大人才发展体制机制（人才培养开发机制、人才评价发现机制、人才选拔任用机制、人才流动配置机制、人才激励保障机制），努力造就一支结构合理、素质优良、富有创新精神、与集团发展战略相匹配的人才队伍，确保中国人保在保险行业的人才竞争中比较优势。

2. 加强企业文化建设

文化是企业的“灵魂”，具有重要的导向、规范、凝聚、激励和约束功能。文化建设是企业发展史上的一场文明变革，一个富有竞争力的企业，必定会创建一套为广大员工所认可的核心价值体系，形成一套能够提高经营业绩、推动组织变革和发展的行为方式。发达国家的保险公司早已适应现代企业管理的潮流，将企业文化深深嵌入日常经营与管理中。在我国，虽然多数保险公司的文化建设尚较薄弱，但加快构建强大、独特的企业文化，已成为不少公司经营管理的核心内容。

中国平安十分注重企业文化建设，自1988年成立以来，不断吸收中华民族优秀传统文化和西方现代管理思想的精华，逐步形成了独具特色的企业文化。平安积极提倡“以优秀的传统文化为基础，以追求卓越为过程，以价值最大化为导向，做一个高尚和有价值的人”，并在过去18年企业文化建设的基础上，从2006年开始大力推进“领先”文化建设，要求每个机构搭建“领先”的平台，在制定战略和计划时以“领先”为最核心的目标，选拔人才、配置资源时以有利于实现“领先”为基本原则，问责考核时以是否达到或靠拢“领先”为核心评判标准。平安的企业文化体现了中西合璧、古今贯通、知行合一的特点，为其快速崛起和发展提供了强大精神支撑。

阳光保险对企业文化建设十分重视，始终把“人”作为企业发展的第一目标和第一动力，强调把“诚信”、“关爱”作为企业生存和发展的两个根本。一方面，坚持最大诚信原则，遵守国家各项法律法规，将诚实信用的道德规范落实到每个环节、每个细节，以诚信担负社会责任；另一方面，坚持以人为本，努力培植以客户和员工为主线的关爱文化，将关爱贯穿于客户服务和员工成长的全过程。与此同时，阳光保险积极履行社会责任，不仅踊跃参与捐款、赞助等社会公益活动，还于2009年在业内率先成立了全国性的“青年志愿者协会”，组织5000余名志愿者开展爱心支教、捐资助学、社区服务、环保宣传和义务献血等多种形式的志愿服务活动，将企业阳光般的关爱洒向社会。

都邦保险近年来围绕企业核心价值观大力开展文化体系建设，不断激发员工的使命感，推动企业有序前行。历经几年的发展实践，都邦保险确立了“修己安人，践行尽责”的核心价值观，并将“和谐快乐”、“勤勉敬业”、“服务领先”、“持续创新”和“制度保障”作为核心价值体系的五个支点。安人先修己，尽责在践行。都邦将“修己”作为员工行为的先导，以此促进管理的精细化、规范化，提升队伍的职业素质，同时将“安人”作为员工行为的目标，倡导为客户提供更专业、更优质的服务，为客户创造更多的价值。2010 年以来，都邦保险进一步通过开展企业文化语录征集活动和征文活动、制订和推广“六重六讲”为主体的都邦司训、定期刊发《修己报》等一系列工作，强化企业文化建设和传播，不断丰富公司的文化积淀，为都邦保险切实转变发展方式和未来的长远发展奠定了坚实基础。

3. 鼓励和促进创新

创新是企业发展的不竭动力，是企业在竞争性市场上永葆生机的终极源泉，它不仅能使企业找到获取竞争优势的突破点，还可使竞争优势长期难以被其他企业所赶超。创新能力是创新机制、创新人才及相应物质手段的有机结合。其中，创新机制是企业最重要的组织资产之一，在创新能力形成中起“杠杆”作用。一些企业由于其组织结构、文化、程序以及激励制度等原因使得其更容易比竞争对手实施创新。近年来，随着我国保险市场上竞争主体的增多，市场竞争日趋激烈，要提升企业的市场竞争力，就必须通过不断创新走差异化发展道路。

人保财险紧跟时代步伐，不断加强营销领域创新。2010 年以来，人保财险率先洞察到微博可能带来的营销机会，及时开通了人保电话车险企业微博，创造了保险行业微博营销新模式。人保财险自开通电话车险微博以来，每日都通过微博发布消费者车险服务解答、养车生活小常识等实用信息，满足客户咨询、试算和投诉咨询需求。人保财险通过电话车险企业微博，改变了原来距离感明显的品牌传播，实现了企业与消费者、消费者与消费者之间的即时互动，让人保电话车险变得更像是消费者的朋友，品牌与用户之间的关系变得更加真实、亲密。除营销创新外，2011 年人保财险还积极参与开展了包括演艺活动财产保险、艺术品综合保险、文化企业知识产权侵权保险等 11 个险种在内的文化产业保险的试点工作，在产品创新等方面上取得积极进展。

阳光产险秉承“追求一点点不同”的创新精神，坚持以客户为中心，在产品、服务及渠道等方面不断推进创新，引领了行业发展的新潮流。2011 年 7 月，阳光产险推出全球首款网络游戏保险，在虚拟世界中创新推出“宝物银行”托管机制，由中国版权保护中心作为独立的第三方对数据进行监督，开了保险业在虚拟财产领域开展业务的先河。8月，阳光产险推出网络车险新品牌“阳光e车险”，并同步推出了国内首个车险“闪赔”服务标准，承诺凡在阳光官网购买阳光车险的客户，对5000元以下的非人伤案件，均可享受阳光“闪赔”服务，包括24小时内闪电赔付、无需资料、延时百倍罚息、全国“三维通赔”等。

天安保险积极开展营销创新，在国内首度与银行合作发行“联名信用卡”，开辟了财产险营销的新领域和新途径。2010年12月，天安保险与中信银行签署战略合作协议，发行银保联名信用卡，推进保险业务代理、银行业务拓展、客户增值服务、技术及产品创新、风险管理等方面的全方位合作。双方利用渠道、客户、产品、技术、人才的优势互补和资源共享，全方位、多层次地满足客户需求，从而提高市场占有率，降低交易成本，推动彼此的业务发展和经营效益提升。在合作过程中，天安保险将有针对性地对中信银行及其客户提供销售、承保、理赔和技术服务。

4. 加快信息系统建设

保险公司应用信息技术的领域很广，包括产品开发、承保理赔、销售支持、渠道管理、客户关系管理、投资管理、精算、财务管理、统计分析、风险管理等各个业务环节，关键信息系统有核心业务系统（包括保单管理、产品管理、承保、核保、核赔、保全、营销员与中介管理系统等）、呼叫中心系统、数据管理与分析系统、业务追踪分析系统、信息报送系统等。信息系统对提高保险公司的营运和服务效率至关重要，是在竞争性市场上获得持续发展的关键因素之一。近年来，我国保险市场的一大景象就是，各家公司纷纷加大对信息系统的投入，加快构建具有竞争力的信息技术平台，提升公司经营的信息化水平，进而为公司更好地参与竞争提供支持和保障。

人保集团高度重视信息化工作，近年来不断加大IT投入力度。按照公司信息化整改建设方案和计划，2011年4月21日南中心正式启用，7月9日南中心广域网全面开通，客户数据等系统也已推出。为实现更加便捷、高效的移动办公，公司对相关软件平台进行了开发和改造。移动办公系统支持笔记本电脑、平板电脑和主流智能手机终端的远程访问，通过VPN技术建立安全加密通道，同时采用世界领先的动态令牌方式进行双因素身份认证，解决了在公司外部，特别是在国外访问公司电子邮箱、OA 系统和内部门户网站的问题，利用现代信息技术手段实现了真正的随时随地移动办公，为集团综合管理平台的整合奠定了基础。10 月 18 日，人保财险电子商务北方运营中心入驻北京数字信息产业基地，基地定位于呼叫中心、数据中心网络集成服务、电子商务等信息产业的发展，总面积达到 4 万平方米，坐席可容纳 4000 余名员工。

安邦保险运用 IT 手段，推出了移动出单业务，借助 GPRS 网络，采用无线信号传输的方法，连接公司的核心业务系统，通过数据实时对接校验，实现安邦保险现场投保、交费、打印保单等一系列工作。移动出单免去了公司打印送单的过程，验车、投保一气呵成，基本可以让车主做到“零等待”。该项措施不仅提高了工作效率，更节约了时间成本，使客户不用再到营业厅或网点，只需在家里就可享受到安邦保险提供的投保、交费、出具保单等一系列服务，真正做到了“服务上门、高效便捷”。另外，安邦还于 2010 年 6 月推出了销售人员支持系统，旨在通过互联网搭建公司与个人代理人、优秀团队长、各级销售管理人员以及机构负责人之间无障碍沟通平台，为广大一线销售人员更快、更全面地了解公司的产品、政策、规章制度、个人业务数据及赔案查询、在线培训等需求提供点对点支持，并将逐渐扩展成为为全司代理人提供全方位支持的行销支持系统。

太保产险在近年来不断加强信息系统建设的基础上，于 2011 年推出了集快速报价、一健续保、保单管家、赔案跟踪、违章查询、网点导航等多个实用功能于一身的“E 保通”。该平台的推出，标志着太保产险已形成了电话、网站、移动“三网合一”的电子商务平台。太保产险在 6 月份先推出了面向都市精英族的 iPhone 版本，然后继续丰富功能，并于三、四季度推出了适用于 iPad 及其他各种手机终端的版本。

5. 优化公司竞争战略

竞争战略是指公司基于竞争和发展定位，为获取竞争优势而拟定的策略与方法。战略在竞争力提升中起导向作用，竞争力培育的方向和效果很大程度上受制于战略。当前，我国保险市场竞争的非理性成分仍然较多，不少公司缺乏明晰的竞争战略，致使竞争和经营行为十分粗放。然而，随着市场竞争的不断深化和加剧，粗放型的发展道路已不可持续，及时优化竞争战略，走差异化和效益型发展道路成为一些公司的优先选择。

保险市场是一个高度同质化的市场。在同质化市场上，竞争取胜的秘诀就是通过差异化树立起别具一格的形象。差异化是决定公司市场地位的关键变量。没有差异化，就没有在竞争中获胜的可能。差异化不仅体现在产品方面，更重要的是体现在服务和营销等方面。许多公司大力推动服务和营销创新，其目的就在于谋求服务和营销上的差异化优势，以此弥补产品同质化的缺憾，增强公司对客户的吸引力。以品牌为例，尽管各家公司的品牌背后所代表的内容并没有太大差别，但市场上很难找到两家品牌形象雷同的公司。正是由于这一原因，树立差异化的品牌形象就成了各家公司重要的战略方向。2011 年，在各家财产险公司中，阳光保险的品牌推广工作十分引人注目。2010 年底，阳光保险成功中标央视《我要上春晚》独家冠名权，此后便立即着手策划设计推出了一个具有高度感染力的传播口号——“阳光点亮希望，春晚成就梦想”和一个具有强烈视觉冲击力的传播符号，同时融合企业上下智慧，创制出一个系列性品牌传播规划。随着《我要上春晚》收视率稳居央视综艺节目之冠及其强大的整合传播，阳光保险的品牌知名度有了显著提升，并首次入围世界品牌实验室（World Brand Lab）发布的 2012 年《中国 500 最具价值品牌》排行榜。

在一些公司追求差异化发展的同时，另一些公司则致力于从粗放型向效益型发展模式的逐步转型。在这一方面，也许公司并非先知先觉、适时主动转型，而是因经营陷入泥沼被迫转型，不过这种转型的力度往往更大，转得也更为彻底，因而最终起到了“涅槃重生”的作用。在这方面，中华联合的情况可谓典型。在走出新疆、迈向全国的发展道路上，中华联合曾经走得顺风顺水，在短短数年间就完成了全国机构布局，又在短短数年间迅速崛起为我国第四大财产险公司。然而，中华联合在创造奇迹的同时，也带来了巨大的经营风险。由于一味追求保费规模，贪大图快，忽视承保风险和成本控制，中华联合一步步走向困境，最终在 2007 年爆出 60 多亿元巨额亏损。2009 年，中华联合在找到症结后，开始扭转粗放发展的经营思路，由重规模、重速度的外延式发展转变为重效益、重质量的内涵式发展，管理模式由简单的粗放式管理逐步向精细化管理转变。在 2010 年半年工作会议上，中华联合则进一步提出了“二次创业三步走”的战略目标。通过实施“二次创业”战略，中华联合逐渐实现了转型，并迅速扭亏，开始实现赢利。

与中华联合有着类似经历的是永安。成立于 1996 年的永安保险，是西部最大的全国性财产险公司之一，但长期的股权纠纷、高管动荡、管理混乱和粗放经营，使其陷入难以为继的境地。到2008年底时，公司累计亏损达18.64亿元。为了避免因偿付能力严重不足被第二次接管，尽快走出困境，在增资扩股、重建公司治理结构的同时，永安实施了“自救大手术”：一方面，进行市场化用人机制改革；另一方面，主动控制规模，降低经营成本。这意味着永安选择了走低成本和效益型的发展道路。为此，总公司强力推动核保、理赔、支付和人力资源的四大集中。在降低综合赔付率方面，摒弃了对保费规模的单纯追求，压缩乃至退出部分亏损严重的险种，如大吨位营业货车险种等。同时，将业务核保权集中到总公司、分公司业务管理部门，取消三、四级机构的核保权限。在理赔方面，实行分公司呼叫中心集中接报案，分公司集中管理、统一调度查勘定损人员，同城机构成立理赔中心，统一负责处理和管理同城机构的理赔案件。在降低综合费用率方面，彻底改变销售费用“大包干”的做法，根据不同地区、不同险种的综合赔付情况，对销售费用实行分险种、分机构、差异化、动态化管理。同时，落实全面预算管理，压缩固定费用，将变动费用与综合赔付率挂钩，建立集中支付制度。两年苦战下来，永安保险艰难突围，2010年承保业务首次赢利288万元，综合成本率99.94%，同比下降4.38个百分点。2011年，永安开始了新的转折，在保证承保效益的基础上力求保费快速增长，力争在未来5年内年保费收入增长率不低于20%，并保持承保业务持续赢利。

二　2011年财产险公司竞争力绩效评价

我国现有的财产险公司，大多数成立的时间并不长，其中有不少仍处在“铺摊子、搭架子”阶段。基于这一现实，本报告暂不对所有公司的竞争力进行评价分析，而是仅选择营业收入居前15位的公司。由于出口信用等政策性公司主要从事政策性业务，因而暂不列入评价。中华联合是一家比较大的公司，但因目前正在进行重组，未发布年度信息披露报告，也暂不列入评价。这样，列入评价的15家财产险公司依次是：人保财险、平安产险、太保产险、大地、国寿财险、阳光产险、永安、天安、太平财险、华安、永诚、天平保险、都邦、浙商和英大财险。

（一）2011 年财产险公司竞争力绩效分类评价

根据本报告确定的评价分析体系，竞争力绩效评价包括总量绩效评价、增长绩效评价、效率绩效评价和综合绩效评价四个方面。此外，为了对不同公司的竞争力绩效有一个直观印象，对 15 家公司的竞争力绩效将按五个级别进行分级。

1. 总量绩效评价

总量绩效指标包括营业收入、净利润及将两者经标准化处理并转换成得分后得出的总量绩效指数。表 9 列出了衡量 2011 年 15 家财产险公司总量绩效的 3 项指标数据。从总量绩效指数得分可以看出，在总量绩效方面，人保财险、平安产险、太保产险 3 家公司属于 15 家公司的“第一军团”；大地、阳光产险、国寿财险 3 家公司属于“第二军团”；天安、永安、华安、太平财险、天平保险、永诚、英大财险、都邦、浙商 9 家公司属于“第三军团”。从 3 项指标的对比情况看，15 家公司的总量绩效指数排位与营业收入、净利润的排位大致相同，尤其是前 4 家公司，3 项指标的排位完全相同。在这 4 家公司中，人保财险的总量绩效指数获得了满分的最好成绩，这是因为其营业收入和净利润两项指标皆排在 15 家公司的第 1 位，且领先优势十分明显。平安产险、太保产险的总量绩效指数和营业收入、净利润分别居第 2 和第 3 位，这两家公司皆为大公司，与人保财险共同构成了我国财产险市场的“铁三角”。大地保险的总量绩效和营业收入、净利润皆位居第 4，不过在指标数据上已与前 3 家公司有了较大差距。其他 11 家公司的总量绩效指数排位、营业收入排位、净利润排位都不尽一致，但基本只是微调，彼此差别不大。这其中，一个比较有趣的现象是，有 5 对公司在营业收入、净利润两项指标的排位上出现对调：营业收入排位靠前的，净利润排位却后置；营业收入排位靠后的，净利润排位却前移。例如，国寿财险的营业收入排在阳光产险的前面，位居第 5，但净利润却落后于后者，位居第 7。天安与永安、天平保险与华安、永诚与太平保险、都邦与英大财险也都存在类似情况，唯独浙商在两项指标排位上没有与相邻公司形成交替，营业收入、净利润和总量指数皆处在第 14 或第 15 的位置。净利润排位相对营业收入排位后置，使得总量绩效指数排位不可避免地受到影响。例如，国寿财险的营业收入排第 5，但由于净利润不及阳光产险，结果总量绩效指数排位也落后于阳光产险，排在了第 6。不过，由于总量绩效指数是营业收入和净利润经标准化处理后等权加总的结果，因此，净利润排位后移是否会给总量绩效指数排位造成实质性影响，主要还不在于净利润排位是否后移，而是在于净利润的落差会有多大。

表 9　2011 年 15 家财产险公司的总量绩效及排位

公　　司	总量绩效指数	排位	营业收入（百万元）	排位	净利润（百万元）	排位
人保财险	1000.00	1	139451.00	1	8027.15	1
平安产险	543.10	2	66695.02	2	5010.57	2
太保产险	401.09	3	48940.14	3	3767.48	3
大　　地	86.56	4	13977.40	4	740.10	4
阳光产险	70.72	5	11760.87	6	616.34	5
国寿财险	64.44	6	13205.56	5	421.25	7
天　　安	36.87	7	5678.33	8	436.35	6
永　　安	28.44	8	5871.73	7	284.22	8
华　　安	23.38	9	4789.99	10	268.18	9
天平保险	16.88	10	5071.83	9	141.00	12
太平财险	16.79	11	3319.53	12	252.52	10
永　　诚	12.06	12	4037.98	11	127.42	13
英大财险	11.25	13	2392.13	15	217.36	11
都　　邦	4.42	14	3295.72	13	47.14	14
浙　　商	0.00	15	2643.36	14	14.67	15

2. 增长绩效评价

增长绩效指标包括营业收入增长率、净利润增长率及将两者经标准化处理并转换成得分后得出的增长绩效指数。表 10 列出了衡量 2011 年 15 家财产险公司增长绩效的 3 个指标。从表 10 中可以看出，15 家财产险公司的增长绩效排位与上面的总量绩效排位有着明显差异。主要体现在：与总量绩效指标之间排位的对应性较强不同的是，增长绩效指标之间排位的对应性较差，罕有排位高度一致的情况。所以如此，主要有三方面的原因：其一，发展策略的影响。不同公司的发展策略不尽相同，有的侧重业务规模，有的注重赢利增长，有的两者并重。另外，也有一些公司在特定时期会采取一些特殊策略，从而影响到增长绩效指标数据的高低。其二，指标基数的影响。增长率的高低与指标基数值的大小关系密切，基数小的公司增长率很容易飙升，基数大的公司增长率则很难冲高。其三，随机性因素的影响。一些非规律性的如偶发性的随机因素往往会影响到某种指标的增长率，而且有时候影响还比较大。

表10　2011年15家财产险公司的增长绩效及排位

公　司	增长绩效指数	排位	营业收入增长率(%)	排位	净利润增长率(%)	排位
英大财险	1000.00	1	74.30	2	838.38	2
天　安	916.90	2	-24.88	15	3343.65	1
浙　商	893.14	3	87.72	1	112.84	4
国寿财险	506.03	4	47.65	3	-32.04	13
平安产险	455.22	5	39.51	4	29.62	9
天平保险	386.58	6	31.12	5	39.93	8
太保产险	373.53	7	30.76	6	7.30	11
大　地	341.33	8	26.43	8	23.24	10
阳光产险	377.04	9	28.87	7	71.79	5
太平财险	262.21	10	10.73	9	204.06	3
人保财险	195.23	11	8.33	10	51.81	6
永　安	157.50	12	5.85	11	-2.06	12
永　诚	96.44	13	-2.91	12	43.49	7
华　安	50.19	14	-5.49	13	-35.82	14
都　邦	0	15	-10.39	14	-62.75	15

从15家公司的实际情况看，英大财险的增长绩效指数获得了15家公司中的最高分。之所以获得如此佳绩，主要是因为营业收入增长率、净利润增长率都排在15家公司的第2位。英大财险这种两项指标排位完全一致的情况在15家财产险公司中没有第二例。天安的增长绩效指数排在15家公司的第2位。其营业收入增长率排在最末位，但净利润增长率排在15家公司之首，高达3343.65%，远远超过其他14家公司，不仅弥补了营业收入增长率排在末位的缺憾，更使其增长绩效指数得分与英大财险相差无几。浙商的增长绩效指数得分排在第3位。之所以如此，应主要归功于排在第1位的营业收入增长率。国寿财险、平安产险、天平保险3家公司的增长绩效指数分别排在第4到第6位。从数据上看，这3家公司的增长绩效指数排名似乎应倒置过来，但之所以最终没有倒置，主要是因为净利润增长率的离散程度较大，以致降低了单位增长率对增长绩效指数的影响。太保产险、大地和阳光产险的增长绩效指数分别排在第7到第9位。这3家公司的情况与前3家有类似之处，但较大的净利润增长率离散程度最终导致了这样的排序。太平财险的增长绩效指数排在第10位。该公司的营业收入增长率虽然不

高，但净利润增长率获得了排位第3的好成绩。人保财险、永安、永诚、华安和都邦的增长绩效指数分别排在第11到第15位。在这5家公司中，人保财险是唯一一家营业收入增长率和净利润增长率皆为正增长的公司，其他4家公司则在这两项指标中至少有一项是负增长。

3. 效率绩效评价

效率绩效指标包括利润率、资产利润率及将两者经标准化处理并转换成得分后得出的效率绩效指数。表11列出了衡量2011年15家财产险公司效率绩效的3个指标。从表中可以看出，英大财险的效率绩效指数获得了15家公司中的最高分。该公司的利润率、资产利润率皆居第1位，如此好的成绩，在效率绩效指数上夺得桂冠是自然而然的事。平安产险、太保产险的效率绩效指数分别排在第2和第3位。这2家公司利润率、资产利润率的排位都很靠前，这使其效率绩效指数必然获得较好的分数。天平保险、天安、人保财险的效率绩效指数分别排在第4到第6位。在这3家公司中，天平保险的利润率和资产利润率皆居15家公司的第4位；天安的利润率和资产利润率刚好都位于15家公司的中位之前；人保财

表11　2011年15家财产险公司的效率绩效及排位

公　　司	效率绩效指数	排位	利润率(%)	排位	资产利润率(%)	排位
英大财险	1000.00	1	9.09	1	5.40	1
平安产险	898.42	2	7.51	5	5.34	2
太保产险	878.28	3	7.70	2	5.02	3
天平保险	858.30	4	7.61	4	4.88	4
天　　安	798.50	5	7.68	3	4.22	5
人保财险	602.08	6	5.76	6	3.42	8
大　　地	600.98	7	5.30	8	3.70	6
阳光产险	589.08	8	5.24	9	3.61	7
永　　安	512.35	9	4.84	10	3.08	9
华　　安	429.15	10	5.60	7	1.76	13
国寿财险	329.60	11	3.19	11	2.25	10
永　　诚	285.45	12	3.16	12	1.82	11
太平财险	260.10	13	2.78	13	1.79	12
都　　邦	125.66	14	1.43	14	1.27	14
浙　　商	0	15	0.56	15	0.53	15

险的利润率和资产利润率也位居15家公司的中间位置，不过利润率排位在中位之前，资产利润率排位则刚好排在中位之后。华安、阳光产险、永安、大地、国寿财险、永诚、太平财险7家公司的效率绩效指数分居第7到第13位。在这7家公司中，除华安外，其余6家都具有一个共同的特征，即利润率排位较资产利润率排位落后1~2个位次。华安的利润率则领先于资产利润率，一个排第7位，一个排第13位，两项指标在排位上的差别是15家公司中最大的。都邦、浙商2家公司的效率绩效指数排在15家公司的最后两位，这2家公司无论在利润率还是资产利润率上都处于明显劣势，尤其是浙商，基本上处在无利可图的状态。

4. 竞争力综合绩效评价

竞争力综合绩效包括总量绩效、增长绩效和效率绩效，综合绩效指数是对这三类单项绩效进行加权综合而得出的。为了便于观察各项指标数据变化对综合绩效的影响，本书在计算综合绩效时采用了等权加总的方法，具体是先将三类单项绩效的标准值进行等权平均，然后再转化为综合指数得分。根据本书确定的评价思路，竞争力综合绩效得分全面、真实地反映了竞争力的总体水平，因而保险公司竞争力综合绩效指数排位即代表了各家公司综合竞争力的最终排位。

表12列出了2011年15家财产险公司的竞争力综合绩效指数得分，并按得分高低进行了排位。从表中可以看出，人保财险、平安产险2家公司的综合竞争力分居15家财产险公司的第1和第2位。其中，人保财险的综合竞争力最强，平安产险则紧随其后，两家公司的竞争力综合绩效指数十分接近。人保财险的综合绩效指数最高，主要得益于其超强的总量绩效，平安产险则与其在总量绩效、增长绩效和效率绩效三个方面都有良好表现有关。英大财险、太保产险分别排在综合竞争力排行榜的第3和第4位。这2家公司的竞争力综合绩效指数也十分接近，之所以都获得如此高分，对于英大财险来说，主要得益于其非凡的增长绩效和极佳的效率水平；对于太保产险来说，则主要与其较为领先的总量绩效和效率绩效密不可分。天安的综合竞争力居第5位，能取得如此成绩，主要是因为其增长绩效中极高的净利润增长率。天平保险的综合竞争力居第6位，作为一家专业性的财产险公司，这一排位主要来自较好的效率绩效。大地和阳光产险的竞争力综合绩效指数相差甚微，在综合竞争力排行榜上分居第7和第8位，这是15家

公司中最靠近中间的位置。这2家公司的总量绩效都较为靠前，但因增长绩效相对落后，以致拖了总体绩效的后腿。国寿财险的综合竞争力排第9位，作为一家近年来快速扩张的公司，竞争力排位靠后主要与其效率绩效欠佳有关。永安居综合竞争力排行榜的第10位，虽然总量绩效在15家公司中属中等之列，但偏弱的增长绩效和效率绩效最终使其竞争力排位未能获得提升。浙商、华安、太平财险、永诚和都邦分居综合竞争力排行榜的第11到第15位。其中，华安排名靠后主要与其较差的增长绩效有关，太平财险排名靠后主要与其落后的效率绩效有关，永诚和都邦排在最后则与其各项绩效排位都较靠后有关。

表12　2011年15家财产险公司综合竞争力排名

公　　司	竞争力综合绩效指数(并重型)	综合竞争力排名	公　　司	竞争力综合绩效指数(并重型)	综合竞争力排名
人保财险	1000.00	1	国寿财险	336.92	9
平安产险	970.01	2	永　　安	301.15	10
英大财险	874.23	3	浙　　商	233.16	11
太保产险	837.15	4	华　　安	210.86	12
天　　安	741.76	5	太平财险	179.56	13
天平保险	579.77	6	永　　诚	133.88	14
大　　地	455.85	7	都　　邦	0	15
阳光产险	450.88	8			

5. 竞争力绩效分级

对竞争力绩效进行分级，有助于形成对各家公司竞争力的直观印象。为了使绩效分级更加客观、公正，本书不事先规定各层级公司的数量，而是采用聚类分析法，利用SPSS17.0软件，在将15家公司分成五类的情况下，对各单项绩效指数和综合绩效指数得分进行聚类分析。在得出聚类分析结果后，根据实际分类情况，将15家公司的竞争力绩效分别赋予“AAAAA”“AAAA”“AAA”“AA”“A”相应级别。表13列出了15家财产险公司2011年竞争力绩效聚类分级的结果。从表中可以看出，在竞争力综合绩效方面，人保财险和平安产险各获得5个A，是位居综合竞争力第一层级的公司。太保产险、天安和英大财险各获得4个A，是位居综合竞争力第二层级的公司。大地、阳光产险和天平保险各获得3个A，是位居综合竞争力第三层级的公司。国寿财险、永安、太平财险、华安、永诚和浙商各获得 2 个 A，是位居综合竞争力第四层级的公司。都邦获得一个 A，是位居综合竞争力第五层级的公司。

表 13　2011 年 15 家财产险公司竞争力绩效分级

公　　司	竞争力综合绩效	总量绩效	增长绩效	效率绩效
人保财险	AAAAA	AAAAA	AA	AAA
平安产险	AAAAA	AAAA	AAAA	AAAA
太保产险	AAAA	AAA	AAA	AAAAA
天　　安	AAAA	A	AAAAA	AAAA
英大财险	AAAA	A	AAAAA	AAAAA
大　　地	AAA	AA	AAA	AAA
阳光产险	AAA	AA	AAA	AAA
天平保险	AAA	A	AAA	AAAA
国寿财险	AA	AA	AAAA	AA
永　　安	AA	A	AA	AAA
太平财险	AA	A	AA	AA
华　　安	AA	A	A	AAA
永　　诚	AA	A	A	AA
浙　　商	AA	A	AAAAA	A
都　　邦	A	A	A	A

单项绩效的分级情况与综合绩效不尽相同。在总量绩效中，只有人保财险 1 家公司获得 5 个 A、平安产险 1 家公司获得 4 个 A、太保产险 1 家公司获得 3 个 A，其他 12 家公司均为 2 个或 1 个 A。在增长绩效中，共有天安、英大财险和浙商 3 家公司获得 5 个 A，平安产险和国寿财险 2 家公司获得 4 个 A，太保产险、大地、阳光产险、天平保险 4 家公司获得 3 个 A，其他 6 家公司均为 2 个或 1 个 A。在效率绩效中，共有太保产险、英大财险 2 家公司获得 5 个 A，平安产险、天安、天平保险 3 家公司获得 4 个 A，人保财险、大地、阳光产险、永安、华安 5 家公司获得 3 个 A，其他 5 家公司均为 2 个或 1 个 A。

（二）主要财产险公司竞争力绩效分析

对主要公司的竞争力绩效进行独立分析是绩效评价的重要内容。为了更加简明、直观，在具体分析时我们采用了雷达图分析法。限于篇幅，本书仅选择6家财产险公司，根据其绩效指标的标准值绘制竞争力绩效雷达图，并将15家公司各项指标标准值的最高值、平均值和最低值一并标出，以便于进行比较。

1. 人保财险

人保财险是我国最大的财产险公司。从竞争力绩效雷达图可以看出，在营业收入、净利润两项指标上，人保财险均代表了15家公司的最高水平，拥有无可比拟的优势。但在其他4个指标上，人保财险的表现一般，基本都处于15家公司的平均水平。由此看来，努力促进业务和赢利的双增长，进一步提升利润获取效率，是人保财险今后努力的重要方向（见图1）。

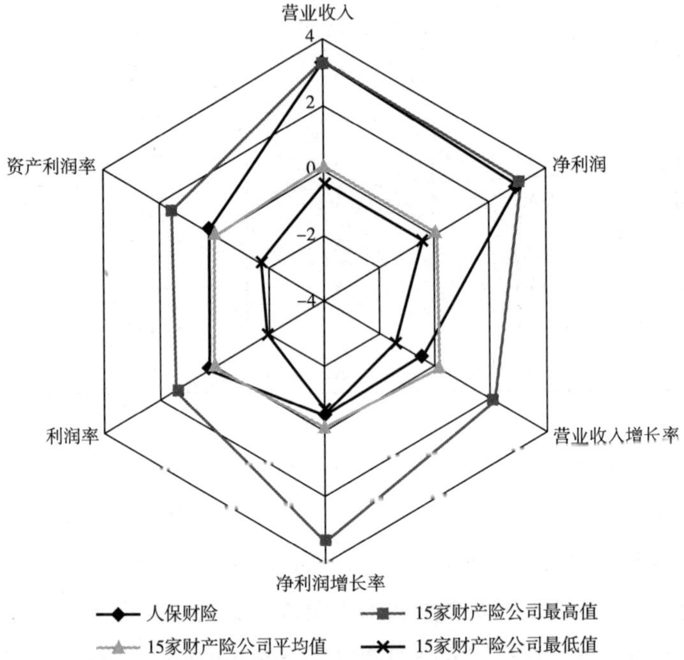

图1　人保财险竞争力绩效雷达图

2. 平安产险

平安产险是我国第二大财产险公司。从竞争力绩效雷达图可以看出，在6项指标中，除营业收入增长率略高于平均值、净利润增长率略低于平均值外，其他4项指标均在15家公司的平均值之上。其中，资产利润率、利润率还接近最好水平。这种情况说明，2011 年平安产险各单项绩效的发展相对均衡。从今后应努力的方向看，进一步提升赢利增长将是需要重点关注的方面（见图 2）。

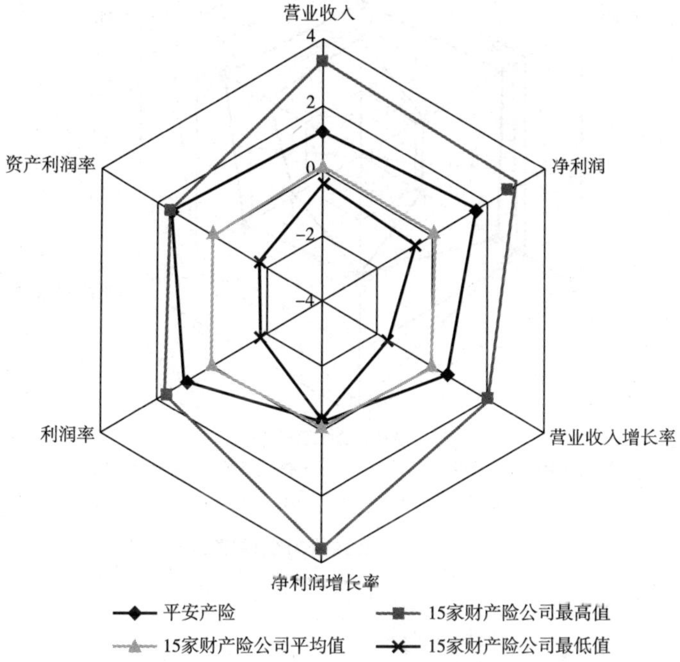

图 2　平安产险竞争力绩效雷达图

3. 太保产险

太保产险与平安产险的情况较为类似。在 6 项竞争力绩效指标中，营业收入增长率、净利润增长率 2 项指标与平均值大致相当，其他 4 项指标均在平均值以上，只是比平安产险的优势相对较小而已。这种情况说明，太保产险各单项绩效的发展也较为均衡，今后需重点改进的也主要是业务和赢利的增长水平（见图 3）。

4. 大地

大地保险的各项竞争力绩效表现均属中等。从其竞争力绩效雷达图可以看出，6 项指标的标准值基本上都位于 15 家公司的平均值上下，没有一项有突出或明显较弱的表现。从今后看，结合自身的实际和特点，找准发展的突破口，进而寻求全方位的改进和提高，应是努力的主要方向（见图 4）。

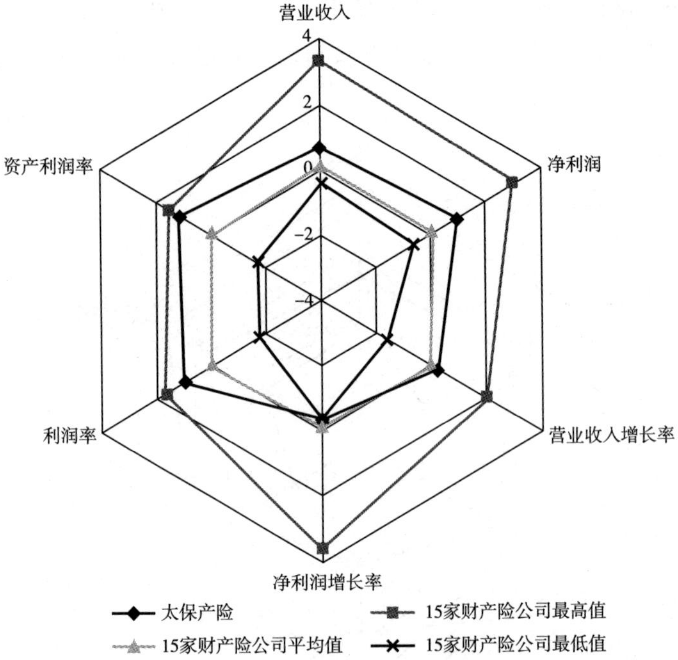

图3　太保产险竞争力绩效雷达图

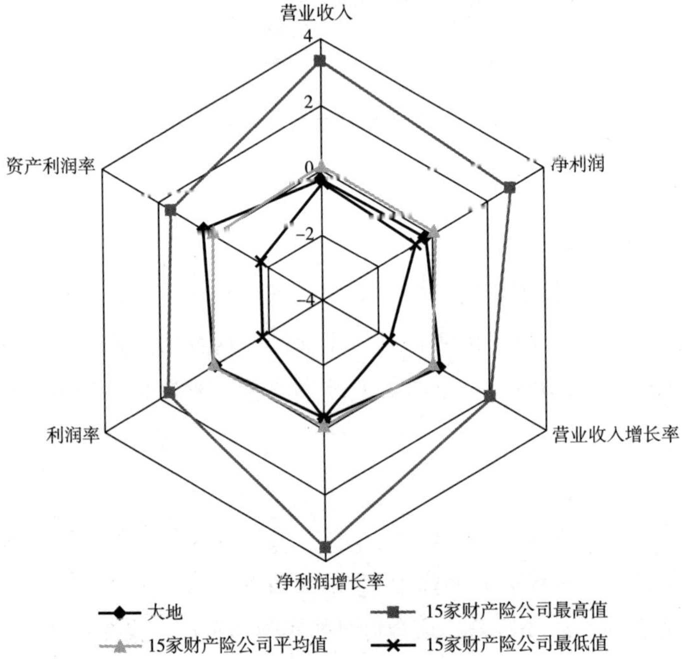

图4　大地竞争力绩效雷达图

5. 国寿财险

国寿财险各项竞争力绩效指标的表现各有千秋。从竞争力绩效雷达图可以看出，在6项指标的标准值中，营业收入、净利润2项指标与15家公司的平均值持平，净利润增长率、利润率、资产利润率3项指标略低于平均值，营业收入增长率则高于平均值。这说明，2011年度国寿财险规模扩张较快，在规模扩张的同时努力提升赢利水平，乃是今后需进一步努力的方向（见图5）。

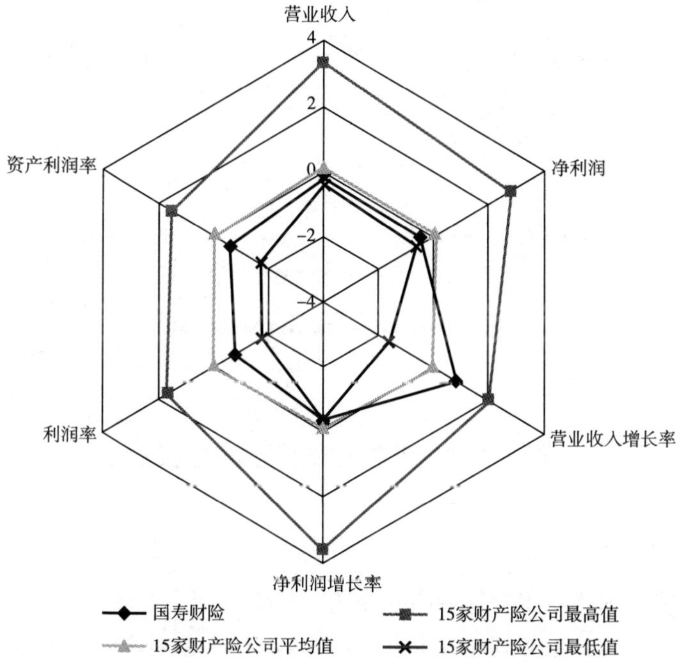

图5 国寿财险竞争力绩效雷达图

6. 阳光产险

阳光产险的情况与大地保险高度雷同。从竞争力绩效雷达图可以看出，6项指标的标准值基本都位于平均值附近。这种情况说明，根据公司的特点和实际，找准突破口，加快实现公司的跃迁，是今后需要关注的重点（见图6）。

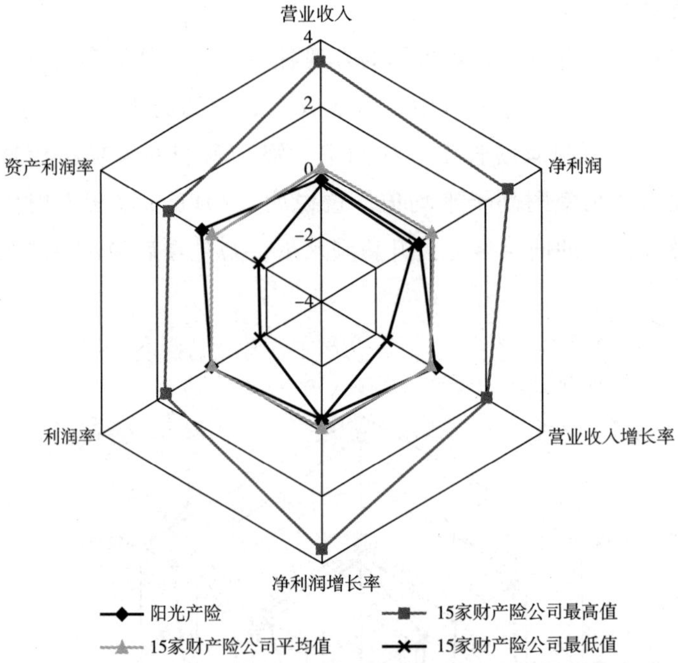

图6　阳光产险竞争力绩效雷达图

三　2011年财产险公司竞争力状况分析

保险公司的竞争力是一个由多要素构成的体系，主要包括财务竞争力、产品和服务竞争力、营销竞争力、成本竞争力、投资竞争力、运营竞争力等。下面，暂略去运营竞争力，围绕其他五个方面对2011年15家财产险公司的竞争力状况进行评价分析。

（一）财务竞争力

财务竞争力的评价要素包括资产规模、资产质量、偿付能力等。下面，忽略资产质量指标，主要从资产规模、偿付能力两个方面进行评价分析。

1. 资产规模

年初的总资产和净资产反映了一家公司本年度在资产规模方面的竞争力。根据我国《保险法》第102条的规定，经营财产保险业务的保险公司当年自留保险费，不得超过其实有资本金加公积金总和的四倍。实收资本、资本公积、盈余公积是净资产（所有者权益）的主体，《保险法》的这一规定意味着公司净资产对业务规模有着直接的影响和制约作用，净资产的规模越大，能够开展的业务规模就越大。表 14 列出了 2011 年 15 家财产险公司在年初的总资产和净资产。从表中可以看出，人保财险、平安产险、太保产险 3 家公司，无论是总资产还是净资产，都依次排在 15 家公司的前 3 位。雄厚的资产实力为这 3 家公司获得良好的总量绩效提供了坚实基础。华安的总资产位列第 4，但净资产排在第 10 位，两者之间如此大的差距，说明上年度华安的负债规模很大，偿付能力存在较大缺口（年初偿付能力充足率仅为 79.41%）。此外，2011 年的营业收入之所以排在第 10 位，应当说与年初净资产的排位靠后不无关系。大地、国寿财险、阳光产险的总资产和净资产排位都在第 4 到第 7 位，这种排位对其业务拓展起到了很大的支撑作用，以至 3 家公司的总量绩效排位与资产排位大致相当，只是相互顺序略有不同而已。其余 8 家公司的资产规模与营业收入排位也有很强的对应性，唯一的例外是英大财险，总资产排第13位，净资产排第8位，但营业收入排在了

表 14　2011 年 15 家财产险公司的财务竞争力

公　　司	年初总资产（百万元）	排位	年初净资产（百万元）	排位	年初偿付能力充足率（%）
人保财险	203557.05	1	26606.01	1	115
平安产险	78861.14	2	17040.49	2	180
太保产险	64747.16	3	14014.22	3	167
华　　安	19204.75	4	1447.63	10	79.41
大　　地	17308.25	5	3503.58	5	103
国寿财险	15073.97	6	2938.21	6	214
阳光产险	14875.90	7	3590.37	4	223
天　　安	10543.19	8	1336.73	11	108.47
永　　安	8432.24	9	2262.33	7	237
太平财险	7163.09	10	901.85	13	153
永　　诚	6822.24	11	1704.82	9	168.25
天平保险	4555.00	12	1186.72	12	222.43
英大财险	4027.74	13	2114.70	8	436.40
都　　邦	3821.73	14	140.90	15	-61
浙　　商	2611.15	15	811.17	14	152.83

最后一位。营业收入排最后说明净资产对业务的支撑作用尚未充分发挥，业务拓展存在较大潜力。总体看，15 家财产险公司的资产规模与总量绩效之间有着较强的相关性。利用 EXCEL 简单计算一下可以发现，总资产、净资产与营业收入之间的相关系数分别高达 0.9939 和 0.9824；总资产、净资产与总量绩效指数之间的相关系数分别高达 0.9852 和 0.9929。这说明，保险公司的总量绩效在很大程度上是由总资产和净资产的规模所决定的。

2. 偿付能力

偿付能力充足率反映的是保险公司偿还债务的能力。中国保监会《保险公司偿付能力管理规定》明确指出，保险公司应当具有与其风险和业务规模相适应的资本，确保偿付能力充足率不低于 100%。表 14 列出了 2011 年 15 家财产险公司年初的偿付能力充足率。从 15 家财产险公司的偿付能力充足率指标看，有 13 家公司的偿付能力充足率超过了 100%，有 2 家公司的偿付能力充足率低于 100%。在 15 家财产险公司中，偿付能力充足率最高的为英大财险，高达 436.40%，远远超过充足Ⅱ类公司 150% 的标准。国寿财险、阳光产险、永安、天平保险 4 家公司的偿付能力充足率也都在 200% 以上，大大超过 150% 的充足Ⅱ类标准，属于 15 家公司中较好的情况。此外，超过充足Ⅱ类标准的公司还有平安产险、太保产险、太平财险、永诚和浙商 5 家公司，偿付能力充足率均为 150% ~200%。上述 10 家公司良好的偿付能力为其大规模开展业务经营提供了有力支撑。人保财险、大地、天安 3 家公司的偿付能力充足率不到 150%，但也都超过了 100% 的充足Ⅰ类公司标准。对于这 3 家公司来说，虽然偿付能力暂不会对 2011 年的业务拓展构成较大影响，但尽快补充资本金仍是当务之急。在 15 家公司中，有 2 家公司的偿付能力充足率低于 100% 的充足Ⅰ类标准，其中一家是华安，一家是都邦。华安的偿付能力充足率仅为 79.41%，而都邦的偿付能力充足率为 -61%。根据《保险公司偿付能力管理规定》，对于偿付能力充足率低于 100% 的公司，中国保监会将区分不同情形，采取一项或者多项监管措施，包括限制商业性广告、限制增设分支机构、限制业务范围、责令停止开展新业务、限制资金运用渠道乃至接管等。华安和都邦的偿付能力充足率均在 100% 以下，说明这 2 家公司的经营活动在 2011 年受到了一定限制，这也许是导致这 2 家公司 2011 年营业收入增长率为负数的重要原因。

（二）产品和服务竞争力

由于评价的复杂性及数据可获得性的限制，本书评价保险公司的产品和服务竞争力，主要是从总体而非单个产品的角度，采用的评价指标有两个：一个是表征产品结构的产品集中度；另一个是逆向表征客户满意度的亿元保费信访量。

1. 产品结构

根据中国保监会的要求，保险公司的年度信息披露报告应包含保险产品经营信息。根据这一要求，各家公司都披露了保费收入居前 5 位的险种及其保费收入、保险金额等信息。表 15 列出了 15 家财产险公司的前五大险种情况。从表中可以看出，人保财险、太保产险、太平财险和都邦的前 5 位险种均为机动车辆险、企业财产险、责任险、意外伤害险、货运险。国寿财险、阳光产险、永安、永诚和浙商 5 家公司与上述 4 家公司前四大险种都一样，唯第五大险种由货运险变成了工程保险。平安产险与人保财险、太保产险有所不同的是，保证保险替代

表 15　2011 年 15 家财产险公司的产品集中度

公　　司	前五大商业险种	前五大商业险种保费收入占比(%)	前五大商业险种的集中度
人保财险	机动车辆险、企业财产险、责任险、意外伤害及健康险、货运险	89.55	0.6878
平安产险	机动车辆险、企业财产险、责任险、保证保险、意外伤害险	93.90	0.7010
太保产险	机动车辆险、企业财产险、责任险、意外伤害险、货运险	92.96	0.6954
人　　地	机动车辆险、企业财产险、责任险、意外伤害险、短期健康险	92.74	0.7041
国寿财险	机动车辆险、企业财产险、责任险、意外伤害险、工程保险	97.73	0.7814
阳光产险	机动车辆险、企业财产险、责任险、意外伤害险、工程保险	94.88	0.7850
永　　安	机动车辆险、企业财产险、责任险、意外伤害险、工程保险	99.24	0.7401
天　　安	机动车辆险、财产保险综合险	87.20	0.9624
太平财险	机动车辆险、企业财产险、责任险、意外伤害险、货运险	96.60	0.6888
华　　安	机动车辆险、企业财产险、意外伤害险、保证保险、工程保险	99.35	0.8140
永　　诚	机动车辆险、企业财产险、责任险、意外伤害险、工程保险	98.17	0.5380
天平保险	机动车辆险、企业财产险、责任险、意外伤害险	100.00	0.9748
都　　邦	机动车辆险、企业财产险、责任险、意外伤害险、货运险	97.42	0.7337
浙　　商	机动车辆险、企业财产险、责任险、意外伤害险、工程保险	98.87	0.8250
英大财险	机动车辆险、企业财产险、责任险、保证保险、工程保险	85.72	0.4776

货运险进入前五位，且位居第 4。大地保险的情况与平安产险有点类似，不同的是，短期健康险替代货运险位居第 5。天安保险的前五大险种中有四种都属于机动车辆保险，分别为机动车交通事故责任强制保险、家庭自用汽车损失保险、营业用汽车损失保险、非营业用汽车损失保险，第五大险种则为财产保险综合险。华安的前五大险种中，前三个与大多数公司相同，分别为机动车辆险、企业财产险和意外伤害险，但第四、第五大险种分别为保证保险、工程保险。英大财险的前五大险种与华安有点类似，机动车辆险、企业财产险、保证保险、工程保险尽在其中，与华安有所不同的是，责任险替代意外伤害险进入前五位。天平保险的险种结构也相对简单，只有机动车辆险、企业财产险、责任险和意外伤害险四个险种。

前五大险种的分布情况反映了财产险公司既定的产品策略。从上述各家公司的情况看，近两年来发展最快的保证保险排在了平安产险、华安和英大财险 3 家公司的前五大险种之列，这说明这 3 家公司对保证保险的重视程度相对较高。在 15 家公司中，大地的短期健康险进入前五（人保财险是将意外险和短期健康险并为一个险种），说明大地保险相对较为注重该类险种的发展。另外，还有一个值得注意的现象是，在 15 家公司中，有 7 家的工程保险进入前五大险种之列，分别是国寿财险、阳光产险、永安、华安、永诚、浙商和英大财险，这说明，相对而言，这 7 家公司对工程保险市场的拓展较为关注。

前五大商业险种的保费收入占全部保费的比重反映了财产险公司险种的集中度。表 15 列示了 15 家公司前五大商业险种的保费收入占全部保费的比重。从表中可以看出，占比最低的是英大财险，仅为 85.72%。天安的占比为 87.20%，也不高，但由于将机动车辆险进行了细分，前四大险种均为细分后的车险类险种，因此，这一占比说明不了太多的问题。除上述 2 家公司外，人保财险、太保产险、平安产险、大地 4 家公司的前五大险种占比均不高，说明它们的险种较为多元化。在其余 9 家公司中，除阳光产险接近 95% 外，占比均超过了 95%，永安、华安 2 家公司都超过 99%，天平保险则为 100%。公司的险种结构越丰富，说明产品的整体竞争力就越强。但产品整体竞争力强的公司，并不说明在各单个产品上都具有较强的竞争力。

前五大险种的集中度是指前五大险种内各险种所占份额的平方和，可以用来衡量前五大险种内部各产品的离散程度。该指标借鉴了衡量产业集中度的综合指数——赫芬达尔指数（HHI）的计算方法，其指标数值越大，说明前五大险种内部险种的集中度越高。表 15 同时列示了 2011 年 15 家财产险公司前五大险种的集中度。从表中可以看出，英大财险前五大险种的集中度最低，仅为 0.4776；永诚次之，为 0.5380；人保财险、太保产险和太平财险的集中度也不高，分别为 0.6878、0.6954 和 0.6888；天平保险前五大险种的集中度最高，达 0.9748，天安次之，为 0.9624；浙商和华安也都超过了 0.8，分别为 0.8250 和 0.8140；其余 6 家财产险公司前五大险种的集中度则为 0.7～0.8。前五大商业险种的集中度低，说明前五大险种发展相对均衡，进而说明公司产品的整体竞争力较强。但产品整体竞争力不仅要看产品结构，同时要结合各个产品对客户的吸引力，因此前五大商业险种的集中度低不能说明各单个产品的竞争力相应都比较强。

2. 客户满意度

在客户满意度方面，目前尚无有针对性的、系统的、权威的调查统计数据①，在一定程度上可供使用的主要是《中国保监会关于 2011 年信访投诉处理情况的通报》（以下简称《通报》）中所列出的 41 家财产险公司的亿元保费信访数量和千家机构信访数量。表 16 列示了 15 家财产险公司这两项指标的统计数据。从表中可以看出，在 15 家财产险公司中，按亿元保费信访数量排名，都邦、华安和天安排在前 3 位，分别是 1.609、1.434 和 1.253，在《通报》列出的 41 家财产险公司中分别排在第 9、第 10 和第 12 位。英大财险的亿元保费信访数量最低，仅为 0.166，不仅在 15 家财产险公司中最少，在《通报》中列出的 41 家公司中也排在倒数第 2 位。此外，人保财险、平安财险和太保财险的亿元保费信访数量也不多，分别为 0.529、0.474 和 0.411，在 15 家公司中分居第 12、第 13 和第 14 位，在 41 家财产险公司中排位也较为靠后。信访量虽然涉及违规、保险合同纠纷、代理合同纠纷、内部管理问题及其他多种原因，与保险产品和服务有关的诱发因素无疑占据主导地位，因此，亿元保费信访数量可以从特定角度折射出保险公司的客户满意度，进而反映保险公司在产品和服务方面的竞争力。

---

① 2012 年 1 月 10 日到 3 月 10 日，中国质量协会、全国用户委员会根据国务院发布的《质量发展纲要（2011～2020 年》有关精神，组织开展了对保险行业的客户满意度调查，并发布了《中国保险业客户满意度测评结果》，但该调查仅以 19 家市场占有率较高的保险公司个人客户为调查对象，且在测评结果中仅列出了客户满意度位列前三的寿险公司和财产险公司，未能反映保险公司客户满意度的全貌，因而无法直接引用。

表 16　2011 年 15 家财产险公司的信访投诉情况

单位：起

排位	公　　司	信访事项						亿元保费信访数量	千家机构信访数量
		违规	保险合同纠纷	代理合同纠纷	内部管理问题	其他	合计		
9	都　　邦	31	19	0	3	1	54	1.609	119.734
10	华　　安	37	31	0	1	1	70	1.434	89.744
12	天　　安	40	52	0	4	2	98	1.253	87.892
13	永　　安	38	32	0	1	0	71	1.097	90.677
14	天平保险	22	21	0	0	0	43	1.069	518.072
16	太平财险	26	30	0	2	0	58	1.000	151.042
17	阳光产险	68	60	0	3	2	133	0.999	119.604
18	大　　地	81	41	3	6	2	133	0.818	75.827
19	永　　诚	13	28	0	0	2	43	0.815	197.248
21	国寿财险	71	41	0	11	1	124	0.756	120.155
26	浙　　商	6	5	0	0	0	11	0.591	161.765
28	人保财险	393	438	3	68	15	917	0.529	67.337
29	平安产险	126	237	1	21	10	395	0.474	187.916
35	太保产险	99	140	0	11	3	253	0.411	117.130
40	英大财险	2	2	0	1	0	5	0.166	108.696

资料来源：中国保监会。

（三）营销竞争力

衡量保险公司营销竞争力的指标有品牌价值、渠道结构、分销网络、人均产能等。由于一些指标数据难以获得，因此下面仅选择品牌价值和分销网络进行评价分析。

1. 品牌价值

品牌是保险公司最重要的无形资产，也是最重要的营销资源。品牌价值越大，意味着公司的市场影响力越强。从当前情况看，具有集团背景的财产险公司通常具有较高的品牌价值，不具有集团背景的财产险公司品牌价值则会相对低一些。关于这一点，可以从一些知名的品牌评价中得到说明。例如，2011 年 6 月 28 日，世界品牌实验室（World Brand Lab）发布了 2011 年（第八届）《中国 500 最具价值品牌排行榜》。在这份基于财务分析、消费者行为分析和品牌强度分析而获得的中国品牌国家队阵容中，有 5 家经营有财产险业务的保险公司（包括集团公司）的品牌上榜，分别是：中国人寿，品牌价值 1035.51 亿元，居第 5 位；中国平安，品牌价值 158.54 亿元，居第 60 位；太平洋保险，品牌价值 115.45 亿元，居第 93 位；中华保险，品牌价值 56.82 亿元，居第 221 位；天安保险，品牌价值 28.54 亿元，居第 352 位。其中，中国人寿品牌已经迈进世界级品牌阵营。又如，中国品牌力指数（China Brand Index，C－BPI）调查是由中国企业品牌研究中心发起和实施的一项消费者最信任的品牌评价制度，2010 年 10 月到 2011 年 3 月开展了第一次中国品牌力指数调查，并在 2011 年初发布首份年度报告。根据这份调查报告，在财产保险中，获得第一、第二和第三品牌的分别是：平安产险，C－BPI 得分 562.9；太保产险，C－BPI 得分 403.6；人保财险，C－BPI 得分 380.6。在汽车保险中，获得第一、第二和第三品牌的分别是：平安保险，C－BPI 得分 475.2；太平洋保险，C－BPI 得分 396.5；太平保险，C－BPI 得分 302.2。再如，自 2008 年开始，中国保险文化与品牌创新论坛每年都会评出年度品牌价值排行榜。在 2011 年 11 月第四届中国保险文化与品牌创新论坛评出的年度品牌价值排行榜上，旗下有产险业务的平安保险（集团）、太平洋保险（集团）和人保集团旗下的人保财险、中再集团旗下的大地保险入选“2011 年度最具影响力保险品牌”，太平保险集团旗下的太平财险则入选“2011 年度最具竞争力保险品牌”。

2. 分销网络

分销网络是体现保险公司营销竞争力的重要指标。通常情况下，保险公司在成立之后，面临的首要任务之一就是构建分销网络。由于这一原因，很多公司在成立后的最初几年，大部分精力都放在了机构的铺设上。从 15 家财产险公司的整体情况看，成立时间较长、规模较大的公司，经营范围大都已经覆盖全国各省、直辖市和自治区，三、四级分支机构和营销服务部也相对较多。例如，由最早成立的中国人民保险公司顺延下来的人保财险拥有遍布全国的机构网点，包括 4500 多个分支机构，324 个地市级承保、理赔、财务中心，形成了强大的销售和服务网络；由 1988 年成立的平安保险衍生出来的平安产险拥有遍布全国的 40 家分公司及 1800 余家三、四级机构，分销途径包括内部销售代表、各子公司间交叉销售、各级保险代理人、经纪人及电话销售等渠道；1991 年成立的太保产险在全国拥有 40 家分公司，2100 余家中心支公司、支公司、营业部和营销服务部，13599 名直销人员，并与 30597 名产险营销员、14572 家代理机构和 1416 家经纪公司签约销售产险产品。反之，成立时间较短、规模较小的保险公司，分支机构的数量普遍较少，经营范围大多尚未在全国实现全覆盖。例如，1996 年成立的永安保险仅在全国16 个省、直辖市和自治区设立有20 家分公司；2004 年成立的永诚财险仅拥有 29 家省级分公司；2009 年成立的浙商财险经营区域仅覆盖了 11 个省和直辖市。分销网络的建设进程直接影响着公司的保费增长。在成立时间不长的公司中，有些公司机构扩张较快，从而为保费规模的快速扩张奠定了基础。例如，阳光产险成立于2005 年，然而到2010 年底，开业分支机构就达到了 1019 家，其中分公司 35 家、中心支公司 218 家、支公司和营销服务部共 766 家，服务网络已实现全国覆盖。阳光产险能连续刷新国内新设保险公司年度保费规模的历史纪录，是与其较快的机构扩张分不开的。此外，2006 年 12 月成立的国寿财险依托中国人寿3000 多家服务柜面、71. 6 万名保险营销员、1. 26 万名团险销售人员、2. 6 万名银保客户经理等渠道资源，以及公司自有的1000 多家服务网点、各类专业渠道，构成了独特的渠道网络优势，也实现了公司业务的快速发展。

（四）成本竞争力

财产险公司的成本竞争力直接体现在综合成本率指标上，具体包含综合赔付率、综合费用率两个方面。综合成本率越低，说明成本竞争力越强（见表 17）。从表中可以看出，在 15 家财产险公司中，综合成本率最低的是天平保险，只有92. 76%。能够获得如此佳绩，与公司的战略是分不开的。天平保险自成立以来，即确立了以效益为核心的基本原则，坚持科学理性经营，追求有价值的增长，把风险控制放在第一位，不受市场诱惑，从而有效提升了成本和风险控制能力。太保产险、平安产险和人保财险 3 家大公司的综合成本率水平也不高，分别只有93. 01%、93. 54%和94. 18%，在 15 家财产险公司中分别排在第 2、第 4 和第 5 位。这 3 家大型公司普遍注重集约化经营、精细化管理，努力降低各项经营成本。例如，太保产险积极实施“以客户需求为导向”的战略转型，转变发展方式，持续推进集约化管理，提升运营效率，使综合成本率优于行业平均水平；平安产险则深化专业化渠道经营推进业务发展，通过持续提高精细化管理水平保持赢利的稳定性。综合成本率居第 3 位的是华安，仅为 93. 11%。近两年来，华安加强了各级经营者的培训和锻炼，控制风险、控制成本、务实展业、规范经营等意识不断增强，利润导向成为共识，从而为有效降低成本支出创造了条件。与上述 5 家综合成本较低的公司形成明显反差的是，有 3 家公司的综合成本率超过了 100%，分别是：浙商 103.14%、天安 105.52% 和阳光产险 105.77%。综合成本率超过 100%，不仅意味着成本竞争力较低，也意味着在承保业务上均为亏损。在其余 7 家公司中，除大地和英大财险的综合成本率较低外，国寿财险、永安、永诚、太平财险和都邦 5 家公司的综合成本率都在 98% 以上，与 100% 的盈亏平衡点非常接近。这些公司的综合成本率较高意味着，大力推行精细化管理，加强成本和风险管控，已成为推进科学经营、稳健经营的当务之急。

表 17　2011 年 15 家财产险公司的成本竞争力

公　　司	综合成本率(%)	排位	综合赔付率(%)	排位	综合费用率(%)	排位
天平保险	92.76	1	53.22	4	39.54	8
太保产险	93.01	2	58.59	11	34.42	2
华　　安	93.11	3	48.21	1	44.90	13
平安产险	93.54	4	57.87	10	35.67	3
人保财险	94.18	5	65.76	14	28.42	1
大　　地	95.35	6	56.93	8	38.42	5
英大财险	95.44	7	51.78	2	43.66	11
国寿财险	98.59	8	55.64	5	42.95	10
永　　安	98.63	9	56.81	7	41.82	9
永　　诚	99.09	10	60.07	12	39.02	7
太平财险	99.52	11	52.82	3	46.70	14
都　　邦	99.68	12	55.94	6	43.74	12
浙　　商	103.14	13	64.17	13	38.97	6
天　　安	105.52	14	69.74	15	35.78	4
阳光产险	105.77	15	57.76	9	48.01	15

（五）投资竞争力

投资业务是保险公司的重要利源。对于财产险公司来说，随着承保业务综合成本的不断提升，投资收益在赢利模式中的地位越显突出，努力提升投资收益水平，成为各家财产险公司努力的方向。表 18 列示了 2011 年 15 家财产险公司的投资收益率。从表中可以看出，天安的投资收益率居 15 家公司的第 1 位，超过 10%。良好的投资收益弥补了天安在承保业务上的亏损，而且使其在净利润增长率和效率绩效上都有较好的表现。英大财险的投资收益率为 9.59%，居 15 家公司的第 2 位。较高的投资收益水平与较低的综合赔付率一起，为英大财险获得净利润增长率第2、效率绩效第1的好成绩奠定了坚实的基础。阳光产险、国寿财险2家公司的投资收益率均超过5%，分别为5.69%、5.26%。能够取得如此佳绩，与其较高的资金运用能力是分不开的。阳光产险高度重视资金运用，投资收益连续多年居行业前列，2010年凭借良好的资产管理能力和风险控制能力成为业内除保险资产管理公司之外首家同时具有股票直接投资资格和无担保债投资资格的保险公司。国寿财险则充分依托中国人寿的整体资源优势，在确保承保赢利的基础上，保持了投资收益的稳定增长，初步实现了“两个轮子”的协调运转。平安产险、太保产险、太平财险和浙商4家公司的投资收益率处于中等水平，均为4%~5%。其中，平安产险由于投资资产规模增速超过总投资收益增速，使得总投资收益水平相比2010年出现一定程度的下降。其余7家公司的投资收益率则都在4%以下，其中尤以华安为低，只有0.21%，在15家公司中处于最末位。华安2011年度的成本控制非常好，综合赔付率只有48.21%，综合成本率排在15家财产险公司的第3位，然而，高达2.05亿元的公允价值变动损失，使其投资收益率几乎降到零点，从而最终拖了整体赢利水平的后腿。

表18　2011年15家财产险公司的投资竞争力

公　　司	投资收益率(%)	排位	公　　司	投资收益率(%)	排位
天　　安	10.50	1	人保财险	3.96	9
英大财险	9.59	2	永　　安	3.39	10
阳光产险	5.69	3	天平保险	3.31	11
国寿财险	5.26	4	永　　诚	2.41	12
太保产险	4.90	5	大　　地	2.00	13
平安产险	4.89	6	都　　邦	1.92	14
太平财险	4.86	7	华　　安	0.21	15
浙　　商	4.61	8			

B.9

2011 年人身险公司竞争力评价分析

一 2011 年人身险公司竞争的总体态势

2011 年是人身险公司备受“考验”的一年。主打产品竞争力低下、营销员“增员难”和“留存难”、监管政策陡然趋紧、资本市场持续低迷，都对保费收入的快速增长构成挑战。在这样的大背景下，人身险公司的竞争主要围绕“突围”而展开：从“风光不再”的分红险上“突围”；从受损的行业形象上“突围”；从收窄的销售渠道上“突围”……在“突围”过程中，不少人身险公司不仅着眼于表层问题的解决，而且从竞争力形成的源头入手，采取种种有力措施，加快提升公司的市场竞争力。

（一）市场份额的基本格局

与财产险市场一样，改革开放以来，中国人身险行业的市场结构也经历了一个逐步演进的过程。1982 年刚恢复国内人身险业务时，市场上只有中国人民保险公司一家公司，属完全垄断型市场结构。此后，随着平安保险、太平洋保险等保险公司的相继成立，市场结构逐步由完全垄断型向寡头垄断型转变。2001 年，人身险公司达到 16 家，最大公司中国人寿的市场份额降为 57.05%，前 3 家公司的市场份额（CR_3）降为 95.25%。进入 21 世纪后，伴随着国内市场的加快开放，公司数量快速增加，到 2010 年已增加至 62 家，其中中资公司 34 家、外资公司 28 家，最大公司国寿股份的市场份额下降至 31.70%，前 3 家公司的市场份额下降至 55.63%（见表 1）。市场主体数量的快速增加，使人身险行业的市场结构正不断由寡头垄断型向垄断竞争型演变。

近年来，伴随着主体数量的增加和竞争程度的加剧，人身险行业市场份额的基本格局也发生了较大变化。从 2006 年至 2010 年保费收入居前 15 位的公司情况看，各公司的市场份额变化大致有以下三种情况：一是国寿股份、平安人寿、太保寿险“老三家”的市场份额持续下降。其中，国寿股份的市场份额从 45.27% 下降到 31.7%，减少 13.57 个百分点，年均下降 3.39 个百分点；平安人寿

表 1　2001～2010 年中国人身险市场的主体数量及集中度

单位：家，%

项目	2001 年	2002 年	2003 年	2004 年	2005 年	2006 年	2007 年	2008 年	2009 年	2010 年
中资公司	6	7	9	9	18	23	30	30	32	34
外资公司	10	16	22	20	24	25	24	26	28	28
合计	16	23	31	29	42	48	54	56	60	62
CR_3	95.25	91.08	86.56	83.15	70.16	71.61	66.01	63.08	60.77	55.63

资料来源：2003 年主体数量数据见吴定富主编《中国保险业发展改革报告（1879～2003）》，中国经济出版社，2004，第 134 页。2003 年 CR_3 数据见陈文辉主编《中国人身保险发展报告（2003）》，中国财政经济出版社，2004，第 59 页。其他数据见相关年份《中国保险年鉴》，其中，中资公司包含中国人寿保险（海外）股份有限公司。

的市场份额从 16.99% 下降到 15.1%，减少 1.89 个百分点，年均下降 0.47 个百分点；太保寿险的市场份额从 9.32% 下降到 8.8%，减少 0.52 个百分点，年均下降 0.13 个百分点。二是最早成立的外资寿险公司友邦的市场份额也持续下降，从 1.71% 下降到 0.8%，减少 0.91 个百分点，年均下降 0.23 个百分点。三是新华、泰康、人保寿险、太平人寿、生命人寿、阳光人寿、中邮人寿、华夏人寿等公司的市场份额不断上升。其中，人保寿险的市场份额上升幅度最大，从 0.21% 快速上升至 7.8%，年均上升 1.90 个百分点；泰康的市场份额上升幅度居其次，从 5.12% 上升到 8.3%，年均上升近 0.80 个百分点；新华的市场份额上升幅度居第三位，从 6.56% 上升到 8.9%，年均上升近 0.59 个百分点（见表 2）。

表 2　2006～2010 年 15 家人身险公司的市场份额

单位：%

公　司	2006 年	2007 年	2008 年	2009 年	2010 年
国寿股份	45.27	39.72	40.28	36.23	31.7
平安人寿	16.99	16.00	13.79	16.24	15.1
新　华	6.56	6.59	7.59	8.20	8.9
太保寿险	9.32	10.24	9.001	8.30	8.8
泰　康	5.12	6.92	7.87	8.23	8.3
人保寿险	0.21	0.88	3.93	6.44	7.8
太平人寿	2.76	3.20	2.58	2.77	3.1
生命人寿	0.85	1.33	1.09	0.86	1.5
阳光人寿	—	—	0.38	0.51	1.4
国寿存续	5.98	4.20	2.39	1.86	1.4
合众人寿	0.40	0.62	0.74	0.71	0.7
民生人寿	0.28	0.65	0.86	0.60	0.8

续表

公　　司	2006年	2007年	2008年	2009年	2010年
友　　邦	1.71	1.80	1.03	0.99	0.8
中邮人寿	—	—	—	—	0.2
华夏人寿	—	—	0.27	0.34	0.3

资料来源：2008年数据根据保监会网站《2008年1~12月人身保险公司原保险保费收入情况表》计算得出。其他年份的数据见相关年份《中国人身保险发展报告》《中国人身保险监管与发展报告》。

2011年，我国人身险市场的主体数量进一步增加。根据中国保监会发布的《2011年1~12月人身险公司原保险保费收入情况表》，列入统计的人身险公司共计60家，其中中资公司35家、外资公司25家。从经营范围看，在60家公司中，共有综合性公司51家、专业性公司9家。在专业性公司中，共有养老险公司5家、健康险公司4家。

2011年是近30年来人身险行业发展最慢的年份之一。受宏观经济形势、银保新政、产品吸引力下降等多种因素的影响，人身险保费增速出现较大回落。根据中国保监会网站上公布的统计数据，2011年人身险公司的原保险保费收入合计约9560亿元，同比下降8.96%。在全部60家公司中，前3家、前5家、前10家、前15家公司的市场份额，即CR_3、CR_5、CR_{10}、CR_{15}，分别为55.65%、72.51%、88.73%和93.03%，分别比上年下降0.05、0.29和上升0.73、2.23个百分点。在前3家公司中，国寿股份的市场份额独占1/3，达33.29%；平安人寿、新华的保费收入分居第2和第3位，市场份额分别为12.44%和9.92%。在这3家公司中，除新华外，国寿股份、平安人寿的市场份额均比上年度有所下降。在其他公司中，太保寿险的市场份额上升了0.95个百分点；泰康、人保寿险的市场份额则分别下降1.19、0.44个百分点；太平人寿、生命人寿、阳光人寿等公司的市场份额也出现了不同程度的上升。

从中外资公司的对比情况看，2011年中资公司的原保险保费收入合计约9173.65亿元，占全部保费收入的95.96%；外资公司的原保险保费收入合计约386.36亿元，占全部保费收入的4.04%。在保费收入排位前15的公司中，只有友邦1家是外资公司。不过，中意排在第19位，已进入前20位，中英人寿、信诚、中美联泰、华泰人寿和中宏人寿5家公司均排在第20到第30位，此后还有金盛、中荷人寿、海康人寿、恒安标准和中德安联5家公司进入前40位，其余12家公司则都排在第40位之后（见表3）。

表 3　2011 年人身保险公司原保险保费收入情况

单位：万元，%

资本结构	公司	原保险保费收入	市场份额	资本结构	公司	原保险保费收入	市场份额
中资公司	国寿股份	31825306.37	33.29	中资公司	国寿养老	—	—
	平安人寿	11896740.73	12.44		长江养老	—	—
	新华	9479667.07	9.92		泰康养老	—	—
	太保寿险	9320309.84	9.75		小计	91736458	95.96
	泰康	6793738.74	7.11	外资公司	友邦	818672.87	0.86
	人保寿险	7036147.43	7.36		中意	358392.98	0.37
	太平人寿	3145794.02	3.29		中英人寿	354151.43	0.37
	生命人寿	2336544.07	2.44		信诚	343104.96	0.36
	阳光人寿	1595406.73	1.67		中美联泰	317504.07	0.33
	国寿存续	1395383.52	1.46		华泰人寿	304250.52	0.32
	合众人寿	998249.83	1.04		中宏人寿	231403.63	0.24
	民生人寿	976563.93	1.02		招商信诺	192669.62	0.20
	中邮人寿	802338.07	0.84		金盛	159993.69	0.17
	华夏人寿	516440.61	0.54		中荷人寿	148066.13	0.15
	平安养老	499512.93	0.52		海康人寿	117424.64	0.12
	人保健康	458431.50	0.48		恒安标准	102679.48	0.11
	光大永明	358530.80	0.38		中德安联	100489.54	0.11
	嘉禾人寿	316277.98	0.33		国泰人寿	49673.87	0.05
	长城	314919.72	0.33		海尔人寿	47168.47	0.05
	国华	313947.00	0.33		交银康联	46569.55	0.05
	信泰	224822.87	0.24		中航三星	32379.67	0.03
	百年人寿	190206.12	0.20		汇丰人寿	29738.66	0.03
	建信人寿	128118.66	0.13		中新大东方	27468.86	0.03
	天安人寿	73553.03	0.08		长生人寿	25793.91	0.03
	英大人寿	65862.34	0.07		新光海航	18140.26	0.02
	太平养老	53201.20	0.06		君龙人寿	13960.22	0.01
	利安人寿	50090.96	0.05		平安健康	13143.36	0.01
	正德人寿	36135.89	0.04		中法人寿	6553.70	0.01
	中融人寿	10766.74	0.01		瑞泰人寿	4187.35	0
	安邦人寿	10423.37	0.01		小计	3863581.45	4.04
	昆仑健康	8256.59	0.01	总计		95600039.46	100
	和谐健康	168.73	0				

注：本表数据是保险业执行《关于印发〈保险合同相关会计处理规定〉的通知》（财会〔2009〕15 号）后，各保险公司按照相关口径要求报送的数据。原保险保费收入为本年累计数，数据来源于各人身险公司报送保监会的月报数据。原保险保费收入为各人身险公司内部管理报表数据，未经审计，各人身险公司不对该数据的用途及由此带来的后果承担任何法律责任。友邦合计包括友邦上海、友邦广州、友邦深圳、友邦北京、友邦苏州、友邦东莞和友邦江门。由于计算的四舍五入问题，各人身险公司原保险保费收入可能存在细微的误差。本表不含中华控股寿险业务。

资料来源：中国保监会网站，http：//www.circ.gov.cn/web/site0/tab3060/i191551.htm。

（二）市场竞争的主要动向

与财产险公司相同，本书对 2011 年度人身险市场竞争动向的分析主要聚焦于产品市场，包括产品、服务、营销三大领域。

1. 产品竞争

目前，人身险公司经营的险种主要有各种人寿保险、健康保险、意外伤害保险等。其中，在人寿保险方面，从设计类型看，主要有普通寿险、分红寿险、万能保险、投资连接保险等。近年来，随着资本市场持续在低位震荡及新会计准则的实施，人身险市场的险种结构发生了较大变化。表 4 列示了2007 ~ 2010 年中国人身险市场的险种结构。从表中可以看出，分红寿险的保费收入规模最大，占比呈连续上升态势；万能保险的保费收入居第 2 位，占比虽有下降，但仍超过 10%；普通寿险的保费收入居第 3 位，占比一直呈下降态势，并已降至 10% 以下；健康险及意外险的保费收入居第 4 位，占比也呈不断下降态势；投资连结保险的保费收入居第 5 位，占比从最高时的 8% 左右已逐渐下降至 2% 以下。

表 4　2007 ~ 2010 年中国人身险市场的险种结构

单位：%

险种	2007 年	2008 年	2009 年	2010 年
普通寿险	20.26	11.5	10.5	9.70
分红寿险	44.88	53.1	66.9	77.02
万能保险	17.09	20.4	12.6	11.60
投资连结保险	7.96	5.9	1.4	1.58
健康险及意外险	9.81	9.1	8.6	7.50

注：2008 年及 2009 年数据未经 2 号解释调整，2010 年数据经 2 号解释调整。

资料来源：《中国保险年鉴》《新华保险首次公开发行股票（A 股）招股说明书》。

动向之一：分红险成为竞争的主战场

2008 年以来，受国际金融危机的影响，国内资本市场持续低位震荡，投连险和万能险销售出现较大困难，保费收入大幅下滑，人身险公司险种结构出现分红险占比增大、万能险和投连险占比减小的态势。2009 年 1 月 5 日，中国保监会发布《关于保险业实施〈企业会计准则解释第2号〉有关事项的通知》，要求保险公司在编制2009年财务报告时均须“统一执行，一步到位”。新会计准则实施后，万能险、投连险的销售收入不再被全部计入保费收入，这使得大部分人身险公司主动收缩万能险和投连险业务，同时加大了分红险的销售力度。2009年2月2日，中国保监会发布《关于加快业务结构调整进一步发挥保险保障功能的指导意见》，明确提出要重点发展保障型和长期储蓄型产品。这一明确的结构调整政策使得人身险公司在业务发展上进一步向分红型产品倾斜。例如，2010年在保监会累计备案的59家人身险公司上报的1817款产品中，分红险产品占比达到了58.3%，比上年提高3个百分点。业务发展向分红产品倾斜，使各类险种的发展愈加不平衡，人身险行业的险种结构很快形成了分红险“一险独大”的局面。从表4可以看出，2008～2010年，分红险保费收入占比由53.1%迅速上升至77.02%，万能险保费收入占比则由20.4%逐步下跌至11.60%，投连险保费收入占比由5.9%逐渐下降至1.58%。进入2011年后，大部分人身险公司陆续停售了万能和投连产品，人身险市场“一险独大”的态势不仅得到延续，而且更加突出，分红险由此成为各家公司产品竞争的主战场。例如，在2011年，四家上市公司几乎都以分红险为主打产品，使得分红险产品保费占比维持在一个较高的水平。其中，平安人寿的分红险保费收入占比从2010年的42.4%上升到2011年的49.3%；新华人寿的分红型产品占比在2011年虽略有降低，但仍处在92.8%的高位；太保寿险的分红型产品收入在2011年同比增长6.5%，高于万能型产品4.7%和传统型产品2.5%的增速（见表5～表7）。

表5　2008～2011年平安人寿的险种结构

单位：%

产品	2008年	2009年	2010年	2011年
分红险	36.6	37.0	42.4	49.3
万能险	33.1	42.9	40.3	34.6
投资连结保险	7.0	3.4	2.9	2.0
传统寿险	4.8	3.7	3.3	3.5
健康险及意外险	13.5	10.9	9.6	9.5
年金	5.0	2.1	1.5	1.1

资料来源：《中国平安年报》（2009年、2011年）。

表 6　2008 ~ 2011 年新华人寿的险种结构

单位：%

产品	2008 年	2009 年	2010 年	2011 年
传统型寿险	1.3	1.0	0.7	0.7
分红型寿险	91.7	92.6	93.8	92.8
万能型寿险	0	0	0	0
投资连结型保险	0	0	0	0
健康险及意外险	6.9	6.5	5.5	6.5

资料来源：《新华保险首次公开发行股票（A 股）招股说明书》《新华保险 2011 年年报》。

表 7　2010 ~ 2011 年太保寿险的保险业务收入

单位：百万元，%

指　　标	2010 年	2011 年	同比增长
保险业务收入	87873	93203	6.1
其中：传统型保险	15248	15636	2.5
分红型保险	68434	72873	6.5
万能型保险	85	81	-4.7
短期意外与健康保险	4106	4613	12.3

资料来源：《太平洋保险 2011 年年报》。

动向之二：健康险和意外险再受重视

2011 年，受多种复杂因素的共同驱使，分红产品成为各家人身险公司的主打产品。然而，分红险的发展也并非一帆风顺，由于分红险过于强调客户的分红回报，保障功能不断弱化，致使与储蓄存款、银行理财等其他金融产品呈现“同质化”趋势。由于资本市场持续低迷、保险公司投资收益率低等原因，各家公司分红险的分红水平普遍不高，银保渠道又因“银保新政”而“运行不畅”，加之期限短、收益率高的银行理财产品及高收益率的民间借贷、信托产品的快速发展对寿险产品形成挤压，使得人身险公司的分红险业务发展遭遇“瓶颈”，市场反应较为冷清，各家公司在分红险竞争上不得不“短兵相接”，并进行残酷的“肉搏战”。在这种情况下，一些人身险公司又开始重视健康险及意外险等传统保障性业务的发展，力图在这些方面形成新的增长点，避免保费收入和公司利润的快速下滑。例如，2011 年，新华人寿的健康险及意外险保费占比从上年的 5.5% 提高到了 6.5%，增加 1 个百分点；太保寿险的短期意外与健康保险业务收入达46.13亿元，同比增长12.3%，为全部保险业务增速的1倍多。

健康险和意外险属纯保障型产品，体现了保险业的核心价值和属性，因此，大力发展健康险和意外险有助于发挥保险业的风险保障功能。从全球的角度看，不少发达国家都高度重视健康险和意外险的发展。例如，在美国，健康险近年来获得较快增长，2007年保费收入超过寿险，2010年在寿险业保费中的占比达27.41%，仅次于年金业务，居各类业务的第2位；在日本，健康险的发展格外受重视，在2010年个人寿险新单业务中，疾病医疗保险占比高达26.4%，居各险种的第1位，不仅高于终身寿险23.8%的占比，更高于两全保险13.8%的占比。比照发达国家健康险的发展情况，随着人们对健康和生活品质要求的日益提高，健康险和意外险势必成为我国人身险公司未来发展的重要方向。

动向之三：积极参与创新型产品试点

自恢复人身险业务以来，中国寿险业经历了长达近30年的快速发展，在各个方面都取得了巨大进步，但从总体看，目前仍处在一个较低水平。根据瑞士再保险公司*Sigma*的统计，2011年中国内地寿险业的保险深度为3.0%，不及全球平均水平（6.6%）的一半；保险密度为163美元，不及全球平均水平（661美元）的1/4。随着国民经济的持续快速发展，2011年我国人均GDP已达到5350美元，根据世界保险业发展的一般规律，我国保险业已处在加快发展的历史阶段。但保险业发展与政府的政策支持密不可分，尤其是寿险业中的养老险，如果没有政府在税收等方面的强力支持，很难获得充分的发展。近年来，为了促进社会保障体系的发展和完善，中国保监会在中央政府的支持下，陆续出台一些政策性举措，开展了一些创新型产品的试点。其中，较为重要的试点有两个：一是税延型养老保险试点；二是变额年金保险。

《中国保险业发展“十二五”规划纲要》明确提出，要“加快推动个人税延型养老保险试点工作，不断完善政策，逐步扩大试点范围”。个人税延型养老保险的主要特点是，投保人所交纳的保险费在一定比例之内可以在个人所得税前扣除，退休后领取保险金时再补缴个人所得税。推行个人税延型养老保险，能够通过降低个人税负激发居民购买养老保险的欲望，增加养老保险的市场需求，而且由于不会增加公司的经营风险，保险公司参与试点的积极性很高。2009年，上海开始了个人税延型养老保险方案的试点准备工作，制定了相关产品条款，确定了操作流程和所需的统一信息平台。2011年，上海的试点方案获得国家税务总局的肯定，试点工作获得突破。据预计，待国家财政部门对方案的细节问题最后确定后，试点工作将能够很快展开。个人税延型养老保险是在政策支持下我国商业养老保险未来发展的重要方向，参与试点的公司无疑将赢得未来竞争的先机。基于这一考虑，各家人身险公司都在积极准备，力图尽早加入试点行列。

2011 年 5 月 5 日，中国保监会发布《关于开展变额年金保险试点的通知》和《变额年金保险管理暂行办法》，决定引进新的保险产品类型——变额年金。第一批试点城市包括北京、上海、广州、深圳、厦门。变额年金属于投连险的“升级版”，其最大特点在于提供保底收益。变额年金的出现为投资型保险的发展找到了一条新路。不过，由于资本市场持续低迷，且缺乏相应的税收优惠政策，产品试点并不顺利。2011 年，仅有金盛人寿、大都会人寿分别于 6 月 17 日和 7 月 22 日推出两款变额年金产品，大型公司如中国人寿、平安人寿、新华人寿等均尚未涉足。变额年金是国际上一些主要寿险市场的主流产品。例如，在美国，2010 年变额年金在个人年金业务中的占比达到 63.49%，几近 2/3。随着资本市场及相关政策的完善，变额年金无疑将会在我国获得快速发展，尽早参与试点，有利于扩大公司在该类产品市场上的知名度和影响力。

动向之四：业务结构调整凸显战略权变

长期性保险产品的交费方式包括趸交和期交两种。趸交能够迎合市场上部分消费者的交费偏好，也有利于公司短时间在保费收入上“上量”。与趸交相比，期交能使消费者在最初几年获得较高的保障系数，并增强公司业务发展的可持续性，减轻拓展新业务的压力。由于趸交和期交各具特点，人身险公司往往会在某一时期根据公司的发展战略，拟定交费结构调整的方向和重点。从近年来的情况看，多数公司均把期交业务看做可持续发展的基础，不遗余力地予以推动。根据《中国保险年鉴》的统计，2009 年，寿险公司人身险新单原保险保费收入同比增长 4.8%，其中新单期交保费收入同比增长 33.42%，远高于整个新单保费收入的增长速度。2010 年，新单期交原保险保费收入同比增长 32.19%，继续领先新单保费收入 26.83% 的增速。2011 年，这一态势得到进一步延续，10 年期以上期交业务同比增长 9.6%，高于整个人身险保费收入的增速。然而，随着市场竞争格局的不断演变，一些公司在交费结构上采取了权变策略，在冲规模时会选择加快发展趸交和短期期交业务，注重可持续性时会加大对长期期交业务的推动。

国寿股份是我国最大的人身险公司，近年来统筹规模、速度与结构、效益的关系，在保持业务稳定增长的前提下，加快中长期期交业务发展，努力提升业务价值，可持续发展能力得到明显提升。根据公司年报公布的数据，2011 年，该公司的首年期交保费占首年保费的比重由上年的 29.76% 提高到 32.56%。其中，10 年期及以上首年期交保费占首年期交保费的比重由上年的 33.81% 提高到 39.75%。市场份额排第三的新华人寿与国寿股份呈现了同样的趋向。得益于近年来坚持加大期交产品销售力度的策略，2011 年新华人寿的续期保费收入达到 261.13 亿元，较上年增长 42.9%，在保险营销员渠道首年保费中，10 年及以上期交产品的收入占比由上年的 44.7% 扩大至 64.0%。与上述两家公司不同的是，第二大公司平安人寿在 2011 年则实施了权变式策略。该公司一向注重优化产品结构，以提高公司价值为目标，大力发展赢利能力强的长期期交业务。然而，2011 年，为了尽快赶超主要竞争对手，该公司采取了加快发展趸交业务的策略。根据公司年报披露的数据，个人寿险中首年期交保费收入同比仅增长 13.63%，首年趸交保费则大幅增长 12777.5%。与此相对应，首年期交在新业务保费收入中的占比由上年的 91.57% 陡降为 76.36%，首年趸交占比则从 0.17% 大幅提升至 16.24%。银保渠道的变化虽远不及个险，但也呈现同样态势：首年趸交保费同比增速（40.89%）比首年期交（30.83%）高出约 10 个百分点，首年趸交在新业务保费收入中的占比比上年提升 0.84 个百分点。加大力度发展趸交产品的策略，为平安人寿赶超竞争对手起到了促进作用。2010 年，平安人寿净赚保费仅为国寿股份的 29.16%，但 2011 年这一比例迅速上升到了 37.28%。

2. 服务竞争

人身险公司服务的价值体现在便利、快速、周全、诚信、专业、合规等方面。其中，便利、快速、周全是客户最易感知的因素，属于行为方面的“浅层服务”；诚信、专业、合规事关客户的实质利益，属于品质方面的“深层服务”。从近几年的情况看，多数公司都能积极采取措施，不仅努力改进“浅层服务”，提高服务的便利性、快捷性和周全程度，而且致力于弥补“深层服务”上的缺陷，维护广大消费者的切身利益。

动向之一：治理销售误导等不合规行为

合规是保险经营的基本原则。保险公司及销售人员的不合规行为往往会导致法律责任、监管处罚、财务及声誉损失，损伤公司的社会形象。在种种不合规行为中，销售误导因严重侵害消费者利益而为消费者所诟病。近年来，随着行业的粗放式快速扩张，销售误导行为屡禁不止，其中尤以银行保险渠道为甚。根据网易财经对 2011 年中国保监系统下发的上千份罚单的统计，销售误导行为在寿险违规行为中的占比超过 50%①。另据搜狐网对保险投诉的盘点分析，2010 年银保误导的投诉量约占人身险总投诉量的 1/3，2011 年增加到接近半数②。销售误导是寿险业发展的“死穴”，频频发生的销售误导已重创行业形象，消费者对保险公司的信任度大幅下降，严重影响了行业的持续、健康发展。

销售误导的方式包括夸大保险产品收益、对保险利益作不实承诺、将保险产品与银行存款混淆、隐瞒与保险合同有关的重要事项、不进行必要的告知和提示，以及擅自设计、修改和印刷宣传资料等。销售误导的产生，既与销售人员缺乏道德约束、行为失范有关，也与保险公司对销售人员的培训不到位、依法合规和职业诚信教育缺失、销售过程和业务品质管理粗放等密不可分。为了有效治理销售误导，一些公司在加强自查自纠的同时，从合规经营这一根本途径入手，严格规范销售人员的行为，从而使销售误导事件的发生数量大幅减少。例如，作为外资寿险公司的领军者，友邦保险在 2011 年实现了零罚单，这是与公司长期以来注重合规经营、坚守保险正道的企业文化和品牌定位分不开的。在友邦，合规文化已经成为公司管理的基石，中国区合规部每两周推出一期电子期刊《合规之声》，帮助员工学习合规知识。2011 年，友邦举办了第一届“合规周”活动。活动期间，最高管理层与全体员工分享了各自对合规的理解，合规周的每一天都有一个特定的合规主题，通过生动的案例或简单易懂的图片和语言，向员工们传达合规理念。与此同时，还设置了以合规为主题的设计/摄影大赛、知识竞赛等环节，让每一位员工都参与进来，在互动中了解、理解和支持合规。先进的合规理念和工作机制给公司长期坚持合规经营提供了有力保证。

在中资公司中，光大永明是罚单数量最少的公司之一。该公司于 2010 年 9 月完成增资及股权结构变更，资本金大幅增加，并转制为光大集团控股的中资公司。股改给公司发展注入了新动力，当年保费收入达到过去 7 年的总和，同比增

---

① 《2011 年中国保险罚单排行榜》，网易财经，http：//money. 163. com/special/2011fadan/。

② 《“保险投诉绿色通道”2011 年投诉盘点》，搜狐网，http：//money. sohu. com/s2012/2012baoxian315/。

长 242%，成为保费增长最快的公司之一。2011 年，光大永明在机构铺设上迈出大步伐，先后在山西、四川、河南、黑龙江等省成立了多家分公司。虽然规模扩张很快，但投诉很少，在网易财经盘点的保险公司罚单中仅有一份罚单，这与该公司对客户服务的重视和经营思路是分不开的。2011 年，光大永明在业务经营思想上坚持“两个并重”，即坚持业务发展和内部管理并重，努力提高公司管理水平；坚持企业发展和文化建设并重，在发展的同时提倡诚信文化、合规文化和服务文化。与此同时，将 2011 年确定为“文化年、机制年、执行年、人才年”，着力提升公司经营管理能力。在保险理赔方面，通过打造以“12345”为特色的服务体系，在提高理赔效率的同时，也为客户提供最温馨的服务。这些“组合拳”有效防止了销售误导等违规行为的发生，维护了公司的市场形象。

动向之二：提升保险理赔服务质量

理赔是传递客户价值的主要环节。消费者购买保险的目的，就是能在保险事故发生或合同期满后能获得公司的赔付，没有了赔付，保险就失去了意义和价值。因此，在很大程度上可以说，保险公司的社会价值是“赔”出来的。然而，毋庸讳言，目前一些公司的做法偏离了顾客需求，对客户重要的理赔服务往往做得较差，不重要的一些枝节服务反而有时努力去做。这种无视客户需求的行为，很难真正获得客户的认同，进而也很难赢得市场。为了改变这种状况，不少公司对保险服务高度重视，以理赔服务为抓手，结合顾客需求大力提升理赔服务质量，从而在消费者心中树立了良好的企业形象。

合众人寿自成立以来，一直坚持“以客户为中心”的经营理念，早在 2006 年就率先提出了“理赔不难”的口号，其推出的理赔服务具有六大特色，分别为：24 小时受理电话报案、咨询；上门服务；延滞付利息；预付赔款；简单案件即时结案；结案通知及回访。2011 年，合众人寿进一步推出创新服务新举措，具体包括 VIP 客户服务专享、“E”化保单、“三合一”通知书、免填理赔申请书等。通过这些温馨的服务方式，力求在兑现保单承诺的同时，使客户亲身感受到亲情式服务。

新华人寿于 2009 年初建立了理赔服务星级评定质量认证体系和与之配套的管理机制，统一了分支机构的理赔服务执行标准，量化了考核评定指标，从服务项目、服务质量、服务工具、服务环境和影响评价 5 个方面 17 个子项目，将理赔服务星级达成标准由低至高划分为五个星级级次。星级理赔服务达标评定按照服务建设、星级申报、达标评定、颁发星级四个阶段严格、有序进行。借助理赔星级服务建设，新华人寿在业内率先实现了全公司理赔服务的标准化、规范化管理。2011 年，该公司星级理赔服务达标认证圆满结束，首批参与评定的 190 家分公司本部及中心支公司被正式授予星级服务标识，其中超过一半的分支机构达到 3 星及以上标准，2500 多万名客户可能因之而享受到一整套规范化、标准化的星级理赔服务。

民生人寿也全面树立“客户第一”的经营理念，为了解决理赔难问题，率先推出旨在方便快捷理赔给付的“非常 6 + 1”概念，包括“及时雨”——上门送赔款、“倒赔钱”——延滞支付利息、“解燃眉”——预付赔款、“马上给”——小额案件即时给付、“加急报”——给付通知及回访跟踪、“快回答”——投诉案件快速回复等，并制定相关工作流程和标准，切实履行快速理赔承诺。此外，在保证专业性服务的前提下，民生人寿还通过“客户资料简化”和“申请书整合”两项优化设计，方便客户更快捷地办理案件，扭转了客户对保险理赔“填表多、手续繁”的印象。

动向之三：创新和丰富保险服务内容

面对寿险产品同质化日趋严重的形势，以及民众日益增长和多元化、多层次的保障需求，保险公司只有从顾客的实际需求出发，不断更新服务理念，创新服务内容，优化服务流程，坚持走差异化发展道路，打造优质的客服价值链，才能树立起良好的公司品牌和市场形象。在创新和丰富服务内容方面，一些外资公司的表现十分抢眼。例如，2011 年，中意人寿秉承差异化服务理念，倡导“以客为尊”，不断创新服务内涵，先后推出了全球紧急救援、直接付费医疗等创新性内容，形成了中意人寿的服务特色。同时，为客户提供了先进的电子化服务平台，客户可以通过其官方网站查询保单、变更信息、完成报案，并对理赔进度和详情随时进行查询。再如，中英人寿在明确了“以客户为导向”的发展战略后，于 2010 年 3 月全新推出了客服举措——“高管服务日”，即每个月第二周的周五被指定为“高管服务日”，公司的高管在这一天亲临客服一线，了解和倾听来自客户最真实的声音。2011 年，“高管服务日”进一步延伸到了渠道及销售第一线，分公司及营销服务部的管理层都参与其中。

与此同时，一些中资公司也积极推进保险服务创新。例如，泰康人寿近年来从完善系统、严格制度、优化流程、简化手续等基础工作入手，以创新服务为手段，实现了对理赔服务的全过程、精细化管理。目前，泰康人寿已实施以

“95522 理赔服务专席”“泰康在线网络报案”“小额案件立等可取”“康乃馨住院探视”“医保通即时赔付”“全年全天候服务”“县域理赔受理前置”“VIP 客户上门服务”“理赔短信即时通知”“100% 理赔满意度回访”“理赔服务节”为特色的一整套理赔服务创新举措。再如，阳光人寿从 2010 年开始，创新推出“十大服务承诺”和“十大服务特色”，努力打造“双十”的服务品牌。同年，该公司又投入巨资打造“电话服务系统”“业务咨诉系统”“理赔服务导航系统”“理赔自动处理系统”等一系列业务流程处理机制，在提高业务效率的同时也为客户带来了便利。

3. 营销竞争

保险业是营销导向型产业，营销在市场竞争中占有特殊而重要的地位。营销竞争的内容十分广泛，涉及分销网络、渠道组合、品牌形象、销售产能以及销售支持等各个方面。2011 年，人身险公司在营销竞争方面主要有以下动向。

动向之一：调整渠道组合和发展策略

人身险公司的销售渠道主要有个人代理、银邮代理、公司直销三大渠道，另外还有专业代理、保险经纪、其他兼业代理等。从近几年的情况看，在 2009 年之前，个人代理、专业代理、银邮代理渠道发展较快，之后公司直销、保险经纪、其他兼业代理则进入快车道，个人代理的发展也进一步加快（见表 8）。2010 年，人身险公司在银邮代理、个人代理、公司直销三大渠道的保费收入分别为 5245.35 亿元、4314.85 亿元、749.49 亿元，分别占人身险公司业务总量的 49.95%、41.09% 和 7.14%，专业代理、保险经纪、其他兼业代理渠道保费收入分别为 62.73 亿元、26.65 亿元、101.82 亿元，合计仅占人身险公司业务总量的 1.82%（见图 1）。

表 8　2006～2010 年人身险公司各营销渠道保费收入增长情况

单位：%

渠　　道	2006 年	2007 年	2008 年	2009 年	2010 年
银邮代理	30.12	43.27	111.41	8.24	34.99
个人代理	12.66	16.83	18.75	15.77	20.89
公司直销	-15.44	-2.28	-0.87	-7.80	39.05
专业代理	38.76	28.87	39.56	30.76	6.02
保险经纪	-7.21	70.49	-2.52	12.91	65.61
其他兼业代理	-34.84	1.34	14.83	261.97	36.27

资料来源：相关年份《中国保险年鉴》。

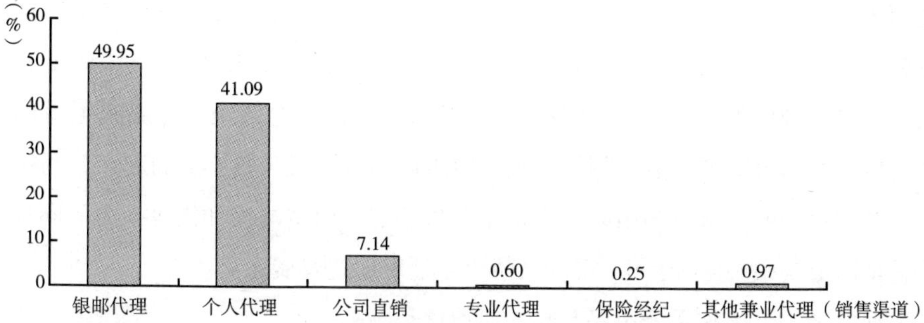

图 1　2010 年人身险公司各销售渠道保费收入占比

2010 年以来，银保渠道因曾发生大量销售误导等不良事件，监管政策陡然趋严。当年 11 月 1 日，中国银监会发布《关于进一步加强商业银行代理保险业务合规销售与风险管理的通知》（简称“90 号文”），要求商业银行的各个营业网点原则上不能与超过 3 家保险公司合作，保险公司不得在商业银行营业网点派驻销售代表。2011 年 3 月 7 日，保监会、银监会联合发布《商业银行代理保险业务监管指引》，进一步规定：银行保险合作协议须由商业银行总行与保险公司总公司统一签订，或由商业银行与保险公司的一级分支机构在取得总行、总公司书面授权的情况下签订，并及时向总行和总公司进行备案；任何代理银行保险业务的营业网点，在开展银行保险业务之前必须获得中国保监会颁发的许可证；任何银行的银行保险业务销售人员及保险公司的银保专管员，在从事银行保险业务之前必须获得保险从业人员资格证书。

2011 年，受上述“银保新政”的影响及银行理财产品形成的挤压，人身险公司银邮渠道的保费收入明显减少，同比增长 -1.9%。根据各上市保险公司的年报，4 家上市公司银保渠道新单保费收入同比均出现大幅下滑，其中国寿股份为 -20.6%，平安人寿为 -35.6%（规模保费），新华人寿为 -30%，太保寿险为 -25.8%。在银保渠道陡然收窄的情况下，多数人身险公司不得不另辟蹊径，通过拓展其他渠道来保持业务的平衡和稳定发展。首先，加大了对个险渠道的投入，个人渠道保费收入同比增长 16.9%，高于全部保费收入 6.9% 的增长速度。在 4 家上市公司中，除新华人寿个险渠道的新单保费收入负增长 6% 外，其他 3 家公司均获得不同程度的正增长，其中国寿股份为 5.5%，平安人寿为 7.3%（规模保费），太保寿险为 21%。其次，加快了团险渠道的发展，使其保费收入也明显加快。例如，国寿股份团险渠道保费收入同比增长4.07%，其中短期险业务增长5.33%；平安人寿团险业务规模保费收入增加15.5%，其中短期意外及健康险的规模保费收入增加21.5%。最后，加快了电话渠道等新兴渠道的发展，培育新的渠道增长点。例如，国寿股份以基础建设为核心，高起点、高标准建设全国统一的省级电销中心，实现了销售网点、保费规模和销售人力的同步增长，全国电销中心增加到11家，电销业务呈现加速发展态势。

动向之二：银邮系公司保费收入快速增长

近年来，我国人身险行业一个引人注目的现象是银行系保险公司纷纷出现。2009年初，国务院批准银监会和保监会联合上报的《关于商业银行投资保险公司股权问题的请示文件》，原则同意银行投资入股保险公司。当年11月，银监会正式开闸商业银行投资保险公司股权试点，并批准工商银行、建设银行、交通银行及北京银行4家银行为试点银行。由此，银行股开始积极布局保险公司，形成了大银行参股小保险的格局。2010年5月，北京银行收购首创安泰50%的股权，将其更名为中荷人寿。2011年2月，农业银行宣布投资25.9亿元认购嘉禾人寿定向增发的10.36亿股股票，并因此持有嘉禾人寿51%的股份。2011年6月，建设银行宣布以51%的股权控股太平洋安泰，并更名为“建信人寿”。2010年10月，工商银行宣布以12亿元购买金盛人寿60%的股权。2011年，招商银行宣布重新启动收购招商信诺的计划。2010年7月，光大永明进行了增资扩股和股权结构变更，光大集团成为控股股东，光大永明也因此变身为中资公司。除银行系公司外，2009年8月，中国邮政集团与20个省、自治区、直辖市的邮政公司共同发起设立中邮人寿，成为银邮系保险公司的重要成员。

银邮系保险公司在银邮渠道有着天然的竞争优势，凭借银行、邮政等大股东的渠道资源，这些公司在2011年的一片“寒意”中业绩却逆势飘红。根据中国保监会发布的《关于2011年寿险业标准保费和规模保费数据的通报》，全国人身险公司规模保费平均增长5.13%，标准保费平均增长-0.48%。然而，在这种低迷的大环境下，除嘉禾人寿、交银康联外，其他银邮系人身险公司都获得了快速增长。其中，中邮人寿规模保费、标准保费的增长率分别达到了295.32%和307.61%，在全国所有人身险公司中也属增长最快的公司之一。此外，光大永明、金盛人寿、建信人寿也都获得了高速增长（见表9）。

表9　2011 年银邮系人身险公司的标准保费和规模保费

单位：亿元，%

公　　司	规模保费	同比增长	标准保费	同比增长
光大永明	74.07	45.07	12.97	64.51
嘉禾人寿	44.71	-1.13	7.34	-13.35
金盛人寿	20.32	72.48	7.29	86.54
中荷人寿	15.86	21.94	2.68	23.72
建信人寿	15.15	45.79	1.95	111.31
交银康联	4.66	-34.67	0.96	27.44
中邮人寿	80.23	295.32	9.18	307.61
寿险总计	11039.72	5.13	2064.40	-0.48

资料来源：中国保监会。

动向之三：提高个险渠道的队伍产能

2011 年，人身险公司在个险渠道遭遇营销员“增员难、留存难”的双重困境。据统计，从 2007 年到 2010 年，全国寿险营销员人数均以两位数增长，但 2011 年，全国保险营销员数量仅同比增长 1.76%。根据各家上市公司 2011 年的年报，国寿股份的代理人数量同比下降 3%，平安人寿、新华人寿和太保寿险的代理人数量有所增长，但幅度都不大，其中平安人寿为 7.4%，新华人寿为 1.6%，太保寿险为 4.3%。出现这种情况的主要原因是：第一，在我国，保险营销员管理实行的是代理制而非雇员制，营销员缺乏基本的社会保障和公司归属感。第二，佣金收入大幅下降，降低了寿险代理职业的吸引力。据统计，从 2008 年到 2010 年的 3 年间，寿险营销员人均佣金收入除 2009 年同比上涨 4.29% 外，其他两个年份均以超过两位数的速度下降，其中 2010 年下降 12.85%（见表 10）。2010 年，寿险营销员年人均佣金收入只有 16376.29 元，比全国城镇居民人均可支配收入（19109 元）低 2700 余元。第三，部分人身险公司主动进行代理人制度改革，精简销售队伍，提高整体队伍的质量。例如，国寿股份积极推进销售队伍基本制度的统一和转换升级，从 2010 年开始实施了新的营销员管理办法，并清理低效代理人，有效提升制度的市场竞争力和激励效能。

在营销员“增员难、留存难”的形势下，大多数人身险公司都加强了个险渠道的队伍和制度建设，人均产能获得较大提升。例如，2011 年，在 4 家上市公司中，除平安人寿的代理人产能下降 5% 外，其余公司的人均产能均得到明显

表 10　2006～2010 年全国寿险营销员的数量及佣金收入

指标	2006 年	2007 年	2008 年	2009 年	2010 年
寿险营销员人数（人）	1375956	1767024	2251664	2576680	2879040
同比增长（%）	3.57	28.42	27.43	14.43	11.73
佣金收入（亿元）	247.03	395.16	405.72	484.20	471.48
同比增长（%）	—	59.96	2.67	19.34	-2.63
人均佣金收入（元）	17953.34	22363.02	18018.67	18791.62	16376.29
同比增长（%）	—	24.56	-19.43	4.29	-12.85

资料来源：中国保监会：相关年份《保险中介市场报告》。

提高。其中，新华人寿、太保寿险的代理人产能同比上升 2.3% 和 11.7%。国寿股份则在 2010 年的人均产能为 3971 元/月，同比上升 12.6%。

除上市公司外，不少中小公司也对个险渠道进行了升级转型。例如，友邦保险是中国保险营销员制度的引入者，经过近二十年的发展，营销员渠道遇到了发展“瓶颈”。2011 年，友邦全面启动“营销员 2.0”计划，积极引领这一渠道的变革和发展。该项目主要通过对营销员制度“改变意愿”“岗位职责职能”“薪酬及考核体系”“管理、销售流程和工具”以及“技能培养”5 个方面进行全面诊断和重新定位，提升渠道质量。截至 2011 年 11 月 30 日，营销员渠道的生产力、执行力以及专业素质都取得长足进步，其中月均营销员活动率上升约 20%，营销员收入平均上升约 30%。同时，考虑到精英营销员的发展和培养，友邦依托母公司的优势，在 2011 年将百万圆桌会议 MDRT（Million Dollar Round Table）纳入营销员发展的重点战略，并为所有有能力追求国际性荣誉的营销员提供针对性的培训和指导，为其提供更好的才能展示平台，带动整个营销员队伍的发展和提升。这一计划取得良好成效，MDRT 达标人数同比增长约 14%。

与友邦的做法类似的是，为切实推动个险渠道的营销转型，民生人寿于 2010 年对营销员“基本法”进行了修订。修订后的“基本法”确立了两个发展方向：一是鼓励现有团队加大增员辅导和组织发展方面的利益投入；二是鼓励绩优，提高对销售团队绩优层级人员的绩效收益。在确保现有队伍良好留存的基础上，激发队伍增员和组织发展的热情，引导现有主管以上层级拿出更多的精力进行管理和辅导，通过对绩优层级的奖励措施，推动销售人员保持良好的展业习惯，确保自身营销技术的先进性。新“基本法”实施以来，民生人寿各职级团队有效人力同比取得大幅增长，新“基本法”从制度设置上有力地促进了民生人寿的营销转型。

（三）提升竞争力的主要举措

企业竞争力是一系列因素综合作用的结果。有远见的公司不仅会在直接的市场竞争中接受挑战，而且更注重公司竞争力的培养，通过采取各种有效措施提升竞争力，以在未来的市场竞争中占据有利地位。

1. 选好用好人才

在经历了近三十年的快速发展后，目前中国寿险业已站在了一个新的起点上，对人才的要求也上升到了一个新的高度和水平。面对未来激烈的市场竞争，为了打造真正经得起考验的“百年老店”，一些人身险公司把选好用好人才放在了十分突出的位置，并采取有力措施予以切实保障。

平安保险在选人用人上不拘一格。十多年来，在兼容并蓄、以绩效为导向的文化和制度化平台上，来自不同文化背景、不同经历的人合作顺畅、高效，已形成了强大的国际化人才队伍。平安甄选海外人才有三大标准：既具备丰富的专业经验，又具备很强的再学习能力；高处着眼，低处着手，既具备战略规划能力，又具备很强的动手能力；既具备很强的原则性，又具备一定的灵活性与相容性。当平安需要选拔相应岗位上的人才时，先确定岗位要求，制定明晰的任期目标和发展规划，再锁定全球最优秀的公司、最优秀的人才，通过三大猎头公司在全球物色，反复比较，优中选优。聘任上岗后，再进行持续的市场化业绩考核，通过“竞争、激励、淘汰”机制使其发挥最大效能。平安人寿之所以能在很短的时间内迅速崛起，在很大程度上得益于引进了诸如黄宜庚、梁家驹等一大批来自中国台湾和海外保险界的精英。

为了吸引海内外优秀人才加盟，泰康人寿采取了招募知名高校的优秀学生来公司实习的办法，想借此架起一座与国际知名院校沟通交流的桥梁。2010 年，泰康启动了哈佛学子泰康暑期实习计划，两年中已有 7 名哈佛学子先后来到泰康实习、交流和实践。从 2011 年起，泰康根据“校园招聘，自我培养，人才发展”的人才策略，又启动了“千人计划”，开始与中国人民大学商学院、对外经济贸易大学和中央财经大学等国内知名高校共建实习基地，每年定期向高校了解实习需求，提供实习岗位，并将每年的实习工作安排纳入企业人才培养的规划体系中。实习期满后，本着相互满意、相互自愿的原则进行双向选择，为学生提供一个从“学生人”向“职业人”“公司人”转变的平台，同时也为企业自身选择和引进人才提供一个重要渠道。按照这个计划，泰康将每年在全国范围内招聘千名应届大学毕业生，这一模式也将成为未来泰康招聘、引进人才的主要模式。

2. 加强企业文化建设

企业文化的主要构件是核心价值观及由此形成的行为方式。近年来，一些人身险公司的文化建设停滞不前，以致企业素质和竞争力在无意识中被不断削弱，与此同时，另有一些公司深谙企业文化对公司发展的强大支撑作用，通过采取种种有效措施不断推进企业文化建设。在企业文化建设方面，一些外资公司的做法值得学习和借鉴。

信诚人寿对企业文化建设高度重视，早在2000年开业之初就确定了“聆听所至，信诚所在”的理念。然后，在2003年提出了“成为中国最好的保险及理财方案的提供者”的公司愿景和“让每个家庭安心、让每个客户称心、让每个营销员舒心、让每个员工开心、让每个股东放心、让未来充满信心”的公司使命。2006年，信诚进一步提出“卓越成长、尊重差异、信任授权、全心关怀、快乐工作”的核心价值观，从而完整构建了文化理念体系。从“聆听所至，信诚所在”理念的确定，到公司愿景与使命的提出、核心价值观的确立，再到之后不断的整合与完善，信诚文化的发展阶段十分清晰，实现了文化建设与公司发展阶段经营策略的高度统一。信诚的企业文化建设有一个总体方针，即结合市场实际情形，根据公司发展现状，通过理念宣导、制度规范、行为实践、形象化四个层面，全员参与、全方位推进，以加强内部凝聚力，促进和推动公司业务快速发展，实现公司战略目标，从而把企业文化打造成信诚的独特品牌和竞争优势。

在中英人寿，每个人都是企业文化的主角。中英人寿以“关爱万家（Care in Every Home)：以无私的关爱精神，让中国的千家万户体验到诚信与专业的保险服务”为企业愿景，以“向公众及员工传播正确的保险观念和知识，提高寿险行业的运营与服务水平，实现客户、员工与股东三赢，贯彻以客户为先的服务理念，为中国保险业的发展作出贡献”为经营理念，在借鉴外方股东英国英杰华集团推崇的 CSR（Corporate Social Responsibility）体系的基础上，提出了 C. A. R. E.（关爱）的核心价值观。C. A. R. E. 是一个完整的体系，首先它是所有员工的行为准则，包含团队情（Collaboration）、行动力（Action）、务实性（Result-oriented）、关怀心（Empathy），其次取这四项准则英文首写字母组成 C. A. R. E.（关爱），构成了中英人寿企业文化的核心理念。中英人寿自成立以来，从上至下一直都在着力打造“C. A. R. E. 文化”氛围，不折不扣地践行着自己的企业文化，让这种文化渗透到公司的每一个角落。中英人寿将企业文化形象地比作一粒由公司战略、愿景、制度等捏就的“糖丸”，而公司的最终目的就是让所有员工都吃下它，并感受到它的“甜”。

3. 鼓励和促进创新

2011 年，在严峻的经营形势和困难面前，一些人身险公司认真研究市场环境的新情况、新变化，积极引进创新型人才，构建创新型体制机制，营造创新型文化，努力推动产品、服务、营销、管理、技术等各个方面的创新，不断拓宽产品和服务的发展空间，走出了一条高质量、高效益的差异化发展之路。

创新是平安保险快速、健康发展的基石，公司的“领先文化”就建立在大力推动创新的基础之上。2011 年 5 月，平安在业内首设“首席创新执行官”一职，并聘请美国人计葵生（Gregory D. Gibb）出任首席创新执行官。平安设立该职位的主要目的就在于，以国际化的专业团队全力构建领先的业务创新平台和先进的商业模式，促进金融领域的技术、模式创新与应用，进一步深化平安综合金融战略的发展与落实。首席创新执行官的主要职责是分析和洞察金融业进步的趋势与方向，创新性确立和实施新的商业模式，参与发现和研究全球金融业各类新兴商业模式、科技应用的前沿信息和趋势，管理创新所需技术与资源的落实，有效满足业务需求。设立“首席创新执行官”一职，是平安在新时期为加强创新而采取的重要举措，将极大地推动公司领先战略的有效实施。

泰康人寿自成立以来，坚持走改革创新的发展道路，逐渐形成了包含创新在内的核心价值观和稳健经营、开拓创新的经营理念。1999 年，曾创造性地将电话回访制度引入保险业，经过成都分公司一年的试行后，开始在全国的所有机构推行 100% 电话回访客户制度。此后不久，中国保监会将泰康 100 电话回访的经验推广到国内各保险公司，并最终形成了一条全国性的监管规定。2002 年，泰康人寿在业内率先推出综合家庭保障计划，使“一张保单保全家”成为泰康人寿的一张“名片”。2009年，着眼于中国老龄社会的到来，泰康在保险行业首家提出“从摇篮到天堂”和“建设保险养老社区”的理念，并成为业内第一家获准投资试点养老社区的保险公司。2011年，泰康在北京昌平总建筑面积约30万平方米的养老社区破土动工，计划2015年正式投入使用，届时可容纳3000户老人入住。养老社区的建设将大大拉长公司寿险业务的经营链条，并开创一个全新的发展模式。

4. 加快信息系统建设

现代信息技术的发展将人类带入一个全新的信息化社会，信息传递的速度空前提高、内容空前增加，人们之间的交流与联系因之而日趋频繁和紧密。为了充分利用现代信息技术带来的好处，近年来各人身险公司纷纷加快信息系统建设，大力提高公司运营的信息化水平，努力促进公司整体经营效率的提高。

太保寿险2011年完成了P10项目的上线。P10项目是依据集团信息化战略规划建设的要求，全面推进的新一代寿险核心业务系统。该系统从2002年12月开始启动，到2011年5月完成上线，历时八年半。作为新一代寿险核心业务系统，P10项目构建了交易、打印、统计、影像、文档和集成六大专业技术平台，通过这些平台的有机整合和组合应用，完成了包含35个关键应用系统的研发、升级和数据大集中工作，全面达成了公司营运、销售、综合、内控四个领域的专业化建设目标，实现了“流程规范、数据集中、一体化运行、平稳过渡”的总体规划要求。P10系统有效支持了“管理集中、服务延伸”的战略目标，通过业务流程整合和系统一体化集成，总公司承担了越来越多的集中营运职能，实现了新险种和业务政策在总公司的统一设定与发布。2011年1月，该公司因P10项目最佳实践成果及其IT平台整体架构的先进性和领先优势，被国际知名的研究与咨询公司赛讯授予“赛讯亚洲典范保险公司奖”。目前，P10项目已成为支持业务、改善服务、优化流程、创新驱动、转型发展的“新起点”和“加油站”，使太保寿险在行业率先实现了核心业务系统及周边系统真正意义上的数据大集中。

平安人寿2011年将移动展业模式进行了升级。2010年10月，平安在全国范围内推行移动展业模式（MIT）。该模式是平安首创的一站式移动展业平台，它搭建了一条高效、快捷的绿色生产线，成功将保单承保时间由5天缩减至0.5小时。2011 年，公司正式上线 MIT 的升级版——MIT 二代。MIT 二代从客户实际需求出发，通过对客户需求的细致分析和专业化的流程设计，为客户提供涵盖寿险、养老险、车险在内的，保障更全面、组合更灵活的保险服务，客户足不出户即可享受真正的一站式综合金融服务。MIT 二代在满足了客户一站式保险保障及综合金融服务需求的同时，还引入当下电子商务领域流行的“购物车”概念，客户可在产品选购过程中，将所购产品依次放入“购物车”，在完成全部产品的选购后，一次集中支付，即可实时获取来自多系列产品提供的全面保障，支付流程更加简化快捷，购买过程省时省心。另外，在原有单一的 EPOS 刷卡支付方式基础上，MIT 二代新增了“实时转账”交费方式，客户可以根据自己的实际需要，自主选择采用现场刷卡或是实时转账完成保费支付。两种支付方式双轨并行，允许客户自由选择，在保证客户资金安全的同时，使费用支付更加便捷。

除上述两家公司外，其他不少人身险公司 2011 年在信息系统建设上获得较大进展。例如，国寿股份完成业内最大业务档案影像化项目，互联网产品销售系统也全新上线；太平人寿在部分分支机构推出“立保通”电子投保系统；新华人寿的全国共享服务中心投入使用；阳光保险升级保险“E”化服务，官网“保单查询”系统全面上线；泰康人寿创新推出 3G 电子化理赔；生命人寿“生命动力”新核心业务系统正式上线运行；中意人寿推出全新的集销售和服务于一身的系统平台——新版“中意在线”。这些公司通过大力推进信息系统建设，为公司发展注入了强大活力。

5. 优化公司竞争战略

近年来，在外部成本上升和政策制约等多重因素的作用下，资源、环境约束对行业转变发展方式的倒逼机制正在形成，传统的“跑马圈地”“人海战术”等粗放型发展模式已不可持续，保险市场转型的压力进一步凸显。为了加快实现从粗放型外延式发展到内涵式发展的根本性转变，2011 年一些人身险公司全面贯彻“以客户为中心”的战略导向，进一步优化公司的竞争战略，努力推动公司发展的全面转型。

太平洋保险先后于 2007 年、2009 年在 A 股和 H 股上市。上市后的 2010 年，公司开始实施从“产品/销售导向”到“客户需求导向”全面转型的战略举措，以满足客户需求、增加客户价值为经营出发点，洞察顾客的消费能力、习惯及行为，重视产品开发、营销手段及运营服务创新，动态适应和深度服务客户需求。“以客户需求为导向”的战略转型是太平洋保险立足自身定位的选择，近二十年的发展已使公司具备了良好的客户资源积累，实现“以客户需求为导向”的转型，将帮助公司转变发展方式，确立新的竞争优势，在价值持续增长的前提下巩固和提高市场地位。经过两年来的综合配套改革与整合资源，不断完善专业化运作体系，太平洋保险已基本构建起以客户为中心的综合经营模式。这个模式的形成，将为满足客户日益增长的多元化保险需求、提供综合金融服务、全面提升客户价值，发挥越来越大的作用。

新华人寿在2011年坚持“以客户为中心”的发展导向，稳步推进公司发展的战略转型。在新一届管理层的带领下，新华人寿制定了适合自身发展需要的五年规划，全面启动“以客户为中心”的经营战略，探索从“规模经营”向“客户经营”的升级，并从客户、产品、渠道、资产、管理、机构六个方面进行了具体部署，真正把公司的发展引导到健康、坚实、可持续、长久发展的轨道上来，重新理解、重新认识、重新构建与客户的关系。在这一战略的指导下，更为清晰的客户发展战略也顺势出台，即顺应中国城市化进程和居民财富不断增长等趋势，持续发展大众客户，积极开发富裕客户，同时建立一整套以客户为中心的运营体系，通过信息分析、客户分层、服务设计和服务评估来持续提升客户体验。

二　2011年人身险公司竞争力绩效评价

考虑到大多数人身险公司成立的时间都不长，与评价财产险公司时相同，本书暂不对2011年所有人身险公司的竞争力进行评价分析，而是仅选择营业收入居前15位的公司。这15家公司依次是：国寿股份、平安人寿、新华、太保寿险、泰康、人保寿险、太平人寿、生命人寿、阳光人寿、民生人寿、友邦、合众人寿、中邮人寿、幸福人寿、中意人寿。

（一）2011年人身险公司竞争力绩效分类评价

1. 总量绩效评价

衡量总量绩效的主要指标是营业收入和净利润，两者再经标准化处理和转换成得分后得出总量绩效指数。表11列出了2011年15家人身险公司这3项指标

表11　2011年15家人身险公司的总量绩效及排位

公　　司	总量绩效指数	排位	营业收入(百万元)	排位	净利润(百万元)	排位
国寿股份	1000.00	1	385078.00	1	18480.00	1
平安人寿	478.33	2	150623.17	2	10750.97	2
太保寿险	238.56	3	106865.29	4	3175.31	3
新　　华	232.82	4	109205.00	3	2781.00	4
泰　　康	148.61	5	82018.24	5	863.20	5
人保寿险	138.33	6	79946.06	6	550.63	8
太平人寿	77.31	7	36136.61	7	676.53	6
生命人寿	49.96	8	25786.41	8	149.30	9
友　　邦	36.85	9	9949.92	11	580.28	7
阳光人寿	29.41	10	18293.11	9	-264.56	13
民生人寿	24.92	11	10826.37	10	11.52	11
中邮人寿	19.90	12	8319.74	13	-47.43	12
中意人寿	17.25	13	4648.62	15	69.16	10
幸福人寿	3.13E-08	14	5664.46	14	-737.41	14
合众人寿	-9.05	15	9532.09	12	-1370.25	15

的数据及排位。从表中可以看出，国寿股份的总量绩效指数排第1位，并以较大优势领先于其他公司，这是因为该公司的营业收入和净利润均远远超过其他公司。例如，与排第2位的平安人寿相比，国寿股份的营业收入和净利润分别是平安人寿的2.56倍、1.72倍，这使得其总量绩效指数最终也达到了平安人寿的2.09倍。平安人寿的总量绩效指数排第2位，虽然指数得分远低于国寿股份，但也明显高于处于第3位的太保寿险。上述情况说明，总量绩效居前3位的人身险公司在得分上的差距还比较大。新华的总量绩效指数排第4位，与太保寿险十分接近。和太保寿险相比，新华的净利润低于太保寿险，但营业收入略高于太保寿险。两者之间在指标数据上如此接近，预示着今后的排位很可能会再度发生变化。泰康的总量绩效指数排第5位。和新华相比，虽然营业收入的差别不大，但净利润有较大落差，这使得泰康最终在总量绩效指数上与新华拉开了距离。人保寿险的总量绩效指数排第6位，营业收入和净利润均与排在前面的泰康非常接近。考虑到人保寿险是一个快速成长的公司，在总量绩效指数上超过泰康也许并非一件遥远的事。太平人寿的总量绩效指数排第7位，该公司的营业收入虽然不及人保寿险的一半，但净利润超过人保寿险1亿多元，这说明该公司是一家注重

效益的公司。生命人寿、友邦的总量绩效指数分别排在第 8 和第 9 位。虽然生命人寿的营业收入是友邦的 2 倍多，但净利润大约只有友邦的 1/4。两项指标形成如此明显的反差，说明与生命人寿注重规模扩张相比，友邦更注重公司的经营效益。阳光人寿、民生人寿、中邮人寿、中意人寿、幸福人寿和合众人寿 6 家公司的总量绩效指数依次排在第 10 到第 15 位。在这 6 家公司中，仅有民生人寿、中意人寿 2 家公司处于赢利状态，其他 4 家公司均是亏损。其中，合众人寿亏损最多，亏损额高达约 13. 7 亿元；幸福人寿和阳光人寿的亏损额也分别高达约 7. 37 亿元和 2. 64 亿元。中邮人寿虽也是亏损，但亏损额不大，仅为 4743 万元。

2. 增长绩效评价

衡量增长绩效的主要指标是营业收入增长率和净利润增长率，两者再经标准化处理和转换成得分后得出增长绩效指数。由于增长绩效不仅受到公司竞争力的左右，也与增长的基数有很大关系，因此，15 家公司的增长绩效指标排位与总量绩效指标排位呈现较大的不同（见表 12）。从增长绩效指数看，中邮人寿排在 15 家公司的第 1 位，指数得分远远超过其他公司，这主要是由其营业收入的高增长所致。2011 年，中邮人寿的净利润增长率为负数，亏损额度比上年进一步扩大，但由于营业收入增长率高达 302. 99%，以至增长绩效指数排在了 15 家公司之首。生命人寿的增长绩效指数排在第 2 位。如此好的成绩，不仅与高居第 2 位的营业收入增长率有关，也与同样居第 2 位的净利润增长率有关。民生人寿的增长绩效指数排第 3 位。与生命人寿不同的是，民生人寿的营业收入增长率较高，排第 3 位，但由于净利润大幅下滑，以致仅排在了第 11 位。平安人寿、阳光人寿的增长绩效指数分别排在第 4 和第 5 位。这 2 家公司在营业收入增长率和净利润增长率上都有较好表现，不同的是，平安人寿是净利润增长 24. 40%，而阳光人寿是亏损额减少 18. 17%。友邦和新华的增长绩效指数分居第 6 和第 7 位。这两家公司在营业收入增长率和净利润增长率上也有着相似的特征，即营业收入增长率的排位都相对靠后，而净利润增长率的排位都明显靠前。幸福人寿和泰康的增长绩效指数分别排在第 8 和第 9 位。与上 2 家公司相反的是，这 2 家公司的营业收入增长率排位都比净利润增长率排位更靠前一些。太保寿险和人保寿险的增长绩效指数分别排在第 10 和第 11 位。有趣的是，这 2 家公司在营业收入增长率、净利润增长率上的排位又和上 2 家倒了过来，其净利润增长率的排位比营业收入增长率的排位要相对靠前一些。合众人寿、太平人寿、国寿股份和中意人寿

4 家公司的增长绩效指数分别排在第 12 到第 15 位。在这 4 家公司中，除合众人寿的营业收入增长率排在第 4 位、中意人寿的净利润增长率排在第 6 位外，其他指标均排在第 10 位及以后，这种至少一项指标排位明显靠后的情况是这些公司在增长绩效指数排位上落后的主要原因。

表 12　2011 年 15 家人身险公司的增长绩效及排位

公　　司	增长绩效指数	排位	营业收入增长率(%)	排位	净利润增长率(%)	排位
中邮人寿	1000.00	1	302.99	1	-19.59	7
生命人寿	282.36	2	60.18	2	51.63	2
民生人寿	172.42	3	26.39	3	-32.96	11
平安人寿	169.09	4	23.22	5	24.40	4
阳光人寿	159.51	5	20.24	6	18.17	5
友　　邦	130.56	6	3.49	11	215.63	1
新　　华	119.25	7	6.53	8	24.71	3
幸福人寿	117.66	8	8.84	7	-54.86	14
泰　　康	108.21	9	5.38	9	-46.61	13
太保寿险	105.42	10	3.89	10	-31.14	9
人保寿险	93.23	11	-0.40	13	-25.29	8
合众人寿	92.97	12	25.06	4	-740.56	15
太平人寿	92.81	13	-0.32	12	-31.32	10
国寿股份	89.76	14	-0.85	14	-45.13	12
中意人寿	-5.31E-08	15	-32.56	15	1.13	6

3. 效率绩效评价

衡量效率绩效的主要指标是利润率和资产利润率，两者再经标准化处理和转换成得分后得出效率绩效指数。表 13 列出了衡量 2011 年 15 家人身险公司效率绩效的 3 项指标。从表中可以看出，平安人寿在效率绩效指数上“拔得头筹”。该公司不仅在利润率上排在 15 家公司的第 1 位，资产利润率也排在了第 1 位。这说明，在效率绩效方面，该公司相对其他 14 家公司有着明显的优势。友邦、国寿股份的效率绩效指数分居第 2 和第 3 位。这 2 家公司虽然在利润率和资产利润率排位上换了个次序，但都排在 15 家公司的前 3 位。这说明，无论是从收入角度，还是从资产角度，这 2 家公司的利润获取效率都非常高。太保寿险和新华的效率绩效指数分别排在第 4 和第 5 位。这 2 家公司与前 2 家公司呈现大致相同的特点，即利润率和资产利润率都排在第 4 或第 5 位，而且两者在这两个指标的排位上也正好调换了一下。太平人寿的利润率和资产利润率均排在15家公司的第6位，这使得其效率绩效指数最终也排在了第6位。中意人寿的效率绩效指数排在第7位。从利润率、资产利润率两项指标看，虽然前者排在了第7位，但后者却排在了第10位。不过，资产利润率与排在前面的公司差别不大，而利润率又与其他公司拉开了距离，所以其效率绩效指数最终仍保持了和利润率同样的位次。泰康和人保寿险的利润率和资产利润率均分别排在15家公司的第8和第9位，这使得2家公司的效率绩效指数最终也获得了同样的位次。生命人寿的效率绩效指数排在第10位。虽然其资产利润率排位相对靠前，但微弱的优势没能弥补利润率的较大劣势所带来的影响。民生人寿、中邮人寿、阳光人寿、幸福人寿和合众人寿的效率绩效指数分别排在第11到第15位。有趣的是，这5家公司的利润率排位和资产利润率排位呈现了高度的一致性，且除了民生人寿外，其余4家公司的利润率和资产利润率指标均为负值。

表13　2011年15家人身险公司的效率绩效及排位

公　　司	效率绩效指数	排位	利润率(%)	排位	资产利润率(%)	排位
平安人寿	1000.00	1	7.14	1	1.34	1
友　　邦	945.37	2	5.83	2	1.15	3
国寿股份	915.28	3	4.80	3	1.24	2
太保寿险	827.53	4	2.97	4	0.76	5
新　　华	815.79	5	2.55	5	0.80	4
太平人寿	779.42	6	1.87	6	0.55	6
中意人寿	746.00	7	1.49	7	0.18	10
泰　　康	736.32	8	1.05	8	0.27	8
人保寿险	722.39	9	0.69	9	0.24	9
生命人寿	721.12	10	0.58	10	0.28	7
民生人寿	692.17	11	0.11	11	0.04	11
中邮人寿	630.53	12	-0.57	12	-0.67	12
阳光人寿	598.53	13	-1.45	13	-0.72	13
幸福人寿	5.72E-08	14	-13.02	14	-4.55	14
合众人寿	-62.54	15	-14.38	15	-4.86	15

4. 竞争力综合绩效评价

竞争力综合绩效包括了总量绩效、增长绩效和效率绩效，是将三类单项绩效的标准值进行等权加权平均后再转化为综合得分后形成的。2011 年 15 家人身险公司的竞争力综合绩效指数得分见表 14。根据本书确定的逻辑，竞争力综合绩效得分全面、真实地体现了竞争力的总体水平，竞争力综合绩效指数排位即代表了综合竞争力的最终排名。从表中可以看出，国寿股份的综合竞争力排在第 1 位，且以较大优势领先于其他公司，这主要与其较大的总量绩效优势有关。此外，效率绩效指数居第 3 位，也给综合竞争力排名提供了支持。平安人寿、中邮人寿的综合竞争力分居第 2 和第 3 位。这 2 家公司分别有一个单项绩效位居 15 家公司的第 1 位，其中平安人寿效率绩效居第 1 位，中邮人寿增长绩效居第 1 位。太保寿险和新华人寿的综合竞争力相差不大，分别排在第 3 和第 4 位。这 2 家公司取得如此成绩，也主要取决于总量绩效和效率绩效。友邦的综合竞争力排在第 6 位，是外资公司中表现最好的公司，与同是外资公司的中意人寿相比提前了 7 个位次。作为一个总量绩效较为靠后的公司，能取得如此成绩，主要与其良好的效率绩效有关。泰康和生命人寿的综合竞争力分居第 7 和第 8 位，且得分也非常接近。其中，泰康的排位相对总量绩效靠后了一点，这是由增长绩效和效率绩效排位均在中等偏后导致的；生命人寿的排位之所以能与泰康扯平，则主要是增长绩效排位明显靠前的“功劳”。人保寿险、太平人寿的综合竞争力分别排在第 9 和第 10 位。这 2 家公司的综合竞争力排位都比总量绩效排位要靠后，这主要是因为其他两个单项绩效未能取得同样的佳绩。民生人寿、阳光人寿、中意人寿、幸福人寿和合众人寿的综合竞争力分别排在第 11 到第 15 位。在这 5 家公司中，除了民生人寿、阳光人寿 2 家公司在增长绩效排位上比较靠前外，其他单项绩效排位均较为靠后，这是它们的排名最终偏后的主要原因。

表 14　2011 年 15 家人身险公司综合竞争力排名

公　　司	竞争力综合绩效指数(并重型)	综合竞争力排名	公　　司	竞争力综合绩效指数(并重型)	综合竞争力排名
国寿股份	1000.00	1	人保寿险	398.28	9
平安人寿	742.72	2	太平人寿	383.16	10
中邮人寿	617.89	3	民生人寿	345.68	11
太保寿险	505.28	4	阳光人寿	307.01	12
新　　华	502.17	5	中意人寿	299.71	13
友　　邦	437.18	6	幸福人寿	39.01	14
泰　　康	415.45	7	合众人寿	1.98E-08	15
生命人寿	412.14	8			

5. 竞争力绩效分级

与财产险公司一样，下面先将15家人身险公司分成五类，利用SPSS17.0软件，对各单项绩效指数和综合绩效指数进行聚类分析，并根据分类情况，将15家公司的竞争力绩效分别赋予“AAAAA”“AAAA”“AAA”“AA”“A”相应级别。表15列出了15家人身险公司2011年竞争力绩效聚类分析和分级的结果。从表中可以看出，国寿股份在总量绩效、效率绩效上各获得5个A，在增长绩效上获得2个A，并最终在竞争力综合绩效上获得了5个A，因而属于综合竞争力第一层次的公司。平安人寿在效率绩效上获得5个A，在总量绩效上获得4个A，在增长绩效上获得3个A，并最终在竞争力综合绩效上获得4个A，是属于综合竞争力第二层次的公司。新华、太保寿险、中邮人寿3家公司均在竞争力综合绩效上获得3个A，是属于综合竞争力第三层次的公司。新华和太保寿险靠的是效率绩效上获得的4个A，中邮人寿靠的是增长绩效上获得的5个A。人保寿险、泰康、太平人寿、生命人寿、阳光人寿、民生人寿、友邦和中意人寿均在竞争力综合绩效上获得2个A，是属于综合竞争力第四层次的公司，这与这些公司至少在某一个单项绩效上仅获得1个A是有关系的。幸福人寿、合众人寿2家公司均只在竞争力综合绩效上获得1个A，是属于综合竞争力第五层次的公司。这2家公司的共同特点是，都在2个单项绩效上仅获得1个A，

表15 2011年15家人身险公司竞争力绩效分级

公　司	竞争力综合绩效	总量绩效	增长绩效	效率绩效
国寿股份	AAAAA	AAAAA	AA	AAAAA
平安人寿	AAAA	AAAA	AAA	AAAAA
新　华	AAA	AAA	AA	AAAA
太保寿险	AAA	AAA	AA	AAAA
中邮人寿	AAA	A	AAAAA	AA
人保寿险	AA	AA	AA	AAA
泰　康	AA	AA	AA	AAA
太平人寿	AA	A	AA	AAAA
生命人寿	AA	A	AAAA	AAA
阳光人寿	AA	A	AAA	AA
民生人寿	AA	A	AAA	AAA
友　邦	AA	A	AA	AAAAA
中意人寿	AA	A	A	AAA
幸福人寿	A	A	AA	A
合众人寿	A	A	AA	A

在另外一个单项绩效上也只获得 2 个 A。这样的成绩，很难最终提升自身的竞争力综合绩效。

（二）主要人身险公司竞争力绩效分析

为了更好地了解单个公司的竞争力绩效，下面利用各项原始绩效指标数据，借助雷达图这一分析工具，选择 6 家公司的竞争力绩效进行分析。这 6 家公司分别是国寿股份、平安人寿、新华、太保寿险、人保寿险和泰康。

1. 国寿股份

国寿股份是我国最大的人身险公司。从其竞争力绩效雷达图可以看出，在营业收入和净利润两项指标上，国寿股份具有无可比拟的优势，均代表了 15 家公司的最高水平。在其他指标方面，利润率指标明显在平均值之上，资产利润率也比平均水平稍好，净利润增长率与平均水平相当，唯有营业收入增长率明显不及平均水平。这说明，除个别指标外，国寿股份在大多数指标上表现优良。就今后而言，避免营业收入增长率长期处于低水平，是需要努力的重点方向（见图 2）。

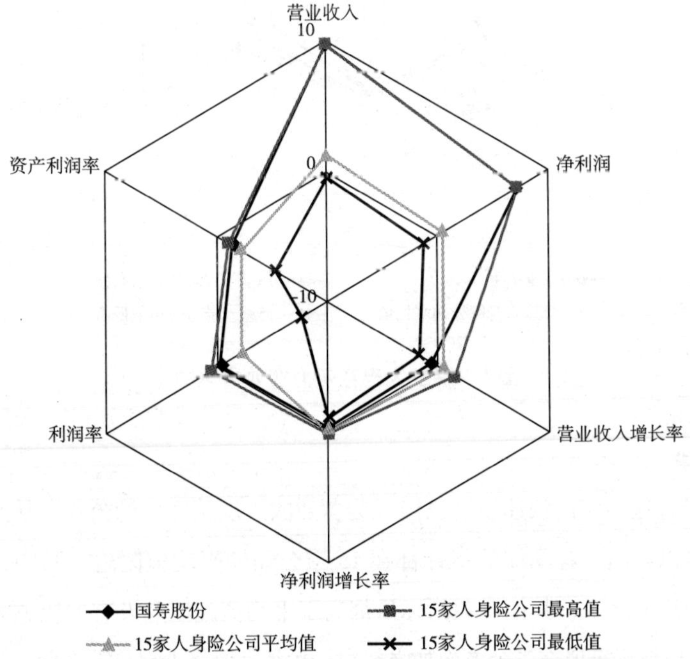

图 2　国寿股份竞争力绩效雷达图

2. 平安人寿

平安人寿是我国第二大人身险公司。从其竞争力绩效雷达图可以看出，在6项绩效指标中，利润率、资产利润率的优势十分明显，均代表了15家公司的最高水平。营业收入、净利润都明显高于平均值，但与最高值相比仍有较大落差。营业收入增长率、净利润增长率2项指标的表现一般，虽然净利润增长率略好于平均水平，但营业收入增长率不及平均水平。上述情况说明，平安人寿在利润获取效率上优势明显，但努力提高营业收入和净利润的增长率，乃是今后努力的方向（见图3）。

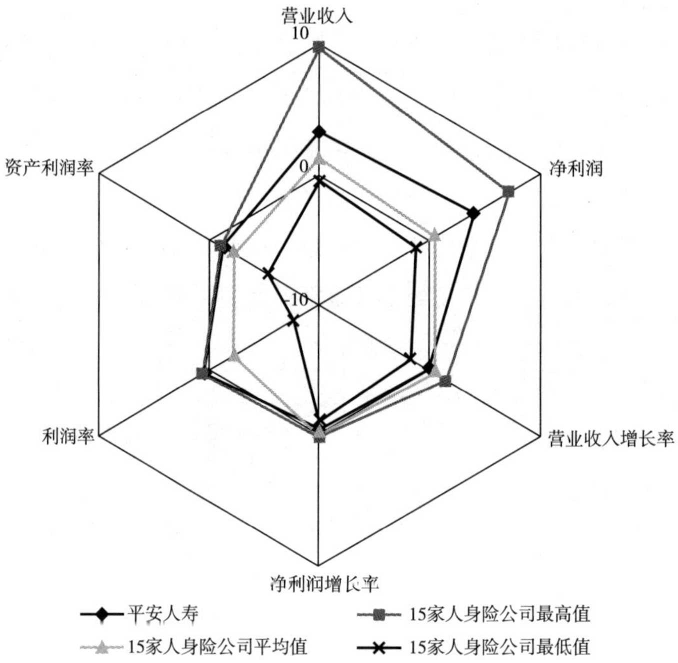

图3　平安人寿竞争力绩效雷达图

3. 新华

新华经过这两年的快速发展已经成为营业收入居第3位的公司。从其竞争力绩效雷达图可以看出，各项绩效指标都在15家公司的平均值附近。其中，营业收入增长率在平均值之下，其他5项指标虽都高于平均值，但并没有形成领先优势。这意味着，今后新华需要在各个方面加强努力，尤其是要努力提高营业收入增长率，否则将不可避免地陷入与其他公司在排位上此起彼伏的“拉锯战”（见图4）。

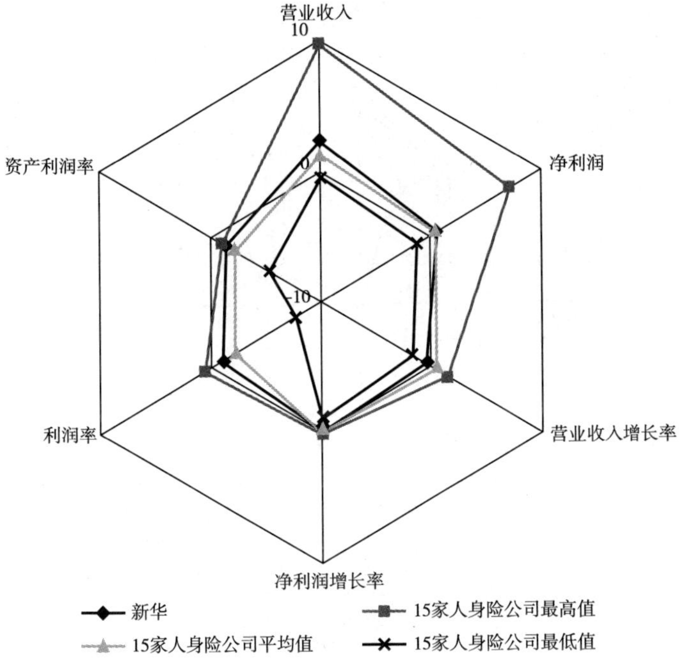

图 4　新华竞争力绩效雷达图

4. 太保寿险

太保寿险是我国人身险市场上的“老三家”之一，但近年来业务规模已经被新华超过。从其竞争力绩效雷达图可以看出，2011 年太保寿险的竞争力绩效与新华的情况较为类似，各项竞争力绩效指标数值都在 15 家公司的平均值附近，只是营业收入增长率更低一些。作为寿险市场传统上的第三大公司，如果今后不能在业务增长方面加强努力，与新华在业务规模上的差距进一步扩大，将是不得不面对的事实（见图 5）。

5. 人保寿险

人保寿险的 6 项竞争力绩效指标也处在平均值上下。其中，净利润、营业收入增长率位于平均值之下，其他指标均位于平均值之上。作为一家近年来新崛起的寿险公司，要在残酷的市场竞争中不断前行，保持业务规模和赢利水平的双增长，是达到这一目的的“不二法门”（见图 6）。

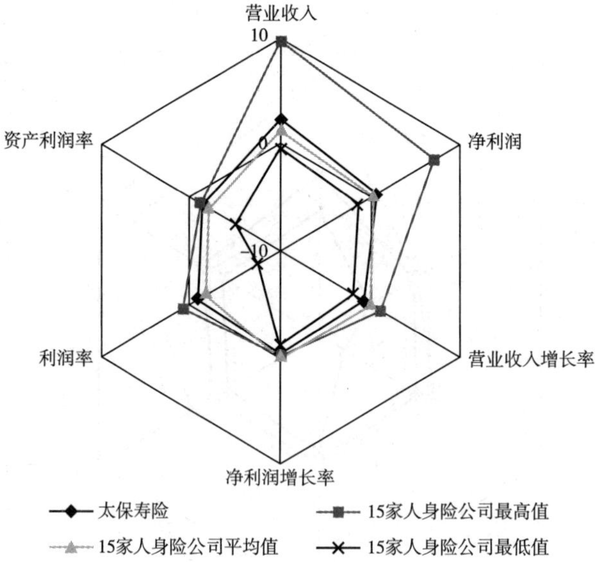

图 5　太保寿险竞争力绩效雷达图

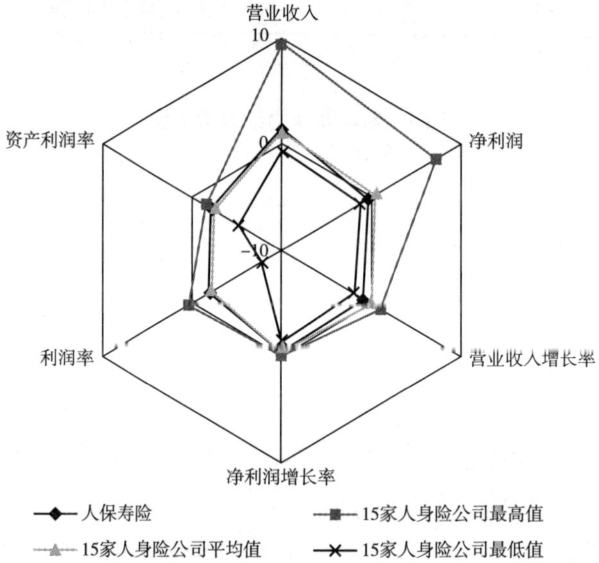

图 6　人保寿险竞争力绩效雷达图

6. 泰康

泰康与人保寿险的情况基本类似，只是在低于平均值的指标中又多了净利润增长率。泰康是与新华同时成立的寿险公司，长期在规模上与新华不相上下，但如今与新华的差距有渐趋扩大之势，且还有被人保寿险赶超的可能。如何进一步增强竞争的紧迫感，在加快业务发展的同时努力提升经营效益，是当前摆在泰康面前的一项重大课题（见图7）。

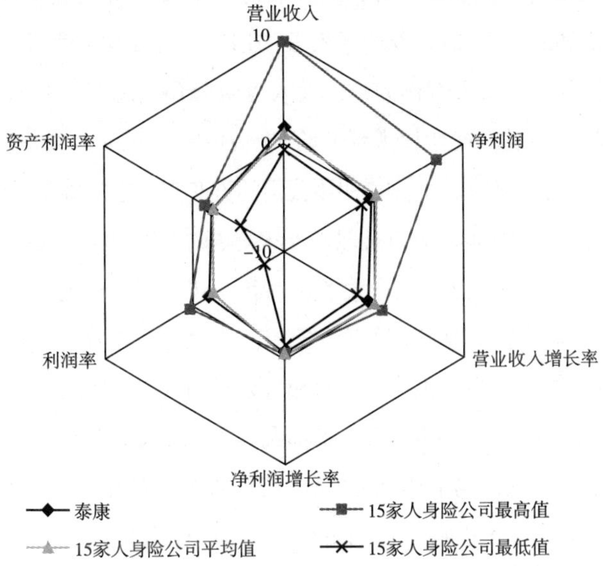

图7　泰康竞争力绩效雷达图

三　2011年人身险公司竞争力状况分析

与财产险公司一样，下面主要从财务竞争力、产品和服务竞争力、营销竞争力、成本竞争力、投资竞争力五个方面，对2011年15家人身险公司的竞争力状况进行评价分析。

（一）财务竞争力

1. 资产规模

资产是保险公司经营的基础。虽然对人身险公司来说，《保险法》并没有结合净资产给出具体的业务规模限定，但根据《保险公司偿付能力管理规定》，保险公司必须具有与其风险和业务规模相适应的资本，因此，人身险公司业务经营的规模也受到其资本的影响和制约。表 16 列出了 2011 年 15 家人身险公司年初的总资产和净资产。从表中可以看出，无论是总资产还是净资产，国寿股份都具有极为明显的领先优势。从总资产看，国寿股份为平安人寿的 1.86 倍，并与其他 13 家公司的总资产之和大致相当；从净资产看，国寿股份为平安人寿的近 7 倍，且为其他 13 家公司净资产之和的 2.29 倍。资产规模上的遥遥领先是国寿股份竞争力排名高居第 1 位的主要原因。平安人寿作为第二大人身险公司，总资产相对于其他 13 家公司具有明显优势，不过净资产比太保寿险大约还少 75 亿元。太保寿险的总资产排第 3 位，但净资产排在第 2 位。这说明该公司的资产实力非常雄厚。新华和泰康的资产情况与平安人寿和太保寿险有点类似，虽然新华的总资产比泰康略多，但泰康的净资产为新华的 1.85 倍。人保寿险、太平人寿和友邦 3 家公司的总资产呈梯级下降。不过，与总资产不同的是，净资产的变化富有戏剧性。一方面，太平人寿的净资产比人保寿险多；另一方面，友邦的净资产与相近公司的落差格外大。生命人寿、中意人寿、阳光人寿、合众人寿、民生人寿、幸福人寿、中邮人寿 7 家公司的总资产分别排在第 9 到第 15 位。不过，与上述公司相似的是，净资产的排位与总资产有较大不同，一些总资产排位靠后的公司在净资产上的排位反而相对靠前。例如，阳光人寿、民生人寿的总资产分别排在第 11 和第 13 位，但净资产排在了第 8 和第 9 位。

表 16　2011 年 15 家人身险公司的财务竞争力

公　　司	年初总资产（百万元）	排位	年初净资产（百万元）	排位	年初偿付能力充足率(%)
国寿股份	1407907	1	208462	1	211.99
平安人寿	758478.5126	2	29798.0942	3	180.20
太保寿险	378949.1750	3	37310.3300	2	241
新　　华	304452	4	6509	7	34.99
泰　　康	291757.2370	5	12052.1202	4	175
人保寿险	186869.0548	6	6785.6484	6	124
太平人寿	111620.0693	7	9356.5771	5	274
友　　邦	48526.6785	8	1634.8814	13	156
生命人寿	43315.6620	9	3805.7425	10	212
中意人寿	39480.3250	10	2356.4240	11	145
阳光人寿	24878.2328	11	4623.4937	8	428
合众人寿	23944.0037	12	1898.0722	12	167.03
民生人寿	21527.0849	13	4099.6420	9	287.97
幸福人寿	12649.4319	14	325.1737	15	2.82
中邮人寿	2418.6589	15	458.1740	14	540.96

2. 偿付能力

表16同时列示了15家人身险公司年初的偿付能力充足率。从表中可以看出，15家公司中有13家的偿付能力充足率在100%以上，另有2家的偿付能力充足率在100%以下。其中，最高的是中邮人寿、阳光人寿，分别高达540.96%和428%；其次是民生人寿、国寿股份、太保寿险、太平人寿和生命人寿，偿付能力充足率都在200%以上，远高于充足Ⅱ类的标准。平安人寿、泰康、友邦、合众人寿4家公司的偿付能力充足率都在150%以上，属于充足Ⅱ类公司。人保寿险、中意人寿的偿付能力充足率都大于100%，分别为124%、145%，但因低于150%，仅属于充足Ⅰ类公司。新华、幸福人寿的偿付能力充足率都低于100%，其中新华约为35%，幸福只有2.82%，如此低的偿付能力充足率，很难摆脱“被监管”的命运。例如，在2008~2010年，新华的偿付能力充足率均低于100%，根据《保险公司偿付能力管理规定》，该公司在开设分支机构及分派股利等方面就受到了一定限制，与此同时，在投资于无担保债券、不动产、基础设施债权投资计划及进行境外投资等方面也受到了限制。经保监会批准，2011年3月30日，新华通过股东增资补充资本金140亿元，使得其偿付能力充足率上升到106.07%。然而，由于第三季度后国内资本市场动荡，特别是债券市场及股票市场同时下跌，以及一定程度上受到公司承保业务进一步发展的影响，到2011年9月30日，新华的偿付能力充足率再度下降到86.58%，后经进一步努力，最终在年底达到155.95%的水平。至于幸福人寿，其披露的偿付能力充足率数据令人费解。该公司的2010年度信息披露报告写道，“公司2010年末偿付能力充足率为312.07%，与公司2009年末偿付能力充足率259.71%相比，偿付能力充足率上升52.36%”。2011年度信息披露报告则写道，“公司2011年末偿付能力充足率为104.96%，与公司2010年末偿付能力充足率2.82%相比，偿付能力充足率增加102.14%”。同一家公司两份不同年度的报告，关于2010年末的偿付能力充足率数据竟有天壤之别！

进入2011年后，由于保险资金投资收益不理想，以及保险业务发展增速放缓等原因，保险公司的偿债能力普遍下降。根据三家上市公司公布的2011年中期报告，到2011年6月末，中国人寿、平安寿险和太平洋寿险的偿付能力充足率分别下降至164.21%、158.10%和192.00%。另外，还有一些人身险公司的偿付能力充足率出现大幅下降。保险公司补充偿付能力有多种途径，包括发行次级债、可转债、股东注资、定向增发和公开市场再融资等。为了提高偿付能力充足率，2011 年有 66 家公司共增资 900 亿元，有 15 家公司共发行次级债 600.5 亿元，这些举措在一定程度上抑制了偿付能力充足率的下滑。

（二）产品和服务竞争力

与财产险公司一样，评价人身险公司的产品和服务竞争力，主要着眼于总体而非单个产品的角度。评价要素有两个：一个是产品结构；一个是客户满意度。

1. 产品结构

2011 年，15 家公司的前 5 位产品所属类别及形态都比较简单。表 17 列示了 15 家公司的前 5 位产品及其集中度。从表中可以看出，就产品所属险种类别看，两全保险是主流。在 15 家公司中，平安人寿、人保寿险、太平人寿、生命人寿、阳光人寿、民生人寿、幸福人寿 7 家公司的前 5 位产品皆为两全保险；太保寿险的前 5 位产品中有 4 个是两全保险，另有 1 个是终身寿险；国寿股份、新华、合众人寿、中邮人寿 4 家公司的前 5 位产品中有 3 个是两全保险，此外，国寿股份各有 1 个是年金保险和终身重大疾病险，新华有 2 个是年金保险，合众人寿各有 1 个是年金保险和终身寿险，中邮人寿各有 1 个是年金保险和意外伤害保险；泰康、友邦、中意人寿的前 5 位产品中有 2 个是两全保险，此外，泰康有 3 个是年金保险，友邦有 2 个是年金保险、1 个是重大疾病保险，中意有 2 个是年金保险、1 个是团体医疗保险。就产品的设计形态看，分红险是主流。在 15 家公司中，平安人寿、新华、人保寿险、泰康、太平人寿、生命人寿、阳光人寿、民生人寿、合众人寿 9 家公司的前 5 位产品皆为分红型；国寿股份、太保寿险、友邦、中邮人寿、幸福人寿、中意人寿 6 家公司前 5 位产品中有 4 个是分红型，此外，幸福人寿有 1 个是万能型，其他公司各有 1 个是传统型。

表 17　2011 年 15 家人身险公司的前 5 位产品及其集中度

公　　司	前 5 位保险产品	前 5 位产品保费占比(%)	前 5 位产品的集中度
国寿股份	国寿新鸿泰两全保险(分红型) 国寿鸿盈两全保险(分红型) 康宁终身保险 国寿美满一生年金保险(分红型) 国寿福禄双喜两全保险(分红型)	57.49	0.2442

续表

公　司	前 5 位保险产品	前 5 位产品保费占比(%)	前 5 位产品的集中度
平安人寿	平安富贵人生两全保险(分红型) 平安金裕人生两全保险(分红型) 平安财富一生两全保险(分红型) 平安鸿利两全保险(分红型) 平安鑫利两全保险(分红型)	37.98	0.2592
新　华	红双喜新 C 款两全保险(分红型) 红双喜盈宝利两全保险(分红型) 尊享人生年金保险(分红型) 红双喜金钱柜年金保险(分红型) 红双喜两全保险(分红型)(A 款)	54.54	0.2962
太保寿险	红福宝两全保险(分红型)10 年期 红利发两全保险(分红型)5 年期(1) 红利发两全保险(分红型)5 年期(2) 鸿鑫人生两全保险(分红型) 太平盛世—长泰安康保险(B 款)	52.38	0.2597
人保寿险	人保寿险金鼎富贵两全保险(分红型) 人保寿险金鼎富贵两全保险(分红型)(B 款) 人保寿险金鼎富贵两全保险(分红型)(E 款) 人保寿险盛世富贵两全保险(分红型)(A 款) 人保寿险福满人间两全保险(分红型)	91.91	0.2975
泰　康	泰康金满仓两全保险(分红型) 泰康金满仓 B 款年金保险(分红型) 泰康财富人生终身年金保险(分红型) 泰康安享人生两全保险(分红型) 泰康财富人生 C 款终身年金保险(分红型)	74.80	0.4785
太平人寿	太平盈盛两全保险 C 款(分红型) 太平如意三号两全保险(分红型) 太平福寿连连两全保险(分红型) 太平财富定投两全保险(分红型) 太平盈丰两全保险 C 款(分红型)	56.37	0.2348
生命人寿	生命红上红 E 款两全保险(分红型) 生命鼎利丰两全保险(分红型) 生命红上红 D 款两全保险(分红型) 生命伙伴金惠两全保险(分红型) 生命红上红 F 款两全保险(分红型)	62.73	0.2799

续表

公　　司	前5位保险产品	前5位产品保费占比(%)	前5位产品的集中度
阳光人寿	阳光人寿阳光普照两全保险D款(分红型) 阳光人寿阳光十年两全保险(分红型) 阳光人寿阳光普照两全保险F款(分红型) 阳光人寿阳光普照两全保险E款(分红型) 阳光人寿阳光财富两全保险(分红型)	84.60	0.4622
民生人寿	民生金玉满堂两全保险D款(分红型) 民生金镶玉两全保险(分红型) 民生金玉满堂两全保险E款(分红型) 民生年年红两全保险(分红型) 民生富贵年年两全保险(分红型)	62.88	0.2171
合众人寿	合众至尊长红两全保险(分红型) 合众璀璨长红两全保险(分红型) 合众养老定投年金保险(分红型) 合众幸福人生终身寿险(分红型) 合众长红两全保险(分红型)(A款)	67.92	0.4973
友　　邦	友邦守御神重大疾病保险 友邦金喜年年年金保险(分红型) 友邦金福年金保险(分红型) 友邦赢利宝两全保险(分红型) 友邦节节高分期给付两全保险(分红型)	24.38	0.2085
中邮人寿	中邮富富余1号两全保险(分红型) 中邮富富余3号两全保险(分红型) 中邮富富余2号两全保险(分红型) 中邮绵绵寿2号年金保险(分红型) 中邮贷贷喜2号小额贷款意外伤害保险	99.98	0.9573
幸福人寿	幸福金福宝两全保险(分红型) 幸福福多宝两全保险(分红型) 幸福聚福宝两全保险(分红型) 幸福理财宝两全保险(万能型)(C款) 幸福贵福宝两全保险(分红型)	105.02	0.2460
中意人寿	中意阳光团体年金保险(分红型) 中意金享年年年金保险(分红型) 中意吉祥两全保险B款(分红型) 中意医保补充团体医疗保险 中意福享金生两全保险(分红型)	69.23	0.2662

前 5 位产品的保费收入占全部保费的比重在一定程度上揭示了公司产品的多元化程度。从表 17 可以看出，前 5 位产品保费占比最低的是友邦，仅为 24. 38%；其次是平安人寿，为 37. 98%。这 2 家公司的前 5 位产品占比均较低，说明它们的产品较为多元化。国寿股份、新华、太保寿险、太平人寿 4 家公司的前 5 位产品保费占比均为 50% ~60%，属于中等情况。生命人寿、民生人寿、合众人寿、中意人寿 4 家公司的前 5 位产品保费占比均为 60% ~70%，也不算太高。前 5 位产品保费占比最高的是幸福人寿，达到了 105. 02%（根据该公司 2011 年度信息披露报告所载数据计算得出的比率超过了 100%，这意味着数据本身可能存在问题）；其次是中邮人寿，为 99. 98%，接近 100%；居第 3 位的是人保寿险，为 91. 91%，也处在较高水平。另外，前 5 位产品保费占比高于 80% 的还有阳光人寿，为 84. 60%。前 5 位产品保费占比越高，说明产品的数量可能相对较少。通常，公司的产品结构越丰富，在市场上的整体竞争力就越强。因此，与产品多元化的公司相比，产品结构相对单一，可能会削弱产品的整体竞争力。不过，产品整体竞争力并不能反映单个产品的竞争力。就单个产品而言，其竞争力的强弱，主要还是看传递客户价值的高低。客户价值较高的产品，无疑具有更强的市场竞争力。

前 5 位产品的集中度是度量前 5 位产品离散度的指标。指标数值越高，表明前 5 位产品作为一个整体，其内部各产品的集中度就越高；反之，则越低。从表 17 可以看出，友邦的前 5 位产品的集中度最低，仅为 0. 2085；其次是民生人寿，为 0. 2171；太平人寿、国寿股份、幸福人寿 3 家公司前 5 位产品的集中度也不高，分别为 0. 2348、0. 2442 和 0. 2460。在 15 家公司中，中邮人寿前 5 位产品的集中度最高，达 0. 9573；其次是合众人寿、泰康和阳光人寿，分别为 0. 4973、0. 4785 和 0. 4622。其余 6 家人身险公司前 5 位产品的集中度则都为 0. 25 ~0. 30。前 5 位产品的集中度低，说明前 5 位产品的发展相对均衡；集中度高，则说明前 5 位产品的发展不均衡。产品发展相对均衡，更有利于整体产品竞争力的提高，但具体到单个产品的竞争力，还要看对客户的吸引力，包括产品的费率水平、保险责任、保险期间、分红水平等。

2. 客户满意度

在客户满意度方面，由于与财产险公司一样迄今尚无权威性的调查统计数据，所以下面仍采用《中国保监会关于 2011 年信访投诉处理情况的通报》（以下简称《通报》）中所列出的“亿元保费信访数量”作近似分析。表18列出了15家人身险公司的相关指标数据。从表中可以看出，按亿元保费信访数量排名，生命人寿、幸福人寿排在15家公司的前2位，分别是1.096和1.050，在《通报》列出的55家人身险公司中分别排在第18和第19位。中邮人寿的亿元保费信访数量最低，只有0.012，不仅在15家公司中最少，在《通报》中列出的55家公司中也是最低的。人保寿险、国寿股份、太保寿险、泰康人寿的亿元保费信访数量也不多，分别为0.260、0.373、0.466和0.481，在15家公司中分居第54、第49、第43和第42位，在55家人身险公司中排位均较为靠后。亿元保费信访数量的大小涉及违规、保险合同纠纷、代理合同纠纷、内部管理问题及其他多种原因，不过与保险产品和服务有关的诱发因素无疑占据主要地位，因而亿元保费信访数量可以在一定程度上折射出保险公司的客户满意度，进而反映各人身险公司在产品和服务方面的竞争力。由于亿元保费信访数量属于“逆向指标”，因而信访数量越大，说明产品和服务的竞争力越低；反之则越高。

表18　2011年15家人身险公司的信访投诉情况

单位：起

排位	公司	信访事项						亿元保费信访数量	千家机构信访数量
		违规	保险合同纠纷	代理合同纠纷	内部管理问题	其他	合计		
18	生命人寿	159	53	25	16	3	256	1.096	345.946
19	幸福人寿	28	13	9	2	1	53	1.050	327.160
24	民生人寿	47	23	9	12	1	92	0.942	141.975
25	合众人寿	46	36	4	8	0	94	0.942	173.432
28	中意人寿	17	12	2	0	0	31	0.865	462.687
31	阳光寿险	78	20	12	8	1	119	0.746	206.957
33	太平人寿	133	66	7	6	3	215	0.683	254.739
37	友邦保险	20	13	2	9	1	45	0.550	338.346
38	平安寿险	269	252	64	51	13	649	0.546	259.392
40	新华人寿	292	151	18	21	7	489	0.516	314.267
42	泰康人寿	150	121	18	29	9	327	0.481	74.150
43	太保寿险	222	161	19	27	5	434	0.466	119.133
49	国寿股份	516	484	53	112	22	1187	0.373	53.267
54	人保寿险	111	49	4	17	2	183	0.260	115.750
55	中邮人寿	1	0	0	0	0	1	0.012	76.923

除亿元保费信访数量外，对于人身险公司来说，退保率也能在一定程度上体现产品和服务方面的竞争力。退保率反映人身险公司寿险业务及长期健康险业务的退保状况。从近年人身险公司退保的情况看，客户退保的原因主要有以下几种：一是产品的保障水平、分红收益或投资收益与客户预期存在差距；二是期限短、利率高的银行理财产品对寿险产品形成挤压；三是因销售误导使得客户购买的产品与实际需求不匹配；四是相关服务不到位。这些原因归根结底都是产品和服务竞争力的问题。表 19 列举了 15 家公司在 2011 年的退保率。从表中可以看出，平安人寿、友邦、中邮人寿 3 家公司的退保率较低，均为 1% 或多一点；阳光人寿、生命人寿、新华的退保率较高，分别为 13.46%、5.91% 和 5.71%；其他 9 家公司则介于上述 3 家较高的公司和 3 家较低的公司之间。将退保率排位与前面的亿元保费信访数量排位进行对比可以发现，虽然两者之间并非高度相关，但有 2/3 的公司在两个指标上的排位有着较好的对应性。在进行排位时，考虑到退保率与亿元保费信访数量一样也为“逆向指标”，因而退保率越低，排位就越靠前。

表 19　2011 年 15 家人身险公司的退保率

公　　司	退保率(%)	排位	亿元保费信访数量排位
平安人寿	1.00	1	7
友　　邦	1.030	2	8
中邮人寿	1.033	3	1
中意人寿	2.93	4	11
太保寿险	3.23	5	4
泰　　康	3.25	6	5
国寿股份	3.32	7	3
太平人寿	3.69	8	9
人保寿险	4.84	9	2
合众人寿	4.93	10	12
幸福人寿	5.18	11	14
民生人寿	5.34	12	13
新　　华	5.71	13	6
生命人寿	5.91	14	15
阳光人寿	13.46	15	10

（三）营销竞争力

与财产险公司一样，对于人身险公司的营销竞争力，主要从品牌价值和分销网络两个方面进行分析。

1. 品牌价值

品牌价值的高低与公司成立的时间有很大关系，品牌价值高的公司大都是成立时间较长、规模较大的公司，特别是那些具有集团背景的公司。另外，一些公司虽然成立时间较短，但也凭借良好的服务和市场表现获得了认可，因而品牌价值上升很快。关于这方面的情况，可以从一些知名的品牌评价中得到说明。在世界品牌实验室（World Brand Lab）发布的2011年（第八届）《中国500最具价值品牌排行榜》中，有4家有寿险业务的公司品牌上榜。分别是：中国人寿，品牌价值1035.51亿元，居第5位；中国平安，品牌价值158.54亿元，居第60位；太平洋保险，品牌价值115.45亿元，居第93位；新华保险，品牌价值98.57亿元，居第110位。其中，中国人寿品牌已经迈进世界级品牌阵营。在中国企业品牌研究中心发布的2011年度中国品牌力指数（C－BPI）调查结果中，人寿保险的第一、第二和第三品牌分别是：平安人寿，C－BPI得分554.5；中国人寿，C－BPI得分552.2；太保寿险，C－BPI得分380.1。在中国保险文化与品牌创新论坛评出的2011年度品牌价值排行榜上，入选“2011年度最受关注客户保险品牌”的人身险公司为光大永明、合众人寿和阳光人寿；入选“2011年度最具成长性保险品牌”的人身险公司为太平养老、百年人寿；入选“2011年度最具价值保险品牌”的人身险公司为泰康人寿、太平人寿；入选“2011年度最具竞争力保险品牌”的人身险公司为新华人寿；入选“2011年度最具影响力保险品牌”的人身险公司为国寿股份以及旗下有寿险业务的平安保险（集团）和太平洋保险（集团）。

2. 分销网络

从分销网络看，成立时间较长的人身险公司由于具有先行者优势，经营范围大都已经覆盖全国各省、直辖市和自治区，三、四级分支机构和营销服务部也较多。例如，国寿股份源自与共和国同龄的中国人民保险公司，目前拥有国内规模最为庞大的分销网络，截至2011年6月30日，共设有36家省级分公司、343家地市分公司，各类机构达3056家；由1988年成立的平安保险衍生而来的平安人寿目前在国内共设有 35 家分公司，超过 2400 个营业网点，服务网络遍布全国；2001 年成立的太保人寿截至 2010 年底在全国共设有 37 家分公司、280 家中心支公司及地市级营销服务部、1869 家支公司及县级营销服务部（营业部）、1450 家乡镇营销服务部；1996 年成立的新华人寿截至 2011 年 6 月 30 日共拥有 34 家省级分公司（包括计划单列市，仅港澳台和西藏没有分公司）、214 家中心支公司、264 家支公司、954 家县级营销服务部和 11 家镇级营业部；同于 1996 年成立的泰康人寿截至 2011 年 12 月 31 日已在全国设立了 35 家分公司、273 家中心支公司，拥有 4400 多家各级服务机构。反之，成立时间较短的人身险公司，分支机构的数量普遍相对较少，经营范围大多尚未在全国实现全覆盖。例如，2005 年成立的合众人寿截至 2011 年 7 月 1 日仅开设 26 家分公司、189 家中心支公司和 510 家营销服务部；2007 年成立的幸福人寿则迄今仅在北京、上海、陕西等 22 个省份开设分支机构。不过，在成立时间不长的公司中，有些公司机构扩张较快，从而为保费快速增长奠定了基础，这其中最为典型的是人保寿险。人保寿险是人保集团于 2005 年 11 月发起成立的全国性寿险公司，在短短六七年时间里，已在全国各省份的 275 个地市、1642 个县市区、近 6 万家银行网点开设面向客户的销售和服务机构，分销网络的扩张可谓“神速”。这种快速的机构扩张，为公司迅速崛起成为大型人身险公司奠定了基础。

（四）成本竞争力

人身险公司成本竞争力的评价指标有综合赔付率、综合费用率、退保率等。由于相对经营短期业务的财产险公司来说，经营长期业务的人身险公司的综合赔付率的计算更为复杂，因此下面暂仅采用综合费用率和退保率进行评价和分析。

表 20 列示了 2011 年 15 家人身险公司的综合费用率。该指标也是“逆向指标”，指标数据越低，在 15 家公司中的排位就越靠前。从表中可以看出，在 15 家公司中，综合费用率最低的是中邮人寿，只有 6.54%，远低于其他 14 家公司。作为一家新成立的人身险公司，综合费用率如此之低，与其“依托邮政办保险”的思路是分不开的。2011 年是中邮人寿正式运营的第 2 年，为了实现保费规模的持续增长，中邮人寿将“依托邮政办保险”作为公司的立业之本，依托庞大的邮政网络初步构建了“四级架构、五级运作”的经营模式，自上而下

形成了资源整合、集约集优、完整顺畅的邮政保险全流程运营和管控体系，最大限度地控制和节约了成本费用支出。人保寿险的综合费用率排第 2 位，具体数值也明显比其他公司低。该公司自成立以来，在充分借助集团公司整合资源优势的同时，坚定不移地落实“规模效益化”的指导思想，锐意进取，艰苦创业，成本管控成效十分显著，保费收入增长远远快于综合费用增长，实现了低成本、高速度、有质量的发展。国寿股份、太保寿险、新华、泰康的综合费用率分别排在第 3 到第 6 位，这 4 家公司的规模都比较大，费用管控的难度非常高，综合费用率能控制在相对较低的水平，反映了这些公司较为注重实施精细化管理的思想。在其他 9 家人身险公司中，友邦和中意人寿两家外资公司的综合费用率都较高，其中友邦还拔得 15 家公司的“头筹”，在 7 家中资公司中，除幸福人寿、生命人寿的综合费用率相对较高外，合众人寿、平安人寿、阳光人寿、太平人寿、民生人寿的综合费用率都属于中等或偏后的水平。公司的费用支出主要包含业务及管理费用、手续费及佣金支出、营业税金及附加等。由于不同公司的费用支出情况并不相同，所以综合费用率所蕴涵的含义也较为复杂，很难从中得出适用各家公司的一致结论。例如，友邦的保费收入规模明显低于民生人寿与合众人寿，但业务及管理费用支出反比这两家公司多，手续费及佣金支出也比合众人寿多。如果和保费收入几乎相等的中邮人寿相比，友邦的各项费用支出则都要高出很多。尽管存在上述事实，但我们很难从中得出友邦的管理水平就一定比较低的结论。

表 20　2011 年 15 家人身险公司的综合费用率

公　　司	综合费用率(%)	排位	公　　司	综合费用率(%)	排位
中邮人寿	6.54	1	阳光人寿	21.36	9
人保寿险	10.01	2	太平人寿	22.26	10
国寿股份	15.61	3	民生人寿	24.07	11
太保寿险	17.47	4	中意人寿	24.63	12
新　　华	17.48	5	幸福人寿	26.93	13
泰　　康	18.84	6	生命人寿	27.17	14
合众人寿	20.29	7	友　　邦	28.84	15
平安人寿	20.64	8			

退保对寿险公司经营的影响具有双重性：一方面，退保合同的退保金一般比责任准备金要少，保险人通过处理退保可以获得由此产生的营业利润；另一方面，退保往往会在经营上产生连锁反应，造成保户在保险业务上的逆选择、费用上的亏损及虚假利润等，影响公司经营的稳定性。因此，退保率应控制在一个适当的水平。除此之外，由于退保率上升往往意味着公司产品或营销存在问题，并会引发群体性事件，重创公司形象。因此，竞争力强的公司均会严格控制退保事件的发生。从表 19 可以看出，在 15 家人身险公司中，退保率最低的是平安人寿、友邦和中邮人寿，3 家公司分别都只有 1% 或多一点；其次是中意人寿，为 2.93%；最高的是阳光人寿，高达 13.46%。其他 10 家公司的退保率则为 3% ~6%，属于中等情况。

（五）投资竞争力

资金运用是人身险公司利润的重要来源，对公司持续、健康发展的意义十分重大。随着市场竞争的加剧，产品费率被压得越来越低，让渡给客户的利益却越来越高，在这种情况下，努力提高投资收益水平，为承保业务提供强大支撑，成为各家公司共同努力的方向。投资收益率反映了投资竞争力的高低，投资收益率越高，说明公司的投资竞争力越强。表 21 列示了 2011 年 15 家人身险公司的投资收益率。从表中可以看出，泰康的投资收益率居第 1 位，高达 6.54%。该公司对保险资金运用极为重视，拥有一支高素质的运作团队，综合投资收益率连续多年保持领先优势，连续 4 年蝉联“21 世纪金贝奖”最佳资产管理团队大奖，较强的投资管理能力为获得较高的投资收益率奠定了基础。阳光人寿和幸福人寿的投资收益率分居第 2 和第 3 位，也都超过了 6%，分别达到 6.49%、6.12%。阳光保险对资金运用也高度重视，良好的资金运用能力使得其财产险公司和寿险公司的资金运用都获得了较好的投资收益。幸福人寿的投资资产规模不大，但投资收益和公允价值变动收益都较高，使投资收益率上升到了一个较高水平。投资收益率排第 4 到第 7 位的分别是生命人寿、新华、民生人寿和人保寿险，均在 5% 以上。这一收益水平也属 15 家公司的较高之列。排第 8 到第 14 位的分别是中邮人寿、国寿股份、平安人寿、太平人寿、太保寿险、中意人寿和友邦，投资收益率均为 4% ~5%，在 15 家公司中属较低水平。合众人寿的投资收益率排在最后，为 -0.85%。投资收益率为负，说明其投资业务出现了亏损。

表 21　2011 年 15 家人身险公司的投资竞争力

公　　司	投资收益率(%)	排位	公　　司	投资收益率(%)	排位
泰　　康	6.54	1	国寿股份	4.7861	9
阳光人寿	6.49	2	平安人寿	4.63	10
幸福人寿	6.12	3	太平人寿	4.61	11
生命人寿	5.65	4	太保寿险	4.56	12
新　　华	5.24	5	中意人寿	4.44	13
民生人寿	5.20	6	友　　邦	4.08	14
人保寿险	5.13	7	合众人寿	-0.85	15
中邮人寿	4.7866	8			

专 题 篇

Special Topics

B.10

国际保险业发展及竞争力评述

一 2011 全球保险市场综述

2011 年全球经济保持增长态势，然而实际增速相对 2010 年放缓。2011 年全球实际国内生产总值（GDP）达到 69 万亿美元，同比增长 3%，增长率相对 2010 年下降了 1.1 个百分点（2010 年 GDP 增长 4.1%）。北美 GDP 增长率相对 2010 年降低 1.2 个百分点，欧洲减少 0.2 个百分点，亚洲减少 2 个百分点。全球经济增速的减缓使得保险需求下降，使处于恢复期的全球保险业再度陷入停滞①。

2011 年全球保费收入为 45970 亿美元，扣除通货膨胀因素影响后比 2010 年降低 0.8%（2010 年全球保费增长 2.4%），使得刚刚有所好转的保险业再次面临严峻局面。保费收入的下降主要源于寿险业的低迷，2011 年寿险业保费降低 2.7%，非寿险业保持了增长的势头，相比 2010 年增加 1.9%。

美国经济恢复的步伐缓慢，使得保险市场难以在短期内得到恢复。2011 年

① 瑞士再保险股份有限公司：《2011 年度世界保险业》，*Sigma* 2012 年第 3 期。数据扣除了通货膨胀率的影响，以美元为统计基础。

总保费实际增长率为0.5%，改写了自2007年以来实际增长率持续下降的局面，但保费总额仍低于2007年的水平。2011年由于债务危机的影响，欧洲总保费实际减少5.2%。亚洲保险业增速在2011年放缓，实际增长率仅为2.2%（2010年为7.4%）。

（一）全球保险市场结构

根据瑞士再保险公司（Swiss Re）对世界保险业的统计，2011年全球保费（包括寿险和非寿险）收入45970亿美元，其中欧洲市场占35.90%（2010年为37.3%），北美洲占28.80%（2010年为29.5%），亚洲市场延续了增长趋势，相比上年上升1.4个百分点，达到28.20%，保持了第三的位置（见图1）。

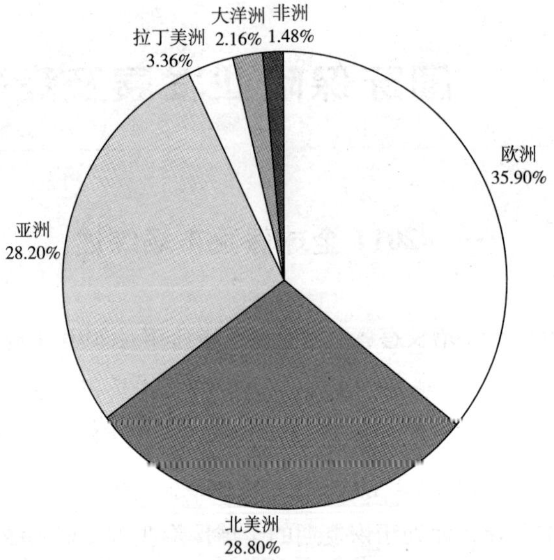

图1　2011年全球保险业保费收入分布

资料来源：瑞士再保险股份有限公司：《2011年度世界保险业》，*Sigma* 2012年第3期。

2011年，全球寿险保费收入约为26270亿美元，占总保费的57.2%；非寿险总保费约为19700亿美元，占比42.8%。欧洲保险市场的结构与全球保费分布相近，2011年寿险保费占总保费的56.8%，约为9370亿美元；非寿险保费约7140亿美元。北美洲市场非寿险保费高于寿险保费，2011年寿险保费约5900亿美元，市场份额44.5%；非寿险保费约7360亿美元。亚洲寿险占总保费的比例高达72.6%，保费收入约为9420亿美元；非寿险保费约3560亿美元（见图2）。寿险主导亚洲市场的主要原因是日本保险市场寿险一枝独大，而日本总保费占据亚洲保险的半壁江山。

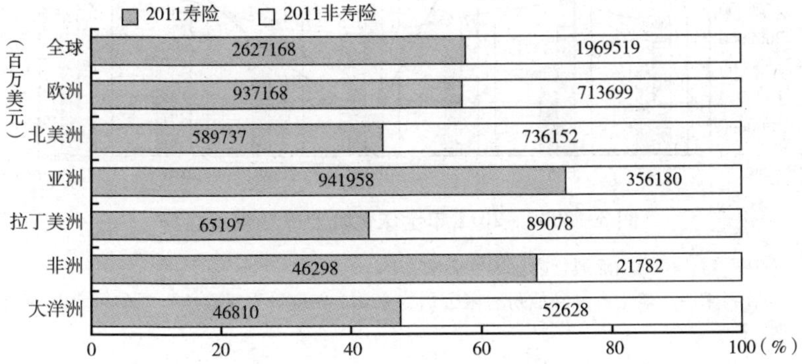

图2 2011年全球保险业市场结构

资料来源：瑞士再保险股份有限公司：《2011年度世界保险业》，*Sigma* 2012年第3期。

（二）保险市场保费收入趋势

回顾过去几年的世界保险市场，其发展趋势分别呈现一个小高潮和一个较大的低谷，寿险业受经济危机影响较大，其保费收入随着世界经济的变化跌宕起伏。2006年全球保费收入大幅度增长后，经济危机的前兆在2007年显露，保费收入增幅呈现下降趋势。2008年全球经济危机爆发，世界保险业保费收入陷入停滞，保费实际增长率更是跌至谷底。继2009年保费增幅缓慢恢复，保险业在2010年回归正增长，2011年由于全球经济增长的放缓，保费收入再次下滑，总体保费减少0.8%，寿险保费收入降低2.3%，非寿险业保持了1.9%的增长。全球保险业在2010年的缓慢恢复后再次面临严峻挑战（见图3）。

与世界保险市场的发展趋势相比，亚洲保险市场呈现不同的趋势。总体看来，亚洲保险市场受经济危机影响不如欧美显著，而且回升较快，寿险业受危机影响相对较为明显。2011年亚洲保险市场总体增长放缓，增长率从2010年的7.4%回落至2.2%。寿险增幅由2010年的6.9%跌至0.5%；非寿险的增长率降为7.0%，相对于2010年变化较小（见图4）。

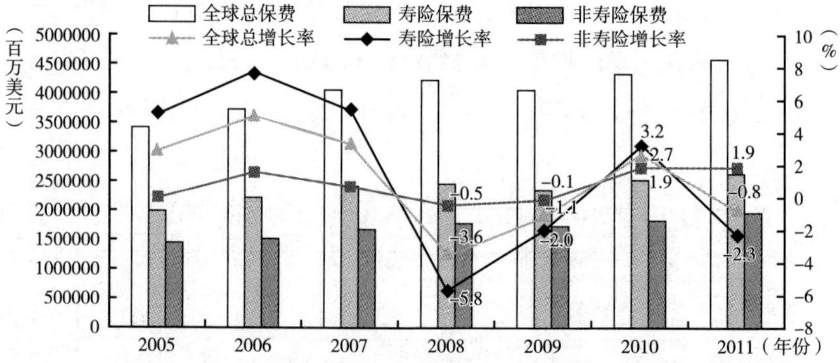

图 3　2005～2011 年全球保险业保费收入趋势

注：增长率为扣除通货膨胀因素影响。

资料来源：瑞士再保险股份有限公司：《2011 年度世界保险业》，*Sigma* 2012 年第 3 期。

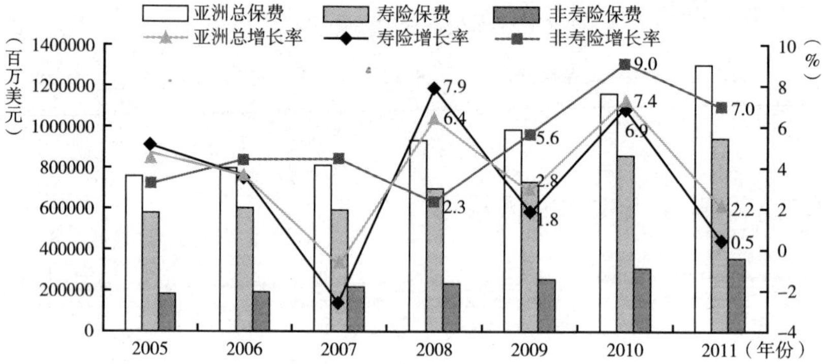

图 4　2005～2011 年亚洲保险业保费收入趋势

注：增长率为扣除通货膨胀因素影响。

资料来源：瑞士再保险股份有限公司：《2011 年度世界保险业》，*Sigma* 2012 年第 3 期。

（三）保险深度和保险密度

保险深度指的是保费规模占 GDP 的比率。2011 年全球平均保险深度为 6.6%（与 2010 年的 6.9% 相比略有下降）。美国和欧洲的保险深度分别为 8.1% 和 7.1%，高于全球平均水平。在亚洲市场，中国台湾保险深度全球排名第一，达到 17.0%，韩国为 11.6%，日本为 11.0%，印度为 4.1%，中国为 3.0%。除美国以外，寿险保险深度总体高于非寿险保险深度（见图 5）。

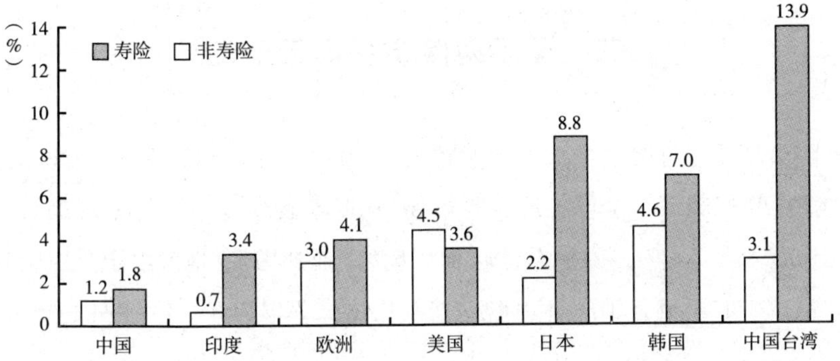

图 5　2011 年各国保险深度

资料来源：瑞士再保险股份有限公司：《2011 年度世界保险业》，*Sigma* 2012 年第 3 期。

从保险密度，即人均保费的角度来看，2011 年全球人均保费支出达到 661 美元，高于 2010 年的 627 美元。其中，寿险保费和非寿险保费的人均支出分别为 378 美元和 283 美元。全球保险密度前 10 名中有 9 个国家在欧洲，因此推动欧洲平均保险密度达到 1885 美元。美国保险密度为 3846 美元。在亚洲地区，日本保险密度居世界第 5 位，为 5169 美元；其他亚洲发达国家/地区保险密度较高，中国台湾为 3371 美元，韩国为 2660 美元；而在新兴市场，如中国和印度，保险密度较低，分别为 163 美元和 59 美元（见图 6）。

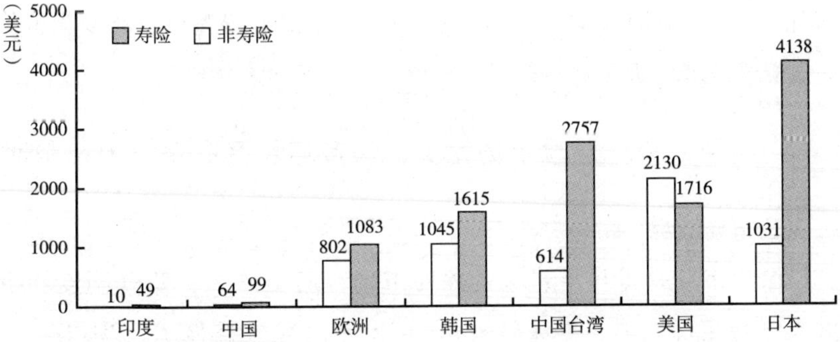

图 6　2011 年各国保险密度

资料来源：瑞士再保险股份有限公司：《2011 年度世界保险业》，*Sigma* 2012 年第 3 期。

二　国际寿险市场风云变幻

寿险市场受全球经济放缓的影响较大，2011 年保费实际下滑 2.7%，总保费收入约 26270 亿美元。全球各地寿险市场 2011 年表现出不同的发展趋势，美国寿险总保费上升 2.9%，欧洲总体减少 9.6%，亚洲国家/地区由于受中国和印度保费大幅减少的影响，2011 年寿险保费平均增长率仅为 0.5%（见图 7）。

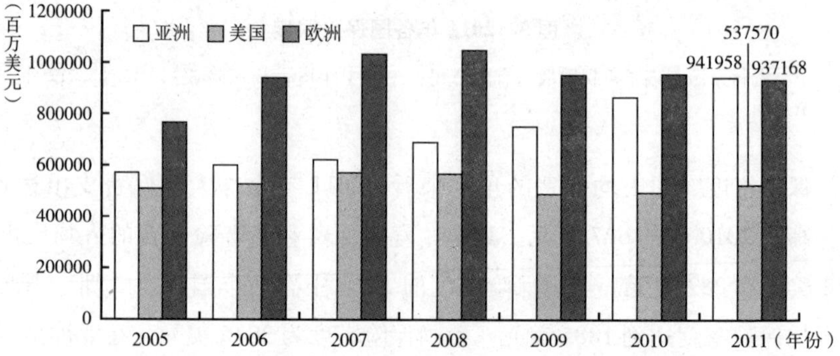

图 7　2005～2011 年寿险保费收入趋势

资料来源：瑞士再保险股份有限公司：《2011 年度世界保险业》，*Sigma* 2012 年第 3 期。

下面就美国、欧洲以及亚洲部分国家/地区保险市场规模、市场竞争状况以及保费营销渠道进行研究。

（一）美国：全球寿险市场龙头，保费增长具有潜力但仍需时日

1. 保险市场概况

美国保险市场是世界上最大的保险市场，历史悠久，监管制度和市场发展相对成熟与完善。瑞士再保险公司 2012 年研究数据显示，2011 年，美国寿险总保费收入为 5375 亿美元，独占世界鳌头。寿险保险密度为人均 1716 美元，寿险保险深度为 3.6%。本报告美国部分以美国保险监管委员联合会（NAIC）的数据为基础，对美国的人寿保险市场从市场规模、业务范围、竞

争程度、公司结构、销售、承保和财务业绩各个方面进行综合分析①。

美国的寿险市场是世界上最大的寿险产业。据美国人寿保险公司理事会（American Council of Life Insurers）统计，2010年，寿险业总资产4.8万亿美元，为美国最大的公司债券持有者（全国17%的公司债）。其中，相当部分为长期公司债券，其持有的债券有33%左右为20年以上期限，60%以上为至少10年期的债券。寿险业同时是国债和商业按揭市场的主要投资者。美国寿险业2010年有效保单保障总额为18万亿美元，为稳定美国家庭风险作出了巨大贡献。

美国寿险市场的产品多样化，产品创新领先世界。从NAIC业务报表数据看，寿险主要险种划分为五大类，包括个人寿险、个人年金、团体寿险、团体年金及意外健康险。图8显示了从2000年到2010年参与这五类险种经营的保险公司数目，其中参与经营个人寿险及意外健康险的公司数目最多。各险种的市场份额相差悬殊，以2010年为例，个人年金的总收入占31.3%，其次是意外健康险（25.5%）、个人寿险（22.9%），再次为团体年金（16.9%），团体寿险最低（3.5%）。由于人口的老龄化，二战后出生的一代人接近退休，再加上未来社会保障的不确定性以及一些保户的投资需求，使市场对年金产品的需求上升，已经超过了人身险产品。

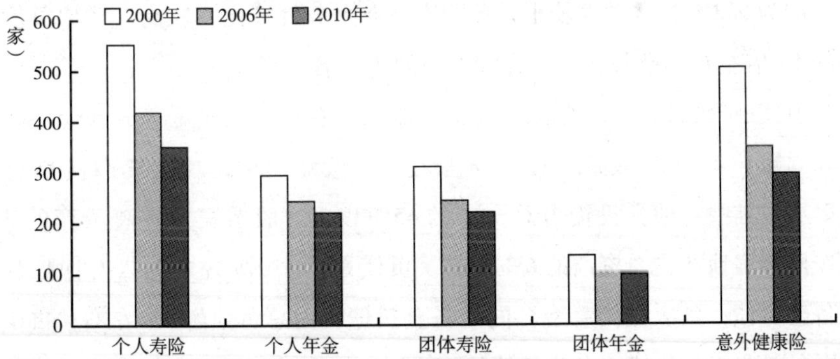

图8　美国寿险业公司数量（按险种划分）

资料来源：NAIC业务报表数据。

① 瑞士再保险的数据和本文分析所用数据不完全一致。瑞士再保险的非寿险数据包括财险、责任险和健康险。美国的保险市场分析通常划分为财产责任险和人寿健康险。此外，本文美国保险市场分析部分对NAIC原始数据进行了适当处理，以使分析更为合理化。

作为一个有着悠久经营历史的产业，美国寿险业险种的承保费用比率对新兴市场有着较大的借鉴意义。根据 NAIC 和 A. M. Best 的数据，总体来讲，寿险承保费用占保费收入的 17% 左右，其中团体年金费用率最低，在 7% 左右；个人寿险的费用率较高，为 30% 左右；意外健康险次之，为 23% 左右；然后是团体寿险，费用率在 15% 左右；个人年金费用率为 10% 左右。从赔付比率看，行业总赔付占总保费收入的比率为 79%，其中意外健康险的赔付率相对稳定，在 71% 左右；个人寿险的赔付率最低，平均 65%，但逐年波动较大；团体寿险赔付率平均 73.6%，逐年波动也较大。个人年金平均赔付率为 79%，而团体年金的赔付率极高，平均 105%，并且逐年波动也较大。

根据 NAIC 2001 ~ 2010 年的数据，寿险业总收入中，平均 73% 来自保费收入，21% 来自投资收入，赔付支出占总收入的 72%，总费用支出占总收入的 20%。可以看出，美国寿险业的利润基本来自固定的服务费用收入及其他服务收入。寿险业资产规模大，资本金规模相对较小。行业平均资产回报率为 0.5%，行业平均股权回报率为 7.1%，最好的年份为 2004 ~ 2006 年，最差的年份为 2008 年，受经济危机的严重影响，行业股权回报率为 -14.9%。行业平均投资回报率（投资收入/总投资资产）为 5.7%，每年没有太大波动①。税前总收入回报率平均为 5.3%，波动也较小。美国寿险业财务杠杆比率较高，平均负债为资本额的 13 倍左右，准备金总额为资本额的 7.7 倍左右。

A. M. Best 数据显示，美国寿险业一般账户资产占行业总资产的 65% 左右，保户独立账户资产占总资产的 35% 左右。一般账户中，投资资产占总资产的 60% 以上。其中，债券投资占总资产的 45% 以上，股票资产占总资产的 3% 左右，按揭和房地产占总资产的 6% 左右。负债方面，45% 左右为人寿保险合同赔款准备金负债；其次是储蓄型合同准备金负债，占总负债的 5% 左右；再次是意外健康合同准备金负债，占总负债的 4% 左右。保户独立账户负债约占总负债的 38%。寿险业的总资产负债率为 1.08%，远低于财险业，反映了寿险业多为长期负债，对资产流动性需求相对较低，也反映了美国寿险业对准备金提存的高要求。

① 2008 年行业的损失主要来自对保户独立账户的各种投资保障，由于经济危机导致市场风险和投资风险上升，很多独立账户保户投资损失惨重，导致寿险公司划出大批资金去弥补独立账户损失，从而使公司净收入受损。

2. 保险公司概述

美国的寿险市场是高度竞争的市场。NAIC 人寿健康险数据显示，2010 年，该市场共有从业公司 433 家①，其中独立经营公司 183 家，集团公司 250 家（这些集团公司由 588 家子公司组成）。回顾过去十年的从业公司数目，不难发现美国的寿险市场经历了明显的并购浪潮，总从业公司数目由 2000 年的 693 家下降到 2010 年的 433 家。虽然从业公司数目不及财险市场，寿险市场的竞争程度却略高于财险市场。2010 年该市场的 HENFIDAHL 竞争指数为 262.7 点，最大公司的总收入市场份额为 6.9%，前五大公司的市场份额为 25%，前十大公司的市场份额为 41.3%②。

美国寿险市场的公司形式主要包括股份保险有限公司和相互保险有限公司两种。20 世纪 90 年代末寿险市场经历了大规模的“去相互化”（Demutualization）浪潮，几家大型的相互保险公司，如大都会人寿（Metropolitan Life）及普天人寿（Prudential Life）都选择了从相互保险公司转型为股份保险公司，使得相互保险公司的市场份额急剧下降。但是仍有一些公司坚持相互保险经营的理念，保持了相互保险公司的形式，如纽约人寿（New York Life）、西北人寿（Northwestern Mutual）和麻省人寿（Massachusetts Mutual）。这些公司在美国 2008～2010 年的经济危机中表现了顽强的抗风险能力，同时其市场份额也略有提升。根据 NAIC 及 A. M. Best 的数据，以 2010 年为例，寿险市场 89.2% 的公司为股份保险公司，占市场总收入份额的 83.2%；10.8% 的公司为相互保险公司，占市场份额的 16.8%。两种形式的公司在过去 10 年里的市场份额相对稳定。

3. 保险营销渠道

美国寿险的销售渠道非常多样化，包括代理人、经纪人、直销（电话销售、员工销售、独家代理等）以及其他销售渠道。根据 NAIC 及 A. M. Best 的数据，以 2010 年为例，44.6% 的公司以代理人销售为主，市场份额为 71.2%；14.4% 的公司以经纪人销售为主，市场份额为 18.1%；13.1% 的公司以直销为主，市场份额为 7.7%。其他销售渠道的市场份额较小，只有 3%。

① 数据统计不包括 Fraternal Benefits Societies。

② 由于 NAIC 要求所有公司都必须报备它们的经营数据，所以其数据库包括所有健康的公司和一些濒临破产或已经破产被接管的公司。本文其他分析是建立在相对健康公司的基础上的。除删除不具代表性的 Fraternal Benefits Societies 外，我们还删除了负资本、负保费或负理赔的公司。

（二）欧洲：英法德意主导寿险市场，危机后恢复乏力，消费者需求转型①

在过去的十年内，欧洲保险市场的总保费收入以年均3%的增长率持续增长，2011年保费收入略有下滑，为10740亿欧元（14376亿美元②）。其中，寿险保费收入占总保费收入的59%，财产险和意外健康险分别占30%和11%③。截至2009年，欧洲保险市场有近5000家保险公司。欧盟市场的一体化和管制放松掀起了20世纪90年代末企业收购和合并的浪潮，保险公司的数量在过去的十年内相应地有所下降。

在世界经济危机的冲击下，欧洲寿险保费收入从2007年的约7660亿欧元（10253亿美元）下降到2008年的约6420亿欧元（8593亿美元），下降了16.2%。2009年寿险保费收入恢复到约6480亿欧元（8674亿美元），并于2010年进一步增长了4.3%至约6760亿欧元（9048亿美元），2011年欧洲寿险保费下滑至约6500亿欧元（8700亿美元）（见图9）。

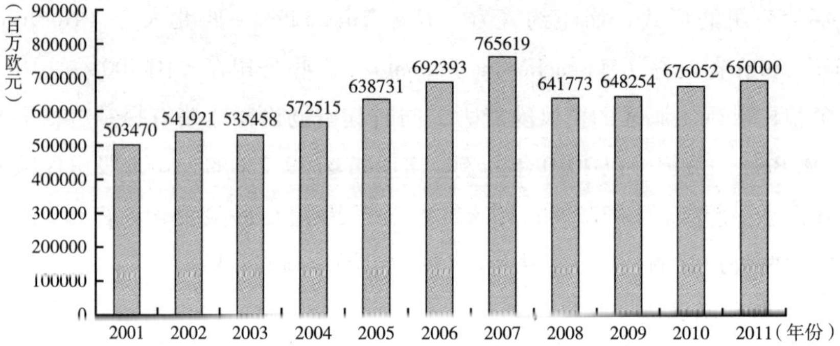

图9　欧洲寿险业保费收入

资料来源：CEA统计数据：欧洲保险业经营数据，2012年8月。

---

① 欧洲保险数据收录了以下33个欧洲国家的数据：奥地利、比利时、保加利亚、克罗地亚、塞浦路斯、捷克共和国、丹麦、爱沙尼亚、芬兰、法国、德国、希腊、匈牙利、冰岛、爱尔兰、意大利、拉脱维亚、列支敦士登、立陶宛、卢森堡、马耳他、荷兰、挪威、波兰、葡萄牙、罗马尼亚、斯洛伐克、斯洛文尼亚、西班牙、瑞典、瑞士、土耳其和英国。

② 1美元=0.7471欧元，雅虎财经，2010年12月31日。

③ 欧洲数据来源于CEA（Comité Européen des Assurances）统计数据中的欧洲保险业经营数据，2011年9月及2012年8月。

2010 年，欧洲寿险市场保费收入较高的国家分别为英国、法国、德国和意大利，共占据欧洲寿险保费总额的70%以上（见图10）。在这些国家中，英国保费连续三年下降，2008～2010 年跌幅分别为24%、10%和5%；法国、德国和意大利的寿险保费收入2010 年分别增长了4%、7%和11%。寿险保费收入的普遍增长主要得益于经济动荡期间消费者对安全保障的渴望、产品创新以及趸交业务保费的增长。英国寿险保费收入的下降主要归结于团体养老金的萎缩完全抵消了趸交业务保费的增长，投资和储蓄保障业务在英国基本保持稳定态势。

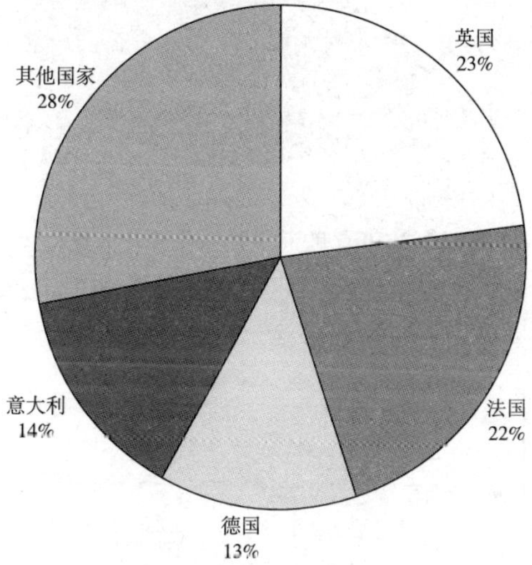

图10　2010 年欧洲各国寿险保费收入分布

资料来源：CEA 统计数据：欧洲保险业经营数据，2011 年9 月。

由于经济危机的冲击和股市的不确定性，2010 年个人投资连结险比例依然低迷，消费者需求转向保障型产品，个人投资连结险在寿险总保费收入中的份额由2008 年的20%下降到2010 年的14%左右。同团体保险相比，个人保险主导欧洲寿险市场，约占欧洲寿险总保费收入的70%（见图11）。

2008 年，由于经济的不景气，欧洲寿险保险深度从2007 年的5.5%下降到4.6%。2009 年，保险深度有所反弹，达到4.9%，并在2010 年进一步增长到5.0%（见图12）。保险深度在欧洲不同国家之间也存在巨大差距。例如，2010 年保险深度从土耳其的0.2%到英国的9.0%不等。

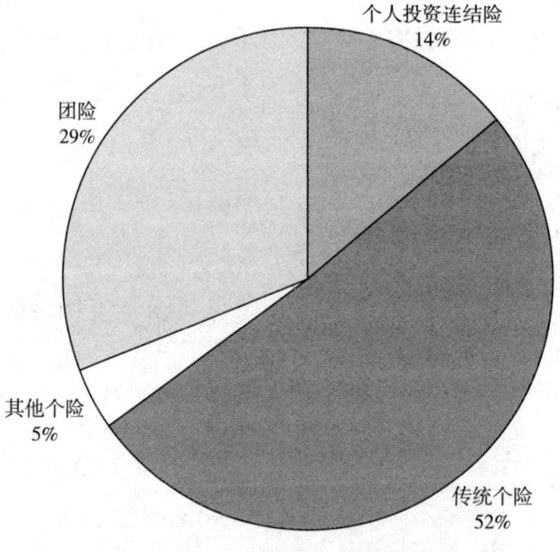

图 11　2010 年欧洲寿险业保费收入结构

资料来源：CEA 统计数据：欧洲保险业经营数据，2012 年 8 月。

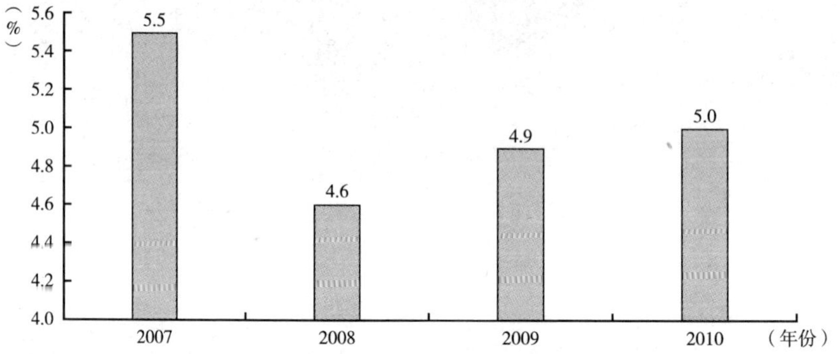

图 12　欧洲寿险业保险深度

资料来源：CEA 统计数据：欧洲保险业经营数据，2011 年 9 月。

平均而言，2010 年寿险保险密度实现了 3.5% 的增长，由 2009 年 1086 欧元（1454 美元）增加到 1124 欧元（1504 美元）（见图 13）。但是不同欧洲国家的保险密度存在显著差别，范围从丹麦的 2699 欧元（3613 美元）到罗马尼亚的 10 欧元（14 美元）不等。

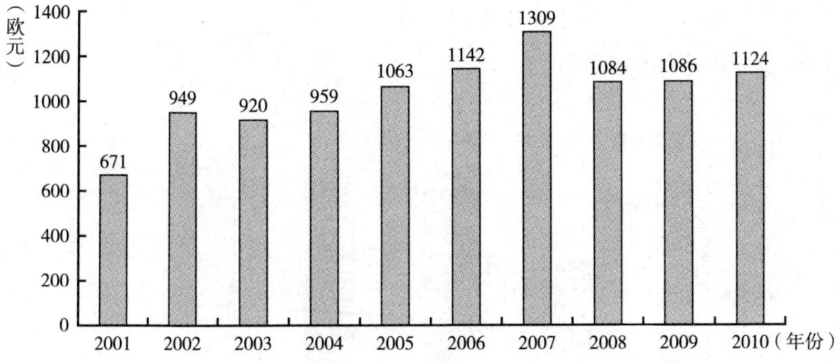

图 13　欧洲寿险业保险密度

资料来源：CEA 统计数据：欧洲保险业经营数据，2011 年 12 月。

（三）亚洲：增速放缓，静待市场调整，增长蓄势待发

1. 日本：高度集中的寿险市场增长停滞，资产分配略呈结构性变化

（1）保险市场概况①。截至 2012 年 7 月，日本保险市场有 9 家保险控股公司，96 家保险公司，其中 43 家是寿险公司，53 家为非寿险公司②。以保费收入论，日本仍是全球保险第二大市场。尽管其保费增长陷入停滞，但日本在亚洲市场上仍然占据统治地位。经济危机给日本保险市场带来较长时间的负面影响，相对于亚洲其他国家的强劲反弹，日本寿险保费收入连续两年停滞不前，2011 年保费出现缓慢增长。

日本保险市场的绝大部分业务来自寿险。寿险总保费收入 2010 年达到 344540 亿日元（4258 亿美元③），相比 2009 年增长了近 1%；2011 年寿险保费收入增加 5.3%，达到 362890 亿日元（4485 亿美元）。寿险利润在 2008 年全球经济危机中大幅下跌，危机后寿险利润呈现较大波动性，2011 年净利润为 30750 亿日元（380 亿美元）（见图 14）。尽管整体经济形势趋于好转，但是经济危机对日本寿险市场造成的波动仍然不容忽视。在投资回报方面，2010 年日本寿险业一般账户的投资回报率为 1.79%，2011 年为 1.92%，略有回升（见图 15）。

---

① 日本 2010 财年为 2010 年 4 月～2011 年 3 月。

② 数据来源于日本金融服务管理局（FSA）的“金融机构经营执照名单”。

③ 1 美元 = 80.9127 日元，雅虎财经，2010 年 12 月 31 日。

2012 财年前 5 个月（截至 2012 年 8 月）的寿险保费收入为 154300 亿日元（1907 亿美元），比 2011 年同期增长 5.9%①。

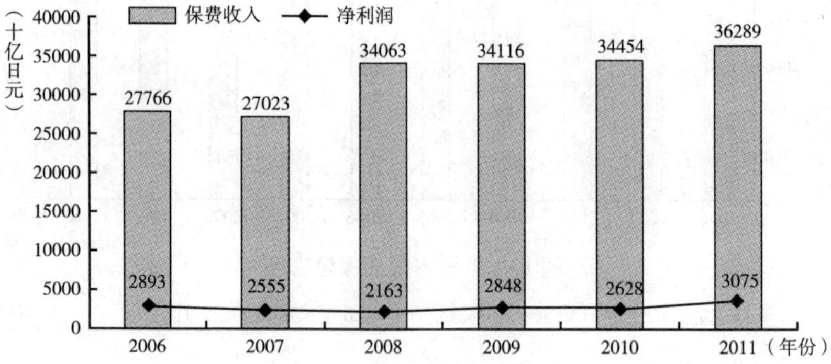

图 14　日本寿险业保费收入

注：2011 年保费收入来自日本寿险协会月度统计数据。

资料来源：日本寿险协会年报《日本寿险业 2011～2012》。

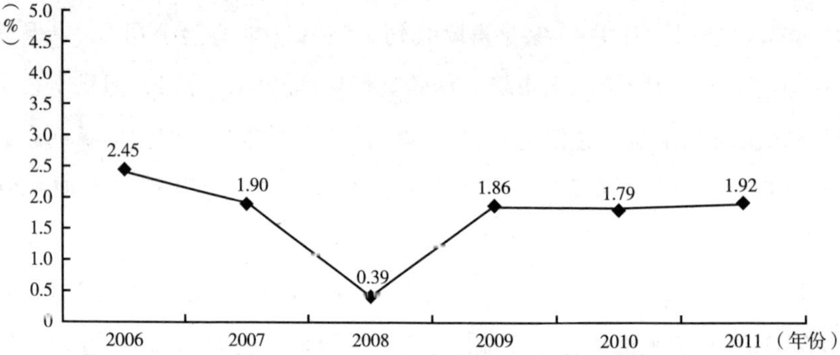

图 15　日本寿险业一般账户投资回报率

资料来源：日本寿险协会年报《日本寿险业 2011～2012》。

日本寿险保险深度和保险密度均在 2007 年急剧下滑，自 2008 年缓慢恢复。2011 年保险深度为 8.8%，恢复到经济危机前的水平；而保险密度攀升较快，2011 年保险密度为人均 4138 美元，相比 2010 年（3473 美元）增长了 19.1%（见图 16、图 17）。

① 数据来源于日本寿险协会年报，http://www.seiho.or.jp/english/publication/。

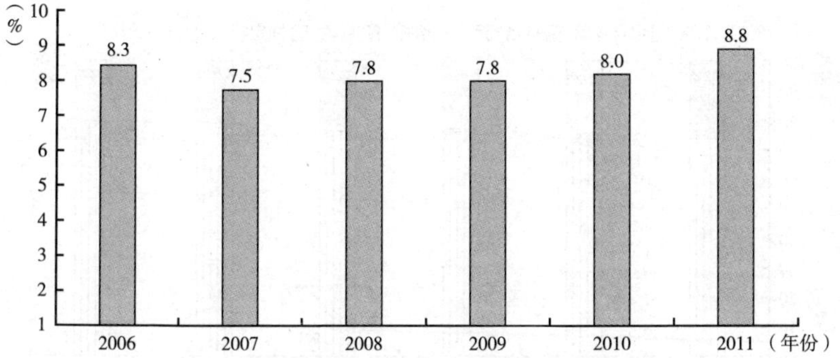

图 16　日本寿险业保险深度

资料来源：瑞士再保险股份有限公司：《2011 年度世界保险业》，*Sigma* 2012 年第 3 期。

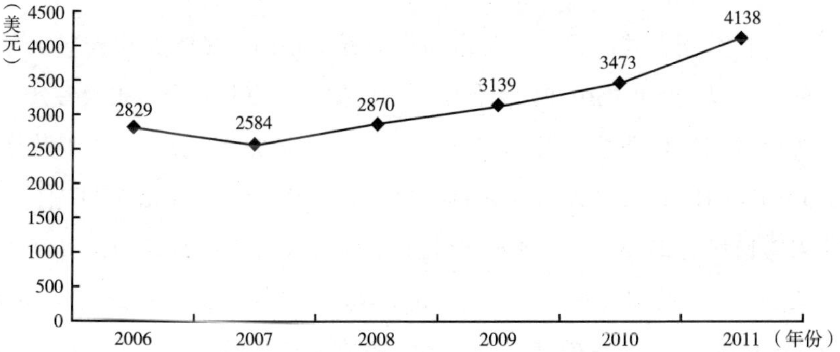

图 17　日本寿险业保险密度

资料来源：瑞士再保险股份有限公司：《2011 年度世界保险业》，*Sigma* 2012 年第 3 期。

2010 年，日本保险业总资产达 320. 69 万亿日元（3. 96 万亿美元）。投资资产为 313. 12 万亿日元（3. 87 万亿美元），约占总资产的 97. 6%。投资资产中，有价证券占总资产的 77. 3%，其中 50% 以上为政府债券。2010 年，负债总额为 311 万亿日元（3. 84 万亿美元），占负债、资本及盈余总额的 97. 0%，负债中赔款准备金占到 95%。根据最新统计数据，2011 年日本保险业总资产为 326. 95 万亿日元（4. 04 万亿美元），较 2010 年上升 2. 0%。从资产分配的角度看，过去六年中，证券投资占总资产的比例略有增加，从 2006 年的 73% 提高到 2011 年的 78%；同时，贷款和固定资产的比例呈下降趋势（见图 18）。

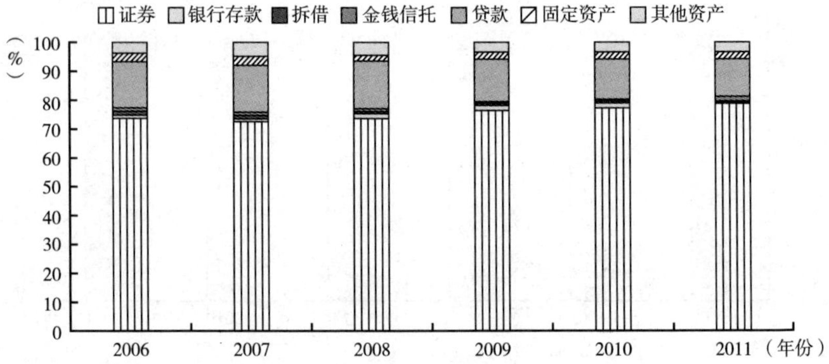

图18　日本寿险业总资产分配

注：2011 年数据来自日本寿险协会月度统计数据。

资料来源：日本寿险协会年报《日本寿险业 2010～2011》。

（2）保险公司概述。日本寿险市场集中程度很高，尽管保险公司众多，保费收入的一半以上常年集中在四大保险公司。据日本寿险协会年报及各公司报表显示，2010 年寿险保费总收入 344543 亿日元（4258 亿美元）。日本邮政株式会社（Japan Post Holdings）保费收入排名第一，为 73423 亿日元（907 亿美元），占日本寿险市场的 21.3%，日本邮政也为全球总收入排名最高的人寿健康保险公司。第二大寿险公司日本人寿保险公司（Nippon Life）的保费收入为 48964 亿日元（605 亿美元），市场份额为 14.2%。明治安田（Meiji Yasuda Life）和住友寿险（Sumitomo Life）分别为第三和第四大寿险公司。保费收入前四的寿险公司占寿险市场总额的 55%，前十大公司占寿险总保费收入的 71.76%，其他 37 家寿险公司角逐余下的 28.24% 的市场份额。最新统计数据显示，2011 年日本寿险业竞争态势与 2010 年相似，保费收入前四的寿险公司占据 55% 的市场份额，前十大公司的市场份额为 73%。

（3）保险营销渠道。根据日本寿险协会数据，日本主要保险营销渠道是直销和保险代理人。2010 年日本寿险公司有 47 家，其中 5 家为相互保险公司。2011 年寿险公司减少到 43 家。专属代理（Tied Agents）销售人员逐渐减少，2010 年为 24 万人，比 2009 年减少了 1 万人，2011 年减少至 23.6 万人。在过去的五年中，尽管代理公司数量持续下降，但是保险代理人的数量逐年增加，2010 年已达到 98.9 万人，2011 年增至 100.5 万人。

2. 韩国：三巨头领跑走出阴霾，投资利润增长

2010年，韩国保险业自经济危机的阴霾中逐渐恢复。由于外国投资以及汇率的上升，韩国股市表现良好，由此带动韩国保险市场投资收入的上升，寿险市场的投资收入在2010年有较大增长，2011年韩国寿险投资继续保持了较高的利润①。

韩国寿险业从2009年开始迅速反弹，竞争也趋于激烈。中小型保险公司纷纷采取各种措施，以加强在年金和储蓄型产品市场的竞争力。同时，银行保险销售以及独立代理人等销售渠道的兴起，给保险市场注入了新的活力，银行保险销售是近几年来寿险业增长的驱动力之一。由于竞争相对激烈而产品类似，很多保险公司只能降低利润率以争取客户。

（1）保险市场概况。根据韩国寿险业协会的统计数据，寿险业保费收入除了2008年略有下降外，大体呈逐年增长趋势。2011年寿险总保费收入达到88.59万亿韩元（791亿美元②），其中60.44万亿韩元（540亿美元）来自一般账户（General Accounts）。寿险行业年度总赔付在2008年达到五年最高，之后呈下降趋势。独立账户（Separate Accounts）的总赔付自2006年逐年上升，在2010年达到22.76万亿韩元（203亿美元），2011年有所下降，减至17.95万亿韩元（160亿美元）。寿险业营业费用保持稳定，2011年总费用为5.9万亿韩元（53亿美元）（见图19），2012年前4个月（截至2012年7月）寿险业总保费为32.9万亿韩元（294亿美元），比2011年同比增长17.9%。

韩国寿险业的投资利润额在2009年和2010年有非常显著的增长，2011年达到16.87万亿韩元（151亿美元），成为十年来的最高点。但投资回报率（ROI）③的恢复相对缓慢，2011年的投资回报率为5.2%，相对2010年的5.9%略有下降（见图20）。

2011年韩国寿险总资产为496.58万亿韩元（4434亿美元），比2010年的416.65万亿韩元（3721亿美元）增长了19.2%，其中投资资产为383.5万亿韩元（3425亿美元），占总资产的77%以上。总负债为450.54万亿韩元（4023亿

---

① 韩国2010财年为2010年4月~2011年3月。

② 1美元=1119.8208韩元，雅虎财经，2010年12月31日。

③ 投资回报率=投资利润/年平均投资资产。

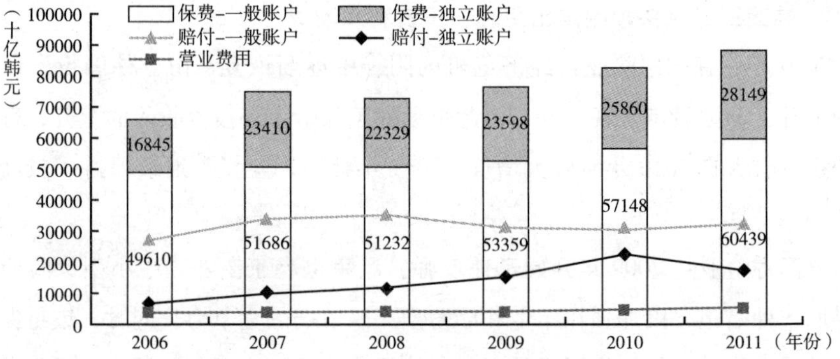

图 19　韩国寿险业经营数据

注：2011 年数据来自韩国寿险协会月度统计数据，2012 年 3 月。

资料来源：韩国寿险协会年度统计数据。

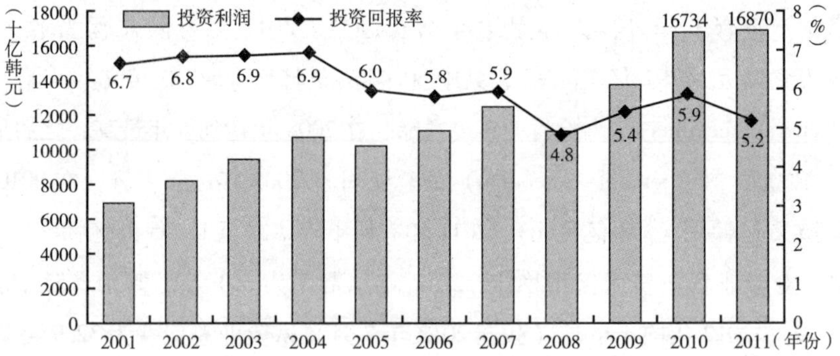

图 20　韩国寿险业投资净收入及投资回报率

注：2011 年数据来自韩国寿险协会月度统计数据，2012 年 3 月。

资料来源：韩国寿险协会年度统计数据。

美元），其中赔款准备金占 76%。就韩国寿险资产分布情况而言，投资资产保持在总资产的 75% 左右，而独立账户资产呈上升趋势，从 2006 年总资产的 14% 增至 2010 年的 20%，2011 年略有下降，为 17%（见图 21）。

（2）保险公司概述。根据韩国寿险协会数据，截至 2012 年 3 月底，韩国共有 24 家寿险公司，保费总收入为 88.59 万亿韩元（791 亿美元）。保险业“三巨头”三星人寿、大韩人寿和教保人寿居保费收入的前三位，市场份额总和达到 51%，远远领先于其他寿险公司，类似垄断竞争的市场。前十名公司市场份额总和占寿险市场的 81.5%。外国寿险公司受经济危机影响，丢失部分市场份额，

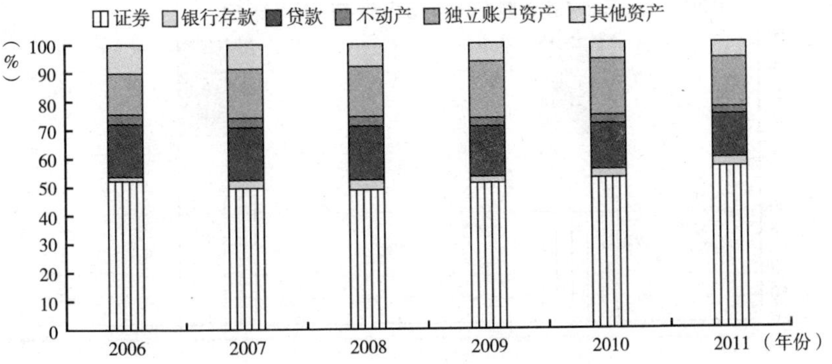

图 21　韩国寿险业资产分配

注：2011 年数据来自韩国寿险协会月度统计数据，2012 年 3 月。
资料来源：韩国寿险协会年度统计数据。

其下降的趋势还在延续。2010 年，外国寿险公司总市场份额为 20.5%，相比 2009 年下降了 0.6%。2011 年，外资市场份额进一步下滑至 18%。

（3）保险营销渠道。韩国寿险市场主要销售渠道包括保险公司直接销售、推销员销售（Solicitor）和银行销售。截至 2012 年 3 月，寿险公司共有 4454 个销售点，其中有 94 家分公司、4336 家支公司及 24 家海外办事处。注册寿险推销员的有 156145 人，其中女性 116684 人，占销售团队的 75% 之多。保险代理公司数量进一步减少，由 2010 年的 9846 家降至 8965 家，降幅较 2010 年减缓（2010 年代理公司数量减少 34%）。

就新保单保费收入而言，银保仍是最重要的销售渠道，2010 年有 45.45% 的新保单保费收入来自银保，较 2009 年有 6.8% 的增幅。保险代理渠道仅占新保单保费收入的 7%（见图 22）。

3. 中国台湾：保费收缩，银保继续主导销售，寿险市场有待调整

（1）保险市场概况。从整体来看，中国台湾保险市场在 2009 年和 2010 年期间正在逐渐恢复并稳定成长，2011 年①寿险业保费收入出现下滑。中国台湾寿险保费收入占保险市场总收入的 90% 以上。2011 年，寿险保费总收入为 21982 亿新台币（754 亿美元），较 2010 年的 23128 亿新台币（793 亿美元②）减少了 5.0%（见图 23）。

① 中国台湾 2011 财年自 2011 年 1 月至 12 月。
② 1 美元 = 29.1698 新台币，雅虎财经，2010 年 12 月 31 日。

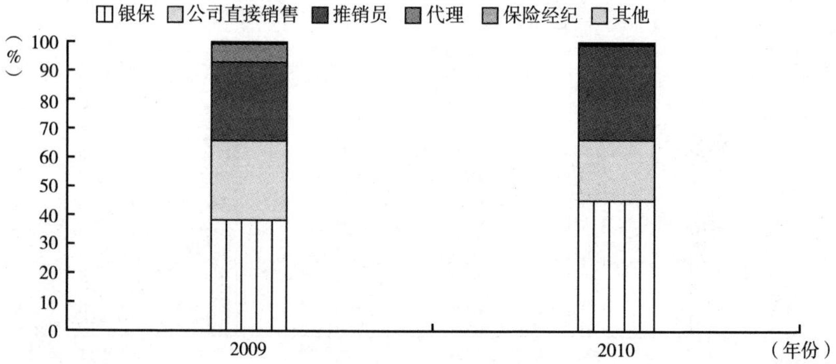

图 22　韩国寿险业新保单保费收入来源

资料来源：韩国寿险协会年度统计数据。

2012 年，中国台湾寿险保费收入逐步恢复，截至 2012 年 8 月，寿险保费总计 17072 亿新台币（585 亿美元），比 2011 年同期增长 17.69%①。

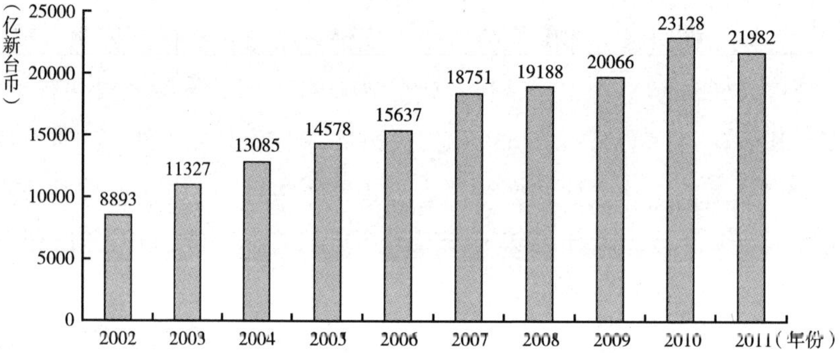

图 23　中国台湾寿险业保费收入

资料来源：台湾保险事业发展中心。

中国台湾寿险赔付自 2002 年起呈现上升趋势，2011 年寿险赔付达到一个高峰，为 14166 亿新台币（486 亿美元），相比 2010 年的 11915 亿新台币（408 亿美元）增加了 18.9%。利润方面，2008 年中国台湾寿险业损失惨重，亏损 1266.61 亿新台币（43 亿美元）；2009 年寿险小幅赢利；2010 年由于赔付高涨，净亏损达 198.56 亿新台币（6.8 亿美元）；2011 年亏损额为 9.05 亿新台币（0.31 亿美元）（见图 24）。

---

① 数据来源于台湾保险事业发展中心，http：//fsr.tii.org.tw/iiroc/fcontent/research/research 02.asp。

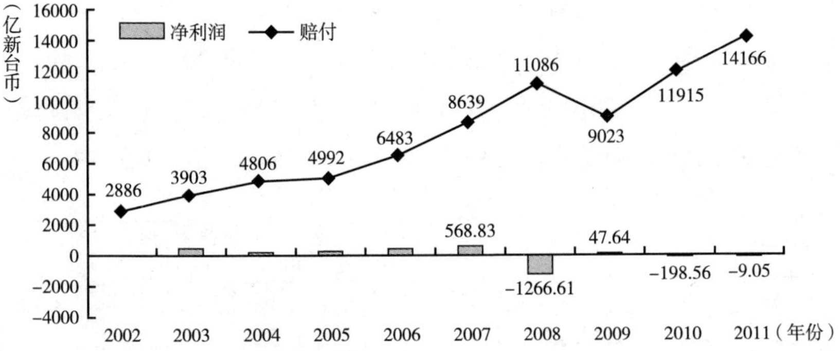

图 24　中国台湾寿险业净利润及赔付

资料来源：台湾保险事业发展中心。

2011 年，台湾寿险总资产为 13.05 万亿新台币（4474 亿美元），相比 2010 年的 12.12 万亿新台币（4155 亿美元）增长了 7.7%。投资资产为 11.47 万亿新台币（3932 亿美元），占总资产的 85% 以上，投资资产中大部分为证券和境外投资。2011 年，总负债为 12.62 万亿新台币（4326 亿美元），其中赔款准备金 11.18 万亿新台币（3833 亿美元），占总负债的 88.6%。从过去几年寿险业资产分配来看，投资资产占总资产的比例保持在 85% 左右，无较大波动（见图 25）。

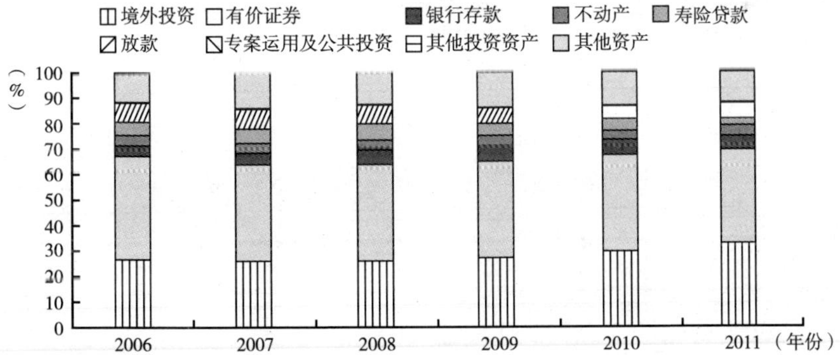

图 25　中国台湾寿险业资产分配

注：2011 年中国台湾保险业财务报表要求有所改动，增添数项资产披露细则，如投资衍生商品资产需单列。由于各项的数量均较少，此处合并为其他投资资产。

资料来源：台湾保险事业发展中心。

中国台湾保险深度处于稳定发展阶段，尤其是寿险市场，在过去十年里总体呈现增长趋势。寿险保险深度从 2001 年的 7.39% 增至 2010 年的 16.99%，增加了 1

倍多；2011 年保险深度略有减少，为 15.98%（见图 26）。与保险深度相似，中国台湾保险密度总体呈增长态势。中国台湾寿险保险密度从 2001 年的人均 32531 新台币（1115 美元）增至 2010 年的人均 99855 新台币（3423 美元），增长超过 2 倍，2011 年寿险保险密度小幅下滑，为 94647 新台币（3245 美元）（见图 27）。

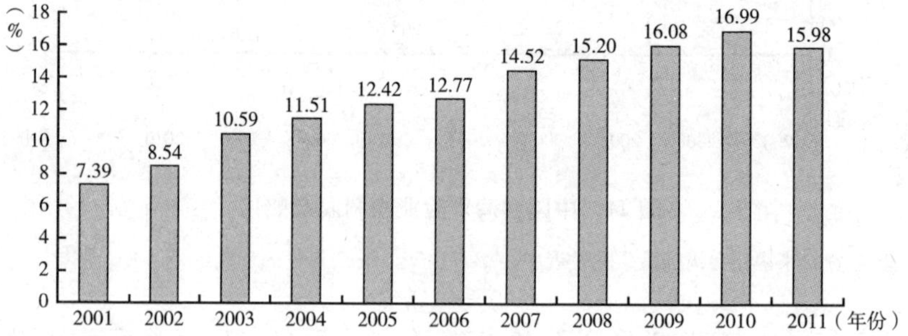

图 26　中国台湾寿险业保险深度

资料来源：台湾保险事业发展中心。

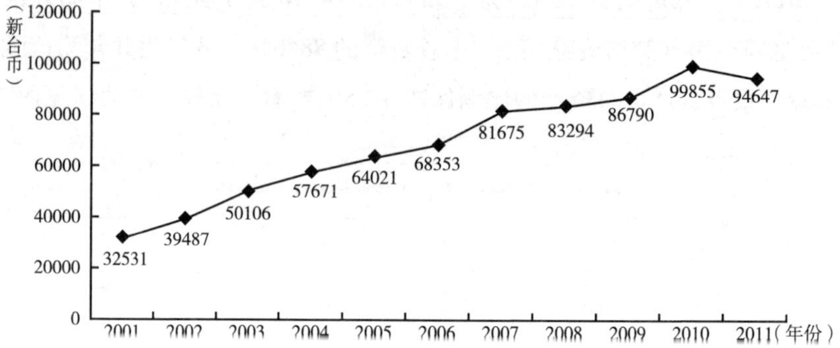

图 27　中国台湾寿险业保险密度

资料来源：台湾保险事业发展中心。

（2）保险公司概述。截至 2011 年底，中国台湾共有 31 家寿险公司（与 2010 年相同），其中包括 24 家国内公司和 7 家外国保险公司的分公司，外资相对 2010 年减少 1 家。中国台湾的寿险市场类似垄断竞争市场，产品竞争十分激烈。根据台湾保险事业发展中心的数据，前十大保险公司共占有大约 88% 的市场份额，其中前四大寿险公司占据了大概 60% 的份额，第五至十大寿险公司占有 28.7% 的份额（见图 28）。

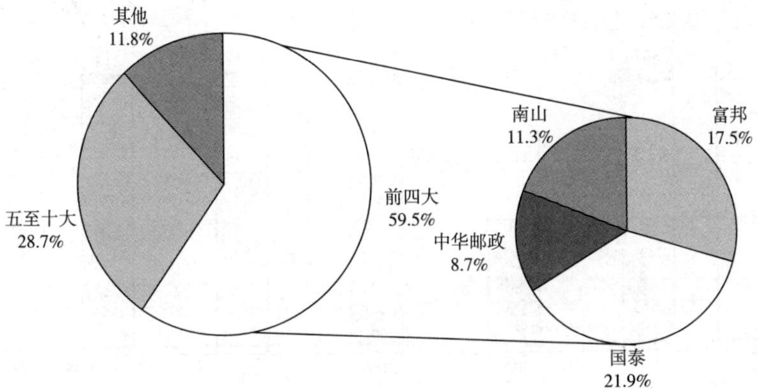

图 28　2011 年中国台湾寿险业保费分布

资料来源：台湾保险事业发展中心。

（3）保险营销渠道。银行销售渠道在中国台湾的势头非常强劲，保费收入数目庞大。银行销售已经成为寿险业的主要销售渠道，尽管 2011 年银保的保费收入有所下降，其新保单保费市场份额仍大于 50%。根据台湾保险事业发展中心的数据，在 2011 年，银保带来的新保单收入为 5679 亿新台币（195 亿美元），通过保险代理人获得的新保单收入为 3857 亿新台币（132 亿美元），占比分别为 57.08% 及 38.76%，其他营销渠道合计仅占 4.16%。2012 年上半年，银保带来的新保单保费收入为 3629 亿新台币（124 亿美元），占新单总保费收入的 56.8%。

寿险代理人新保单保费自 2010 年的 3660 亿新台币（125 亿美元）增至 2011 年的 3857 亿新台币（132 亿美元），占有率也由 2010 年的 31.50% 增至 38.76%。银行销售一改以往快速成长的态势，保费由 2010 年的 7582 亿新台币（260 亿美元）降至 5679 亿新台币（195 亿美元），跌幅达到 25.10%（见图 29）。2011 年投资型新保单的增长对保险代理人保费收入的成长作出了较大的贡献。

4. 印度：印度人寿一枝独秀，投资连结险账户资金增长显著

（1）保险市场概况。2010 年①印度经济增长强劲，GDP 增长了 8.5%，高于 2009 年 8.0% 的增长率。随着印度经济的恢复，保险市场快速发展。2010 年寿险总保费收入为 29160.50 亿印度卢比（650 亿美元②），较 2009 年的 26544.72 亿

---

① 印度 2010 财年自 2010 年 4 月至 2011 年 3 月。

② 1 美元 =44.831 印度卢比，雅虎财经，2010 年 12 月 31 日。

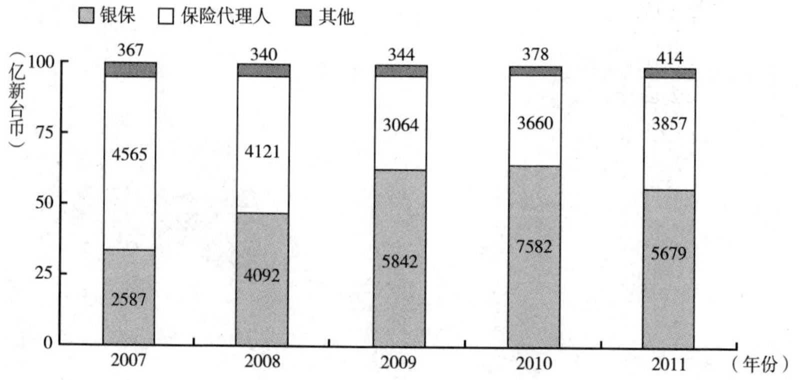

图 29　中国台湾寿险业新保单保费来源

资料来源：台湾保险事业发展中心。

印度卢比（592 亿美元）增长了 9.85%。印度 23 家寿险公司中仅有一家国营寿险公司：印度人寿保险公司（Life Insurance Corporation，LIC）。2010 年，印度人寿保费收入增加了 9.35%，私营公司同时期保费增长 11%。印度人寿的市场份额从 2009 年度的 70.10% 下降到 2010 年度的 69.8%，降幅微弱，依然占有绝对的统治地位（见图 30）①。印度寿险业保费收入 2011 年出现下滑，据印度保险监督管理委员会最新期刊（2012 年 6 月）显示，2011 年（截至 2012 年 3 月底）印度寿险业新保单保费收入为 11423 亿印度卢比（255 亿美元），相比 2010 年的 12583 亿印度卢比（281 亿美元）下降了 9.22%，改写了几年来一路上升的局面。2012 年上半年（截至 2012 年 9 月），寿险新保单保费收入为 4696 亿印度卢比（105 亿美元），相比 2011 年同期进一步下滑 4%。

2010 年印度寿险行业总赔付 14252.4 亿印度卢比（318 亿美元），较 2009 年的 9082 亿印度卢比（203 亿美元）有所上升，占到寿险保费收入的 48.88%。LIC 的寿险赔付为 11127.3 亿印度卢比（248 亿美元），占其保费收入的 54.69%；私营保险公司的赔付为 3125.1 亿卢比（70 亿美元）［2009 年为 1665.8 亿卢比（37 亿美元）］，增幅高达 87.60%。2010 年 LIC 和私营寿险公司总投资收益达到 12134.6 亿印度卢比（271 亿美元），相比 2009 年减少 21.84%。

① 数据来源于印度保险监督管理委员会 2010～2011 保险年报。

图 30　印度寿险业保费收入

资料来源：印度保险监督管理委员会 2010 ~ 2011 保险年报。

由于营业费用的减少，寿险市场在 2010 年扭亏为盈，实现净利润 265. 70 亿印度卢比（6 亿美元）（见图 31）。

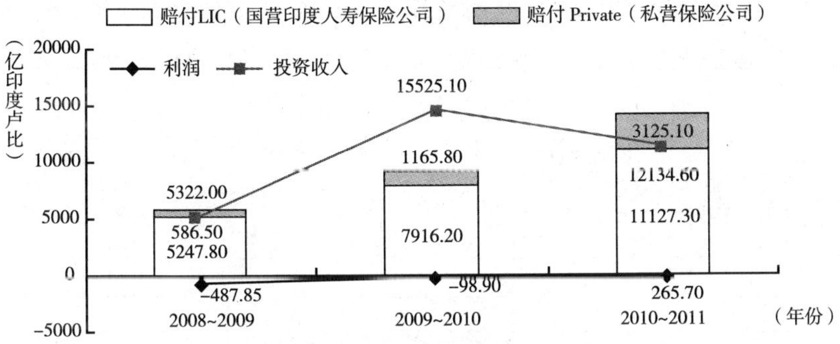

图 31　印度寿险业经营状况

资料来源：印度保险监督管理委员会 2010 ~ 2011 保险年报。

2010 年印度寿险业投资资产为 14. 3 万亿印度卢比（3190 亿美元），其中国债 4. 2 万亿印度卢比（937 亿美元），占总投资资产的 29. 4%，其他有价证券为 1. 7 万亿印度卢比（379 亿美元），占比 11. 9%。过去五年中，有价证券（国债及其他证券）的比例逐渐减小，从 2006 年的 55% 下降到 2010 年的 41. 5%。与此同时，投资连结险的资金贡献逐年增加，2010 年投资连结险资金为 39912 亿印度卢比（890 亿美元），约是 2006 年的 6 倍，占总投资资产的比重为 27. 9%（2006 年为 11%）（见图 32）。

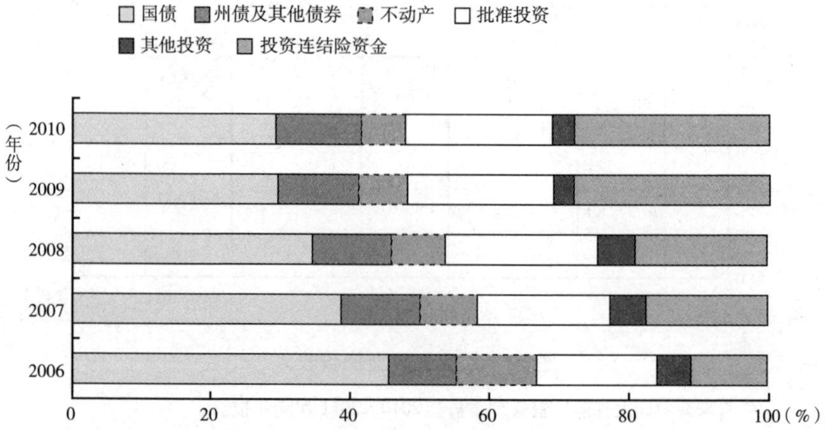

图 32　印度寿险业投资资产分布

资料来源：印度保险监督管理委员会 2010～2011 保险年报。

印度寿险保险深度 2009 年度增长迅速，2010 年度保险深度有所下降，为 4.40%。保险密度持续攀升，由 2005 年的人均 18.3 美元增至 2010 年的人均 55.7 美元（见图 33、图 34）。

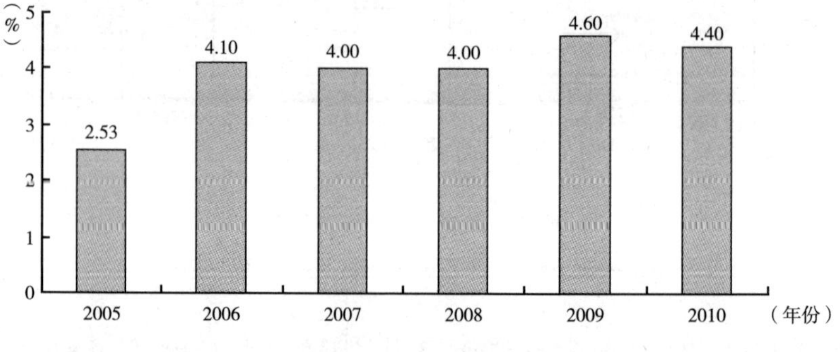

图 33　印度寿险业保险深度

资料来源：印度保险监督管理委员会 2010～2011 保险年报。

（2）保险公司概述。截至 2011 年 3 月，印度共有 23 家寿险公司，国营印度人寿保险公司（LIC）一枝独大，长期以来占据 70% 以上的保费市场。尽管私营保险公司（Private）积极抢占市场，其市场份额逐年上升，但增长率较低，市场分布的基本格局几乎没有任何变化（见图 35）。

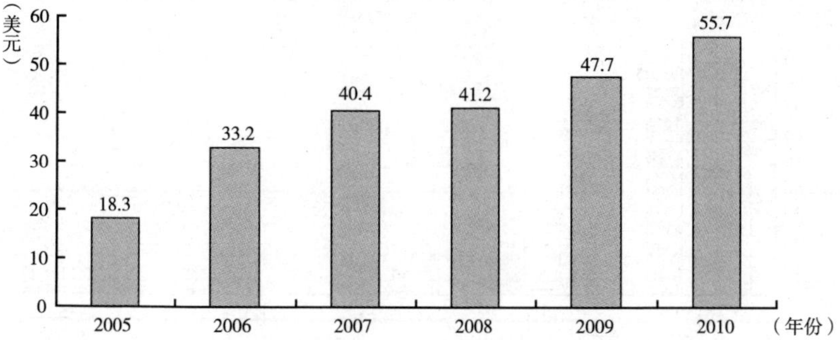

图 34　印度寿险业保险密度

资料来源：印度保险监督管理委员会 2010～2011 保险年报。

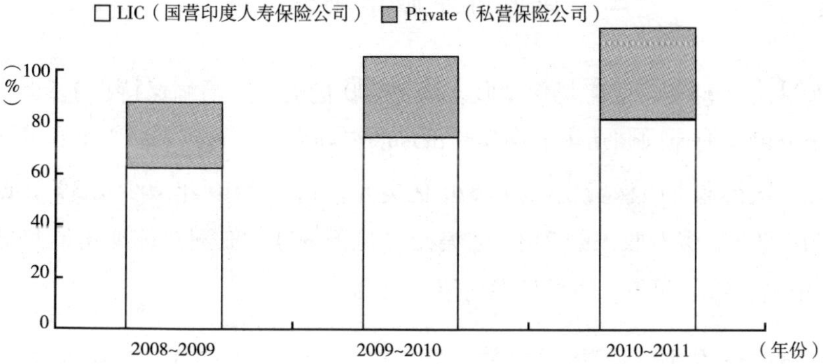

图 35　印度寿险业保费分布

资料来源：印度保险监督管理委员会 2010～2011 保险年报。

（3）保险营销渠道。2010 年，印度寿险市场个人代理数量达 263.9 万人，相比 2009 年下降了 11.38%。印度寿险公司（LIC）名下的代理人数量为 133.7 万人，私营寿险公司名下的为 130.2 万人。公司代理（Corporate Agents）数量较 2009 年下降 26%，2010 年有 2165 家代理公司。个人代理是印度寿险业的主要销售渠道，就个险新保单（Individual New Business）而言，2010 年，印度寿险公司（LIC）97.45% 的保费收入来自个人代理销售；行业平均个人代理销售业绩占总销售的 78.95%，较 2009 年的 79.61% 略有下降。银保对私营保险公司个险新保单贡献较大，占私营公司新保单保费收入的 33.21%（见图 36）。

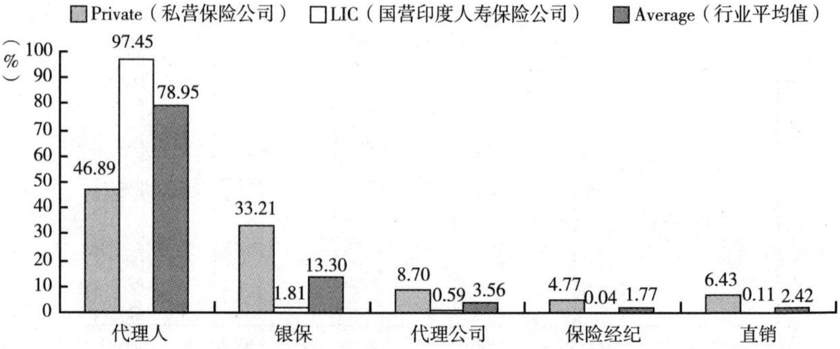

图 36　印度寿险业个险新保单保费收入来源

资料来源：印度保险监督管理委员会 2010～2011 保险年报。

三　国际非寿险市场稳健成长

2011 年全球非寿险市场保费收入约 19700 亿美元，增幅保持在 1.9%。保费收入上升的主要原因归功于亚洲保险市场的强劲发展。美国和欧洲非寿险市场陷入停顿，美国非寿险保费收入约 6670 亿美元，相比 2010 年减少 1.3%。欧洲增长率为 1.3%，保费收入约 7137 亿美元（见图 37）。亚洲总体非寿险增长率为 7%，中国、韩国和印度的增长率均超过 10%①。

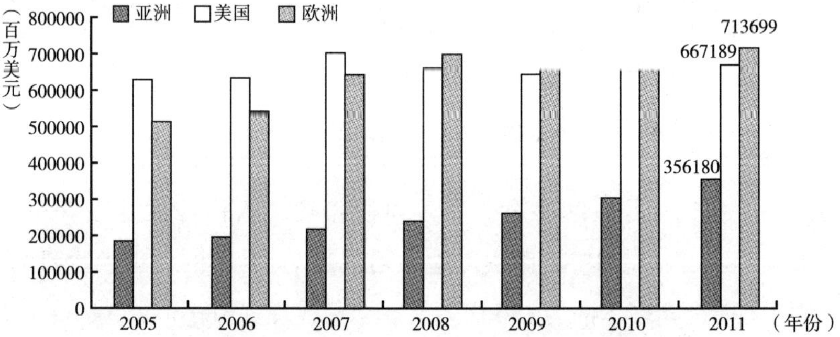

图 37　2005～2011 年非寿险保费收入趋势

资料来源：瑞士再保险股份有限公司：《2011 年度世界保险业》，*Sigma* 2011 年第 2 期。

---

① 瑞士再保险股份有限公司：《2010 年度世界保险业》，*Sigma* 2012 年第 3 期，数据扣除了通货膨胀率的影响，以美元为统计基础。

（一）美国：资金充裕，承保能力强，复苏势头显现

1. 保险市场概况

美国的财产保险市场是一个规模宏大、业务稳定，且充满竞争活力的市场。美国财险市场的产品非常多样化，涉及人们生活和企业经营所面临风险的方方面面。从 NAIC 财务报表数据看，近 30 多种财产责任保险产品在美国市场上销售，各险种的竞争程度不一。图 38 显示了从 2000 年到 2010 年间参与各险种经营的保险公司数目，其中参与经营火险、车险、房屋险、商业财产责任险和工伤险的数目最多。各险种的市场份额也不一。以 2010 年为例，私人车辆责任险和私人车身损失险的保费收入占总保费收入的 37. 8%，商业车辆责任险和商业车身损失险的保费收入占总保费收入的 5%，接下来是房屋险（14. 4%）、其他责任险（8. 6%）、工伤险（7. 4%）、商业财产责任险（6. 8%）。尽管各年的比例有所变化，这些险种总体来讲是美国财险市场的主体保费来源。从中不难看出，个人财产责任险和商业险在美国市场平分秋色。

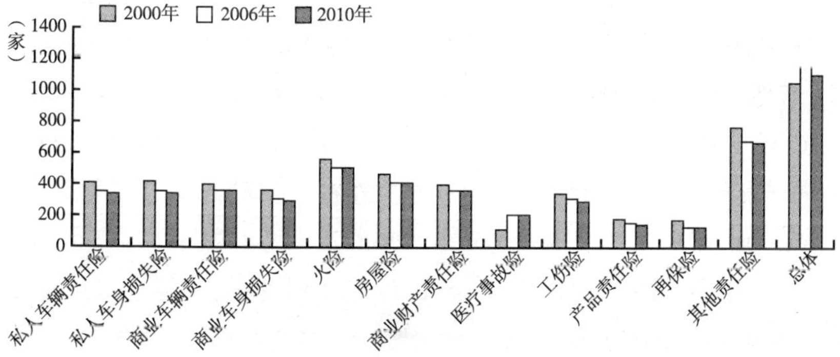

图 38　美国财产责任险公司数量（按险种划分）

资料来源：NAIC 业务报表数据。

美国保险市场的经营相对高效，其各险种的承保比率有相对较大的借鉴意义。根据 NAIC 和 A. M. Best 的数据，总体来看，承保费用占总保费收入的 25% ~30%。其中，个人车险的费用率最低，在 25% 左右；商用车险的费用率较高，为 30% 左右；房屋险费用率高于个人车险费用率，但仍大多低于 30%。在其他主要商业保险中，商业财产责任险和火险的费用率较高，为 35% 左右；工伤险和责任险的费

用率较低，通常为20%～30%。在所有险种中，保证保险（Surety）的费用率最高，接近50%。而金融保障保险（Financial Guaranty）的费用率波动幅度最大，受总体经济状况的影响最为明显。从赔付比率看，个人车辆险的赔付率相对稳定，三责险的赔付率在80%左右，车身险的赔付率在70%左右；商业车辆险的赔付率平均低于个人车辆险，三责险的赔付率平均在72%左右，近年来一直低于70%，车身险的赔付率平均在64%左右；个人房屋险的赔付率波动较大，明显受自然灾害的影响，过去十年平均赔付率在75%左右。在主要商业险种中，工伤险的平均赔付率为80%，商业财产责任险为68%，火险的赔付率最低，平均为55%左右。值得一提的是按揭保障（Mortgage Guaranty）和金融保障保险（Financial Guaranty），2007年经济危机之前，按揭保障的赔付率在50%以下，但是从2007年起一直蹿升，至今仍居高未下，在2010年赔付率高居178.7%。金融保障保险2007年以前的赔付率低于20%，但是2007年以后经历巨大损失，至2010年仍有162%的赔付率。从综合比率①看各险种的总体承保赢利状况，车险方面，个人车辆三责险和商业车辆三责险在过去十年中平均基本为负承保利润，但是个人和商业车身险均为赢利局面。房屋险、工商险和商业财产责任险的平均承保利润也为负。赢利的险种包括其他责任险、团体事故健康险、内河运输险、火险和保证保险。总体讲，美国财险公司的承保利润相对较低，对投资赢利的需求及压力较大。

根据NAIC的数据，美国财险市场的经营利润主要来自投资收入，行业平均投资收益率（投资收入/已赚保费）一直在12%左右，总体营业比率平均为89%。行业平均资产回报率为2.5%，最好的年份（2006年）为4.7%；行业平均股权回报率为6.7%，最好的年份（2006年）为12.4%。平均投资回报率（投资收入/总投资资产）为4.3%。税前总收入回报率为11.5%，最好的年份（2006年）为22%。美国财险市场资本充足，承保能力强，尤其是近年来，承保能力呈过剩趋势。

作为一个成熟的、监管相对完善的保险市场，美国保险市场的财务报表对发展中国家的保险公司有高度借鉴意义。根据NAIC和A.M.Best的数据，财险公司的主要资产为投资资产，占总资产的80%以上。其中，债券投资占总资产的50%以上，股票资产占总资产的20%左右，而按揭和房地产等流动性差、风险较高的资产比例很低，占总资产的1%左右。现金和短期资产的流动性强，约占

① 此处忽略不计保户分红比率。

总资产的5%。其他资产项目包括未收保费（占总资产的7%左右）、应收再保险支付及再保险抵押等（占总资产的2%左右）。负债方面，50%～60%为赔款准备金负债，其次是未赚保费准备金负债，占总负债的20%左右。该市场的总资产负债率为1.72。2000～2010年虽然经历了“9·11”、巨灾及经济危机的冲击，美国财险市场的股权资金仍然充裕，保持着强大的承保能力。

2. 保险公司概述

据NAIC财产责任险数据显示，2010年，该市场共有从业公司1330家，其中独立单营公司914家，集团公司416家（这些集团公司由1869家子公司组成）。数量众多的公司给市场带来了极大的竞争活力。该市场的HENFIDAHL竞争指数为352.2点，远远低于一个垄断市场所需的最低标志指数1800点。同时，最大公司的保费市场份额为12%，前五大公司的市场份额为32.8%，前十大公司的市场份额为51.1%。这些数据表明，尽管美国的财险市场是一个高度竞争的市场，大公司仍具有绝对竞争优势和市场领先地位。从美国财险市场过去十年的公司数目和竞争指数来看，财险市场是一个相对稳定的市场①。

美国财险市场的一大特色是股份保险有限公司和相互保险有限公司两种主要公司形式并存，共同发展②。美国最大的财险公司State Farm Mutual Automobile Insurance，多年来一直保留了相互保险公司的形式，经营稳定，业务口碑良好。虽然该市场多次经历了相互化和非相互化的潮流和变动，但相互保险公司依然得以生存和发展。根据NAIC和A. M. Best的数据，以2010年为例，将近一半的公司为股份保险公司，占市场2/3的保费份额；34%的公司为相互保险公司，占市场1/3的保费份额。以过去十年股份保险公司和相互保险公司的比例及市场份额来看。两种形式的公司并存发展，在过去十年里市场份额相对稳定。

3. 保险营销渠道

美国财险的销售渠道非常多样化，各公司采取独立代理人、经纪人、直销（电话直销、独家代理等）、网销、批发销售等渠道。一些公司采取单一销售渠道，

---

① 由于NAIC要求所有公司都必须报备它们的财务数据，所以其数据库包括所有健康的公司和一些濒临破产或已经破产被接管的公司。本文其他分析是建立在相对健康公司的基础上的。我们删除了负资本、负保费和负理赔的公司。

② 该市场其他的公司形式包括Lloyds，Fraternal or HMO，Risk Retention Groups，Captive，Residual Market Mechanism and State Insurance Funds，etc.。

但是越来越多的公司通常采用一种销售渠道为主，多种销售渠道并存的方式。根据NAIC和A. M. Best的数据，以2010年为例，40.4%的公司以代理人销售为主，市场份额为43.4%；5.9%的公司以经纪人销售为主，市场份额为10.5%；19.6%的公司以直销为主，市场份额为42.8%。值得关注的是，采用其他销售渠道（如批发代理、总代理、银销、网销等）的公司比例逐年上升，市场份额也有所上升。

（二）欧洲：德英法荷为主导带动市场恢复，欧盟新风管政策提升市场信心

1. 保险市场概况

2010年，欧洲非寿险业保费收入实现了4.1%的增长，约达4282亿欧元（5730亿美元）。这一总体增长归因于经济形势的改善。2011年，欧洲非寿险保费收入略有增长，为4403亿欧元（5893亿美元）[①]（见图39）。在2010年，德国、英国、法国和荷兰仍然在欧洲非寿险市场中处于领先位置，分别占欧洲非寿险市场保费收入的21%、15%、14%和13%。

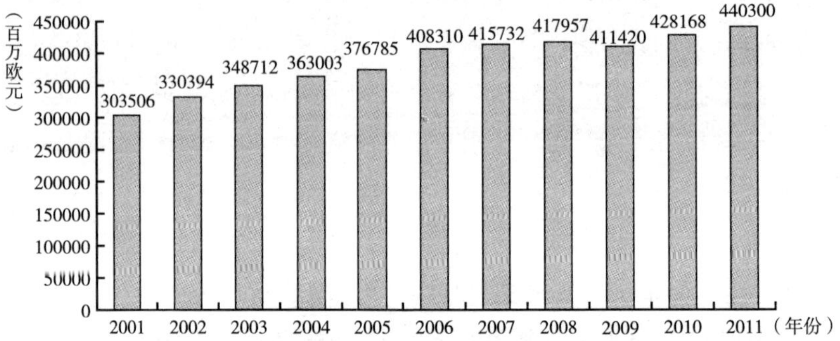

图39 欧洲非寿险保费收入

资料来源：CEA统计数据：欧洲保险业经营数据，2011年12月。

2010年欧洲车险保费收入约达1240亿欧元（1660亿美元），占非寿险保费总额的38%，财产险紧随其后，占25%的市场份额（见图40）。

---

① 数据来源于CEA Statistics No. 44，"European Insurance in Figures"，December 2011，此处的数据与瑞士再保险的数据略有不同，瑞士再保险除33个国家之外还收录了欧洲其他国家的数据。

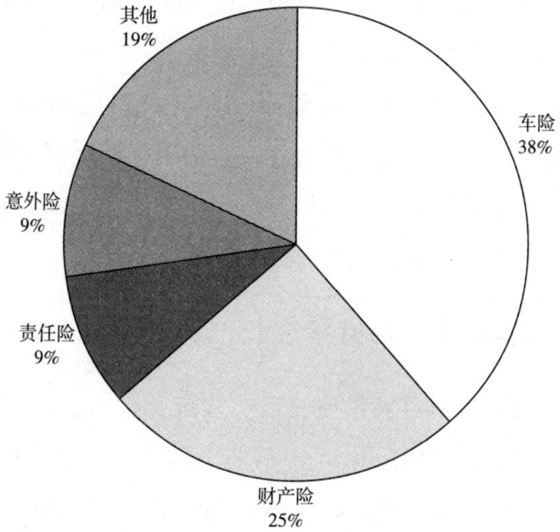

图 40　2010 年欧洲非寿险业保费收入结构

资料来源：CEA 统计数据：欧洲保险业经营数据，2011 年 12 月。

欧洲非寿险市场的分销渠道由中介（代理人或经纪人）主导，特别是代理人。此外，包括员工和远程销售（Distance Selling）在内的直销也发挥着重要的作用。银行保险销售在非寿险市场保持在较低的水平。

2. 保险法规改革

欧盟委员会提出了一套旨在增强消费者保护、提升现代化监管、深化市场一体化和提高欧洲保险公司国际竞争力的保险法修改方案。欧盟保险偿付能力Ⅱ即将于 2014 年 1 月 1 日起施行。在新的保险体系下，保险公司需要综合考虑并有效管理面临的所有风险。此外，保险集团需成立专门的“监管小组”来进行更全面的监督和管理。

新系统对保险公司提出更为复杂的偿付能力要求，以保证资金充裕，有足够能力应对突发事件及巨灾损失，如洪水和飓风等。这也将有助于提高保险公司的财务稳健性。目前，欧盟的偿付能力要求仅仅包括保险风险，未来保险公司需要持有更充足的资本来应对市场风险（如保险公司的投资价值下跌）、信用风险（如债务无法偿还）和运营风险（如骗保或系统故障）。这些风险对保险公司的偿付能力构成重大威胁，但目前的欧盟系统还未涉及对这些风险的应对。在新体系下，保险公司需要进行“自身风险和偿付能力的评估”来预估它们的资金需求，监管者的监管重心也会由原来的合规性监控转移到评估保险公司的风险状况和它们的风险管理及治理系统上。

此外，通过在本国成立“监管小组”，与其他相关监管部门进行广泛合作，新系统将对保险集团实施更加有效的监管，并采用更直接简化的监管方法来获得保险集团最准确的经营情况。监管小组的引入不仅保证集团的风险得到重视，促进其更有效的运作，也进一步提高了对投保人利益的保障。

（三）亚洲：非寿险市场持续成长，新兴市场尤为突出

1. 日本：增势显露，购并案造就三巨头垄断

（1）保险市场概况。2010 年，日本非寿险总保费收入为 82350 亿日元（1018 亿美元）。在 50 家非寿险公司中，28 家为本土保险公司，其保费收入为 77480 亿日元（958 亿美元），与 2009 年基本持平。本土公司占非寿险市场总保费的 94.1%，22 家外资保险公司保费收入为 4870 亿元（60 亿美元）。对日本非寿险市场的衡量和考察基本集中在本土非寿险公司。2011 年，日本非寿险市场保费收入出现上升迹象，总保费收入为 84910 亿日元（1049 亿美元），比 2010 年增长 3%（见图 41）。2012 年第一季度（截至 2012 年 6 月）本土非寿险公司保费收入为 21171 亿日元（262 亿美元），同比增长达 3%。

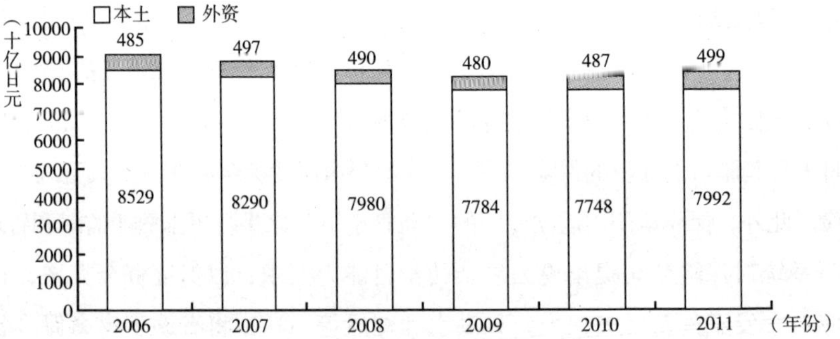

图 41　日本非寿险业保费收入

资料来源：日本损害保险协会、日本外资非寿险保险协会。

日本本土非寿险公司在 2008 年全球经济危机中遭受重创，出现严重亏损，亏损额（Operating Loss）达 2579 亿日元（31.9 亿美元）；2009 年经营利润迅速

恢复后在2010年又小幅下滑，2011年进一步降低至801亿日元（10亿美元）。非寿险投资收入自2009年的谷底后有所反弹，2010年投资收入达到6562亿日元（81亿美元），2011年与2010年基本持平（见图42）。

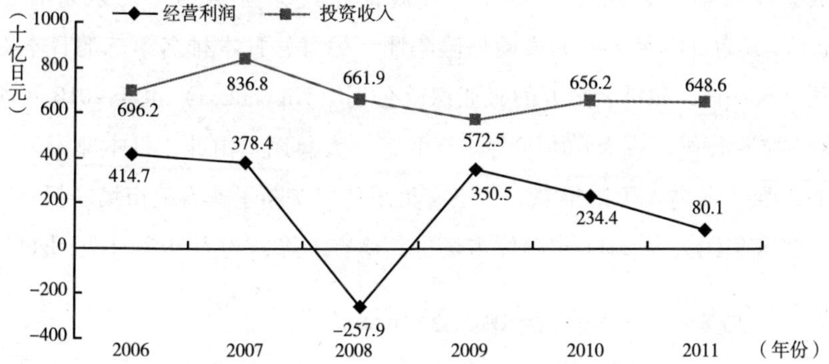

图42　日本非寿险业经营利润及投资收入

资料来源：日本损害保险协会。

2011年，日本非寿险公司的资产总额为27.987万亿日元（3459亿美元），投资资产占总资产的88.8%。投资资产中，有价证券占到78%。非寿险总负债约23.7万亿日元（2929亿美元），赔款准备金占总负债的86.2%①。非寿险资产总额2008年下降13.7%，虽然在2009年有所增长，但2010年和2011年非寿险资产又出现下滑（见图43）。

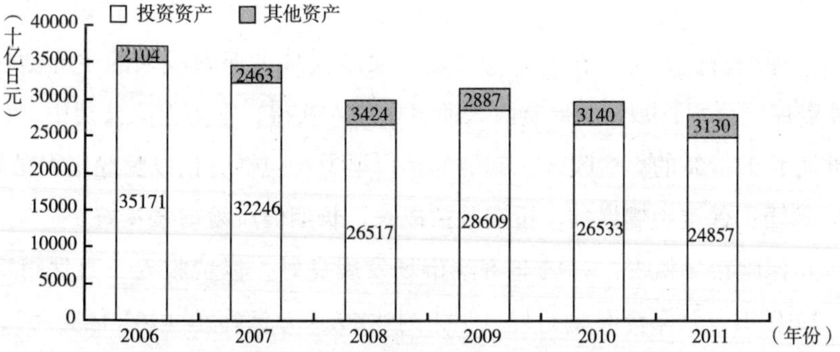

图43　日本非寿险业资产分布

资料来源：日本损害保险协会。

① 日本损害保险协会2010~2011年报。

（2）保险公司概述。2010 年日本非寿险业市场结构由于两个并购案而发生重大变化。日本非寿险业分别排名第二、第四和第六的三井住友保险（MSIG）、爱和谊保险（AIOI）以及日生同和保险（Nissay Dowa）于 2010 年 4 月完成合并，成立控股集团公司 MS & AD，其规模超过原排名第一的东京海上集团（Tokio），成为日本最大的非寿险保险集团。另外，日本排名第三的日本财产保险公司（Sompo）和排名第五的兴亚保险公司（Nipponkoa）也于 2010 年 4 月成立 NKSJ 控股公司，成为日本非寿险行业第三大集团。由此，日本非寿险格局由之前的六强争霸进入了三足鼎立，三家集团公司垄断了非寿险市场净保费收入的 92%，三家集团公司 2011 年总体市场份额略有下降，约为 89%（见图 44）。

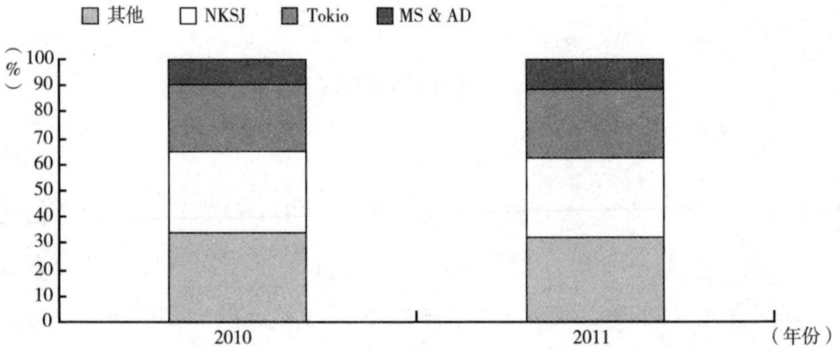

图 44　2010 年日本非寿险业保费收入市场分布

资料来源：日本损害保险协会、日本外资非寿险保险协会。

（3）保险营销渠道。在非寿险市场，保险代理占保费收入的主导地位，尤其是外资保险公司，99% 的保费收入通过代理人获得；本土保险公司中，代理人渠道贡献了 92.2% 的保费收入。其他的销售渠道还包括直销以及经纪人销售①。

2. 韩国：保费稳健增加，投资收益成长，长期健康险前景良好

（1）保险市场概况。韩国非寿险市场发展良好，保费收入一直保持增长的趋势。2010 年，总保费增加了 17.1%，约达 49.4 万亿韩元（441 亿美元），2011 年保费继续增长 17.5%，约为 58.0 万亿韩元（518 亿美元）②（见图 45）。

① 日本非寿险保险协会 2010 ~ 2011 年报。

② 数据来源于韩国非寿险协会，http：//www. knia. or. kr/Main/main_ english/annual/set_ annual1. asp；韩国金融管理局统计数据，http：//efisis. fss. or. kr/fss/fsi/id/fssview05_ ENG. jsp。

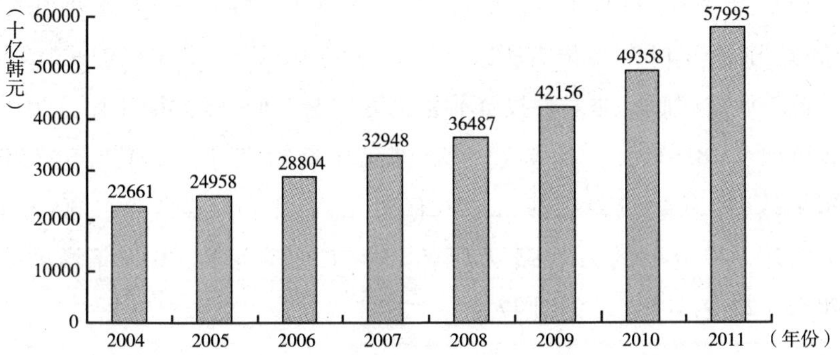

图 45　韩国非寿险业保费收入

资料来源：韩国非寿险协会、韩国金融管理局统计数据。

从保费收入的结构来看，长期健康险（Long-term Health）仍为韩国最大的非寿险保险业务，2011 年，其保费收入比 2010 年增长了 21.8%；2010 年长期健康险占 57.6% 的市场份额，2011 年增至 59.7%（见图 46）。该险种兼具储蓄和投资的功能，由于韩国人口的老年化趋势，长期健康险具有良好的前景。车险为第二大保险产品，保费份额约为 22%。

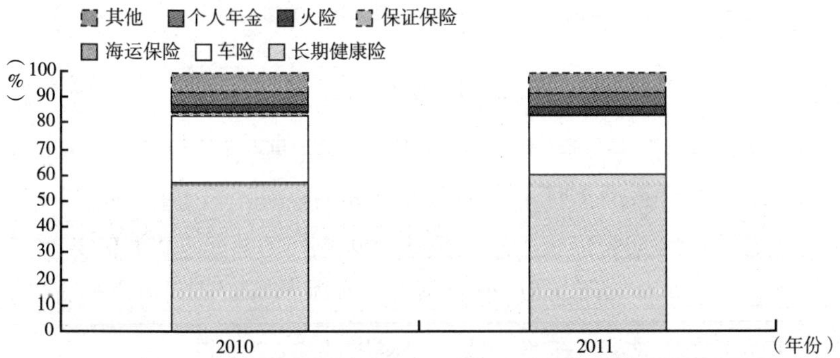

图 46　韩国非寿险业保费收入结构

资料来源：韩国非寿险协会、韩国金融管理局统计数据。

虽然非寿险保费收入有所增加，但是赔付的增加导致非寿险业务处于亏损中。2010 年，除信用保险和年金险之外，所有非寿险险种的赔付率均有所上升，总体赔付率上升了 1.5%，达到 79.2%。韩国非寿险业运营长期处于亏损状态，2009 年亏损 9300 亿韩元（8.3 亿美元），2010 年增至 9879 亿韩元（8.8 亿美元），2011 年亏损有所减小，为 5685 亿韩元（5.1 亿美元）。与此同时，得益于股市回暖，非寿险投资前景良好，与 2009 年同期相比，2010 年投资利润增加了 18.9%，约达 3.73 万亿韩元（33 亿美元），2011 年较 2010 年增长 8.6%，约为 4.05 万亿韩元（36 亿美元）。非寿险净收入自 2008 年的低谷逐步回升，2010 年约为 2.03 万亿韩元（18 亿美元），2011 年增至约 2.45 万亿韩元（22 亿美元）（见图 47）。

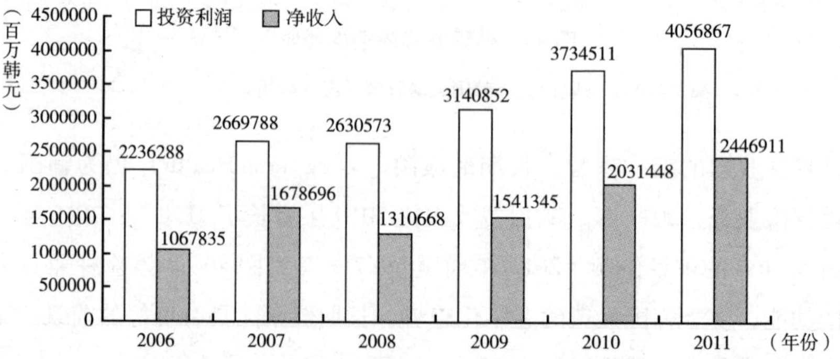

图 47　韩国非寿险业投资利润及净收入

资料来源：韩国非寿险协会、韩国金融管理局统计数据。

根据韩国金融管理局的统计资料，2011 年，韩国非寿险业总资产为 130 万亿韩元（1161 亿美元），比 2010 年的 102 万亿韩元（911 亿美元）增长了 27.5%。其中，投资资产 100.8 万亿韩元（900 亿美元），占总资产的 77.5%；有价证券占总资产的 50% 以上。总负债达 109.9 万亿韩元（981 亿美元），其中赔款准备金占总负债的 86%。从图 48 的资产分布图中可以看出，投资资产占总资产的比重基本保持稳定，在 80% 上下小幅度波动。

（2）保险公司概述。截至 2012 年 3 月，韩国共有 32 家非寿险公司，其中 24 家为一般保险公司，7 家再保险公司，另外一家是首尔保证保险公司。三星火灾海上保险公司（Samsung Fire & Marine）为韩国保费收入最高的非寿险公司，市场份额约为 25%。前四大保险公司的保费市场份额与 2010 年相似，约为 70%（见图 49）。

（3）保险营销渠道。韩国非寿险业保费收入的主要来源为代理人及推销员（Solicitor），2010 年对保费收入的贡献分别为 44.5% 和 32.2%，其比例基本保持

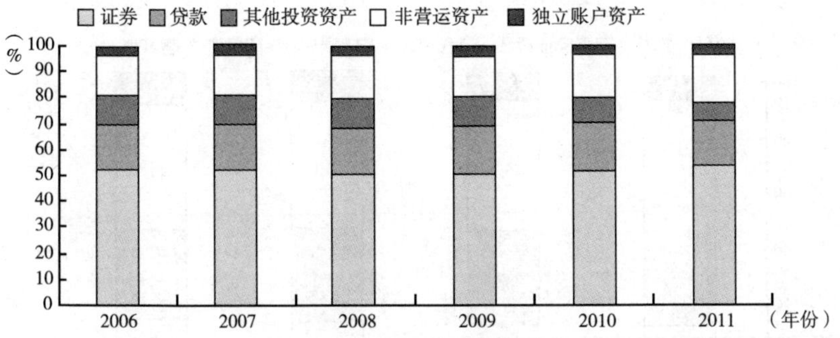

图 48　韩国非寿险业资产分布

资料来源：韩国非寿险协会、韩国金融管理局统计数据。

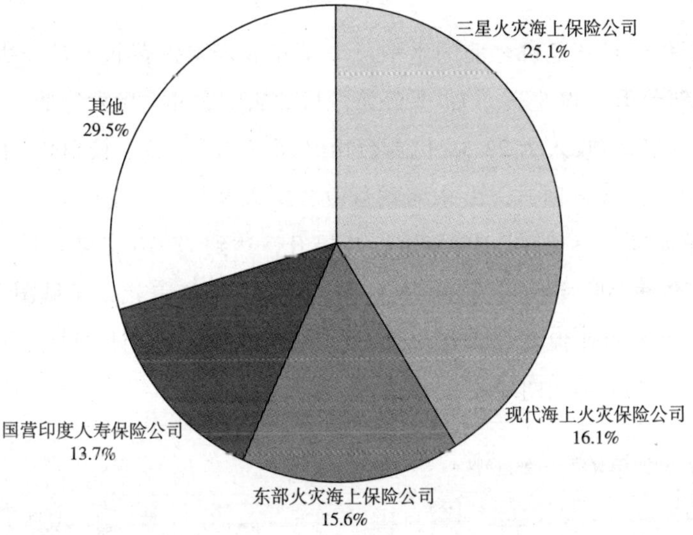

图 49　2011 年韩国非寿险业保费收入分布

资料来源：韩国非寿险协会、韩国金融管理局统计数据。

稳定。其次为保险公司直接销售，占保费来源的 15. 6% 。银保对非寿险保费收入贡献仅占到 6% 左右（见图 50）。

3. 中国台湾：保费逐步恢复，本土公司垄断市场

（1）保险市场概况。中国台湾非寿险保费自 2005 年达到顶峰以后，逐渐呈下降趋势。直到 2010 年随着整体经济形势的好转，非寿险保费小幅回升，然而

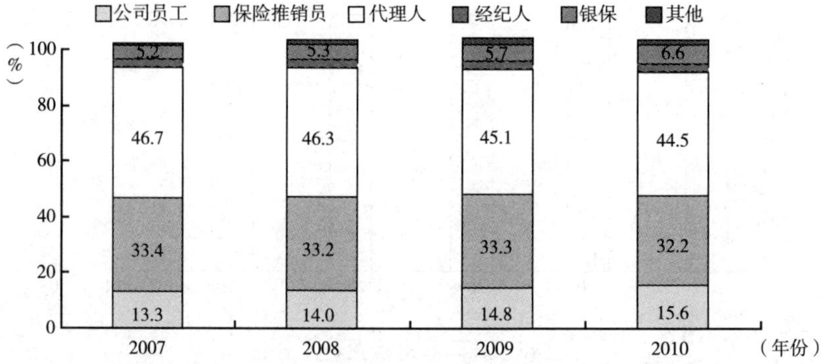

图 50　韩国非寿险业保费收入来源

资料来源：韩国非寿险协会。

保费总额仍低于经济危机之前的水平。2011 年非寿险保费收入进一步回升，达到 1130 亿新台币（39 亿美元）。受经济危机的影响，非寿险业净收入在 2008 年跌入谷底，税后净收入为 22.19 亿新台币（7607 万美元），较 2007 年减少一半以上。2009 年净收入回升，由于缩减营业成本以及投资环境的好转，中国台湾非寿险业整体税后赢利在 2010 年进一步提升，达到 78.20 亿新台币（2.7 亿美元），2011 年非寿险净收入为 89.78 亿新台币（3.1 亿美元）（见图 51）。2012 年中国台湾非寿险业保费收入逐步攀升，前 8 个月保费合计 824 亿新台币（28 亿美元），比 2011 年同期增长 7%。

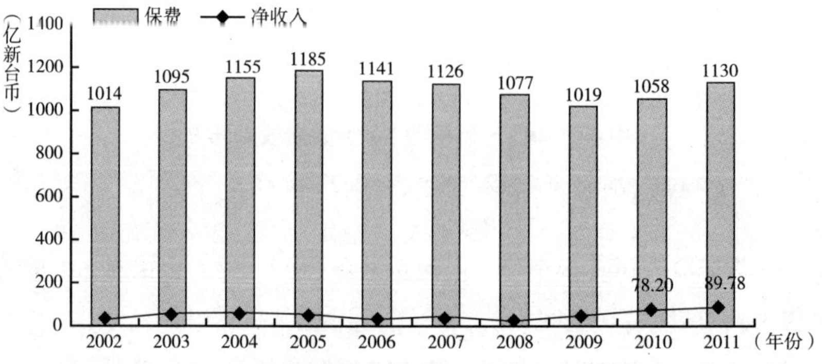

图 51　中国台湾非寿险业保费收入及净收入

资料来源：台湾保险事业发展中心。

2011 年中国台湾地区非寿险总资产为 2758 亿新台币（95 亿美元），较上一年增长 3%。2011 年投资资产总额为 1873 亿新台币（64 亿美元），占总资产的比例为 67.9%，相比 2010 年下降了 5%。在投资资产方面，有价证券比例最高，为投资资产的 42.5%，其次为银行存款（29.5%）及境外投资（12.9%）。在负债及业主权益中，负债为 2024 亿新台币（69 亿美元），占 73.4%，而赔款准备金占负债的 86%。中国台湾非寿险业投资资产占总资产的比例在 2008 年由 80% 减少到 70%，2009 年小幅回升，2010 年增长至 73.2%，2011 年又回落到 68%（见图 52）。

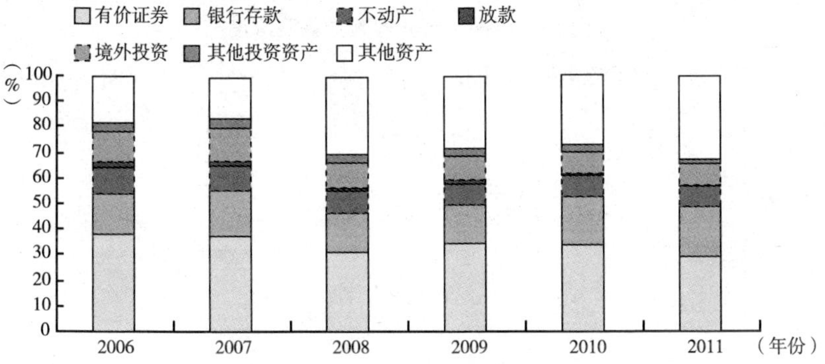

图 52　中国台湾非寿险业资产分布

资料来源：台湾保险事业发展中心。

中国台湾非寿险业保险深度自 2004 年一路下滑，由 2004 年的高峰 1.02% 跌至 2010 年的 0.78%，2011 年缓慢回升至 0.82%。2011 年非寿险业保险密度为人均 4867 新台币（167 美元），比 2010 年的人均 4568 新台币（157 美元）增长了 6.5%（见图 53、图 54）。

（2）保险公司概述。截至 2011 年底，中国台湾共有 23 家非寿险公司，其中 17 家为中国台湾本土公司，公司数目与 2010 年相同。2011 年中国台湾前十大非寿险公司均为本地公司，共占有大约 86% 的市场份额，与 2010 年大致持平。前四大公司保费收入占市场总保费收入的 52.5%，最大的非寿险公司富邦保险占有 21.5% 的市场份额，远远高于第二位的国泰世纪。国泰世纪的保费比例为 12.1%。本土公司保费市场占有率在 2011 年为 97.7%；外资非寿险公司保费市场份额呈逐年下降的趋势，2010 年略有回升，为 2.17%，2011 年与 2010 年基本持平，为 2.23%（见图 55、图 56）。

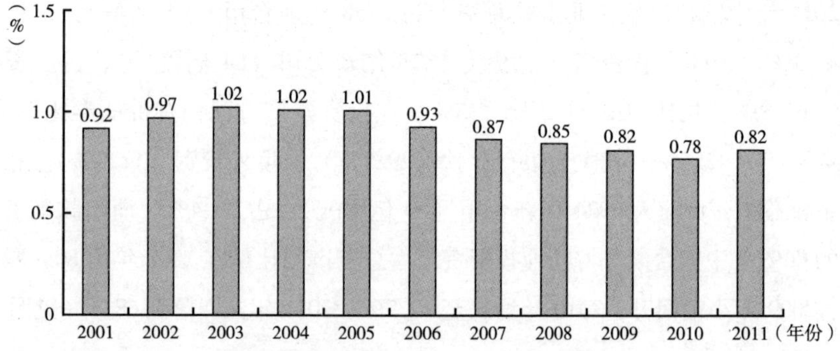

图 53　中国台湾非寿险业保险深度

资料来源：台湾保险事业发展中心。

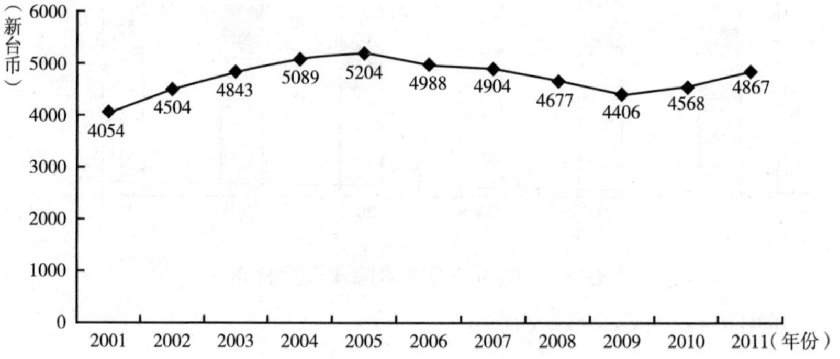

图 54　中国台湾非寿险业保险密度

资料来源：台湾保险事业发展中心。

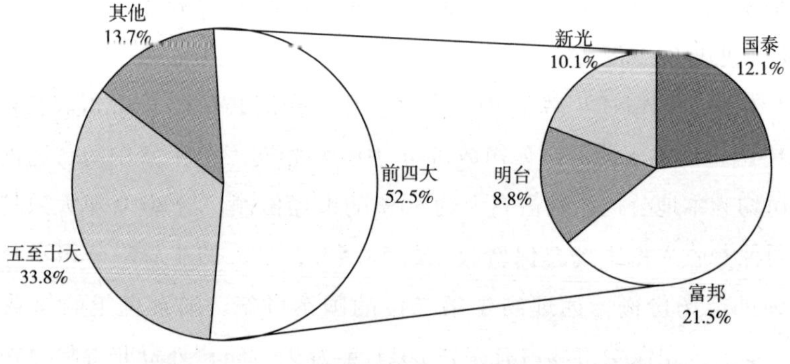

图 55　2011 年中国台湾非寿险业保费分布

资料来源：台湾保险事业发展中心。

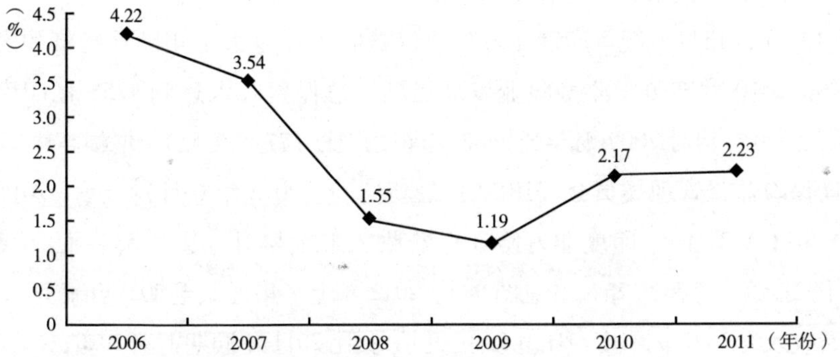

图 56　中国台湾非寿险业外资保险公司市场份额

资料来源：台湾保险事业发展中心。

（3）保险营销渠道。保险代理人和保险经纪人是中国台湾非寿险业重要的营销渠道，保险代理人的保费收入在高峰期曾占非寿险保费总收入的 80% 以上，自 2003 年起代理人签单保费比例逐步下降，2010 年代理人保费占非寿险总保费收入的 23. 3% 。2010 年中国台湾非寿险市场共有 38236 名保险代理人，86870 名保险经纪人。保险经纪人签单保费呈现上涨趋势，占非寿险保费收入的比例由 2006 年的 14% 增加到 2010 年的 19. 8% 。保险公司业务员以及其他销售渠道签单保费比例逐步上升，2010 年已达到非寿险总保费收入的 56. 8%（见图 57）。

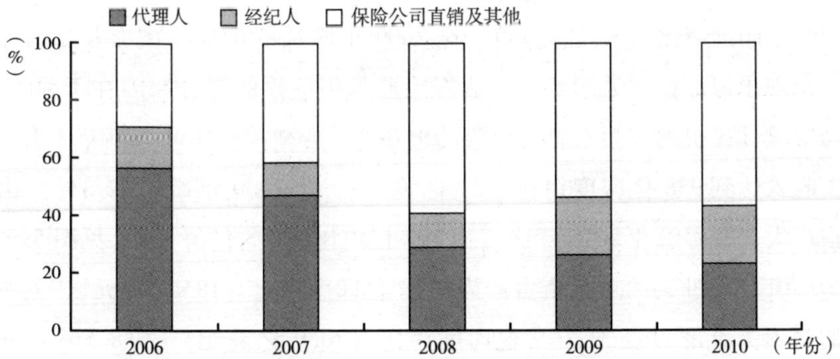

图 57　中国台湾非寿险业保费收入来源

资料来源：台湾保险事业发展中心。

4. 印度：保费增长显著，承保亏损扩大

（1）保险市场概况。印度非寿险业保费收入在过去十年随着经济的发展一路上扬。2010 财年印度非寿险业发展迅猛，总保费收入达到 4258 亿印度卢比（95 亿美元），相对 2009 财年的 3462 亿印度卢比（77 亿美元），增幅高达 23.0%。据印度保险监督管理委员会（IRDA）最新期刊（2012 年 6 月）显示，2011 财年（截至 2012 年 3 月），印度非寿险业保费收入继续攀升，达到 5304 亿印度卢比（118 亿美元），增幅达 25%（见图 58）。2012 年上半年（截至 2012 年 9 月），非寿险保费收入为 3097 亿印度卢比（69 亿美元），比 2011 年同期上涨 19%。

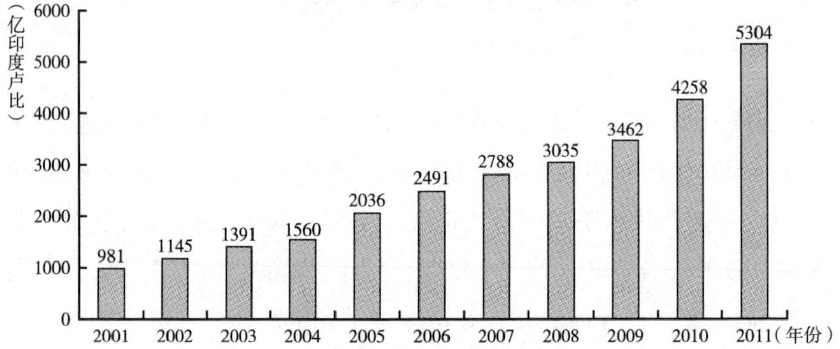

图 58　印度非寿险业保费收入

资料来源：印度保险监督管理委员会 2010 ~ 2011 保险年报。

虽然保费持续增长，但印度非寿险业承保亏损额进一步扩大，2010 年亏损达到 997 亿印度卢比（22 亿美元），比 2009 年增长了 68%，国有及私营非寿险公司均出现承保亏损扩大的状况。非寿险业承保亏损的部分原因在于 2010 年保险公司要求计提机动车第三者责任险的准备金。非寿险投资收入逐年上升，2010 年投资收入达到 938 亿印度卢比（21 亿美元），比 2009 年增加 22.1%。由于承保亏损巨大，非寿险业 2010 年净亏损 102 亿卢比（2.3 亿美元）（见图 59）。

2010 年印度非寿险业投资资产为 8252 亿印度卢比（184 亿美元），其中份额最多的两项为批准投资 3176.9 亿印度卢比（70.9 亿美元）（38.5%）和国债 1986.5 亿印度卢比（44.3 亿美元）（24.07%）。投资资产的各部分比例和 2009 年大致相同，近五年来也无较大变化（见图 60）。

2010 年印度非寿险业保险深度一改数年来停滞不前的局面，相比 2009 年上

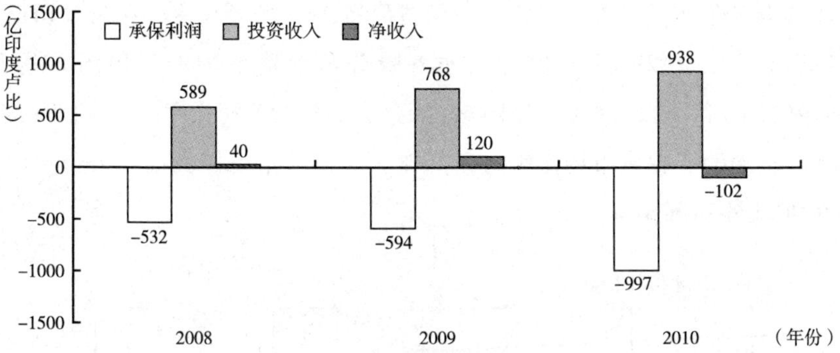

图 59　印度非寿险业经营状况

资料来源：印度保险监督管理委员会 2010～2011 保险年报。

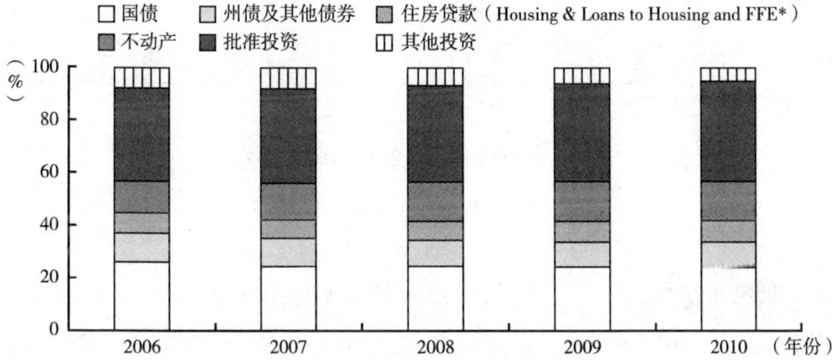

图 60　印度非寿险业投资资产分布

注：FFE-Fire Fighting Equipment。

资料来源：印度保险监督管理委员会 2010～2011 保险年报。

升 0.11%，达到 0.71%。保险密度也有较大幅度的提高，由 2009 年的人均 6.7 美元提高到人均 8.7 美元，增幅达 30%，相对于 2004 年（人均 4.4 美元）增长了近一倍。

（2）保险公司概述。截至 2012 年 3 月 31 日，印度市场总共有 24 家非寿险公司（与 2010 年度持平），其中 6 家为国营公司，18 家为私营公司（包括 3 家从事健康保险的公司）。在 6 家国营公司中，有 2 家经营特殊业务的保险公司：一家是经营信用保险的出口信用公司（Export Credit Guarantee Corporation，ECGC），另一家是经营种植业保险的印度农业保险公司（Agriculture Insurance Company of India Ltd.，AIC）。

2011年印度国营非寿险保险公司保费保持21%的增长率，私营公司增长率超过国营公司，为29%。4家国营非寿险公司保费市场份额相比2010年的59.1%略有下滑，为57.6%（见图61）。最大的私营公司，印度工业信贷伦伯德（ICICI Lombard），保费市场份额约为10%。非寿险市场保费前十大公司的市场份额在2011年达到87%。

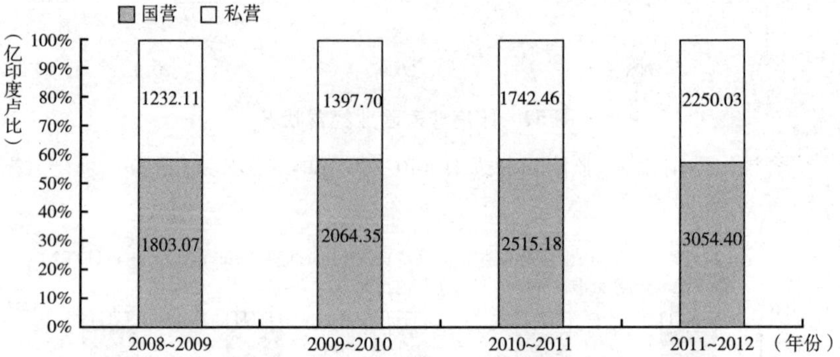

图61　印度非寿险业保费收入分布

资料来源：印度保险监督管理委员会2010~2011保险年报。

（3）保险营销渠道。个人代理和公司员工直接销售是印度非寿险业保费的两大主要来源，2010年分别占到总保费收入的31.3%和30.7%。经纪人的保费收入占总保费收入的19.8%。银行以及公司代理的保费市场份额分别为8.9%和6.1%（见图62）。

四　全球保险业面临的主要挑战

世界保险业虽然看似已经走出了经济危机带来的低谷，但是要真正恢复活力、彻底摆脱经济危机的阴影尚需时日。从全球范围看，目前保险业面临以下几个主要挑战。

（一）利率持续下降迫使保险公司增加投资，寻求突破

自2007年底以来，美国财政部十年债券的收益率从2000~2007年的4.71%持续走低，到2011年底，十年债券利率破纪录地降到了1.72%，如此之低的利率对

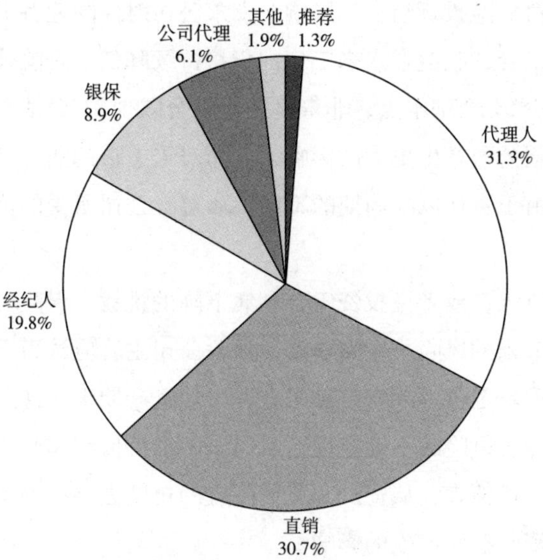

图 62　2010 年印度非寿险业保费收入来源

资料来源：印度保险监督管理委员会 2010～2011 保险年报。

保险业产生了巨大的影响，其中最明显的就是保险公司投资组合账面收益在过去的五年中持续下降。寿险公司的净投资收益率已经由 2007 年的 5.6% 下降到 2010 年的 5.0%；非寿险公司的该账面收益由 2007 年的 4.5% 下降到 2010 年的 4.0%①。在未来三年当中，预计该现象仍会持续降低保险公司的投资组合账面收益。如果现有的经济与市场条件没有任何改进的话，那么这种利率持续走低的现象在未来的几年中将不会有所缓解。为了有效地管理低利率风险，保险公司将不得不采取行动来应对挑战。近期，安永公司（Ernst &Young）针对低利率对保险公司的影响进行了研究。研究发现，联储利息在 2013 年中期仍将保持低利率不变的态势。在利率持续走低的大环境下，无论寿险还是非寿险，保险公司的实际收益将低于账面收益，其投资组合的账面收益将会被逐渐吞噬。保险公司的主管将不得不在公司所得、保险费率、产品设计等方面采取有效举措，以弥补低利率所造成的公司收益损失。

---

① Justin Mosbo, Robb Luck, Richard de Haan and Douglas French, "Against the Wind", *Best's Review*, 2011 (12), pp. 82 - 85.

考虑到利率对保险投资组合的影响，安永公司对保险业各类公司进行了分类测算，预计投资组合的收益在未来三年内仍将持续降低。寿险公司的一般账户投资收益预计将减少51个基本点，非寿险公司将会减少31个基本点。这种影响可能对未上市的寿险公司产生更大的影响，然而对未上市的非寿险公司影响并不显著。总体而言，由于责任风险周期的不同，非寿险公司所受的负面影响将会低于寿险公司。

面对低投资收入，或者说投资组合利润下降的挑战，保险公司势必寻求创新来防范低利率所带来的风险。专家建议，保险公司主管应致力于有效资金管理和保单管理、产品重新定价、改变产品组合、增加资产期限，甚至可以增加高风险资产配置。面对经济风险的不确定性，联储试图维持低利率政策，那么保险公司应当仔细查看资产负债表，从资产和负债配置的角度去寻找创新性的解决办法以抵消低利率对投资收益所产生的影响。

（二）欧盟保险偿付能力Ⅱ给保险公司带来沉重负担①

耗资巨大的欧盟偿付能力Ⅱ原本计划给欧盟27个成员国的保险公司建立统一的资本充足架构。该标准预计于2012年底全面生效，然而，这一监管条例不仅仅使总部在欧洲的保险公司面临着巨大的财务压力，而且为全球各地与欧洲有保险业务关系的公司带来了沉重的财务负担。据统计，仅劳合社一家在准备全面实施该条例方面所耗费的成本就已经达到了每年9600万美元至1.21亿美元不等。更有甚者，美国的Chartis（前AIG）公司，为了缓解该标准对其在欧洲业务产生的压力，不惜花重金在伦敦注册了新的公司以应对欧盟偿付能力Ⅱ的改革。为了应对与效仿该标准，包括中国在内的亚洲保险公司也忙于建立风险资本额框架并增加了大量支出。

对于大型保险公司而言，例如劳合社内的大型辛迪加，欧盟的新标准使其增加了大量的劳力和财务支出。此支出虽属于额外费用，但仍未超过其能力范围。然而对于小型保险公司来说，该项支出大多超越了其支付能力，因此小型保险公司对此怨声载道。有些小公司不得不通过并购以应付该项支出。相互保险公司困难尤甚，小型的相互保险公司因此付出高于过去4~10倍的资本去从事同样的保

① Ron Panko, "The Ripple Effect", *Best's Review*, 2010 (12), pp. 24-27.

险业务。

在欧盟之外的其他保险监督机构也积极建立类似的监管条例。第一批监督机构包括百慕大、瑞士和日本。由于百慕大以再保险公司为主，已经具备良好的内部审计模式，因此它们比一般保险公司要准备得充分。瑞士的再保险公司几乎具备相同的条件。然而美国的公司没那么幸运，不少专家指出，相对于在美国运作的欧洲公司，美国本土公司恐怕大多低估了应付新监管条例可能带来的沉重代价。因此，专家们一再指出实行和维持欧盟保险偿付能力Ⅱ将会是一笔巨大的投资。许多小公司将为此面临严峻的考验。

欧洲保险市场在全球保费收入中居首位（36%），与欧盟有大量业务关系的北美国家居于其后（29%）①，欧盟保险偿付能力Ⅱ对欧洲保险公司以及北美保险公司的影响是不容忽视的。因此，欧盟保险偿付能力Ⅱ给全球带来的沉重负担已经成为全球保险业的热门话题。

（三）全球自然灾害引起保险业高度重视

在过去的五年中，巨灾在全球各地频频出现，给不少国家的经济和全球的保险业带来了重创。因此，全球保险业以及保险监管机构纷纷对此表达了忧虑并提出了各种建议，尤其是创立全球或地区性巨灾基金，以应付未来更为严峻的挑战。

2011 年已经成为全球自然灾害史上损失最高的一年。据美国保险信息机构的统计，2 月的新西兰地震到 3 月的日本东部地震及海啸共导致了 2260 亿美元的损失，其中保险损失为 480 亿～530 亿美元；从 4 月美国的风暴和加勒比海的飓风一直到 8 月以后泰国的洪水和山体滑坡，又导致了 700 亿美元的损失，其中保险损失达到了 230 亿美元。同年，在亚太地区与巨灾保险相关的损失当中有 61% 的损失属于保险损失，该数据远远超过了过去三十年中该地区平均保险巨灾损失的百分比（13%）。这种百分比的变化给亚太地区保险公司及监管机构提出了严重的警告。因为随着亚洲经济的高速增长以及自然灾害的频繁出现，会有越来越多的公司及个人诉求保险的保护，因此亚太地区的保险需求会不断提高。终

① 瑞士再保险股份有限公司：《2010 年度世界保险业》，*Sigma* 2011 年第 2 期，该百分比根据保费分布统计。

其结果，要求保险业有更加充分的损失储备和风险管理。随之而来的监管标准的提高以及地区性防灾基金合作将是十分必要的①。

仅以日本东部大地震为例，其损失之惨重、对民生之影响可以说是史无前例的。据日本官方2011年7月公布的数据，失踪及死亡人数约2万人，直接损失达到了2080亿~3250亿美元②，间接损失如停电对交通及基础设施和人民生活的影响更是不可估量。截至2011年12月，泰国的水患影响了64个省（相当于85%的地区），至少600人死亡。由于洪水，9家日本汽车在泰国的生产商从10月到11月停止生产；仅日本三井住友海上火灾保险公司和东京海上日动火灾保险公司的保险损失就达到了约3000万美元③。为了应对这次洪灾，泰国政府不得不给予15.84亿美元④的灾难保险基金支持。这些灾难唤醒了公众的保险意识，而专家们认为保险公司应当在征收保费的同时也注意以下的责任⑤：首先，在管理巨灾风险方面要采取更为复杂的评估方法。不仅要建立充足的数据库，而且要持续地对评估模型进行修正与改进，其中最重要的是对前所未见的巨灾的可能性要有充分的评估。其次，增强对抗灾能力的压力测试。以日本东部地震为例，由于1923年关东大地震的警示，保险公司确保了充足的巨灾资本准备，这是日本保险业仍然能够维持充足的偿付能力的关键原因。保险公司务必考虑到多重自然灾害的可能性来实行抗压测试，这样才能够应对严重自然灾害的挑战。最后，专家们也一再强调加强企业全面风险管理（ERM）的重要性。

（四）全面风险管理成为发达国家保险业的共同呼声⑥

不仅日本的保险业领袖大声呼吁在公司内部实现全面风险管理（ERM），纽约的保险监督官也起草了一份文件来敦促保险公司在内部实施正式的全面风险管理功能，该草案不仅鼓励每家保险公司正式采用全面风险管理，而且要求保险公

① Robert P. Hartwi, "Global Catastrophe Loss Developments and Trends", *Insurance Information Institute*, 2012.

② 1美元=76.9172日元，雅虎财经，2011年12月31日。

③ "The cost of Thailand floods", *Asia Insurance Review*, 2011 (12), p. 10.

④ 1美元=31.5696泰铢，雅虎财经，2011年12月31日。

⑤ Hiroshi Fukushima, "The Great East Japan Earthquake and the Status of The Toa Reinsurance Company, Limited", *Japnan's Insurance Market*, 2011.

⑥ Howard Mills, "Robot's Warning", *Best's Review*, 2011 (12), p. 59.

司将全面风险管理功能作为偿付能力评估的关键因素。

保险公司的优质数据和预测的需求是有效全面风险管理的驱动力，因此，对保险公司而言，相关实际资料的需求在多德－弗兰克（Dodd-Frank）时代显得尤为重要。2010 年 7 月，奥巴马总统签署了多德－弗兰克法案，致力于从法律上增进对华尔街的改革及对消费者的保护。该法案可以说是美国金融监管史上大萧条以后最重要的改革，其内容涉及美国金融服务业的方方面面。该法案的宗旨是增强美国金融体系的可靠性和透明度，防止大型金融机构的破产对消费者及整体经济造成的巨大损失。企业全面风险管理的理念为该法案的全面落实奠定了基础。

全面风险管理的重要性在将来会日益增强，欧盟的保险偿付能力Ⅱ以及 NAIC 提出的偿付能力现代化倡议都要求保险公司在决策以及风险管理数量化之间建立紧密的联系。这两项新的保险监管制度要求保险公司必须具备高质量的风险管理手段，如自我风险偿付能力评估（ORSA）。若没有建立全面风险管理功能，保险公司势必面临着监管重压，甚至在竞争中被淘汰。然而，建立良好的全面风险管理体系需要大量的质量高、可靠性强的信息资料，贯通于公司的运营、金融交易、市场运作和战略管理之中。保险企业面临的工作量和相关的财务支出将大量增长。各保险公司的主管需要在战略上重视这一举措。

（五）亚洲外资险企发展受困引发广泛关注

亚洲近年来成为全球保险业增长最强劲、发展最有活力的地区。保持这种态势不仅需要本地区总体经济发展的支持，也需要保险业自身的完善和提高。保险业在亚洲的国家或地区之间存在巨大差异。区域内的国家或地区之间市场相对独立，各主要保险市场基本都是由本国保险公司所垄断，外资市场份额逐渐下降。外资保险公司多来自欧美地区，近年来，外资保险在亚洲多个国家或地区都出现缩减规模或者退出市场的风潮。虽然有欧美保险公司受经济衰退冲击本身的问题，但也从侧面反映了亚洲保险市场对外资的排斥。同任何产业保护政策一样，从长远看，这种发展趋势会导致亚洲保险公司的效率降低，竞争力减退。如何在发展本国保险和国际化中寻找平衡，应该是我们思考的问题。

综合以上研究归纳，我们注意到全球保险市场发展从保险竞争力的角度来看，欧洲和北美仍在竞争中处于领先地位。以市场份额来论，全球保险市场的主要竞争力仍然集中于欧美市场，占保险市场份额的70%左右。亚洲保险市场在竞争力方面正逐步崛起，虽然亚洲保险市场占世界保险市场的份额刚超过25%，但是经济危机以后亚洲保险市场的强劲反弹凸显了其巨大的潜力。从发展的角度来看，亚洲保险竞争力仍有足够的发展空间，无论是从保险深度还是从保险密度来看，亚洲市场都处于逐渐成长发展的初级阶段。从市场份额来看，欧洲国家的保险竞争力虽然领先于北美，但是危机后的竞争能力增长表现平平。基于目前欧洲经济现状以及欧债危机势态的不稳定，其保险竞争力可能会在一段时间内处于减弱状态。北美保险市场发展近年处于停滞状态，随着美国经济的逐渐恢复，非寿险市场将有可能结束长期的市场疲软状态而进入缓增阶段，但由于经济衰退带来的购买力和需求下降以及低利率带来的负面作用，寿险市场恢复还将要等待一段时间。

无论全球保险竞争力增长走势如何，保险业都需要重点关注以上探讨的挑战性问题。全球经济增长恢复、低利率现象逐渐消失、证券市场走势强劲；欧盟保险偿付能力Ⅱ以及美国偿付能力现代化倡议得到彻底落实和完善；保险企业对巨灾和全面风险管理（ERM）有了充分的准备；进一步促进保险市场的开放。只有奠定了这些基础，全球的保险竞争力才会获得较大的提升。

参考文献

American Council of Life Insurers, *ACLI Life Insurers Fact Book 2011*, 2012.

CEA Statistics No. 44, "European Insurance in Figures", December 2011.

Comité Européen des Assurances (CEA) Statistics, "European Insurance-key Facts", September 2011.

Hiroshi Fukushima, "The Great East Japan Earthquake and the Status of The Toa Reinsurance Company, Limited", *Japnan's Insurance Market*, 2011.

Howard Mills, "Robot's Warning", *Best's Review*, 2011 (12).

Insurance Regulatory and Development Authority India, Annual Report 2010 – 2011.

Korea Life Insurance Association, Annual Statistics.

Korea Life Insurance Association, FY2010 Annual Report, "Life Insurance Business in Korea".

Korea Non-life Insurance Association, Annual Report.

Justin Mosbo, Robb Luck, Richard de Haan and Douglas French, "Against the wind",

Best's Review, 2011 (12).

Robert P. Hartwi, "Global Catastrophe Loss Developments and Trends", *Insurance Information Institute*, 2012.

Ron Panko, "The Ripple Effect", *Best's Review*, 2010 (12).

Swiss Re, "World Insurance in 2010", *Sigma*, No. 2, 2011.

Taiwan Insurance Institution, Report on the Taiwan's Life Insurance Industry, 2010.

"The Cost of Thailand floods", *Asia Insurance Review*, 2011 (12).

The General Insurance Association of Japan, Fact Book 2010 - 2011, "General Insurance in Japan".

The Life Insurance Association of Japan, "Life Insurance Business in Japan, 2010 - 2011".

B.11

关于交强险市场化尝试的几点思考

自《机动车交通事故责任强制保险条例》（下文简称《条例》）颁布实施六年来，投保规模不断上升，2011 年占到车险总保费的 28%，交强险在保障交通事故受害人依法得到赔偿方面发挥了很好的社会作用，交强险制度得到社会公众的肯定。然而，作为产险市场的重要险种，交强险经营管理模式也一直是社会各界关注的热点。下面笔者就相关问题进行分析，谈谈自己的看法，供大家讨论。

一　交强险也是商业性保险

2012 年 2 月，中国保监会下发了《关于加强机动车辆商业保险条款费率管理的通知》。该通知指出，所规范、调整的对象，是机动车辆商业保险（简称商业车险）。显然，其所指商业车险是相对于交强险而言的。依此推理，交强险不属于商业保险性质。其实，多年以来，保险行业都把交强险以外的汽车保险称为商业车险，也就是说，人们习惯上认为交强险不属于商业保险性质。

交强险是否属于商业保险性质，关系到对交强险监管的法律依据、监管原则、交强险的费率制定原则等问题。所以笔者认为有必要从概念上明确交强险的性质。

从理论上讲，商业保险是相对于社会保险或政策性保险而言的。《保险法》第 2 条规定："本法所称保险，是指……商业保险行为。"这就意味着，保险，如不加其他限定和说明，就是指商业保险。商业保险由《保险法》调整。对于社会保险，国家专门制定了《社会保险法》予以调整。商业保险与社会保险，虽然均具保险字样，但性质不同，法律上都有明确的定义，由不同的法律进行调整。政策性保险，是国家给予政策支持的保险业务。目前主要是指农业保险和出口信用保险。国家对农业保险的政策支持措施，主要是给予保费补贴，国家对出口信用保险的支持措施，主要是承担经营风险。

商业保险的特征，主要是实行自愿、等价的商品交换原则，是一种商业活动。自愿，就是投保人有权选择是否投保以及向哪一家保险公司投保，保险人有权选择是否承保。等价，就是保险费率是风险的价格，要反映风险的程度，投保人交纳的保费与其转嫁的风险程度相当，保险人收取的保费与其承担风险的成本及预期合理利润相当。

交强险的全称是“机动车交通事故责任强制保险”。交强险采用强制方式实施，保险费率实行“不赔不赚”原则，在一定程度上不完全符合商业保险的自愿、等价原则，但从性质上看，仍然属于商业保险性质，是一种特殊的商业保险。

第一，交强险不属于《社会保险法》的调整范围，显然不属于社会保险性质。国家对交强险并无保费补贴、承担经营风险等政策支持措施，交强险显然也不属于政策性保险。

第二，交强险是依法实行强制保险的险种。《保险法》第11条规定：“除法律、行政法规规定必须保险的外，保险合同自愿订立。”第136条规定了保险条款和保险费率的审批、备案管理办法。其中规定，依法实行强制保险的险种的保险条款和保险费率，应当报国务院保险监督管理机构审批。鉴于《保险法》调整的范围是商业保险，保监会监管的范围是商业保险，既然强制保险仍由《保险法》调整，交强险由保监会监管，这就说明依法实行强制保险的险种仍属于商业保险性质。我们还可据此推理，商业保险包括自愿和强制两种实行方式，在绝大多数情况下实行自愿原则，但也可实行强制保险。

第三，交强险依法强制实行，只是强制机动车的所有人或管理人必须投保交强险，至于向哪一家保险公司投保，可由投保人选择。经保监会批准经营交强险业务的保险公司，对于交强险的投保要求，不得拒绝承保，但保险公司有权选择不经营交强险。所以，交强险只是在一定程度上不符合商业保险的自愿原则，并不完全背离自愿原则，与社会保险中参保人必须到唯一指定的经办机构办理社会保险，有本质上的不同。

第四，保险公司经营商业保险，理应预期获得合理利润。交强险的费率由保监会审批，审批的原则是交强险业务“总体上不赢利不亏损”，也就是说，交强险的费率是全行业的平均成本，费率中不包括利润。作此规定的初衷，是因为交强险强制实行，目的是保护交通事故受害者的利益，保险公司的宣传展业成本应当很低，保险公司不应从中获得较多利润。即使如此，投保人与保险公司之间的权利和义务也基本上是对等的。投保人的风险程度高，交纳的保费就多；保险公司承担的风险程度高，收取的保费就多。从总体上看，保险公司收取的交强险保费，能够覆盖其成本。所以，交强险费率的不赔不赚原则，并不明显违背商业保险的等价原则。

第五，交强险由多家保险公司经营，除价格外，保险公司可以竞争。有的保险公司经营交强险获得了利润，利润归保险公司所有，有的保险公司经营交强险发生了亏损，亏损由保险公司自行承担。从这个角度看，交强险与一般商业保险没有本质区别。

综上所述，交强险虽然在自愿、等价等方面与一般的商业保险的原则不完全相符，有一定差距，但无论从法律规定看，还是从经营过程看，仍属于商业保险性质，是具有一定特殊性的商业保险。对于交强险的经营和监管，应当充分考虑其特殊性的一面，有针对性地制定监管政策，而在其他方面应当按照一般商业保险的原则经营和监管。

二　对交强险“不赔不赚”原则的反思

《条例》第6条规定：“机动车交通事故责任强制保险实行统一的保险条款和基础保险费率。保监会按照机动车交通事故责任强制保险业务总体上不赢利不亏损的原则审批保险费率。”保监会审批交强险费率所依据的交强险业务“总体上不赢利不亏损”的原则，被称为“不赔不赚”原则。笔者认为这一原则，似有商讨的余地。

第一，保险公司经营交强险业务，要自负盈亏，从这一点看，交强险属于商业保险性质。保险公司是企业，是营利性组织，保险公司经营商业性保险业务，应当以赢利为目的。如果交强险费率实行“不赔不赚”原则，那么保险行业经营交强险业务，总体上应当盈亏基本相抵，不能获得利润。从实际经营结果看，不可能是每家保险公司都盈亏相抵，当然是有的公司赢利，有的公司亏损，如果实行“不赔不赚”原则，经营交强险的保险公司，必然有一部分是亏损的。而这些公司亏损，不完全是因为经营不善，而是因为“不赔不赚”原则。显然，这与保险公司的性质不符，与交强险属于商业保险的性质不符。

第二，实行“不赔不赚”原则的本意在于，交强险作为一种强制施行的保险，目的在于保护交通事故受害人的利益，具有社会公益性，保险公司不应获得较高的利润。实行“不赔不赚”原则，就要按保险业经营交强险的平均成本定价。由于保险业务的成本是在收取保费后发生的，所以只能根据以前年度的平均成本，调整以后年度的费率。如果平均成本提高了，费率也要相应提高。其结果必然是保险公司对降低成本不感兴趣，不会积极采取措施降低成本。因此，从单个公司看，而且从静态看，成本价要低于包括利润的价格。但从整个市场看，从动态看，按“不赔不赚”原则确定费率，不一定能降低经营成本和保险费率，不一定能减轻投保人的保费负担。

第三，实行“不赔不赚”原则，首先要求能够计算保险业经营交强险的平均成本。这就要求对交强险业务进行单独核算。《条例》第 7 条规定：“保险公司的机动车交通事故责任强制保险业务，应当与其他保险业务分开管理，单独核算。”如果一家保险公司同时经营交强险业务和其他保险业务（目前还没有只经营交强险的保险公司），交强险业务的单独核算，只是在一定程度上的（相对的、不很严格的）单独核算。因为在理论上，保费、赔款、销售费用等直接费用，可以实行严格的单独核算，而综合费用、资金运用收益等，只能采用一定的方法分摊，分摊方法的科学性、合理性只能是相对的，无法保证。

从各保险公司经营交强险的报告看，费用占经营成本（赔款加费用、减资金运用收益）的比重、直接费用（专属费用）与综合费用分摊的比重相差较大，总体情况是，费用占经营成本的 30% 左右，在费用中直接费用与分摊费用基本持平。也就是说，分摊的综合费用约占经营成本的 15% 。可见综合费用的分摊对交强险业务的盈亏影响是很大的。2010 年，除个别公司略有赢利外，保险公司经营交强险均呈现亏损。从近期披露的信息来看，2011 年交强险经营业绩也不甚乐观。在保险公司看来，交强险的费率理应提高，但在投保人看来，交强险的费率已经不低，如果提高，恐难被社会公众认同。之所以会产生认识上的差距，主要是对交强险业务的独立核算是否严格、综合费用的分摊是否合理有所质疑。

综上所述，交强险费率实行“不赔不赚”原则，在理论上是说不通的，在实际操作中是难以实行的，其结果对投保人不一定有利，实际上投保人也不会很满意。

三　交强险费率市场化探析

从《条例》第6条规定来看，交强险的条款应当是统一的，交强险的基础保险费率应当是统一的，而对交强险的保险费率则并未要求统一。目前的实际状况是，交强险的条款和保险费率都是统一的。

对于交强险条款的统一，笔者是赞成的，社会公众也无不赞成的声音。因为作为依法强制实行的交强险，目的是保障交通事故受害人依法得到赔偿，各保险公司承保的交强险在保险责任、保险金额等方面不应当有差别，所以保险条款应当统一。

而对于交强险的保险费率，虽然《条例》并未要求统一，但也没有明文规定保险费率应当通过市场竞争形成，也就是说，实行统一的保险费率和允许竞争形成保险费率，都不与《条例》抵触，都是《条例》所允许的。我们通过分析、推理，得出《条例》并未要求统一保险费率的结论，属于事实判断，而我们讨论实行统一的保险费率与市场竞争形成保险费率，何者更好，则属于价值判断。

笔者将尝试讨论实行统一的保险费率与市场竞争形成保险费率，何者更好的问题。

交强险实行统一的保险费率，并非没有道理。因为投保人无论在哪个地区购买交强险、无论从哪一家保险公司购买交强险，购买的是同样的产品，在保险责任、保险金额、保险期间、理赔服务标准等方面都是相同的。既然是同样的产品，以同样的价格购买，有何不妥？

交强险费率的统一包括两个层面，即各地区的统一和各保险公司的统一。

我们首先考虑各地区的交强险费率统一。由于中国面积大，各地区的气候、路况、居民收入、法制环境等存在差异，这就决定了同样一辆机动车，在不同地区发生事故的概率、平均每次事故的赔款会有差异。也就是说，同样一辆机动车，承保相同的保险责任，但在不同地区，其风险程度是不同的。目前的实际情况也是保险公司在不同地区经营交强险的成本是有差异的。如果说投保人应当按其风险程度交纳保费，那么各地区的费率应当有差异。现在，摩托车、拖拉机的交强险费率，允许各保监局根据当地情况进行调整，其原因就在于此。

我们再考虑各保险公司的交强险费率统一。各保险公司由于经营管理水平等方面的差异，交强险的经营成本是不同的，有高有低。如果允许经营成本低的保险公司降低保险费率，是否更好？

经营成本低的保险公司降低保险费率，只要保险费率不低于经营成本，对这些公司不会造成经营风险，这些保险公司可以因此扩大市场份额，对投保人也可减轻保费负担，其结果是保险公司与投保人双赢。经营成本高的保险公司，由此产生压力，促使其采取措施降低经营成本。由此使交强险的经营成本总体下降，对投保人有利。会不会有保险公司迫于市场竞争压力，低于成本销售交强险呢？这种情况不能完全排除。但目前经营交强险的保险公司均为股份制公司，即使是国有控股的保险公司，也有来自股东、董事会方面的业绩要求，公司治理结构、内控机制逐步健全，非理性降低价格的可能性已经很小。另外，保监会偿付能力监管的刚性约束越来越强，低于成本销售交强险，必然不可持续。

目前各保险公司的交强险费率是统一的，各保险公司的经营成本差异相当大，多数公司亏损。如果继续实行统一的费率，为了使多数保险公司持续经营，只能提高费率。

交强险条款的统一，实现了保障交通事故受害人依法得到赔偿的初衷。在此前提下，我们能不能说，对于交强险的费率，如果允许各保险公司按其经营成本自主制定，并通过市场竞争最终形成，对投保人更为有利呢？

而由经营者自主定价，并经过市场形成的价格，就是市场调节价。保险费率通过这种机制形成，就是保险费率的市场化。交强险的保险费率市场化，是否可行呢？

四　关于交强险改进的若干设想

在交强险费率市场化的基础上，笔者对交强险制度的改进、完善提出几条不成熟的意见供大家讨论。

第一，取消对财产损失的赔偿责任。从“以人为本”的价值考虑，交强险作为强制施行的保险，应当是对人的保障。如果交强险取消对财产损失的赔偿责任，并不意味着交通事故的致害人对受害人的财产损失不予赔偿，只是在交强险以外由致害人自行赔偿。现在，交强险对财产损失的赔偿限额仅为2000元，对于拥有机动车的人而言，2000元以内的损失，应当有能力自行赔偿，而如果受害人的损失超过2000元，超过部分仍需致害人自行赔偿。所以2000元的财产损失赔偿限额，实际意义不大，可以取消。

第二，交强险取消对财产损失的赔偿责任之后，只有对人身伤害的赔偿责任。建议对人身伤害的赔偿责任不再区分死亡伤残的赔偿限额和医疗费用的赔偿限额，即只规定一个对人身伤害的赔偿限额。现在死亡伤残的赔偿限额是11万元，医疗费用的赔偿限额是1万元。如果受害人所需医疗费用超过1万元，超过部分致害人又无力赔偿，那么很可能是停止救治、待其死亡或永久残疾后再从交强险中获得死亡伤残赔偿，显然不够人性化。如果只规定一个对人身伤害的赔偿限额，在限额内可以优先支付医疗费用，之后的剩余限额用于支付死亡伤残赔偿。诚然，死亡伤残易于鉴定，医疗费用不易控制。但是在保障受害人的生命、健康与保险公司控制风险、减少赔款之间，我们的价值选择应当是受害人的生命、健康。

第三，提高对人身伤害的赔偿限额。交强险是强制施行的保险，通过严格执法，可以做到应保尽保。我们可以假设所有机动车都投保了交强险。而普通的机动车责任保险是自愿投保，因而不会是所有机动车都投保。由于交强险的人身伤害赔偿限额仅为12万元，因而不足以应对较大的人身伤害事故。如果投保交强险之后不再投保普通的机动车责任保险，则对受害人的保障明显不足；如果大多数机动车还需要投保普通的机动车责任保险，反不如提高交强险的赔偿限额，使大多数机动车只投保交强险即可。笔者认为，把交强险的人身伤害赔偿限额提高到20万元，似不为过。

提高交强险赔偿限额之后，保险费肯定会提高，但不会与赔偿限额同比例提高。虽然投保人所交保费增加，但与投保交强险后再投保普通机动车责任保险的两项保费相比，可能还会降低。

提高交强险赔偿限额之后，会不会使对人身伤害的赔偿随之提高？从法律上讲，应当不会。因为发生交通事故后，机动车是否要承担赔偿责任、承担多少赔偿责任，与其是否投保交强险无关，只是投保交强险之后，可优先从交强险赔偿而已。当然，可以设想，提高交强险赔偿限额之后，对人身伤害的赔偿会有所提高，其结果是费率也因之提高。即使如此，这也是机动车的所有人、管理人应付的代价。

第四，交强险直通普通机动车责任险。如果我们承认交强险也属于商业保险性质，交强险与普通机动车责任保险的区别仅在于，交强险必须投保，而普通机动车责任保险则自愿投保，普通机动车责任保险是责任范围、赔偿限额超出交强险以上的部分。如果作此理解，完全可以使普通机动车责任保险覆盖交强险，把交强险作为普通机动车责任险的一部分，实现交强险直通普通机动车责任险。

可以这样进行制度设计：①要求所有机动车必须投保机动车责任保险；②把交强险的责任范围、赔偿限额作为机动车责任保险的最低责任范围、赔偿限额，在此基础上，可以由投保人选择增加责任范围、提高赔偿限额；③保险公司不得销售低于交强险责任范围、赔偿限额要求的机动车责任险保单；④每辆机动车只需投保一份机动车责任保险，必然已经满足交强险的要求，还可以满足更高的投保需求。交强险直通普通机动车责任险，对投保人简化了投保手续，对保险公司降低了管理成本（包括理赔成本）。

B.12

中国农业保险的发展成就及前景

除了少数国家和少数类别，农业保险的主要内容在包括中国在内的大多数国家中都是政策性业务①。但是，不同国家的农业保险经营制度有很大区别。迄今为止，美国、加拿大、日本等国的农业保险是独立于商业保险的专门系统，中国农业保险迄今的制度跟加拿大等国不同。从 80 多年前农业保险的试验探索之始到现今，中国的农业保险实际上就一直是商业保险的重要组成部分（尽管农业保险业务在性质上和内容上都发生了重要变化）。中国商业保险的前辈们，一直都想做好农业保险这篇大文章，期望在农业保险上有所突破。因为中国有世界瞩目的庞大人口，又有为数众多的农业大军，无论是从农业角度，还是从农民、农村的角度，农业保险都是不可忽视的和不可小视的业务领域。自 2008 年以来，在财产保险保费收入中，农业保险的保费收入已经排在车险保费和企财险保费收入之后，居第三位。全部农业保险的保费收入在全球也已排在美国之后，位居第二（尽管与美国的差距还很大）。因此，我们讨论中国保险业的竞争力，不能不讨论和了解农业保险，尽管我们无法直接讨论农业保险部门的竞争力。

一　艰难的探索历程

与其他发达国家发展农业保险的最初经历一样，中国的农业保险最早的试验也是由商业保险公司进行的，特别是它们是按照商业保险制度来设计和施行的。

20 世纪 40 年代有商业保险公司在我国农村做过短暂的农业保险试验，郭晓航教授就是这批进行试验工作的先驱者之一。这些试验都以缺乏农民的积极参与和保险公司亏损而告终。较大规模的试验是从 1982 年开始的。

---

① Mahul, Olivier and Stutley, Charles J., *Government Support to Agricultural Insurance: Challenges and Options for Developing Countries*, World Bank, 2010.

（一）农业保险恢复和发展的过程（1982～1992 年）

20 世纪 70 年代末，中国从农村开始实行以家庭联产承包责任制为标志的重大改革。家庭联产承包经营制度极大地调动了农民的生产积极性。但是与此同时，摆脱了计划经济束缚的中国农民也必须独自面对农业生产中的自然风险和市场风险，出于分散风险的需要，他们对开办农业保险有了一定的需求和参与的愿望。

为了稳定农业生产，支持农村经济制度的改革，当时刚刚恢复国内业务的中国人民保险公司使中断了 24 年的农业保险业务于 1982 年正式恢复。

1984 年 11 月，国务院批转的中国人民保险公司《关于加快发展我国保险事业的报告》将“大力发展农村保险业务”作为“发展我国保险事业的重点”，提出逐步扩大办理养殖业保险，并因地制宜地试办种植业保险。1985 年，中共中央、国务院在《关于进一步活跃农村经济的十项政策》中进一步提出“应积极兴办农村保险事业”；1986 年，中共中央又在《关于 1986 年的工作部署》中再次强调“应积极发展农村各项保险事业”；1987 年，中共中央在《把农村改革引向深入》（中发〔1987〕5 号文件）中发出“发展农村社会保障事业，有条件的可试办合作保险”的指示。

1982 年，作为“国家保险公司”的中国人民保险公司采取“积极试办、稳步发展”的方针，以“组织补偿、稳定经济、发展生产”为经营目的，贯彻“收支平衡，以丰补歉，略有结余，以备大灾之年”的经营原则，决定首先试办农村牲畜保险，探索经验。之后，中国人民保险公司所属的 30 个省、市、自治区分公司和 13 个计划单列市的分公司都加入了试验行列。尽管当时中央在不止一个文件中都明确指示，农业保险应先办理比较容易的牲畜保险，对种植业保险的试办要谨慎，但农业保险的发展势头很快，不仅牛、马、猪、禽、鱼、虾等多种养殖业项目，而且粮、棉、油、菜、烟等多种农作物都先后纳入了各地的试验范围。这一时期，中国人民保险公司开办的险种先后达到了 100 多个，试验热情之高是空前的。农业保险保费收入也是令人鼓舞的，1982 年是 23 万元，1987 年达到 1 亿元，1992 年进一步增长到 8.17 亿元（包括储金性收入），相当于 1982 年的 3552 倍。

从表 1 的统计数据来看，中国人民保险公司在这一时期的农业保险试验恢复后呈现快速发展的特点。具体来看：1982～1987年是其初创时期，各地试验积极性很高，保费收入年平均增长速度达到237%；接下来的两年是徘徊时期，因为连续三年的亏损打击了许多分支机构试验的积极性，业务增长速度也慢下来，这两年的年平均增长速度仅为17.6%；1990～1992年，试验有了一个新的高潮，保费增长速度回升到42.9%。从统计数据可以看出，1992年中国人民保险公司的农业保险业务经营达到了一个高潮，这一年，全国种植业保险承保面达到可保面的约5%。这个高潮源于1991年，中共中央十三届八中全会通过的《关于进一步加强农业和农村工作的决定》（中发〔1991〕21号）又作出了“积极发展农村保险事业，扩大险种范围，鼓励农民和集体投保。在各级政府的支持下，建立多层次、相互联系的农村专项保险基金，逐步建立农村灾害补偿制度”的决定。中国人民保险公司农险业务的新发展是对中央文件的一个呼应。

表1　1982～1992年中国人民保险公司农业保险业务统计

年份	保费收入(万元)	同比增长(%)	赔款支出(万元)	当年简单赔付率(%)
1982	23		22	95.7
1983	173	652.17	233	134.7
1984	1007	482.08	725	72.0
1985	4332	330.19	5266	121.6
1986	7803	80.12	10637	136.3
1987	10028	28.51	12604	125.7
1988	11534	15.02	9546	82.8
1989	12931	12.11	10721	82.9
1990	19248	48.85	16723	86.9
1991	45504	136.41	54194	119.1
1992	81690	79.52	81462	99.7

注：当年赔付率为赔付支出与保费收入之比，实际上是简单赔付率。其中，承保粮食作物1120万公顷，约占粮食作物播种面积的11%；承保经济作物233万公顷，约占经济作物播种面积的18%；承保森林800万公顷，约占森林面积的7%；承保大牲畜260万头，约占大牲畜年末存栏量的2%；承保水产养殖2.6万公顷，约占水产养殖总面积的14%。

资料来源：《中国保险史》编审委员会编《中国保险史》及《中国人民保险公司保险业务统计资料汇编》。

这一时期，中国人民保险公司还与相关政府部门合作进行了中国农业保险史上一次大规模的制度创新，出现了多种农业保险经营模式。具体包括：人保公司为地方政府代办农业保险（如云南）；保险公司和地方政府（财政）实行联合共保（如湖南）；建立农村统筹保险互助会，在独立核算的基础上，向人保公司分保（如河南）；在地方政府的支持下，建立农业保险的准行政领导机构，人保公司内部将农业保险单独立账、单独核算，并与农业技术部门共保（如上海）；采用“一司两制”的做法，在政府的支持下，在人保公司内部将农业保险单独立账、单独核算，建立三级风险基金（如新疆）；等等，这对我国农业保险运作方式进行了有益的探索。但是，由于缺乏适宜的法律、法规的规范和政府的资金支持等多种原因，这些经营模式的试验大都以停办或停止而告终。

在中国人民保险公司试办农业保险5年后，民政部在总结前几十年救灾救济工作的经验教训的基础上，借鉴国内外社会保险与商业保险的实践经验，于1987年将保险机制引入政府救灾领域，选择一些县进行以传统救灾项目（农作物、农房、农业劳动力的意外伤害和大牲畜）为业务范围的“农村救灾合作保险”试验。到1989年，其试点从最初的9个县扩大到102个县1999个乡镇。此后，由于作为保险业务监管机关的中国人民银行的限制，试点没有继续扩大（事实上有的省市有扩大）。这一被称为“救灾救济工作改革的方向”的农村救济合作保险，以保障农民受灾后取得基本生存条件为目标，改变了以往救灾单纯依靠政府救济的机制，其保障水平也大大高于政府救济所能给予灾民的微薄资金。据最初5年的统计，参加保险的农户有582万户，占试点地区农户总数的53.78%。一共筹集了保险资金2.65亿元，包括中央、地方政府、乡镇集体和农户4个渠道筹集的资金，相当于实行这项改革以前30年这些地区救灾资金的3.5倍。同一时期，累计支付受灾农户赔款1.6亿元，积累的准备金有5000多万元。但接下去的年份就不那么乐观了，连续的高赔付使大部分试点县市出现经营亏损，迫使试点县市陆续停止试验。

就在民政部门开始试办农村救灾保险的前一年，即1986年，财政部和农业部支持新疆生产建设兵团建立了一家“新疆生产建设兵团农牧业保险公司”（现在的中华联合财产保险公司），专门经营兵团范围内的农牧业保险。设立之初，公司主要以本系统内的农场为范围，经营种植和养殖业保险，公司利用行政性隶属关系，很快在各师、团（场）建立了114个分支机构。起初阶段，公司对种植和养殖业实行统保，要求财务统一管理，总、分两级公司分灶核算，小灾积累，大灾调剂，专款专用，以农养农，力争总体实现平衡。1989年后，尽管该公司在经营农牧业保险的基础上，将业务扩大到一般财产保险和人身保险，但农牧业保险一直是其主要业务并且做得有声有色。1992 年农业保险实现保费收入 5400 多万元，约是 1986 年创建时 212 万元的 25 倍，累计支付赔款 1.4 亿元，较好地发挥了保险的经济补偿作用（见表 2）。

表 2　1982～1992 年新疆生产建设兵团保险公司农业保险业务统计

年份	保费收入(万元)	同比增长(%)	赔款支出(万元)	当年简单赔付率(%)
1987	1205	468.40	1015	84
1988	2263	87.80	1710	76
1989	2951	30.40	3252	110
1990	3442	16.64	2170	63
1991	4605	33.79	2567	56
1992	5402	17.31	3714	69

资料来源：中共新疆维吾尔自治区党委办公室、新疆维吾尔自治区人民政府办公厅编《新疆辉煌 50 年》，新疆人民出版社，1999。

（二）农业保险的萎缩徘徊时期（1993～2003 年）

1992 年春，邓小平同志视察南方发表重要讲话和党的“十四大”的召开，明确提出建立社会主义市场经济体制的目标之后，农业和农村经济制度沿市场经济方向变迁的速度加快，但人们所期望的农业保险高速发展的局面并没有到来。1993 年 11 月，十四届三中全会通过的《关于建立社会主义市场经济体制若干问题的决定》指出“我国国有企业改革的方向是建立现代企业制度”后，保险行业也开始了自身改革。

1993～2003 年，经营农业保险业务的只有中国人民保险公司和中华联合财产保险公司两家，农业保险险种也由 1992 年时的近 100 个下降至不足 30 个。中国人保自改制后农业保险业务几乎停办，中华联合财险则勉强维持，农业保险十年间一直呈下降趋势。到 2003 年，全国农险保费收入仅为 4.46 亿元，占农业生产总值的 0.04%，占全国财险保费收入的 0.53%，占总保费收入的 0.11%，农业保险深度仅为 0.03%，农业保险的密度只有 0.60 元，农业保险呈持续萎缩的状态。表 3 显示了农业保险十年中的萎缩徘徊轨迹。

表 3　1993～2003 年农业保险保费收入与总保费、农业增加值对照

年份	总保费收入（亿元）	农业增加值（亿元）	农业保费收入		
			金额（亿元）	占总保费（%）	保险深度（%）
1993	525.0	6650	5.61	1.07	0.08
1994	630.0	8231	5.04	0.80	0.06
1995	683.0	11365	4.96	0.73	0.04
1996	776.0	13550	5.74	0.74	0.04
1997	1080.0	13674	5.76	0.53	0.04
1998	1261.6	14292	7.15	0.57	0.05
1999	1444.5	14212	6.32	0.44	0.04
2000	1599.7	—	5.55	0.35	—
2001	2112.3	14610	3.33	0.16	0.02
2002	3054.2	14883	4.76	0.16	0.03
2003	3880.4	17247	4.46	0.11	0.03

资料来源：根据各年度国家统计局统计公报、《中国保险年鉴》整理计算。

中国人保在当时实行的这些改革，必然无法回避持续亏损的农业保险业务。其实，中国人保无论在经营意识上还是口头表达上，一直在说农业保险是政策性业务，作为国有公司，它们认为承担这种政策性业务是义不容辞的，但出于“可持续”的考虑，它们希望得到政府的多方位支持，最重要的是财政和税收政策的支持。在多年呼吁得不到解决的情况下，它们曾经期望从两个方面寻求出路：其一就是上面所说的组织制度创新；其二便是按照商业经营的规则来设计和经营农业保险，那就是严格选择风险和选择投保人（和被保险人）。所以，公司的险种大大减少，承担的保险风险责任大大减少。甚至在上市之前决然完全甩掉农业保险这个“包袱”。尽管这种被迫的调整引来不少非议，但是它们在从国有专业公司向商业化转轨过程中的市场化取向没有错，或者说这是不得已而为之。中华联合在其前十多年里，采取的是另一种自我保护的策略：它们尽管从一个局限于兵团范围和做农牧业保险的保险公司大踏步走出来，成为一家全国性财产保险公司，但是在新疆兵团之外，它们一直不做农业保险业务，避免重蹈中国人保的覆辙。同时，在兵团内部，它们经营的农业保险实际上采用的是互助合作保险方式。这样，即使在大灾发生的年份，也不会有“灭顶”之虞。很显然，要寻求农业保险的突破，不是中

国人保一家或者中国人保和中华联合两家的努力能办到的，它们能做的就是在当时制度框架内寻求“自保”。

（三）新一轮农业保险创新试点（2004～2006年）

农业保险的萎缩引起了党和政府的高度关注，决定探索建立政策性农业保险制度。继2002年12月人大通过新修订的《农业法》第四十六条提出“国家逐步建立和完善政策性农业保险制度”之后，2003年10月，党的十六届三中全会通过的《中共中央关于完善社会主义市场经济体制若干问题的决定》明确提出“探索建立政策性农业保险制度”，标志着我国农业保险新一轮试验的开始。

在此背景下，2003年底，中国保监会牵头，邀请有关部门、保险公司和专家学者就发展农业保险问题进行了深入的专题调研，形成了《建立农业保险制度的初步方案》。该方案主要内容包括：第一，现阶段中国开展农业保险不能完全套用国外任何一种现成模式，不能完全依靠国家财政补贴，不能走单一主体经营的道路。应先在具备条件的地区和市场开展试点，总结推广，逐步建立多层次体系、多渠道支持、多主体经营的符合中国国情的农业保险制度。第二，农业保险总的经营原则应是政策扶持、商业运作。第三，现阶段应调剂整合政府、社会、企业、农民多方资源，共同支持农业保险发展。

2004年中央一号文件《中共中央国务院关于促进农民增加收入若干政策的意见》出台，开始扭转前期停滞甚至倒退的发展状况。该文件提出要“加快建立政策性农业保险制度，选择部分产品和部分地区率先试点，有条件的地方可对参加种养业保险的农户给予一定的保费补贴”。这表明在我国总体上进入“以工补农、以城带乡”的新阶段后，农业保险纳入了国家战略考虑。随后，中国保监会先后批设了安信农业保险公司、安华农业保险公司和阳光农业相互保险公司三家不同经营模式的专业性农业保险公司，并引进法国安盟保险公司在四川成都设立分支机构经营农业保险，为市场注入新的活力。同时，依靠地方政府支持，在江苏、四川、辽宁、新疆等省、自治区开展了保险公司与政府联办、为政府代办以及保险公司自营等多种形式的农业保险试点工作。2005年，保监会继续加大对农业保险试点工作的力度，在宁夏、内蒙古、湖北、云南、北京等省、自治区、直辖市相继开展和深化了试点工作，探索我国农业保险发展的不同模式，并联合有关部门出台相关政策，鼓励商业性保险公司参与农业保险事业。

2006年，国务院出台《国务院关于保险业改革发展的若干意见》，明确提出政府要积极支持政策性农业保险的试验，并具体提出政策性农业保险“三个补贴”，即保险费补贴、管理费补贴和再保险费补贴。随后，由保监会牵头，国务院法制办、财政部、农业部等单位参加，成立了专门工作小组，共同起草《政策性农业保险条例（草案)》。但由于种种原因，这个条例被搁置。

我国农业保险的新探索，取得了较好的成绩和效果（见表4)。2005年，我国农业保险保费收入达7.29亿元，同比增长93.4%，农业保险保费收入出现了“拐点”，首次改变了自1993年以来逐年萎缩的局面，出现了增长趋势。2006年，我国农业保险保费收入达8.46亿元，同比增长16.0%，为参保农户提供的风险保障达733亿元，农业保险在保障农村居民生产生活稳定、促进农业和农村经济发展方面发挥着越来越重要的作用。

表4 2004~2006年我国农业保险业务统计

年份	财产保险保费收入(亿元)	农业保险保费收入(亿元)	农业保险占财产保险比重(%)	农业保险赔付金额(亿元)	农业保险的简单赔付率(%)
2004	1089.89	3.77	0.35	2.81	75.34
2005	1229.86	7.29	0.59	5.67	81.00
2006	1509.43	8.46	0.56	5.91	69.53

资料来源：根据2005~2007年《中国统计年鉴》《中国保险年鉴》由作者整理。

（四）政策性农业保险的新阶段（2007年至今）

如果说，2004年之后有了多家专业农业保险公司和各地政府的发展农业保险的积极性，农业保险开始有了转机，那么，2007年中央财政将“农业保险保费补贴”列入“预算科目”并有史以来第一次列出10亿元财政预算，就成为我国农业保险发展历史上的里程碑。此后5年，中央财政补贴预算的资金逐年增多，到2011年达到97亿元。财政的补贴使现今的农业保险具有完全不同于此前商业保险的性质和特点。在这5年多时间里，农业保险的规模若以保费收入度量，从2006年的8.46亿元到2011年的173.8亿元，增长近20倍（见表5）。

表 5　2007～2011 年农业保险业务统计

单位：亿元，%

年份	财产保险保费收入	农业保险保费收入	各级政府给农业保险的保费补贴	农业保险费占财产保险费比重	农业保险赔付金额	农业保险的简单赔付率
2007	1997.74	51.8	—	2.6	32.8	63.3
2008	2336.71	110.7	78.44	4.7	70.0	63.2
2009	2875.83	133.9	99.70	4.7	101.9	76.1
2010	3895.64	135.7	101.50	3.5	100.6	74.1
2011	4617.82	173.8	131.30	3.8	89.0	51.2

资料来源：根据中国保监会网站等资料整理。

二　近五年的发展成就

近五年政策性农业保险的发展是非常稳健的，发展成就也是显而易见的。2007 年财政部选择了吉林、内蒙古、四川、江苏、湖南、新疆 6 个省、自治区，对小麦、水稻、玉米、棉花和大豆 5 种作物保险的保费给予补贴。此后是试验区域和险种逐年扩大和增多，到 2012 年春，全国任何一个省、自治区、直辖市如果要做农业保险，都可以向财政部申请，并获得中央财政提供的保险费补贴和税收优惠政策。中央财政补贴的保险品种已经扩大到包括粮、棉、油、橡胶、土豆、生猪、奶牛、藏系羊等 16 种。农业保险在商业财产保险公司中的业务比重已经上升为车险以外的第二位。

（一）在我国现代农业风险管理体系建设中迈出重要一步

近二十年来，我国传统农业加快了向现代农业转变的步伐，包括农业科学技术研究和应用、耕作制度、经营规模、机械化作业等方面，都在发生重要进步和变化，唯独农业风险管理手段比较落后，而传统的多种经营、间作、轮作、休耕以及集体经济等分散农业风险的耕作制度和经营制度、经济制度已经改变或者消失，这与我国现代农业体系的建设和发展的要求极不相称，也与我国整体经济和社会风险管理制度建设的步伐极不协调。商业保险公司在这个过程中曾经努力把保险这种现代风险管理工具引入我国迅速变革的农业经济制度中，但是没有取得预期的成功。

2007年以后政策性农业保险的迅猛发展，表明了各级政府和广大农民对农业风险管理制度建设认识的升华，更反映了农业生产和农业经济使用保险这种现代风险管理工具的适应和渴求，为我国建立现代农业风险管理制度奠定了一个良好的基础。

（二）初步建立了以商业保险公司为主的供给体制

在不同国家，农业保险有不同的供给体制。例如美国，20世纪90年代中期之前都是有政府公营的“联邦农作物保险公司”（简称FCIC）全方位提供农业保险服务，之后逐步把业务交由商业保险公司经营，FCIC只负责风险研究和产品开发、条款费率规章的制定、保险费和保险公司管理费的补贴预算和执行等。加拿大从一开始到现在都是国有公司供给体制，而日本则是以政府支持下的农村合作保险组织经营为主，没有商业保险公司参与。

我国农业保险从一开始就是由商业保险公司在试验，2004年为了增加对农业保险的供给，保监会连续批设了上海安信、吉林安华、黑龙江阳光相互3家农业专业保险公司，又引进了法国安盟保险集团在成都设立了专门经营农业和农村保险的分支机构，2007年批设在安徽设立国元农业保险公司。加上中国人保财产和中华联合财产两家综合财产保险公司，2012年以来，还有十多家财产保险公司正在和准备向农业保险业务进发，形成了所谓“4+2”的商业保险主渠道供给结构。同时，作为辅助供给组织，也还有中国渔业互保协会，浙江、江苏等省的渔业互保协会，陕西和湖北的“农机风险互助”协会等提供特殊农业保险业务（主要是“涉农保险”业务）的服务，这样，目前我国已经完成了农业保险供给体制的基本布局。这是我国农业保险实践发展的合乎中国国情的一个自然成果。

（三）保险的经济补偿作用得到有效发挥

保险的最直接的意义就是组织补偿基金并对灾害损失进行补偿。在这方面，我国政策性农业保险在这五年里初步发挥了它的经济补偿作用。据中国保监会的统计，2007～2011年，我国农业保险累计收取保险费收入①超过600亿元，为农

---

① 不包括中国渔业互保和陕西、湖北的农机互保的数字，下述的风险保障和赔款也同样不包括中国渔业互保和陕西、湖北的农机互保的统计数字。

户提供风险保障6523亿元。开办政策性农业保险的区域已经覆盖到全国31个省、自治区和直辖市。承保的标的虽然还不够广泛，但是已经覆盖到农、林、牧、渔等领域。2011年，参保的农户为1.69亿户次，投保的作物播种面积达到7.87亿亩，占全国播种面积的33%左右。在内蒙古、新疆、江苏、吉林等粮食主产区，基本粮棉油作物承保覆盖率达到50%以上，黑龙江垦区、安徽省等地基本实现100%的覆盖，承保林木9.2亿亩，牲畜7.3亿头（羽）。此外，农房保险、农机保险、渔船保险等险种也都在稳步试验和推进，其中农房保险在近20个省、自治区开展，浙江、福建、广西等省、自治区基本实现全覆盖。

五年来，农业保险共计向7000多万户农民支付保险赔款超过400亿元，户均赔款600元，约相当于农户人均纯收入的10%。农业保险补偿已经成为农民灾后恢复生产和安定生活的最重要的资金来源之一，在那些参与率较高的地区，农业保险赔款已经成为当地农业再生产的最主要的资金来源。2009年东北旱灾，受灾面积约1.5亿亩，其中5200万亩投保农业保险，获得保险赔偿19.5亿元，约占受灾面积的1/3。在2010年全国多省发生的洪涝灾害中，受灾农田中有1900万亩获得20.3亿元的保险赔款。2011年海南省在中央财政支持下试验橡胶保险，结果橡胶树遭受“纳沙”强台风袭击，受损投保农户获得赔款9600多万元。这些保险赔款对灾区迅速恢复农业生产起到了积极的保障作用。

（四）充分体现了独特的保险再分配功能

保险区别于救济的一个重要方面就是它具有独特的保险再分配功能。政府对农业灾后的救济在很大程度上取决于政府财力，无论过去和现在，这种救济不仅带有平均分配的意义，而且这种政府财政预算安排是无法和实际灾害损失相匹配的。灾害救济虽然对受灾农户有一定帮助，但无法较好地满足农业再生产和农户特别是主要靠农业生产收入生活的农户的需要。广泛和普遍建立的政策性农业保险制度在很大程度上借助保险的独特再分配功能，不仅放大了政府支持农业保险资金的补偿力度和效果，而且使受灾农户的再生产（虽然是简单再生产）得以及时恢复。这是我们在五年中一再看到的农业保险补偿的直接效果。从资金筹集意义上说，虽然在174亿元（2011年）的保险费中，中央政府拿出了66亿元，地方政府也配套补贴了60多亿元，但是也还从农民那里筹集了近40亿元的资金。这种独特的再分配功能使农业保险补偿基金得到放大。从风险保障总规模意义上说，中央财政所支出的这笔预算，最终获得了6532亿元的风险保障，放大效应是100倍。从农民的角度看，他们每支付1元钱的保险费就可以得到150多元的风险保障，这是任何其他财政和金融手段不可能达到的。

更重要的是，就目前的保障水平设定，农业保险的赔偿对因灾受损的农户是根据保险合同约定的额度，也就是简单再生产①的需要所进行的补偿。它所起到的生产和生活保障作用也比其他任何财政和金融手段都更加及时和有效，虽然现在的保障水平还不高，这种保险补偿还不是很充分。

（五）农业保险成为各级政府“三农”工作的重要“抓手”

从20世纪90年代起，我国经济已经进入工业反哺农业的发展阶段，在整个经济和社会发展战略中，政府的强农惠农政策日益增多，继取消农业税，增加种粮补贴、农机补贴、柴油补贴等重要财政支持计划之后，推行和发展农业保险实际上已经成为最新的最重要的强农惠农政策之一，各级政府将其作为保障和改善民生、加强社会保障制度建设的重要措施来实施，不少省已经将农业保险的发展水平列入省、地、县政府的“民生工程”和“折子工程”，并作为政绩考核指标。

农业保险产品的开发和农业保险的发展，在很多领域和一定程度上，解决了政府通过其他手段和措施难以解决的问题。上海通过开发和推出政策性蔬菜价格保险，努力解决多年来难以解决的“菜贱伤农，菜贵伤民”难题，得到上海市政府的高度认可。新疆在喀什疏附县探索为农牧民提供农牧业生产、家庭财产、人身意外等综合性保险保障计划，更加全面地发挥了保障、服务农业生产和农民家庭生活的作用，对少数民族地区的农村发展和社会稳定发挥了积极作用。中国渔业互保协会及浙江、江苏等省渔业互保协会，针对中小型渔船和渔民人身风险，持续19年举办渔船保险和渔民人身意外伤害保险，以及南海等地渔船涉外责任保险，既有效解决了分散状态下渔民的渔船财产和人身安全保障问题，更在维护祖国主权方面发挥了独特的重要作用。

（六）为深化农村金融体制改革作出贡献

金融抑制是大多数发展中国家的通病，我国也不例外。金融抑制造成农村和

① 现在我们的农业保险还只是保物化劳动成本，随着我国农业保险制度建设的推进，部分甚至全部活劳动成本也会进入保障范围。

农业金融供给不足，制约了农村和农业经济的发展。其实，农村金融供给不足，也与农业风险较大、借贷风险较高、交易成本难以控制，而农户收入水平不高、财产拥有量有限，从而导致农民信贷地位低下有直接关系。

包括我国在内的各国农业保险发展的实践都表明，一方面，农业保险使农户在投保农作物和家畜、家禽等受灾后的损失得到及时的经济补偿，可以迅速恢复生产和生活，增强了抗风险能力，有效提高了农户的偿债能力。另一方面，农业保险与农村信贷的结合，改善了农村信用环境，进一步提高了农户的信贷地位，促进了农村信贷的发展，在一定程度上解决了农民的借款难问题。近五年来，在保监会、银监会的支持下，保险机构围绕建立银保互动机制进行了多方探索，取得了积极的成果。例如，人保财险与陕西省政府联合开办的“银保富”保险产品，以及国元农业保险公司在安徽创造的“草莓+信贷”的服务模式，都是通过政府资金引导，政府和保险公司承担主要风险的农村信贷支持方式，促进了农村金融的改革和发展。还有不少保险公司推出的“小额信用贷款保险”产品，由保险公司和财政或有关担保机构共担融资风险，开创了以保险产品为纽带，保险公司、政府和银行共同解决农户融资难题的新机制。

三　当前的发展障碍

（一）制度性缺陷逐步凸显

2007年，虽然以财政补贴为标志，开创了我国政策性农业保险（尽管“政策性”的提法还有争议）的制度先河，也使农业保险业务的性质发生了质的变化。但是，农业保险试验做不做，怎么做的问题并不明确，各试验省、自治区、直辖市和其他没有得到中央补贴但也想举办这种由政府补贴的农业保险的省、自治区、直辖市，在没有统一制度安排（或者顶层设计）的情况下，只好各自设定自己的“游戏规则”。

从我们了解的情况看，各地试验农业保险的制度差异很大，产生了“政府引导+市场经营”的北京模式，“政府支持+专业保险公司经营”的上海、吉林模式，“政府支持+多家保险公司联合共保”的浙江模式，“政府与保险公司共同经营”的安徽模式，“政府与保险公司联合共保”的江苏模式，“财政支持+相互制保险经营”的黑龙江模式，还有“政府支持+渔业互保协会经营”的社团经营模式，等等。这些丰富多彩的制度设计，虽然有自己的特点，也不乏创造性，但是，都有一些不完善的地方。例如，有的省举办的农业保险，对政府、保险经营者和投保农户三方各自的责任和义务，以及三方关系的处理方面的规定不明确，使保险关系的存在处于扭曲状态；也有的省的制度对在准备金不足支付赔款时的赔款责任承担方面，缺乏必要和合理的安排，以致在发生大灾时“不得不”以损害投保农户的利益作为最终处理结果。政策性农业保险制度不可缺少财政补贴，但现行三级（甚至四级）补贴联动的规定，一直受到广泛的质疑，这种规定给地县政府较大压力，那些财力不足的地区只好放弃或者在极其有限的范围里种一点农业保险的“试验田”。同时，这种补贴制度赋予了政府特别是基层政府在保险承保、定损和理赔中较大的权利，导致了多种弊端，在很多情况下影响了保险基本原则的贯彻，也正在损害这种保险的可持续性。

（二）道德风险和逆选择防不胜防

道德风险和逆选择在保险经营中一直都是备受重视的问题，但在目前的政策性农业保险中大有愈来愈严重的趋势，搞不好会断送农业保险的前途，但愿这不是耸人听闻。假承保、降费承保、骗赔案件频发，不规范的理赔、“协议赔付”，在一些地方很有“市场”。道德风险问题在一般财产保险中主要存在于投保人一方，而农业保险由于存在特殊的三方主体关系，道德风险不仅在投保农户和保险经营人员中存在，也在基层政府参与农业保险组织和协助工作的人员中存在，这不仅使投保的“业绩”存在虚假，更使理赔的准确性和真实性无法保证。有的保险经办人员通过假承保骗取国家的财政补贴受到保监部门的严厉处罚，但有些问题是保险监管部门鞭长莫及的。有的基层政府要求保险公司“倒签单”，要求豁免农民应交保费，无灾或在免赔范围内也要赔付，甚至与投保农户“联合”起来“吃保险”，保险经营中的腐败现象也时有所闻。在这种情况下，保险赔付率、综合成本率必然居高不下，保险公司哪里“招架”得住，只能打出“免战牌”。这是近几年某些领域和地区发展不快的主要原因，也是某些领域（如养殖业保险）萎缩或者发展缓慢的主要原因之一。

不仅道德风险严重，逆选择也有蔓延之势。由于迄今为止的农业保险实践，除浙江之外，普遍不进行风险区划和费率分区，一个险种实行一个省（自治区、直辖市）一个费率，那些高风险地区的农户投保很积极，低风险地区的农户就很不情愿参保，这些地方的承保面积相当少。在那些将农业保险参与率作为地方政府政绩工程的地方，实际上是通过行政方式强制投保，使得那些低风险地区的农民“哑巴吃黄连，有苦说不出”，当然也有向我们这些“第三者”叫屈的。而那些高风险地区的农户甚至出现排队买保险的“壮观”场面。在基层调查时，有一位基层保险经办人员告诉我们，有位承包了上千亩低洼地种水稻的农民，夏季稻受涝灾正在查勘理赔，就积极要求投保秋季稻。这位农民虽然不懂保险精算，但他非常明白，保险公司的报价对他这片田地的涝灾风险来说非常“合算”。虽然农民投保积极性可嘉，但在这种情况普遍存在的条件下，保险经营和管理的科学性与有效性便无从谈起。

（三）微观经营的两难选择

中国的农业保险不同于美国、加拿大。美国、加拿大是大农场经营，保险公司和农户直接做买卖，不需要第三人协助，最多在定损理赔时找些人（如退休农民）帮忙。在日本，农业保险是特殊的合作体制，农业保险合作社的经营人员都是本乡本土的农民，承保、定损、理赔，高度熟悉和透明，农业保险也不需要第三人协助。

像中国这样的小规模农业经营的国家，短时间里不可能产生和普遍发展日本那种合作保险体制，只能依靠有一定业务和技术基础的众多的商业保险公司作为农业保险的供给主体。但是，保险公司直接与大量的高度分散的农户洽谈保险合同买卖，其交易成本会难以承受，而且时效性也不能满足农业保险的需要，农业保险的微观经营会比较困难，这是当前和今后很长时间里，我国县、乡、村行政机构和涉农企事业机构必然介入农业保险经营的主要原因之一，也是农业保险成功经营的关键因素之一。

因为没有法律法规确定政府的行为内容和行为边界，在很多情况下，基层政府在很大程度上决定着保险公司的保费收入，决定着保险公司的盈亏，也决定着农民可以获得的赔款金额。基层政府可以给保险公司保费补贴，也可以少给或不给这种保费补贴，甚至中央和省的补贴也可以压在手里，作为某种“筹码”。面对华丽的保险公司大楼和保险公司的资产，人们常常说保险公司很强势，但是在农业保险的盘子里，面对离不开的基层政府，保险公司弱势得多，从头到尾都是“小媳妇”。这是因为与市场上出售其他保险产品时的平等交易不同，在农业保险这个“市场”上，保险公司在某种意义上更像是在接受“施舍”。

（四）财政补贴进退维谷

2007～2009年，中央财政支持农业保险的力度很大，预算年年迈大步。近年，中央财政似乎放慢了支持农业保险的步伐。尽管同意增加了几个省、自治区政策性农业保险试验经营的标的，但财政盘子增加不多。2011年实际执行结果还不到100亿元，因而2012年的财政预算只有100亿元多一点。关键是中央财政补贴预算连续几年都花不完，同时，全国农业保险承保面并不尽如人意，一些省想增加的保险项目暂时还没有得到中央的财政支持，而光靠本省的财政支持又力不从心，只好不做。所以，2011年末种植业保险的覆盖面不到农作物播种面积的1/3。

财政补贴农业保险是中国农业保险得以广泛试验和迅速发展的最主要的政策和动力。2007～2010年，在接受中央财政补贴的各省中，中央和地、市、县各级财政的保费补贴在农业保险保费全部收入中一直占80%左右的份额。其他没有纳入中央补贴的省、自治区、直辖市的农业保险，保费补贴的份额也在60%～80%。作为一种激励机制，财政的保险费补贴起到了鼓励农户投保的目的。农业保险作为一种社会互助机制，即使农民交纳的保险费只有20%的份额，2011年也从农民那里筹集了30多亿元的补偿资金，财政补贴的激励效应和社会效应是非常明显的。从财政和农民那里筹集的保费形成的保险基金，在补偿农民灾害损失方面，的确发挥了其他公共措施（如救济）所起不到的作用。

但是，财政补贴也很困扰人，它也有负面作用。从我们了解的情况来看，第一，全国各省都希望得到中央的财政补贴，中央财力不可能给所有省补贴，而且也不可能平均给各省补贴。第二，按照现行财政补贴政策，接受中央财政补贴的省、省地（市）县要配套补贴，试验范围越大、承保的保险种类越多，各省地

（市）县的财政负担越大，在这些省农业保险的发展速度，就实际上取决于省地（市）县的财力和愿望。所以，今后如果依然执行这个“保险补贴联动”政策，即使中央财政增加补贴力度，各地的试验也不会再有前几年那种增长速度。第三，补贴也引发了特殊的“道德风险”，地方政府和保险机构有通过不当方式甚至违规违法手段套取中央财政补贴的一定动机和行动，造成财政资金的“漏损”，从而削弱和减低了财政资金支持农业保险的力度和效果。第四，有的地方追求补贴力度，存在“补贴比例越高越好”的误区，在某些地区保费补贴已经达到90%，甚至更高。这实际上并不利于培养农户的风险和保险意识。当然这与相关研究滞后有一定关系，理论界还没有提供关于合理补贴界限的更有价值的实证研究结果。

（五）大灾风险分散机制尚待健全

不少国家的研究表明，由于水涝、干旱等巨灾风险事故的频率较高和风险单位较大，其经营农业保险的风险比一般财产保险的经营风险要大，很容易发生系统性风险。加拿大几个农业大省（如曼尼托巴、萨斯卡彻温和阿尔伯塔）在1986年和1988年的较大旱灾发生后，这些省份因支付巨额农业保险赔款而借债务，拖延了10～20年才还清。据笔者最近的了解，2012年由于较大面积的持续干旱，多数省份当年的责任准备基金肯定不足支付2012年的赔款，需要动用过去积累的储备基金（大灾风险准备金）。因此，像加拿大、美国等发展农业保险比较早和比较成功的国家，都有比一般财产保险更加完善的大灾风险分散的制度安排。在公司层面除了一般的责任准备金和赔款准备金之外，还要建立诸如“大灾准备基金”这样的特殊责任准备金。在中央或者地方政府层面也还要建立相配套的准备制度。这些安排一般都通过法律制度来规定。例如，美国的《联邦农作物保险法》规定，在发生大的灾害、保险公司的准备金不足支付赔款时，可以通过发行债券融资。加拿大的《农作物保险法》则规定，这种情况下农作物保险公司可以向省和联邦的财政部借款。

我国试验政策性农业保险5年多了，尽管还没有遇到很大的和范围较广的灾害，但是局部地区也发生过较大旱灾，从而导致保险公司赔付困难的情况。而无论从公司层面还是政府层面，除了少数省份外，大多还缺少完善的大灾风险分散的制度安排。所以，有的省或公司便不得不在减小保险经营风险责任方面找出路，出现了“封顶赔付”① 和“协议赔款”② 等值得注意的倾向。如果不能很好解决大灾风险分散机制问题，投保农民的利益将无法得到确实保证，农业保险的可持续经营将受到挑战。

四 未来的发展前景

我国政策性农业保险试验尽管还没有正式的游戏规则，也仍然存在诸多需要解决的问题，但在各级政府的关心和连续多年的力推之下，已呈现方兴未艾之势。从目前各地试验情况来看，其发展前景是光明的和令人无限期盼的。

（一）农业保险参与率③迅速提高

自2007年以来，随着各级政府对农业保险重视程度的升级，中央和地方财政给农业保险的补贴力度逐步加大，不少省份将农业保险作为本省的“民生工程”而将农业保险的覆盖率或参与率列入各级政府的考核指标，并加以宣传和组织。农民对农业保险的了解越来越多，对农业的风险管理意识有了很大提高，参与积极性普遍高涨。有的省有中央和地方共同支持的水稻、玉米、棉花、油菜、花生等作物的保险，投保面积占当年播种面积的60%～70%。在安徽省，连续三年水稻、油菜等作物的投保面积占播种面积的95%以上。能繁母猪在开展试验的地区承保率也很高。

随着中央和地方支持力度的加大，以及政策性农业保险险种的增多，不仅种植业和养殖业，而且新开办的农房、渔船、农机等涉农保险的投保率都在迅速上升。有的省甚至实行全省统保。在未来几年，这种高参与率的势头还将继续保持。

---

① “封顶赔付”是有的地区害怕保险公司和地方政府承担较大赔付责任而设立的关于损失赔偿的限制性规定。有的地区没有这种规定，但在实际操作中，当发生较大灾害时，赔付时“自动封顶”。

② “协议赔付”是指这样一种现象：有的地方政府手握政府补贴，以其强势地位在灾损发生后赔付问题上与保险公司讨价还价，灾损小时政府要求多赔，否则就不拨或少拨财政补贴。灾损大的年份，政府也不得不同意保险公司少赔。

③ 参与率有多个指标：一个是购买农业保险的农户占总农户数的比率；另一个是购买保险的面积与播种面积之比、参加保险的畜禽占饲养量的比例。在正式统计制度中尚无这些统计指标和数据。

（二）财政支持农业保险的力度不断加大，结构更加合理

财政支持是政策性农业保险的基本特征之一，也是农业保险得以快速发展的基本动力之一。近几年，中央财政支持力度不断加大，支持的保险标的范围不断扩大，从最初的小麦、水稻、玉米、棉花、大豆5种作物和能繁母猪、奶牛2种家畜，扩大到油菜、花生、某些地区的土豆、青稞、橡胶和香蕉、甜菜、牦牛、生猪等。有的省份的财政支持范围则更宽，如北京就有包括当地主要水果、蔬菜和农业机械等19类之多。中央财政补贴的森林保险的规模也在不断扩大。

随着试验的推进和经验的积累，中央和地方财政支持力度必将不断加大，财政支持的保险类别增加到包括各地的农林牧渔主要产品，支持地域范围扩大到全国各个省、自治区和直辖市。河北经贸大学冯文丽教授在其研究中发现，美国财政2009年给予农业保险的补贴，约占其农业增加值的3.5%，照这个比例计算，我国同年的农业保险补贴可以达到1350多亿元，而现在的各级财政补贴的总额只不过100多亿元。

补贴总盘子固然重要，补贴结构的合理性更重要。为了真正体现农业保险对农业发展的支持目标，财政补贴会因地制宜，不仅考虑农产品总体必要性，也要考虑不同地区的农业主导产业的特点；不仅考虑公共财政的公平性，也要考虑不同地区发展水平的差异性和政策的目标性；不仅考虑其对地方政府的激励和约束，也要考虑这种约束的限度。所以，未来几年，政府的财政补贴政策可能作出适当的合理的调整，特别是补贴结构会更加合理和符合各地农业经济发展的实际需求和财政负担能力。

（三）农业保险产品日益丰富

对农险产品发展趋势的评论要从两个维度考察：一是与种植、养殖、涉农保险标的相联系的险种。由于中央财政支持的农业保险标的有限，目前的险种不算多，但是随着各级政府对农业保险支持力度的增加，险种的开发和推出必将不断增加，以满足农业风险管理的需求。另一个维度是承保方式。目前，绝大部分农业保险产品是只保部分成本的所谓“成本保险”，个别地方正在试验承保一定比例产量的“产量保险”。还有的地方在研究和试验易

于控制道德风险和降低管理成本的“天气指数保险”和“区域产量保险”。这个趋势表明农业保险需求和供给都在变化，在争取改善管理的同时，供给会力求适应多种需求。

（四）农业保险市场将形成有限竞争

目前的市场供给主体主要是“正规军”，即几十家（主要是六家）商业性财产保险或专业农业保险公司，承担了95%以上的农业保险试验业务。但也还有不可忽视的“非正规军”，如中国渔业互保协会和多个省的渔业互保协会、陕西和湖北的农机互保协会，它们正在比较专业的领域试验渔船、农机、农机手、渔民人身意外伤害等保险。

如果政策宽松，会有更多的市场供给主体愿意参与在政府支持下形成的农业保险市场的竞争。尽管有人认为不能允许过多市场主体进入这个市场，有关部门也欲说服某些保险组织不要进入这个市场，或者暂时不批设新的农业专业性保险公司，也不想让合作保险组织进入这个市场。但是，似乎不可能完全阻止有意进入该市场的政策明确支持的各类保险经营机构（毕竟缺乏法律依据，也不符合市场规则），未来的农业保险市场不可能是“寡头垄断市场”。或者说，市场很可能是一个“垄断竞争市场”，一个有限竞争的市场，也就是有多家和多种保险组织并存的适度竞争的市场。这种适度竞争可能对完善农业保险市场有重要意义。

（五）农业保险向农业综合服务发展

农业生产是在广袤的土地上进行的，农业生产的产前、产中、产后需要一系列的服务，作为灾害损失补偿制度的农业保险虽然是其中一个环节，也很专业，但据笔者调查和观察，农业保险服务有可能会从风险损失补偿的单一领域，向其他相关服务领域扩大。

近几年，加拿大很多省已经将昔日单纯的农作物保险扩大成“农业金融综合服务公司”。我国有的地方在组织农机损失和农机手人身伤害互助保险的同时，也提供事故救援、农机作业信息提供等服务，很受农民欢迎。看来这方面的创新（尽管是尝试）存在巨大空间。只要政策具有较大包容力，农业保险不断延伸发展成包括风险损失补偿在内的农业（或农村金融）综合服务是可能的。

例如，不仅提供商业信贷的保险支持，而且直接向小额信贷业务和其他可行的农村投融资业务拓展。

（六）农业保险法律法规体系逐步形成

目前，全国与农业保险有关的政府部门、保险组织、农民消费者都翘首期盼的第二轮《农业保险条例》的起草工作已经加紧进行，2012 年 5 月 4 日，国务院法制办已就《农业保险条例（征求意见稿）》在全国征求意见，该条例有望在2012 年内出台。除了这个条例之外，农业保险所需要的一系列配套规则也会陆续产生。尽管建章立制对于农业保险来说步履艰难，但必须积极推进。因为政策性农业保险与商业性农业保险有重大区别，没有游戏规则很多问题不好解决，目前财政部门不敢较多增加资金支持，不少省不敢或不愿扩大农业保险规模都跟缺乏规则有关。看来农业保险规则“瓶颈”的打破有日可待。

（七）农业保险教育和研究越来越受重视

近五年来，政策性农业保险在我国的大规模试验以至全面推行过程中，提出了很多理论的、制度的、技术的问题，农业保险人才也更显匮乏。不少地方教育和科研机构都大大提高了对农业保险科研和专业人才培养的关注度。

国家社科基金和自然科学基金、教育部人文社科基金等国际级科研基金每年都有几个关于农业保险的选题，中国保监会、财政部每年也都安排关于农业保险的部级研究项目。不少省份也对农业保险研究增加了关注度，北京市政府自 2007 年以来，每年都要设立多个有关农业保险问题的委托研究项目，对农业保险作前瞻性和跟踪研究。中国人保财险公司和安华农业保险公司还专门成立了相关研究机构，根据农业保险发展实践的需要，拨巨资并充分利用社会科研资源进行农业保险研究。同时，自吉林农业大学 2010 年设立了农业保险专业之后，其他不少高校也在积极申请设立农业保险专业。可以预见，农业保险的科学研究成果会越来越多，发展农业保险所需专业人才也会不断充实到农业保险经营和管理机构之中。这将不断提升我国农业保险发展的质量和水平。

五　发展农业保险的政策建议

我国农业保险的健康和可持续发展，并在实践中不断完善，离不开一系列宏观政策的支撑。我们认为，当前比较重要的是以下几点。

（一）尽早建立完善的农业保险法律体系

作为一种政策性保险业务，仅有规范商业保险的《保险法》是远远不够的。因为政策性保险和商业性保险有一系列的重要区别和操作特点。《保险法》除了部分内容和条款外，大部分内容无法用来规范政策性农业保险。所以，其他国家如美国、加拿大、日本、法国等，从一开始就颁布了专门的《农作物保险法》（美国、加拿大）、《农业灾害保险法》（日本）等。从我国几十年的农业保险试验，特别是自2007年以来的试验情况来看，如上所述，由于没有法律规范，无论是各省、自治区、直辖市的制度设计，各级政府的参与，还是参与试验的保险公司和农、渔业合作保险组织，其农业保险的操作程序、方式和业务、统计、财务管理，以及农业保险的监管依据和内容，都因为缺乏游戏规则而出现了不少问题，依笔者来看，有些问题还是比较普遍甚至比较严重的，这已经在某些地方对农业保险的发展产生负面的影响。这是众多方面长时间以来，极其关心和支持制定和颁布《农业保险条例》，踊跃为该条例献计献策的重要原因。我们翘首以盼能够早日颁布《农业保险条例》，并根据实践尽快出台相应的配套法规和管理规章。

（二）努力做好农业保险制度的顶层设计

我国已经确立了对于农业保险实行分散决策的思路，做不做政策性农业保险，怎样做农业保险都由各省、自治区、直辖市自己决定。如果做，中央就给予相应的财政和税务政策支持。这种分散决策的思路，类似于加拿大的农业保险制度。加拿大1959年颁布了《联办农作物保险法》，就是作出了这样的制度安排，哪个省愿意做由政府支持的农业保险，就可以与联邦政府签订协议，联邦政府就在省一级政府承担相应责任的同时，承诺为该省提供包括保险费和管理费在内的中央财政补贴、再保险、巨灾发生后准备金不足时的融资帮助等。各省还在这个基础上，通过各省《农作物保险法》作出细致的制度安排。

我国目前虽然在31个省、自治区和直辖市都举办了由政府给予财政补贴的政策性农业保险，但是，有的省份制度设计比较完善（如北京市、上海市、浙江省、安徽省等），漏洞较少，有的省份设计的制度就缺少重要的制度要素，或者尚没有一个总体的制度规范，其操作难度和执行效果就不一定太好，甚至做不起来。因此，在国务院《农业保险条例》出台之后，各省、自治区、直辖市需要及时完善或者制定本地的农业保险制度方案。

各省份的制度设计不可忽略的制度要素为：能有效鼓励农户参加并适应本地政府能力的财政和税收支持；确定本地市场上的农业保险经营组织及其结构；明确农业保险制度中政府、经营机构和参保农户在制度中的定位，特别是中央、省、县、乡、村等各级政府及其相关部门在该制度中的准确角色定位；农业保险巨灾风险管理的制度安排（主要包括农业保险巨灾发生后准备金不足支付赔款时的融资安排，如再保险、大灾风险准备金或者发行债券、政府贷款等）；根据风险一致性原则，制定科学合理的风险区划和费率分区；制度化的农业保险制度效果评估；符合中央规定的农业保险监管制度，包括各方违规的处罚规定等。

（三）中央政府需要建立一个管理和研究机构

我国目前设计的农业保险制度，是在“政府支持、政策引导、市场运作、自愿参加、协同推进”原则下建立的政策性农业保险制度。政府在其间实际上起主导作用，特别是各级政府都要使用公共财政资源对各类保险产品进行价格补贴，而且补贴的力度较大。这中间涉及农业保险发展规划的制定、各级各部门之间关系的协调；各类农业保险标的风险的衡量、费率的制订、经营风险的管理；各地各种农业灾害风险区划的制定，等等，需要有一个统一的机构并有一套人马来管理和研究。这也是世界上农业保险比较发达的国家的一个共同经验。例如，美国农业保险实施70多年，其政策法律制度的制定和调整、作物风险的变化、保险产品的设计和开发、费率的厘定、制度执行效果的评估等，都是在联邦农作物保险公司（FCIC）和农业部的农业风险管理局（两个组织一块牌子）的主持下完成的。

我国现在也提出建立某种推行农业保险的多部门协调机制，但是如果没有这样一个可操作性强的有力的管理和研究机构作为“抓手”，要有效率地推进我国农业保险制度建设将是困难的。至于这个机构放在哪个地方并不重要，重要的是必须有。

参考文献

庹国柱、王芳华主编《2011年中国农业保险发展报告》，中国农业出版社，2011。

庹国柱、王国军：《中国农业保险与农村社会保障制度研究》，首都经济贸易大学出版社，2002。

尹成杰、黄延信主编《中国农业保险组织制度研究》，中国农业出版社，2011。

中国保险学会编《中国保险史》，中国金融出版社，1999。

Mahul, Olivier and Stutley, Charles J., *Government Support to Agricultural Insurance: Challenges and Options for Developing Countries*, World Bank, 2010.

B.13
个税递延型养老保险业务探讨

个税递延型养老保险政策，是指以个人收入购买商业养老保险，在一定额度内其应缴的个人所得税可延期至将来领取商业养老保险时再交税的政策，一般简称为“个税递延型养老保险”。对于投保人而言，个税递延缴纳的方式相当于获得税收的时间价值，增强了即期购买商业养老保险产品的能力，从而提高了商业养老保险的市场需求。

近来，个税递延型养老保险成为保险业界讨论的热点话题。在2012年全国保险监管工作会议上，保监会主席项俊波针对年度保险监管工作重点，表示要突出抓好三件事，推进个税递延型养老保险发展包含其中。2012年6月28～30日，保监会副主席陈文辉在上海举行的“2012陆家嘴论坛”中提出，通过税收引导，提高市场、企业和个人的积极性，加大对第二、第三支柱养老保险政策的支持。

目前，我国养老保障三支柱中，第一支柱基本养老保险收入占比达90%，第二、第三支柱收入合计占比为10%。第一支柱的缴费率为28%，远超10%的国际平均水平，替代率则普遍达到45%，但基本养老金缺口在不断加大，近十年来基本养老保险的财政补贴已经超过1万亿元。因此，降低第一支柱养老保险所占比重的趋势将逐渐显现。从国际比较来看，政府承担的责任也存在下降趋势。例如，英国政府希望在未来几年中将基本养老金比重从目前的60%降低到40%，德国也希望个人养老保险占养老金的比重从10%提高到30%①。因此，作为第三支柱的商业养老保险将迎来重大发展机遇。其他国家或地区的发展表明，税收优惠政策能够促进养老保险的迅速发展，Davis（1995）的研究发现“1%税率的变化会引起养老金产生21%的反向变化”②。

---

① 中国保监会副主席陈文辉在“2012陆家嘴论坛”上的讲话。

② E. Philip Davis，*Pension Funds*：*Retirement-income Security and Capital Markets*：*An International Perspective*，2nd edn，London：Clarendon Press，1995，pp. 88－96.

纵观我国寿险业的发展历程，还未有过因政策因素促进行业发展的经历。改革开放以来，我国寿险业经历了三次大发展：第一次是1992年引入个人营销制度，促进了个人寿险业务的快速发展；第二次是21世纪初，分红险等理财产品的引入，为促进寿险业再次大发展作出了积极贡献；第三次是2005年左右，银保渠道获得快速发展，推动了寿险业再上新台阶。目前，寿险业面临巨大转型压力，个险增员难问题突出，传统粗放化的发展模式难以为继，银保取消“驻点”后银行人员的保险销售能力、动力不足，分红险“一险独大”的市场特征明显，外部经济社会环境变动也给寿险业发展带来了严峻挑战。

实施税延型养老保险政策，将成为促进寿险业第四次大发展的引擎。第一，寿险业保费规模将得到大幅提升。以中国台湾地区为例，在老龄化和税收优惠政策支持下，中国台湾人寿保险和年金保险的普及率由2001年的260%提升到2010年的316%，投保率从2001年的135%提升到2011年的211%①。第二，寿险业的内涵价值将得到大幅提升。一方面，税延型养老保险将改变目前寿险理财型险种比重偏大、期限偏短，保障型险种偏少的市场现状，强化风险保障功能，回归保险本质；另一方面，税延型养老保险产品的期限长、持续缴费能力较强，保证了保险公司的续期保费收入水平。第三，有利于提升保险公司资产负债管理水平。养老保险具有期限长、成本硬约束、资金累积性强等特点，有利于保险公司优化资产配置，提高资产负债管理水平。

本文将“税延型养老保险业务探讨”作为选题进行深入研究，包括四个部分的内容：第一部分主要讨论我国实施个税递延型养老保险的现实必要性及重要意义，其中，对于意义的分析主要侧重于对社会宏观经济发展影响的分析，将个税递延型养老保险对促进保险业发展、增强保险业竞争力的程度和水平的分析寓于其中，不再单独进行分析。第二部分主要介绍部分发达国家或地区实施个税递延型养老保险的实践，并形成可资借鉴的思路。第三部分以厦门为例探讨个税递延型养老保险试点的可行性，主要讨论有利因素及可能存在的障碍。本部分的政策成本及收益分析中有关保费规模的分析，可理解为实施税延政策后保费规模的变动情况，本专题不再设置各种假设条件进行保费规模预

① 《税收递延养老险的蛋糕有多大?》，《招商证券》（内刊）2012年4月20日，第1页。

测。最后一部分是政策思路及相关建议，包括政策目标、模式选择、运作程序和监督管理四个方面的内容。

一　我国实施个税递延型养老保险的现实必要性及重要意义

（一）我国实施个税递延型养老保险的现实必要性

1. 人口老龄化对我国养老保障带来严峻考验

2010年底进行的第六次全国人口普查数据显示，我国60岁以上人口占总人口数的13.26%，65岁以上人口占总人口数的8.87%①，分别超过了国际上10%和7%的标准②，我国已步入老龄化社会。根据《世界人口预测》（2008年修订版）的数据，在未来四十年间，我国人口老龄化趋势将进一步扩大。65岁及以上老龄人口数不断上升，至2050年将达到3.3亿人，占总人口数的23.3%。从人口结构上看，到2050年，我国0~14岁的人口总数、15~59岁的人口总数以及60岁以上（含60岁）的人口总数三者之间的比例将从2010年的1.6∶5.5∶1③，变为0.5∶1.7∶1。这意味着未来我国人口年龄结构中，充当社会劳动力供给的人口数将不断下降，而需要社会满足其养老需求的人口数不断攀升④。如何保障老年人退休之后的经济生活来源，是人口老龄化带来的最大挑战，我国养老保障问题逐渐凸显。

目前，我国老年人的三个经济来源都面临严峻考验。

一是子女赡养或亲友接济模式难以为继。在我国，赡养老人是子女应尽的义务，但计划生育政策的广泛实行所形成的4∶2∶1的家庭结构，使得一对夫妻赡养四位老人成为普遍现象，年轻夫妻经济压力剧增，亲友也面临相同情形，因此子女赡养和亲友接济模式将难以为继。

---

① 中华人民共和国国家统计局：《2010年第六次全国人口普查主要数据公报（第1号）》。

② 人口老龄化是指随着时间的推移，老年人在总人口中的相对比例不断上升的过程。按照国际标准，60岁以上的人口占总人口的比例超过10%或者65岁以上的人口占总人口的比例超过7%，即可视为老龄化。

③ 2010年第六次全国人口普查数据显示，这一比例实际为1.25∶5.3∶1。

④ 李超、魏巧琴：《我国延税型个人养老保险相关问题的探讨》，《上海保险》2010年第6期。

二是老年人自己的财富积累缺乏稳定性。财富积累主要包括不动产、存款、股票、基金、债券等各种形式的投资及其产生的收益，但这些财产价值具有较强的波动性。同时，随着我国人均寿命的延长，老年人的长寿风险随之产生，因此其自身的财富积累难以对漫长的退休生活作出稳定的经济安排。

三是养老保险发展不足。鉴于前述两种方式都难以满足老年人的养老所需，具有防范长寿风险特征的养老保险将发挥越来越重要的作用。养老保险主要包括社会基本养老保险、企业年金和商业养老保险三个部分，被合称为养老保险“三大支柱”。截至2011年底，全国城镇基本养老保险参保人数为28391万人，占城镇就业人员总数的79%，仅占全国就业人员总数的37.2%①，覆盖面仍然较为狭窄。同时，2009年，我国基本养老保险的替代率仅为47%②，难以充分保障老年人的退休生活水平。作为第二支柱的企业年金，截至2011年底，参与职工人数为1577万人③，占城镇就业人员总数的4.39%，保障覆盖面较窄。2011年，我国商业寿险给付1300.93亿元，人均96.56元，与农村居民人均纯收入6977元、城镇居民可支配收入21810元④的水平相比，保障程度较低，远远不能满足养老保障的需求（见图1）。

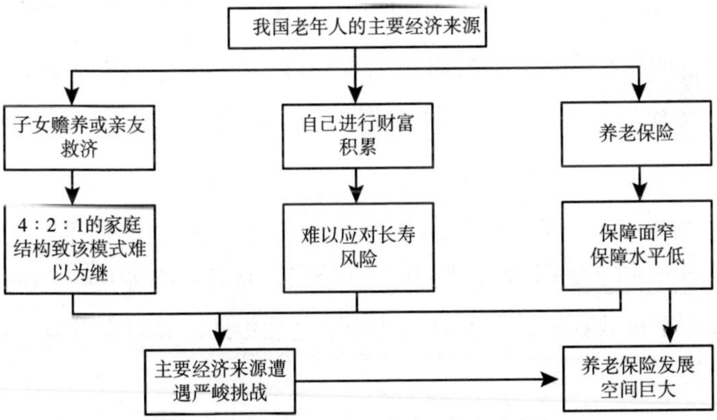

图1　我国老年人的主要经济来源情况

① 人力资源和社会保障部《2011年度人力资源和社会保障事业发展统计公报》。
② 李珍、王海东：《基本养老保险目标替代率研究》，《保险研究》2012年第2期。
③ 人力资源和社会保障部：《2011年度人力资源和社会保障事业发展统计公报》。
④ 中华人民共和国国家统计局：《2011年国民经济和社会发展统计公报》。

2. 发展商业养老保险是完善我国养老保障体系的可选路径

2011 年，我国基本养老保险基金、企业年金及商业年金保险总收入分别为 16895 亿元[①]、761 亿元[②]、1076 亿元[③]。其中，基本养老保险占比达 90%。这表明，我国养老保障体系中，依赖于政府的特征十分明显。

（1）基本养老保险保障程度逐渐降低

根据世界银行 2005 年关于中国未来养老金收支缺口的研究报告，2001 年到 2075 年间，我国基本养老保险的资金缺口高达 9.15 万亿元[④]。目前，我国基本养老保险个人和单位的总缴费率已经高达 28%，继续提升的空间有限。同时，随着老龄化程度的逐步加深，劳动力人口的比例将不断下降，从而导致总缴费人数的减少。因此，通过提高缴费率或扩大缴费面来弥补缺口的可能性较低。

我国自 1997 年建立城镇企业职工基本养老保险制度以来，养老保障第一支柱趋于夯实，参加城镇基本养老保险的人数从 1998 年的 11203 万人增加到 2011 年的 28391 万人，翻了一番以上；城镇基本养老保险基金总收入从 1998 年的 1459 亿元增加到 2010 年的 16895 亿元，增长了 10.6 倍；基本养老保险基金累计结余从 1998 年底的 587.8 亿元增加到 2010 年底的 19497 亿元。此外，截至 2011 年底，我国参加基本养老保险的农民工人数达 4140 万人，参加新型农村社会养老保险的人数为 32643 万人[⑤]。以上数据表明，我国基本养老保险抗风险的能力显著增强。

但是，我国基本养老金的社会平均工资替代率已由 1997 年的 76% 下降到 2009 年的 47%，12 年间下降了近 30 个百分点，与替代率为 60% 的制度目标[⑥]相去甚远，且由于我国基本养老保险制度的内生性特征，养老金领取人数的增加和

---

① 人力资源和社会保障部：《2011 年度人力资源和社会保障事业发展统计公报》。

② 胡晓义在“2012 年全国社会保险基金监督暨企业年金工作座谈会”上的讲话。

③ 数据来源于中国保监会统计信息系统。

④ 《世界银行预测：中国未来养老金缺口 9.15 万亿》，《新京报》2005 年 10 月 24 日，第 3 版。

⑤ 2011 年数据来源于人力资源和社会保障部《2011 年度人力资源和社会保障事业发展统计公报》；1998 年数据来源于李连芬、刘德伟《我国养老金“多支柱”模式存在的问题及改革方向》，《财经科学》2011 年第 3 期。

⑥ 也有学者认为，我国基本养老保险的目标替代率为 32.7%（钱敏：《收益率波动与基本养老保险替代率结构调整》，《人口与经济》2010 年第 1 期）。

社会工资上涨率高于领取的养老金调整幅度等因素的存在，将导致替代率的持续下降趋势①，由此引起退休金对退休人员“保基本”功能的削弱和在职人员对退休生活的不安②。

（2）企业年金存在发展“瓶颈”

我国自1991年就提出建立企业补充养老保险计划（即企业年金），但在长达20年的时间内发展相当缓慢，截至2011年底，我国企业年金基金累积3570亿元③，在当年GDP④的比重中几乎可以忽略不计，远低于发达国家水平⑤。我国企业年金发展缓慢的原因主要有以下两方面。

一方面，企业缴费负担较重。目前，基础养老保险及基本医疗保险的企业缴费部分已达28%（见表1），加上工伤、失业及生育保险和住房公积金，企业负担的缴费比例普遍达到40%左右，有的地区甚至高达50%。清华大学白重恩教授研究认为，此比例超过了世界上绝大部分国家，在181个国家中排名第一，约为“金砖四国”其他三国平均水平的2倍，是北欧五国的3倍，是G7国家的2.8倍，是东亚邻国和邻近地区（中国香港和中国台湾）的4.6倍⑥。因此，一般企业很难再承受企业年金的缴费负担，企业年金的参与者大部分来自大型国有企业⑦。从表1中可以看出，2004年部分国家的基本养老保险缴费率，中国远高于其他国家。

表1　2004年部分国家基本养老保险缴费率

单位：%

国　家	缴费水平	国　家	缴费水平	国　家	缴费水平
美　国	12.4	德　国	19.5	瑞　士	9.8
日　本	13.9	法　国	24.0	加拿大	9.9
韩　国	9.0	瑞　典	18.9	中　国	28.0

资料来源：OECD，“Pension at a Glance：Public Policies Across OECD Conuties”，2007，p.77。

① 李珍、王海东：《基本养老保险替代率下降机理与政策意义》，《人口与经济》2010年第6期。

② 李珍、王海东：《基本养老保险目标替代率研究》，《保险研究》2012年第2期。

③ 胡晓义在“2012年全国社会保险基金监督暨企业年金工作座谈会”上的讲话。

④ 2011年全国GDP为47.1564万亿元，数据来源于《中华人民共和国2011年国民经济和社会发展统计公报》。

⑤ 美国、英国、日本、丹麦、荷兰等国的企业年金资产储备都超过GDP一半以上。

⑥ 霍侃、汪旭、贾存斗：《筹划“十二五”》，《新世纪》2010年第10期。

⑦ 王红：《论发展我国中小企业的集合企业年金计划》，《保险研究》2007年第11期。

另一方面，长期缺乏税收优惠政策。实施税收优惠政策，可在一定程度上降低企业负担，促进企业年金发展。2008 年之前，我国没有对企业年金制定统一的税收优惠政策，到 2008 年底，我国企业年金规模仅 975 亿元。2008 年 2 月 29 日，财政部发布《关于企业新旧财务制度衔接有关问题的通知》（财企〔2008〕34 号），规定“已参加基本养老保险的企业，具有持续赢利能力和支付能力的，可以为职工建立补充养老保险……补充养老保险的企业缴费总额在工资总额 4% 以内的部分，从成本（费用）中列支”。截至 2011 年底，企业年金基金累积 3570 亿元，年均增长达 54.13%①。

税收优惠政策在一定程度上减轻了企业负担，促进了企业年金的高速发展，但增速持续下降，2009 年增长 63%，2010 年增长 54%，2011 年增长 27.1%，原因在于企业缴费负担较为沉重的现实没有得到改变。尽管扩大税收优惠程度可刺激企业年金短期发展，但在企业缴费负担没有得到有效降低的条件下，这种发展缺乏持续深入的动力。因此，企业缴费负担成为影响企业年金未来发展的现实“瓶颈”。

（3）发展商业养老保险是完善我国养老保障体系的可行选择

我国养老保障体系的三支柱中，基本养老保险作为第一支柱的保障程度逐渐降低，企业年金作为第二支柱则遭遇了企业缴费负担较为沉重的现实“瓶颈”。因此，发展作为第三支柱的商业养老保险将是完善我国养老保障体系的可行选择。

近年来，我国商业人寿保险发展较快。1997 ~ 2011 年，我国商业人寿保险的保费收入从 600 亿元上升到 8695.6 亿元，年均增长率达 21.3% 以上。但 2011 年，我国商业年金保险保费收入仅为 1076 亿元，商业养老保险的发展仍远不能满足我国老龄化趋势带来的潜在保障需求。

要促进商业养老保险的快速发展，还需解决以下两个问题：一是提高人们购买商业养老保险的积极性。由于历史、观念等方面的原因，人们对家庭养老和政府提供的基本养老保险形成了依赖心理，还未认识到家庭结构的变化将导致家庭养老模式难以为继、基本养老保险只能保障最基本的生活水平的问题。因此，一方面，需要提高人们安排养老经济保障的意识，提升其对商业养老保险的重视程度；另一方面，政府提供经济激励政策，提高人们商业养老保险购买能力，促进

① 胡晓义在“2012 年全国社会保险基金监督暨企业年金工作座谈会”上的讲话。

其形成实际购买需求。二是提高保险行业的供给水平和服务能力。目前，保险行业存在社会形象亟须改善、行业发展方式跟不上经济社会发展要求等问题，如果不及时采取有效措施加以解决，很可能会引发行业信用危机，危及保险业的可持续发展①，从而难以对急剧增加的养老保障需求形成有效供给。

3. 个税递延政策可有效促进商业养老保险发展

由于人们多数存在信息和知识缺乏、静态思维、短视、依靠故事作出投资决策、过度自信等问题，很难作出理性购买商业养老保险的决策。但是，通过实施商业养老保险税收优惠政策，使人们“当下”获得“可见的”利益，可以克服人们的非理性问题，极大地提高养老保险的吸引力②。

Dick-Mireaux and King（1982）使用加拿大的 1 万个样本数据进行了实证研究，结果证实税收优惠会促进商业养老保险的发展。他们发现，没有税收优惠的投资产品（如注册房屋储蓄计划和商业股票投资）不仅购买的人少，而且即使购买，购买的量也会比较少；而有税收优惠的投资产品（如注册退休储蓄计划）则会因为可以充当避税的工具而受到人们的青睐，购买的人比较多，而且人均购买量也会更大③。

Davis（1995）将世界各国的养老金占 GDP 的比例作为被解释变量，通过多个因素，如社会保障替代率、税收优惠模式、养老保险体系是否强制、养老保险体系是否成熟以及税率来解释这个变量。他发现，1% 的税率变化会引起养老金产生 21% 的反向变化，即税收优惠会在宏观层面上促进养老保险规模的发展④。

美国在 1974 年推出 IRAs 账户时主要针对的是没有参加企业养老金计划的雇员，并在 1981 年将该计划推广至所有家庭，并且缴款限额得以提高后，次年缴款额就从之前的 50 亿美元上升到了 280 亿美元。到 1986 年，IRAs 账户的储蓄额就占到了全美储蓄额的 1/5。但是，在美国 1986 年的税收改革法案中将同时拥

① 《关于印发〈项俊波主席在全国保险监管工作会议上的讲话〉的通知》（保监发〔2012〕1 号）。

② 郭振华：《从决策非理性谈必须实施养老保险税收优惠政策》，《保险研究》2010 年第 2 期。

③ Dicks-Mireaux, L. & King, M., *Portfolio Composition and Pension Wealth: An Econometric Study*, NBER Working Paper, 1982, No. 903.

④ E. Philip Davis, *Pension Funds: Retirement-income Security and Capital Markets: An International Perspective*, 2nd edn, London: Clarendon Press, 1995, pp. 88 – 96.

有雇主提供的养老金计划的高收入人群排除出税收优惠的范围后，1987 年 IRAs 的缴费数额立刻下降了 62%（见图 2）。

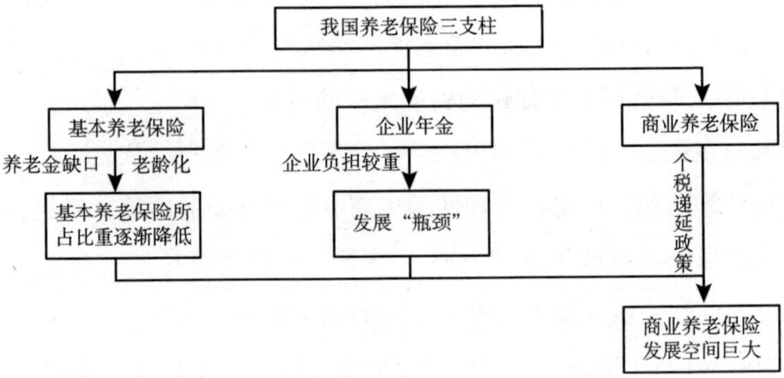

图 2　我国养老保险三支柱现状

（二）我国实施个税递延型养老保险的重要意义

1. 促进个人合理安排养老计划

个税递延降低了个人当前的税务负担，人们获得通过“当下”的“额外”利益安排自己养老保障的机会，有利于促进其对商业养老保险的购买意愿，调整养老性储蓄、投资与购买商业养老保险之间的配置结构，从而对自身养老保障计划进行合理安排，客观上起到防范长寿风险、平滑财务波动的效果。

2. 扩大社会风险分散程度

有研究认为，当期延迟或减免纳税 1 元，可以建立 20 元以上的养老保险基金①，因此，实行个税递延政策，促进养老保险消费，积蓄养老保险基金，将大幅提升我国人民长寿风险的分散程度。此外，人们在提高商业养老保险购买意愿的同时，将进一步提升个人及家庭的风险管理意识，从而促进其他险种的购买意愿。2011 年，我国的保险深度和密度分别为 3.04%、1064 元②，远低于世界

① 俞燕：《陈文辉：建议养老金推行延迟纳税制》，《第一财经日报》2007 年 11 月 16 日，第 1 版；此外，Davis（1995）的研究发现“税率的变化会引起养老金产生 21% 的反向变化”，也证实了上述结论。

② 中华人民共和国国家统计局：《2011 年国民经济和社会发展统计公报》；中国保监会网站。

2010年平均6.9%、627.3美元的水平[①]，表明我国保险业还存在巨大发展空间，尚需进一步发挥保险的风险分散职能。

3. 促进社会经济持续健康发展

（1）提升即期消费水平。为应对未来的风险性支出，长期以来，我国居民储蓄率水平明显高于世界上其他主要经济体[②]，限制了即期消费水平。商业养老保险提供了预期较为稳定的养老保障安排，因而有助于降低全社会用于预防意外和风险事件的储蓄，提升即期消费水平。

（2）形成长期投资资本。商业养老保险可以积累大量的长期储蓄资金，从而形成长期投资资本，促进社会经济发展。从世界保险发达国家的经验来看，由于养老保险资金具有规模庞大、投资周期长达20～30年等特点，因而是进行基础设施建设资金的理想来源，在英、美等国的道路、桥梁、电网等基础设施投资中，超过40%的资金来自保险资金。

（3）提高金融资源配置效率。银行资金“借短贷长”的特点，较易形成利率和流动性风险，同时，我国银行资产总额长期占全国金融资产的90%以上，容易产生系统性金融风险。商业养老保险形成的长期资金，则可有效解决银行资金“借短贷长”形成的资产错配问题。西方发达国家成熟的金融体系，一般是银行、证券和保险“三足鼎立”的市场结构，保险总资产占金融业总资产的20%～40%，从而有效发挥其在国家金融体系中融通资金、优化结构、提升信用、控制风险和维护稳定的关键作用。因此，对商业养老保险给予税收优惠政策，有利于形成保险、银行、证券和谐发展的局面，完善金融体系，优化金融结构，提升金融资源配置效率。

（4）创新政府管理职能。在维持个人养老金总体替代率水平不变的条件下，增加商业养老保险的替代率，有助于逐步降低基本养老保险替代率，减轻政府财政负担，原因在于人们退休后的收入若低于一定水平，则需要政府财政承担。因此，政府采取税收优惠政策鼓励个人购买商业养老保险，政府可节约这笔风险支出，更好地履行其他职责。同时，也可更为清晰地界定政府在我国养老保障体系

---

① 瑞士再保险股份有限公司：《2011年度世界保险业》，*Sigma* 2011年第2期。

② Horioka，C. Wan，Junmin，*The Determinants of Household Saving in China：A Dynamic Panel Analysis of Provincial Data*，NBER Working Paper，2006，No. w12723.

中的角色定位，逐步改变以往政府责任太集中、社会动员不充分、个人过分依赖企业、企业过分依赖政府的现象。

二 发达国家或地区个税递延型养老保险的实践及启示

对商业养老保险征税，存在三个可能的环节：一是缴费环节，对缴纳的保费征税；二是养老基金存续期间，对养老基金的投资收益和资本利得征税；三是养老金支付环节，对支付的养老金征税。根据是否对这三个环节征税（征税用“T”表示，免税则用“E”表示），可将各国征税模式分为八种：EEE、TEE、ETE、EET、ETT、TET、TTE、TTT。为促进商业养老保险的发展，20 个 OECD 国家中，有 60% 的国家采用了 EET 的税收优惠模式①。

（一）美国的个人退休账户（IRA）及其税收政策

美国养老保险体系由退休保险（即由国家强制办理的基本养老保险）、企业养老年金和个人储蓄型养老保险三大支柱构成。美国养老保险的第三支柱是个人退休账户（Individual Retirement Accounts，IRA）。它是面向所有纳税者的一种个人退休储蓄计划，其基本特点是个人在一定限额内缴费免征个人所得税，等到受益人领取保险金时，再将保险金作为受益人的个人收入，按照法律规定征缴个人所得税。

美国国会最初建立 IRA 主要有两个作用：其一，为没有被退休计划覆盖的个人提供税收优惠储蓄计划；其二，通过保留在工作变动或退休之后的滚存资产对雇主发起的退休系统起补充作用。1981 年的《经济复苏税收法案》把 IRA 的使用范围扩展到所有工作者，包括那些有养老金计划的人们，1986 年的《税收改革法案》将享受养老金计划人群的税收减免限制在收入在一定水平之下的那部分人群中②。

自 2008 年以后，IRA 针对不同年龄段每年的缴费限额是：50 岁以下人群

① 赵琳：《社会补充养老保险税收优惠政策研究》，清华大学硕士学位论文，2010。

② 中国保监会：《养老保险国别研究及对中国的启示》，中国财政经济出版社，2007，第 1 ~60 页。

每年限额为5000美元，50岁以上人群追加1000美元。对于已经结婚的个人，即使只有一个人有劳动收入，但只要其收入足够缴纳两个人的IRA费用，就可以按照每个人的缴费上限缴费。在达到70.5岁之后的下一年的4月1日开始，个人可以选择一次领取，也可以选择分期领取，账户资产余额按照事先确定量在一定时间范围内每年分配给账户持有人。IRA账户存在以下情况将征收惩罚性税收：提前撤回、从事禁止交易、超过规定的缴费量和不能满足最低领取条件。

传统IRA在1975年就有了14亿美元的缴费规模，而后持续被热捧，目前已逾37%以上的美国家庭投资于该账户中①。根据投资公司协会统计，IRA总资产从1990年底的6370亿美元增加到2003年底的3万亿美元，相当于美国退休养老市场11.6万亿美元资产的26%，年均增长13%。

由于账户资产的长期性，IRA已经成为美国资本市场和共同基金长期资金供给的重要来源，在美国共同基金产业发展中发挥巨大的作用。

（二）德国对个人储蓄年金的税收政策②

德国的养老保险体系由法定养老保险、企业和行业举办的补充养老保险、个人储蓄年金三大支柱构成。针对个人储蓄年金，德国法律规定了其在缴费阶段可获得一定限额的免税额度或直接补贴，在领取阶段则需按照累进征收的原则征收个人所得税。

2001年，德国政府开始全面推行“里斯特改革”（Riester Reform）法案。该法案规定，德国公民只要同保险公司、银行或基金公司签订个人退休养老金合同，就可以得到国家的补助，并且补助金额每年逐渐增加。补助的形式分为两种：一是直接补贴，二是从所得税中扣除的特殊津贴，即职工可以从所得税扣除“特殊津贴”，纳入退休储蓄账户。

所有的就业人员有权领取退休储蓄的直接补贴或是从所得税中扣除特殊津贴，职工享有选择的权利，可以通过计算，选择相对更优惠的方式。

---

① 童心、彭浩：《上海试点税收递延型保险产品的思考——基于美国IRA计划的经验》，《特区经济》2010年第8期。

② 许栩：《个税递延型养老保险方案设计公平性问题刍议》，《上海保险》2011年第2期。

1. 直接补贴的方式

凡是加入养老金计划的德国公民都可以享受这种补贴，但通常选择这一补贴方式的是收入低的劳动者。与“从所得税中扣除的特殊津贴”的方式相比，直接补贴额度较低，但由于低收入群体不需要纳税或者纳税额较少，相比之下，这种补贴待遇会更为丰厚。

2008 年，每个成年德国公民可以从国家得到 154 欧元的补助，条件是雇员将其净工资的 4%（最少 60 欧元，最高 500 欧元）用于缴纳签约的里斯特退休金。此外，国家还为每个加入里斯特养老保险计划的雇员的子女支付 185 欧元（见表 2）。

表 2 “直接补贴”的额度

年度	占净工资的最低比例(%)	国家津贴(欧元/年)	子女补贴(欧元/年)
2002	1	38	46
2004	2	76	92
2006	3	114	138
2008	4	154	185

资料来源：Axel H. Borsch-Suoan，“Shifting Perspeetives：German Pension Reform”，*Intereconomics*，2005（9－10），p. 250。

2. 从所得税中扣除的特殊津贴

这种补贴方式更有利于高收入人群，他们以少缴纳一部分个人所得税的形式获得政府补贴。政府则设定了一个可以从所得税中扣除特殊津贴的上限，如果纳税人的应纳税额超过这一限制，也只能获得政策中制定的“最高限额”补贴（见表 3）。同时，夫妻双方只要有一方购买了商业养老保险，与之属于同一纳税核算单位的另一方就可以自然享受“免税特别之处优待”。

表 3 “从所得税中扣除的特殊津贴”的额度

年度	免税特殊开支的最高限额(欧元/年)	年度	免税特殊开支的最高限额(欧元/年)
2002	525	2006	1575
2004	1050	2008	2100

资料来源：Axel H. Borsch-Suoan，“Shifting Perspeetives：German Pension Reform”，*Intereconomics*，2005（9－10），p. 250。

此外，还有一些国家对个人养老保险计划也采取 EET 的税收征收模式。例如，比利时对缴费实行税收减免优惠，对年金保险制定等级税额，对一次性支付养老金的税率为 10%。芬兰对 60% 的缴费减免税收，直到超过规定的收入上限①。

（三）日本及中国香港、中国台湾地区个税递延型养老保险实践

日本于 1984 年建立生命保险费和年金保险费的扣除制度②（财政部财政科学研究所课题组，2005），为鼓励居民投保，日本个人所得税法专门制定了人寿保险费税前扣除办法，由普通人寿保险合同和个人养老保险合同两种扣除构成，前者按保费支付额的一定比例扣除，扣除上限为 5 万日元；后者符合养老金领取规定条件时，可按保费的一定比例扣除，扣除上限为 5 万日元③。

中国香港自 2000 年 12 月开始实施强制性公积金制度，由雇主和雇员各拿出雇员收入的 5%，若雇员月收入少于 4000 元港币，雇员本人可以不缴费，雇主仍必须按雇员收入的 5% 缴费；若雇员月收入超过 2 万元港币，雇主和雇员只需分别缴纳 2 万元港币的 5%；雇主和雇员可以额外进行自愿性缴费。强制性和自愿性缴费均可以在税前列支，但雇主缴费的上限为雇员总薪酬的 15%，雇员及自营劳动者的年缴费在 12000 元港币以内的部分可免征个人所得税。基金的投资收益不纳税，雇员在领取强制性公积金时基本上不用纳税④。

中国台湾地区个人购买的商业养老保险享受每人每年 2.4 万新台币税前列支额度，且可以按户累加，同时在领取期也免交个人所得税，也就是说，中国台湾地区个人商业养老保险享受每人每年 2.4 万新台币的完全免税额。以一户年收入 100 万新台币的职工三口之家为例，每年其家庭负担的劳工保险费合计 1.4 万新台币，则其每年购买的商业人身保险享受 5.8 万新台币⑤的免税额度。

---

① 赵雨田：《我国个人储蓄型养老保险税收优惠政策探讨》，西南财经大学硕士学位论文，2009。

② 财政部财政科学研究所课题组：《保险业政策支持体系研究》，《经济研究参考》2005 年第 67 期。

③ 席卫群：《日本养老保险的税收政策及启示》，《涉外税务》2007 年第 8 期。

④ 吴燕：《香港强积金制度对内地联合企业年金计划的启示》，《经济论坛》2007 年第 17 期。

⑤ 购买商业保险享受的税收优惠额度等于每人每年 2.4 万新台币乘以家庭人数 3 人减去劳工保险费金额。

（四）发达国家或地区发展个税递延型养老保险的启示

1. 明确商业养老保险在社会养老保障体系中的功能定位

应从完善养老保障体系的角度来看待商业养老保险的发展，采取切实措施来明确其养老保障“第三支柱”的定位。在完善养老保障体系的过程中，充分考虑基本养老保险、企业年金及商业养老保险之间的互动关系，为社会提供全面的养老风险保障。例如，美国 IRA 计划最初就是在弥补基本养老保险和企业年金覆盖面不足的初衷下推出的。

2. 通过立法形式保证税收优惠政策的执行力

从其他国家或地区实行税收优惠促进商业养老保险发展的过程来看，大多通过立法的方式对税收优惠政策予以明确。例如，通过立法规定税收优惠的条件、额度，规定养老金的领取条件，规定对提前领取等情形的惩罚措施，等等。通过立法的方式实施税收优惠政策来促进商业养老保险发展，一方面，可保证制度的执行力和延续性；另一方面，立法权威性提供的安全感还能够提高人们的购买意愿。

3. 政策制定要注重社会公平

税收优惠政策的公平性分为两个方面：一方面是对不同收入者之间的公平。例如，美国 1986 年的《税收改革法案》将享受养老计划人群的税收减免限制在收入在一定水平之下的那部分人群中①，德国则通过直接补贴和税收减免两种方式实现对不同收入者之间的参与公平性。另一方面是针对不同年龄参与者之间的公平。例如，美国 IRA 允许 50 岁以上的人群可在 50 岁以下人群的免税限额基础上追加 1000 美元的额度，从而照顾了不同年龄参与者之间的公平。

4. 政策制定要基于本国或本地区实际

推行税收优惠政策，促进商业养老保险发展，要基于本国实际情况来定。主要体现在两个方面：一方面要符合本国现实需要。例如，德国为解决人口老龄化

---

① 研究表明，政府为商业养老保险作出的税收优惠主要惠及的是高收入阶层。1986 年实施的制度将同时拥有雇主提供的养老金计划的高收入人群排除出了税收优惠的范围后，1987 年 IRA 的缴费数额立刻下降了 62%。尽管如此，美国 1986 年的法案增加了两个新的 IRA 资金投入分类：①不可减免账户；②部分可减免账户，最多可减免 $2000。2001 年经济增长和税收救济协调法增加了 IRA 缴费的额度，允许 50 岁以上的个人追加缴费。因此，IRA 仍然成为美国增长最快的退休养老市场。

及失业率较高带来的养老金现收现付模式危机，在作出了诸如调整养老金计算方法、提高退休年龄、提高养老保险费率等一系列改革之后，于2001年开始全面推行“里斯特改革”法案①。另一方面要根据现实情况变化进行适时调整。例如，美国自IRA计划推出后，针对参与人范围及税收优惠限额进行了多次调整。

5. 税收优惠政策有利于促进商业养老保险发展

从各国的实际情况看，税收优惠政策对商业养老保险的发展确实起到了推动作用。例如，西方国家中，美国、英国、荷兰的个人养老保险基金发展较快，目前所涵盖的职工人数都已达到全部职工人数的40%以上，其中荷兰高达83%。1990年，美国、英国、瑞士、荷兰的私人养老基金资产占GDP的比重分别为35%、55%、69%和70%（包括人寿保险公司管理的养老基金）。据统计，美国每年为企业参加养老基金提供的税收优惠数额高达500亿美元，英国每年的养老基金税收优惠额约为150亿英镑。

三　我国实施个税递延型养老保险试点的可行性分析

（一）政策环境基础

1. 宏观政策环境

一是国家政策导向清晰。2006年下发的《关于保险业改革发展的若干意见》（国发〔2006〕号）中，明确指出“统筹发展城乡商业养老保险和健康保险，完善多层次社会保障体系”，以满足城乡人民群众的保险保障需求。此外，国务院还相继对上海、天津、深圳、厦门等地提出“先行先试一些金融领域重大改革措施”的意见，并在2009年《国务院关于推进上海加快发展现代服务业和先进制造业建设国际金融中心和国际航运中心的意见》（国发〔2009〕19号）中明确提出“鼓励个人购买商业养老保险……适时开展个人税收递延型养老保险产品试点”。二是保监会重点推进。近年来，保监会分别与上海、深圳、厦门等地方政府签订合作备忘录，明确提出支持“开展个人税收递延型养老保险试点”。2012年，保监会提出“保险业要更好地服务经济社会发展，就必须在群众急需、

① 许栩：《个税递延型养老保险方案设计公平性问题刍议》，《上海保险》2011年第2期。

社会期待的一些业务领域实现突破……要加大工作协调力度，争取国家税收政策支持，推动个税递延型养老保险试点工作的开展”①。三是地方政府积极支持。在地方政府各部门充分研究和讨论的基础之上，目前，上海市、广东省、福建省政府已将试点方案的相关文件报国务院审批。四是国家相关部委积极支持。2012年以来，由保监会人身险部牵头，与上海保监局和部分公司组成的专项工作小组，制定了专项工作方案，加强了同财政部、税务总局和上海市政府各层级的沟通协调，取得积极进展。目前，相关部门对于试点方案的一些大的原则性问题已经基本达成一致，正在对一些具体操作问题进行研究②。

2. 税收管征技术条件③

一是具备相关税收征管的经验。我国暂无冠以“税收递延”称谓的税收政策，但为促进落后产能固定资产更新，现行《企业所得税法》第32条规定：“企业的固定资产由于技术进步等原因，确需加速折旧的，可以缩短折旧年限或者采取加速折旧的方法。”采用加速折旧方法的固定资产，计入成本的折旧金额逐年递减，与之相应，企业计缴的所得税逐年递增④。对应税企业来说，尽管纳税总额与直线法折旧一样，但享受固定资产缩短折旧年限或加速折旧政策，缴纳所得税的现值较低，相当于获得一笔无息贷款用于购置技术领先设备。这一政策的实质也是改变了相关部分企业所得税的应税时间，与税收递延的内涵基本一致。二是具备对特定收入阶层实施的现实基础。现行税收制度下，在以工资、薪金收入为主要来源的工薪阶层，退休前收入来源单一，基本养老保险保障有限，从而对商业养老保险需求较强，适用税收政策持续性好。同时，我国对工薪阶层的税收征管体系较为完善，流程清楚，扣缴义务人责任明确。因此，对这部分人群开展个税递延型养老保险业务是可行的。

（二）政策成本和收益分析

1. 对地方财政收入影响较低

以厦门2011年的数据为例，全市个税递延型养老保险的目标参保人群潜在

---

① 《关于印发〈项俊波主席在全国保险监管工作会议上的讲话〉的通知》（保监发〔2012〕1号）。

② 梁涛在“2012年上半年保险监管工作会议”上的发言（人身保险监管部）。

③ 天津保监局：《现行税制下开展个人税延型补充养老保险的可行性探讨》，《保险监管参考》2011年第14期。

④ 本段分析均假定企业所得税税前扣除成本仅受折旧费用影响。

规模约为 10 万人①。即使第一年全部参保，按照 500 元/月的缴费额②计算，对应的保费规模上限为 6 亿元，根据 20% 的平均适用税率③测算，个人税延型养老保险的试点开办后首年递延的纳税总额为 1.2 亿元，仅占全市 2011 年财政收入的 0.18%。从地方政府的角度而言，对厦门地方税收④影响不超过 4800 万元，占厦门地方级财政收入的 0.13%。因此，递延的税收总额对当期财政收入的影响微乎其微。

2. 提高养老保障水平和累积长期投资资金

以厦门为例，假定首年递延的税收额（地方政府成本）为 4800 万元，并以每年 10% 的速度增长，参保职工替代率可提高 15%⑤左右，10 年后，延税额累计约为 7.65 亿元，该政策将惠及 23.58 万名职工，累积养老保险资金 118.65 亿元⑥。表 4 列明了个人缴费及政府成本收益。

表 4　个人缴费及政府成本收益

年数	个人月缴费金额（元）	成本		收益		
		个人每月延迟税款(元)	当年地方税收成本(亿元)	累计资金规模(亿元)	累计参保人数(万人)	个人账户资金(元)
1	500	100	0.48	6.27	10.00	6270
2	500	100	0.53	13.45	11.00	12822
3	500	100	0.58	21.64	12.10	19669
4	500	100	0.64	30.96	13.31	26824
5	500	100	0.70	41.53	14.64	34301
6	500	100	0.77	53.50	16.11	42115

① 以 20% 的平均税率为依据，厦门 2011 年人均年收入超过 54000 元的行业的年平均人数为 118887 人，因此，暂取 10 万人为个税递延型养老保险的潜在目标人数。

② 通过对不同年龄、不同收入水平的职工样本替代率目标期望值的测算，个人税延型养老保险替代率达到 10% 时，各类职工的每月缴费额多数集中在 400～1100 元，暂取较低值 500 元/月。

③ 按照现行个人税收政策，初步测算未来参保人群的个人税负标准集中在 15%～25%，同时为了征收的便利性，假定征收率为 20%。

④ 按 40% 地方自留比例计。

⑤ 目标人群假定工资水平为 4500～10000 元，年工资增长率为 3%，缴费年限假定为 15～35 年。

⑥ 假定首年参保人数为 10 万人，每年以 10% 的规模增长，资金运用收益率为 3%，10 年之后参保人数为 23.58 万人；地方财政延税成本 7.65 亿元；累积养老保险资金规模 118.65 亿元。

续表

年数	个人月缴费金额（元）	成本		收益		
		个人每月延迟税款(元)	当年地方税收成本(亿元)	累计资金规模(亿元)	累计参保人数(万人)	个人账户资金(元)
7	500	100	0.85	67.02	17.72	50280
8	500	100	0.94	82.25	19.49	58813
9	500	100	1.03	99.39	21.44	67729
10	500	100	1.13	118.65	23.58	77047
11	500	100	1.24	140.25	25.94	86784
12	500	100	1.37	164.45	28.53	96959
13	500	100	1.51	191.53	31.38	107593
14	500	100	1.66	221.79	34.52	118704
15	500	100	1.82	255.58	37.97	130316
16	500	100	2.01	293.28	41.77	142450
17	500	100	2.21	335.28	45.95	155131
18	500	100	2.43	382.06	50.54	168381
19	500	100	2.67	434.12	55.60	182229
20	500	100	2.94	492.00	61.16	196699
21	500	100	3.23	556.32	67.27	211820
22	500	100	3.55	627.76	74.00	227622
23	500	100	3.91	707.04	81.40	244135
24	500	100	4.30	795.00	89.54	261391
25	500	100	4.73	892.54	98.50	279424

（三）可能存在的相关问题

一是突破现行税制问题。个税递延型养老保险主要分为税基递延和税额递延两种类型①。税基递延方式下，若未来税率随收入水平提高而调整，则意味着对延迟的个人所得税实行减少或免除的政策，因此需要突破现行税制；税额递延方式下，仅涉及征税方式的改变，因此不需要突破现行税制。

二是政策公平性问题。从政策公平性角度，税收优惠政策要体现社会公平

① 税基递延是在缴费阶段规定一定额度的标准，在此额度之内，用于购买商业养老保险的个人收入所应缴纳的所得税暂不缴纳，在领取养老金时再按照领取时或提前规定的税率缴税；税额递延是在缴费阶段规定一定额度的标准，在此额度之内，用于购买商业养老保险的个人收入所应缴纳的所得税暂不缴纳，在领取养老金时补缴缴费时本应缴纳的税款。

性，因此个税递延型养老保险应实行普惠制，对全体依法纳税的公民开放。但只有利用税收政策促使中高收入者依靠自己的能力提高退休后的养老水平，才能减轻第一支柱的压力，让国家财政更有能力向低收入群体倾斜。同时，中高等收入群体是国内消费的主体，只有有效解决了这部分人的养老问题，才能够最大限度地刺激消费、拉动内需。此外，从可行性而言，目前的探讨仅限于现行制度框架，属于税收延迟而非税收免除。因此，对低收入群体购买商业养老保险进行补贴还不具备政策可行性，在未来税收及财政政策条件成熟时，可针对低收入者购买商业养老保险给予一定的直接补贴额度。

三是试点推广问题。实施个税递延政策，会降低中央和地方的当期税收收入，因此，中央和地方政府是否具有全面推广的意愿涉及政策的可持续性问题。从目前反映的情况看，提交试点申请的地区都得到了地方政府的大力支持，主要原因是利用税收优惠政策，鼓励人们购买商业养老保险，降低第一支柱的压力，因此，国务院对此也持支持态度。可以预期，这一制度在试点基础上，将可得到全面推广。

四　政策思路及相关建议

（一）目标定位

由于个税递延型养老保险以财政收入的暂时延迟为条件，因此，在试点时应定位于商业化运作的地方性养老保险，主要目标是完善养老保障体系，强化第三支柱建设，提高人们的退休生活水平，有效应对老龄化社会带来的挑战。

（二）模式选择

采用个税递延方式将有效促进我国的商业养老保险，目前存在以下两种可供选择的模式。

一是税基递延模式。在缴费阶段规定一定额度的标准，在此额度之内暂不缴税，在领取养老金时按照养老金领取时或提前规定的税率缴税。该模式可为投保人提供最大限度的税收激励，但由于目前我国对个人收入所得税实行分项税制，采用税基递延模式可能减少或免除征收延迟的税收，因此，税基递延模式需要突破现行税制。

二是税额递延模式。在缴费阶段规定一定额度的标准，在此额度之内暂不缴税，但是政府应确定个人应缴纳的所得税额，在领取养老金时补缴。这种模式实际上是政府向个人让渡其应缴税款的时间价值，对促进人们购买商业养老保险的激励程度比税基递延模式低，但该模式不需要突破现行税制，仅涉及征税方式的改变。

（三）运作程序

1. 确定参保人范围及享有个税递延的缴费限额

从可行性来说，目前我国个人所得税主要依靠单位代扣代缴，因此，建议暂在机关、企事业单位和社会团体工作的人群中先行开展试点。个人在自愿的基础上，通过用人单位统一组织参加。在未来条件允许的情况下，可推广个人自行参加的方式。

对不同年龄、不同收入水平的职工样本替代率目标期望值进行测算，个税递延型养老保险替代率达到10%时，各类职工的每月缴费额多数集中在400～1100元，因此可考虑在此区间内设置享有个税递延的缴费限额。同时，从公平角度看，对不同年龄的参与者的缴费额度应有所差别；从可行性角度看，统一额度更为简便易行，建议参考美国经验，对50岁以上的参保人增加一定的缴费额度。

2. 确定保费缴纳方式

保费缴纳涉及投保人、保险公司、税务机关等多个主体，目前我国个人所得税主要依靠单位代扣代缴，因此，投保人所在单位也成为参与主体之一。在目前制度框架内，为保证延迟的个人所得税收信息的完整性和准确性，建议由投保人所在单位统一代扣保费，在保险公司的帮助下收集整理投保人的基本信息、缴费信息和延税信息等，定期向主管税务机关申报延税情况（见图3）。

3. 确定养老金领取及纳税方式

开展个税递延型养老保险的目的，在于鼓励人们进行养老安排，因此，在参保人满足法定退休条件的情况下方可申请领取养老金，可选择一次性领取或按一定年限分年或月领取两种方式。若参保人在缴费期间工作地点变动或由于其他原因需要提前退保的，可在缴清延迟的税款之后，予以办理退保。为防止随意退保的情况发生，可视情况收取一定的退保费用。

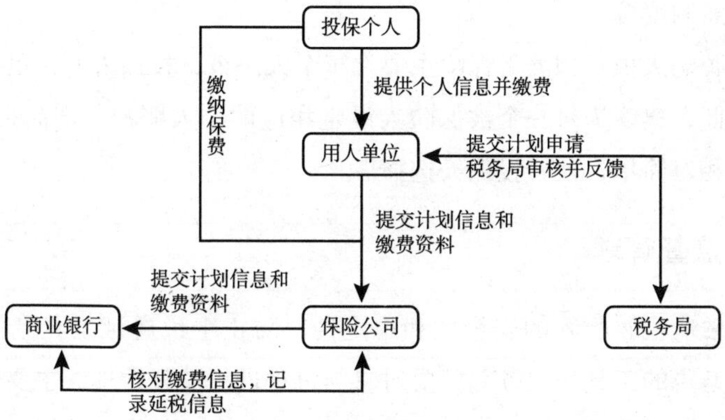

图3　保费缴纳流程

纳税方式有一次性缴纳和分次缴纳两种方式，后者使得参保人获得更多的应缴税款时间价值，但仅对分次领取养老金的参保人具有可行性，对一次性领取养老金的参保人不利，公平性不足。因此，建议参保人进入领取期后，保险公司将相关信息报送主管税务机关，由主管税务机关计算递延税款总额，一次性缴纳全部税款（见图4）。

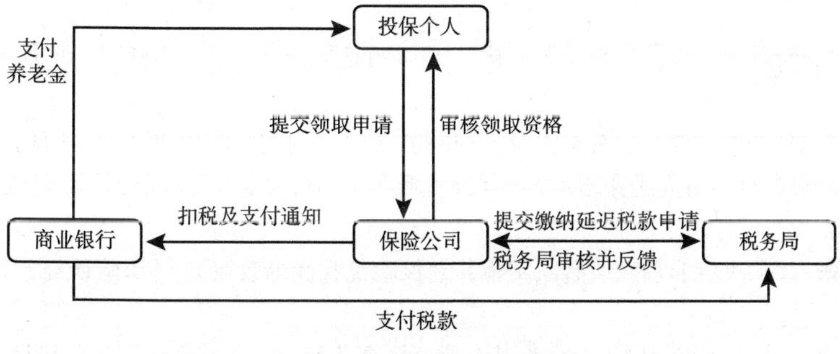

图4　养老金领取流程

4. 确定参与公司及保险产品

实施税延型养老保险，目的在于增强第三支柱所占比重，鼓励人们利用税收优惠政策购买养老保险产品，目前仅保险公司具备开发养老保险的资质。由于税延型养老保险期限长，参与人数多、参与主体多（主要涉及保险公司、税务部门、投保人所在单位、投保人四方），因此，建议参与的保险公司应具备持续良好的偿付能力、内控管理体系、业务管理能力、投资管理水平、信息平台建设能力和信息披露制度等。

由于是否购买税延型养老保险主要在于个人决策，投保人所在单位仅履行代办职责，因此，建议为每一个被保险人设定相应的个人账户，产品种类要丰富，产品责任要相对简单，便于投保人选择。

（四）监督管理

为保障政府税收收入的安全性和稳定性，防止个税递延型养老保险成为逃税、漏税或避税的工具，税务部门要对参与过程进行监督管理，主要包括参与许可、税务信息核对与计算、征收延迟税金等。为保障投保人的选择权、知情权等方面的权益及养老基金安全性，保险监管部门要对销售过程、产品类型、信息披露、养老基金的资金运用管理和偿付能力等进行有效监管。

参考文献

《关于印发〈项俊波主席在全国保险监管工作会议上的讲话〉的通知》（保监发〔2012〕1号）。

《世界银行预测：中国未来养老金缺口9.15万亿》，《新京报》2005年10月24日，第3版。

《税收递延养老险的蛋糕有多大?》，《招商证券》（内刊）2012年4月20日。

财政部财政科学研究所课题组：《保险业政策支持体系研究》，《经济研究参考》2005年第67期。

郭振华：《从决策非理性谈必须实施养老保险税收优惠政策》，《保险研究》2010年第2期。

胡晓义在“2012年全国社会保险基金监督暨企业年金工作座谈会”上的讲话。

霍侃、汪旭、贾存斗：《筹划“十二五”》，《新世纪》2010年第10期。

李超、魏巧琴：《我国延税型个人养老保险相关问题的探讨》，《上海保险》2010年第6期。

李连芬、刘德伟：《我国养老金“多支柱”模式存在的问题及改革方向》，《财经科学》2011年第3期。

李珍、王海东：《基本养老保险目标替代率研究》，《保险研究》2012年第2期。

李珍、王海东：《基本养老保险替代率下降机理与政策意义》，《人口与经济》2010年第6期。

梁涛在“2012年上半年保险监管工作会议”上的发言（人身保险监管部）。

潘悦：《工业国家职业养老保险税收模式及其比较》，《外国经济与管理》1998年第1期。

钱敏：《收益率波动与基本养老保险替代率结构调整》，《人口与经济》2010年第1期。

人力资源和社会保障部：《2011年度人力资源和社会保障事业发展统计公报》。

天津保监局：《现行税制下开展个人税延型补充养老保险的可行性探讨》，《保险监管参考》2011年第14期。

童心、彭浩：《上海试点税收递延型保险产品的思考——基于美国IRA计划的经验》，《特区经济》2010年第8期。

王红：《论发展我国中小企业的集合企业年金计划》，《保险研究》2007年第11期。

王莹：《个税递延型养老保险——基于税收优惠的思考》，《中南财经大学学报》2010年第1期。

吴燕：《香港强积金制度对内地联合企业年金计划的启示》，《经济论坛》2007年第17期。

席卫群：《日本养老保险的税收政策及启示》，《涉外税务》2007年第8期。

许栩：《个税递延型养老保险方案设计公平性问题刍议》，《上海保险》2011年第2期。

俞燕：《陈文辉：建议养老金推行延迟纳税制》，《第一财经日报》2007年11月16日，第1版。

赵琳：《社会补充养老保险税收优惠政策研究》，清华大学硕士学位论文，2010。

赵雨田：《我国个人储蓄型养老保险税收优惠政策探讨》，西南财经大学硕士学位论文，2009。

中国保监会：《养老保险国别研究及对中国的启示》，中国财政经济出版社，2007。

朱铭来：《保险税收制度经济学分析》，经济科学出版社，2008。

Dicks-Mireaux, L. & King, M., *Portfolio Composition and Pension Wealth: An Econometric Study*, NBER Working Paper, 1982.

E. Philip Davis, *Pension Funds: Retirement-income Security and Capital Markets: An International Perspective*, 2nd edn, London: Clarendon Press, 1995.

Horioka, C. Wan, Junmin, *The Determinants of Household Saving in China: A Dynamic Panel Analysis of Provincial Data*, NBER Working Paper, 2006.

B.14

我国现行银行保险模式的困境与出路

银行代理保险在推动保险业和银行业发展方面发挥重要作用的同时，也暴露了不少问题。近年来，监管部门采取了一些措施，取得了一些成效，但问题并未根本解决，重要原因是现行银行保险模式存在的体制机制问题一直没有被触动。今后一个时期，银行保险专业化应当被列入重要议事日程。

一　现行银行保险模式的突出问题

我国银行保险业务起步晚，成长迅速。2011 年，寿险公司银行保险渠道实现保费 4576.84 亿元，占总保费的比例达 47.87%。银行保险销售不但对保险业举足轻重，而且对银行业增加中间业务收入、丰富产品体系、扩大和巩固客户资源具有重要意义①，同时，在一定程度上满足了客户的综合理财需求。

（一）银行保险发展历程

一是银行保险的萌芽阶段，主要是指 20 世纪 90 年代之前。保险业恢复初期，保险分支机构较少，销售渠道匮乏。在这种情况下，一方面，群众保险意识普遍不强，城市主要通过专业代办拓展业务，以低成本快速拓展保源；另一方面，汽车、外贸等部门的刚性保险需求及民众迅速萌发、集中释放的保险需求，对保险销售渠道提出了迫切要求。这两个因素使得保险兼业代理如雨后春笋，遍布而生。我国银行保险萌芽就产生于这个时期，当时银行保险险种以简单的财产险为主，银行保险经营中，保险公司向银行基层员工提供一定的销售费，借以提升其积极性，银行不收取手续费。

① 波士顿咨询集团（Boston Consulting Group）研究证明，银行可以通过保险销售增加 50% 的费用收入，保险公司通过银保可以比传统渠道节约 30% ~50% 的成本，银保销售生产率是传统渠道的3 ~5 倍。

二是银行保险的快速发展阶段，主要是指20世纪90年代至21世纪初。一些新成立的寿险公司为了迅速站稳脚跟，借助银行的网点资源快速发展，纷纷与商业银行签订委托代理协议，让银行代卖保险产品。此时的险种主要以简单的储蓄型分红险为主，与以往相同，保险公司向银行机构销售员工提供代理销售费，银行不收取手续费，合作方式主要是零散的“一对一”。在这一阶段，银行很快成为保险公司的重要渠道之一。

三是银行保险的突飞猛进和无序竞争阶段，主要是指21世纪头十年的中期。2003年，为了规范和鼓励银行保险的发展，监管机构出台规定，解除了“一对一”机构合作数量的限制，银行保险渠道的保费收入开始突飞猛进。2008年，银行保险渠道首次超过个险渠道，成为寿险业保费来源中分量最重的渠道。在这一阶段，银行认识到银行保险是其重要的中间业务收入来源，纷纷开始收取手续费。由于银行网点的稀缺性，保险公司为争取银行渠道，也竞相提高手续费，银行保险渠道成本不断升高，展业竞争日趋激烈，逐渐陷入无序竞争阶段。销售误导、业务品质低、违规支付利益、风险跨行业传递、监管乏力等问题也日益突出。

四是大力规范阶段。针对存在的问题，2010年1月，中国保监会和中国银监会联合发文，要求优化银行保险业务结构，加大产品创新力度。2010年11月，随着对代理保险业务风险的担心增加，中国银监会紧急发文，“一刀切”要求所有商业银行在2010年底前，必须肃清在银行网点驻点的保险公司营销人员，同时限定“一对三”，即一个银行网点最多只能代理三家保险公司的产品。2011年3月，中国保监会、中国银监会联合发布了《商业银行代理保险业务监管指引》，要求银行和保险公司加强协作，并再次强调，商业银行不得允许保险公司将营销人员派驻银行网点。密集而来的银行保险整治政策，加上市场流动性的突然收紧，使得银行保险深层次的矛盾凸显，这使得银行保险渠道保费收入在2011年出现大幅下滑，同比下降1.85%，给保险业特别是寿险业发展带来较大的压力。

（二）现行银行保险模式存在的主要问题

从近期个别地区和机构出现的银行保险风险事件来看，在现有模式下，银行保险内在的体制机制并未彻底捋顺，相关治理措施犹如隔靴搔痒、隔山打虎，固有的问题依然存在，监管资源、手段和效果的可持续性将面临更大挑战。存在的问题主要有以下几点。

一是销售误导屡禁不止。从产品看，依托银行网点平台，银行保险产品多设计为投资储蓄型产品，依赖于较高的投资收益，投资风险大，保障性能不足，销售中多简单、片面地与银行定期储蓄利率比较，误导行为严重，甚至有观点认为“不误导，一个保单也卖不出去”；从渠道看，在原有“一对多”的情况下，保险公司销售人员“打架”争取客户，银行为解决矛盾，多按区域或时段分配网点，导致保险公司各占据不同网点，“王婆卖瓜，自卖自夸”，没有也不可能为客户提供真正需要的可供选择的产品。在现在不准驻点的情况下，银行员工兼职从事保险销售，培训不足、对保险产品理解不深、为客户服务时间不够，往往利用客户对银行的信任来推销保险产品，严重影响销售效率和服务质量，必然导致银行保险业务下滑。

二是账外利益、商业贿赂屡禁不止。银行网点的稀缺，特别是“一对三”的限定，使得银行网点及柜面行员成为部分保险公司不惜血本“投入”的对象，加之交易方式不公开、不透明，隐性利益极难被追查确认，导致违规支付甚至涉嫌犯罪的行为难以根治甚至蔓延。对于银行，应得利润被层层滴漏；对于保险公司，展业成本不断抬升，甚至是赔本赚吆喝，有从业者痛心地责备银行保险渠道为“鸡肋”，实则是该机构就像“温水中的青蛙”，有被银行保险渠道“绑架”之嫌，只能“饮鸩止渴”式依托银行保险渠道维持生计。

三是风险跨行业传递。现行模式下，银行与保险没有有效的“防火墙”，保险销售风险很容易传染给银行主营业务，甚至诱发金融系统性风险。

四是监管乏力。截至2011年底，银行保险网点达到14万家，相比之下，有限的监管资源如老虎吃天，无从下口，并且网点数还在快速增长。现有模式下，银行保险双方监管责任不清晰，存在较大的监管风险，特别是保险监管处于矛盾的主要方面，在市场准入、数据收集、财务结算、业务监管等诸多方面都缺乏抓手。银行保险渠道的“尾大不掉”，使得监管逐渐陷入两难境地，改革担忧影响市场稳定，不改革则只能听之任之，目视问题不断累积。

二　专业化是解决当前银行保险突出问题的有效途径

（一）银行保险专业化的内涵

世界银行在2010年对我国保险业的评估范本中，建议将银行保险业务与银行主营业务相隔离，成立专门的保险销售机构。我们认为，这不失为化解当前银行保险问题的可选之路，我们称之为“银行保险专业化”，并对其进行了深入的研究。

银行保险专业化是商业银行由现行的兼业代理保险产品模式转变为银行经由专业经代机构销售保险产品，享受销售收益的模式。在这种模式的变革中，专业经代机构可以由银行独资新设、控股参股，或者与银行具有其他性质的股权关系，当然也可以毫无股权关系。在这种模式中，银行的网点优势仍然保留，提供给专业经代机构销售场所、设施，甚至人员，专业经代机构借助银行网点、品牌和客户资源，发挥专业优势开展保险销售。银行保险专业化是银行中间业务的法人化，是组织模式的专业化。

（二）银行保险专业化的经验

英国银行保险先后经历了“多对多模式”“银行主导模式”“战略伙伴关系”三种模式。“多对多模式”类似我国之前的模式，客户体验差；“银行主导模式”类似我国当前的模式，缺乏销售技巧，产能低下，难有长期顾客；“战略伙伴关系”类似我们倡导的银行保险专业化，英国利安杰集团与两家大型国有银行巴罗达银行和安得拉邦银行建立合资企业销售保险，不但以最快的速度崛起，而且在行业中件均成本率最低，更为重要的是，做到了“用合适的方式，将合适的产品，销售给合适的人”。

在美国，在资产超过100亿美元的销售个人寿险的银行中，有一半的银行直接设立保险代理公司来销售保险，约19%的银行收购了一个现有的保险代理公司作为主销售渠道。

在中国台湾地区，由于银行法的限制，银行销售保险都是经由专业保险经代公司来实现的。目前，金控企业开始发展子公司间的“共同营销”业务，非金控的金融业则采取“合作推广”业务①。由此，根据是否借由银行保险专业经代公司参与，现行的台湾银行保险有两种模式②。

一是间接模式。商业银行出资设立保险经代公司，并为其提供销售场所、办

① 中国台湾2001年7月颁布的《金融控股法》和2003年6月颁布的《银行、保险、证券等机构合作推广商品或提供相关服务规范》，促成了现有局面。

② 林建智：《建立权责相符的银行保险业务运作及监理框架》，银行保险市场制度变革与挑战研讨会，2010年5月4日。

公设施和人员等。合作保险公司提供各类保险产品给经代公司销售，银行职员或理财业务人员登录该经代公司（即拥有了“双重身份”），向银行客户推销保险商品（见图1）。

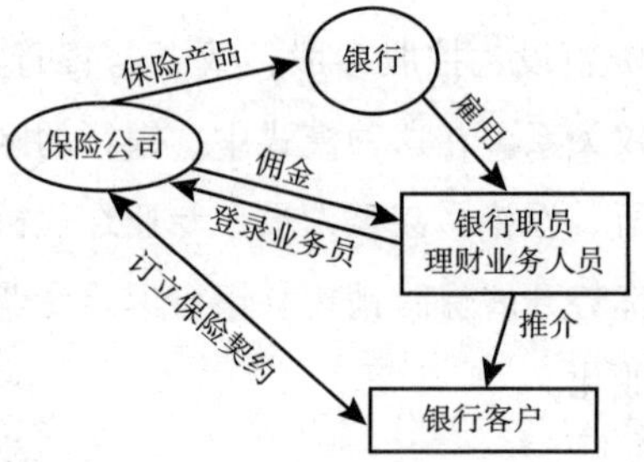

图1　间接模式

二是直接模式。保险公司以及银行依相关规定直接合作开展银行保险业务。保险公司负责提供保险商品给银行，银行销售人员取得保险业务员资格并登录合作保险公司后，向银行客户推销保险商品（见图2）。

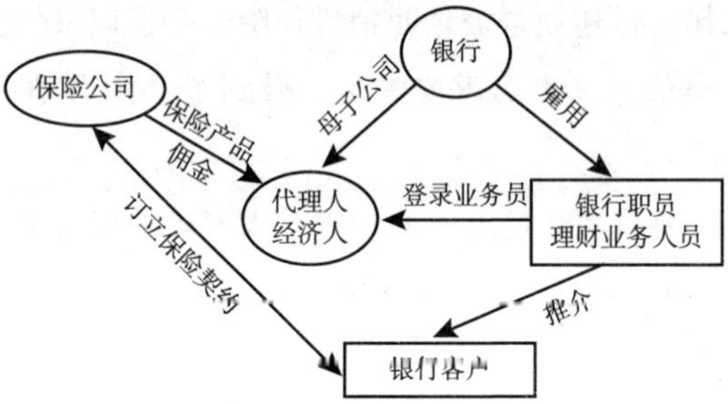

图2　直接模式

关于第一种模式，2011年，中国台湾地区有47家商业银行、证券机构成立了保险经代公司，涵盖台湾大多数金融机构。据统计，此种渠道业务量占到整个银行保险渠道的65%左右。

（三）专业化改革是银行保险持续健康发展的客观要求

专业化改革后，银行的网点优势得以保留，提供给专业经代机构销售场所、设施，甚至人员，专业经代机构借助银行网点、品牌和客户资源，发挥专业优势开展保险销售。我们认为，银行保险专业化提升服务能力、保障渠道收益、明晰监管职责，是一项有利于消费者、金融机构和政府监管的多方共赢的有益尝试。

1. 可以使代理保险业务真正成为银行透明化、规模化的利润来源和优良资产

一是专业经代机构实施集中管理，统一与保险公司谈判合作，统一产品准入、佣金结算、人员激励，建立专职化、专业化销售队伍，权责利清晰，提高运行效率和服务水平。二是专业经代机构依法透明收取和披露佣金、支付银行和销售人员报酬，抑制违规支付，促进合作健康、持续发展。三是专业经代机构既利用银行网点优势，又可以“走出去”深层次地与客户沟通，而且原则上，专业经代机构不受银行保险机构合作“一对三”的限制，可以建立起真正意义上的保险超市①，便于为客户推荐甚至量身定做消费者真正需要的保险产品，有效降低误导的发生。四是通过拓展专业经代机构销售资质和服务范围，为发展综合销售和服务提供了可供探索的路径。五是建立防火墙，防范保险销售风险向银行主业传递，符合风险集中管控的监管理念。随着利率市场化的推进，以及新资本协议下注重发展资本节约型业务的内在要求，挖掘银行保险潜力必然成为商业银行业发展的理性选择。

2. 有利于推进保险公司银行保险渠道稳定和深化，优化业务结构，提高赢利能力和服务消费者能力

一是通过总公司与专业经代机构的“总对总”合作，缩编自身银行保险销售人员，有利于降低谈判成本和销售成本，抑制账外支付，进而降低消费者支出负担。二是“一对多”有利于优质产品脱颖而出，从而倒逼保险公司挖掘消费者真实需求，积极开展差异化经营，使保险公司将更多精力投入产品创新和客户服务方面。三是通过理顺销售渠道，扭转经营理念，有利于规范销售行为，抑制销售误导，维护行业声誉，保护消费者权益。

3. 理顺监管制度安排，从根本上扭转当前银行监管部门和保险监管部门对银行保险业务监管乏力的被动局面

权责更加清晰，控制监管风险；通过专业经代机构自身力量加强内控，规范

---

① C. F. Effron（2005）的调查研究表明，在美国，69%的银行认为理想的伙伴数量是6～20家保险公司，27%的保险公司认为11～20家银行合作伙伴合适，而54%的保险公司赞同应该拥有超过50个合作伙伴。

发展；监管对象清晰明确，便于保险监管采取有力措施解决银行保险发展的顽疾，切实保障消费者权益。

三　实现银行保险专业化的基本思路

（一）银行保险专业化的实现方式

从保险经代机构来源的角度看，笔者初步认为有如下改革方式：一是商业银行独资新设；二是商业银行参股或控股，专业经代机构有多个股东；三是商业银行的股东方成立专业保险经代机构，利用股权关系，引导银行与专业经代机构合作；四是合作引进，与现有比较成熟的专业经代机构合作。在上述方式中，商业银行或者其他机构也可以根据自身意愿，依法授权给区域性分行或区域性机构，履行相关法人职能。

在第一种方式中，银行是专业经代机构的唯一母公司，享受独一的投资收益，这种利益排他性使得其与子公司专业经代机构之间容易达成最密切的合作关系，从而深化银行保险合作，提高运行效率。但是，我国商业银行法也规定了商业银行不得向非银行金融机构和企业投资，国家另有规定的除外。然而，这种政策障碍并非不可逾越，目前商业银行已经可以投资成立保险公司，那么原则上投资设立专业保险经代公司应该没有大的障碍，但需得到相关部门的认同。

商业银行法的这条规定初衷之一，就是防止混业经营风险。我们认为，银行保险专业化改革，恰恰是在维护现有银行保险稳定运行、保持综合经营效益的情况下，有力克制风险传染隐患的有益尝试。而且，与投资保险公司相比，投资专业经代机构成本较低，投资收益更为可控。总体看，银行保险专业化改革与商业银行法的初衷是基本一致的。

第二种方式即银行控股或者参股专业保险经代机构。专业经代公司这种股权多元化的治理结构，特别是可以吸收具有保险背景的股东参与①，这有利于提高保险销售经营管理水平。而且，这可以作为监管部门根据银行保险专业化进程，

---

① 在 Angel Moreno 提供的银行保险模式里，有一种是银行和保险公司联合成立保险专业销售机构，优势明显，与我们的观点异曲同工，而且这种股权结构也有值得借鉴之处。

适时调整准入政策的手段。然而，随着银行控股权的减少，银行和其他股东之间稳定合作的利益纽带一般会趋向于减弱，因此，在这种方式中，各利益主体之间建立具有较好激励的合作协议是成功的关键。

第三种方式即商业银行的股东方成立专业保险经代机构，这不存在政策障碍，但是也难免存在因银行控股权有限而带来的合作不稳定问题。

第四种方式是合作引进，银行可以选择经营成功的专业经代机构进行合作，经营风险较小，效益比较有保障，省时省力，灵活易行。然而，由于不存在股权关系，此种方式可能不利于形成长期稳定的合作关系。目前，我国已经有少数保险代理机构开始尝试接受银行委托从事保险销售业务，虽然模式粗糙、风险不容忽视，但还是初步显示了较强的生命力。

（二）几个基本的认识问题

一是成本问题。专业化意味着企业内部资源流动变身为法人间交易，可能会增加一定的税收支出，然而这是建立防火墙的成本，必然远远低于发生大灾造成的损失，专业化新模式的税收支出肯定远远低于兼业模式下管理松弛造成的“跑、冒、滴、漏”损失；通过并表，专业保险经代公司创造的合法、透明、规模化收入必定远远大于不合法、不透明和分散状态下的收入；专业经代公司通过深耕细作将有力增加银行保险利润来源；在当前监管体制下，专业经代公司通过拓展金融产品销售资质获得综合金融销售的收益还可以更好地摊薄成本；专业经代机构需要配备相应的人力和设备，增加渠道成本，然而总体来看，这总比保险公司以前配备银行保险销售员及现有的“专管员”成本要低得多，而且在改革初期，专业经代机构的人员配置可以由市场主体依银行网点保险销售情势而定，建立内部评估标准，对于地处偏远、销售量低的，可以暂由银行职员兼任，甚至可以保持原有的兼业模式。更何况银行保险专业化改革，并非仅限于成本考量，而是因为其是解决当前银行保险渠道突出问题、脱离困境转而健康发展的可选之路。

二是银行保险专业化需要银行机构高层的认可和推动。银行保险双方逐利行为推动银行保险模式不断升级变革，然而这是基于银行保险双方法人整体而言的。专业化改革将原有的隐性激励显性化，容易造成显性激励小于隐形激励的后果，特别是减少了银行基层分支机构在与保险公司谈判中的寻租机会，从而招致个别分支机构的不积极、不主动。银行保险专业化改革离不开各方的努力，但更需要有关机构高层的关注、认可和积极推动。

三是银行保险专业化改革需要发挥监管的引导作用，做到堵疏结合。当前政策环境中，相比专业经代渠道，兼业代理准入门槛较低、监管较为宽松、免缴监管费、基层机构具有寻租机会。我们需要对过去兼业代理的模式进行反思。这种方式是我们创建的，也是我们可以改变的，不能认为这是“天条”动不得。可以考虑逐步限制其代理家数和险种，比如，要求其只能代理一家保险公司，再要求其只能代理特定产品，逐步增加力度。一边疏，一边堵，专业化的模式才有可能逐步建立起来。

保险销售一直是金融创新最为活跃的领域之一，每一次销售渠道的有效创新都有力地降低了保险交易成本，带动保险行业经济效益和社会效益的提升，带来市场格局的重大变动。正确看待当前银行保险经营模式的长处和存在的问题，改变粗放式发展态势，创新银行保险模式，提高银行保险专业化服务能力，是当前保险市场甚至整个金融领域的重大课题。

B.15

保险服务中小企业的经营策略及政策建议

——基于天津市样本的实证分析

我国中小企业在完善市场机制、调整经济结构、促进科技创新、提供就业机会、创造社会财富、构建和谐社会等方面具有举足轻重的作用。2012 年 4 月下旬，王岐山副总理在上海考察时提出，保险业要加强对小微企业、科技创新的服务。毫无疑问，保险服务中小微型企业代表了保险业转型发展、深化保障、服务实体经济的重要方向，为未来保险业和保险公司发展提供了巨大空间。

中小企业由于自身素质较低、政府扶持不够、社会负担较重等特点，致使其在人员、财产、责任、技术改革创新等方面面临着风险损失可能。一旦遭遇突发或重大风险，将是沉重打击，给企业自身以及整个社会经济带来非常不利的影响，迫切需要通过市场机制化解和分散风险。然而，笔者认为，中小企业数量庞大、分布广泛、涉足行业众多、经营风险较大、财务能力有限、保险需求多样，这些都致使保险公司提供相关服务停滞不前。据统计，中小企业参保率仅在 10% 左右。未来，困难和重大机遇并存。

本专题选取天津市实践作为研究样本，通过细致的问卷调查和调研分析，力图剖析当前中小企业的保险需求及市场供给情况，从而为保险机构发展中小企业服务提供经营参考，也为地方政府、监管部门提出政策建议。

一　天津市中小企业保险服务供求分析

天津市高度重视中小企业工作，出台了一系列促进中小企业发展的政策措施，中小企业的发展环境越来越好，发展空间越来越大，中小企业已经成为天津市经济的重要支撑①。问卷调查共收回有效问卷326份②。

（一）受访中小企业基本情况

1. 行业分布

工业企业较多，服务业次之。在326份有效问卷中，有134家工业企业，占41.10%；其他行业134家，占41.10%；44家批发零售业，占13.50%；10家交通运输业，占3.07%；4家住宿餐饮业，占1.23%。受访中小企业中工业企业较多，从事科技创新的中小企业也占据较高比重，而批发零售业、交通运输业以及住宿餐饮业则较少。

2. 资产规模

资产规模在1000万元以下和1000万~4000万元的企业占绝对多数。在资产规模项中，有193份有效问卷。其中，资产规模在1000万元以下的72家，占37.31%；1000万~4000万元的72家，占37.31%；4000万~1亿元的18家，占9.33%；1亿~2亿元的16家，占8.29%；2亿元以上的15家，占7.77%。

3. 销售市场

在316份有效问卷中，销售面向国际市场的有18家，占5.70%；面向国内市场的有184家，占58.23%；国内外市场兼有的114家，占36.08%。

4. 年销售额

参与调查的266家企业中，年销售额在500万元以下的70家，占26.32%；500万~1500万元的60家，占22.56%；1500万~3000万元的56家，占21.05%；3000万~1亿元的34家，占12.78%；1亿~2亿元的20家，占7.52%；2亿元以上的46家，占17.29%。

5. 职工人数

在326家企业中，职工人数在300人以下的企业有274家，占84.05%。职

① 天津市中小企业局数据显示，2009年天津市中小企业创造了全市60%以上的利税、70%以上的增加值、80%以上的社会就业，中小企业户数占90%以上。

② 课题组进行了两次实地问卷调查。第一次于2009年6月在天津市举办的第三届中国企业国际融资洽谈会上现场调查获得40余份样本；第二次于2010年1月在天津市开发区和新技术产业园区的劳动和人力资源局、河西区工商联和河西区工会等组织的协助下获得280余份调查样本，共计采集326份数据。

工人数在 100 人以下的企业有 178 家，占 54.60%；100 ~ 300 人的 96 家，占 29.45%；300 ~500 人的 24 家，占 7.36%；500 ~ 1000 人的 14 家，占 4.29%；1000 人以上的 14 家，占 4.29%。

6. 经营时间

在 326 家企业中，企业经营时间在 2 年以下的 40 家，占 12.27%；2 ~5 年的 78 家，占 23.93%；5 ~ 10 年的 94 家，占 28.83%；10 ~ 15 年的 74 家，占 22.70%；15 ~20 年的 22 家，占 6.75%；20 年以上的 10 家，占 3.07%①。

7. 企业优势

企业优势呈现明显多元化特征。全部 326 家受访企业对优势作了选择，其中，选择资金充裕的 84 家，占 25.77%；经营管理完善的 142 家，占 43.56%；员工福利良好的 126 家，占 38.65%；产品畅销的 102 家，占 31.29%；市场营销模式完善的 110 家，占 33.74%；人力资源管理制度较完备的 104 家，占 31.90%。这表明企业在资金积累、经营管理完善程度、员工福利、人力资源管理制度及市场销售方面均有较大的发展，不断走向成熟。

8. 企业困难

企业困难同样呈现显著多样化。326 家企业中，资金不足的 76 家，占 23.31%；经营管理水平有待提高的 104 家，占 31.90%；员工福利水平有待提高的 80 家，占 24.54%；营销模式需完善的 90 家，占 27.61%；意外事故造成企业财产损失的 32 家，占 9.82%。

9. 解决融资难题的有效方法

此项选择呈多元化。中小企业融资困难是全世界普遍存在的现象，对如何解决融资难题的有效方法，受访企业的选择是多元化的。326 家企业中，选择信用担保的 78 家，占 23.93%；选择信用担保保险的 82 家，占 25.15%；选择融资租赁的 64 家，占 19.63%；选择创业板市场的 48 家，占 14.72%；选择建立小额贷款公司的 62 家，占 19.02%；选择完善信贷考核体系的 50 家，占 15.34%；选择完善授信制度的 40 家，占 12.27%。选择信用担保和信用担保保险两者的占 49.08%，选择

---

① 笔者分析认为，对中小企业来说，存续时间在 5 年以下的企业面临着经营管理、市场营销模式和渠道、人力资源储备等方面的问题；而在 5 ~ 15 年的企业面临着员工福利、资金融通、产品销售等方面的问题；15 年以上的企业所面临的问题就是品牌口碑市场地位的维护及企业新方向的探寻等。

融资租赁和建立小额贷款公司两者的占38.65%，表明中小企业仍习惯采用传统的方法来规避企业风险损失。选择创业板市场的占14.72%，选择完善授信制度的占12.27%，表明中小企业尚不重视完善授信制度，授信制度体系有待建立与完善。

（二）中小企业保险需求调查分析

1. 已有保险

已有意外伤害险的比例较高，企业财产险的比例次之。在受访的326家企业中，投保企业财产险的82家，占25.15%；团体人寿险的34家，占10.43%；意外伤害险的152家，占46.63%；团体健康险的20家，占6.13%；出口信用险的12家，占3.68%；责任险的34家，占10.43%；信用担保险的18家，占5.52%；其他（包括车险）126家，占38.65%。数据显示，中小企业对企业财产险有一定的认可和需求。对意外伤害险的需求较高，表明重视意外伤害对企业生产经营稳定性的影响。同时，投保出口信用险和担保险的企业只占9.20%，这表明企业对这两种保险产品的认识比较淡薄，可能并不清楚企业此类风险可以通过保险途径转移，同时也显示了这两个险种在我国的前景广阔。

2. 产险（车险除外）年保费支出

1万元以下的比例较大。在256家中小企业中，支出在1万元以下的82家，占32.03%；1万~5万元的60家，占23.44%；5万~10万元的52家，占20.31%；10万~20万元的32家，占12.50%；20万元以上的30家，占11.72%。

3. 寿险年保费支出

1万元以下的比例较大。在246家受访企业中，寿险保险费支出在1万元以下的90家，占36.59%；1万~3万元的50家，占20.33%；3万~5万元的36家，占14.63%；5万~10万元的40家，占16.26%；10万元以上的30家，12.20%。10万元以下的保险费支出的比例较高，占到87.80%。

总体来看，中小企业产寿险年保费支出平均占其资产额和销售额的千分之一不到，这说明众多的中小企业尚有巨大的保险需求市场有待开发，中小企业保险市场需求潜力巨大。

4. 已参加社会保险

参保率高达97%。说明中小企业已经为职工参保了养老、医疗、失业、工伤和生育等基本社会保险。中小企业在经营管理中很好地贯彻了政策精神。

5. 已购买保险对企业的保障程度

保险保障程度还有待提高。在278家受访企业中，认为保障程度高的86家，占30.94%；保障程度一般的162家，占58.27%；保障程度低的30家，占10.79%。尚有10.79%的被调查企业认为保障程度较低，同时认为保障程度较高的企业只占被调查企业的30.94%，而认为保障程度一般和较低的企业占比为69.06%，近70%的受访中小企业的保障程度有待提高。也说明企业对自身所购买保险保障程度的期望值尚未实现，同时也表明了中小企业已经认识到了保险保障对保障企业生产经营稳定的必要性，具有购买保险的主动性。

6. 已购买保险对企业的经济意义

98.68%的企业认同保险保障的经济效益。在304家受访企业中，认为影响积极的168家，占55.26%；影响一般的132家，占43.42%；影响消极的4家，占1.32%。这说明，大部分保险产品是得到企业认可的。

7. 针对自然灾害和意外损失的处理方式

选择采用控制型风险管理措施的比例为66.87%。在326家受访企业中，选择加强安全管理措施的218家，占66.87%；购买保险的118家，占36.20%；行业互助的14家，占4.29%；风险自留的8家，占2.45%；其他84家，占25.77%。只有36.20%的企业选择购买保险，原因不外乎有以下几点：一是保险意识淡薄；二是心有余而力不足，缺乏购买保险产品的能力，这是大部分中小企业面临的困境；三是了解保险的保障作用，也具有相应的购买能力，但是保险公司缺乏适当的保险产品供企业选择，这部分需求有待开发。

8. 最需要的保险

企业最需要的保险呈多元化，但对出口信用险、融资担保险和团体人寿险的需求相对较少。在326家受访企业中，选择企业财产险的114家，占34.97%；团体健康险的72家，占22.09%；团体人寿险的48家，占14.72%；工伤险的84家，占25.77%；意外伤害险的102家，占31.29%；出口信用险的22家，占6.75%；融资担保险的34家，占10.43%；其他84家，占25.77%。销售市场偏重国内，对出口信用险的需求较少；可能是由于人员流动大，对团体人寿险的需求也较少。

9. 期望的保障程度

受访中小企业对保险的期望保障程度较高，占比达99.35%。在310家被访企业中，选择充分保障的242家，占78.06%；基本保障的66家，占21.29%；

无须保障的 2 家，占 0.65%。表明受访中小企业普遍对保险期望的保障程度较高，保险机构机会很大、责任很重。

10. 需要的保险服务

企业需要的保险服务呈多元化，对经济担保、风险管理与规划和快速查勘理赔均有较大需求。在 279 家受访企业中，选择经济担保的 94 家，占 33.69%；风险管理与规划的 100 家，占 35.84%；快速查勘理赔的 76 家，占 27.24%；其他 80 家，占 28.67%。这对保险公司的保险服务提出了多元化的要求，其中包括经济担保、风险管理与规划和快速查勘理赔等。

11. 企业与保险公司的最佳关系

受访中小企业对企业与保险公司的最佳关系认为应长期合作的比例较高，达 88.31%。在 308 家受访企业中，选择长期合作的 272 家，占 88.31%；短期合作的 24 家，占 7.79%；无须合作的 12 家，占 3.90%。这表明，对保险公司及其产品和服务的认知和接受程度已较高，同时企业对保险公司的需求并不仅仅局限于险种，而更多的是期望得到它们在规避风险和防灾防损方面的指导和经验。

12. 购买保险需要的优惠措施

购买保险需要的优惠措施呈多元化，其中税收优惠、费率优惠和政府补贴等需求均较高。在 326 家受访企业中，选择税收优惠的 222 家，占 68.10%；费率优惠的 154 家，占 47.24%；政府补贴的 130 家，占 39.88%；可有可无的 14 家，占 4.29%。这表明，中小企业对购买保险需要的优惠措施呈多元化，同时相对集中于税收优惠、费率优惠和政府补贴，比例均在 40% 及以上，表明了企业期望得到实际经济利益上的优惠。

13. 保险公司需要加强的方面

保险公司需要加强的方面呈多元化。在 326 家受访企业中，认为保险公司需要加强设计开发适合的险种产品的 162 家，占 49.69%；提高理赔质量和效率的 150 家，占 46.01%；增加上门服务的 72 家，占 22.09%；加强与企业相关合作的 108 家，占 33.13%；加强条款说明的 76 家，占 23.31%；其他 60 家，占 18.40%。这表明，保险公司需要加强包括开发产品、提高效率、上门服务、加强合作等方面的服务，保险公司可以设计个性化的保险产品。

（三）中小企业保险需求特点

中小企业的保险需求有不同于大型企业的特点，这是由企业面临的风险以及企业本身的特点所决定的。

1. 中小企业的保险需求是一种引致需求

我国大部分中小企业是个体经营或家族经营，很多决策是企业主的个人行为，容易导致他们不能充分认识到企业生产经营中的潜在风险，影响其形成有效的保险需求。很多潜在的风险需要专业的风险管理技术才能识别，而保险公司从风险管理的专业视角，对中小企业面临的风险进行客观、科学、全面的识别、估测和评价，有助于使中小企业清醒地认识到经营中的潜在风险，进而作出经济的风险处理方法的选择，引致有效保险需求，将潜在的保险需求转换为现实的、有效的保险需求。

2. 中小企业的保险需求是一种波动需求

所谓波动，一方面是指风险分布的不连续会导致财产保险需求的波动。中小企业面临的风险大部分属于出险概率低、损失大的风险，很多企业主出于侥幸心理不参加保险。另一方面，相对于大型企业的经营稳定和管理完善，中小企业的经营稳定性较差。当资产风险较大时，保险需求就会很高；当经营稳定、管理完善时，容易忽略风险，保险需求下降，对风险事故存在侥幸心理。另外，人员流动性大是中小企业的另一特点，很多中小企业几乎未形成有效的人身保险需求。

3. 中小企业的保险需求是一种多层次需求

我国中小企业的数量众多，地区、行业分布广泛，管理水平各异，而且组织构架和产业结构调整速度很快，对保险的需求是多层次、多方位的，在保险金额、保险期限、保障范围、缴费方式等方面都有不同的要求，需要保险公司针对中小企业的不同需要开发保险产品，为中小企业量身定做保单，或者在标准保单的基础上制定不同的条款，以适应不同中小企业的需求。我国中小企业数量众多，占所有企业数的99%以上，集腋成裘，总的保险需求庞大，前景乐观，代表了保险业精细化发展的方向。

（四）中小企业保险市场供给

在天津市场，几家财险公司开展了针对中小企业的保险产品，主要有九种，在一定程度上体现了我国当前中小企业保险供给状况。

平安公司2005年的"'恒利达'企业定额综合保险"最具代表性。"恒利达"是为办公室、服务业、批发零售业和住宿餐饮业四类目标客户度身打造的定额组合保险产品。财产损失险、公众责任险和雇主责任险"三合一"，产品分为A、B、C三种计划方案来为保险价值在20万~500万元的中小企业提供保障。与传统的财产险相比，"恒利达"在保险责任的制定上考虑到了中小企业客户的需求，扩展了财产损失保险的盗窃、抢劫责任和公众责任保险的火灾、爆炸责任，针对性更强，适合经营摄影彩扩、票务、日用品批发零售以及住宿餐饮等业务的中小企业购买。"恒利达"在产品设计方面综合考虑了客户对产品简洁性和方便性的要求。保额可大可小，责任全面，投保理赔方便快捷，解决了中小型企业购买保险保障不全、保费太高、不买又不行的问题。作为定额产品，"恒利达"的保费计算非常简单。只需将购买份数乘以相应的保费单价，然后加总即为应缴纳的保险费。同时，投保单简化，保单项目清晰，填写简便。然而，对于大多数中小企业来说，价格还是相对较高。以某批发零售企业投保100万元的财产损失险和50万元的公共责任险为例，该企业一年需付的保费为6300元，基本费率为0.42%。

2005年中国出口信用保险公司降低承保门槛，承保出口额在200万美元以下的中小企业"中小企业综合险"，在浙江、江苏、山东和上海等中小企业集中地区推出。中国出口信用保险公司主要承保商业和政治两大风险。

义乌小商品市场是全球最大的小商品批发市场。中国出口信用保险公司推出的"义乌中国小商品城贸易信用保险"，是针对义乌的商户面临的贸易与市场风险专门开发的一个保险产品。保险公司承保在买方破产、拖欠、欺诈、丧失偿付能力的情况下卖方商户的货款损失。商户还可以根据需要灵活选择70%、80%、90%的赔付比例，相应的费率则为0.8%、1%、1.2%三个档次。保险公司为商户提供了交易风险保障，提升应收账款管理水平，充分利用灵活结算方式扩大交易规模，提升了整个小商品批发市场的国际竞争力。

美亚保险公司广州分公司于2004年专门成立了"中小企业保险部"，率先推出"工商通保"是针对中小企业的综合保险，为五大类中小型企业提供涵盖财产损失、盗窃或抢劫损失、租金损失、现金与有价证券损失、公众责任以及人身意外在内的一揽子保险，在半年内承保了400多份保单。

华安保险公司的“餐饮责任保险”，由餐厅业主投保，以保障在其餐厅消费的顾客和餐厅双方利益。当餐饮单位提供与其营业性质相符的食品时，因疏忽或过失造成第三者食物中毒或其他食源性疾患，或者在餐厅就餐的客人发生人身伤害或死亡等意外事件时，保险公司负责赔偿其损失。

太保公司的“经营管理人员意外伤害综合保险”是联合美国丘博保险公司共同开发的，也是国内首个通过国际合作开发的保险产品，其价值在于专业技术含量。

民生人寿公司的“民生企业家全家福综合意外伤害保险”在2005年7月进入北京、上海市场，第一次在京沪两地提供了绑架医疗救援服务。

2007年，针对餐饮业面对的种种潜在风险，美亚保险公司上海分公司推出“餐饮业通保”产品系列，为餐饮企业投资者、企业员工及社会公众提供全面的风险管理计划。

2007年7月，太保苏州分公司自主研发的“中小企业短期抵押贷款保证保险”，包括“中小企业短期抵押贷款保证保险条款”“个人短期保证贷款保证保险条款”“个人短期抵押贷款保证保险条款”，主要解决中小企业、私营业主贷款难的问题，最大保险金额达到200万元，可以满足90%以上的中小企业的贷款需求。该产品填补了全国保险市场对于企业保证保险系列的空白。

这九种针对中小企业推出的保险产品是境内财产保险公司作出的可贵尝试，体现了我国财产保险公司服务于社会稳定和经济发展的社会企业功能，也说明我国财产保险市场已经关注并实施对中小企业的保险服务。然而，这些尝试是针对某一或某些地区的特殊保险需求而推出的，局限性比较大，而且费率相对较高。

（五）中小企业保险供求失衡

天津市中小企业保险服务的整体建设处于初期阶段。财产保险公司一般定位在中大型企业的承保，中小型企业的保险不足。这种“市场定位偏差”使中小企业保险不充分，中小企业保险供求失衡严重。

1. 需要方面

一是对于高风险行业和个别地区，保险需求较强，而供给较为谨慎。例如，在滨海地区，由于台风等灾害频繁，中小企业对包含台风、暴雨等水灾责任的财产综合险、一切险等投保踊跃。但保险公司的企业财产险业务普遍赔付率较高。

迫于总公司的业绩考核压力，保险分支机构承保条件严格，根据企业的风险管理状况、历年损失率对企业实行区别对待。一些风险高、管理水平低的中小企业保险保障缺失。

二是低风险行业和地区投保意愿较弱，保险市场产品供给充裕，市场竞争较为激烈。在低风险行业，一方面，中小企业风险概率较低，企业考虑经营成本，购买保险的意愿不强；另一方面，由于潜在风险相对较低，保险经营主体为争取市场份额，采用价格竞争手段，通过扩大附加责任或降低费率等方式争取业务，导致保险价格背离风险成本，中介费用不断攀升，存在潜在的经营风险。

2. 供给方面

一是传统保障型财产损失险供给较少，险种结构失衡。保险公司的经营目标是赢利，为股东争取利益，业务的重点放在可以给公司带来效益的产品上。例如，一般的业务结构中超过50%是汽车保险，而中小企业需要的财产损失险、责任险及信用保险产品设计和推广程度不足。

二是产品设计定位于大中型企业。大中型公司经营稳定、投保金额较大，得到保险公司的青睐。在调查的天津市15家财产保险公司中，2008年保险金额在1000万元以上的业务占全部承保金额的90.44%。由于中小企业数量众多、分布散、保险需求各异、出险率高、不易管理等特点，往往不能给保险公司带来可观的收益，很少有专门针对中小企业财产保险而研发和推广的保险产品。即便像中国平安针对中小企业推出的“‘恒利达’企业定额综合保险”，其保费水平仍然偏高，中小企业承担起来有些困难。

三是中小企业参保率低。从调查的天津市15家财产保险公司的数据分析，保险金额在500万元以下的业务承保数为31149家，远低于天津市14万家的中小企业数量。

四是市场定位不清晰，产品设计缺乏特色。市场调研和预测是现代营销的基础，市场定位则是营销的关键。由于粗放经营，财险公司尤其是基层公司不重视市场调研和预测工作，相应的市场细分、目标市场选择、产品研发等一系列工作便无法开展，市场定位也无从谈起。各公司设计出来的产品缺乏特色，条款雷同，同质化现象突出，产品相互模仿现象严重。据统计，我国财险公司险种相似率达80%以上。一些公司虽开发了一些新产品，但缺乏系列性及差异性，难以适应不同消费者多层次的需求。

总体看，相当数量的中小企业难以得到相应的保障，虽然国内几家财产保险公司有过针对中小企业保险的实践，但是覆盖面还很狭窄，多是针对某一或某些地区的特殊保险需求而推出的，局限性比较大。

探究深层次原因，可以从中小企业自身、保险公司及外部配套机制三个方面进行分析。

1. 中小企业自身保险需求弱

一是对保险功能认识相对不足。中小企业主具有较强的投资意识和冒险精神，企业对经营的风险多采用自留方式。投保成本较高，保险意愿不强，投保积极性不高。

二是中小企业整体素质相对偏低。中小企业大都处于成长阶段，经营稳定性差、赢利能力低，保险的购买力相对不足。同时，发展参差不齐，中小企业尤其是个私工商户基础比较薄弱，财务管理规范性差，财务信息失真，信息披露不充分，容易产生“逆向选择”及“道德风险”。

三是行业自保分散了部分保险需求。中小企业行业分布块状特点明显，行业组织发达，行业自保悄然兴起，如运输业、旅游业等。部分中型民营企业均设有风险保障基金，用于解决小额损失。一些运输公司对承运的货物联合自保，通过向托运方收取一定费用，形成行业风险基金，对承运货物进行保险，部分具有了风险损失补偿职能。

2. 保险公司经营定位偏差

一是经营观念落后，保险宣传不力。保险公司经营普遍停留在简单的“承保、理赔”上，对如何为中小企业提供多层次、全方位的风险保障缺少考虑，也无法为各类企业提供风险控制、险种组合、防灾防损甚至资金运用等服务。此外，保险宣传不到位，使得企业主缺乏对保险作用的认识和理解。

二是产品设计雷同，针对性较差。目前大多数保险产品的设计开发均由总公司集中统一管理，产品“通用性”强而“个性化”不足。不少保险公司在产品设计观念上存在偏差，过分考虑自身眼前的利益和局部的经营风险，产品承担的风险出险概率偏低，或产品责任范围过窄，有的严格限定单一赔偿限额、累计赔偿限额，并在条款中罗列众多的除外责任，导致开发的产品不能满足中小企业的实际需求，在市场上缺乏卖点。

三是产品定价与承保风险不匹配，巨灾风险严重影响企业经营。现行产险产品定价体系基本沿用20世纪90年代的保险费率体系，风险分类不合理，保险价格与风险程度难以实现合理匹配，部分业务的费率水平已严重背离实际风险。另外，巨灾风险造成财产险业务的巨额亏损，严重影响了公司的正常运行。

3. 缺乏扶持政策

一是缺乏对中小企业保险的专项扶持政策和引导。对保险机构而言，开展中小企业保险意味着更高的管理能力要求和更大的风险，需要相关部门出台一些扶持政策和优惠措施，提高保险机构服务中小企业的积极性。在一些高风险、高责任的领域，商业保险具有准公共产品性质，部分代替政府履行社会管理的职能，产品经营压力较大，而目前政府缺乏对这些保险产品的税收优惠、保费补贴、费用补贴等方面的支持。

二是缺乏对创新中小企业保险产品的保护机制。保险产品知识产权缺乏保护是造成当前保险公司产品创新不足的重要原因之一。由于保险产品属于公开推行的、文字性表述的格式合同，一些保险公司研发的产品一推向市场，即被其他竞争对手以低成本加以模仿推出，致使产品创新者没有因创新而获得竞争上的优势，得不到相应的回报，严重挫伤了创新的积极性。

三是缺乏中小企业信用征信管理体系。信用是现代市场经济的基石。保险市场交易双方存在信息不对称，信用征信管理体系能够降低保企双方的信息沟通成本。当前，投保的中小企业和承保的保险公司之间由于信用缺失而引起的承保、理赔纠纷现象较为普遍，导致双方互相不信任，对保险公司承保和中小企业投保的积极性影响极大。

四是缺乏再保险市场对承保风险分散和转嫁的有力支持。成熟完善的再保险市场是保险公司化解经营风险的重要场所，保险供给意愿和供给规模的大小在很大程度上取决于再保险市场的成熟程度。然而我国再保险市场的发展处于初级阶段，承担风险的能力有限，使得原保险市场上的保险公司谨慎地选择要提供的保险产品，导致中小企业所需的保险产品的创新滞后于保险需求的变化。

二　国外先进保险市场实践

在发达国家，中小企业获得的保险供给丰富，抗风险能力强，在低风险环境中能够更好地发展。

（一）国外中小企业保险的典型险种和做法

1. 中小企业高管险（Key Person Insurance）

中小企业高管险是西方近几年针对中小型企业新开发的险种，各中小型企业对该险种的认知度还不高。据 AC 尼尔森调查显示，大约一半的中小企业高管（43%）从未听说过此类保险，仅有 7% 的中小企业的高管曾经购买过类似险种。

可以以篮球队为例解释中小企业高管险存在的意义及重要性。在世界著名的 NBA 赛场，所有的球队都会尽一切可能避免自己的球员受伤。如果球队中有一个主力队员受伤，有一段时间不能上场比赛了，整个球队就会遭受很大损失。实际上，越是小型的球队，对主力球员的依赖性越强。同样，对于中小型企业来说，高管由于死亡等外力因素而突然离去，必定对公司财政经营状况、股票价格、商誉和信用评级状况产生很大的不利影响①。在这种情况下，中小企业高管险会保障公司的利润、资产和信誉等维持在原来的水平上。

中小企业高管险的被保险人可以是企业的执行董事或经营总监，可以是财务总监或销售总监，也可以是拥有其他专业技能的普通员工，如计算机程序设计员，只要他对公司的正常经营状况具有可以量化的影响。

2. 美国高度细分的中小企业财产险

作为保险最发达的国家之一，美国保险公司所提供的中小企业保险种类丰富、覆盖面广泛。美国的理念是，对于中小型企业来说，从办公电器、家具到商用文件，一切事物都是值得向保险公司进行投保的。因为中小型企业不同于大型企业，一旦出现问题，即便是很小的问题，在没有充裕资金的支持下，是很难继续下去的。

除火险、雷电险、房屋爆炸险、飞机坠落险、台风险、盗窃险等传统险种外，存货样本险（Stock Samples Insurance）和公司商业文件险（Company's Documents Insurance）也是非常重要的险种。此外，办公场地租金险（Office Rental Fees

① 伦敦经济与商业研究中心研究表明，一个 CEO 对一个小企业股价的直接影响系数高达 76.3%。他们研究的样本是 2002 年 5 月到 2005 年 5 月期间英国所有的 CEO 发生变动的中小型企业。这些中小企业的管理层未对这些 CEO 的离去或者职位的变动及时发布公告，他们的股价与正常经营下的应有水平相比全部下挫了至少 2.1%。参见 Marc Fabris，"Finding the Key to the Right Type of Insurance for SMEs"，*Money Management*，April 2008。

Insurance）、数据存储媒体损害险（Damage on Data Storage Medium Insurance）、数据恢复费用险（Re-entry Cost of the Lost Data Insurance）、保险柜现金险（Money in Safety Boxes and Drawers Insurance）和第三者责任险（Third Party Liabilities Insurance）等险种也是美国的中小企业需求较高的险种①。

3. 信用保险

（1）英国中小企业融资担保信用保险（Credit Insurance for SMEs）。信用保险是指债权人向保险人投保债务人的信用风险的一种保险，是一项企业用于风险管理的保险产品。其主要功能是保障企业应收账款的安全。其原理是把债务人的保证责任转移给保险人，当债务人不能履行其义务时，由保险人承担赔偿责任。

由于风险相对较高，英国近些年的信用保险只在资金力量充裕的大公司之间展开业务。2008 年金融危机促进了中小企业信用保险在英国的发展。英国保险协会的统计数据显示，2008 年英国保险业收到的信用保险索赔申请较 2007 年上涨了 40%，总额度高达 36000 万英镑。随着经济衰退加深，信用保险公司的保险成本也越来越高，各保险公司都上调了自己的风险胃纳（Risk Appetite，投资人能承受的最大风险值），以至很多中小企业无法达到可保标准，这在很大程度上限制了英国中小企业的发展。因为如果没有信用保证保险作为后盾，许多公司被要求在更短的时间内付清款项，对许多中小企业而言，流动性的影响是致命的。并且，自金融危机爆发以来，由于赔付率过高，保险公司信用保险基金的储备不足，许多购买了信用保险的中小企业也面临资金链断裂的困境。

2009 年 4 月 22 日，英国政府支出 50 亿英镑预算用来保证保险公司能够顺利赔付中小企业信用保险的赔款，以促进经济复苏。这一财政计划主要针对已经购买了信用保险的 14000 家中小企业，并可以带动与这些公司有业务往来的 250000 家中小企业走出流动性危机。如果已购买信用保险的中小企业在 2009 年 1 月 1 日以后由于流动性出现问题而导致信用度下降，自 2009 年 5 月至 2009 年 12 月可向政府申请购买为期六个月的“Top-up Insurance”（最高限额保险），赔款最低限额为 100 万英镑。

（2）日本的中小企业融资担保信用保险。日本中小企业的信用担保制度，由信用保证协会的信用保证制度和政府全额出资的中小企业信用保险公库的信用

---

① 美国小企业协会网站，http：//www. sba. gov/。

保险制度组成。在这两级融资担保体系中，中小企业在向金融机构申请贷款时，可以向信用担保协会申请担保，信用担保协会可以向中小企业信用保险公库申请债务保险（见表1）。

表1　日本中小企业信用保险主要项目费率

保险项目	保险限额（百万日元）	保险费率（%）	保险项目	保险限额（百万日元）	保险费率（%）
普通保险	200	0.57	节约能源保险	200	0.55
无担保保险	80	0.46	海外投资保险	200	0.55
特别小额保险	10	0.33	新事业开拓保险	200	0.55
公害防止保险	50	0.50	特定公司债保险	450	0.50

资料来源：《中小企业综合事业团年报》，2002。

表1说明了日本中小企业信用保险主要项目的平均费率，可以看出，各项目费率为0.5%左右。中小企业信贷的违约率一般为1%～2%，在中小企业的起步阶段，保险费率定价应在2%左右；在中小企业经营的成熟、繁荣阶段，由于违约率的下降应调低定价到1%。或者同一阶段，根据各中小企业经营状况的不同收取不同的保险费率。与此同时，由于政府与协会的费率补贴，保险费率降低到0.5%，各中小企业相当于得到了融资优惠。通过这种中小企业的融资担保，中小企业可以以优惠的市场利率获取政策性贷款之外的商业贷款，有效地避免了融资不足的风险。通过中小企业信用保险公库提供的保险服务，则可以有效地降低信用协会的经营风险①。

（3）法国的国外投资商业风险保险。企业在国外投资，除面临政治和自然灾害的风险外，还会遇到经济上的风险。为解除法国中小企业在新兴国家投资的后顾之忧，法国政府通过对外贸易保险公司和中小企业发展银行为企业的投资提供经济风险保险。该险种适用于对外投资的法国母公司、风险资本公司或风险投资基金，但须满足以下几个条件：①事先取得法国财经部同意；②法国母公司营业额不超过4.6亿欧元，且不直接或间接为非欧盟利益单位控股；③国外子公司为法国公司控股（当地法律禁止除外）；④投资地域不属于撒哈拉以南的非洲

① 《中小企业综合事业团年报》，2002。

（南非除外）、加勒比和太平洋国家，以及经合组织成员国（墨西哥和亚洲成员国除外）。此保险金额为投资额的50%，且中小企业发展银行子公司SOFARIS对同一企业或企业集团的风险保险余额不得超过160万欧元。保险费率为每年1%，保险期限最高为7年。

（4）各国利用失业保险基金支持中小企业。失业保险实际上是国家通过立法强制实行的，由社会集中建立基金，对因失业而暂时中断生活来源的劳动者提供物质帮助的社会保险制度。它是社会保障体系的重要组成部分，是社会保险的主要项目之一。我国由社会保障和人力资源部等政府部门收取失业保险费，管理其相关事务，而西方的失业保险大多都由政府主导、商业保险公司进行运作。

近些年来，许多国家为了充分发挥失业保险制度促进再就业的作用，专门划拨一部分失业保险基金用来提供中小企业员工的就业与再就业服务。在法国，700多所职业介绍机构为失业人员提供再就业服务，这些机构的服务经费有26%出自失业保险基金。

法国的失业保险基金还有相当一部分用来资助有能力的失业人员创办小企业。首先是提供专门的创业补贴。规定失业人员如果从事其他不依靠工资生活的职业，就有权在一定时期内享受国家给予的特别补贴。对自行创办微小企业的失业者，除给予技术支持、咨询服务外，还由失业保险基金给予担保，由银行给予贷款。失业者如果从事自谋职业活动，也可以将其应领取的全部失业津贴一次性领取作为创业本金。其次是保留或恢复失业者的社会保障权利。规定创业者在开业的头几个月可以继续享受包括失业津贴等各项社会保障，并可以按周支付。

日本将失业保险基金用于鼓励失业人员提前在中小型公司就业。补助失业人员在中小企业就业是指在享受失业保险法定的给付期限内，如果提前在小型企业找到工作，也继续向其支付部分尚未支付的保险金。规定失业保险金支付期限为300天，如果提前就业后剩余支付期限为200~300天，可以继续领取120天的再就业补助金；如果支付期限为150~200天的，可领取70天的再就业补助金；如果失业者在其失业保险领取期结束前100天或还剩一半的时间就找到持续一年以上的工作，则可领取30~120天的再就业补助金。

日本还将失业保险基金用于鼓励小企业招聘失业人员，做法是：在征收失业保险费时单独征收促进就业费，用于就业补贴项目。一是对因为经济不景气而被迫缩小经营规模的中小企业给予为期1年的工资补贴，以便安置员工；二是对在就业特别困难地区开办的小企业给予奖励性补贴；三是向小企业、小企业的在职员工和失业者个人直接提供培训补贴。

（二）国外中小企业保险服务实践启示

各国支持中小企业发展的经验和中小企业保险的经验可以为我国中小企业提供重要的启示和借鉴。

1. 具有完善的中小企业融资法律体系

西方国家十分注重建立和完善中小企业融资的法律体系，制定了大量的扶持和促进性法律和政策。例如，美国的《小企业法》、日本的《中小企业基本法》等。我国2003年实施《中华人民共和国中小企业促进法》，但是该法律的条文过于原则性，缺乏配套的金融、信用担保保险、风险管理等方面的法律法规。我国尚未形成完善的中小企业的法律保障体系，各种所有制性质的中小企业法律地位和权利还不尽平等。

2. 建立了完善的中小企业信用评估体系

美、英、日等国都建立了较为完善的中小企业信用评估体系。在美国，中小企业均有各自的信用等级，银行据此决定是否给予中小企业贷款或给予何等程度的贷款额度。信用等级由民间组织或相应机构评定而不是由政府部门决定。对银行而言，这样的信用等级可信度更高。我国有进出口业务的中小企业由中国进出口信用保险公司提供信誉担保。中小企业担保机构及几家保险公司提供中小企业的信用担保，担保内容主要是短期流动资金贷款，担保对象主要是产品有市场、技术含量高、有发展前景的中小企业。中小企业担保机构的担保资金和业务经费以政府预算资助和资产划拨为主，担保费为辅。

3. 高度细分的中小企业财产保险

在西方发达国家，20世纪30年代后过剩经济始终是各类企业面临的基本经营环境。在供过于求的经济环境下，创办中小企业、促进就业，靠的是制度创新和技术创新。美国高度细分的中小企业保险是中小企业发展过程中的制度创新，为各中小企业的技术创新提供了坚强的后盾。我国中小企业财产保险险种仍局限于企业财产险、机器损害险等传统险种。近些年，公众责任保险、雇主责任保险也相继推出，但普及程度有待提高。

4. 为中小企业提供融资担保信用保险

在中小企业创办与成长的过程中，各国的中小企业管理当局给予中小企业融资担保信用保险许多支持。例如，为了调动银行向中小企业贷款的积极性，英国政府联合保险公司开展了融资担保贷款服务；日本政府联合信用保证协会对中小企业提供融资担保信用保险，提供担保和保费补贴。

5. 投资保险为中小企业对外投资提供风险保障

近年来，随着我国经济发展步伐的加快，国际收支持续顺差，许多拥有外汇存款的企业选择到国外投资。目前，我国针对国外投资经营的政治风险保险和自然灾害险保险已广泛开展，而商业风险保险还未起步。法国政府通过对外贸易保险公司和中小企业发展银行为其中小企业提供的商业风险投资保险值得我们借鉴。

三 完善我国中小企业保险服务的政策建议

国家高度重视中小企业发展。国务院2009年9月发布了《国务院关于进一步促进中小企业发展的若干意见》，2012年4月颁布了《国务院关于进一步支持小型微型企业健康发展的意见》，各地也纷纷出台鼓励中小微企业发展的政策，进而为中小微企业保险服务的发展提供了良好的经济环境、税收环境和财政支持环境。其中，通过保险机制化解中小微企业风险逐步成为各界的共识。

（一）政策扶持

长期以来，将商业保险视为准公共物品而给予政策支持，主要集中在农业保险领域。其实，我国中小企业本质上与之相似，社会贡献大，但分布区域广、管理体制不健全、抗风险能力低下，自身特点造成保险供求自然失衡。需要政府“有形的手”介入，引导促进中小企业保险发展，充分利用保险机制为中小企业发展保驾护航。笔者认为，地方政府可以有更大作为。

1. 财税优惠和支持

如针对选定的保险产品、行业、地区和参保对象，给予一定比例的税收优惠，或对保险经营主体给予一定的费用补贴，还可以对中小企业给予一定的保费补贴。保险经营主体在政策扶持下，可以降低展业成本，提升利润空间，从而更有动力加大宣传和研发力度。而中小企业在政策扶持下，可以降低购买保险的成本，提高购买能力。市场交易主体均能有力推动市场规模扩大，使市场步入良性循环。目前，苏州市、云南省、北京市等地都先后开展了针对中小型工业企业或者科技企业的保险支持政策。出台鼓励政策，在重点区域和重点行业实施强制性或指导性的保险工作，引导和鼓励中小企业积极参加保险。

2. 支持和引导市场调研，支持保险公司以及专业保险中介机构产品研发

中小企业数量多、分布广、保险需求多样，单独保险机构很难介入，地方政府应该引导和支持保险机构对中小企业保险需求进行调研，各级保险监管机构要大力支持，再保险公司、保险总公司和区域性分支机构通力合作，共同开发满足中小企业需求的保险产品。

3. 建立中小企业保险产品创新知识产权保护制度

对保险公司创新中小企业保险产品，实施倾斜政策，开辟中小企业保险服务领域给予特殊激励和保护政策，激发积极性。例如，针对保险公司开发的新产品，制定相应的管理办法，给予一定时期的保护。在保护期内，限制其他公司无偿模仿推出类似产品，从而起到鼓励保险公司积极致力于产品创新的作用。对于保护期限的规定，以确保产品创新者通过优先经营获取市场优势为限，按照当前的市场状况，以一年为宜。

4. 加强保险知识的宣传普及

充分运用自身的公信力，通过多种形式和渠道，积极进行保险知识的宣传推广工作，改变目前保险宣传主要以保险业务人员向企业面对面宣传为主的现状，提高中小企业的保险意识，激发中小企业运用保险管理风险的积极性和主动性。

5. 建立保险行业统一的信用信息平台

建立保险行业统一的信用信息平台，有助于使参与保险市场的主体信息透明化，使供求双方的信息更加对称。对保险公司而言，有助于促进其提升服务质量，改善服务内容；对参保企业而言，有助于其建立完善的内部管理制度，科学地应对各种风险。中国保监会推行的信息披露制度，促进了保险经营主体规范竞争，保持诚信，应当继续扩大和深化。同样，应该建立一套系统来评价各个企业的信用情况，以降低保险经营主体在核实企业信用情况方面付出的搜寻时间和成本。

（二）培育中小企业保险供给市场

中小企业保险市场巨大。但是，保险公司普遍不愿意为中小企业提供保险服务。原因主要有：一是信息搜集成本大。中小企业标的分散，客户不集中，行业差异较大，搜集投保人相关资料需投入大量人力和物力。二是前期宣传引导投入大，展业人员从搜集目标客户到最后签单，展业周期相当长，其他保险公司“搭便车”容易且普遍。三是中小企业保费规模小，核保、出单成本大，而且为控制承保风险，中小企业的核保要比常规的大客户、车险等业务更加严格，流程更加复杂。四是理赔成本大。

笔者建议，保险公司应加大力度研究中小企业的保险需求，优化保险供给，形成供求均衡发展。可坚持以下原则：一是效益原则。坚持规范经营，树立“效益第一”的观念，通过加强风险管控，提高承保、理赔质量，实现中小企业保险业务持续、健康发展。二是属地承保原则。中小企业分布范围广，行业差异大，应当以属地客户和本地业务为主，跨区域展业容易导致恶性竞争，增加风险管控难度。三是重点突破原则。中小企业分布具有明显的区域性、产业集群特征，对当地资源依赖性较强。因此，要整合保险公司技术资源，组建有技术优势的展业队伍，统一安排，集中行动，以点带面，发挥示范和带动效应。

在具体的经营过程中，保险公司应注意以下内容。

1. 加强基础数据积累，开发适销对路的产品

保险机构应当加强对中小企业的风险评估工作，注重中小企业基础数据的收集、整理、分析工作，建立公司内部数据库和精算工作制度，科学制定保险条款，合理厘定费率，使保险产品更符合中小企业的实际需求，如具有特定性的中小企业定额保险产品、一揽子综合保险产品等，激发中小企业的保险购买欲望，同时也使中小企业保险成为公司新的业务增长点。

2. 加快产品开发

及时推出适销对路的保险新产品。没有适销对路的产品，是中小企业保险购买意愿不足的一个原因。针对我国中小企业的特点，保险公司应加快产品创新，根据地区和行业特点制定有针对性的条款，开发适合我国中小企业的保单。例如，平安创新的产品应收账款保险，就受到很多中小企业的青睐。此外，对已有产品应适时改造开发，如进行费率调整、扩大责任范围、改进承保方式、开发附加险等，使保险产品更贴近市场。另外，设计和开发信用保证保险，对于信用体系薄弱的我国中小企业来说，意义更加重大。

3. 抓好防灾防损工作，提供优质的保险服务

保险机构除为中小企业提供保险方案设计、风险评估和咨询、保险理赔等保险服务之外，应当注重协助中小企业抓好企业防灾防损工作，真正提高中小企业的风险意识和风险承载能力，减少中小企业的损失，使保险成为中小企业发展的“稳定器”和“助推器”。在促进中小企业发展的同时，保险机构应当充分考虑行业的自身发展，积累中小企业客户资源，完善客户体系，挖掘和培育潜在客户资源，实现双方的良性互动和共同发展。

4. 与中小企业建立长期稳定的合作关系

调查显示，88.31%的中小企业选择长期合作关系。面对巨大的中小企业保险潜力，保险公司应加强与中小企业的合作，建立与客户的定期访问机制，及时了解中小企业客户的保险需求，适时提供保险帮助，靠信誉和优质服务赢得客户信赖。

5. 积极培育和发展再保险市场

把再保险市场建设成为经营行为规范、承保能力与偿付能力充足、产品服务丰富多样、风险有效分散、能够引导和支持中小企业直接保险市场发展的现代再保险体系；充分利用再保险的数据和技术优势，研究中小企业需求，合作开发对中小企业适销对路的产品。

（三）培育中小企业保险需求市场

由于中小企业保险需求是一种引致需求，对潜在保险市场的需求需要培育。

1. 提高中小企业管理者的保险意识

保险公司要积极培育市场，要根据中小企业的实际需要和中小企业主的心理需要，设计制作简单明了、通俗易懂、美观大方、引人入胜的宣传资料，同时采取多种多样的宣传方式，加强与中小企业的联系，了解它们的风险保障状况，分析潜在风险环境，提高中小企业的风险意识，增强其对保险保障作用的认识，引导保险需求。向中小企业提供保险咨询服务，帮助它们了解中小企业所面临的风险，制定合理的保险服务方案，减少中小企业经营风险。

2. 加快服务创新，拓展服务内涵，为中小企业提供全方位的保险专业服务

与大型企业相比，中小企业更注重保险服务的质量和水平。保险公司应根据企业主的不同需求，不断完善保险服务，扩大服务范围。由于中小企业规模小、分布分散，保险公司可以采用产险代理的方式，组织专业代理和兼业代理为中小企业提供承保服务，弥补保险公司直销方式覆盖面不够广的不足。同时，应提升理赔质量，提高企业顾客的满意度，建立一批忠实的中小企业客户群。

参考文献

白大为、徐睿、陈建军：《我国中小企业非寿险保险产品与市场分析》，《保险研究》2008 年第 1 期。

刘钢、赵军伟：《浙江中小企业财产保险服务调查报告》，《保险研究》2008 年第 5 期。

《天津市财政支持中小企业发展情况调查报告》，天津财政企业信息网，2007 年 9 月 28 日。

Caroline Munro, "Finance and Insurance SMEs See Highest Profitability", *Money Management*, 2009.

David Forest, "State Credit Insurance Scheme to Stabilize SMEs", *Datamonitor*, November 2009.

Marc Fabris, "Finding the Key to the Right Type of Insurance for SMEs", *Money Management*, April 2008.

B.16

保险业偿付能力困局探讨

2009年新会计准则实施后，保险公司会计利润大幅提升，但是令市场不解的是，保险公司融资规模和融资频率显著增加，保险行业为何走入赢利越多融资越多的怪圈呢？

保险公司同质化程度较高，保费和投资基本上概括了所有保险公司的运营过程。那么，保险偿付能力和保险竞争力是什么关系呢？保费和投资需要在监管下完成，而监管的核心是偿付能力监管，因而偿付能力（或资本）决定了保险公司保费扩张的规模和投资的范围。从这个意义上讲，偿付能力既是保险监管的核心，也是保险公司竞争力的核心，因此对偿付能力进行研究就必须对偿付能力有更深刻的理解。

实际上对偿付能力的研究也是对资本的研究。本专题先介绍偿付能力产生的原因和反映的风险，然后对2009年以来保险行业偿付能力变动和融资情况进行介绍，进而对影响保险公司资本的因素进行分析，从而揭示保险行业融资越来越频繁的原因，最后对偿付能力改进提出适当建议。

一　高负债经营是偿付能力产生的根本原因

2008年保监会《保险公司偿付能力管理规定》对偿付能力作出明确规定。偿付能力充足率是保险公司实际资本与最低资本的比率。保险公司应当具有与其风险和业务规模相适应的资本，确保偿付能力充足率不低于100%。

偿付能力充足率＝实际资本/最低资本，其中，实际资本＝认可资产－认可负债。

（一）高负债经营是偿付能力存在的根本原因

保险公司和银行一样，都是高负债性质的经营。保险公司高负债经营性质决定了保险公司对资本有着不懈的需求。只要负债处于扩张状态，就需要补充资本来平衡资产负债率。从这个意义上讲，资本源自负债，监管的目的是防止资产负债率无限膨胀，从而损害保单持有人的利益。

保险公司负债体现在保单内含的保证利率，因此保费的大部分都要以准备金的形式计提，准备金构成了保险公司负债的绝大部分。如果保险产品不存在保证利率（如投连险、变额年金），那么投资风险由保单持有人承担，该类产品对资本的要求就会大幅下降。因此，对保险公司偿付能力的要求实际上是对保险公司资本边际的要求。

从这个意义上讲，负债越高，对资本的要求就越高；负债增长越快，融资压力就越大。因此，高负债经营是偿付能力存在的根本原因。目前我国寿险公司产品以分红保险、万能寿险和传统保险为主，这类保单都有最低保证利率，因而保险公司资产负债率都很高。

过去几年，主要的上市保险公司资产负债率呈现上升趋势。主要是因为2008~2011年，保险公司负债呈现高速增长，而资本增速小于负债增速，导致资产负债率大幅提升（见表1）。

表1　近年来上市保险公司资产负债率

单位：%

上市公司	2008年	2009年	2010年	2011年
中国平安	88.50	90.20	90.00	92.50
中国太保	84.60	80.90	82.90	86.30
中国人寿	86.30	82.60	85.10	87.80
新华保险	—	—	97.80	91.90

资料来源：上市公司年报、中信建投证券研究发展部。

（二）偿付能力监管背后反映的是企业风险

虽然偿付能力充足率只是一个比率，但反映的是保险运营中存在的风险。保险公司面临的风险一般包括：信用风险，即持有资产面临的违约风险；利率风险，即利率变动及资产贬值风险；承保风险，即基于经营和定价产生的风险，与投资无关；运营及其他风险。

保险公司偿付能力监管实际上是对保险公司资本的监管，这也是对企业风险的一种反映，是为了更好地维护保单持有人的利益而对保险企业实际资本作出的人为要求，从而最大限度地降低保险公司的违约风险，给保单持有人以最大的安全保障。

二　中国保险业的资本变动情况

2007 年前后，保险公司开始上市融资。2008 年后，融资成为全行业问题，资本紧张状况逐渐向全行业蔓延。

我们研究认为，虽然投资和分红对寿险公司偿付能力产生很大影响，但是寿险公司对资本需求的主要原因是负债的不断膨胀，产险公司对资本的需求主要是由于赢利性差对净资本的损耗。

我们选取国内保险公司（中国公司的海外子公司除外）作为样本进行统计，对国内保险公司的资本变动进行汇总。由于上市公司信息披露较充分，我们按照上市公司实际融资额进行统计；对于非上市公司，我们选择注册资本作为样本统计融资额[①]。

（一）2009～2011 年保险行业融资规模

2008 年金融危机后，中国资本市场陷入低迷，保险公司投资收益大幅下降，与此同时，中国保险业保费仍然维持高速增长，负债的增长导致对资本的需求，而实际资本增速远远低于负债增长的需求。

此后三年，保险行业迎来融资高潮，2011 年保险行业融资达到峰值。2009 年，保险业融资规模为 885.42 亿元，其中股权融资 740.42 亿元，次级债融资 145.00 亿元。股权融资中非上市公司股权融资 515.57 亿元，上市公司实际股权融资（注资）224.85 亿元。2010 年，保险业融资规模为 865.09 亿元，其中股权融资 656.59 亿元，次级债融资 208.50 亿元。股权融资中非上市公司股权融资 263.24 亿元，上市公司实际股权融资（注资）393.35 亿元。2011 年，保险业融

① 由于非上市公司增发股权存在溢价，非上市保险公司实际融资额肯定大于注册资本变动额，因此寿险行业融资规模要大于我们统计的数据。

资规模为1952.05亿元，其中股权融资1374.55亿元，次级债融资577.50亿元。股权融资中非上市公司股权融资604.37亿元，上市公司实际股权融资（注资）770.18亿元（见表2）。考虑非上市公司实际融资状况，估计2011年保险行业实际融资规模应该在2000亿元以上。从规模上看，保险行业融资呈现逐年上升趋势。

表2　2009～2011年保险行业融资情况

单位：亿元

科目	序列	2009年	2010年	2011年
融资主体数量	(1)	42家	45家	56家
非上市公司股权融资	(2)	515.57	263.24	604.37
上市公司实际股权融资(注资)	(3)	224.85	393.35	770.18
股权融资合计	(4)=(2)+(3)	740.42	656.59	1374.55
次级债融资合计	(5)	145.00	208.50	577.50
保险行业融资总额	(6)=(4)+(5)	885.42	865.09	1952.05

资料来源：中国保监会、中信建投证券研究发展部。

（二）上市公司融资回顾与展望

保险公司2007年开始在A股融资，截至2012年共有4家保险公司在A股上市。但是由于A股对企业资质和赢利要求，更多保险公司无法在A股上市融资，因此发行次级债成为保险公司融资的另一主要方式。

次级债是保险公司上市渠道不畅情况下的无奈之举，因此次级债是保险公司治标不治本的“止痛药”。因为次级债最终需要偿还，随着次级债到期时点的来临，次级债的资本属性会越来越弱，而债务属性则越来越强。

由于次级债发行期限长，偿债顺序在正常债务之后，因此次级债票面利率高于同级别的一般债券。目前来看，保险行业尚无偿还次级债的案例。保险公司一般采用发新债还旧债的方式，滚动发行次级债。比如2011年中国太保发行80亿元新次级债，其中部分用来偿还2006年到期的20亿元次级债。

虽然2011年保险业融资规模超过1950亿元，但并未缓解2012年行业性资本问题，上市公司资本融资压力仍然很大。目前上市公司已经确定的融资项目包括中国平安260亿元可转债；新华人寿100亿元次级债和50亿元债务融资工具；中国人寿380亿元次级债和80亿元海外次级债务融资工具；中国人保拟在A+H

股融资300亿~400亿元；中国太保董事会也已提交股东大会关于A股和H股发行不超过20%股权的一般性授权，并于2012年8月发行75亿元次级债。

（三）中国保险业大幅融资的原因

我们这里对保险业大幅融资的原因进行简单概述，在后面部分会按照寿险和产险行业的划分对融资情况进行单独分析。

中国保险业大幅融资的原因可以归结为：保险业务发展过快，法定准备金自然增长很快；新会计准则导致现金流流出过多（分红和税收）；保险公司权益投资比重过高，浮盈连续减少以至出现浮亏；融资渠道有限，股东注资成为主流，次级债只是权宜之计；偿付能力计算方法不科学，未能与赢利有效相关。

1. 法定准备金增速较快是寿险公司大幅融资的原因

法定准备金的自然增长是对寿险公司资本的最大损耗。未来几年，大型寿险公司法定准备金年增速预计在15%以上，中小寿险公司法定准备金年增速预计维持在30%~40%。因此，即使保险公司不开展新业务，仅仅维持现有存量业务，负债的自然增长也会对资本造成持续损耗。

会计准备金和法定准备金造成会计利润和偿付能力双轨制运行，虽然早期利润得以增加，但是分红和税收支出的增加削弱了资本的积累能力，而投资从2007年呈现下滑的趋势。虽然分红、税收和投资对寿险公司资本有一定影响，但法定准备金自然增长是寿险公司大幅融资的主要原因。

2. 赢利能力较低是产险公司大幅融资的原因

产险公司承保周期比较短，对资本的需求主要来自新业务扩张。赢利能力差是产险公司大幅融资的主要原因。2009年以前中国产险公司普遍处于亏损状态，2009年会计制度改革后，赢利在一定程度上被调高，导致分红和税收支出增加，造成对资本的损耗。产险公司偿付能力主要与保费规模相关。

3. 保险公司的融资渠道

目前保险公司主要的融资渠道包括股东注资、上市融资和发行次级债。融资渠道的限制导致保险公司股权交易频繁。中小股东往往因没有足够的资本对保险公司注资，放弃增发的权利，从而出现股权频繁转让的局面。

4. 次级债——治标不治本的“止痛药”

次级债是保险公司上市融资渠道不畅情况之下的无奈之举，也是保险公司充实资本的权宜之计。发行次级债的成本较高，以2011年12月太保寿险80亿元次级债为例，前5年票面利率为5.5%，后5年为7.5%。而随着时间的推移，偿还压力增加，次级债的资本属性会逐年减少。次级债终究要偿还，虽然期限一般为10年，但是一般都会在5年后选择赎回，否则保险公司就要支付高额利息①。保监会对次级债发行上限有明确规定，根据《保险公司次级定期债务管理办法》，保险公司计入附属资本的次级债本息合计不得超过净资产的50%。

5. 不同产品对资本的影响

不同类型的产品对资本的占用不同。一般来说，缴费期短的产品比缴费期长的产品对资本的消耗大；返还类产品比非返还类产品对资本的消耗大；银保产品比个险产品对资本的消耗大。

三 人寿保险公司资本迷局的破解

偿付能力充足率 = 实际资本 / 最低资本

因此，凡是影响实际资本和最低资本的因素，最终都会影响偿付能力充足率。保监会偿付能力充足率监管Ⅱ类标准是偿付能力充足率大于150%，这意味着只有最低资本和实际资本有相同比例的增长，150%的偿付能力充足率才不会下降。

按照资本与负债匹配的原则，最低资本每增长1%，实际资本增速只有超过1.5%，才能保证相除的结果（充足率）不小于150%，否则偿付能力就会持续下滑。也就是说，如果最低资本增速大于实际资本增速，除非补充资本，否则偿付能力就会陷入逐年下降的“怪圈”。

（一）法定准备金的自然增长是实际资本快速增长的主要原因

法定准备金（负债）的自然增长是资本持续损耗的最主要原因。保险公司

① 根据《保险公司偿付能力报告编报规则第6号：认可负债》的规定，保险公司次级债越接近偿付年限，计入资本的部分就越少。保险公司募集的次级债应当在到期日前按照以下比例折算确认为认可负债，以折算后的账面余额作为其认可价值。剩余年限在1年以内的，折算比例为80%；剩余年限在1年（含1年）以上2年以内的，折算比例为60%；剩余年限在2年（含2年）以上3年以内的，折算比例为40%；剩余年限在3年（含3年）以上4年以内的，折算比例为20%；剩余年限在4年（含4年）以上的，折算比例为0。

的实际负债主要体现为法定准备金的增加，而法定准备金在规模上显著大于会计准备金。由于过去几年保险公司业务处于上升期，每年期交新单入账较多，保险公司负债仍处于膨胀阶段，这也是近年来保险公司对资本需求最主要的原因。

从最低资本的计算公式看，

最低资本 = 法定准备金 ×4% + 净风险保额 × 系数①

由于最低资本是基于法定准备金计算的，因此在保单结束之前，法定准备金的自然增长会对偿付能力的损耗常态化。也就是说，如果保单是有效的，即使保险公司停止开展新业务，对最低资本的要求也是逐年增加的，偿付能力也是逐年下降的。

以一张保单为例（30 岁男性，10 年期交的终身健康保险，保额 10000 元）。从保单生效到合同到期前，保单法定准备金呈现逐年增长的趋势，而最低资本也呈现逐年上升的趋势，这种情况一直持续到合同结束，法定准备金和最低资本才能完全释放。从图 1 可以看出，只要保单是有效的，对于资本的需求是持续不断逐年增加的，除非保单结束，否则保险公司即使不做新业务，资本仍然会自然消耗。

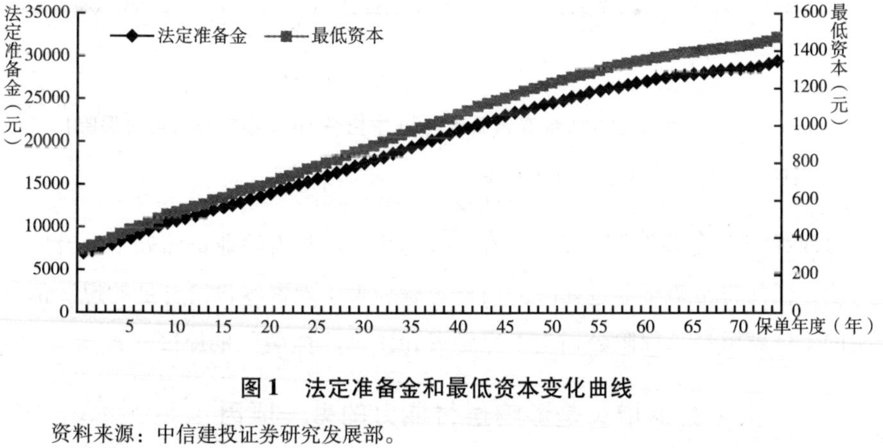

图 1　法定准备金和最低资本变化曲线

资料来源：中信建投证券研究发展部。

法定准备金的增长来自两部分：存量准备金增加和新增业务准备金增加。由于存量业务的保单结构和保单年限各异，因此对于最低资本的预测比较困难。但

① 死亡保障期间在5年以上的，系数为0.3%；3～5年的，系数为0.15%；3年以下的，系数为0.1%。

是我们能够确认一点，只要保险公司业务还处于上升期，法定准备金的规模就会持续扩张，因此对于资本的需求会持续不断。只有当未来新入保单接近到期保单，或者新入保单小于到期保单时，对资本的需求才会稳定或者下降。从目前行业发展看，还很难推算该时点何时出现，起码在未来的5年不会看到。

由于存量保单签发的时点不同，投保人的年龄不同，保单经历的时间也不同，因此存量保单会随着出险或退保的增加而持续减少，这样经历一段时间之后，法定准备金会出现一个峰值，之后存量法定准备金才会呈现下降趋势。图2是假设保险公司不再签发任何新保单，现有存量保单未来法定准备金变动情况。从峰值拐点起，对最低资本进行释放，偿付能力对资本的需求才会逐步下降。

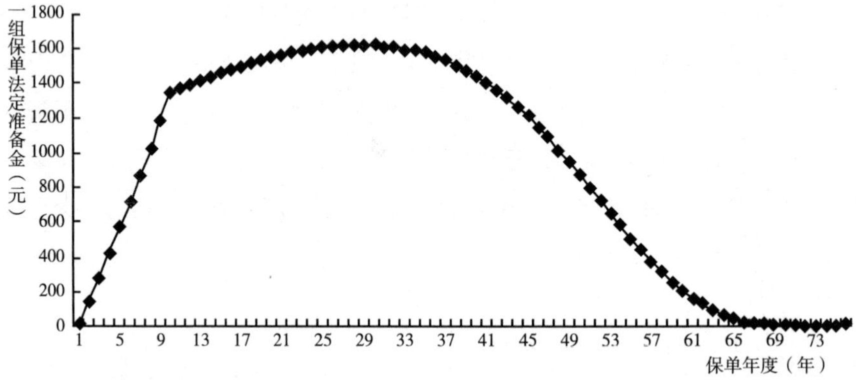

图2　一组保单法定准备金变化曲线（30岁男性10年期交终身健康保险）

资料来源：中信建投证券研究发展部。

目前我国寿险保费增速虽然呈现放缓趋势，但是寿险业仍然处于上升期，在此阶段，任何寄希望于通过保险公司自身赢利来实现资本自给自足的想法都是不现实的。这就解释了保险公司走不出融资和注资“怪圈”的原因。

（二）实际资本增长是影响偿付能力的另一原因

由“实际资本＝认可资产－认可负债”可知，实际资本对偿付能力的影响也很大。实际资本包括核心资本（股本、资本公积、未分配盈余等）和附属资本（次级债、可转债、债务融资工具、混合资本等）。

实际资本以市场变现价值为计算基础，因此金融资产公允价值的变动都要在实际资本中体现。认可资产和认可负债主要以市场变现价值计量①。

实际资本不同于会计报表的净资产，会计净资产是依据会计准则计算的，主要基于账面价值；实际资本是基于法定准备金计算的，首先需要在总资产基础上扣除非认可资产，然后从认可资产中减去认可负债，才是实际资本（见图3）。

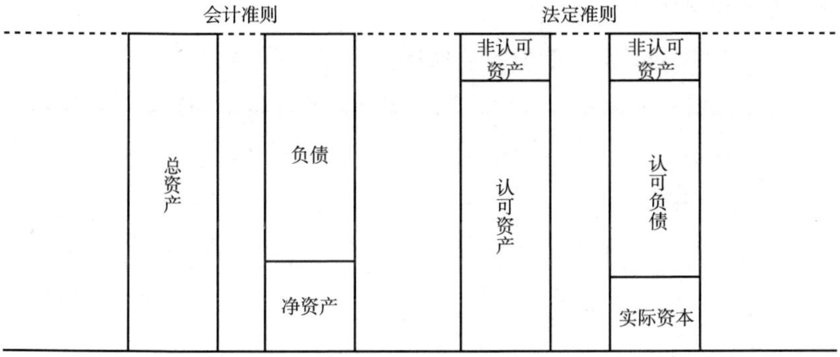

图3　实际资本与净资产之间的区别

资料来源：中信建投证券研究发展部。

影响实际资本的因素主要有三个：注资、股东分红和投资。

1. 注资是增加偿付能力最快、最有效的方法

注资是增加实际资本最快、最有效的办法，能直接增加偿付能力。注资方式主要包括股权融资、股东注资、次级债、混合资本债等“补血”方式。

注资对上市公司偿付能力的影响见表3。

表3　注资对上市公司偿付能力的影响

单位：亿元，%

公　司	注资(次级债)	2011年初偿付能力	如果不注资偿付能力下降	注资提升偿付能力	2011年末偿付能力
中国平安	90	180.18	-50.85	26.8	156.10
中国人寿	300	211.99	-86.76	44.9	170.12
中国太保	80	241.01	-97.50	43.8	187.30
新华保险	310	34.99	-81.60	202.56	155.95

资料来源：中信建投证券研究发展部。

① 如电脑软件等耗材虽然属于会计意义上的资产，但是不计入认可资产。认可负债的计量包含了实际负债、准备金和/或有负债。

根据我们统计的结果，除2007年外，近四年来实际资本增速都远远低于最低资本的增速。保险公司普遍增加资本的主要原因是保险公司投资和赢利性不足，不足以实现自身“造血”循环。

在保险公司上市融资渠道不畅的情况下，随着保险公司规模的扩张，注资对股东的压力越来越大。

2. 分红和税收是对偿付能力的净损耗

分红对实际资本的影响也可以理解为赢利对实际资本的影响，因为分红是建立在赢利分配基础之上的。分红代表资产流出企业，因此是对实际资本的净损耗。实际上分红对偿付能力的消耗很大。

长期以来，市场一直对赢利存在一个误区，就是认为赢利提升会增加保险公司的实际资本，但是实际情况并非如此。这是因为会计利润除了用来计算税收和分红之外，对于公司实际资本积累没有任何益处。

我国保险公司准备金分为两类：一类叫做法定准备金，主要用于偿付能力计算和资本监管；一类叫做会计准备金，主要用来核算当前利润，从而确定利润分红和所得税。就计算方法而言，法定准备金强调保守性，即希望提取的越多越好；会计准备金强调的是公允性，即体现当前正常的业绩和赢利。从结果看，当期提取的会计准备金一般小于法定准备金，因此会计上确认的利润会大于法定准备金计算的利润。

这种情况的存在造成偿付能力计算和会计利润双轨制运行，由于会计准则确认的利润更多，导致保险公司股东分红和所得税支出也更多，从而对资本造成损耗，对偿付能力造成侵蚀。

2007～2011年中国人寿会计净资产增长了13.0%，但是实际资本下降了32.5%；2009～2011年会计净资产下滑了9.1%，实际资本下降了22.7%（见表4）。可见，由于会计准则放大了净利润，分红和税收造成对实际资本的侵蚀。2010年，中国人寿分配2009年红利支出200亿元，仅此一项就减少2010年底偿付能力34个百分点。

表4　中国人寿实际资本和净资产变动情况

单位：亿元

项　目	2007年	2008年	2009年	2010年	2011年
实际资本	1683.57	1245.61	1471.19	1237.69	1136.85
会计净资产	1710.89	1358.81	2127.76	2104.75	1933.88

资料来源：中信建投证券研究发展部。

税收对于偿付能力的影响同样是负面的，但是影响比分红弱很多。中国人寿2008年法定会计准则计算的税后利润是100.9亿元，而新会计准则追溯的结果为191.6亿元，按实际税率15%计算，财务准则变更后需要多缴纳税款13.6亿元税金。这就是说，2008年前后，中国人寿经营和投资并未发生任何变化，但是由于会计准则的变动，却多支出13.6亿元的税金。可见，新会计准则虽然能够增加当期赢利，却有损实际资本和偿付能力。

3. 投资好坏对偿付能力影响很大

投资是一把“双刃剑”，浮盈浮亏对于资产公允价值影响较大。虽然会计准则将金融资产分为三类①，但是无论何种方式的划分，投资资产公允价值的变动最终都会在实际资本中体现。如果金融资产公允价值上升，实际资本就会增加，从而增加偿付能力充足率，反之亦然。

从偿付能力充足率历年变动情况可以看出，投资对偿付能力产生正面影响的只有2007年，2007年股市出现牛市行情，保险公司权益投资水涨船高。2007年平安寿险实际资本增长达88.54%，平安产险实际资本增长达97.33%，而最低资本增长分别为19.91%和35.43%。实际资本增速远远高于最低资本增速，中国人寿2007年实际资本增速达74.83%，而最低资本增速只有16.35%，因此2007年上市公司偿付能力都大幅增加。

近年来上市保险公司投资收益情况见表5。

表5　近年来上市保险公司投资收益情况（不考虑浮盈和浮亏变化）

中国人寿	2007年	2008年	2009年	2010年	2011年
投资资产	8502.07	9374.03	11721.45	13362.45	14949.12
总投资收益率(%)	11.07	3.48	5.78	5.11	3.51
中国平安	2007年	2008年	2009年	2010年	2011年
投资资产	—	4646.65	5897.13	7629.53	8673.01
总投资收益率(%)	14.10	-1.70	6.40	4.90	4.00
中国太保	2007年	2008年	2009年	2010年	2011年
投资资产	—	2880.74	3660.18	4333.85	5225.30

① 交易类金融资产，投资收益和价格变动均计入损益表；可供出售类金融资产，投资收益计入损益表，金融资产价格变动不计入当期损益；持有到期类金融资产，投资收益计入损益表，价格变动不计入损益表，也不计入资产负债表。

续表

新华保险	2007 年	2008 年	2009 年	2010 年	2011 年
总投资收益率(%)	—	2.90	6.30	5.30	3.70
投资资产	—	—	—	2928.66	3739.56
总投资收益率(%)	—	—	—	4.30	3.80

资料来源：上市公司年报、中信建投证券研究发展部。

但是我们看到，除非出现大牛市行情，否则即使在2009年这种小牛市的行情中，投资收益的增长仍然不能满足资本的需求，其主要原因在于投资收益增加导致会计利润增加，而会计利润增加代表更多的分红和税收流出企业。

四　影响产险公司资本的因素

注资、分红和投资同样是影响产险资本的重要因素，逻辑与寿险相同，不再赘述。这里着重从产险偿付能力产生的根源分析。

中国产险公司持续补充资本的原因有两个：一是产险业务的高速增长对资本的需求；二是产险公司赢利性较差造成对资本金的侵蚀。

产险公司偿付能力计算相对简单：产险公司最低资本 = Max（最低资本A，最低资本B）。其中，最低资本A = 1亿元 × 18% +（自留保费 - 1亿元）× 16%；最低资本B = 0.7亿元 × 26% +（最近三年综合赔款金额 - 0.7亿元）× 23%。一般来说，计算出的A要远大于B，因此产险公司最低资本主要与自留保费①相关。

由于产险公司负债期限相对较短，一般来说合同期限只有1年，因此会计准备金和法定准备金的差异相对寿险公司较小，准备金计提方法对于利润的影响不大。

表6是对平安产险偿付能力构建的预测模型，通过比较预测结果（11）与财务报告公布的结果（12），可见这种方法的准确性很高。只要能够正确预测产险保费的增速，就能大致预测偿付能力的范围。

① 自留保费 = 保费收入 - 分出保费 + 分入保费 - 营业税金及附加。

表 6　平安产险偿付能力预测模型

中国平安		2009 年	2010 年	2011 年	2012 年
财险	实际资本	72.68	150.02	181.74	190.83
	最低资本	50.61	83.53	109.43	125.79
	充足率(%)	143.61	179.60	166.08	151.70
平安财险注资(亿元)		20	85	100	—
最低资本 A 的计算					
保费收入	(1)	387.74	625.07	833.33	958.33
分出保费	(2)	48.64	67.32	104.22	119.85
分入保费	(3)	1.29	2.03	1.03	1.18
营业税金及附加	(4)	21.95	34.34	46.59	53.58
自留保费	(5)	318.44	525.44	683.55	786.08
最低资本 A	(6)	50.97	84.09	109.39	125.79
最低资本 B 的计算					
赔款	(7)				
提取责任准备金	(8)				
综合赔款金额	(9)	162.35	252.36	367.06	—
最低资本 B	(10)	30.98	42.93	59.96	58.06
最低资本 = MAX(A,B)					
最低资本	(11)	50.97	84.09	109.39	125.79
与实际比较	(12)	50.61	83.53	109.43	—
预测参数设置					
分出保费占比(%)	(13)	13	11	13	13
分入保费占比(%)	(14)	0	0	0	0
营业税金占比(%)	(15)	6	5	6	6
自留保费占比(%)	(16)	82	84	82	82
综合赔款占比(%)	(17)	42	40	44	44
保费增速(%)	(18)	44	61	33	15
实际资本增速(%)	(19)	44	106	21	5

资料来源：中信建投证券研究发展部。

五　中国保险业偿付能力前景

2011 年，保险行业偿付能力不足的问题在全行业蔓延，如果说 2010 年还是中小公司的问题，那么到2011 年，大公司也普遍面临着偿付能力的资本压力。根据我们的测算，这种压力在未来几年将更加严重。2012 年上市公司已经出炉的融资方案就已经达到1300 亿元以上，在未来的5 年保险行业每年的融资规模都将维持在千亿元以上。这是我们不得不面对的一个现实。

（一）解决偿付能力计算和会计利润双轨制问题

偿付能力计算方法将是未来监管层不得不改革的问题，现有偿付能力最大的缺陷是造成会计利润和偿付能力的脱节，导致会计利润确认越多而偿付能力损耗越快。因此，如何科学地计量偿付能力，通过增加保险公司自身赢利的积累来补充资本将是偿付能力监管不得不面对的问题。

如果这一问题不能有效解决，保险行业自身的“造血”功能就很难建立，保险公司赢利多（分红多）、融资频繁的现象就会愈演愈烈。变革的方法有两种：一种方式是上调法定准备金的评估利率或者对会计准备金的评估利率上限进行限制。上调法定准备金的评估利率对偿付能力造成的风险较大，如果改革不好会对寿险行业产生系统性风险，因此不建议采用。而对会计准备金的评估利率上限作出规定，限制保险公司通过会计准备金操纵利润的空间能有效避免过分夸大当期利润情况。另一种方式是对保险公司股东分红作出限制，即分红基础以会计利润和法定准备金利润的最小值为基础进行分红，该方面不违背现有法律法规，而且可以有效避免现金流流出企业。

（二）解决保险公司融资难问题

虽然2011 年后保费增速有所减缓，但是保险公司负债增长仍然维持较高水平。预计在未来5 年保险行业负债增长仍然维持10% ~15% 的水平。因此未来5 年保险公司融资问题必然提上日程。

从保险业目前规模看，单纯依靠股东注资和次级债融资已经远不能满足保险公司对资本的需求，因此放开股权融资是解决保险公司融资难最有效的方式，未来5 年保险行业会步入新一轮的上市融资期，更多保险公司选择IPO 股权融资作为补充资本的途径。这是未来保险业资本发展的趋势。但是，在未来1 ~3 年次级债融资仍然是主要融资方式。

随着保险规模的扩大，未来大股东对保险公司注资会越来越困难，预计在未来 5 年小保险公司股权转让会更加频繁。未来保险资本会出现民企向国企集中、外资向中资集中的趋势。

（三）新一代偿付能力监管体系的建设

对于偿付能力体系的变更是一项巨大的工程，并不是简单照搬国外的模式就能解决中国的问题。从海外经验看，欧美偿付能力监管标准出现趋同的趋势。目前国内对偿付能力的研究都是基于欧盟 Solvency Ⅱ和美国 RBC 进行的。我们认为，保监会提出未来 5 年建立新一代偿付能力监管体系是符合国际化趋势的。但是，我们认为在新一代偿付能力监管体系的建设中，不可照搬国外的体系，须知国情不同，监管体系应该有所差别。实际上 Solvency Ⅱ本身仍然处于探索阶段，而实际实施对保险行业影响有多大还不得而知。我们希望监管层在体系建设上深思熟虑。

B.17

保险消费者权益保护的实践与展望

任何行业的发展，都离不开消费者对其产品和服务的认可和支持，保险业尤为如此。保险消费者购买保险产品的意愿和行为，构成保险业生存和发展的基础，也是保险业竞争力强弱的重要体现。保护好保险消费者的合法权益，是我国保险业健康、可持续发展的迫切需要，也是提高行业竞争力的根本要求。

一 我国保险消费者权益保护工作的现状

消费者权益保护成为当前全球金融业发展的主流趋势和当务之急。我国保险监管机构与保险行业组织、保险公司多方配合，不断完善相关制度机制，加大工作力度，努力营造依法公平的保险交易环境，不断推动保险公司提升规范稳健的经营能力，积极开展保护保险消费者合法权益工作。

（一）保险消费者权益保护的法律制度体系

1.《保险法》对保险消费者权益保护规定逐步完善

1995年第一部《保险法》明确规定了投保人的保险合同解除权，保险人的说明和告知义务，保险赔偿给付的规则和时限，保险合同条款的解释规则，保险事故调查费用的承担规则，保险公司解散、被依法撤销或者被依法宣告破产的处理规则，保险公司、保险中介机构及从业人员禁止性行为的规定和相应法律责任等一系列涉及保护保险消费者权益的条文，为保护保险消费者的合法权益提供了法律依据。2002年《保险法》确立了保险公司对保险消费者个人信息及隐私的保密义务，增加了对保险公司、保险中介机构及从业人员禁止性行为的内容，强化了保险监管职责，在法律的层面上进一步加强了对保险消费者合法权益的保护。

2009年《保险法》修订的一个重要方面就是坚持以人为本，更加注重保护保险消费者的合法权益。一是限制保险人合同解除权，约束保险人抗辩权。二是规范格式条款，保护弱势的保险消费者。三是进一步明确细化保险人理赔的程序和时限，以利于保险消费者保险金请求权的实现。四是在保险标的转让时，允许受让人成为新的被保险人①。五是进一步增加了保险公司及从业人员禁止性行为的内容。六是强化保险监管，第一次明确规定了保险监管机构要保护投保人、被保险人和受益人的合法权益。我国保险消费者权益保护的法律规定更加完善清晰，保护力度进一步加强。

2. 保护保险消费者权益的监管规章制度建设逐步加强

目前，中国保监会颁发的现行有效的50多部部门规章中，有20多部与保险消费者的权益直接相关，内容涵盖保险企业稳健运行、保险产品开发、保险条款费率、保险从业规范、保险服务质量、保险纠纷处理等各个领域和环节。下发了涉及保险消费者权益的规范性文件130余部，对《保险法》以及规章中相关内容进一步细化落实，提高针对性和可操作性。

2012年，各级保险监管机构共出台涉及消费者权益保护的各类制度文件250余件，其中《关于做好保险消费者权益保护工作的通知》从建立完善工作制度和体制、加大信息披露、畅通投诉渠道、完善纠纷调处机制、普及保险知识、加强诚信建设、查处侵权行为、接受社会监督、提升车险理赔服务质量和解决寿险销售误导问题十个方面，对保险监管机构、保险行业协会和保险公司提出了明确要求，构建起全行业保险消费者权益保护工作框架。

（二）保险消费者保护的监管组织体系

近年来，中国保监会不断整合监管力量，逐步完善保险消费者权益保护的监管组织体系。2008年，中国保监会在稽查局内设立保险消费者权益保护处，对侵害保险消费者合法权益的违法违规行为进行专门监管，为监管机构单独设立消费者权益保护部门积累经验。2011年，中国保监会设立保险消费者权益保护局②，对保险消费者权益保护工作进行统筹协调、统一管理，构建完善的工作制度、体制和机

① 吴定富主编《中华人民共和国保险法释义》，中国财政经济出版社，2009，第1版，第2页。

② 负责拟订保险消费者权益保护的规章制度及相关政策，研究保护保险消费者权益工作机制和重大问题，调查处理损害保险消费者权益事项，开展保险消费者教育及服务信息体系建设工作，发布保险消费风险提示，指导开展行业诚信建设工作，督促保险企业加强对涉及保险消费者权益信息的披露等工作。

制。中国保监会各派出机构积极探索完善辖区保险消费者权益保护监管组织体系，提高消费者权益保护工作的有效性。

（三）保险消费者权益保护工作初步实践

近几年，针对保险消费者权益保护工作，监管机构作出一些有益尝试。

1. 从规范公司经营方面强化对消费者权益的保护

近年来，偿付能力监管、公司治理监管逐步加强，有效保护了保险消费者的整体利益。在此基础上，2012 年，中国保监会积极推动保险公司建立健全消费者保护工作体制，完善工作制度①；推动各保险公司从内部制度建设着手，开展对现有规章制度的废改立工作②；逐步规范保险销售行为。确立了“突出重点、长短结合、标本兼治、综合治理、惩防并举”的总体原则和“抓机制，抓执行，抓重点，发挥好舆论监督作用”四个着力点，研究制定人身保险业务经营管理规定，规范人身险销售过程的各个环节；加强督促整改，要求公司开展销售误导自查自纠工作，对发现的问题及时纠正；综合治理车险理赔难问题，努力破解理赔工作难题，确立了制度化约束、标准化规范、信息化控制及透明化监督的总体思路；组织开展了财产保险积压未决赔案清理的专项工作；完善保险保障基金制度，形成市场退出中的保单持有人权益的保护制度，形成市场化的风险救助机制。

2. 从监督管理方面强化对消费者权益的保护

加大信息披露力度，实时发布保险消费风险提示和行政处罚信息，定期公布保险公司被投诉数据，推动中国保险行业协会在其网站上公开 14000 多件保险产品条款；建立被保险人保单信息自主查询平台，督促保险企业建立保险理赔给付程序公开制度，提高理赔给付信息透明度；针对保险服务中存在的流程不透明、程序不规范的问题，组织开展了公开服务承诺活动，接受消费者监督；组织开展人身保险公司客户满意度测评活动，促进公司根据客户需求改进工作，提高服务水平；加强案件治理，严肃查处保险公司和保险中介机构的违法违规行为。

---

① 截至 2012 年 6 月底，已有 50 家产险公司、41 家寿险公司在总公司成立了保险消费者事务工作委员会，在省级公司设立了 1041 个、地市级及以下机构设立了 3344 个保险消费者事务工作委员会。

② 截至 2012 年 6 月底，全行业共废除违反法律和监管规定的文件 88 份，修改完善不利于保护消费者合法权益的文件 386 份，新制定保险消费者权益相关文件 715 份。

3. 从矛盾纠纷解决方面强化对消费者权益的保护

加强保险消费投诉处理工作，健全“信、访、电、网”四位一体的诉求表达途径，规范投诉处理工作流程，创新处理手段和方式、方法。2012 年 4 月，中国保监会开通了金融监管部门第一个消费者维权热线，进一步畅通了消费者便捷投诉维权渠道，建立了保监局局长接待日制度；试点开展保险合同纠纷调处工作，力求为保险消费者提供快速、便捷、低成本的矛盾纠纷解决途径①。2012 年 6 月，中国保监会建立了保险消费者权益保护社会监督员制度。

4. 从公众教育方面强化消费者权益保护

2009 年，中国保监会制定了《加强保险消费者教育工作方案》，研究开发公众教育服务网络专栏，开辟公众教育服务区，宣传普及保险知识。2012 年，“保险知识大讲堂”网络版正式上线，开通保险消费者知识园地官方微博；各保监局积极组织推动保险消费公众教育工作，部分保监局初步建立了公众教育工作基地，探索开展保险知识“进课堂、进社区、进乡村”工作。

二 当前侵害保险消费者合法权益的突出问题及原因分析

尽管在保护保险消费者权益方面做了大量的工作，但是与经济社会发展的要求和人民群众的期望相比，还有很大的差距。

（一）突出问题

1. 保险销售中违法违规行为禁而不止

第一，销售误导日趋严重。《保险法》第 17 条规定了在保险产品的销售过程中，保险公司要履行对格式条款和免责条款的说明义务。要求保险公司要向投保人全面、充分、清晰、真实地说明保险合同的内容，不得隐瞒、歪曲和欺诈，不得误导投保人。然而，销售误导仍大量存在②，特别是在人身保险领域：一是

---

① 目前，全国已有 34 个保监局辖区建立了保险纠纷调处机制，共设立了 138 个调解机构。其中保监局所在地城市设立了 43 个调解机构，其他地市级地区设立了 95 个调解机构。截至 2012 年 6 月底，全国各保险纠纷调处机构累计受理案件 17060 余件，调解成功 14130 余件，调解成功率为 82.83%。

② 从保险监管机构信访投诉情况看，近五年来，销售误导投诉量占寿险投诉总量的比例每年都在 20% 以上，近三年占比均超过 30%。

银保渠道“存单变保单”现象严重，将保险产品混同于储蓄、理财产品进行销售，以高额回报引诱客户投保。二是片面强调高收益或者夸大收益，不进行风险提示，对费用扣除和犹豫期等涉及投保人利益的问题避而不谈。三是不如实告知投保人权利和义务。

第二，电话销售扰民问题较为突出。近年来，与其他行业一样，电话销售已逐渐成为保险销售的重要渠道之一，但随之而来的是电销扰民的问题。为此，保险监管机构要求保险公司设立统一的呼叫号码，规范拨打行为，建立禁播控制系统等。但是由于电话销售具有的个体性和灵活性等特点，一些保险销售人员为了提高个人业绩，使用各种号码不分时间、不分场合地进行电话推销，干扰了人民群众的正常生活。部分保险公司放任此类行为，电销扰民问题屡禁不止。

第三，代替客户签名、不征得被保险人同意承保以死亡为责任范围的险种、在销售中不向消费者说明保险公司除外责任等违规行为时有发生。

2. 理赔工作不到位，理赔难问题较为突出

理赔是涉及保险消费者切身利益的重要环节之一，也是保险消费者最为关心的方面。但是当前保险理赔工作水平不高，没有达到广大保险消费者的期望，理赔难问题成为消费者反映最为突出的问题①。主要表现为：一是“拖赔”现象严重。查勘定损不及时，理赔办理时限无标准，理赔速度慢、效率较低。二是“惜赔”现象普遍存在。理赔尺度不一，责任认定、损失认定的标准不统一，定责、定损差距较大，赔付金额、保险责任范围争议较多。三是理赔手续不够便捷。理赔资料繁多，有些是属于消费者依自身力量无法提供的，给消费者增加了过多的负担；理赔程序不规范，过程不透明。四是无理拒赔现象较为突出。一些保险公司拒赔时不向消费者提供拒赔通知书，不说明拒赔理由。

3. 部分保险条款和费率不尽公平合理

保险条款和费率的公平合理，是市场经济交易规则的要求，也是保险产品生命力和竞争力的集中体现。出于保险专业性和交易便利性的要求，各国大多采用

① 从保险监管机构信访投诉情况看，“十一五”期间理赔类投诉量占产险投诉总量的比例始终在60%以上，且逐年上升，由2006年占比61.6%上升至2010年占比67.4%，2011年占比更是达到74.77%。

由保险公司提供的格式条款来订立保险合同，保险费率也是由保险公司通过精算方法加以确定的。因此，与保险消费者相比，保险公司在保险条款和费率的确定中占有一定的优势地位。虽然法律对格式条款作出了一些限制性规定，精算规则也对费率的计算进行了约束，但是在实际操作中，保险公司提供的格式条款和费率还存在一些不尽公平合理之处。许多专家学者和消费者反映，当前保险条款和费率问题主要表现为：一是有些保险条款不合法；二是有些保险条款不合理；三是有些保险费率不公平。

4. 保险服务水平较低

服务是保险的本质属性，是保险公司和行业的核心竞争力，也是保险功能作用得以发挥的重要手段。当前，服务薄弱已成为保险行业中社会最关注、群众反映最强烈的问题之一。一是服务规范缺失。目前，保险业在服务方面没有明确的强制性的标准，大多以指导为主，针对性和有效性有待加强。二是服务机制不健全。有些保险公司客户服务制度不完善，程序不合理，对消费者有承诺无落实。三是服务工作不到位。部分保险公司没有切实落实保险合同存续期间有关的服务工作，致使消费者没有享受到应有的利益。四是服务人员素质不高。

5. 保险产品没有充分满足消费者的风险保障需要

保险存在的根本价值就在于为社会公众提供保障服务，减少风险所带来的影响和损失。当前，一方面，具有保障功能的保险产品供给不足，而且同质化现象较为严重；另一方面，具有一定保障功能的保险产品又与消费者需求的契合度不高，不能满足消费者多层次的风险保障需求。

（二）原因分析

侵害保险消费者权益的原因是多方面的，主要有以下几点。

1. 从保险行业来讲

我国保险业起步晚，与西方发达国家相比，还有很多不足之处。第一，保险公司不成熟，管理水平不高、内控制度不严、经营较为粗放。在经营理念上“以保费规模为中心”，在竞争手段上以“支付高额手续费”“价格竞争”为主，在资源投入上重点向销售环节倾斜，导致保险公司没有重视对客户利益的尊重与维护，造成销售误导频现，理赔工作不到位，服务工作跟不上。第二，保险产品研发能力不强。保险产品是以经验数据为基础，运用概率统计和大数法则，针对可保风险设计出的补偿经济损失的财务解决方案。由于我国保险业发展时间较短，人才较为缺乏，保险公司的技术水平不高，对风险的识别、判断、确认能力不强；各类风险的历史经验数据积累不够，直接影响到保险产品的研究开发，使得当前保险产品保障能力不足，无法满足保险消费者日益增长的多层次风险保障需求。第三，保险营销制度已不能适应形势发展的需要。十多年来，保险营销给我国经济社会所带来的积极意义是值得肯定的，但是随着保险市场的发展，这种营销制度的弊端不断显现，成为销售误导行为的直接根源之一：一是“无底薪、靠提成”的计酬制度，致使营销员迫于生存压力，千方百计推销产品，这势必产生违规销售行为；二是营销员违规成本较低，按照现行的制度，营销员违规销售行为并未完全与其经济利益相挂钩①；三是营销员法律地位不明确，与保险公司之间的关系松散，没有认同感和归属感，致使营销员不会产生维护企业声誉、品牌的责任感；四是营销员学历要求不高，素质参差不齐，一些营销员无法正确理解并向消费者说明复杂的保险产品，致使销售误导发生。

2. 从社会环境来讲

现代保险在我国发展时间不长，社会公众对保险还缺乏正确的理解和认识。一是保险知识普及程度不高。二是消费者风险意识、契约意识不强，自身防范风险的能力不强。消费者大多不会认真阅读合同条款，不行使相关权利，不理解在合同上签字的法律意义，当意识到自身权益受到侵害时，往往缺乏相关证据支持，使合法权益难以得到有效保护。三是消费者尚未树立理性的保险消费理念，过于关注增值收益，没有建立收益与风险并存的概念，没有认识到保险是一种管理风险、分散风险的保障性手段。此外，个别媒体由于对保险知识、保险业务理解不够准确到位，对于一些与保险消费者权益有关问题的报道有失偏颇，极易形成社会舆论焦点，负面影响被成倍放大。

3. 从法律制度来讲

总体来看，我国《保险法》和保险规章对保险消费者权益的规定具有以下特点：一是针对保险经营风险大和寿险合同期限长的特点，重视保险消费者的财

① 一般而言，保险公司为了激励营销员的销售积极性，在保险产品售出后的一段时间内，营销员就可以拿到该笔销售的全部佣金，而不论其是否有违规销售行为；营销员流动性强，当消费者主张被误导时，往往当事营销员早已离职，无法查证和对其违规行为进行处理。

产安全权和求偿权，设置了偿付能力、保障基金、责任转让等多项制度，而且程序较严密，时限较明确。二是针对保险合同复杂性和消费者信息不对称的特点，重视保险消费者的知情权和公平交易权，特别强调了保险公司及中介机构应尽的义务，并且加强了保险公司经营责任，对被保险人给予法律保护。三是针对保险公司的商业属性和知晓客户相关情况的特点，重视保险消费者的选择权和隐私权，要求保险公司开展业务遵守自愿原则和为客户保密的原则，并有相关制约规定。但是，由于保险消费者权益是一个新的领域，仍存在一些不足之处，需要进一步完善法律制度：一是保险消费者概念不够清晰，有待明确；二是保险消费者权益表达不甚完整，有待完善；三是保险消费者受教育权的立法层级不高，有待提升；四是保险消费者的监督权未加明示，有待确认；五是保险消费者的隐私权未涵盖个人信息，有待扩充；六是保险消费者权益概括不甚集中，有待整理。

此外，2009 年 10 月修订施行的《保险法》虽然增加了对保险消费者权益保护的有关规定，但对侵害保险消费者合法权益行为的法律责任规定尚有欠缺；对一些行为的认定规则还不明确，在实务中难以执行；赋予保险监管机构运用行政手段对消费者权益给予保护的规定不足；对有关违法行为的执法权限划分不够清晰。上述问题在一定程度上不利于切实保护保险消费者的合法权益。

4. 从规章制度落实来讲

制度规定能否发挥作用，贯彻执行是关键。理论上讲，保险公司作为保险消费者的交易对手，在执行保险消费者权益保护法律制度规定方面，大多存在惰性。这就需要保险监管机构对保险公司进行监管，督促其切实履行保护保险消费者利益的法律制度规定。

然而，目前保险消费者权益保护监管工作力量明显不足，有待加强。首先，当前我国保险监管机构只设置到省级，以及计划单列市和深圳。2010 年开始在 5 个地级市试点设立监管分局，但绝大部分省、自治区在地市级及以下地区没有保险监管机构。而作为被监管对象的保险公司，其业务已经覆盖了城镇和乡村。这种保险业务广覆盖与保险监管机构在地市级及以下地区的空白，使得很多侵害消费者合法权益的事项不能得到及时、有效地处理。其次，目前全国保险监管干部不到 3000 人，各省、自治区、直辖市保险监管干部人数不足 100 人，相对于数以万计的保险机构及 300 多万保险从业人员来讲，监管力量明显不足。最后，中国保监会虽然设立了保险消费者权益保护专门机构，但编制较少，人员不多；各保监局尚未单独设立保险消费者权益保护工作的机构，工作力量分散，工作机制不顺，工作力度不强。这些因素制约了保险消费者权益保护工作的有效开展。

三 我国保险消费者权益保护工作展望

中国保监会新一届党委十分重视保险消费者权益保护工作，2012 年全国保险监管工作会议确立了坚持“抓服务、严监管、防风险、促发展”，以保护保险消费者利益为目的的监管思路。项俊波主席在这次会议上明确指出：保护保险消费者利益是保险监管的天职，是衡量监管工作成效的重要标准，要把保护保险消费者利益放在监管工作更加突出的位置，作为监管工作的出发点和落脚点。

（一）保险消费者权益保护必须明确工作目标和原则

我们认为，通过几年的努力，到“十二五”末，我国保险消费者权益保护工作应该实现以下目标：一是保险消费者权益保护法制建设更加完善。《保险法》对消费者权益保护的规定更加明确充分；保险消费者权益保护监管法规制度体系更加健全。保险消费者权益保护监管组织体系完备，监管力量充足，各类侵害消费者权益的违法案件得到有效查处。保险公司严格落实各项消费者权益保护监管要求，切实履行法律规定和合同约定的各项义务。二是保险消费者需求得到较好满足。保险产品贴近市场，种类齐全，保障充足，能够满足社会公众多层次的风险保障需求。保险服务标准明确健全，服务承诺真实有效，服务监督充分到位，服务质量和水平明显提升。保险理赔合理、便捷、透明、公允，理赔难问题得到有效治理。保险消费投诉处理和纠纷调处机制更加完善，工作更加规范，矛盾纠纷及时化解。三是消费者对保险的认识进一步加深。公众教育内容、形式更加丰富，保险知识普及面更加广泛，保险消费者教育工作扎实有效，社会公众利用保险分散未来不确定风险的意识和能力明显增强。保险消费风险提示及时到位，保险消费者风险意识和维权能力明显提升，科学理性的保险消费观念深入人心。四是保险交易环境更加公平。保险条款和费率依法合理。与消费者利益相关的信息披露充分。保险销售行为规范，销售误导得到有效治理。保险信用体系初步建立，诚信评估机制和失信惩戒机制日益完善，行业诚信建设成效明显。保险行业形象得到改善，社会各界对保险的认可度和满意度显著提高，促进保险行业健康、稳定、可持续发展的良好生态环境初步形成。

保险消费者权益保护的工作原则主要有：一是多方参与，协调一致。建立保险监管机构、保险公司、保险行业协会和社会各界共同参与、各司其职的保险消费者权益保护工作格局。保险监管机构是消费者权益保护工作的核心和主导，通过窗口指导和监管倒逼的方式，综合运用法律和行政的手段，将保护消费者权益的职责落到实处。保险公司是消费者合法权益得以实现的责任主体，要树立“以消费者为中心”的经营理念并贯穿到经营管理的全过程，多开发消费者“看得懂、用得上、靠得住”的产品，遵守合同约定，履行服务承诺，依法合规经营，妥善处理消费者投诉。保险行业协会是消费者权益保护工作的行业约束和协调机构，要发挥行业自律职能，督促成员公司落实消费者权益保护工作要求；要健全纠纷调解机制，化解保险行业与消费者的矛盾；要加强行业诚信建设，努力扭转行业形象。社会各界是消费者权益保护工作的外部监督和推动力量。社会各界的监督和推动，可以使保险消费者权益保护工作更加扎实、更加深入、更加到位。二是依法合规，适当倾斜。首先，保险消费者权益保护工作要坚持依法保护原则，严格依照法律的规定保护消费者的合法权益，既不能不法保护，又不能保护不法。其次，要坚持合理保护原则，在法律允许的范围内，支持消费者的合理诉求，保护真正有保险需求且遇到不公平对待的消费者。最后，要坚持倾斜保护原则，实现好保险交易双方的力量平衡，对处于弱势的保险消费者给予偏重保护，以矫正交易双方的能力差距。三是立足现实，促进发展。我国是新兴的保险市场国家，保险业发展尚处于初级阶段，与国外发达的保险市场相比，消费者权益保护工作还有很大差距。我国当前出现的消费者权益保护方面的问题，西方发达保险市场也都遇到过，都是通过行业不断发展加以解决的。因此，要把握好保护消费者权益与保险行业发展的关系，在发展中来解决问题。对消费者的保护要遵循市场经济规律和要求，使消费者与保险公司公平、平等地进行交易，力求将保护消费者与维护市场自由竞争机制、当事人意思自治原则相协调，促进保险行业健康、稳定、可持续发展。保险业的发展，最终受益的是广大保险消费者，这是对消费者最大的保护。

（二）保险消费者权益保护工作的着力点

保险消费者权益保护是一项复杂的系统性工作，需要综合考虑保险交易的特殊性和我国保险业所处的发展的初级阶段，结合保险交易的全过程，统筹规划、逐项完善、切实落实。

保险交易的特殊性主要体现在保险交易的信息不对称、消费者与保险公司相比处于明显的弱势地位、保险消费者的认识局限性、保险交易具有一定的风险性。我们认为，保险消费者权益保护工作重点要开展以预防性保护、过程性保护和救济性保护为主要内容的全过程保护。

一是预防性保护工作，主要包括：加强法律制度建设，夯实工作基础，填补制度空白，进一步提高制度规定的针对性、有效性和可操作性；加强保险产品的监督管理，推动保险条款和费率的合法、公平、合理；构建科学的偿付能力监管体系，保证保险公司健康、稳定、可持续发展；加大与消费者利益相关的信息披露力度，解决保险交易信息不对称问题；建立保单登记系统，提高信息技术对保险消费者权益保护的支持力度；建立健全统一的涵盖销售、承保、回访、理赔各个环节的服务标准，开展服务承诺公开和服务满意度测评活动，推行服务便民建设，构建普惠型保险服务体系，建立保险机构服务评价体系，推动行业提高服务质量和水平；构建保险诚信监督体系，加强行业诚信建设和诚信教育，建立健全失信惩戒机制；开展公众教育工作，普及保险知识，发布保险消费风险提示，提高消费者的风险意识和维护自身权益的能力。预防性保护工作的目的是推动保险公司转变经营方式，营造公平诚信的保险交易环境，从源头上防范侵害保险消费者合法权益行为的发生。

二是过程性保护工作，主要包括：加大销售环节消费者权益保护力度，确保保险销售行为依法合规；加大售后环节消费者权益保护力度，确保消费者享受应有的保险服务；加大理赔给付环节消费者权益保护力度，督促保险公司为消费者提供优质、高效、专业、透明的理赔服务；加大监督检查力度，严肃查处各类侵害保险消费者合法权益的违法违规行为，督促保险公司切实履行法律和合同规定的各项义务；抓好风险防范工作，坚决守住防范系统性风险的底线。过程性保护工作的目的是督促保险公司切实执行法律制度规定，在保险交易过程中保障消费者合法权益的实现。

三是救济性保护工作，主要包括：健全保险消费投诉处理和监管工作机制，确保消费者所反映的问题都能得到规范妥善的处理；健全保险纠纷调处机制，为消费者提供一条便捷、高效、低成本的矛盾纠纷解决途径；扩大社会监督渠道，加大社会监督力度，及时了解吸纳社会公众对加强和改进保险消费者权益保护工作提出的意见和建议，提高社会各界的参与度；健全保险公司市场退出时的消费者利益保护方案，充实保险保障基金实力，细化完善保险保障基金的支付方式、程序，完善保险公司市场退出机制中对消费者利益的保护。救济性保护工作的目的是要及时化解保险交易中的矛盾纠纷，对消费者的受损利益给予救济，并建立起保险消费者权益保护工作情况的反馈机制，以便及时纠偏。

参考文献

保险消费者权益保护课题组：《保险消费者权益保护：理论、国际经验与国内实践》，《中国保险赛思报告》2011 年第 2 期。

郭丹：《金融服务法研究——金融消费者保护的视角》，法律出版社，2010。

何颖：《金融消费者权益保护制度论》，北京大学出版社，2011。

𝔹.18

保险公司市场退出制度构建的理论探讨

保险监管在着力防范与化解保险行业风险隐患的同时，顺应“优胜劣汰”之生存法则使出现重大风险的个别公司退出市场，这对维持保险市场中的“生态平衡”、提升保险行业竞争力、优化保险市场资源配置具有重要的意义。本文从阐释“市场退出”的概念与内容入手，结合美国、日本立法例，就保险公司市场退出的判断要素、行政处置与司法破产的程序衔接、破产中的特殊法律问题以及市场退出时的保障制度建设等内容展开论证，尝试对保险公司市场退出的制度构建提出管窥之见①。

进入20世纪90年代，中国金融机构的经营困境逐渐呈现，尽管商业银行破产已被立法确认②，“但当时正值亚洲金融危机时期，考虑到金融稳定和国内外影响，既不允许金融机构集中破产，又不能让那些违法经营、严重资不抵债的金融机构继续经营，只能对它们采取改制、停业整顿或撤销关闭的措施”③。鉴于此，中国人民银行对存在严重经营风险的金融机构实施整顿只能摸着石头过河，其过程可谓艰难。之后，中国某些问题金融机构市场退出之势已不可逆转。但是金融机构退出市场一直以来由国家埋单，国家为了救助金融机构和推进金融改革给予了强大的经济支持④。因此，有必要按照“谁投资、谁受益、谁承担风险”

---

① 本文是中国保险监督管理委员会部级课题——“保险公司风险处置及市场退出机制研究”课题研究成果之一。课题组成员郭宏彬、王芳、李冰、刘新对此文亦有贡献。

② 《商业银行法》第71条规定：“商业银行不能支付到期债务，经中国人民银行同意，由人民法院依法宣告其破产。”

③ 赵华伟、李小红：《对建立健全我国金融机构市场退出机制的思考》，《海南金融》2009年第3期，第19页。

④ 据统计，从1998年至2006年的时间段内，我国有300多家金融机构因各种原因陷入严重财务困境而被关闭、撤销或宣告破产，政府为救助金融机构而花费的资金约5万亿元。参见陈颖《商业银行市场准入与退出问题研究》，中国人民大学出版社，2007，第258页。

的市场原则建立起金融机构“以市场方式退出”的法律机制，真正地由金融投资者而非国家承担其经营失败的损失。

2001年11月，国务院通过《金融机构撤销条例》，这是我国第一部关于金融机构市场退出的专门法规，它的出台为金融机构的撤销工作提供了一套程序。2007年6月1日起施行的《企业破产法》首次将金融机构的破产从法律层面予以明确。第134条第1款及其指向的第2条着重规范金融机构重整或破产清算的条件及程序，亦涉及金融机构被接管或托管等情形下的民事诉讼程序或者执行程序的中止问题。考虑到金融机构的特殊性，第134条第2款通过指引条款将金融机构破产问题的具体立法权授予国务院通过制定行政法规来行使①。2008年4月，国务院根据《证券法》的有关规定和《企业破产法》的授权发布《证券公司风险处置条例》，规定证券公司风险处置及市场退出的措施有停业整顿、托管、接管、行政重组、撤销以及破产清算与重整。与此同时，银监会也着手修改《商业银行破产实施办法（草稿)》。

在保险领域，2009年修订的《保险法》完善了保险公司的危机干预和市场退出机制，行政监管处置措施包括了第140～144条责令限期改正与整顿、第145～148条接管、第150条撤销等，同时第90条明确了保监会启动保险公司司法破产程序的法律地位，第149条为防范保险公司市场退出的风险处置程序过渡至司法破产程序提供了程序衔接的原则性规定。但是，保险立法仍显滞后，难以满足保险公司风险处置的实际要求。

在国外，已建立起较为完善的保险公司风险处置与市场退出的法律框架。例如，美国保险监督官协会制定了《保险公司风险资本示范法》《财务困境示范法》《行政监督示范法》《保险公司破产管理示范法》等诸多示范法；日本有《保险业法》《公司更生法》《关于金融机构等的更生程序特例法》（以下简称《更生程序特例法》)。这些法律大致包括以下几个方面的规定：①赋予保险监管

---

① 《企业破产法》第134条第1款：“商业银行、证券公司、保险公司等金融机构有本法第2条规定情形的，国务院金融监督管理机构可以向人民法院提出对该金融机构进行重整或者破产清算的申请。国务院金融监督管理机构依法对出现重大经营风险的金融机构采取接管、托管等措施的，可以向人民法院申请中止以该金融机构为被告或者被执行人的民事诉讼程序或者执行程序。”第2款：“金融机构实施破产的，国务院可以依据本法和其他有关法律的规定制定实施办法。”

机构处理有问题的保险公司的权利；②制定保险公司市场退出的标准和退出要件；③规定保险市场退出操作程序。这些为国内相关法律制度的构建提供了借鉴。

一　保险公司市场退出的概念与内容

“市场退出”文义有广泛的解读，即使是专业人士在专业领域中提及，也会生出不同的理解。

（一）广义概念的市场退出（行业语境）

中国保监会项俊波主席在2012年监管工作会议上指出，要建立“针对股东、业务、人员、分支机构、法人机构的多层次、多渠道的退出机制”，因此，笔者认为，广义的市场退出包括：①主体退出，即保险公司营业资格及主体资格的消灭，也包括了保险公司分支机构的关闭；②业务退出，是保险公司某些保险业务经营资格或经营地域范围的丧失；③股东或人员退出，包括保险公司股东的退出（通过股权转让等方式实现）或者董事、监事和高级管理人员任职资格的取消。

上述保险公司市场退出实现的路径有二：其一是风险处置，即保险监管机构对出现问题的保险公司进行事后监管而采取的措施。所谓的问题，即重大风险，首先是影响到保险公司偿付能力的风险；其次是其他可能危及投保方利益或保险业健康发展（金融稳定）的风险，如某些违法行为。其二是破产。破产是以破产清算、和解、重整为内容的市场化的保险公司的市场退出。广义的保险公司市场退出的制度构建以完善保险公司风险处置措施为必要，尤其是恰如其分地处理行政权与司法权的关系以及协调行政程序与司法程序之间的衔接是构建规范、良性的保险公司市场退出制度的前提。

（二）狭义概念的市场退出（法学语境）

“市场退出”并非法律术语，从法理角度理解，市场退出是相对于市场准入而言的，是市场主体营业资格和法人资格的消灭。因此，狭义概念的市场退出即主体退出，其内容实质是保险公司的终止。

所谓保险公司终止，是指保险公司因法定事由的出现而导致其经营保险业务资格和法人资格的丧失。依据我国《保险法》的规定，保险公司终止的原因包括解散、撤销和破产三种情况。在法学意义上，保险公司市场退出有保险公司解散、撤销和破产三种情况。根据《公司法》《保险法》以及《破产法》的学理，解散可以分为自愿解散和司法强制解散；破产则有和解、重整和清算之分①。需要指出的是，如果企业和解成功或者重整成功，保险公司不会因法人资格消灭而退出市场，只有经破产清算，才会产生法人资格消灭的后果。

因解散、撤销而致保险公司市场退出的，可依照《公司法》《最高人民法院关于适用〈中华人民共和国公司法〉若干问题的规定（二）》《保险法》的规定处理，只有出现的风险影响到了保险公司偿付能力可能导致其破产时，才尤为需要立法和研究，予以特别关注。有关保险公司破产，虽然现行法律，包括《企业破产法》《保险法》作出了一些相关规定，但是尚未形成一个完善健全的处理机制。因此，“为了维护保险市场的持续健康发展，就有必要制定一个即使出现保险公司破产也能够将给投保人和国民经济可能造成的影响控制在最低程度的法律制度”②。

二　保险公司市场退出的界定标准及判断要素

（一）偿付能力严重不足

作为保险监管的三支柱之一，偿付能力监管以综合性的指标为基础，要求保险公司具有与其业务规模和承担风险相匹配的最低资本金，以确保保险公司的偿债能力。有主张认为，衡量保险公司是否达到破产界限，一个重要的监管标准就

---

① 我国《企业破产法》采用广义破产概念，包括破产和解、重整和清算。其中，和解与重整属于拯救性制度。提及“破产”，不一定就是破产清算，也可能是和解或者重整。

② 〔日〕稻田行祐：《日本保险公司市场退出机制系列报道之二：市场退出机制程序和法规概览》，马强译，《中国保险报》2011 年 2 月 28 日，第 6 版。

是保险公司的偿付能力[①]。一个资产尚且充足的问题保险公司经营失败直至最终不得不退出市场，一定是偿付能力不足达到了严重的状况。至于偿付能力不足严重到何种程度时保险公司才被关闭，则取决于保险监管的相关规定[②]。偿付能力不足是保险公司市场退出的必要不充分条件。保险公司偿付能力不足，未必就达到普通商事公司资不抵债等破产界限，但此时对保险公司进行风险处置及启动强制退出市场的程序有利于最大限度地减少损失。另外，在行动过早（提前干预）的风险和等待过长（过分克制）的风险之间进行权衡也是一件很困难的事情。总之，从制度上将保险公司的偿付能力按不同等级与包括启动退出程序在内的特定的干预措施挂钩，为监管机构在较小的裁量权限内作出恰当的决定奠定了基础[③]。

从美国、日本法的相关规定来看，只有偿付能力不足达至一定程度才可导致保险公司市场退出。在美国，当保险公司发生风险资本比率低于授权控制级风险资本、保险公司未能以符合要求的方式执行改正令等授权控制事由，在必要的时候，监管官为了保单持有人、债权人及公众的最大化利益，应当依据各州关于保险公司重组与清算的法案采取措施，将保险公司置于监管控制之下，如接管、令其并购，或向法院申请进入重组或清算程序；如果保险公司风险资本比率低于强制控制级风险资本而发生强制控制事由，在必要的时候，监管官应当依据各州关于保险公司重组与清算的法案采取措施，将保险公司置于监管控制之下。如果是财产和意外保险公司，监管官还可以允许那些没有新增业务、减少现有业务的保险公司在其监督之下继续减少现有业务[④]。在日本，对于“显示保险金等支付能力充实程度的比率大于等于0且小于100%”的第三类保险公司可下达限期停止全部或部分业务的命令。当保险公司“其资产负债表中资产部分金额的总计金额已低于负债部分金额的总计金额或预计将低于负债部分金额的总计金额的”，

---

① 周延、房爱群：《论新〈企业破产法〉与我国保险市场退出机制》，《东岳论丛》2007年第3期，第178页。

② 池晶、赵茉：《借鉴发达国家经验，健全我国保险市场退出机制》，《社会科学战线》2008年第12期，第76页。

③ 龙翔：《保险监管机构在保险公司强制退出市场中的角色》，《保险研究》2010年第12期，第53页；转引自Harrington SE，Niehaus GR《风险管理与保险》，陈秉正等译，清华大学出版社，2005，第113页。

④ 美国保险监督官协会示范法第六卷312－1《保险公司风险资本示范法》第5条、第6条。

应向其下达包括第三类命令在内的命令①。

在我国，保险监管机构根据保险公司偿付能力状况将保险公司分为不足类公司（偿付能力充足率低于100%）、充足Ⅰ类公司（偿付能力充足率为100% ~150%）和充足Ⅱ类公司（偿付能力充足率高于150%）三类。对于不足类公司，保监会应当区分不同情形，采取相应的监管措施。对于充足Ⅰ类公司，保监会可以要求公司提交和实施预防偿付能力不足的计划。如若充足Ⅰ类公司和充足Ⅱ类公司存在重大偿付能力风险的，保监会可以要求其进行整改或者采取包括调整负责人、有关管理人员及接管等保监会认为必要的监管措施。

（二）达至特定破产界限

偿付能力不等同于清偿能力，偿付能力不足不必然意味着公司的经营情况和财务状况陷入困境，更不代表保险公司的经营已经达到“资不抵债或者明显缺乏清偿能力”的破产界限。

所谓破产界限，即破产原因，是适用破产程序所依据的特定法律事实，是法院作出破产宣告的特定事实状态，是破产程序得以发生的实质要件②。关于破产原因，各国立法大致有两个标准：一是现金流标准，即“不能清偿到期债务并且明显缺乏清偿能力”；二是资产负债表标准，即“不能清偿到期债务并且资不抵债”。也有采用复合标准的，即要求同时达到两个标准。而对于重整，往往规定有更为宽泛的标准，以期提高重整成功的概率。我国《企业破产法》第2条所规定的破产界限为“不能清偿到期债务并且资不抵债”或者“不能清偿到期债务并且明显缺乏清偿能力”，“有明显丧失清偿能力可能”的还可进行重整。

① 日本确定《保险业法》第132条第2款所述“类别等的命令”第2条、第3条。但若实质资产负债额扣除持有至到期债券及责任准备金所对应债券的时价总额和账面价额的差额后，余额为正数且流动性资产（包括现金存款、活期贷款、买卖目的的有价证券及其他有价证券，不具有市场性以及以持有为目的的、难以立即出售的资产除外）能够保证的情况下，原则上可以不下达该类命令。但是，在对解约状况、流动性资产的确保等情况进行综合分析后，认为确实有必要的情况下，应当下达业务整改命令，责令其完善合同管理、增强资本的流动性及资本的充足程度。

② 李永军、王欣新、邹海林：《破产法》，中国政法大学出版社，2009，第18页。

至于保险公司破产，是否适用一般商事法人的破产标准？由《保险法》第90条规定[①]可见我国保险公司与一般商事企业的破产原因并无二致。但事实上，保险公司不同于一般的商事企业法人。就银行破产有主张认为，“普通破产法中的破产原因不宜简单地适用于银行等金融机构。银行等金融机构的破产程序必须更早地启动”[②]。同样，当保险公司陷入资不抵债的支付困境时再启动破产程序可能已经太晚了，保险公司风险需要提前防范与处置。因此，为了更好地保护投保方的利益，保险公司破产原因较一般商事企业应设置更低的条件。对于这一问题，发达国家有“管制性破产”制度。作出“管制性破产”的决定，通常基于复杂的资本测算和风险评估，行政监管机构在其中的作用不言而喻，“当监管机构说一家银行破产了，这家银行就破产了”[③]。保险公司亦是如此。

（三）具有违法情形或有损投保人利益的其他原因

在美国、日本，保险监管机构可因保险公司出现“问题”或“重大风险”而介入，甚至可依此采取保险公司市场退出的措施。

美国保险监督官协会（NAIC）“关于问题保险公司处置机制的白皮文件”中，将问题保险公司定义为财务上出现问题并且在可预见的未来可能导致偿付能力不足的保险公司[④]。《美国破产管理示范法》第207条列举了22种接管、重整或清算的事由，从欠缺偿付能力到拒绝服从监管官的改善建议、行为违法，甚至涉及公司相关主体的事由，如控制保险公司的主体不诚实、不可信赖，监管官可基于这些事由中的一个或多个向法院请求对保险公司实施接管令、重整令或清算令。NAIC示范法中的财务困境标准也可能构成破产管理的

---

① 《保险法》第90条规定：“保险公司有《中华人民共和国企业破产法》第2条规定情形的，经国务院保险监督管理机构同意，保险公司或者其债权人可以依法向人民法院申请重整、和解或者破产清算；国务院保险监督管理机构也可以依法向人民法院申请对该保险公司进行重整或者破产清算。”

② 〔瑞士〕艾娃·胡普凯斯：《比较视野中的银行破产法律制度》，季立刚译，法律出版社，2006，第20页。

③ 〔瑞士〕艾娃·胡普凯斯：《比较视野中的银行破产法律制度》，季立刚译，法律出版社，2006，第12页。

④ 杨文生、张梅玲：《我国问题保险公司退出路径研究》，《保险市场》2010年第9期，第57～58页。

事由①。至于最终适用哪个程序取决于各州对 NAIC 示范法的采用以及监管官自由裁量权的行使。在日本，根据《保险业法》第十章“保护投保人的特别措施”的规定，当“参照保险公司或外国保险公司的业务或财产状况，若内阁总理大臣认为保险业的继续经营确有困难，或者业务的运营明显不适当，保险业的继续经营有损害投保人利益之虞”，保险监管机构可下达各种“不利益处分命令”，包括保险契约的概括性移转、选任保险管理人管理处分公司的业务及财产等导致保险公司市场退出的特别措施。对于该法所规定的“破绽保险公司”，即“一是已停止支付保险金，或可能停止支付者；二是丧失偿债能力，或有丧失偿债能力可能者”，投保人保护机构可对破绽保险公司保险合同的转移等提供资金救助。日本《保险业法》为保护投保人所采取的这一特别措施被学者称为“行政破产程序”。

在中国，当保险公司出现重大经营风险时，保险监督管理机构通常优先选择“风险处置程序”，采取各种行政措施帮助保险公司化解风险。该诸种风险处置措施有：当“保险公司未依法提取或者结转各项责任准备金，或者未依法办理再保险，或者严重违反保险法关于资金运用的规定”时敦促保险公司自主改善的责令限期改正；对“保险监督管理机构作出责令限期改正的决定后逾期仍未改正的”保险公司的整顿；对“偿付能力严重不足或违反保险法的规定、损害社会公共利益、可能严重危及或者已经严重危及公司偿付能力的”保险公司的接管；当“保险公司因违法经营被依法吊销经营保险业务许可证，或者偿付能力低于保险监督管理机构所规定标准以致危害保险市场秩序、损害公共利益”时的撤销等有可能导致保险公司市场退出的行政措施，也包括了中止诉讼与中止支付等破产保护措施②。有主张认为，因为中止诉讼或者执行的措施不仅是司法破产前的措施，还是一种典型的破产保护措施，正是在这个意义上把监管机构采取的接管等风险处置措施称为“管制性破产”措施，其程序为“管制性破产”程序。该主张同时提出了“管制性破产”程序与司法破产程序存在着过渡衔接的问题③。

---

① 美国保险监管官协会示范法第六卷 555 - 1《保险公司破产管理示范法》第 207 条。

② 《保险法》第 141 ~ 154 条、《破产法》第 134 条。

③ 王斐民：《保险公司“管制性破产”程序与司法程序衔接中的法律问题》，载王欣新、尹正友主编《破产法论坛》第 5 辑，法律出版社，2010，第 192 ~ 198 页。

三 保险公司市场退出行政处置与司法破产的程序衔接

（一）保险公司破产以穷尽行政救济为前提

当保险公司遭遇重大、可能危及其偿付能力的风险时，首先应考虑为化解与控制风险而采取行政处置措施。如此，可以缓解保险公司破产退市引发的社会问题，确保其平稳退出，甚至能够挽救保险公司，从而使其避免进入司法破产程序。责令限期改正、整顿、接管、撤销等一系列行政处置措施不仅是限制保险公司经营活动或者暂时剥夺被处置保险公司对公司控制权的措施，也是更好地保护社会公共利益、维持金融服务功能、维护社会经济稳定、拯救公司、积极恢复保险公司生命力的推动型的处置措施。在处理保险公司破产案件时合理定位保险公司破产中行政权与司法权的关系，是构建保险公司破产制度的焦点问题之一。

在保险公司破产中，“司法权和行政权关系的特点表现为，某些行政权前置于司法权、某些行政权配合司法权行使、某些行政权参与司法权行使。金融机构提出破产申请前是否需要经过监管部门行政批准，要区分不同情况作出立法安排”①。立法往往在金融机构破产中将行政程序前置于司法程序。对于银行破产，因银行破产不同于一般企业，它的破产具有特殊性。因此，目前法院采取高度审慎的态度来决定是否受理金融机构的破产申请，最高人民法院要求金融机构申请破产，需要满足个人债权已清偿、职工已安置、地方政府有维护稳定的承诺等条件。可以说，银行业金融机构破产的司法程序前置的行政程序的重要性，以及司法权与行政权相互配合完成银行危机处置的必要性，已经成为包括法院在内方方面面的共识。关于证券公司破产程序的启动，《证券公司风险处置条例》中作出了规定：“被依法撤销、关闭的证券公司在行政清理工作完成后，国务院证券监督管理机构或者其委托的行政清理组才可进行破产申请；证券公司或者其债权人向法院提出破产申请时应当报经国务院证券监督管

① 王欣新、李江鸿：《破产法制中司法权与行政权关系探析》，《政治与法律》2008 年第 9 期，第 2 页。

理机构批准；对不需要动用证券投资者保护基金的证券公司，国务院证券监督管理机构应当在批准破产清算前撤销其证券业务许可。证券公司应当停止经营证券业务，安置客户。对需要动用证券投资者保护基金的证券公司，国务院证券监督管理机构对该证券公司或者其债权人的破产清算申请不予批准，并撤销该证券公司，进行行政清理。”① 由这些内容可见法院对证券公司破产退市前穷尽行政救济的态度。风险处置程序并非保险公司进入破产的法定程序，但出于风险控制和化解的需要，监管机构在保险公司出现问题的早期就会介入，在启动破产程序之前，行政监管特别是保单转移等人寿保险的投保人利益保障程序先期进行。当通过穷尽行政手段，如限制保险公司业务范围、必要时启动保险公司合并等方式去化解风险，最后仍是拯救不能或无必要挽救时，才会启动破产程序使之退出市场。

在 1997 ~ 2008 年日本破产的 10 家保险公司（寿险 8 家、财险 2 家）中，前 5 家公司②都是基于《保险业法》中的行政命令进行破产处理的；而后 5 家公司③的市场退出则是适用《更生程序特例法》予以实现的。前者是金融厅主导的行政破产程序；后者是法院主导的司法破产程序。在日本的破产案件中可以看到金融厅与法院为避免保险公司市场退出而做出的拯救努力。行政破产程序的救济措施主要有：（下达业务整改命令）下达停止保险业务的命令、合同缔约条件的变更、保险公司自主重建失败或放弃、由保险管理人对业务及财产进行管理、投保人保护机构（1998 年之前为基金）提供资金援助（由投保人保护机构成立公司接管/由投保人保护机构自行接管/投保人保护机构对保险合同受让公司提供资金救助）等。即使保险公司选择向法院提出破产申请，司法破产程序的处理中也有缩减责任准备金降低超额债务等进行合同条件变更、通过竞标选定对该破产保险公司企业价值（名义费）估价最高的投标人受让股份等与行政处置基本相同的救助内容。所不同的是，司法破产重在破产保险公司的再建；行政处理则意在保险合同的移转。

---

① 《证券公司风险处置条例》第 37 ~ 39 条。

② 分别是日产生命相互制保险公司、东邦生命相互制保险公司、第一火灾海上保险公司、第百生命相互制保险公司、大正生命保险股份公司。

③ 分别是千代田生命相互制保险公司、协荣生命相互制保险公司、东京生命相互制保险公司、大成火灾股份公司、大和生命相互制保险公司。

在现有中国保险公司风险处置的个案中，监管机构往往对其采取责令限期改正、整顿或接管等一系列法律措施而不是马上宣告其破产，这是由于保险公司的破产关乎国家金融安全、社会稳定之大局，《保险法》和保险监督管理机构对于保险公司的破产一直采取非常谨慎的态度。从这个意义上讲，完善保险公司破产前的行政处置措施本身就是构建多层次市场退出机制的应有之义。

（二）完善保险公司破产前的行政处置措施

保险监督管理机构采取整顿、接管乃至撤销等行政措施通常被视为保险监管机构考虑是否启动保险公司破产程序的前置，以采取这些手段后的效果为依据来判断是否“同意”或自行提出破产申请。目前我国保险公司风险处置的手段并不充分，所谓的“管制性破产”程序亟待完善。学界有将对问题保险公司的处置措施划分为矫正性措施、救助性措施和关闭性措施，本文将借此对保险公司破产前的行政处置措施提出完善建议。

1. 丰富矫正性措施

适用于问题之初、未对保险公司造成整体性威胁的风险，我国已有针对保险公司偿付能力不足在其业务、财务、公司治理结构、资金运用等方面采取限制性的处理措施以及责令限期整改等矫正性措施。在此基础上，可参考美国财务困境标准和行政监督程序中的处理措施将之予以丰富，如强化谈话、建议、要求提交报告与商业计划等措施，密切跟进指令的执行情况，不断敦促保险公司改正不良经营状况。在日本也有意见交换制度，对于监督部门在下达包括业务整改命令、业务停止命令、吊销执照命令等“不利益处分”的场合，要求根据《行政程序法》之规定进行意见听取，赋予保险公司解释机会的同时，还应根据保险公司的要求，在监督当局与保险公司之间进行多层次的意见沟通。需要强调的是，诸如日本的意见交换制度、美国的听证制度是重要的保险公司风险处置中的程序建设，在作出处置措施决定前所进行的听证以及意见交换是切实保护行政相对人合法权益的有效手段，同时可以防止行政行为不当，符合行政合理性原则。

2. 完善救助性措施

我国《保险法》概括地规定了整顿、接管措施及其适用条件。整顿与接管通过保监会派员组成的整顿组和接管组进行。事实上，《保险法》所规定的整顿、接管无法具体地监管到保险公司的整个运行状态，是滞后的、外部的、救助性的措施，况且整顿、接管时保险公司原有业务将被限制或停止，接管组甚至完全取代了保险公司进行业务经营。在此方面，美国保险监管中行政监督程序的制度设计值得参考。美国《行政监督示范法》虽不直接对保险公司的行为进行限制，但将保险公司置于其监督之下，未经保险监管官或其指定人员的事先批准，保险公司不得实施特定行为。该程序既有效地控制了保险公司恣意妄为从而避免风险扩大，又可使保险监管机构摆脱干预保险公司经营管理之嫌。在美国的保险监督程序中，保险公司经保险监管者事先批准才可实施某些行为而非在行为发生后由保险监管机构予以限制或制止，而且行政监督人并不替代保险公司从事业务经营。美国的行政监督程序为我国的制度构建提供了一种全新的选择模式。此外，完善整顿、接管等救助性措施，还需要丰富措施的适用情形，明确整顿组/接管组的组成、权限和职责、程序等。另外，还可以考虑在制度构建中增加行政重组措施。行政重组的实质功能相当于破产重整，鉴于金融机构破产重整中法院的作为空间有限，可将其设计为行政处置措施。《证券公司风险处置条例》第12条有关行政重组的适用条件以及第13条行政重组手段等内容可为保险公司行政重组的制度设计提供参考。

需要特别提出的是，保险公司风险处置中的信息公开是当前法律框架下保险监管所遭遇的难题。《保险法》规定，当保险监督管理机构在决定对保险公司采取整顿或者接管措施时，整顿决定以及接管决定应当予以公告。此法律规定使保险监管陷入困境，整顿与接管这两个看似重要并在保险业法占有相当地位的处置措施也因此而形同虚设。当保险公司被整顿或被接管的事实公之于众时，如何确保社会公众对保险公司保持原有的信任而实现整顿或接管救助的成功，是保险监管的尴尬所在。美国NAIC示范法为保护被拯救的公司而规定了不少保密条款，如《风险资本示范法》312－1第8条A款、《行政监督示范法》558－1第4条A款、《保险公司破产管理示范法》555－1第206条A款，对保密的对象、范围、时间作出了详细的规定，同时也允许法定情形下的信息公开，并将披露或与其他监管机构或保证协会分享的条件及使用范围予以明确。这种区分情形的信息公开要求既顾及了被处置保险公司的“声誉”，也尽可能做到了信息披露所要求的保险公司风险处置过程的公开与透明。依据中国《保险法》和《行政处罚法》

（第4条）的规定，保险公司风险处置是需要公开的。从理论上讲，信息公开对于风险处置目标的实现未必有害，但对于确需拯救的保险公司，就另当别论了。在此情形下为满足中国保险监管的需要，面临两种选择：其一，修改《保险法》，删改对整顿决定、接管决定进行公告的立法要求。修法的依据可参照《政府信息公开条例》第8条“行政机关公开政府信息，不得危及国家安全、公共安全、经济安全和社会稳定”中政府信息可以不公开的原理进行制度设计。此种选择难度大，可行性差。其二，认可风险处置信息公开的合理性，并区分情形而设置信息公开的要求。后者无疑是次优选择。

3. 制定关闭性措施

关闭性措施也就是主体退出的措施，主要是清算。在世界范围内，金融机构清算可以采用行政清算程序或司法清算程序，这与一国的金融机构破产立法相关。受制于各国的国情以及监管体制，我国可能难以完全继受美国、日本的做法，“他山之石，可以攻玉”，至少我们可以从中获得一点启示：美国的重整、清算程序是司法审查下行政监管机构主导的程序，保险监管官排他地享有启动破产管理程序的权利。在美国，导致破产管理的事由相当广泛，这些宽泛的事由赋予了保险监管官极大的自由裁量权，而且因适用接管、重整、清算程序的事由未加区别，程序的选择权完全交由监管官行使。在日本，《保险业法》第十章规定的“保护投保人的特别措施”包括了保险契约的概括性移转、选任保险管理人管理处分公司的业务及财产、投保人保护机构为公司合并和合同转让提供资金援助等被学者称之为“行政破产程序”的导致保险公司市场退出的特别措施，也有合同缔约条件变更等保险公司市场退出前进行的化解危机的处置措施。此外，日本法还有以法院为主导的保险公司破产更生、清算程序，在这些程序中作为保险监督管理机构的金融监督厅被赋予了极大的权限。日本保险公司破产的十大案例也同时证明了保险公司破产对行政程序与司法程序的选择适用。从日本的立法与实践中可以窥见日本保险监督管理机构在保险公司破产退出中的态度。

（三）保险监管机构在保险公司司法破产程序中的地位

1. 启动保险公司破产程序的同意与申请

《企业破产法》第134条、《保险法》第90条的规定确定了国务院保险监督管理机构在保险公司破产中的地位：从《企业破产法》第134条第1款规定可以推知，破产法赋予了有关金融监督管理机构直接对其监管的金融机构进行重整或清算申请的权利，使金融监督管理机构成为可以申请金融机构重整或者破产清算的主体。《保险法》第90条赋予了保险监督管理机构在保险公司具有《企业破产法》第2条规定之情形时启动破产程序的两项权限：其一是当保险公司或其债权人依法向法院申请破产重整、和解和清算时，保险监督管理机构的“同意权”。将保监会的“同意”前置于保险公司及其债权人破产请求的提出。其二是保险监督管理机构享有直接向人民法院申请对该保险公司进行破产重整与清算的权限。

从世界范围来看，保险监管机构均是启动保险公司市场退出程序最重要的主体。美国的保险监管机构“垄断”了接管、重整或清算程序的启动权，债权人、保险公司不得自行申请。在日本，当保险公司有破产程序开始原因的事实发生之可能时，保险监管机构可向法院申请对该保险公司实施更生程序、清算程序。虽然日本保险监管机构没有“同意权”，但是《更生程序特例法》规定当保险公司更生程序、破产程序开始的申请被提出时，法院的书记员应当将此事项通知监督厅，保险监管机构提出申请时则不在此限。我国《保险法》赋予了保险监督管理机构前置于破产申请的行政审批，主要是考虑到保险监管的专业性比较强，破产受理也需要与监管机构已经采取或将要采取的监管措施相协调。

此外，《保险法》第149条为防范保险公司市场退出的风险处置过渡至法院主导的司法破产提供了程序衔接的原则性规定：当被整顿、被接管的保险公司有《企业破产法》第2条所规定的前述情形的，保险监督管理机构可以依法向人民法院申请对保险公司进行重整或者破产清算。此外，依《企业破产法》第134条第1款之规定，金融监管机构对发生重大风险的金融机构采取处置措施的，可以申请中止以该机构为被告或被执行人的诉讼程序或执行程序。此规定为政府积极干预金融机构破产重整留下空间①。

2. 参与破产管理人的选任

依据《最高人民法院关于审理企业破产案件指定管理人的规定》（以下简称

---

① 李曙光：《新〈企业破产法〉与金融机构破产的制度设计》，《中国金融》2007年第3期，第66页。

《指定管理人的规定》）的相关规定，保险公司破产案件管理人的选任与产生方式有以下方面的规定。

（1）可以指定清算组为管理人。根据《指定管理人的规定》第 18 条之规定，金融机构破产中指定清算组为管理人包括两种情形：第一，在破产申请受理前根据有关规定已经成立清算组，且该清算组符合法律规定担任管理人条件的，法院可以指定该清算组为管理人。《保险法》第 89 条第 3 款、第 150 条规定了保险公司解散、被撤销时成立清算组的要求。依据《企业破产法》第 7 条第 3 款之规定，当清算组在保险公司解散、被撤销清算时，发现保险公司财产不足以清偿债务时，清算组向法院申请破产清算成为其法定义务。第二，有关法律规定企业破产时必须成立清算组的，也可以直接指定清算组为管理人。2009 年修订的《保险法》删除了原《保险法》第 8 条有关保险公司被宣告破产时成立清算组的规定。当清算组为管理人的，保险监督管理机构可以派员参加清算组①。

（2）管理人可通过竞争、推荐的方式产生。①保险公司破产可以通过竞选方式指定社会中介机构为管理人，但由于社会影响较大，最高人民法院的司法解释对参与竞争的社会中介机构的数量有所要求，同时所属地域范围也放宽至异地②。②对于经过行政清理、清算的保险公司，法院除指定清算组为管理人外，也可以在金融监督管理机构推荐的已编入管理人名册的社会中介机构中指定管理人。《指定管理人的规定》第 22 条对此予以规定。

因为目前我国并无保险公司因破产而退出市场的个案，“破产管理人”在实践中是否可以根据《指定管理人的规定》来确定无从得知，但这一司法解释是当前确认保险公司破产管理人选任的重要依据。这也迎合了学者“金融机构破产的管理人应更多考虑由金融监管机构与市场专业化人士合作组成清算组或管理人机构，并由有经验的金融专业人士来承担管理人职责恐怕更为恰当，也可以考

① 《指定管理人的规定》第 19 条的规定：“清算组为管理人的，人民法院可以从政府有关部门、编入管理人名册的社会中介机构、金融资产管理公司中指定清算组成员，人民银行及金融监督管理机构可以按照有关法律和行政法规的规定派人参加清算组。”

② 《指定管理人的规定》第 21 条第 1 款规定：“对于商业银行、证券公司、保险公司等金融机构或者在全国范围有重大影响、法律关系复杂、债务人财产分散的企业破产案件，人民法院可以采取公告的方式，邀请编入各地人民法院管理人名册中的社会中介机构参与竞争，从参与竞争的社会中介机构中指定管理人。参与竞争的社会中介机构不得少于三家。”

虑由投资者保险基金公司来担任”的主张[1]。

对于破产管理人的选任及其组成，美国、日本有如下的立法与学说：美国法赋予了破产管理人更广泛的概念，通过法院的接管、重整、清算等指令任命的由监管官及其公务继任人所担任的接管官、重整官、清算人等都属于破产管理人的范畴，而且还包括了“破产管理人助手”[2]。“破产管理人助手”是具有与处理保险公司破产业务相关专业素养的法律咨询师、精算师、会计师、鉴定人、顾问、书记助手等，可见美国对破产管理人专业性要求的注重。在日本的行政破产程序中，由保险监管机构选任保险管理人管理处分公司的业务及财产。在司法破产程序中，则是在破产程序开始的同时由裁判所选任破产管理人。破产管理人的任职资格没有特别的限定，但是必须能够适当地履行管财事务，行为能力受限的自然人在实践中也是被除外的。现在的实务中，破产管理人具备法律知识是必要的，所以以执业经验的年数为基准从律师中选任，当然为公平履行职务起见与该破产保险公司有利害关系者除外。也有主张提出，管财人（即破产管理人，以下同）虽然由法院任命，但是法院并没有管财人人选，必须由申请人向法院提出作为管财人候选者的优秀（适格）的人才。所谓的优秀（适格）的人才也就是优秀（适格）的经营者。即使毫无更生法的法律知识，管财人的适格性也并非因此降低。除非其本身就是优秀的经营者，否则律师作为管财人是不恰当的。管财人候选者可以由公司提出，也可以依赖支援更生程序的债权人、交易的相对方提出适当的候选者[3]。当然，仅由法院来判断管财人的人选并由该被选任的管财人创设新的保险业的运营机构，这与保险业特许经营的立法意图能否调和是受到质疑的。根据《保险业法》第5条第1款第2项的规定，“保险业的营业申请者是否有足够的知识、经验和社会信用确保保险公司业务正常有效运营”需要监管机构的审查。管财人候补者是否能够具有适当的与保险业运营相关信息的收集能力与判断能力，最好在听取监管机构的意见后由法院作出判断。将听取监管机构的

---

① 李曙光：《新〈企业破产法〉与金融机构破产的制度设计》，《中国金融》2007年第3期，第66页。

② 美国保险监督官协会示范法第555－1卷“保险公司破产管理示范法”第一节“一般条款”第104条。

③ ［日］古曳正夫：《会社更生手続の実態》，《NBL》60号，第10页。

意见作为法院选择管理人的义务要求才是妥当的立法安排①。

我国《企业破产法》和《指定管理人的规定》更多地着眼于一般企业法人，对于金融机构破产中管理人的指定虽然也有诸如清算组为管理人时监管机构可以派人参加清算组的特别规定，但整体来说还是未能充分考虑金融机构破产中管理人的特殊性。虽说保险公司破产之前可能经历了风险处置，监管机构监管职能的全程性与深入性决定了其在保险公司破产中的特别地位，但是进行风险处置时所成立的整顿组、接管组在现行规范框架下能否直接被指定为管理人或管理人成员呢？因为破产程序不同于风险处置程序，将为风险处置成立的工作组纳入破产管理人指定范围恐有不妥。可以考虑仿照《证券公司风险处置条例》第 40 条的规定，当法院裁定受理保险公司破产申请时，保险监管机构可以向法院推荐管理人人选。

（四）保险公司破产标准应当与监管标准相衔接

界定保险公司的破产标准，除了考虑它作为企业法人的一般性之外，还应充分考虑保险行业的特殊性。保险具有负债经营的特点，债务杠杆率高，而且保险领域向来处于相应金融监管机构的严密监管之下。在许多国家，保险公司破产并不受普通公司破产框架的约束，而有专门的金融机构破产法律制度。如美国保险业不属于联邦破产法管辖范围，取而代之的是州保险法，其中关于保险人重组和清算的条款是州保险法必备的标准组成成分②。日本保险公司市场退出则更多地适用《更生程序特例法》。如前所述，我国保险公司破产原因的确定同样适用《企业破产法》第 2 条，采用现金流动性标准（以债务人不能清偿到期债务作为基准）和资产负债表标准（以资产负债表显示负债额大于资产额为基准）。其缺陷就在于流动性标准和资产负债表标准本身不足以揭示保险公司的风险隐患，不足以衡量保险公司的风险程度。现行破产法对保险公司破产标准的规定是没有实质意义的，既不能对破产的保险公司起到一个预警的作用，也无法让决策机构对破产的保险公司作出适时的判断，其结果不是失去对破产保险公司的保护，就是

---

① 〔日〕高橋宏志：《保険会社倒産手続立法のあり方》，《ジュリスト》No. 1080，第 48 页。

② 〔美〕哈威尔·E. 杰克逊、小爱德华·L. 西蒙斯：《金融监管》，吴志攀译，中国政法大学出版社，2003，第 429 页。

导致保险公司对破产保护权利的滥用①。

可考虑以偿付能力作为破产的参照标准。保险公司偿付能力是保险公司偿还债务的能力，判断保险公司偿付能力时须建立在科学指标的基础上并对保险公司的各项风险作出评估。我国建立起的偿付能力监管体系已如前述，但与美国、日本相比，我国保险公司偿付能力分类监管体系还不完善，对于偿付能力不足类公司的划分不够细致，相应的处理措施也不够体系，还没有涉及保险公司非市场化退出的业务、人员、股东、法人退出等情形。偿付能力监管体系中包括了针对偿付能力不足的保险公司进行的有效、明确、有层次的干预措施方案，在这些渐进的干预措施中市场退出属于最终手段。以偿付能力为保险公司退出标准，能比较全面地评判保险公司的风险状况，也是偿付能力监管体系的要求。虽然我国保险公司破产适用司法程序，但考虑到与偿付能力监管体系相衔接，其破产原因可以考虑参照偿付能力标准。

实际上，即使偿付能力也很难提供“触发式”的标准，在一定程度上还是需要监管机构行使自由裁量权，综合考虑是否申请进入破产程序，也就是说，申请主体的程序设置本身也可以在一定程度上解决标准界定难的问题。同时，因宽泛的自由裁量权过于依赖执法人员的个人素质和能力，容易引发行政不当行为。因此，保险公司风险处置中的权力制衡和监督不容忽视。

四　保险公司破产中特殊的法律问题

（一）保险公司破产清算中的债务清偿顺序

1. 立法现状及学说论争

《保险法》第 91 条第 1 款规定：“破产财产在优先清偿破产费用和共益债务后，按照下列顺序清偿：（一）所欠职工工资和医疗、伤残补助、抚恤费用，所欠应当划入职工个人账户的基本养老保险、基本医疗保险费用，以及法律、行政法规规定应当支付给职工的补偿金；（二）赔偿或者给付保险金；（三）保险公司欠缴的除第（一）项规定以外的社会保险费用和所欠税款；（四）普通破产债

① 雷华北：《保险公司破产标准研究》，中国政法大学硕士学位论文，2009，第 33 页。

权。”该规定几乎是修改后的《企业破产法》第113条的翻版，除赋予保险金债权以优先权外，其他内容与《企业破产法》第113条的规定几无二致。

在保险公司破产时将“赔偿或给付保险金”的清偿顺序排在税款及公司债务之前优先确保个人债权的实现是否妥当？有学者指出，“西方国家处理金融机构破产问题时确定了‘有限偿付’原则，也被称为‘债权打折’原则，即在金融机构破产倒闭时，对个人债权设定一个最高限额，限额以下全额赔偿，限额以上的按照一定的比例偿付。对于最高限额的确定，应当参考本国的经济发展阶段、投资者的投资水平、社会的承受能力等因素，其中人均GDP是一个重要参考指标”①。也有主张以银行破产为例提出金融机构破产必须考虑公共利益，不能完全像处理普通破产案件那样采用“按份清偿原则”，而是在与大债权人进行清算谈判时，优先对存款人和小额债权人进行完全偿付。所确定的清偿程序也有类似的差别，破产银行接管者的首要目的是尽量减少银行倒闭给整个银行体系带来的冲击②。

对于《保险法》第91条第1款所规定的破产清偿顺序所存在的不足，有主张认为该条仅适用于保险公司破产程序，对于保险公司行政清算程序没有足够的约束力。但就法理而言，同种行业同等性质的公司在结束运营之际，对债务的清偿理应遵循同样的规则，如此才合正义之道，亦合公众之预期。但现行《保险法》对此未置一词，极可能导致不同的保险公司因适用司法程序或行政程序的不同而在债务清偿顺位上存在重大差异。事实上，在我国金融机构的行政清算程序中，确实存在债务清偿顺序各异的情形，使得债务清偿工作的实施不尽一致，容易引起相关利害关系人和社会公众的非议，也不利于防范清偿债务中的道德风险③。此外，“赔偿或者给付保险金”不足以完全涵盖保单持有人及其他利害关系人基于保险合同所享有的利益。保险合同项下的权利均应享有同等优先受偿权，这种权利不仅包括保险金请求权，还包括保险费返还请求权、保单现金价值返还请求权等④。还有主张在立法技术层面，诸如“赔偿或者给付保险金”这样的表述显然并不足以覆盖上述各项请求

① 李曙光：《论建立金融机构破产机制》，《财经》2004年第9期，第23页。

② 〔瑞士〕艾娃·胡普凯斯：《比较视野中的银行破产法律制度》，季立刚译，法律出版社，2006，第19～20页。

③ 胡大武：《我国破产金融机构债务清偿顺序立法剖析》，《上海金融》2007年第7期。

④ 马炜：《保险公司破产清偿顺序规则的国际比较》，《中国保险报》2007年2月12日。

权。可采用国际保险监管文件大多使用的“保险债务”的提法。“保险债务”包括了由于保险合同或交易没有成立或撤销而产生的保险人返还保险费的债务①。

2. 美国及日本法的比较研究

在美国，保险公司破产时投保人的优先权是被认可的。美国保险监督官协会所制定的《破产管理示范法》第801条提供了两种破产财产分配方案，并将未担保债权分为13类②，债权偿付的顺序应当按照每一类债权的指令进行分配。在下一类债权获得清偿之前，上一类中的每一个债权都应当获得充分、有效的清偿。第3类债权为保单的索赔，其顺位仅次于第1类共益费用以及第2类保证基金的合理费用，而且索赔不限于保单保险金的给付。因为通常是根据所确定的请求权的优先顺位来实现清算价值（破产财产）的直接分配，投保人请求权优先成为投保人的债权得以保障的前提。但是在保险公司的破产程序中，投保人请求权的优先实现又不得不受制于清算价值（破产财产），因此在破产程序的不同阶段对投保人的优先保护是不同的：在破产处理的初期阶段，为了保全破产保险公司的财产，通常会发出停止处分保险公司财产的禁止令，但是对于保险合同请求权不必然地停止支付，即使公司没有满足该项支付的资产。从实务上讲，除了解约退保及投保人贷款等停止支付外，保险金的支付仍然持续；或者设定支付限额或限定利率，并在此范围内支付保险金；或者限定对出现困境的经营者继续支付保险金。在保险公司的再建阶段则是通过再建计划来

① 邓丽：《论保险公司破产清算制度中的保单持有人利益保护——以新〈保险法〉相关制度评介为中心》，《保险研究》2009年第4期，第14页。

② 这13类债权分别为：第1类为清算人明示批准或认可的行政费用及开支；第2类为保证协会的合理花费（方案一将财产与意外险保证协会的抗辩与成本控制支出划分到第二类。方案二则将财产与意外险保证协会的防御与成本控制支出与其他一般保单持有人的债权一起，划分到第三类，而将保证协会其他的费用置于第二类）；第3类为索赔请求权（包括保险费返还请求权）；第4类为保险合同中，关于抵押担保、金融担保或为投资风险提供保护或保证的其他保险形式的索赔；第5类为联邦政府的索赔；第6类为所欠职工工资；第7类为包括再保险合同索赔、保证协会提出的保险公司未偿付的评估费索赔，以及其他第三类或第四类排除的索赔；第8类为对进入正式拖欠债务诉讼程序异议的过程中所发生的费用的索赔；第9类为对罚款、惩罚性赔偿或没收的理赔股东的请求权；第10类为可能会另行划分到第三至九类的新近提起的索赔；第11类为溢额票据（Surplus Notes）、资本票据、分摊票据或其他类似债务，可估价保单的保费退还，以及其他明确划分到本类中的索赔项；第12类包含从第1类到第11类中所有经许可债权的利息；第13类为股东或其他所有人就股东权利或其他所有人权利而提出的索赔，已经划分至上文第3、第4、第7、第12类的除外。

确保清算价值，再生计划不能损害投保人的优先权，并尽最大可能避免保险金的停止支付以及消减①。

日本《保险业法》赋予了生命保险公司一般先取特权，第117条之2规定："生命保险公司中，投保人（再保险相关投保人除外）在为被保险人利益的金额范围内，对公司财产享有先取特权。享有以下权利（再保险相关权利除外）者，基于该权利所对应的金额，对公司享有先取特权：一、保险金请求权；二、损害赔偿请求权（前项除外）；三、退保返还金、盈余金、投保人分配金和其他给付金（保险金除外）的请求权。前款所述先取特权劣后于《民法典》第306条第一款所述共益费用的先取特权。"投保人基于保险合同对于保险公司的总财产享有先取特权，其立法理由为保险合同是为防范投保人将来风险的发生而缔结，如果保险公司因为经营失败不能履行保险合同中义务的话，则会对投保人的生活或者企业活动产生很大的影响。此外，由投保人先期支付保险费是通例，保险公司的财产是为将来履行义务而由在先支付的保险费所形成。因此，即使保险公司经营失败，以保险公司的财产对投保人优先清偿也被认为是正当化的②。当然，也有学者指出，投保人享有先取特权的优先地位，相反，一般债权者如劣后贷款或劣后债权等金融债权者、一般交易债权者、劳动债权者、侵权行为债权者等则处于劣后地位，因在实践中也会产生诸多问题从而对此产生质疑③。

由美国、日本的立法及学理可见，投保人债权优先受偿的不仅是保险金的给付，还应当包括与保单相关的权利，如保费返还请求权等。至于行政处置程序与司法破产程序中的偿债顺序取决于程序目的的不同：前者不可消除一般债权，而后者为实现保险公司再建一般债权的受偿可劣后。

（二）保险公司破产中保险合同的转让

1. 中国保险法确保人寿保险合同转让的措施

因人寿保险有区别于其他类型保险的特殊性，《保险法》第92条第1款对

---

① 〔日〕井代岳志：《損害保険会社の破綻処理における保険契約者保護のあり方》，《保険学》567号，第148~151页。

② 〔日〕高橋宏志：《保険会社倒産手続立法のあり方》，《ジュリスト》No.1080，第58页。

③ 〔日〕山本和彦：《保険会社に対する更生特例法適用の諸問題》，《民商》125卷3号，2002，第324~325页。

经营有人寿保险业务的保险公司被依法撤销或者被依法宣告破产时的保险合同转让作出了特别规定："其持有的人寿保险合同及责任准备金，必须转让给其他经营有人寿保险业务的保险公司；不能同其他保险公司达成转让协议的，由国务院保险监督管理机构指定经营有人寿保险业务的保险公司接受转让。"《保险法》第100条规定了在保险公司被撤销或者被宣告破产时，动用保险保障基金对接受人寿保险合同的保险公司提供救济。《保险保障基金管理办法》第20条进一步指出："经营有人寿保险业务的保险公司被依法撤销或者依法实施破产的，其持有的人寿保险合同，必须依法转让给其他经营有人寿保险业务的保险公司；不能同其他保险公司达成转让协议的，由保监会指定经营有人寿保险业务的保险公司接收。"同时，该办法第21条明确了对保单受让公司提供救助的规则。显然为了保护被保险人的利益，国家对寿险业起了信用担保的作用。虽然上述法规正在逐步规范保险企业破产过程中的合同问题，但都过于原则，还应当增强可操作性，如对于如何移交合同、是否要对保单的净值予以折扣等都要作出规定①。

2. 美国、日本法的比较研究

在美国，因为充分认识到人寿和健康险不同于财产和意外险，是需要获得长期保障的契约，当被保险人的健康受损或者达至高龄时，他从其他保险人处重新获得同样的保障将可能面临困难，而仅靠解约返还金的支付又无法获得充分的保障，此类保险合同失效将对投保人产生不利益，因此，人寿和健康保险合同的存续是必要的。1970年美国保险监督官协会制定的《人寿和健康保险保证协会示范法》以此为理由保证了人寿和健康保险合同的存续，在美国各州基于示范法而设立了保证基金。对于人寿和健康保险，各州立法一般以"转移保单"为主，但不排斥其他方案；对于财产和意外保险，由于其合同期限较短，一般不再转移保单，而是直接利用保险保证基金进行赔付。

日本的行政破产程序中，保险监管机构可命令保险公司移转保险合同。为了顺利地实现保险合同的转让，日本创设了通过削减保险金额或变更保险合同条件，以降低其他保险公司承继的保险债务金额的制度。根据《保险业法》的规

① 张洪涛：《我国保险企业市场退出机制研究》，《河南社会科学》第14卷第2期，第20页。

定，当内阁总理大臣命令保险合同转让后，可以削减被转让的保险合同的保险金额或变更其他合同条款（第 250 条第 1 款）。保险合同的转移包括基于《保险业法》第 241 条“合并协议的命令”进行的保险合同的概括移转，或者依据第 247 条保险管理人作出的合并计划转移全部或部分保险合同，或者破产保险公司向救济保险公司转移全部或部分保险合同。保险合同转移的程序要求基本同于第 137 条（保险合同转移的公告和异议）的规定。保险公司的营业转让也伴随保险合同的概括移转。根据《更生程序特例法》进行的保险公司的破产处理，因破产保险公司将因更生而继续存续，所以不需保险合同的概括移转。根据《公司更生法》第 61 条的规定，破产管理人被赋予了保险合同解除权。破产管理人可以从为实现公司自身更生的角度出发，基于对公司有利与否的判断而选择是否解除未履行的双务保险合同。为了更生财产的充裕，破产管理人通常首先解除与所期待的保险费收入相比今后可能会负担更大数额保险金支付义务的保险合同。从公司更生法的角度，公司自身的保护要优先于对投保人的保护。但是，《更生程序特例法》第四章“金融机构等的更生程序的特例”第二节“经营保险业股份公司的更生程序的特例”第二款“保险公司的更生程序中保险合同的处理等”对保险公司更生程序中的保险合同的处理作出了专门规定，其中为了防止破产管理人解除保险合同将对投保人带来的不利益，第 439 条规定了有关破产管理人解除权行使的特例，即“以保险公司为保险人的保险合同不适用《公司更生法》第 61 条第 1 项至第 4 项的规定”。

我国保险法并未对保险公司破产时非寿险（如健康险、意外险、财险）保险合同的转让及其效力作出特别规定，而“延续保险合同，使保单持有人按照原来约定的条款无间隙地继续享有保险服务，是保险公司在市场退出过程中保障保单持有人利益最大的处理方式之一”①。因此，明确保险公司破产时非寿险保险合同的移转以及因受让该类保险合同而获得保险保障基金救助的相关规定具有同样重要的意义。此外，为确保人寿保险合同能够顺利受让，还可借鉴日本法的规定考虑设置合同条件变更这一处置手段，同时限制破产管理人对未履行保险合同解除权的行使。

① 龙翔：《保险保障基金保单持有人救济制度的完善》，《保险研究》2011 年第 3 期，第 97 页。

五　保险公司市场退出中的保障制度构建

（一）保险保障基金的运行现状

保险保障基金被视为保单持有人的最后安全网，在发生经营困难、财务危机或破产倒闭，导致保险公司无力偿债时，按法定程序在法定救助范围内，用于支付保单持有人索赔，或者对受让无力偿债的保险公司保单的其他保险公司等提供资金救助，以达到保护保单持有人利益的目的。当前我国有关保险保障的法律渊源主要是2009年修订的《中华人民共和国保险法》第100条和第165条第3项，以及2008年修订的《保险保障基金管理办法》（以下简称《办法》）。

从各国或地区的立法现状来看，各国或地区的保险保障基金都由一个专门的机构来负责管理，如美国各州的保险保证协会或保险保障公司、日本的投保人保护机构等。保险保障基金通过公司管理运作，使基金的筹集、管理、使用体制更清晰顺畅，为行业的健康发展贡献力量，提升基金参与行业风险管理与风险处置的专业水平和促进基金保值增值，解决操作层面的诸多障碍①。在2008年《办法》修订之前，我国保险保障基金是由中国保监会集中管理、统筹使用的，同时由保险保障基金理事会对保险保障基金的管理和使用实时监督②。2006年，根据《国务院关于保险业改革发展的若干意见》对“完善保险保障基金制度，逐步实现市场化、专业化运作”的要求，2008年由国务院批准成立了保险保障基金公司。该公司是在工商行政管理部门登记成立、注册资本为1亿元人民币的非营利性的国有独资公司。自此，保险保障基金理事会自行中止，不再履行相关职责。《办法》规定，由设立国有独资的中国保险保障基金有限责任公司依法负责保险保障基金的筹集、管理和使用。保险保障基金公司依法独立运作，其董事会对保险保障基金的合法使用及安全负责，从法律上明确了由保险保障基金公司负

① 马洪刚：《中国保险保障基金法律制度研究》，中国政法大学硕士学位论文，2009，第27页。

② 2005年实施的《保险保障基金管理办法》第5条规定：“保险保障基金由中国保监会集中管理，统筹使用。”第13条规定：“保险保障基金理事会负责对保险保障基金的管理和使用实施监督。”

责专门管理保险保障基金。

有关保险保障基金的管理、筹集、使用等均有不在少数的论著予以详细论述，在此不再赘述。本文仅对保险保障基金参与保险公司市场退出时的救助提出尚不成熟的一点思考。

（二）完善保险保障基金制度的一点思考

1. 拓展保险保障基金的资金来源

保险保障基金来源于保险公司，当保险公司被撤销或者依法实施破产，或者保险监管机构经商有关部门认定，保险公司存在重大风险，可能严重危及社会公共利益和金融稳定的，动用保险保障基金进行行业自救无可厚非，但是一旦需要连续动用基金时，基金是否可充足地用于救助就值得商榷了。在日本，因投保人保护基金在日产生命保险相互公司的破产处理中提供了1990亿日元的资金援助而使其资金枯竭。即使在1998年成立了投保人保护机构，动用3600亿日元的资金对东邦生命相互保险公司进行资金救助后，投保人保护资金仍陷入紧张状态。由日本保险公司市场退出时投保人保护机构进行资金救助的实践可见，丰富保险保障基金的资金来源非常重要。日本也为此作出了保险公司破产处理的改革。

《日本保险业法》第265条之33规定保险公司必须在每一个财务年度向投保人保护机构缴纳负担金。此外，机构在判断有必要进行资金援助等业务时，在一定范围内，在取得保险监管当局批准的情况下，可以从保险公司或银行以及其他金融机构借款（《日本保险业法》第265条之42）。关于该借款的上限额度，因日本出现过寿险公司的接连破产而被一度提升为9600亿日元，目前被调整为机构设立当初时规定的借款上限，即4600亿日元。针对上述的机构借款，在得到国会审议通过的范围内，日本政府可以对机构的该项借款提供担保（《日本保险业法》第265条之42之2）。该制度在适用之初是作为临时性制度被制定的，因为日本保险界发生了前述的寿险公司接连破产的情况，因此，在特定适用于寿险投保人保护机构的前提下，该制度已作为长期性制度得以保留。再者，针对寿险投保人保护机构，日本作为特别措施还设定了政府补助制度。该制度经过多次修改，目前其主要内容被确定为针对机构提供的资金援助，机构的借款额度超过4600亿日元时，将由日本政府提供补助。该特别措施的实施期限被设定为至

2012 年 3 月止，其后是否延长，从目前阶段来看还是雾里看花①。日本的相关规定为我们拓展保险保障基金的来源提供了一种可以借鉴的思路。

2. 明确保险保障公司参与保险公司破产处理的权限

美国《保险公司破产管理示范法》第 101 条提供了三种方案，对于保险保证协会在清算程序中的参与选择适用哪种方案，取决于各州保证协会介入清算程序的能力。方案一中保证协会以有限目的介入程序须经申请及破产法院批准。方案二则将保证协会介入程序在经申请及破产法院批准后，视为一项当然权利。方案三并未对保证协会作出规定，并且就介入清算程序一事，与方案一、方案二持有相同的一般禁止态度。尽管这一条款有不同规定，但是示范法并未认同（confer）破产法院对解决保证协会与那些因破产程序启动而引发的索赔之间的保险争议，除非保证协会依据能够解决其对保单持有人之债务的重整计划或清算计划，另外明示同意破产法院对其行使管辖权。保证协会住所地州有管辖权的法院或行政机构所作的关于保证协会法定义务争讼的裁判，对保证协会在清算程序中的诉求，具有约束力及确定性。此外，第 303 条（与保证协会间的协调及有序过渡到重整或清算程序）、第 405 条（与保证协会间的协调并有序过渡到清算程序）为保证协会参与重整或清算、履行法定责任提供了程序上的便利。

日本《更生程序特例法》明确了保险公司更生程序中投保人保护机构的权限与义务。①当法院决定开始保险公司的更生程序时关于更生债权中报期限的确定、更生程序中事业让渡的许可等应听取机构的意见；有关概括的禁止命令、更生程序开始的决定以及更生债权申报期限届满债权人会议的日期等事项也应当通知机构（第 421、424 条及第 422、423、426 条）。②投保人保护机构应当及时制作记载更生债权的投保人名单并提供投保人阅览（第 428 条），在债权申报期限届满的末日向法院提交更生债权的投保人名单（第 429 条）。③投保人保护机构享有投保人有关保险合同权利的代理权，可代理行使有关更生程序的一切权利，但是与确定更生债权相关的诉讼程序中的行为除外。有关保险金请求权、损害赔偿请求权、更生债权确定之诉中投保人保护机构的异议陈述等的代理权必须得到投保人的授权才得以行使（第 432 条）。④投保人保护机构应当为了所代理投保

① 〔日〕稻田行祐：《日本保险公司市场退出机制系列报道之四：投保人保护机构是如何运作的》，马强译，《中国保险报》2011 年 5 月 9 日，第 6 版。

人的利益公平、诚实地行使代理权，对投保人尽到善良管理者的注意义务（第433条）。⑤投保人保护机构行使有关更生计划书或变更计划书的决议权时，将同意行使的更生计划的内容通知所代理的投保人并予以公告（第437条）。

我国保险保障机构在风险处置阶段和破产阶段都可能动用保障基金参与发生重大风险的保险公司的处置，但在保险公司市场退出中的地位及其权限并不明确。如保险保障机构能否加入管理人行列？保险保障基金管理机构可以参与破产清算的程度如何？从目前立法来看，保险保障基金管理机构参与管理有一定的障碍，因为凡是与破产案件存在利害关系者，均不能在破产程序中保持中立性。因此，原则上基金公司由于风险处置阶段的资金救助已经成为破产保险公司最大的债权人而不能担任管理人，但基金公司还具有公共职能，其收购债权的目的是保护投资者利益，加之基金公司会受到监管部门的监管，因而也可考虑在一定程度上赋予其管理人一职或作为管理人之一或与破产管理相关联。

中国皮书网

www.pishu.cn

发布皮书研创资讯，传播皮书精彩内容
引领皮书出版潮流，打造皮书服务平台

栏目设置：

- □ 资讯：皮书动态、皮书观点、皮书数据、 皮书报道、皮书新书发布会、电子期刊
- □ 标准：皮书评价、皮书研究、皮书规范、皮书专家、编撰团队
- □ 服务：最新皮书、皮书书目、重点推荐、在线购书
- □ 链接：皮书数据库、皮书博客、皮书微博、出版社首页、在线书城
- □ 搜索：资讯、图书、研究动态
- □ 互动：皮书论坛

中国皮书网依托皮书系列“权威、前沿、原创”的优质内容资源，通过文字、图片、音频、视频等多种元素，在皮书研创者、使用者之间搭建了一个成果展示、资源共享的互动平台。

自2005年12月正式上线以来，中国皮书网的IP访问量、PV浏览量与日俱增，受到海内外研究者、公务人员、商务人士以及专业读者的广泛关注。

2008年、2011年中国皮书网均在全国新闻出版业网站荣誉评选中获得“最具商业价值网站”称号。

2012年，中国皮书网在全国新闻出版业网站系列荣誉评选中获得“出版业网站百强”称号。

社会科学文献出版社

皮书系列

“皮书”起源于十七、十八世纪的英国，主要指官方或社会组织正式发表的重要文件或报告，多以“白皮书”命名。在中国，“皮书”这一概念被社会广泛接受，并被成功运作、发展成为一种全新的出版形态，则源于中国社会科学院社会科学文献出版社。

皮书是对中国与世界发展状况和热点问题进行年度监测，以专业的角度、专家的视野和实证研究方法，针对某一领域或区域现状与发展态势展开分析和预测，具备权威性、前沿性、原创性、实证性、时效性等特点的连续性公开出版物，由一系列权威研究报告组成。皮书系列是社会科学文献出版社编辑出版的蓝皮书、绿皮书、黄皮书等的统称。

皮书系列的作者以中国社会科学院、著名高校、地方社会科学院的研究人员为主，多为国内一流研究机构的权威专家学者，他们的看法和观点代表了学界对中国与世界的现实和未来最高水平的解读与分析。

自 20 世纪 90 年代末推出以《经济蓝皮书》为开端的皮书系列以来，社会科学文献出版社至今已累计出版皮书千余部，内容涵盖经济、社会、政法、文化传媒、行业、地方发展、国际形势等领域。皮书系列已成为社会科学文献出版社的著名图书品牌和中国社会科学院的知名学术品牌。

皮书系列在数字出版和国际出版方面成就斐然。皮书数据库被评为“2008~2009 年度数字出版知名品牌”;《经济蓝皮书》《社会蓝皮书》等十几种皮书每年还由国外知名学术出版机构出版英文版、俄文版、韩文版和日文版，面向全球发行。

2011 年，皮书系列正式列入“十二五”国家重点出版规划项目；2012 年，部分重点皮书列入中国社会科学院承担的国家哲学社会科学创新工程项目；2014 年，35 种院外皮书使用“中国社会科学院创新工程学术出版项目”标识。